전면개정판

LEGISLATIVE PROCESS

한국입법과정론

임종훈 · 이정은 저

박영사

머리말

한국입법과정론 초판이 2012년에 발간된 이후 9년이 지나는 동안 국회법도 여러 차례 개정되고, 국회선진화법에서 도입된 여러 제도가 실제로 시행됨에 따라 국회의 입법과정에도 많은 변화가 있었다. 또한, 지난 9년간은 이러한 제도의 변화 외에도 국회에 제출되는 법률안의 건수가 폭발적으로 증가하였고, 국회의 심의를 거쳐 제·개정되는 법률의 수도 눈에 띄게 증가하는 등 입법과정의 양상에도 적지 않은 변화가 있었다.

국회사무처를 떠난 지 오래된 필자로서는 지난 9년간의 공백을 메우기 위하여 보다 현장감 있게 이러한 입법과정의 변화를 전면개정판에 반영할 수 있는 공저자가 필요하였다. 이에 필자와 같은 부서에서 함께 근무한 인연이 있고 국회 내 여러 위원회에서 입법조사관으로서 입법실무 경험이 있을 뿐만 아니라 국회사무처 의사국(議事局)에서 의사과장과 의안과장으로 근무하여 국회 운영과 입법과정에 대한 이해가 깊은 국회예산정책처의 이정은 국장에게 공저를 제의하게 되었다. 마침 이 국장은 국회 의정연수원 등에서 틈틈이 국회법과 입법과정에 대한 강의를 해 오고 있어서 강의교재와 각종 자료도 집필에 활용할 수 있었다.

초판과 달라진 내용은 대부분 이 국장이 초안을 작성하고 필자가 이를 수정하는 방식으로 집필하였고, 집필 과정에서 국회선진화법의 시행 등 초판 발간 이후 발생한 입법과정의 변화를 충실히 반영하려고 노력하였으며, 새로운 제도가 의도한 대로 작동하는지를 평가하는 데에도 게을리 하지 않았다.

전면개정판에서도 초판과 마찬가지로 입법과정을 분석하는 기본 틀로 '민주성'과 '효율성'이라는 두 가지 개념을 사용하였다. 입법과정에서 주권자인 국민의 의사가 가능한 한 충실히 반영되도록 제도가 설계되고 운영되어야 한다는 '민주성'의 요구와 입법과정이 필요한 입법을 적시에 생산해

낼 수 있도록 효율적이어야 한다는 요구는 서로 상충되는 경우도 많지만, 최대한 함께 추구되어야 할 명제이기 때문이다.

1970년대에 서구에서 학자들이 걱정하던 '법의 홍수'가 지금 우리나라에서 발생하고 있다. 지난 수년간 우리 국회는 너무 많은 양의 입법을 생산해 내고 있다. 그러나 '많은 법'보다는 '좋은 법'을 적시에 입법하는 것이 필요하다. 이 책이 이러한 노력에 조금이나마 도움이 되기를 바란다. 특히 국민대표로서 입법을 담당하는 국회의원은 물론 입법 실무에 종사하는 공직자들과 학계에서 입법을 연구하고 강의하는 학자들 및 입법에 관심이 있는 모든 독자에게 입법과정을 이해하고 활용하는 데 이 책이 도움이 되기를 바란다.

이 책은 원래 1998년에 필자가 국회 법제사법위원회에서 전문위원으로 근무할 때 같이 근무했던 동료 4명과 '입법과정론'이라는 책을 집필한 것이 토대가 되었다. 그 당시 함께 책을 집필했던 동료들(박수철 전 법사위 수석전문위원, 임송학 전 국민권익위원회 중앙행정심판위원회 상임위원, 박장호 법사위 수석전문위원, 이신우 국방위 전문위원)의 노력의 결과가 지금도 이 책의 어딘가에 남아있을 것이다. 옛 동료들에게 이 책의 출간을 알리며, 행운을 빌어 마지않는다.

끝으로 이 책의 출간을 위해서 필자와 박영사의 입장을 조율하며 출간을 독려해 주신 박영사의 김한유 대리님과 교정 작업을 잘 마무리해 주신 장유나 과장님께 감사를 드린다.

2021년 3월 봄이 오는 길목에서

저자 대표 임종훈

차　례

PART 1　입법과정 개관

PART 2 한국의 입법과정

PART 3 외국의 입법과정

PART 1

입법과정 개관

제 1 장 _ 입법과정의 의의

제 1 절 입법과정의 개념

1. 입법의 의미

(1) 입법의 개념과 의의

입법(立法, legislation, Gesetzgebung)은 국가공동체의 질서를 규율하는 일반·추상적인 법규범을 정립하는 작용으로서 사전적(辭典的)으로는 '법규범을 정립하는 작용' 또는 '법을 제정하는 작용'으로 정의된다.

특히 민주적 법치국가에서 입법은 국민의 의사에 따라 법규범을 형성하는 국가의 법정립(法定立) 작용으로서 국가공동체의 주권적 의사를 실현하고 그 구성원의 행위를 규율하여 공동체의 질서를 유지하는 기능을 수행한다.

또한, 입법은 행정(行政) 및 사법(司法) 작용의 규범적 근거를 제공함과 동시에 이들을 규율하는 기능을 담당한다. 이는 국가작용 중 입법의 민주적 정당성과 체계적 우월성에서 비롯된 것으로서 주권자인 국민으로부터 통치권을 위임받은 국가는 집행권과 사법권의 행사에 있어 국민의 의사가 실체화된 법규범에 기속되어야 하기 때문이다.

그런데 이러한 입법의 구체적 개념에 대하여는 정립작용(立)의 대상인 법(法)의 범주를 어디까지 보느냐에 따라 다의적 해석의 여지가 있다. 이는 입법·행정·사법으로 구분되는 각 국가작용이 그 기능을 주로 담당하는 각 기관(입법기관·행정기관·사법기관)의 실제 작용영역에서 혼재되는 현상이 있기 때문이다. 가령 예를 들어 행정입법이나 대법원의 규칙제정은 성질상 입법작용이나 실제로는 행정기관 또는 사법기관의 작용영역에 속한다. 이러한 맥락에서 볼 때 입법의 개념은 '실질적 의미의 입법'과 '형식적 의미의 입법'의 관점에서 다르게 이해될 수 있다.

가. 실질적 의미의 입법

입법(立法)은 일반·추상적인 법규범을 정립하는 작용을 의미한다. 전통적으로 입법은 강학상의 입법개념에 따를 때 법률의 제정(制定)이나 개정(改正)뿐만 아니라 헌법의 제정과 개정, 그리고 각종 명령이나 규칙, 조례 등의 제정과 개정 또한 입법에 해당하는 것으로 이해된다.[1)] 이러한 입법 개념은 국가기관 등 정당한 입법권을 가진 입법주체가 일반적·추상적 법규범을 정립하는 실질적인 작용을 모두 포함하는 것으로서 헌법의 제정, 법률을 제정하는 의회입법, 대통령령, 총리령, 부령 등을 제정하는 행정입법, 대법원규칙이나 헌법재판소 규칙을 제정하는 사법입법, 조례 등을 제정하는 자치입법을 포괄하는 개념이다.

나. 형식적 의미의 입법

이에 비하여 형식적 의미의 입법은 형식적 의미의 법률을 제정하는 작용을 말한다. 특히 근대 입헌주의 국가에서는 권력분립원리를 전제로 하여 입법권을 국민으로부터 위임받은 의회가 형식적 의미의 법률을 제정하는 작용이라고 할 수 있다. 우리나라 헌법 제40조의 입법권은 이러한 형식적 의미의 법률을 제정하는 권한을 의미한다.[2)]

(2) 입법의 개념적 징표

입법은 정당한 권능을 가진 입법주체가 일정한 절차를 통하여 법규범을 정립하는 의식적인 형성작용을 의미하는 것으로서 다음과 같은 개념적 징표를 갖는다고 할 수 있다.

---

1) 장영수, 『헌법학』, 홍문사, 2016, 1009.
2) 임종훈, 『한국헌법요론』, 지식과 감성, 2018, 644-645.

가. 법규범

입법은 국민의 일반적 입법의사를 수렴하여 이를 규범화함으로써 일반·추상적인 법규범을 형성하는 작용이라고 할 수 있다.

입법의 대상이 되는 법규범에 요청되는 일반성과 추상성은 상호 의존적 속성으로서 서로 밀접한 관련이 있다. 일반성(一般性)은 특정한 사건 혹은 특정한 대상에만 법규범이 적용되는 것이 아니라 불특정 다수의 사건 및 대상에 대하여 적용되어야 하며, 적용대상 간에 차별 없이 적용되어야 한다는 요청이다. 추상성(抽象性)은 법규범의 이러한 일반적 규율가능성과 공정성을 확보하기 위하여 구체적인 적용대상들의 공통적 속성을 포괄적으로 규정할 수 있는 특성이라고 할 수 있다. 추상성(抽象性)은 사전적 의미로 볼 때 언어에서, 어떠한 개념이 서로 다른 개별적이고 구체적인 대상으로부터 공통되는 속성을 추출하는 과정을 통해 형성되는 특성을 말하는 것으로서 '나무'라는 개념이 소나무, 잣나무 따위의 수많은 종류의 나무로부터 공통되는 속성을 추출하여 형성되는 것과 같은 것이다.[3] 법규범의 이러한 추상성은 구체적 상황을 염두에 두지 않은 일반적인 원칙 하에 법규범이 적용될 수 있게 하는 것으로서 구체적 사건에 대하여 직접적으로 처방하는 처분적 법률과 긴장관계가 있는 속성이라고 할 수 있다.

그리고 보통 법(法)이라고 할 때에는 실정법(實定法) 이외에 관습법(慣習法)과 판례법(判例法) 등도 포함할 수 있으나, 의식적·형성적 작용인 입법의 대상이 되는 법규범은 당연히 실정법을 의미한다. 특히 입법과정론에서 연구대상이 되는 법은 헌법과 법률, 명령, 조례·규칙 등 국민으로부터 입법권을 수권받은 기관에 의하여 제정되는 국내의 실정법을 의미한다고 할 수 있다.

나. 일정한 절차

입법은 입법주체가 일정한 절차에 의하여 규범을 형성하는 작용으로서 민주국가의 법규범은 국가공동체 구성원 간의 합의를 바탕으로 헌법과 법률에 의해 규정된 절차에 따라 이루어지는 것이 일반적이다.

---

3) 국립국어원, 표준국어대사전, https://stdict.korean.go.kr

입법의 이러한 절차적 기속성은 입법이 국민의 다양한 의사를 수렴하고 이를 조정하여 하나의 의사로 결집시키는 과정이며, 이러한 과정을 통해 국민의 의사를 국가의사의 형식으로 전환하여 집합적 의사결정을 하는 것[4]이라는 점에 기인한다. 즉, 기존에 합의된 공동체의 집합적 의사결정방식이 입법과정에서 준수되어야만 규범의 정당성을 확보할 수 있다는 것이다. 특히 입법의 주요한 대상인 법률의 경우 국가공동체의 최고규범인 헌법을 구체화하는 것으로서 헌법이 정한 절차에 기속될 뿐만 아니라, 대의민주주의 하에서 입법기관과 주권자인 국민의 신임관계를 명확히 하는 차원에서도 일정한 절차의 준수가 요구된다.

다. 입법주체

입법은 정당한 입법권능을 가진 입법주체에 의해 이루어져야 한다. 입법의 궁극적 주체는 민주국가의 경우 주권자인 국민이라고 할 수 있으나, 주권의 위임에 따라 통치권을 행사하는 국가기관 등이 제도적인 입법주체가 된다고 할 수 있다.

또한, 넓은 의미에서는 법률, 명령 · 규칙, 조례 등 모든 실정법적 법규범을 제정할 수 있는 권한이 있는 기관을 입법주체라고 할 수 있으며, 좁은 의미에서는 우리나라의 경우 법률 제정과정의 핵심적인 주체인 국회를 입법주체라고 할 수 있다.

라. 의식적·능동적 형성작용

입법은 법규범을 정립하려는 의식적 · 능동적 형성작용으로서 사법과정 등에서 단순히 기존에 존재하는 법규범의 해석 등을 통해 규범의 새로운 의미를 발견하는 이른바 '법의 발견'과는 구별되는 작용이다. 이러한 의식적 · 능동적인 형성작용은 법규범을 생성, 변경, 폐지하여 규범의 상태를 일정한 목적 하에 변화시키거나 명확히 하는 것을 의미하며, 이는 규범상태의 의식적 변경을 목적으로 하는 실체적 형성작용과 규범상태의 명확화를 목적으로 한 확인적 형성작용으로 구분할 수 있다.

---

4) 차진아, "입법의 성격과 그에 부합하는 입법의 절차", 『법제』 624호, 법제처, 2009, 50.

2. 입법과정의 의미

(1) 협의(狹義)의 입법과정과 광의(廣義)의 입법과정

입법과정은 '입법이 이루어지는 과정'을 의미하는 것으로서 법규범의 형성에 필요한 일련의 작용들이 현실세계의 요구를 반영하면서 일정한 체계에 따라 규범적으로 조합되는 과정이라고 할 수 있다. 입법과정은 그 시간적 범주에 따라 공식적이고 제도적인 법규범 형성과정만을 의미하는 협의의 입법과정과 공식적인 법규범 형성과정 전후의 투입 및 산출과정 등을 포함하는 광의의 입법과정으로 이해될 수 있다.

가. 협의의 입법과정

협의의 입법과정은 법규범의 제정 및 변경 과정을 의미하는 것으로서 일정한 입법정책적 목표를 달성하기 위하여 법령과 절차에 따라 입법주체가 실정법적 법규범을 제정하거나 변경하는 과정을 의미한다. 특히 좁은 의미의 입법 개념에 따르면 법률을 제정하거나 변경하는 과정을 의미하는 것으로서 일반적으로 일정한 입법정책적 목표 하에서 법률안이 기초되어 의회에 제출 또는 발의되고 의회에서 법률안에 대한 심의를 거친 다음 정부에 이송되어 국가원수의 서명·공포에 의하여 하나의 법률로서 효력이 발생되기까지의 모든 과정을 뜻한다.[5)]

여기서 말하는 입법정책적 목표란 입법을 통하여 달성하고자 하는 일정한 사회상태를 의미하는 것으로서 이는 법규범의 변경을 통하여 사회상태의 변경을 도모하는 의식적인 목표(정책규범적 목표) 또는 공동체에 일반적으로 수용된 규범질서를 법규범으로 명확화하려는 목표(규범확인적 목표)로 구분할 수 있다.

이러한 맥락에서 볼 때 입법과정은 '공식적이고 제도적인 절차에 따라 법률안(bill)을 법률(law)로 만드는 과정'이나 '입법기관 내에서 입법권을 구체적으로 행사하는 과정이나 절차'를 의미한다고 할 수 있다. 이러한 입법과정에는 법규범의 제정뿐만 아니라 제정된 법규범에 대한 변경, 즉 법규

5) 김승환, "입법학에 관한 연구－입법의 주체·원칙·기술을 중심으로", 고려대학교 박사학위논문, 1987, 34.

범을 개정하거나 폐지하는 과정도 포함된다.

나. 광의의 입법과정

광의의 입법과정은 협의의 입법과정뿐만 아니라 이를 전후한 연계적 과정으로서 입법요구의 투입 및 입법산출의 작용 및 환류과정을 포함하는 개념으로서 사회적으로 입법수요가 제기되어 입법주체의 입법작용을 통해 법규범이 생성되고, 생성된 법규범이 집행 및 적용된 후 다시 입법산출과정에 환류되는 모든 과정을 뜻한다. 즉, 사회적으로 공론화과정을 거쳐 입법수요가 제기되고 이에 따라 입법안이 입안되어 입법기관 내부의 절차 및 입법주체간 상호작용을 거쳐 법규범이 형성된 후 집행 및 사법과정을 거쳐 당해 법규범의 사회적 효과 및 영향 등에 대한 분석과 평가가 다시 입법과정에 환류되는 모든 과정을 광의의 입법과정이라고 할 수 있다.

이러한 광의의 입법과정은 입법작용을 수행하는 입법체계를 환경과 교호하는 일종의 시스템으로 보는 관점에서 파악한 것으로서 보다 폭넓은 시계에서 '정치적·사회적 환경 속에서 법률의 제·개정에 이르기까지의 전반적 의사결정과정' 또는 '의원은 물론 내각·관료·정당·압력단체 등 공식적·비공식적 기관이나 세력이 의회의 장을 중심으로 입법을 둘러싼 작용을 영위하는 전 과정'을 입법과정으로 본다.[6)]

(2) 입법과정에 대한 접근 방법

입법과정을 이처럼 '협의의 입법과정'과 '광의의 입법과정'으로 파악하는 입장은 각각 입법과정에 대한 두 가지 접근방법의 시각을 반영한 것이라고 할 수 있다. 하나는 법학적·제도적·정태적 접근방법이며 또 다른 하나는 정치학적·동태적 접근방법이다. 전자의 접근방법은 입법과정이 헌법이나 국회법 등 관계법에서 어떻게 규정되어 있는지를 법해석학적 관점에서 규명하고자 한다는 점에서 법학적이고, 입법과정을 구성하고 있는 일련의 제도, 예컨대 상임위원회제도, 심사기간 지정제도(국회법 제85조, 제86조 제2항) 등의 제도가 어떻게 되어 있는지에 관심을 기울인다는 점에서 제도

6) 최윤철, "의원입법의 평가와 평가제도의 발전에 관한 이론적 검토", 국회법제실·한국공법학회 주최 학술대회 발표요지, 2004, 19.

적이며, 입법과정에 참여하는 사람은 누구이며 이들은 주어진 제도의 틀 속에서 어떠한 권능을 가지고 있는지 등에 연구의 중점을 두고 있다는 점에서 정태적 접근방법이라고 할 수 있다.

한편 후자의 접근방법은 입법과정에 참여하는 국회의원과 국민 및 시민사회단체·이익집단 간의 관계, 국회와 행정부와의 관계, 정당과 국회와의 관계 등 법률이 제정되는 과정에 작용하는 여러 세력 간의 대립과 협력관계 및 이들이 자신들의 의사를 관철하기 위하여 행사하는 영향력의 강도와 방향 등을 주로 연구한다는 의미에서 정치학적·동태적 접근방법이라 할 수 있다.

전자의 관점에서의 입법과정은 '법률안의 발의·제출→회부→심의→의결→공포'의 과정으로 구성되지만, 후자의 관점에서는 ① 착상(inspiration), ② 협의와 조문화(deliberation and formulation), ③ 정당화[7](legitimation)로 입법과정을 나누고, 의회의 심의과정은 주로 세 번째의 정당화에 해당하는 것으로 이해할 수 있다. 이 책에서는 가능한 한 양자의 방법을 병행하여 입법과정을 설명하고자 한다.

제 2 절 입법과정의 기능

입법과정은 단순하게 법 또는 법률을 제정하는 규범의 산출과정이라고 정의되기에는 그 사회적 의미가 다양할 뿐만 아니라 복합적인 기능을 수행하는 과정으로서 그 역할에 대하여는 체계적인 분석이 필요하다. 입법과정의 기능에 대하여는 다양한 분류와 정의가 시도되고 있으나,[8] 오늘날

7) 여기서 '정당화'란 국민이 "국가의 입법행위를 받아들이고, 또한 그에 따를 것을 보장하는 것"을 의미하며, 법률이 헌법과 국회법 및 국회규칙이 정하고 있는 소정의 절차를 거쳐 성립한다는 의미에서의 합법화(legalization)와는 다른 의미로 사용된다. 이에 관해서는 박영도, "의원입법의 타당성·효율성에 대한 검토와 개선방안", 국회법제실·한국공법학회 주최 입법과정의 현황과 개선방안에 관한 학술대회 발표요지, 2005, 116 참조.

8) 박영도는 입법과정의 기능을 ① 갈등의 처리와 정치사회의 통합화 기능, ② 국민의 정치참여의 기회보장, ③ 입법과정을 통한 소수자보호로 나누어 설명하고 있다. 『입법과정의 이론과 실제』, 한국법제연구원, 1994, 15~17 참조. 또한 우병규는 입법과정의 기능이라는 표현은 직접 사용하고 있지는 않으나 입법체계가 수행하는 기능으로 대립

입법과정의 가장 중요한 전제적 환경인 대의민주주의체제의 관점에서 본다면, 그 기능을 크게 1) 규범형성 기능, 2) 정치적 기능, 3) 정책적 기능으로 구분할 수 있다. 민주사회에서 입법과정은 기본적으로 다원화된 공동체 구성원들의 집합적 의사결정이라는 점에서 정치적 기능이 강조될 수밖에 없으며, 민주공동체의 공공성과 협동성 요구에 따라 사회적 문제를 해결하기 위한 의식적 노력을 규범화하는 정책적 기능 또한 간과될 수 없는 중요한 기능이다. 또한 입법과정의 가장 본질적인 기능인 규범형성기능은 사회질서를 유지하기 위한 행동규칙으로서 법규범을 형성하는 기능을 말하는데, 입법과정을 통해 형성된 법규범은 사회구성원의 행위에 대한 지침을 제시하고 이를 준수하도록 강제함으로써 공동체의 평화로운 존속을 도모한다.

이러한 입법과정의 여러 가지 기능은 시대적 배경에 따라 부각되는 시기가 각각 다르게 전개되어 왔는데, 근대 민주주의사회 성립 이전의 하향적·일방적 규범형성이 이루어지던 시기에는 입법과정의 규범형성 기능이 강조되었다면, 시민혁명 이후 도래한 근대 민주주의체제 하에서 국민주권주의가 일반화된 시대에는 입법과정의 정치적 기능이 이전에 비해 크게 활성화되었다고 할 수 있다. 또한, 민주주의가 보편화되고 일상적인 생활양식이 된 반면에 변화가 빠르고 복잡·다기한 사회문제가 빈출하는 현대사회에 이르러서는 사회적 문제 해결을 위한 정책적 기능이 이전에 비하여 부각된다고 할 수 있다.

1. 규범형성 기능

(1) 의 의

입법과정은 사회공동체의 원활한 생활관계의 유지에 필요한 질서유지

의 처리기능과 통합화 기능을 들고 있다. 우병규, 『입법과정론』, 일조각, 1970, 8~17. 노재석은 입법과정의 기능을 ① 갈등해소와 통합기능 ② 국민의 정치참여를 통한 민의수렴 기능 ③ 소수의견의 존중 기능, ④ 정책결정 기능으로 구분하고 있다. 노재석, 『민주주의 입법과정론』, 오름, 2016, 32−35. 박수철은 의회 입법과정의 기능을 ① 법률 형성기능과 정책심의·결정 기능 ② 참여기능 ③ 커뮤니케이션과 민의수렴 기능, ④ 사회갈등관리와 사회통합화의 기능, ⑤ 정치과정으로서의 기능을 들고 있다. 박수철, 『입법총론』, 한울, 2012, 58−71.

를 위하여 구성원들이 준수해야 할 행동규칙인 법규범을 형성하고 이러한 법규범의 산출과정에 정당성을 부여함으로써 법규범이 공동체 구성원들에게 안정적으로 수용될 수 있도록 하는 기능을 수행한다.

먼저 입법과정의 규범형성 기능은 가장 고전적이고 본질적인 기능으로서 사회공동체의 질서를 유지하는 데 필요한 규범을 산출하는 기능을 의미한다. 이러한 규범의 산출과정은 정치체제에 따라 다양한 양태를 띠는데, 주권이 군주에게 있는 군주국가의 경우에는 군주의 의사가 규범이 되며, 주권이 국민에게 있는 민주국가의 경우는 직접민주제 또는 대의민주제 방식에 따라 국민의 의사를 규범화한다.

(2) 구체적 내용

가. 규범의 형성

입법과정은 사회공동체의 질서를 유지하고 사회적 협동목표를 설정하는 법규범을 형성함으로써 규범창조기능을 수행한다. 특히 현대 법치국가의 규범체계에서 가장 핵심적인 역할을 수행하는 법(法)은 국가목적 내지 사회정의를 달성 또는 실현하기 위하여 국민에게 일정한 행위원칙의 준수를 강제하는 것으로서 입법은 각각의 사회적 가치와 요구를 법의 영역에 집어넣어 그것을 법적으로 실현하는 작업이며, 제반 목적의 규범화라는 가치관계적 작업 내지 기준을 정립하는 기능을 수행한다. 입법과정을 거쳐 산출된 법규범은 형성의 원천 여부와 관계 없이 공동체 구성원들에게 행동과 가치의 기준을 제시한다.[9)]

나. 정당화(正當化)

입법과정은 산출물인 법규범에 대하여 정당성을 부여함으로써 법규범의 수용성을 제고하는 기능을 수행한다. 이러한 입법과정의 정당화(正當化) 기능은 입법과정을 통해 산출된 법규범에 대하여 정당성과 권위를 부여함으로써 수범자들의 수용성을 높여 법규범이 안정적으로 기능할 수 있도록 한다.

---

9) 박영도, 『입법학입문』, 법령정보관리원, 2014, 7, 26.

특히 통치자와 피치자가 일치하는 현대 민주국가에서 이러한 입법과정의 정당화기능은 법규범이 주권자인 국민의 뜻에 따라 형성되는 것을 보장하고 법규범의 수범가능성을 높이게 한다. 이러한 정당화기능과 관련하여 입법과정에서 일정한 수준 이상의 사회적 합의를 규범화하기 위한 '다수결의 원칙'이 적용되고, '공청회' 등 소수자 보호를 위한 각종 의사절차들이 시행된다. 또한, 법규범의 제정 및 공포절차를 명확히 하여 수범자의 예측가능성을 확보하도록 하고 있다.

다. 입법과정의 안정성 제고

규범화된 입법과정은 입법기관이 입법작용을 함에 있어서 안정성과 예측가능성을 제고하는 역할을 수행한다. 특히 사회적으로 사전에 합의된 입법절차를 규범화하여 입법과정에 적용하는 것은 일종의 규범형성과정에 대한 사회적 합의를 이행하는 것으로서 입법과정의 절차적 정당성을 구현하는 기능을 수행한다.

2. 정치적 기능

(1) 의 의

입법과정은 법규범의 형성과정에서 공동체 구성원의 의사를 반영하고 사회적 가치를 권위적으로 배분하는 정치적 기능을 수행한다. 특히 현대 대의민주주의 국가에서 입법과정은 국민주권주의를 실현하고 사회적 가치를 민주적 의사에 따라 배분하고 조정하는 과정이라고 할 수 있다.

입법과정의 정치적 기능은 시민혁명에 의한 근대 입헌민주주의 성립 이전에는 사회적 가치를 권위적으로 배분하는 기능과 지배계층의 정치적 합의를 규범화하는 기능에 치중되었으나, 국민이 주권자인 민주주의 국가에서는 국민의 의사를 수렴하여 규범화하는 기능이 핵심적인 내용이라고 할 수 있다.

(2) 구체적 내용

가. 민의의 수렴 및 정치참여의 보장

입법과정은 국민들에게 정치참여의 기회를 보장함으로써 국민들의 정치적 투입요구를 수용하고 국민주권주의를 실현하는 기능을 수행한다.

민주국가에서 입법권은 국가기관이 행사하는 통치권이기는 하나, 주권자인 국민의 위임에 의한 것이므로 그 행사 또한 국민의 의사에 따라 이루어져야 한다. 따라서 이념적으로 입법과정은 국민의 입법의사를 수렴하여 법규범을 형성하는 과정이 되어야 한다.

이처럼 국민의 의사를 수렴한 법규범의 형성은 직접민주주의 국가의 경우 국민투표와 같은 국민들의 직접적인 집합적 의사결정에 의해서 이루어지나, 대부분의 국가에서는 국민의 대표가 국민을 대신하여 입법권을 행사하는 간접민주제 방식을 채택하고 있다. 특히 대의민주주의 체제 하에서는 입법기관인 의회가 국민의 선거에 의해 선출된 대표자로 구성되며, 선출된 의원들은 국민의 의사를 수렴하여 이를 입법화함으로써 정치적 지지의 획득을 극대화하려고 노력한다. 이를 통하여 궁극적인 입법권의 주체이자 주권자인 국민의 의사가 선거라는 정치적 선택과정을 매개로 입법과정에 반영되며 국민의 정치참여가 실질적으로 구현된다.

대의민주주의 국가의 입법과정에서는 이러한 민의의 수렴 및 정치참여의 보장 기능을 수행하기 위하여 구체적으로 입법예고, 공청회·청문회, 청원 등의 다양한 제도적 장치를 두어 국민들의 정치적 투입요구를 입법에 반영하는 노력을 기울이고 있다.

나. 갈등의 완화 및 사회통합

입법과정은 다양한 사회구성원의 이해관계와 정치적 투입요구를 표출하고, 이를 대화와 타협을 통하여 조정할 수 있는 기회를 제공함으로써 사회적 갈등을 완화하고 사회통합을 촉진하는 기능을 수행한다. 특히 다원화된 현대사회의 입법과정에 대하여는 다양한 사회구성원 간에 서로의 입장을 이해하고 의견을 교환할 수 있는 기회를 제공함으로써 사회구성원 간 의사소통과 커뮤니케이션을 활성화하는 기능을 수행할 것이 기대되고 있다.

사실 입법과정을 통하여 형성된 모든 입법산출이 제한된 사회적 가치의 경합적 배분에 있어 경쟁적 관계에 있는 사회구성원 모두에게 반드시 만족스러운 결과가 된다고 할 수는 없다. 많은 경우 입법과정을 통해 이루어지는 사회상태의 조정은 이득을 보는 집단과 손실을 보는 집단이 발생하게 되는 경우가 많다. 또한, 사회구성원 간에 편차가 있는 다양한 이념과 가치를 일의적으로 만족시키는 결과를 도출하기도 쉽지가 않다. 법률안의 경우 일부 집단의 이익이나 의사만을 대변하여 국민 대다수의 의사나 이익과 부합하지 않는 안이 제안될 수 있고, 서로의 이익과 의사가 부합되지 않는 상충하는 내용의 법률안이 제출되는 경우도 있다.

따라서 입법과정에서는 서로 상충되거나 모순되는 다양한 입법수요를 조정하고 조화시킴으로써 사회적 수용성이 높고 부작용을 최소화하는 입법을 산출해 내는 것이 관건이다. 입법과정에서 조정과 타협 및 설득이 잘 이루어져 의견을 달리하던 집단들이 서로 승복하고 따를 수 있는 입법안이 도출된다면 입법과정은 단순히 법이나 법률을 제정하는 과정 이상으로 다양하고 이질적인 국민들의 의견을 조정함으로써 우리 사회가 안고 있는 갈등을 해결하고 사회를 통합하는 기능도 행사할 수 있게 된다.[10] 즉 입법과정에서 수용성과 보편타당성이 높은 입법을 산출하는 것은 갈등의 완화와 사회통합에 기여하는 기능을 수행할 수 있는 것이다. 이러한 갈등해결과 사회통합기능은 다원적 민주주의사회에서 국민의 대의기관인 의회가 입법과정을 통하여 담당해야 할 필수적 기능이기도 하다.

그런데 입법과정에서 이러한 조정과 통합이 가능한 수용성 높은 입법산출이 결과적으로 달성되지 않는다고 해도 다원화된 현대사회에서는 사회구성원의 다양한 정치적 투입요구에 대하여 이를 발현할 수 있는 기회를 제공하는 것 자체만으로도 사회구성원 간의 경합적인 이해관계 조정에 수반되는 갈등을 완화하는 데 기여할 수 있다. 즉, 자신들의 의사가 최종적으로 입법화되지 못하더라도 자신의 입장을 개진할 기회를 갖는 것만으로도 그러한 기회를 갖지 못하는 경우에 비하여 갈등을 완화하는

10) 구자용, “입법과정의 동태적 측면 – 의원발의법률안에 대한 비교사례연구”, 『한국행정학보』 제19권 제2호, 1985, 183(“입법과정은 ‘컨센서스’의 기반을 이룰 수 있는 최적의 대안(option)을 모색하는 의미를 지닌다”).

효과를 기대할 수 있는 것이다. 국회에 제출되는 수많은 법률안들이 최종적으로 입법화되지 못하더라도 이러한 의제표출기능의 수행을 통하여 사회적 갈등을 완화할 수 있다면 그 의미가 전혀 없는 것이라고 할 수 없을 것이다.

또한, 입법과정을 통한 정치적 타협과 대화는 사회구성원 간 상호공존 가치의 인정 및 확인을 통해 공동체 유지를 위한 사회통합에 기여할 수 있다. 특히 다수결 원리에 의한 기계적 의사결정에만 의존하지 않고 대화와 타협을 통하여 소수자의 권익을 보호할 수 있는 가능성이 확인되는 경우 사회적 갈등은 완화될 수 있다.

그리고 입법과정 속에서 다양한 입법안의 입법경쟁이 공정한 절차와 규칙에 의해 이루어졌다고 인식되는 경우에는 경합적인 입법산출의 생성에도 불구하고 승복과 수용적 태도가 발생할 가능성이 높아진다는 점에서 규범화된 공정한 입법과정은 사회적 갈등의 완화에 기여할 수 있다.

다. 사회적 가치의 배분

입법과정은 '사회적 가치의 권위적 배분'이라는 정치의 본질적 기능을 수행하는 과정이기도 하다. 입법과정은 희소성이 있는 제한된 사회적 가치에 대하여 경합적이고 경쟁적인 관계에 있는 사회구성원 간에 그 가치의 배분을 결정하는 기능을 수행한다. 직접적으로 사회적 가치의 배분에 대한 결정을 하는 경우도 있으나, 많은 경우 사회적 가치의 배분에 영향을 미치는 기준과 규칙을 정립하는 기능을 수행한다.

따라서 입법과정은 국민들의 다양한 입법의견을 조정하여 국민 다수가 수용할 수 있는 법률을 제정하는 과정이기도 하나, 다른 한편으로 입법과정은 제한된 사회적 자원의 배분을 둘러싼 '정치투쟁의 과정'이라고 할 수 있다. 입법과정에 참여하는 모든 이해관계인이나 집단은 사회적 가치의 경쟁적 배분에 있어 자신들에게 유리한 상황을 조성하고자 하는 유인을 가지고 있으며, 그러한 목표 하에 경쟁과 협력 등 상호작용을 한다는 점에서 입법과정은 정치과정으로서의 기능을 수행한다고 할 수 있다.

또한, 입법과정의 제도적 주체인 국회의원들에게도 권력자원이라는 제한된 사회적 가치의 배분을 둘러싼 정치적 경쟁에 있어 입법과정은 경쟁의 법칙을 설정하고 정치적 경쟁의 구체적 결과를 산출하는 과정이라는 점에서 정치투쟁과정의 성격을 가진다.

3. 정책적 기능

(1) 의 의

입법과정은 사회적 문제를 해결하기 위한 사회공동체의 노력을 합리적 절차를 통해 법규범으로 구체화하는 정책과정의 기능을 수행한다. 이러한 관점에서 볼 때, 입법과정은 여러 가지 사회적 목적과 요구 가운데에서 일정한 목적을 선택하고 그것을 법규범으로 전환하며, 또한 상호모순되는 욕구·이해 등을 조정하는 과정이라고 할 수 있다.[11]

입법과정의 이러한 정책적 기능은 사회변화가 급격하고, 복잡·다기한 사회문제가 빈출하는 현대사회에서 각종 사회문제를 의식적으로 해결하기 위한 정책입법의 비중이 증대되면서 부각되고 있는 기능이다.

(2) 구체적 내용

가. 정책의 결정

입법과정은 사회공동체의 문제를 해결하기 위하여 정책을 결정하는 과정이기도 하다. 정책(政策, policy)이란 '미래의 바람직한 상태를 실현하기 위한 정책목표와 이를 달성하기 위해 강구된 정책수단에 대하여 권위 있는 정책주체가 내린 미래의 활동지침'을 의미하는데,[12] 입법은 이러한 정책목표를 담고 있는 법규범을 제정하는 작용으로서 입법과정을 통한 의사결정은 그 사회공동체 내에서 권위 있는 정책주체가 정책을 결정하는 과정이라고 할 수 있다.

특히 의회유보의 원칙이 적용되고, 의회의 영향력이 강한 의회민주주의 체제 하에서는 정책과정에서 입법의 비중이 큰 편으로서, 국가의 주요

11) 박영도, 『입법학입문』, 법령정보관리원, 2014, 26.
12) 권기헌, 『정책학』, 박영사, 2012, 64.

정책결정이 의회의 동의 또는 의회의 주도적 정책형성과정을 통하여 법률의 형태로 정책화되는 것이 일반적이다.

이러한 입법과정을 통한 정책결정은 집합적 의사결정으로서 수많은 사회구성원의 관여 하에 이루어지는 특성이 있다. 특히 의회의 입법과정은 행정부 내의 입법과정과 달리 다원화된 다수의 입법주체가 집합적인 의사결정을 하는 과정이다. 입법과정은 이러한 집합적 의사결정을 통하여 사회공동체의 행동지침을 결정하는 기능을 수행한다.

나. 정책의 규범화

입법과정은 사회공동체의 권위 있는 정책주체(의회를 포함한다)가 결정한 정책을 규범화함으로써 정책의 안정성과 수용성을 제고하는 기능을 수행한다. 규범화된 정책은 사회적으로 합의된 절차에 따라 정당한 권능을 가진 입법주체에 의해 결정이 이루어졌을 뿐만 아니라 강제성을 가지고 있기 때문에 비교적 높은 수용성을 확보할 수 있다. 또한, 규범화된 정책은 법규범의 효력기간 내에는 정책주체와 정책대상을 규율하는 규범으로 작동한다는 점에서 정책의 지속성과 일관성을 비교적 견고하게 확보할 수 있게 하여 준다.

다. 정책과정에 대한 통제

입법과정은 정책을 규범화하는 과정에서 정책과정에 대한 통제기능을 수행한다. 현대 행정국가에서 정부는 가장 핵심적인 정책주체로서 기능을 수행하나, 의회는 정부의 주요 정책수단인 법률에 대한 통제를 통하여 정부의 정책과정에 대한 통제기능을 수행하고, 정부 내부에서도 대통령령이나 부령 등의 하위법령 제정과정에서 행정부 수반 등이 각 부처의 정책과정을 통제할 수 있다.

라. 정책과정과 정치과정의 연계

입법과정은 정책과정을 정치과정과 연계시킴으로써 정책과정에 대한 민주적 통제를 강화하고 정책과정의 민주성과 반응성을 제고하는 기능을 수행한다. 즉, 입법과정은 민주국가의 정책과정이 궁극적으로 주권자인 국민의 의사에 따라 이루어질 수 있도록 정치적 투입요구를 정책화하는 매개체 역할을 한다.

제 2 장 _ 입법과정의 구조

제1절 입법과정의 기본원리

현대 민주국가에서 가장 이상적인 입법과정은 국민의 의사를 정확히 반영하여 사회적 후생을 극대화할 수 있는 법규범을 최소의 의사결정비용으로 적시에 제정할 수 있는 입법과정이라고 할 수 있다. 즉, 국민들의 입법에 대한 의견이 자유로운 토론과정을 통하여 충실히 반영되고, 궁극적으로 타협과 설득을 통하여 많은 국민들이 공감할 수 있는 법규범이 민주적이고 효율적인 입법과정을 통하여 도출될 수 있어야 한다.

따라서 민주성과 효율성은 현실적으로 입법과정의 제도적 설계와 운영에 있어 기본원리로 작용하면서 입법과정의 구조를 형성하는 데 이념적 기반을 제공한다. 먼저 법규범의 정당성을 국민의 의사에서 구하는 민주국가에서 입법과정은 국민의 입법의사를 규범화하는 과정으로 정의되기 때문에 '민주성'은 입법과정 전반을 규율하는 이념적 가치라고 할 수 있다. 또한, 입법과정은 법규범을 생성하는 산출과정이라는 점에서 일정한 산출목표를 효과적으로 달성하여야 하는 기능적 목표를 가진다. 따라서 '효율성' 또한 입법과정에서 현실적으로 간과할 수 없는 이념적 가치라고 할 수 있다.[1)]

이러한 '민주성'과 '효율성'의 이념은 실정법상으로도 입법과정의 지도원리로 작용하고 있다. 국회법 제1조도 국회법의 목적으로 "국민의 대표기

1) 합리성이 입법과정을 연구하면서 추구해야 할 목표의 하나로 제시하는 입장도 있으나, 합리성은 입법안을 마련하거나 심의하면서 고려해야 할 요소로서 입법의 내용에 관한 것으로 입법과정 자체와는 직접적인 관계가 없다고 본다.

관인 국회의 민주적이고 효율적인 운영에 기여함을 목적으로 한다"고 규정하고 있어 입법기관인 국회의 운영이 민주적이고 효율적이어야 한다는 원칙을 제시하고 있다.

1. 민주성

(1) 의 의

민주주의 이론에 따르면 민주주의(democracy)는 본질적으로 국가의사를 결정하는 절차적 원리로서[2] 국가의 의사가 국민에 의해 결정되어야 한다는 것을 의미한다. 따라서 민주국가에서 국가의 의사를 결정하는 과정 중 하나인 입법과정은 이러한 국민주권주의의 실현과정으로서 피치자이자 주권자인 국민이 자동성의 원리에 따라 스스로를 규율하는 규범을 선택하여 국가의 의사를 결정하는 과정이라고 할 수 있다. 때문에 입법과정의 기본원리로서 '민주성(democracy)'은 국민의 의사가 입법에 반영됨으로써 법규범의 형성이 국민의 뜻에 따라 이루어질 수 있도록 입법과정이 작동하여야 한다는 규범적 요구를 내포한다.

그러나 다원화된 현대 민주국가에서 입법의 원천이 되는 국민의 의사는 일의적으로 존재하는 것이 아니라 국민들의 다양한 가치와 이해관계를 반영하여 다원화된 형태로 존재한다. 뿐만 아니라, 오늘날 보편화된 대의민주주의체제 하에서는 의회나 정부와 같은 대의기구를 통하여 다양한 국민의 의사를 단일의사로 수렴하여 규범화하는 과정을 거치기 때문에 '민주성'이라는 가치는 단순히 국민주권주의를 구체적으로 입법과정에서 실현하는 것 이상의 다양한 함의를 가진다고 할 수 있다. 즉, 가장 고전적 민주주의의 기본원리는 '국민에 의한 지배(rule by the people)'로 수렴된다고 할 수 있으나, 그러한 지배의 이념적 기반과 절차가 역사적으로 구체화되는 과정에서 다양한 개념과 가치가 파생되었다고 할 수 있다.[3] '민주성'에 내포된 다양한 가치 중 '대표성', '반응성', '책임성', '국민의 이익실현'과 같은

2) 정종섭, 『헌법학원론』, 박영사, 2018, 1035.
3) 김지희, 『민주주의와 민주화Ⅱ－민주주의 담론의 경험과학적 내용분석』, 신서원, 2018, 35.

것들은 모두 대의민주주의체제와 관련이 있으며, '대화와 타협', '다수의 횡포와 소수의 횡포 배제', '절차의 공정성' 등은 민주사회의 다원적 구성과 관련이 있는 가치이다.

(2) 구체적 내용

입법과정의 기본원리가 되는 민주성의 원리는 다음과 같은 보다 구체적인 내용으로 파생된다.

가. 국민주권의 실현

가장 고전적인 민주주의의 기본원리로서 국민이 국가의사를 결정하는 주권자로서 '국민에 의한 지배'가 실현되어야 한다는 원리이다. 이에 따르면 입법과정은 주권자인 국민의 의사가 국가의 작용인 입법작용에 반영되도록 작동해야 한다는 것이다.

나. 국민의 이익실현

입법과정과 그 산출물이 주권자인 국민의 이익을 실현하는 데 기여하여야 한다는 것으로서 '국민의 이익'은 다원적 또는 총체적 관점에서 파악될 수 있다. 특히 대의민주주의체제 하에서 국민과 그들의 대표 사이의 이해상충 문제가 발생하였을 때 입법과정에서 국민의 이익이 우선시되어야 한다는 규범적 요구로 귀결된다.

다. 대표성

입법과정에서는 주권자인 국민의 정당한 위임을 받은 대표로 구성된 입법기관이 국민의 의사를 대의하여 법규범을 제정하여야 하며, 이러한 입법기관의 구성도 다양한 국민의 특성과 이해관계에 관한 비례적 대표성을 합리적으로 반영할 수 있어야 한다는 것이다.

라. 반응성

입법의 과정 및 결과는 국민의 의사에 반응성을 가짐으로써 국민의 의사가 입법에 반영될 수 있어야 한다는 것을 의미한다. 민주국가에서 입법과정의 반응성은 주로 대표를 선출하는 선거과정을 통해 확보된다. 특히 선거과정이 자유롭고 경쟁적이어서 대표의 교체가능성이 높을수록 반응성은 높아진다고 할 수 있다. 반응성이 높을수록 국민의 가치규범과 이해관계에 부합하는 입법이 산출될 가능성이 높아지나, 이러한 반응성이 과도한 수준으로 높을 경우에는 즉흥적이고 단기적 성과에 집착하는 대중영합주의가 입법과정에 만연할 우려가 있다.

마. 책임성

국민을 대의하여 입법을 하는 입법기관은 입법의 과정과 그 결과에 대하여 국민에 대하여 책임을 져야 하며, 입법과정은 가급적 이러한 책임성을 확보할 수 있도록 설계되고 운영되어야 한다. 법안의 제명에 발의자의 성명을 표기하는 법안실명제나 법률안에 대한 의결을 기록표결로 하는 것 등은 이러한 입법과정의 책임성을 확보하기 위한 절차이다.

입법의 책임성은 궁극적인 입법주체인 주권자와 제도적 입법주체인 국민의 대표기관 간의 수탁책임관계를 실질화함으로써 입법과정에서 국민의 의사를 보다 정확히 반영하고 국민의 이익이 최대한 대변될 수 있도록 하기 위한 가치이다.

바. 대화와 타협

입법과정의 의사결정은 사회구성원의 세력분포에 의한 수적 우위를 기계적으로 반영하여 이루어지는 것이 아니라, 구성원 간 대화와 타협을 통하여 이루어져야 한다.

입법과정에서 다수결 원리에 의한 기계적 의사결정을 배제하고 대화와 타협의 과정을 거치는 것은 민주공동체에서 소수의 구성원도 권리와 지분이 있는 주인으로서 자신의 입장을 관철시킬 수 있는 기회를 보장받을 필요성이 있을 뿐만 아니라, 다수의 집단의사에도 원초적으로 오류의 가능성이 있기 때문에 대화와 타협을 통하여 이를 수정할 기회를 갖는 것이 사회적으로 바람직하기 때문이다.

대화와 타협은 사회 구성원들의 이성적 능력과 공감능력에 기반하여 이들의 연대감에 대한 신뢰를 바탕으로 합리적인 대화를 통하여 구성원 간의 가치관과 이해관계의 상충을 조정할 수 있다는 기대를 전제로 한 가치이다. 이러한 전제가 충족된다면 대화와 타협을 통하여 사회구성원 간의 인식과 입장의 차이를 줄이고 공동의 문제 해결을 위한 최적의 대안을 집단지성을 통하여 도출할 수 있는 가능성이 높아질 것이다. 따라서 대화와 타협은 공정하고 사회적으로 가장 바람직한 규범의 산출을 위한 공동체의 집단적 노력이 구체화되는 과정으로서 입법과정의 절차적 정당성을 실질적으로 구현하는 수단이라고 할 수 있다.

사. 절차의 공정성

입법과정은 참여자 및 이해관계자에게 공정한 기회를 보장할 수 있도록 공개적이고 투명한 절차를 거쳐야 하며, 절차의 합법성이 담보되어야 한다.

입법과정은 사회문제 해결을 위한 합동적 과정이면서 사회구성원 간에 제한된 사회적 가치를 배분하는 경쟁적 과정의 측면이 있다. 입법과정을 통하여 생산되는 입법산출은 반드시 모든 사회구성원들에게 이익이 되는 파레토 효율적인 산출만 있는 것이 아니며, 경우에 따라서는 이익을 보는 구성원과 손해를 보는 구성원이 동시에 발생하는 비 파레토 효율적인 산출이 나올 수도 있다. 또한, 파레토 효율적인 입법산출의 경우에도 구성원 간에 향유하는 이익의 크기가 달라질 수 있다.

따라서 제한된 사회적 가치의 배분에 관한 경쟁에 있어 공정한 절차가 보장될 필요가 있다. 또한, 이러한 절차의 공정성은 입법과정이 사전에 사회구성원 간에 합의된 절차에 따라 진행됨으로써 달성될 수 있으므로 입법과정에서는 사전에 합의된 합법적 절차가 준수되어야 한다.

(3) '다수의 횡포'와 '소수의 횡포' 배제

입법과정의 민주성은 소수의 정당한 몫을 박탈하는 승자독식류의 '다수의 횡포'를 배제함과 동시에 입법과정상 일탈행위를 통하여 소수의 이익을 위해 다수의 이익이 침해되는 '소수의 횡포'를 배제하도록 운영되어야 한다는 관점에서 설명할 수 있다.

'소수의 횡포'[4]는 소수의 세력이 부당한 방법이나 수단을 동원하여 다

4) Neil K. Komesar, *Imperfect Alternatives-Choosing Institutions in Law, Economics, and Public Policy*, Chicago, University of Chicago, 1994, p. 56.

수의 정당한 이익을 짓누르고 과도하게(disproportionately) 그들만의 이익을 입법과정에서 관철시킬 때 발생하게 된다. 예컨대, 잘 조직화된 어느 이익집단(interest group)이 국회의원들에게 로비를 잘하여 국민 다수의 이익에는 반하지만 그들에게 유리한 내용의 법안을 통과시켰다면 이는 '소수의 횡포'라고 할 수 있다. 공공선택(public choice)이론[5]이나 이익집단(interest group)이론[6]에 의하면 의회의 입법과정은 소수 이익집단의 영향을 받는 의원들에 의하여 지배되기 때문에 입법과정은 결국 소수의 이익을 대변하는 입법을 산출할 가능성이 있다. 국민대표기관은 국민전체의 의사를 대변해야 한다는 대의제의 기본원리에 비추어 볼 때 국민 다수의 이익에 배치되면서 소수의 이익에만 부합하는 입법이 어떻게 가능할까? 이러한 입법이 가능한 것은 다수의 국민은 제출된 법률안의 내용이나 법률안의 국회심의 과정에서 논의되는 내용에 대하여 잘 알지 못하며 설령 안다고 하여도 문제가 되고 있는 입법에 대하여 자신들의 의견을 개진하기 위하여 조직화된 행동을 취하기가 어렵다는 데 있다. 이 점을 조금 더 설명하기 위해서는 시카고대학의 코즈(Ronald H. Coase) 교수가 개발한 거래비용(transaction cost) 개념[7]을 활용할 필요가 있다.

우선 소수로 구성된 이익집단이든 일반 국민이든 문제가 되고 있는 입법이 진행되고 있다는 사실과 그 입법의 내용을 알기 위하여 지불해야 되는 비용을 정보비용(information cost)이라고 부르기로 한다. 그리고 이익

5) 공공선택이론에 의하면 정치의 장에서 행동하는 사람들도 시장에서 행동하는 사람들과 마찬가지로 기본적으로 사익의 동기를 좇아 행동한다고 한다. 즉 공공선택이론은 정치현상의 연구에 경제학적 방법론을 적용하는 이론인데, 이 이론에서는 합리적이고 자신의 이익을 극대화하기 위하여 최선을 다하는 인간상(Homo Economics)이 정치과정의 작동원리를 이해하고 설명하는 데도 마찬가지로 적용될 수 있다고 한다. 허성욱, "공공선택이론과 사법심사에 관한 연구—사법심사의 준거기준으로서 공공선택이론의 함의에 관하여—", 서울대학교 법학박사학위논문, 2008, 14 참조.

6) 이익집단이론에서는 이익집단이 자신들의 이익을 극대화하기 위하여 정치과정에서 행동하는 것에 주목하여 정치과정을 이해하고 분석한다. 즉 이익집단이론에 의하면 소수로 구성된 이익집단이 우리 사회의 부를 자신이 차지할 수 있도록 입법과정에 영향력을 행사함으로써 결과적으로 잘 조직되지 아니한 다수의 공동체 구성원들이 불이익을 받게 된다. Frank H. Easterbrook, *Forward: The Court and the Economic System*, 98 Harv. L. Rev. 4, 1984, pp. 4−60.

7) Ronald H. Coase, "The Problem of Social Cost", *The Journal of Law and Economics*, Vol. 3(1960, Oct), pp. 1−44.

집단이든 일반 국민이 조직화된 행동을 취하기 위하여 조직을 갖추고 조직적인 행동을 취하는 데 소요되는 비용을 조직비용(organization cost)이라고 부르기로 한다. 그런데 일반 국민들의 경우 문제가 되고 있는 법률안의 내용에 대하여 이해관계는 있으나 그 이해관계의 정도가 약한 것이 일반적이기 때문에 입법이 진행되는 경과나 그 입법의 내용을 알기 위하여 필요한 정보를 획득하는 데 드는 정보비용이나 자신들의 입장을 주장하기 위하여 조직화된 행동을 취하는 데 필요한 조직비용을 부담하지 않으려 할 것이다.[8] 반면에 소수의 구성원으로 구성된 이익집단은 자신들의 이해와 직접적이고도 중대한 관련이 있는 법률안에 대하여 문제의 법률안에 관한 정보를 획득하거나 그 법률안의 심의과정에 자신들의 의사를 반영시키기 위하여 조직적인 행동을 취하는 데 소요되는 비용을 기꺼이 부담하려 할 것이다. 예컨대, 의료법의 개정과 관련한 의사단체나 법인세법의 개정과 관련한 경영자단체는 충분히 여기서 말하는 소수로 구성된 대표적인 이익집단이라고 할 수 있다.

입법과정에서 민주성을 확보하기 위해서는 이러한 '소수의 횡포' 가능성을 배제하는 노력이 필요하다.

반면에 입법과정에서 다수가 수적 우위를 바탕으로 소수의 정당한 권리와 이익을 침해하는 입법산출을 만들어낸다면 이른바 '다수의 횡포'가 발생할 수 있다. 의회민주주의 하에서 의사결정이 궁극적으로 다수결의 원리에 의하여 이루어지는 것은 불가피한 측면이 있으나, 소수의 입장을 전혀 배려하지 않고 다수결 논리를 기계적이고 일방적으로 적용할 때 다수의 횡포[9]가 발생할 수 있다. 소수의 정당한 목소리가 다수의 힘에 눌려 전혀 반영되지 못하고 그 결과 소수가 당연히 받아야 할 몫보다 크게 부족한

---

8) 입법과정을 투명하게 일반에게 전반적으로 공개하고, 입법정보와 자료를 누구나 쉽게 접근할 수 있도록 공개한다면, 일반 국민의 정보비용을 줄여줄 수 있다. 입법과정의 공개성과 투명성을 담보하는 제도적 장치는 '소수의 횡포'를 방지하는 유효적절한 수단이 될 수 있다. 예컨대, 공청회·청문회(국회법 제64조, 제65조), 입법예고(국회법 제82조의2), 회의록의 작성·배부·반포(국회법 제115조, 제118조), 회의의 중계방송(국회법 제149조, 제149조의2) 제도 등이 입법과정의 공개성과 투명성을 확보하는 중요한 수단이다.

9) Komesar, 앞의 책, pp. 76-82 참조.

몫만을 받게 되었을 때 '다수의 횡포'가 발생하게 된다. 이 경우 다수는 과도하게(disproportionately) 이익을 누리고 비용부담은 회피하게 된다. 이러한 '다수의 횡포'는 소수자의 의견이 입법자에게 전혀 전달되지 못하는 경우에도 발생하고, 또는 입법자가 비록 소수 국민의 의사지만 이를 확인하였을지라도 국회 내에서 제도적 장애에 부딪히거나 다수의 일방적 의사진행에 의하여 묵살되었을 경우에도 발생하게 된다. 예컨대, 국회의원들이 법률안을 발의하기 위해서는 의원 10인 이상의 찬성을 받아야 하므로(국회법 제79조 제1항), 의원 10인 이상의 찬성을 받을 수 없는 법률안은 그 내용이 아무리 좋은 것일지라도 국회에 제출조차 못하게 된다. 능률과 다수의 편의라는 이름으로 다수자가 만든 제도가 소수의 정당한 목소리를 입법과정에 전달조차 되지 못하게 할 수 있는 것이다.

2. 효율성

(1) 의 의

입법과정에서 효율성(efficiency)[10] 이란 최소화된 의사결정비용으로 필요한 양질의 법규범이 가능한 한 많이 적시에 제정될 수 있어야 한다는 것을 의미한다.

아무리 바람직하고 사회적 후생을 극대화할 수 있는 입법산출이라고 하더라도 그 편익에 비하여 절차적 비용이 많이 소요되거나 과도한 의사결정비용으로 적시에 입법이 이루어지지 못한다면 합목적적 산출체계로서 입법과정의 의의를 살릴 수 없다. 특히 복잡다기하고 급변하는 현대사회의 경우 적시성 있는 입법산출의 필요성이 증대됨에도 불구하고, 사회적 다원

10) 경제학에서 효율성이란 최소의 비용과 노력으로 최대의 효과(소비자의 경우 만족, 생산자의 경우 생산량이나 수익 또는 이윤을 말한다)를 얻고자 하는 원칙으로, 경제적 효율성(economic efficiency)은 경제원칙 또는 경제적 합리주의(economic rationalism)와 상호 교환적으로 사용될 수 있는 개념이다. 김대식·노영기·안국신, 『현대경제학원론』, 박영사, 1995, 7 참조; 경제적 효율성은 제한된 자원이나 재화를 배분함에 있어서 '적어도 어떤 한 사람을 불행하게 하지 않고는 다른 사람을 더 이상 행복하게 할 수 없는 상태'에 도달함을 의미하는 파레토 효율성(pareto efficiency)을 의미하기도 한다. 박세일, 『법경제학』(개정판), 박영사, 2007, 92.

성의 심화로 의사결정비용이 증가하고 있다. 이로 인하여 입법과정이 다양한 입법수요에 신속하고 적절하게 대응하기 어려운 위험성 또한 증대되고 있다.

만약 비효율적인 입법과정으로 인하여 입법과정에 투입되는 다양한 사회적 요구를 제대로 충족시키지 못한다면 전통적인 입법체계 또한 그 존재의 의의를 위협받을 수 있다. 예를 들어 국회입법을 대체한 위임입법이 증가할 수 있으며, 모호한 입법을 통하여 입법과정에서 이루어져야 할 의사결정의 책임이 사법과정이나 행정과정으로 전가될 수도 있다. 이러한 현상이 심화된다면 궁극적으로 법규범의 실효성이 저하되고 의회민주주의에 대한 불신이 심화될 수 있다.

따라서 효율성은 일종의 산출체계로서 사회적 자원을 투입하여 일정한 입법산출을 생산해내야 하는 입법과정의 관점에서는 간과할 수 없는 가치이다. 국회 입법과정의 위원회중심주의는 대표적으로 입법산출의 생산에 소요되는 의사결정비용을 감소시켜 효율성을 제고하기 위한 제도적 장치라고 할 수 있다. 만약 위원회의 사전 심사 없이 국회의원 전원이 참석한 본회의에서 모든 법률안을 처음부터 끝까지 심의하게 된다면 많은 시간이 소요되어 효율적인 심의가 이루어지지 못할 가능성이 높을 뿐만 아니라, 법률안의 심의가 전문성에 기초하여 이루어지지 않고 정치적 입장이나 수적 우위에만 근거하여 이루어질 수 있다.

(2) 구체적 내용

입법과정에서 효율성의 원리는 다음과 같은 보다 구체적인 내용을 함의한다.

가. 정책목표의 효과적인 실현

입법과정은 입법정책의 목표를 효과적으로 실현될 수 있도록 작동하여야 한다. 이는 주어진 산출을 최소의 비용으로 생산하는 비용 효율성뿐만 아니라 생산되는 정책산출 또한 정책목표의 실현에 충분한 수준이 될 만큼 효과적이어야 한다는 것이다.

나. 의사결정 비용의 최소화

입법과정에서 발생하는 의사결정 비용을 최소화하여야 한다. 이는 입법과정에 소요되는 인적·물적·시간적 자원의 희생을 최소화하여야 한다는 것을 의미한다.

특히 다원화된 민주사회에서 입법의 원천이 되는 다양한 국민의 의사를 단일의사로 수렴하여 입법과정에서 규범화하는 것은 필연적으로 많은 시간과 노력이 수반된다. 보다 많은 다수가 공감하는 법규범을 제정하기 위해서는 보다 많은 대화와 타협의 노력이 필요하게 된다. 입법과정에서 때때로 표출되는 사회적 갈등 또한 이러한 의사결정 비용을 가중시키는 요인이 된다.

입법과정이 효율적인 산출체계로서 작동하기 위해서는 이러한 의사결정 비용이 가급적 최소화되어야 한다.

다. 적정한 산출

입법과정을 통해 생성되는 입법산출은 가급적 질적으로 우수하고 양적으로도 사회적 규범수요의 충족에 충분한 수준으로 적정한 산출이 이루어질 필요가 있다. 많은 법규범이 입법과정에서 산출된다고 하더라도 그 질적 수준에 문제가 있다면 규범의 제정을 통해 실현하려는 목표를 효과적으로 달성할 수 없거나, 예기하지 못한 많은 부작용이 나타날 수 있다. 또한, 입법산출이 과소하면 사회적으로 필요한 규범수요를 충족시키지 못할 수 있으며, 반대로 너무 과다한 입법산출은 빈번한 규범상태의 변경으로 법적 안정성을 저해할 수도 있다. 따라서 입법산출의 양과 질의 적정성을 유지할 수 있는 입법과정의 품질관리 및 수요관리가 필요하다.

라. 전문성

입법과정의 효율성과 입법성과를 극대화하기 위하여는 입법과정의 운영이나 입법내용의 결정에 있어 전문성이 확보되어야 한다. 입법과정은 단순히 투입되는 정치적 요구를 수적 우위에 따라 기계적으로 결정하는 과정이 아니라 의제가 되는 사회적 문제에 대한 정확한 분석을 바탕으로 최적의 처방적 대안을 산출해 내는 전환과정이라는 점에서 입법산출의 품질 제고에 기여할 수 있는 전문성이 요구된다.

마. 적시성

입법과정을 통하여 생산된 입법산출이 사회적 효과를 극대화하기 위해서는 필요한 시기에 규범서비스가 적시에 공급되어야 한다. 민주적인 절차를 거쳐 산출된 입법이 아무리 입법자의 의도를 정확히 반영하고 국민들로부터 정당성을 확보했다고 할지라도 그 산출을 위한 토론과 합의의 시간이 과도하게 장시간 소요되어 입법이 적시에 이루어지지 않는다면 입법이 지연되는 기간 동안 발생한 입법환경의 변화로 말미암아 입법의 효과가 의도한 대로 발생하지 않을 수도 있을 뿐만 아니라 많은 사회적 기회비용이 발생할 수 있다.

3. 민주성과 효율성의 조화

(1) 민주성과 효율성의 관계

입법과정에서 민주성과 효율성은 상호 경합적인 상충관계에 있는 경우가 많다. 민주성을 강조하면 효율성이 희생되고, 효율성을 강조하면 민주성이 희생될 수 있다. 예를 들어 '다수의 횡포'와 '소수의 횡포'라는 두 가지 유형의 부작용을 예방하거나 최소화하기 위하여 정교한 제도적 장치를 마련하다 보면, 그 제도의 운용이 너무 복잡하게 되고, 따라서 효율성 측면에서 비효율적일 수 있다. 이렇게 되면 그 입법과정은 민주성 측면에서는 바람직할지 모르나 제도의 전체적인 측면에서는 결코 바람직하지 못하여 채택하기 곤란할 수 있다. 따라서 입법과정이 바람직스럽게 제도화되었다는 평가를 받기 위해서는 민주성 측면에서 바람직할 뿐만 아니라 효율성 측면에서도 문제가 없어야 한다.

(2) 민주성과 효율성의 최적조합

입법과정을 구성하고 있는 하나의 제도가 민주성과 효율성 양 측면에서 모두 바람직하다면 그 제도는 더할 나위 없이 바람직할 것이나, 어느 제도가 한 측면에서는 바람직한 반면, 다른 측면에서는 그렇지 못하다면 이 제도에 대한 평가는 어떻게 되는 것인가? 예컨대, 미연방의회의 상원에서는 의사진행방해(filibuster)가 적법하게 인정되고 있는데,[11] 이 제도는 다른 안건의 심의 자체를 원천적으로 불가능하게 하여 국정의 표류를 초래할 수 있기 때문에 효율성 측면에서는 지극히 바람직하지 않은 제도이나, 다른 한편으로는 소수의 권익보호를 위해서 대단히 효과적인 제도라고 할 수 있다. 이러한 경우 민주성과 효율성 중 어느 것이 우선적으로 고려되어야 할 것인가? 미국의 법철학자 존 롤스(John Rawls)는 그의 저서 『정의론』에서 여러 가지 사회적 목표 간의 순위를 설정하면서 자유나 기회의 균등을 효율성보다 우선시하였다.[12] 이는 효율성보다는 민주성이 우선한다는 시사로 받아들여도 큰 무리가 없을 것 같다. 또한, 미연방대법원도 INS v. Chadha[13] 사건에서 "편의성과 효율성은 … 민주정부의 일차적 목표나 품질보증서가 아니다"라고 판시함으로써[14] 롤스와 비슷한 입장을 취하고 있다. 따라서 입법과정을 설계하면서 하나의 제도가 민주성과 효율성 측면에서 상충된다면 다른 조건이 같은 한 민주성이 우선적으로 고려되어야 할 것이다. 그러나 그 제도의 비효율성이 극심하다면 의도한 민주성의 실현 자체가 현실적으로 어려워질 수 있다는 점에서 일정한 균형점을 모색해야 할 것이다. 이러한 균형점은 단일한 특정 최적조합의 형태로 존재하는 것이 아니라 상황에 따라 최적조합이 다른 형태로 존재할 수 있다. 즉, 긴급한 입법수요가 있는 경우에는 효율성이 보다 강조될 수 있으며, 장기적이고 일관성이 요구되는 입법의 경우에는 민주성이 강조되는 것이 정책의 지속가능성과 수용성 측면에서 바람직할 수 있다.

11) 일단 어느 의원에 의하여 의사진행방해가 시작되면 이를 중단시키기 위해서는 비공식 협상을 통하여 의사진행방해를 하는 의원의 요구를 들어주거나 아니면 토론종결(cloture)을 동의하여야 하는데, 여기서 토론종결은 상원의원 5분의 3 이상의 찬성이 있어야만 성립된다. Walter J. Oleszek, *Congressional Procedure and the Policy Process*, Congressional Quarterly Press, 2007, p. 241.

12) John Rawls, *A Theory of Justice*, Oxford University Press, 1971, 302–303.

13) 462 U.S. 919(1983).

14) Chadha, 462 U.S. at 944.

제 2 절 입법과정의 규범체계

1. 입법과정 규범체계의 의의

(1) 입법과정상 규범체계의 의의

입법과정은 입법주체와 입법과정의 참여자가 상호작용하는 동태적 작용으로서 일정한 규범의 규율에 따라 입법이 이루어지는 목적적 과정이다. 또한, 입법과정은 법규범을 창조하는 과정이기는 하나, 원초적 상태의 시원적 창조과정이라기보다는 기존의 선험적 또는 선재적 규범의 규율에 따라 규범을 산출하는 과정이다.

이러한 측면에서 입법과정은 법률적으로 말하면 선재적 규범에 따라 입법권이 행사되는 과정이라고 할 수 있으며, 입법과정의 규범체계는 이러한 선재적 규범으로서 입법권을 누구에게 부여하고, 어떤 절차를 통하여 입법권이 행사되는지에 대하여 규정하는 기능을 수행한다고 할 수 있다.[15)]

즉, 입법과정을 규율하는 규범체계는 입법과정의 구조를 형성하고 구체적 작용양태를 결정하는 기능을 수행하며, 입법과정의 기본원리인 민주성과 효율성이 입법과정에서 구체화되도록 입법과정 참여자의 행위를 규율한다.

(2) 규범체계의 기능

입법과정의 규범체계가 수행하는 기능은 다음과 같이 나누어 설명할 수 있다.

첫째, 입법과정의 규범체계는 입법과정을 통해 산출되는 법규범의 형성에 대한 사회적 합의의 절차와 방법을 규정함으로써 입법과정과 그 결과물에 대하여 정당성을 부여하는 기능을 수행한다. 입법과정을 통해 산출되는 법규범이 사회구성원 모두의 이익을 증진하고 그들의 가치기준에 부합하여 만장일치의 동의를 얻을 수 있다면 더할 나위 없이 이상적이지만, 현

15) 박수철, 『입법총론』, 한울, 2012, 72.

실의 규범형성과정에서는 다양한 사회구성원 간에 이익과 가치의 충돌이 불가피하다. 때문에 이러한 상충되는 가치와 이익을 어떠한 기준과 절차를 통하여 조정하고 합의를 도출할 것인지에 대하여 사전적으로 사회 구성원 간에 합의가 이루어져야 하며, 이러한 합의를 규범화하는 것이 필요하다. 입법과정의 규범체계는 이러한 사회구성원 간 이해관계와 가치의 충돌에 대한 조정과 합의의 규칙을 존 롤스(John Rawls)가 말하는 이른바 '무지(無知)의 장막(veil)'상태의 원초적 규범과 유사하게 제공함으로써 입법과정에서 파생되는 가치배분의 정당성 문제를 완화 내지 해소할 수 있다.

둘째, 입법과정의 규범체계는 대의민주주의 하에서 국민의 위임에 따라 입법권을 행사하는 입법주체와 주권자인 국민 간의 위임관계 및 입법권의 한계를 설정하는 기능을 수행한다. 주권자인 국민은 통치기관인 입법주체에게 입법권을 위임하지만, 입법주체에게 무한정의 권한을 부여한 것이 아니다. 입법과정의 규범체계는 이러한 입법권 행사의 내용적 한계를 규율함과 동시에 입법과정에서 준수되어야 할 규범적 절차를 제시함으로써 입법주체가 행사하는 입법권이 궁극적으로 국민의 의사에 부합하도록 규율하는 기능을 수행한다.

셋째, 입법과정의 규범체계는 입법산출과정에 대한 절차적 또는 실체적 규율을 통하여 사회적으로 바람직한 입법이 산출되도록 유도하는 역할을 수행한다. 사회적으로 바람직한 입법이란 사회적 후생수준을 극대화할 수 있는 입법을 말하는 것으로서 입법과정의 각종 절차는 폭넓은 의견수렴과 정책대안에 대한 검증을 통하여 그 사회가 가지고 있는 정책자원을 최대한 효율적으로 활용하게 함으로써 최선의 입법대안을 도출하는 데 기여할 수 있어야 한다. 즉, 바람직한 입법과정의 규범체계는 사회구성원의 지혜를 최대한 결집하여 사회공동체의 후생을 극대화하는 입법산출의 생산을 유도하는 기능을 수행한다.

넷째, 입법과정의 규범체계는 입법과정에 참여하는 입법주체와 그 외 참여자의 행위를 규율함으로써 입법과정에서 일어나는 정치적 경쟁에 있어 일종의 경쟁규칙을 제공하는 역할을 수행한다. 의회에서 각 정파 간 정치적 입장이 대립할 때 이를 해소할 수 있는 기준과 절차를 제시함으로써 이러한 정치적 경쟁의 결과에 당사자의 승복을 이끌어 내고 생산적인 입법 산출을 유도하는 기능을 수행한다.

2. 입법과정 규범체계의 구성

입법과정의 규범체계를 현대 대의민주주의 국가의 중심적인 입법기관인 의회를 중심으로 파악하면, 입법과정은 헌법을 정점으로 하여 의회법, 의회규칙, 관행 및 선례로 구성된 일련의 위계적 규범체계에 의해 규율된다. 우리나라의 입법과정도 헌법(제52조, 제53조 등)과 국회법, 「법령 등 공포에 관한 법률」 및 국회규칙 등의 규율을 받고 있다.

(1) 헌 법

가. 의 의

헌법은 국가의 기본규범으로서 국가의 통치조직과 작용, 국가기관 상호간의 관계 및 국민의 기본권을 보장하는 최고규범으로서 입법과정을 규율하는 최상위 규범이다.

나. 입법과정상 기능

헌법은 국민주권주의, 기본권 보장, 법치주의, 권력분립원칙 등 입법과정을 지도하고, 입법의 한계를 설정하는 기본원리를 제시한다. 또한, 헌법은 대의민주주의 또는 직접민주주의 방식의 채택 등 입법에 관한 국가와 국민의 관계에 대해 규율을 하며, 국가기관 간 입법작용 및 입법권의 배분에 관한 사항을 규율한다. 우리나라 헌법은 형식상 법률에 대한 입법권을 국회에 귀속시키고 있으며, 정부의 행정입법권, 사법부의 사법입법권, 지방지치단체의 자치입법권 등을 인정하고 있다.

그 밖에 헌법은 입법기관(특히 의회)의 조직 및 작용에 대하여 규율하는 한편, 기본적이고 중요한 입법절차에 대하여는 직접적인 규범으로서 작용한다.

그러나 헌법이 입법과정에서 수행하는 기능 중 가장 중요한 것 중 하나는 다수결 원리의 지배를 받기 쉬운 입법과정에서 소수자 보호를 위한 규범이 다수의 의사에 의하여 자의적으로 배제되는 것을 방지하는 기능을 수행한다는 것이다. 헌법상 각종 기본권과 제도보상에 관한 조항 등은 국회의 입법과정에서 침해가 불가능한 사항을 규정함으로써 입법권의 한계를 설정하고 이러한 침해가 발생하였을 때 구제할 수 있는 헌법재판제도 등을 규정함으로써 소수자를 보호하는 규범으로서 작용한다.

다. 우리나라의 헌법

우리나라의 헌법도 국민주권주의, 기본권보장, 법치주의, 대의민주주의, 권력분립원칙 등 입법과정의 지도원리와 입법의 한계를 제시하는 등 입법과정의 규범체계에 있어 기본규범으로 기능하고 있다.

우리 헌법은 기본적으로 대의민주주의를 채택한 가운데 원칙적으로 국회에 형식상 의미의 법률을 제정하는 입법권을 전속시킴으로써 국회입법중심주의(國會立法中心主義)를 채택하고 있다(헌법 제40조). 아울러 우리 헌법은 국회의 구성과 국회의원의 선거 등 입법기관의 조직에 대하여 기본적 사항을 직접 규율하고 있다(헌법 제41조). 즉, 헌법은 국회에 의장 1인과 부의장 2인을 두도록 규정하는 등 국회의 조직에 대하여 직접적으로 규율하는 내용을 포함하고 있다. 그 외에도 우리 헌법은 회의공개의 원칙, 회기계속의 원칙, 의결정족수 등 입법절차에 대한 중요 사항을 직접 규정하고 있다.

한편 우리 헌법은 국회입법중심주의를 채택하면서도 예외적으로 대통령에게 법률과 동일한 효력을 가지는 긴급명령과 긴급재정경제명령을 발할 수 있는 권한을 부여하고 있으며, 대통령에게 법률의 공포와 재의요구권한 등 법률의 제정에 관한 권한의 일부를 부여하고 있다. 또한, 법률안의 제출권을 의원뿐만 아니라 정부에도 부여하고 있으며, 정부가 대통령령, 총리령 및 부령을 제정할 권한도 명시적으로 규정하고 있다.

뿐만 아니라 우리 헌법은 법원에 대하여도 위헌법률심사 제청권 및 위헌·위법 명령 심판권을 부여하고, 헌법재판소에 위헌법률심판권을 부여하고 있다. 이외에 국회·법원·헌법재판소·중앙선거관리위원회에 자율적인 규칙제정 권한을 부여하고 있으며 지방자치단체에도 자치법규 제정권을 부여하고 있다.

(2) 의회법

가. 의 의

의회법은 대의민주주의체제 하에서 중심적인 입법기관으로서 역할을 수행하는 의회의 조직과 운영에 관하여 규율하는 법률 형식의 법규범을 말한다. 통상 헌법에서 위임하거나 헌법의 규율사항을 구체화할 필요가 있는 사항에 대하여 규정하고 있다. 우리나라의 국회법과 같은 법률이 의회법이라고 할 수 있다.

나. 의회법의 입법과정상 기능

의회법은 의회의 조직과 운영에 관하여 규율을 하며, 이와 함께 의회와 다른 국가기관 및 국민과의 관계에 대해 규율을 한다. 양원제를 채택한 국가의 경우 의회 내 양원의 관계에 대하여 규율을 하기도 한다. 또한, 의회법은 중요한 입법절차에 대하여 규율을 하고 하위규범인 의회규칙에 대한 위임근거를 규정하기도 한다.

다. 우리나라의 의회법

우리나라의 대표적인 의회법은 국회법이다. 국회법은 형식적 의미의 국회법과 실질적 의미의 국회법으로 구분할 수 있는데, 형식적 의미의 국회법은 「국회법」이라는 제명의 법률을 말한다. 실질적 의미의 국회법에는 「국회법」 이외에도 국회법의 부수법률인 「국정감사 및 조사에 관한 법률」, 「국회에서의 증언·감정 등에 관한 법률」, 「인사청문회법」, 「국회의원수당 등에 관한 법률」, 「국회사무처법」, 「국회도서관법」, 「국회예산정책처법」, 「국회입법조사처법」, 「국회미래연구원법」 등이 포함되며, 「청원법」, 「국가재정법」, 「감사원법」 등의 국회 작용과 관련된 규정도 실질적 의미의 국회법에 해당한다고 할 수 있다.

(3) 의회규칙

가. 의 의

의회규칙은 입법기관인 의회가 법률의 위임이나 의회의 자율권에 근거하여 제정한 규칙을 말한다. 미국과 영국의 경우 의원(議院)별로 의사규칙을 제정하고 있으며, 우리나라의 경우는 일반적인 의회규칙은 없으나 특정 분야에 대하여 국회규칙을 제정하여 운영하고 있다. 의회의 규칙은 대통령의 거부권 행사 대상이 되지 않기 때문에 의회가 자율적으로 내부사항을 규율하는 규범으로서 기능할 수 있다.

나. 입법과정상 기능

의회규칙은 입법기관인 의회의 조직과 운영에 대한 자율적 규율의 수단인 한편, 내부적으로 입법절차를 사전적으로 규율함으로써 입법과정에서 발생할 수 있는 갈등의 소지를 줄이고, 입법과정 참여자들에게 행위지침을 제공한다.

다. 우리나라의 의회규칙

국회의 규칙제정권은 국회의 자율권 중 하나로서 헌법 제64조 제1항에서 규정하고 있으며, 국회법 제166조에서도 "국회는 헌법과 법률에 저촉되지 않는 범위 내에서 의사(議事)와 내부규율에 관한 규칙을 제정할 수 있다"고 규정하고 있다. 국회규칙은 법단계상 법률의 바로 밑에 자리하는 하위규범으로서 대통령령과 유사한 단계의 법규범으로 볼 수 있다. 국회규칙은 상위법이 위임한 사항을 규율하기도 하나 자율규범으로서 상위법의 위임이 없이도 의사와 내부규율에 관한 사항을 자율적으로 규정할 수 있다.

또한, 국회규칙은 제정절차에 따라 ⅰ) 본회의 의결을 거쳐 제정되는 규칙과 ⅱ) 국회운영위원회의 동의를 거쳐 국회의장의 결재로 제정되는 규칙으로 구분된다.

먼저 본회의 의결을 거쳐 제정되거나 개정 또는 폐지되는 규칙은 주로 의사(議事)와 의원(議員)에 관한 사항들로서 국회법 및 기타 법률에서 국회규칙으로 정하도록 한 사항이나 국회 운영과 관련하여 비교적 중요한 사항을 규율하며, 소관위원회인 국회운영위원회의 심사와 법제사법위원회의 체계·자구심사를 거쳐 본회의의 의결로 확정된다. 이처럼 본회의 의결을 거쳐 제정되는 규칙은 2020년 12월 현재 「국회상임위원회 위원정수에 관한 규칙」 등 23개 규칙이 있다.

또한, 국회규칙 중에는 「국회사무처법」 등의 위임에 따라 국회운영위원회의 동의를 받아 국회의장의 결재로 제정하는 「국회사무처 직제」 등 14개 규칙이 있다(2020년 12월 현재).

(4) 국회규정 및 위원회 운영규칙

국회규칙의 하위규범으로서 법률이나 국회규칙의 위임 또는 국회의장의 권한에 따라 국회의장이 정하는 국회 내부의 규범으로서 국회규정이 있으며, 국회법 제169조 제2항에 따라 국회의 위원회가 국회운영위원회와 협의하여 국회법 및 국회규칙에 저촉되지 않는 범위 내에서 위원회의 회의 및 안건심사 등에 관하여 정하는 위원회 운영규칙이 있다.

(5) 선례 및 관행

가. 의 의

선례는 역대 의회의 입법과정에서 발생한 사례 중 성문규범에 저촉되지 않으면서 동일하거나 유사한 사안이 반복적으로 적용되어 관행으로 인정되거나 평등의 원칙 등을 매개로 규범성이 인정된 사례를 말한다. 국회의 의사운영과 관련하여 발생한 사례가 모두 규범성이 인정되는 선례가 되는 것은 아니며, 그중에서도 ⅰ) 성문규범에 위배되지 않고, ⅱ) 반복적으로 적용되거나 적용가능성이 있는 사례만 선례로 인정될 수 있다.

나. 입법과정상 기능

이러한 선례와 관행은 성문규범의 흠결을 보완하는 역할을 수행하거나 새로운 규범의 형성에 기여하기도 한다. 선례와 관행에 의한 성문규범의 보완이 필요한 것은 입법과정에 적용되는 각종 성문규범이 입법기술상의 한계 등으로 입법과정에서 발생하는 모든 현상을 완벽하게 포섭하지 못할 수 있기 때문이다.

또한, 선례와 관행은 경우에 따라서는 성문규범이 명확하지 않은 영역에서 입법과정 참여자들을 규율하는 규범으로 기능할 수 있으며, 때로는 이러한 선례와 관행이 성문규범으로 전환될 수 있다.[16]

다. 우리나라의 선례 및 관행

우리나라의 경우도 실제 국회법의 해석과 적용 및 흠결의 보충에 있어서 국회의 관행이나 선례가 매우 큰 비중을 차지하고 있다.[17] 이와 관련하여 국회사무처는 국회가 개원할 때마다 이전까지의 선례를 정리한 『국회선례집』을 발간하고 있다.

제 3 절 입법과정의 산출체계

1. 개 관

(1) 입법과정의 산출체계

입법과정을 체제(system)의 관점에서 보면, 입법과정은 환경과의 상호작용을 통하여 법규범을 산출하는 목적적 체계의 작용과정으로 인식될 수 있다. 즉, 입법에 대한 투입요구(legislative input)가 입법활동을 통해 입법산출(legislative output)로 전환(conversion)되며, 이러한 입법산출에 대한 평가가 다시 환류(feedback)되는 과정이라고 할 수 있다.

16) 예를 들어 관행으로 적용되던 1일 1차 회의 원칙이 2010년 국회법 개정으로 성문화된 바 있다.

17) 정호영, 『국회법론』, 법문사, 2012, 15.

그림 2-1 입법과정의 산출체계

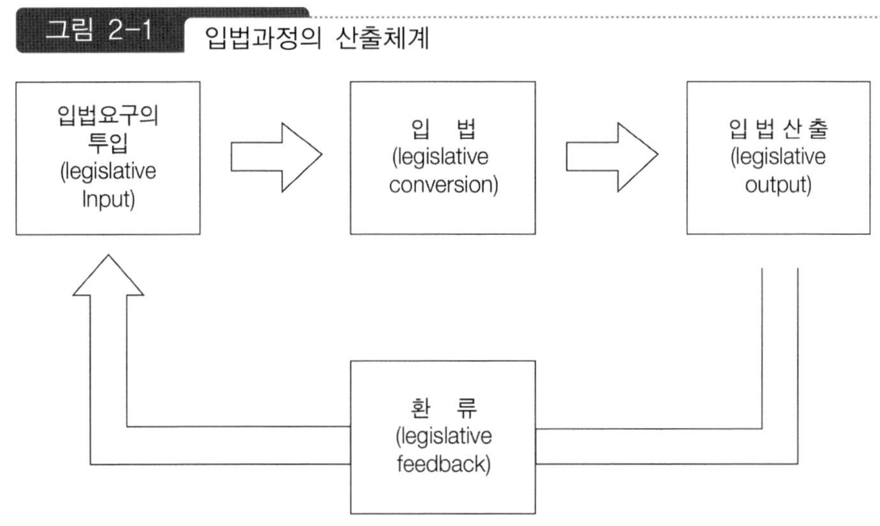

(2) 입법산출체계의 행위자 간 상호작용

입법산출체계의 산출과정은 입법수요자, 입법주체, 수범자, 이해관계자, 전문가 및 공익주체 등 다양한 행위자들의 상호작용과정이라고 할 수 있다.

입법수요자는 특정한 법규범에 대한 규범수요가 있는 자들로서 입법수요을 제기함으로써 이러한 입법요구가 입법산출체계에 투입되도록 하는 역할을 수행한다. 입법주체는 공식적인 법규범의 제정권한을 가진 주체로서 이러한 투입요구(input)를 입법산출체계 내에 수용하여 법규범을 제정함으로써 입법산출(output)로 전환하는 역할을 담당한다. 생산된 입법산출은 법규범의 적용을 받는 수범자의 행위를 규율하고 이해관계자와 전문가 및 공익주체에게도 영향을 미친다.

이해관계자는 입법산출에 따른 수범자의 행위 또는 환경의 변화로 인하여 이해관계가 발생하는 자들로서 스스로 입법수요자가 되어 입법요구를 제기하기도 하고 관련 법규범의 제정과정에 의견을 표명함으로써 또 다른 대안적 투입요구를 입법과정에 주입하기도 한다. 전문가 및 공익주체는 직접적인 이해관계는 없지만 입법과정에서 전문적인 견해를 표출하거나 공익적 입장의 주장을 제기하여 입법과정에 투입요구를 주입한다.

그림 2-2 입법산출체계 행위자간 상호작용

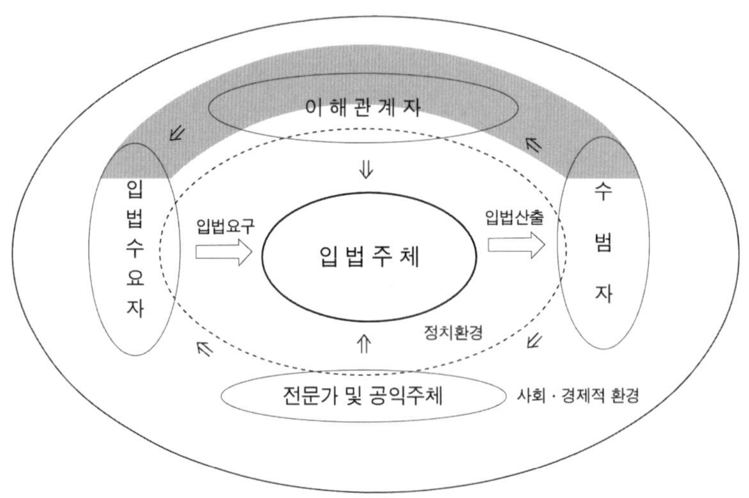

2. 입법의 산출과정

입법과정을 산출체계 관점에서 파악하는 견해는 앞에서 언급한 광의의 입법과정 개념과 맥락을 같이 하는 것으로서 협의의 입법과정 전후의 투입 및 산출과정을 포함하여 입법과정을 '투입 → 전환 → 산출 → 환류'의 작용이 순차적으로 일어나는 일련의 과정으로 파악한다.

(1) 입법요구의 투입

입법요구의 투입은 특정한 입법수요가 발생하여 입법에 대한 요구가 사회적으로 제기되는 과정이라고 할 수 있다. 즉, 사회적인 문제가 제기되어 공론화 과정 또는 정책담당자의 인지를 거쳐 구체적인 입법요구가 입법과정에 투입되는 과정이다.

이 과정에서 단초가 되는 '문제의 제기'는 문제가 발생되고 인식되어 대중 또는 정책담당자에 의해 정책의제화되는 과정으로서 여기서 말하는 '문제'란 개선이 필요하다고 인식된 인간의 욕구, 즉 발생된 모든 사건 가운데 해결이나 개선이 필요한 일부 사건, 전환이나 개선을 추구하는 사람에게 욕구나 불만족을 가져오는 조건 내지 상황을 말한다고 할 수 있다. 일반적으로 입법에 있어서의 문제란 규범과 현실의 괴리를 의미하는 것으로서 '있어야 할 상황(Soll Zustand) 또는 바람직한 상태와 현재 존재하는 상태(Ist Zustand)와의 간격 내지 차이'를 의미하는 당위상태와 사실상태의 차이를 말한다.18)

이러한 '문제'가 발생하여 사회구성원들에게 인식되고 공감대가 형성되면 '문제'의 정책의제화가 이루어지며, 정책의제화된 문제는 정치적인 경로 또는 정책담당자의 인지과정을 거쳐 입법과정에서 입법요구로 전환되어 투입된다.

(2) 입법의 전환

입법의 전환과정은 입법요구를 입법산출로 전환하는 과정으로서 법규범의 생산과정이라고 할 수 있다. 앞서 언급한 협의의 입법과정 개념이 이에 해당한다. 이러한 입법의 전환과정은 크게 '입안 및 제출', '심의 및 승인', '공포'의 세 단계로 이루어진다.

가. 입안 및 제출

입안 및 제출 과정은 제안권자가 입법수요를 파악하여 법률안을 입안하고 입법기관에 제출하는 과정이다. 이 중 입안과정은 입법목적과 입법방향을 확정하고 입법수단을 선택하는 입법내용의 확정과정과 확정된 입법내용을 법령입안 기준에 맞추어 법령안을 작성하는 입법형식의 정립과정으로 이루어진다. 이러한 입안과정이 완료된 후에 법률안은 일정한 요건을 갖추어 일정한 형식과 절차에 따라 제안권자에 의하여 입법기관에 제출된다.

나. 심의 및 승인

입법기관에 제출되어 제도적인 입법절차가 개시된 법률안은 그 내용을 심사하여 수용여부를 결정하고 내용을 수정하는 심의과정과 입법의 내용을 최종적으로 결정하는 승인과정을 거친다.

---

18) 박영도, 『입법심사의 체계와 방법론』, 한국법제연구원, 1996, 51.

통상 심의과정에서는 위원회 등 내부기관의 사전 심의와 전체회의의 심의를 거치며, 승인과정은 최종적인 입법권이 유보된 입법기관 전체회의의 의결을 통해 승인을 얻는 과정이다.

다. 공 포

심의 및 승인과정을 거쳐 내용이 확정되고 형식적 정당성을 획득한 법률안은 공포권자의 공포로 수범자에게 알려지고 효력이 발생하게 된다.

(3) 입법산출의 작용 및 환류

가. 입법산출의 작용

입법산출체계의 전환과정을 거쳐 생산된 입법산출은 실체적 규범이 되어 규범력을 발휘하며 적용되거나 시행된다. 입법산출이 작용하는 과정은 크게 집행 및 수범과정과 사법과정으로 구분할 수 있는데, 집행 및 수범과정에서는 국가기관에 의하여 법률이 집행되고 수범자가 법률에 순응함으로써 실체적 규범으로서 기능하고 사법과정에서는 분쟁의 해결을 위해 법규범이 재판규범으로 활용된다.

나. 환 류

산출된 법규범에 대하여는 작용과정에서 일정한 평가가 이루어지며 다시 입법과정으로 환류가 된다. 입법산출이 당초 의도했던 입법목표의 달성에 미진하거나 새로운 부작용을 생성하는 경우 이에 대한 평가가 다시 입법과정에 환류되어 새로운 입법요구가 제기되기도 한다.

제 4 절 입법과정의 구조적 요인

입법과정의 작용 양태를 결정하는 데에는 여러 가지 구조적 요인이 작용한다. 정부형태, 의회의 구성 및 운영체제와 같은 제도적 요인과 정당구조, 정치문화, 사회환경과 같은 사회·문화적 요인이 입법과정에 영향을 미치는 구조적 요인이 될 수 있다.

1. 정부형태

정부형태는 입법과정의 구조를 결정하는 데 가장 기본적이고 구조적인 영향을 주는 요인으로서, 특히 행정부와 입법부의 관계를 어떻게 설정하느냐에 따라 입법과정의 작용양태가 달라진다. 대표적으로 대통령제와 의원내각제 중 어떠한 정부형태를 선택하느냐에 따라 입법과정의 작용양태가 달라지며, 이외에도 정책자원의 배분에 있어서 입법부우위형 제도와 행정부우위형 제도 중 어느 것을 채택하느냐도 입법과정에 영향을 미친다.

(1) 대통령제와 의원내각제

가. 대통령제와 의원내각제의 비교

대통령제와 의원내각제는 모두 근대입헌주의 성립과정에서 권력분립 원리를 통치구조에 구체화하기 위하여 대두된 정부형태이다. 연혁적으로 입법권과 집행권을 분리하여 입법권과 집행권을 각각 의회와 군주에게 맡기는 로크(Locke, 1632-1704)의 입법부우위적 이권분립론(二權分立論)은 영국의 명예혁명을 거쳐 의원내각제 이론으로 발전하였고, 국가권력을 입법권·집행권·사법권으로 분할하는 몽테스키외(Montesqieu, 1689-1755)의 삼권분립론(三權分立論)은 미국의 헌법 제정에 영향을 미쳐 대통령제 이론으로 발전하였다. 미국을 원형으로 하는 대통령제 국가는 상대적으로 엄격한 권력분립을 강조하는 반면에 영국을 원형으로 하는 의원내각제 국가의 경우는 상대적으로 권력간의 융합을 강조하는 특징이 있다.[19)]

엄격한 권력의 분립을 강조하며 미국에서 창안된 대통령제의 경우 대통령이 국민에 의하여 선출되고, 그 임기 동안 신분이 보장된다. 따라서 행정부와 입법부가 각각 국민의 선거에 의해 구성되어 상호 독립적으로 대표성을 갖고 각각 국민에게 책임을 지며 상호 간의 겸직을 금지하거나 제한함으로써 입법부와 행정부의 구성 및 존속이 상호 독립적인 관계에 있는 것이 특징이다. 따라서 의회의 집행부 불신임권과 정부의 의회해산권은 인

19) 이정은 등, 『입법과 사법의 법률정보협력에 관한 연구』, 사법정책연구원, 2019, 11-13.

정되지 않는 것이 원칙이다. 또한, 원형적인 대통령제는 집행부의 구조가 행정수반인 대통령을 중심으로 일원화되고, 구성과 의사결정체계의 다원성을 특징으로 하는 입법부의 독자적인 권한과 역할이 입법과정에서 상대적으로 큰 편으로서 입법부와 행정부간에 비교적 엄격한 견제와 균형의 원리가 적용되고 입법과정이 비교적 다원적인 특성을 가진다.[20]

이러한 대통령제는 집행부의 독립적인 임기가 보장되므로 국정의 안정과 행정 효율성의 제고를 도모할 수 있고, 견제와 균형으로 권력의 남용과 횡포를 방지할 수 있으며, 다수결 원리의 지배를 받는 정치과정의 영향을 제한함으로써 다수의 횡포를 방지할 수 있는 장점이 있다. 반면에 정치권력의 존속기간이 보장되고 정책에 대한 책임이 대통령과 관료들에게 분산되어 불명확하기 때문에 국민에 대한 정치적 책임성이 상대적으로 저하되는 문제점이 있다. 또한, 통치권력이 분립되어 있어 국정의 통일적 수행과 행정부와 의회 간의 조정이 어려운 문제점이 있으면서 다른 한편으로는 대통령의 강력한 권한이 독재로 흐를 위험성이 있다.[21]

의원내각제의 경우는 의회의 다수파가 내각을 구성하여 정부를 운영하기 때문에 행정부와 입법부가 그 성립 및 존속이 상호 연계되어 있고, 통치권력이 의회를 중심으로 융합되는 특징이 있다.[22] 법적으로는 입법부와 집행부가 분리·독립되어 있고 의회와 내각이 각각 내각불신임권과 의회해산권을 가지고 권력적 균형을 유지하는 구조이지만, 내각이 의회에 대하여 정치적 책임을 질 뿐만 아니라 의회의 구성원인 의원이 내각의 각료가 되는 겸직현상이 일반적이기 때문에 정치적으로는 두 기관이 일원화된 지배구조 하에서 작동한다. 특히 의원내각제의 원형인 영국의 경우 의회와 정부와의 관계는 매우 밀접한 연합의 관계로서 입법권과 행정권의 거의 완벽한 융합이 발생한다는 평가도 있다.[23] 따라서 대통령제와 같이 제도적

20) 권영성, 『헌법학원론』, 법문사, 1997, 645.
21) 윤명선, "권력분립원리에 관한 재조명", 『미국헌법연구』 제18권 1호, 2007, 17.
22) 의회의 구성에서 확보한 민주적 정당성을 행정부의 구성에까지 관철시키는 「국민 → 의회 구성 → 행정부 구성」이라는 일원주의의 방식이 의원내각제 정부이다. 정종섭, 『헌법학원론』, 박영사, 2018, 1055.
23) Richard Benwell & Oonagh Gay, The Separation of Powers, The Library of House of Commons (2011), 1−3.

분립을 바탕으로 한 견제와 균형의 원리보다는 조정과 타협의 정치문화가 전제되어야 한다. 또한, 행정부가 군주(또는 대통령)와 내각으로 구성되어 형식적인 이원성을 보이지만, 전반적인 국가권력구조는 의회 내 다수당을 매개로 입법부와 행정부가 융합되어 있기 때문에 대통령제에 비하여 정책과정과 입법과정의 일원적 특성이 강한 편이다.

이처럼 의원내각제는 내각의 존속과 진퇴가 국민의 대표기관인 의회의 의사에 의존하기 때문에 민주적 반응성이 높고 내각이 의회에 대하여 연대책임을 지기 때문에 책임정치의 구현에 강점이 있다.[24] 또한, 입법권과 집행권의 융합에 따른 정책과정과 입법과정의 일원성을 바탕으로 국가정책의 효율적인 추진이 가능하다는 것도 장점이라고 할 수 있다.[25]

반면에 정부 구성에 근간이 되는 의회 내에 군소정당이 난립하고 타협의 정치가 성숙되지 않을 경우 정국의 불안정이 초래될 수 있을 뿐만 아니라 내각의 수반과 다수당 대표의 지위를 동시에 가지는 총리에게 권력이 집중되기 때문에 의회가 내각의 실질적인 정책결정을 형식적으로 추인하는 이른바 '통법부'가 될 위험성이 있으며,[26] 견제와 균형의 원리가 약화되어 다수의 횡포가 발생할 수 있다.

나. 입법과정에 대한 영향

대통령제와 의원내각제의 정부형태는 입법과정의 구조 형성에 가장 큰 영향을 미치는 요인 중 하나이다. 권력의 엄격한 분립과 견제와 균형의 원리가 중시되는 대통령제의 입법과정과 권력의 융합이 강조되는 의원내각제의 입법과정은 입법권한의 배분 및 의회 입법과정의 실질적인 기능 측면에서 적지 않은 차이점을 보인다. 먼저 원형적인 대통령제의 경우 정부의 법률안 제출권이 인정되지 않으며, 행정부 수반인 대통령이 거부권을 행사함으로써 의회의 입법권 행사에 대하여 견제를 할 수 있다. 그러나 의원내각제 국가의 경우는 오히려 입법과정이 정부가 제출한 법률안을 중심으로 운영이 되며, 총리가 정부와 의회를 동시에 장악하고 있고 형식적인

24) 권영성, 『헌법학원론』, 법문사, 1997, 668.
25) 이정은 등, 앞의 책, 11－13.
26) 김백유, 『헌법과 헌법정치』, 한성대학교출판부, 2016, 14.

법률안 승인·공포권을 가진 군주나 대통령은 사실상 영향력을 가지고 있지 않기 때문에 의회가 제정한 법률에 대하여 거부권이 행사될 가능성은 희박하다.

그러나 이러한 정부형태의 차이는 법률안 제출권이나 거부권과 같은 제도적 차이에만 국한되지 않고 입법과정 전반에 광범위한 구조적 영향을 미친다. 먼저 의원내각제 국가의 원형인 영국의 경우를 보면, 정부가 당 지도부의 통제를 받는 집권당을 매개로 입법부를 통제할 수 있는 융합형 정부형태이기 때문에 대통령제를 채택한 미국에 비하여 상대적으로 집권화(集權化)된 정치구조를 가지고 있다. 입법과정도 정부제출 법률안을 중심으로 운영되고 최종적으로 입법화되는 법률도 대부분이 정부제출 법률안이다. 따라서 정부의 정책의지가 입법과정에서 비교적 일원적으로 반영되는 구조를 가지고 있다고 할 수 있다.[27] 영국의회에서도 정부제출안이 아닌 의원발의안이 심의되기는 하나 최종적으로 통과되는 경우는 매우 드물 뿐만 아니라 설사 통과되는 법률안이 있다고 하더라도 비정치적이거나 비당파적인 내용으로서 정부가 반대하지 않는 경우에 한한다.[28] 이처럼 의원내각제 국가는 정부제출안 중심의 일원적 입법과정을 가진 경우가 많으며 실질적인 입법의사결정이 의회의 심사 단계가 아닌 내각의 정책결정 단계에서 이루어지는 경우가 많기 때문에 공개된 공론의 장보다 막후과정의 비중이 큰 특징이 있다. 입법과정에서 의회의 독립적 역할도 상대적으로 제한적인 경우가 많다.

이러한 영국 등 의원내각제 국가의 정부주도 입법과정이 가지는 구조적 일원성은 덜 민주적이기는 하나 정책 결정의 효율성과 법률의 명확성을 제고할 수 있다는 장점이 있다.[29]특히 일원적 정책주체의 입법의사가 입법과정에서 비교적 온전하게 관철될 수 있기 때문에 입법산출인 법률의 체계성과 명확성을 상대적으로 더 용이하게 확보할 수 있다.

다음으로 미국과 같은 원형적(原型的) 대통령제의 입법과정을 살펴보면,

27) Patrick S. Atiyah, "Judicial－Legislative Relations in England", Judges and Legislators: Toward Institutional Comity, The Brookings Institution (1988), 149.

28) 위의 책, 149－151.

29) 이정은 등, 앞의 책, 200.

의원내각제 국가인 영국의 집권화된 정치구조와 다르게 상대적으로 분권화(分權化)된 정치구조를 가지고 있다. 미국의 정부구조는 행정부, 입법부, 사법부가 엄격한 분립관계에 있을 뿐만 아니라 다원적인 입법부 구성원의 의사를 효과적으로 결집하는 데 필요한 정당의 내부기율도 영국 등에 비하여 상대적으로 약한 편이다. 또한, 입법과정에서 이해관계집단의 영향력도 큰 편일 뿐만 아니라 소수의 의사진행방해도 일정 수준 허용되기 때문에 입법과정에서 연합과 제휴에 의한 협상과 타협이 빈번하게 발생한다. 따라서 입법과정도 이러한 분권화된 정치구조를 반영하여 상대적으로 다원적 특성을 가진다. 정부의 일원적 통제를 받지 않고 자율성을 가진 의회가 정부로부터 독립적으로 입법권을 행사할 뿐만 아니라 의회 내에서도 다양한 입법안이 다원적인 이해관계와 가치를 배경으로 제출될 수 있다. 입법심의 과정에서도 권위적 조정이 아닌 정치적 타협에 의한 수정이 많이 일어나는 편인데, 특히 미국의 경우 제한된 시간 내에 소수의 의사진행방해와 같은 절차적 장애를 극복하고 입법을 추진해야 하기 때문에 입법과정에서 연합과 제휴에 의한 정치적 타협이 빈번하게 발생하기도 한다. 따라서 영국과 같은 의원내각제 국가처럼 일원적 정책주체의 의사가 온전하게 최종적인 입법형태로 관철된다는 보장이 없다.[30)]

이처럼 미국과 같은 원형적 대통령제의 입법과정은 다원적 이해관계와 가치를 반영하고 의회의 자율성이 높은 장점이 있을 뿐만 아니라 분권화된 정책결정구조상 입법과정이 공개적 절차를 통해 진행될 가능성이 높은 반면, 정책을 입법화하는 의사결정 비용이 상대적으로 많이 소요되는 비효율성이 내재되어 있다. 또한, 입법과정에서 정치적 타협에 의한 수정이 많이 발생할 뿐만 아니라 경우에 따라서는 입법주체인 의회가 자신들의 정치적 부담을 완화하기 위하여 의도적으로 모호한 표현을 사용함으로써 정책결정의 책임을 법원이나 집행기관에 전가하는 경우도 발생하기 때문에 입법산출인 법률의 명확성이 저하될 소지가 있는 단점이 있다.[31)]

그런데 이러한 의원내각제 국가와 대통령제 국가의 입법과정상 특징

30) 이정은 등, 앞의 책, 185-186.
31) 위의 책, 186.

은 도식적으로 정형화할 수 있는 것은 아니고 각국의 민주주의의 수준과 정치상황에 따라 편차가 큰 편이다. 대통령제 국가의 경우 입법과정의 다원적 특성은 미국과 같이 삼권분립 원리가 확고하게 정립되고 의회의 다원적 자율성이 보장된 국가에서만 발현될 수 있다. 대통령에게 권한이 집중되고 견제와 균형의 원리가 제대로 작동하지 못할 뿐만 아니라 행정부가 정책자원의 우위를 점하고 있는 국가에서는 입법과정은 대통령제라고 하더라도 일원적 구조를 가지기 쉽다. 의원내각제 국가의 경우도 입법과정의 일원적 특성은 다수당에 의한 의회의 지배가 확고한 경우가 아니라면 상당 부분 퇴색될 가능성이 있다. 과반수를 넘는 다수당의 부재로 연립정부를 구성하거나 정당이 난립되어 있는 경우에는 의회 및 내각 지도부의 일원적 지도력에 한계가 있을 수 있다.

(2) 정책자원의 배분: 입법부우위형과 행정부우위형

가. 입법부우위형과 행정부우위형의 비교

행정부와 입법부 간 정책자원의 제도적 배분에 있어 입법부우위형 제도와 행정부우위형 제도의 채택 여부에 따라 입법과정의 양태가 다르게 나타날 수 있다.

먼저 입법부우위형[32)]은 의회 전속의 법률안 발의권, 의회의 예산안 편성권, 강력한 행정부 통제권 등을 통하여 의회가 정책과정상 제도적 권한의 배분에 있어 행정부에 비하여 우위에 있거나 대등한 수준일 뿐만 아니라 실질적인 정책자원의 배분에 있어서도 의회의 정책자원 동원력을 일정 수준 보장하여 정부에 대한 견제기능을 효과적으로 수행할 수 있는 정부형태를 말한다. 의회에 전문 입법지원기관을 설치하고 자료요구권 등을 통하여 의회의 정보획득 능력을 강화하는 것은 정책자원의 배분에 있어 의회의 역량을 신장시키기 위한 것이다.

이러한 입법부우위형은 의회의 정책역량 신장을 통하여 정책의 민주성·반응성을 제고하고, 정책에 대한 사회적 합의성을 강화할 수 있으며, 선출되지 않은 권력인 관료에 대한 통제를 강화할 수 있는 장점이 있다. 반면

---

32) 미국의 정부형태가 이에 속한다고 할 수 있다.

에 기본적으로 의사결정비용이 상대적으로 많이 소요되는 입법부의 정책관여비중이 높아지며 정책의 효율성·신속성이 저하될 수 있는 단점이 있다.

그에 비하여 행정부우위형은 정부의 법률안 제출권, 예산안 편성권을 인정하는 등 정책과정상에서 제도적으로 행정부의 우위를 인정할 뿐만 아니라 행정부가 정책자원의 동원력 면에서도 입법부에 비하여 우위에 있는 정부형태를 말한다.

이러한 행정부우위형은 정책의 효율성·신속성을 제고하고 정치적 영향력 및 포퓰리즘을 최소화할 수 있는 장점이 있다. 반면에 정책의 민주성·반응성과 정책에 대한 사회적 합의 수준이 상대적으로 저하될 소지가 있고, 선출되지 않은 권력인 관료에 대한 통제가 약화되며 정책과정상 관료적 왜곡이 발생할 가능성이 높아진다는 단점이 있다.

나. 입법과정에 대한 영향

입법부우위형의 경우 입법과정에서 의회의 독립성이 강화되고 역할비중이 증대되며, 의회를 통한 다원적 입법요구가 활성화될 수 있다. 또한 다원적인 구성을 갖는 의회의 영향력이 크기 때문에 입법과정에서 입법요구가 다원적으로 제기되고 정치적 합리성이 중시될 가능성이 높다.

행정부우위형의 경우 정부가 실질적으로 입법과정을 주도할 수 있으며, 입법요구가 정부 내부의 관료적 의사결정과 정당과 집권당의 사전협의를 거쳐 의회에 투입되는 경우가 많을 수 있다. 따라서 입법과정에서 상대적으로 다원적 입법요구의 제기 가능성이 저하되고, 정치적 합리성보다는 정책적 합리성이 중시될 가능성이 높다.

2. 의회의 구성 및 운영체제

현대 대의민주주의 국가의 제도적 입법기관인 의회의 구성 양태 및 운영체제 또한 입법과정의 구조를 결정하는 중요한 요인 중 하나이다. 의회가 단원제인 경우와 양원제인 경우에 따라서 입법과정은 절차상으로 큰 차이를 나타낸다. 또한, 의회의 운영체제가 본회의에서 실질적인 의사결정이 이루어지는 본회의 중심주의(本會議 中心主義)를 채택한 경우와 위원회 단계에서 실질적 의사결정이 이루어지는 위원회 중심주의(委員會 中心主義)인 경우에 따라서도 입법과정의 구체적 운영양태가 달라진다.

(1) 양원제와 단원제

가. 양원제와 단원제의 비교

양원제(bicameralism)는 의회가 서로 다른 구성원리(선출방법, 선거구, 임기 등이 상이)에 따라 구성된 두 개의 상호 독립적인 합의체(議院, chamber)로 구성되어 있는 것을 말한다.[33] 양원제의 두 의원(議院)은 모두 국민들의 직접 선출에 의하여 구성하는 경우(미국)가 있고, 양원 중 하나(보통 하원)만 국민들이 직접 선출하여 구성하고 다른 의원은 국가원수 등이 임명하는 경우(영국)가 있다. 또한, 양원이 동등한 지위에서 두 의원의 의사가 합치된 경우에만 의사결정이 이루어지도록 하는 경우가 있고, 두 의원 중 하나의 의원에 우위를 두어 양원의 의사가 일치되지 않으면 그 중 한 의원(議院)의 의사에 따라 의사결정을 하게 하는 경우가 있다. 또한, 권한의 배분에 있어 양원 간 차등을 두는 경우도 있다. 가령 미국의 경우 고위 공무원의 임명동의권과 조약 비준에 대한 동의권은 상원에만 있으며, 탄핵과 관련해서도 소추는 하원이, 심판은 상원이 한다.

단원제(unicameralism)는 의회가 단일한 합의체, 즉 하나의 의원(議院)으로 구성된 것을 말한다. 단원제도 의원(議院)을 구성하는 의원(議員)의 선출방법이 동일한 경우와 지역구대표와 비례대표를 혼합하는 경우 등 다양한 구성형태를 가진다.

나. 입법과정에 미치는 영향

양원제의 경우 양원의 대표원리를 상이하게 함으로써 다원적인 현대사회의 다층적 대표성을 입법과정에 반영하는 데 유리한 측면이 있으며, 하원을 인구비례에 의한 다수결 원리에 의해 구성하되, 상원을 지역이나 직능 등 다른 대표원리에 따라서 구성할 경우 소수의 의견을 입법과정에

---

33) 임종훈, 앞의 책, 637.

보다 더 많이 투입할 수 있는 장점이 있다. 영연방 국가인 캐나다 의회의 경우 명목상 국가원수의 대리인인 총독이 지명하는 상원의원에 소수민족 출신을 포함하게 함으로써 다수결 원리에 의해 구성되는 하원의 대표성을 보충하는 역할을 수행한다. 특히 소선거구제와 다수대표제를 선거제도로 채택하고 있는 국가에서는 소수집단의 대표가 선거과정에서 선출되기 어려운 한계가 있는 점을 보완할 수 있다. 캐나다 의회의 상원은 유색인종 및 Metis[34)]와 같은 혼혈인종의 대표 등 소수집단의 대표를 상원의원으로 지명하여 다수대표제로 선출되는 하원의 대표성을 상원으로 하여금 보완하게 하고 있다.

또한, 양원제의 경우 의회 내에서 입법과정을 두 번 거치는 것이 되기 때문에 입법과정의 신중성이 제고되고 급진적인 의안처리에서 오는 문제점을 완화할 수 있다. 이러한 양원제 의회의 입법과정상 특징은 각국의 제도적 특성에 따라 다소 양상이 다를 수 있는데, 특히 상원과 하원의 역학관계를 어떻게 설정하느냐에 따라 크게 영향을 받는다.

먼저 미국과 같이 상원과 하원의 입법 권한이 비교적 대등한 균형적 양원제의 경우 양원제는 심의절차의 반복에 따른 신중성 제고 효과 외에도 양원의 구성방식이나 구성시기를 달리함으로써 일시적인 선거결과에 따른 다수의 의사가 입법과정에서 일방적으로 관철되는 것을 방지하고 정치이념의 균형을 유지하는 효과를 기대할 수 있다. 미국의 경우 하원은 2년 마다 인구비례로 하원의원 전원을 다시 선출하지만, 상원은 주별 인구편차와 무관하게 각 주당 2명의 상원의원을 선출하고, 2년마다 3분의 1씩 개선(改選)하도록 함으로써 일시적인 선거의 결과에 의해 원내의 이념적 분포에 큰 변화가 오는 것을 방지한다. 이로 인해 2년마다 다수당이 변경될 수 있는 하원의 정책 변경을 상원이 견제할 수 있다. 이처럼 입법과정의 이념적 변동성을 최소화하는 제도적 성향은 사회변화의 역동성을 제약하는 측면이 있지만 입법과정의 다원적 대표성을 강화하고 입법산출의 사회적 합의 수준을 높임으로써 권력교체와 같은 정치적 변동에도 불구하고 정책의 일

34) 캐나다 원주민과 백인 사이의 혼혈인종으로서 2016년 기준으로 캐나다 인구의 1.7%를 차지한다. https://en.wikipedia.org/wiki

관성과 규범체계의 안정성을 높일 수 있는 장점이 있다. 또한, 이러한 정책의 일관성이 일정 수준 확보됨에 따라 정책에 대한 신뢰를 바탕으로 정책의 효과성 및 입법의 규범력 또한 높아질 수 있다. 그러나 이러한 균형형 양원제는 양원의 의사가 상이한 경우 이를 조정해야 하는 문제가 발생하며, 이러한 양원의 의사를 조정하기 위한 양원합동회의 등의 절차를 별도로 둘 수밖에 없는 번거로움이 있다.

이와는 달리 영국, 캐나다 등과 같이 하원이 우위를 가지는 불균형형 양원제에서는 심의절차의 반복에 따른 신중성 제고 효과 외에 미국과 같은 이념적 균형 유지 효과는 기대하기 어렵다. 영국의 경우 상원과 하원의 의사가 다를 경우 하원의 의사대로 법률안이 통과되며 상원은 하원이 통과시킨 법률안을 1년간 지연시키는 역할만을 수행할 뿐이다. 따라서 유동적인 선거결과에 따라 다수의 의사가 결정되는 하원의 입법정책의지를 상원이 실질적으로 견제하여 이념적 균형을 유지하는 것은 어렵다고 할 수 있다. 때문에 영국의 상원은 하원에 대한 보완적 기능에 충실할 수밖에 없고, 법률안의 기본방향보다는 세부적인 사항에 집중하여 하원의 법률안 심사를 법제적·기술적 측면에서 보완하는 역할에 치중한다.[35] 상원의원의 구성도 캐나다의 경우 각 분야의 전문가들을 지명하는 경우가 많으며, 영국의 경우도 상원개혁을 통하여 세습귀족 외의 종신귀족 중 일부를 각 분야의 전문가로 임명하고 있다. 이러한 양원의 불균형한 권한 배분은 자연스럽게 입법과정에서 양원의 역할 분화로 연결되어, 하원의 입법과정이 정치과정으로서의 역할이 두드러진 반면, 상원은 입법안의 기술적, 정책적 보완을 담당함으로써, 양원의 입법과정 모두 정치과정으로서의 기능이 활발한 미국식 균형형 양원제보다는 정책이나 법제의 측면에서 완성도가 높은 입법산출이 나올 가능성을 높인다고 할 수 있다.

이처럼 양원제는 입법과정의 신중성을 제고함으로써 입법정책의 일관성이나 완성도를 높일 수 있는 장점이 있으나, 유사한 입법절차를 두 번 거치고 양원의 의사가 다를 경우 이를 조정해야 하기 때문에 입법과정이 상대

35) 이경준, "양원제 개헌의 필요성에 관한 연구", 서강대학교 대학원 석사학위논문, 2015, 38.

적으로 비효율적이며 입법산출의 적시성을 저하시킬 수 있는 단점 또한 있다.

한편 단원제의 경우는 상대적으로 입법과정의 효율성이 높은 편으로서 많은 입법수요에 적시성 있는 대응이 가능한 장점이 있다. 반면에 양원제의 장점인 입법과정의 숙의성과 다층적 대표성이 저하될 가능성이 있고 입법과정의 신중성 제고를 통한 정책의 일관성 및 완성도 제고 또한 상대적으로 어려운 측면이 있다.

우선 단원제 의회에서는 양원제 의회가 각 원에서 중복적으로 거치는 법률안 심의절차를 한 번만 거치기 때문에 입법절차의 경제성이 양원제에 비하여 원초적으로 높을 수밖에 없으며, 양원 간의 의견조정 절차도 필요가 없기 때문에 절차적 효율성이 높은 편이다. 이러한 입법과정상 절차적 효율성은 급변하는 현대국가의 다양하고 시급한 입법수요의 충족에 보다 유리한 측면이 있다. 다만, 원내 정파 간 대립이 격화되거나 정부와 의회 간 대립이 심화될 경우에는 이를 중재할 수 있는 기관이 부재하므로 정치적 갈등의 해소가 지연되어 오히려 효율성을 저하시킬 수도 있다.

또한, 단원제 의회는 양원제에 비하여 다층적 대표성의 반영에 미흡할 수 있기 때문에 다원적 민주성의 구현에는 한계가 있다는 단점이 있다. 특히 다수대표제의 선거제도를 채택하고 있고 이를 보완할 수 있는 선거제도가 미흡한 경우 입법과정에서 사회 내 소수집단의 대표성 발현을 제약할 수도 있다.

그리고 양원제 의회의 경우 한 원에서 심의한 법률안을 다른 원에서 다시 한 번 검토함으로써 입법상의 오류를 수정할 기회를 가짐으로써 입법의 완성도를 높일 수 있으나, 단원제 의회는 이러한 기회를 가지기 어렵기 때문에 입법과정의 신중성 측면에서는 상대적으로 한계가 있는 편이다. 특히 입법과정에서 정책적 검토보다는 정치적 의사의 관철이 강조되는 경우 정책적·법제적 완성도가 떨어지는 입법산출이 생산될 가능성이 높아진다. 또한 선거에 의해 의회 내 다수당이 변경되는 경우 입법과정상 이념적 변동성이 증폭되어 정책의 일관성을 확보하기 어려운 한계가 있다. 다만, 이는 국민의 정치적 의사 및 이념적 성향의 변화에 대한 반응성을 제고하고 사회적 혁신과 변화를 촉진할 수 있는 장점이 될 수도 있다.

(2) 본회의 중심주의와 위원회 중심주의

가. 본회의 중심주의와 위원회 중심주의의 비교

일반적으로 의회의 의사결정 권한은 전체 의원이 참석하는 본회의에 유보되어 있으나, 모든 안건을 많은 수의 의원이 참석하는 본회의에서 심의하는 것은 효율성이 높지 않다. 따라서 현대국가의 의회는 통상 소수의 의원으로 구성되는 위원회를 설치하여 예비적 심사를 행하게 하거나 보다 심도 있는 추가적 심사를 하게 하고 있다. 의회의 운영체제는 이러한 본회의와 위원회의 역할과 권한을 어떻게 설정하느냐에 따라서 그 양태가 달라질 수 있다. 이는 의회의 의사결정과정에 있어 민주성과 효율성의 가치를 어떠한 수준에서 조화롭게 조합시키는가와 관련된 것으로서 의회 내에서 실질적인 역할을 어느 수준의 회의체가 담당하느냐에 따라 의회운영체제를 본회의 중심주의와 위원회 중심주의로 구분할 수 있다.

본회의 중심주의는 전체 의원(議員)으로 구성된 본회의가 실질적인 의사결정기능을 수행하는 운영체제로서 내부의 수임기관인 위원회는 상대적으로 한정적인 역할만을 수행한다. 본회의 중심주의의 대표적인 사례인 영국의회에서는 본회의에서 법안처리상 기본원칙을 승인한 뒤에 위원회에 구체적인 내용심사를 맡기고 있으며, 위원회에서 채택한 수정안(amendments)은 본회의에서 다시 심사를 받게 된다. 프랑스의회도 입법절차의 각 단계에서 일어나는 모든 문제의 결정권을 본회의가 가지고 있고, 위원회는 단지 본회의에 제안(proposal)할 수 있는 권한이 있을 뿐이다.[36)]

이에 반하여 위원회 중심주의는 특정 분야별로 업무를 분담한 위원회가 실질적 의사결정기능을 수행하는 의회운영체제로서 우리나라, 미국을 비롯한 대다수 국가에서 채택하고 있는 의회운영방식이다. 위원회는 크게 보아 상임위원회(standing committee)와 특별위원회(special committee)로 구분되는데, 보통 위원회 중심주의라고 하면 상임위원회 중심주의를 말한다. 상임위원회는 소관업무를 각각 분장하며 상설적으로 설치된 위원회를 말한다.

---

36) 위원회에서 제안한 수정안을 본회의에서 다시 심의한다는 것이나(영국의 경우) 위원회의 권한이 본회의에 의안을 제안하는 권한에 불과하다는 것(프랑스의 경우)은 결과적으로 비슷한 내용이다.

나. 입법과정에 대한 영향

본회의 중심주의를 채택한 의회의 입법과정은 위원회 중심주의를 채택한 의회에 비하여 본회의 심의의 비중이 높은 편이다. 통상 본회의에서 독회를 실시하며, 본회의에서 안건에 대한 토론이나 동의(動議, motion)가 상대적으로 활발한 편이다. 이로 인해 본회의 중심주의는 일반적으로 입법과정의 효율성은 저하되나 입법과정의 대표성과 정당성은 상대적으로 높은 편이라는 평가를 받는다.

그러나 본회의 중심주의는 입법과정의 효율성 저하로 정책 산출이라는 측면에서 의회의 기관역량을 제약할 가능성이 있으며, 이로 인하여 실질적인 정책결정기능을 사실상 행정부에 의존하게 될 가능성을 높인다. 현대사회의 복잡다기한 문제를 해결하기 위한 전문가의 의견 청취 등 정책자원의 활용에 있어서도 이러한 입법과정의 효율성 제약은 한계요소로 작용할 수 있다. 또한, 다수의 의원들로 구성된 회의체의 의사를 집약하여 정책산출을 도출하기 위해서는 의회 내에서 강한 기율이 요구될 가능성이 높으며, 실제로 영국의회의 경우 강한 정당기율을 바탕으로 중요 법안의 표결에 있어 개별 의원들의 투표를 당론으로 엄격히 구속하는 경우가 많다.

이러한 현실적 제약으로 인해 본회의 중심주의는 사회 구성의 다원성을 반영하여 다양한 의제를 입법과정에 투영함으로써 입법과정의 다원성을 강화하는 데는 한계로 작용하는 측면이 있다. 대표적인 본회의 중심주의 의회인 영국 의회의 경우 정부제출 법률안 중심으로 입법의사결정이 이루어지는 일원적인 입법과정을 가지고 있다는 평가를 받는다.

반면 위원회 중심주의는 상대적으로 입법과정의 효율성을 제고할 수 있어 입법산출의 증대에 유리하다. 소수의 의원들로 구성되었기 때문에 심의절차가 간편하고 합의에 이르는 의사결정비용이 작은 편이며, 의회 전체적으로는 실질적 정책산출과정을 여러 위원회에서 동시에 진행할 수 있으므로 입법산출의 증대에 유리하다. 또한, 본회의에 비해 위원회에서는 전문적인 지식을 가진 의원들의 발언 및 심의 기회가 상대적으로 확대되고, 전문가의 의견청취 등 정책자원 활용의 효율성도 높일 수 있기 때문에 입법과정의 전문성도 높일 수 있다.

이러한 정책과정의 효율성은 입법권을 행사하는 의회에 행정부와 경쟁할 수 있는 정책역량의 강화를 가져올 수 있으며, 이러한 정책역량의 강화는 입법과정에서 의회의 자율성 향상과 권력분립 원리의 실질적인 구현에 기여할 수 있다. 그리고 의회의 기관역량 강화를 바탕으로 한 입법과정상 자율성의 강화는 입법과정의 다원성 강화로 귀결될 가능성이 높다. 입법과정이 정부(또는 과두적 지도부)의 일원적 의사에 통제되지 않고 다양한 의회 구성원의 입법제안이 의회 내에서 활발하게 투입되고 논의될 수 있기 때문이다.

그러나 위원회 중심주의는 소수에 의한 전문적·기술적 심사결과가 본회의 의결을 좌우하고, 다수 의원들이 본회의에서 심의되는 안건에 대한 정보를 충분히 획득할 기회를 제약함으로써 본회의 심의를 형식화하는 폐단이 있으며, 이로 인해 입법과정의 대표성이 저하되는 문제점이 있다.[37] 또한, 위원회 중심주의는 입법과정의 다원성을 강화하는 데 기여할 수 있으나, 입법의사결정이 사회전체적인 관점보다는 소관위원회의 정책목표와 관점에 따라 결정될 가능성이 높으므로 다른 위원회와의 정책조정이나 본회의 등을 통한 정책조정이 원활하게 이루어지지 못하는 경우, 위원회별 칸막이식 정책결정의 폐단이 발생할 수 있다. 특히 현대 의회에서 보편화되고 있는 상임위원회 제도 하에서는 위원회의 위원들과 소관부처 및 관련 이해관계집단의 지속적인 상호작용의 가능성이 높아지기 때문에 이들 간의 유착에 의한 분파적 정책결정의 우려 또한 높아지는 것도 사실이다.

37) 위원회중심주의의 폐단, 특히 본회의 심의가 형식화되는 현상을 개선할 수 있는 제도적 장치의 필요성이 꾸준히 제기되어 2000년 2월 개정된 국회법에서는 위원회중심주의의 문제점을 보완하기 위한 노력의 일환으로 주요 법률안의 본회의 상정 전이나 상정 후에 재적의원 4분의 1 이상의 요구가 있을 경우 의원전원으로 구성되는 전원위원회를 구성하여 여기서 해당 법률안을 심의한 다음 수정안을 제안할 수 있도록 하는 전원위원회제도를 도입한 바 있다(국회법 제63조의2). 전원위원회제도가 본래의 입법취지에 맞게 운영된다면 상임위원회중심주의의 폐단을 줄이는 효과를 거둘 수 있을 것이다.

3. 정당정치의 구조

정당(political party)은 국민의 이익을 위하여 책임 있는 정치적 주장이나 정책을 추진하고, 공직선거의 후보자를 추천하거나 지지함으로써 국민의 정치적 의사형성에 참여하는 것을 목적으로 하는 자발적인 정치적 결사로서 국민과 국가기관을 매개하는 역할을 담당한다.[38)]

오늘날 정당은 현대국가를 '정당국가(政黨國家)'라고 지칭할 만큼 현대정치에서 빼놓을 수 없는 행위주체로서 법률안 제안권 및 심의권을 가진 의원들을 조직화하고 여론의 형성에 영향을 미친다.[39)] 특히 정당은 정부와 의회를 매개하는 역할을 수행함으로써 의원내각제 국가뿐만 아니라 대통령제 국가에서도 권력분립원리에 의하여 국가기능이 분절화되는 것을 완화하고 정치과정과 정책과정을 연계하는 기능을 수행한다.[40)]

따라서 현대 민주주의 국가에서 정당정치의 구조는 입법과정에 중요한 영향을 미치는 요인이 되기도 한다. 정당정치의 구조가 양당제와 다당제인 경우, 집권당이 다수당인 경우와 소수당인 경우, 정당의 정책 선호가 중위수렴형인 경우와 양극형인 경우에 따라 입법과정의 전개 양상이 달라질 수 있다.

(1) 양당제와 다당제

가. 양당제와 다당제의 비교

양당제와 다당제는 일당 독재가 아닌 복수정당제를 채택한 국가에서 의회 내에 의석을 점유하고 정책지향이 다른 정당의 수에 따른 정당정치의 구조를 지칭하는 개념으로서 제도적으로 보장된 것이라기보다는 국민의 정치적 선택의 결과에 따라 유동적으로 형성되는 것이라고 할 수 있다. 물론 원론적인 복수정당제 하에서도 특정한 정당정치 구조를 촉진하는 선거

38) 임종훈, 앞의 책, 114.
39) 정종섭, 앞의 책, 143.
40) 정당이 본격적으로 정치현실에 편입되면서 고전적 의미의 권력분립은 더 이상 그 원형을 유지할 수 없게 되었다. 강승식, “정당제도와 권력분립”, 『미국헌법연구』 제30권 제2호, 2019, 65.

제도 등의 영향은 있을 수 있기 때문에 제도적 영향을 전혀 배제할 수 있는 것은 아니다.[41]

양당제(兩黨制, two-party system)는 두 개의 거대 정당이 의회 내 정치과정에서 실질적으로 경쟁하는 정당정치의 구조를 말하는 것으로 미국의 공화당과 민주당, 영국의 보수당과 노동당처럼 양대 정당이 의회 내에서 지배적 의석을 차지하며 실질적 경쟁자로서 선거를 통하여 정권획득 과정에서 경쟁을 하는 구조이다.

양당제는 정치과정의 실질적 당사자 수가 제한적이기 때문에 정치의 안정성이 제고될 수 있고 의사결정비용이 다당제에 비하여 적게 들 수 있으므로 의회운영의 효율성을 제고할 수 있는 장점이 있다. 반면 양당제는 다수대표제와 소선거구제 등 선거에서 사표를 양산하는 선거제도를 배경으로 하고 있기 때문에 다원적 사회구성을 반영하는 데에 한계가 있고, 양대 정당의 대립이 격화될 경우에는 중재세력이 취약하여 정치과정의 생산성을 오히려 저하시킬 수도 있다.

다당제(多黨制, multi party system)는 의석을 점유하는 세 개 이상의 정당이 정치과정에서 실질적으로 경쟁하며 경우에 따라서는 제휴와 연합을 통하여 의회 내에 유동적인 다수세력을 형성하는 정당정치의 구조를 말한다. 다당제는 선거의 사표 발생을 최소화하고 다원적 사회구성을 반영하는 데 유리하며, 정파간 대립 시 중재세력이 존재한다는 장점이 있으나 정치의 불안정성이 증대되고 의회운영의 효율성이 저하될 우려도 있다.

나. 입법과정에 미치는 영향

입법과정에서 실질적으로 관여하는 협상의 정치적 단위는 양당제보다 다당제가 많을 수밖에 없다. 따라서 양당제보다 다당제가 의사결정비용이 더 많이 소요될 수 있다. 그러나 정파 간 대립에 의한 입법과정의 경색 가능성을 고려하면, 경우에 따라서는 중재세력이 존재하는 다당제의 의사결정비용이 오히려 더 작을 가능성도 배제할 수 없다.

또한, 다당제는 양당제에 비해 정당 간 제휴와 연합 가능성이 더 크고

---

41) 소수대표제와 중·대선거구제 및 비례대표제는 다당제를 강화하는 방향으로 작용하고, 다수대표제와 소선거구제는 양당제의 가능성을 증대시킨다.

이로 인하여 의회 내 다수를 형성하는 세력분포가 상대적으로 유동적인 특성이 있어 입법과정에서 전략적 행동의 중요성이 부각된다. 특히 다당제 하에서는 이른바 캐스팅보트(casting vote)를 가진 소수 정파의 전략적 행동에 따라 소수파의 이익 반영에 유리한 상황이 전개될 수도 있다.

(2) 단일 정부와 분리 정부

가. 단일정부와 분리정부의 비교

대통령제 국가에서 대통령 소속 정당이 의회의 다수를 차지하는 이른바 '단일 정부(unified government)'가 출현할 경우 마치 의원내각제와 같이 행정권과 입법권이 융합하는 현상이 발생한다.[42] 따라서 정책의 추진이 상대적으로 용이한 반면 의회의 독자적인 입법기능과 행정부에 대한 견제기능이 약화될 수도 있다.

반대로 대통령 소속 정당과 의회의 다수당이 다른 이른바 '분리 정부(divided government)'의 경우는 대통령제의 원형에 가깝게 권력분립원리가 작동한다. 따라서 이러한 분리 정부 하에서는 의회의 행정부에 대한 견제기능과 독자적인 입법기능이 활성화되지만, 정책추진이 상대적으로 어려워지는 문제점이 있다.

나. 입법과정에 미치는 영향

단일 정부 하의 대통령제 국가에서 입법과정은 의원내각제 국가와 동일한 수준은 아닐지라도 행정권과 입법권의 융합현상이 일정 수준 일어날 가능성이 높다. 따라서 행정부가 다수당을 매개로 의회의 의사결정에 영향력을 행사할 수 있으며, 그 결과 입법과정에서 행정부의 역할이 증대되고 행정부의 정책의지가 관철될 가능성이 높아지므로 입법과정의 일원적 특성이 강화될 수 있다.

반면에 분리 정부 하에서는 대통령 소속 정당이 의회의 입법과정에서 상대적으로 소수이기 때문에 행정부의 역할과 영향력이 위축되고 의회의 독자적인 입법활동이 활성화되면서 입법과정의 다원성이 증대되는 양상을

---

42) 강승식, "정당제도와 권력분립", 『미국헌법연구』 제30권 제2호, 2019, 65.

보인다. 그 결과 분리정부 하에서는 주요 입법의 입법지연이 심화되는 현상도 나타난다. 미국의 경우 Tyler Hughes와 David Carlson이 1949년부터 2010년까지 미국 의회에서 통과된 2,200여개의 법률을 분석한 결과에 따르면, 분리정부일 때 입법이 60일 가량 더 지연되는 것으로 나타났다.[43)]

(3) 정당의 정책성향 분포: 중위수렴형과 양극형

가. 중위수렴형과 양극형의 비교

정당들이 표방하고 추구하는 정책성향의 분포에 따라 정책선호가 중위적인 성향으로 수렴하는 중위수렴형과 정당들의 정책선호가 양극단으로 나뉘는 양극형으로 분류할 수 있다.

중위수렴형의 경우 정당들의 정치적 선호의 간극이 크지 않기 때문에 정치적 타협이 상대적으로 용이한 측면이 있는 반면 정당들의 정치적 선호가 불명확하고 이로 인하여 유권자의 선택가능성이 저하되어 대표성이 저하된다는 단점이 있다.

반면 양극형의 경우 정치적 선호가 명확하여 유권자의 선택가능성이 제고되는 장점이 있으나, 정치적 타협이 어려워지고 정치에 대한 불신의 심화로 정치참여도가 저하될 우려가 있다.

나. 입법과정에 미치는 영향

중위수렴형의 경우 입법과정의 합의비용이 상대적으로 낮고, 비교적 절충적인 입법안이 채택될 가능성이 높다. 양극형의 경우 입법과정의 합의비용이 상대적으로 높은 편으로 정치적 타협과 정책결정에 대한 합의가 상대적으로 어려워지므로 다수결 원리에 의한 결정이 빈번하게 이루어질 가능성이 있으며, 정파 간 대립이 심화될 경우에는 입법과정의 생산성이 저하될 우려가 있다.

---

43) Tyler Hughes & David Carlson, Divided Government and Delay in the Legislative Process: Evidence From Important Bills, 1949－2010, American Politics Research 1－22, 2015, 5－8.

4. 정치문화

입법과정은 정치과정 속에서 기능하기 때문에 정치제도 외에 정치문화 또한 입법과정에 많은 영향을 준다.

(1) 대화와 타협의 문화

정치문화와 관련하여 대화와 타협의 수용성 정도는 입법과정의 전개와 입법생산성에 영향을 준다. 대화와 타협의 문화가 성숙한 사회는 의회의 정치과정에서 발생하는 입법경색이 완화되고 입법생산성이 향상될 수 있는 가능성이 높은 환경을 가진다. 그러나 대화와 타협의 문화가 미숙한 정치문화 속에서는 입법과정상 정치적 충돌이 자주 발생하고 경색된 정치상황이 쉽게 타개되지 못하여 입법생산성이 저하될 가능성이 높아질 수 있다.

(2) 정치참여도

국민들의 정치에 대한 관심과 참여가 높은 경우 입법과정에 대한 투입요구가 많아지고 입법과정상 일반 국민들의 참여기회를 확대하는 절차상 요구도 증대될 뿐만 아니라 입법과정에 대한 투명성 요구 또한 증대될 가능성이 높다. 반면에 국민들의 정치참여가 활성화되지 않은 경우는 입법과정에 대한 투입요구와 투명성 요구, 참여요구 등이 상대적으로 적을 수 있다.

(3) 자유주의적 정치문화와 개입주의적 정치문화

개인의 자유를 중시하는 자유주의적 정치문화가 강한 경우 규제적 속성을 가진 입법에 대한 투입요구가 적을 수 있다. 반면에 국가의 개입요구가 강한 개입주의적 정치문화가 강한 경우 규제적 속성을 가진 입법에 대한 투입요구가 증대될 수 있다.

(4) 정치에 대한 신뢰

국민들의 정치에 대한 신뢰가 높을수록 입법체제가 환경과의 교호작용을 원활하게 하여 입법과정의 생산성이 제고될 수 있다. 또한 산출된 규범의 수용성도 제고되어 입법산출의 효과도 높아진다.

5. 사회환경

입법과정을 둘러싼 사회·문화적 환경도 입법과정의 구체적 작용에 영향을 줄 수 있다.

(1) 사회적 환경

양성평등의식, 소수자에 대한 태도, 문화적 개방성, 환경적 가치에 대한 태도 등 사회환경적 요소도 입법과정의 구체적 작용에 영향을 줄 수 있다. 또한, 사회발전 단계에 따라 입법과정에서 중시되는 가치가 변모할 수 있으며 입법수요가 집중적으로 제기되는 분야가 바뀔 수 있다. 국가형성 초기에는 제도형성을 위한 입법과정의 효율성이 중시될 수 있으며, 사회발전에 따라 다원화된 사회구조를 반영하여 입법과정의 민주성 요구가 강화될 수 있다.

(2) 경제적 환경

경제발전 단계, 경기상황, 소득분배 상황 등 경제적 요소도 입법과정에 영향을 줄 수 있는 요인이다. 경제가 성장함에 따라 입법과정에 요구되는 입법산출의 수준이 높고 다양화될 수 있으며, 경기 및 분배상황이 악화될수록 개입주의적 입법요구가 증대될 가능성이 있다.

제 3 장 _ 의회와 입법과정

제 1 절 대의민주주의와 의회입법

1. 대의민주주의

(1) 국민주권과 대의민주주의

가. 국민주권주의의 의의

국민주권주의(國民主權主義)는 국가의사를 결정하기 위한 최고의 힘이 국민에게 있다는 원리로서 모든 국가권력 작용의 근거가 되는 헌법상 원리이다. 우리나라 헌법 제1조 제2항도 '대한민국의 주권은 국민에게 있고, 모든 권력은 국민으로부터 나온다'라고 규정하여 국민주권주의를 천명하고 있다.[1]

국민주권주의는 근대 시민혁명 이후 민주주의 사상의 확립에 따라 형성된 이론으로서 국가공동체의 주인은 그 공동체의 구성원인 국민이고, 국가공동체의 의사는 공동체의 주인인 국민에 의해서만 최종적으로 결정되어야 한다는 관념을 바탕으로 하고 있다. 따라서 국민주권원리는 국가공동체의 의사결정이 종국적으로 국민에 의하여 정당화된다는 정당화원리로 기능할 뿐만 아니라, 구체적으로 헌법제정권력은 국민만이 독점하고, 국가 공동체의 의사결정은 언제나 국민에게 바탕을 두어야 한다는 것을 의미한다.[2]

---

1) 임종훈, 『한국헌법요론』, 지식과 감성, 2018, 67－68.
2) 정종섭, 『헌법학원론』, 박영사, 2018, 125.

나. 주권과 국민의 의의

국민주권주의에서 말하는 주권(sovereignty)[3]의 의미에 대하여는 1) 국가의 의사를 결정하는 최고의 힘이며 원동력으로서 헌법에 의해서 창설된 권력 중 최고의 권력이라는 헌법상 최고권한설, 2) 주권은 헌법제정권력 그 자체라는 헌법제정권력설, 3) 주권은 헌법제정행위 기타 일체의 국가행위를 정당화하는 권위를 의미한다는 국정의 최종권위설 등이 다양하게 제시된다.[4] 이외에도 국가의 대외적 독립성과 대내적 최고성을 지칭하는 것으로 이해되기도 하고, 때로는 국가의 통치권 그 자체를 의미하는 것으로 이해되기도 한다.[5] 이러한 견해들을 종합하면 주권은 대외적 독립성과 대내적 최고성을 가진 국가의 최고의사결정권을 의미한다고 할 수 있다. 주권은 때에 따라서는 국가권력(=통치권) 그 자체라고 이해되기도 하는데, 통치권은 입법권·행정권·사법권으로 분할될 수 있다는 점에서 불가분적인 주권과는 구별이 된다.

국민주권주의 하에서 이러한 주권을 보유한 주권자로서의 국민은 추상적·이념적 통일체로서 전체 국민을 의미한다. 근대 국민국가(nation state)의 구성요소인 국민은 국가에 소속하는 개개의 자연인 또는 그 전체의 집합체를 의미하는 것으로서 자연적 존재인 민족이나 종족과 달리 인위적으로 결합된 인간들의 집합체로서 국가를 전제로 한 법적 개념이다.[6] 이러한 국민의 개념은 국가와 구별되는 사회의 개념을 전제로 하여 사회구성원을 의미하는 인민(people)과 구별된다.[7] 인민 개념을 바탕으로 한 인민주권론은 스스로의 의사능력을 가지고 있는 개개인(유권자)의 총합을 주권자로 인식한다. 국민주권론은 주권의 보유자가 국민 전체라는 차원에서 타당하고, 인민주권론은 주권의 행사자 내지 현실적 주권자는 유권자 전체라는 차원에서 타당하다고 할 수 있다.[8]

---

3) 주권(sovereignty)은 서구에서 절대주의 군주가 중앙집권국가를 형성하는 과정에서 등장한 개념으로서 그 후 군주제가 변화하여 입헌주의적 제약을 받으면서 군주의 권력과 국가권력의 개념을 구별하는 관념이 생겼다. 양건, 『헌법강의』, 법문사, 2018, 126.

4) 임종훈, 앞의 책, 69.

5) 양건, 위의 책, 126.

6) 위의 책, 130-131.

7) 임종훈, 앞의 책, 69.

8) 위의 책.

다. 국민주권주의의 일반적 구현형태- 간접민주제

국민주권주의의 구현형태는 국민이 국가의 의사결정과정에 참여하는 방법에 따라 직접민주제와 간접민주제의 두 가지 유형으로 구분된다. 직접민주제는 국민이 직접 국가의사를 결정하는 제도로서 치자(治者)와 피치자(被治者)가 동일체로 간주되는 동일성의 원리가 지배한다. 국민투표제, 국민발안제, 국민소환제는 직접민주제적 제도이다. 간접민주제는 주권자인 국민이 대표기관을 선출하여 그들로 하여금 국민을 대신하여 국가의사나 국가정책을 결정하게 하는 제도로서 대의제(代議制)의 원리가 지배하며 의회제도와 선거제도가 필수적인 제도이다.[9]

오늘날 몇몇 소규모 국가들을 제외하고는 대부분의 국가는 간접민주제를 기본적인 제도로 채택하고 있는데 그 이유는 크게 두 가지로 집약될 수 있다. 첫째, 극소규모의 국가를 제외하고는 전 국민이 국정에 참여할 수 없다는 물리적·기술적 한계가 있기 때문이다. 둘째, 현대국가의 통치기능 수행에 필요한 고도의 전문성과 사회적 분업화의 효율성 요구 때문에 간접민주제가 더 효율적이라는 것이다. 다만, 정보통신기술의 발전 및 대중의 지적 수준 향상으로 직접민주제의 실현가능성이 증대되었다는 주장도 있다.[10]

이러한 간접민주제의 이론적 토대를 이루는 것이 대의제(국민대표제)이론이다. 이는 국민의 의사가 특정한 국가기관에 의하여 대표된다는 이론으로서 대표(representation)란 국가(또는 단체)의 특정한 기관의 의사를 그 국가(또는 단체) 구성원의 의사로 보는 것을 말한다.[11] 대의민주주의는 이러한 대의제(국민대표제)를 통하여 민주주의가 구현되는 원리를 말한다.

(2) 대의민주주의와 의회주의

가. 대의민주주의의 의의

대의민주주의(代議民主主義)란 주권자인 국민이 국가의사나 국가정책을 직접 결정하지 아니하고 대표자를 선출하여 그들로 하여금 국민을 대신하

9) 임종훈, 앞의 책, 71.
10) 양건, 앞의 책, 1135-1136.
11) 위의 책, 1136-1137.

여 국가의사나 국가정책 등을 결정하게 하는 통치구조의 조직 및 구성원리를 말한다.[12] 대의민주주의는 간접민주제 방식을 통하여 국민주권을 구체적으로 실현하는 원리로서 그 제도적 양태를 대의제, 대표민주제, 국민대표제라고 부르기도 한다.

나. 대의원리(代議原理)의 개념적 요소

이러한 대의민주주의를 지배하는 대의원리(代議原理 = 代表原理, representative principle)는 1) 국민과 국민대표기관의 분리, 2) 국민 전체의 대표와 명령적 위임의 배제, 3) 선거에 의한 국민대표자의 선출과 국민대표의 정치적 책임, 4) 다수결의 원리와 비례적 대표의 개념요소를 포함한다.

첫째, 대의민주주의는 국민에 의하여 선출된 국민대표기관(통치자)과 주권자인 국민을 구별하고, 국가의사(=정책)를 결정하는 권능(國家意思決定權=政策決定權)과 이를 행사할 자를 정하는 권능(統治機關構成權)을 분리하여 전자를 국민대표기관인 통치기관에게 권한으로 부여하는 한편, 후자는 국민에게 권리로 보장한다. 즉, 국민은 국민대표기관의 구성권을 가지고, 국민대표기관이 국민을 대표하여 국가의사를 결정하는 것이다. 이처럼 대의민주주의에서는 주권자인 국민이 대표자를 선출하여 통치권을 위임하기 때문에 이념적으로만 민주주의의 본질적 의미인 국민의 자기지배가 이루어지고 현실적으로는 국민의 대표자에 의한 지배가 존재한다.[13]

둘째, 대의민주주의에서는 국민의 집합적 의사결정행위인 선거를 통하여 국민의 대표자를 선출하고 국민대표기관을 구성한다.[14] 또한, 국민의 대표자는 그 결정이 합법적인 것인 한 어떠한 법적 책임을 지지 않고 선거 등을 통하여 국민에 대하여 정치적 책임을 진다.[15] 선거는 대의제를 구성하는 개념요소이자 이를 실현하는 수단이라고 할 수 있다.[16]

셋째, 국민대표기관은 국민 전체의 대표자이고, 자신을 직접적으로 선

12) 임종훈, 앞의 책, 588.
13) 정종섭, 앞의 책, 929.
14) 위의 책, 930.
15) 임종훈, 앞의 책, 589.
16) 정종섭, 앞의 책, 936.

출한 선거구민만의 대표가 아니다. 따라서 국민대표자는 국가정책을 결정함에 있어 선거구민이나 특정한 사람의 지시나 명령의 위임을 받는 명령적 위임은 배제되고 자유위임관계에서 독립적으로 행동한다. 또한, 국민대표자는 일부 국민의 특수이익을 대변하거나 대리하는 것이 아니라 국민 전체의 이익을 추구하여 국가의사를 결정한다. 이러한 점에서 국민의 대표는 대리인이 피대리인의 지시에 구속되는 민법상 대리와 구분된다.17)

이러한 대의제의 원리는 주권의 개념적 특성에서 비롯되는데, 국민의 주권은 양도할 수 없는 것이기 때문에 국민이 선거에 의해 대표자를 선출하는 행위는 국민의 주권 자체를 위임하는 것이 아니라 주권의 행사를 위임한 것에 지나지 않는다. 또한 주권은 분할할 수 없기 때문에 주권의 행사에 있어서도 개개의 대표자에게 개별적으로 위임하는 것이 아니라 전체 국민이 의회와 같은 대표기관 전체에 주권행사를 위임하는 집합적 위임이 되며, 집합적 위임을 받은 대표자는 국민으로부터 독립적인 지위를 갖고 강제위임의 기속에서 벗어나는 것이다.18)

넷째, 주권자인 국민의 대표기관 구성행위는 집합적 의사결정으로서 기본적으로 다수결 원리에 따라야 하며 국민대표기관은 집합체인 국민 전체의 다양한 특성을 균형 있게 반영할 수 있는 비례적 대표성을 가져야 한다. 또한, 국민에 의해 선출된 국민대표기관의 의사결정행위 역시 다수결 원리에 따라야 하되 국민을 구성하고 있는 다양한 집단과 계층의 이익과 가치를 가급적 균형 있게 비례적으로 반영하는 것이어야 한다.

다수결 원리는 다양한 공동체 구성원의 의사를 단일 의사로 수렴하여 대표하기 위한 의사결정방법으로서 구성원 전원의 의사 합치가 어려운 경우 불가피하게 선택하는 차선의 방법이다. 따라서 다수결 원리에 의한 결정이 무조건 정당화되는 것은 아니고 공동체의 본질적 가치와 배치되지 않아야 하며 소수에게 귀착될 이익과 권리의 정당한 비례적 지분을 침해해서는 아니된다.

17) 임종훈, 앞의 책, 589.
18) 양건, 앞의 책, 1136－1137.

다. 대의민주주의와 의회주의

대의민주주의(代議民主主義)는 국민의 의사가 국민이 선출한 국민대표기관에 의해 대표되는 원리로서 의회는 전통적으로 전형적인 국민대표기관으로 인식되어 왔다. 의회의 발상지인 영국에서는 13세기 이래 각 신분계층을 대표하여 과세동의권을 가진 등족회의가 모범의회(model parliament)로 발전하면서, 대의민주주의가 입헌적으로 보장되기 이전인 군주제 시절에도 의회가 국민을 대표하는 기관으로 인식되고 기능하였었다.

대의민주주의 하에서 국민에 의해 선출되고 국민이 위임하는 통치권을 행사하는 기관은 의회 외에도 대통령 등이 있을 수 있고, 대통령도 국민에 의해 선출되었다는 점에서 의회와 같은 대표성이 있다고 할 수 있지만, 대통령은 통치권의 직접적 집행자로서 피치자(被治者)의 대표보다는 치자(治者)로서의 정체성이 더 강할 뿐만 아니라, 의회는 국민의 의사를 대변하는 역할을 본연의 기능으로 인식하고 국민의 다원적 특성을 반영하여 구성된다는 측면에서 의회를 대의민주주의 하에서 국민의 의사를 국가의사로 전환하는 체계적인 경로이자 주체로 볼 수 있다.

의회주의(議會主義 parliamentarism)는 의회의 이러한 국민대표성에 기반하여 주권자인 국민에 의해 선출된 의원들로 구성된 합의제 대표기관인 의회가 국가의사결정의 중심기관이 되어야 한다는 정치원리를 말한다.[19] 의회주의는 유럽에서 군주의 권력을 견제하기 위해 태동한 의회가 근대입헌국가 성립과정에서 군주주권에 대항하여 국민주권을 실현하는 국민대표기관으로 인식되면서 성립되었고, 이후 민주주의의 발달과 함께 민주주의 사상과 결합하게 되면서 국가는 민주적 정당성을 가진 합의제 국가기관인 의회를 중심으로 운영되어야 한다는 의회민주주의(議會民主主義)로 발전하게 되었다.[20]

의회주의는 대의제의 원리에 따라 국민의 대표기관인 의회에 대표성과 정당성을 부여하고, 의회는 특정 선거구의 유권자가 아니라 전체 국민을 대표하여 공개된 장소에서 토론과 타협의 과정을 거쳐 국가의 의사를

19) 임종훈, 앞의 책, 633.
20) 정종섭, 앞의 책, 1055.

결정하며, 국민에 대하여 정치적 책임을 진다.[21] 오늘날 의회가 입법권과 국정통제권을 행사하는 것이 보편적 현상인 것은 무엇보다도 의회가 국민대표기관으로서 대표성을 가진 기관일 뿐만 아니라 다원적인 국가 구성원 간의 합의를 바탕으로 국가의사를 결정하는 데 적합하고, 일정한 정치적 평가과정을 거쳐 국민에 대하여 주기적으로 책임을 질 수 있기 때문이다.

2. 의회입법

(1) 대의민주주의와 의회입법

가. 대의제도와 의회입법

의회는 오늘날 대표적인 국민대표기관의 지위에서 국민의 권리와 의무를 규정하는 입법권능과 다른 국가기관에 대한 통제권을 행사할 수 있다.[22] 특히 국민주권을 구체적으로 구현하는 대의원리와 권력분립원리에 의할 때 국가의 권능 가운데 입법권능은 국민의 대표기관인 의회에 귀속되는 것이 보편적인 현상이다.[23]

의회가 입법기관으로서의 지위를 갖게 된 것은 영국에서 국민주권 사상에 기초한 의회주의의 발달로 국왕과의 투쟁 끝에 의회가 국왕이 가지고 있던 입법권을 빼앗아 온 것에서 비롯되었다. 즉, 의회입법은 민주주의의 발전과 의회의 기능진화를 반영한 것이다.[24] 초기 의회는 국왕에게 단순히 국민들의 불만과 의사를 전달하고 국왕의 과세권에 대하여 동의하는 기능만을 가지고 있었으나, 근대 입헌국가의 성립과정에서 국민의 자유와 권리를 보장하고 국민주권을 실현하기 위하여 입법권을 군주로부터 빼앗아 의회에 귀속시키면서 의회가 '지껄이는 의회'(parliament는 '지껄이다'는 뜻인 'parl'을 어원으로 한다)에서 '법을 만드는 의회'로 진화하였다고 할 수 있다.

이러한 의회입법의 원칙은 선거에 의하여 선출된 국민대표의 집합체

21) 임종훈, 앞의 책, 633.
22) 위의 책.
23) 정종섭, 앞의 책, 1062.
24) 위의 책.

인 의회가 국가의 통치작용을 위한 규범의 형성에 있어 사회적 합의의 대표성을 확보하고 동일성의 원리에 의한 국민의 자기지배를 실현하는 대의기관으로 가장 적합하다고 보았기 때문에 성립한 것이다.

나. 권력분립과 의회입법

의회입법은 또한 국민주권원리의 구체적 구현수단일 뿐만 아니라 근대입헌주의의 원리 중 하나인 권력분립원리의 기능적 측면을 반영한 것이라고 할 수 있다. 직접민주주의에서는 치자와 피치자의 일체화 수준이 높기 때문에 대의민주주의 국가에서처럼 선출된 대표자의 권한남용을 방지하기 위한 권력의 분립 필요성이 크지 않다. 그러나 간접민주제인 대의민주주의 하에서는 주권자인 국민과 국가의사의 결정권자인 국민대표자가 분리되고 치자와 피치자의 일체화 수준이 상대적으로 낮기 때문에 주권자인 국민의 자유와 권리를 보장하기 위해서는 국민의 위임에 의해 행사하는 국가권력을 통제할 필요성이 크다.

이러한 국가권력의 통제를 위한 효과적인 수단의 하나로 근대 입헌국가에서 채택된 것이 바로 권력분립의 원리이다. 오늘날도 보편적으로 적용되고 있는 근대적 권력분립원리는 대의제의 원리에 따라 주권자인 국민이 위임한 통치권을 입법권, 행정권, 사법권으로 분할하여 국가권력을 상호 통제하도록 함으로써 국민의 자유과 권리를 보장하는 헌법적 원리로 기능하고 있다.

그런데 권력분립원리는 이처럼 국가권력의 통제를 통한 자유보장적 기능이 강조된 입헌주의적 원칙일 뿐만 아니라 국가기능을 분할하여 그 기능과 구조에 부합하게 상이한 국가기관에게 귀속시킴으로써 각 국가기관에게 독자적인 활동영역과 결정영역을 배분한다는 기능적 측면을 아울러 가지고 있다. 입법권은 국민의 대표자로 구성된 다원적 합의체로서 공개토론절차를 통하여 다양한 이익 간의 조정기능을 수행할 수 있는 입법부에, 행정권은 위계적 질서와 의사결정구조를 통하여 일원적이고 효율적인 행정을 보장하는 행정부에, 사법권은 독립적인 기관으로서 객관적이고 공정한 절차를 통하여 법을 인식하는 사법부에 각각 귀속시키는 것도 이러한 권력분립원리의 기능적 측면이라고 할 수 있다.[25] 제2차 세계대전 이후 미국의 법과정(Legal Process) 학파의 주장도 국가는 공공의 이익을 보호하고 증진시키기 위한 공동체로서 공익의 실현을 위하여 각 국가기관의 권능에 적합한 의사결정권한이 배분되어야 하므로 입법부는 공동체의 선호를 선택하고 결정하는 일에, 행정부는 지속적인 재량행사를 통하여 입법부가 결정한 대안을 보다 구체적으로 선택하여 시행하는 일에, 사법부는 논리적 분석을 통하여 결정을 내리는 일에 적합하다는 것이다.[26] 따라서 의회입법의 원칙은 이러한 권력분립의 기능적 측면을 반영하여 국가기능을 합목적적으로 배분한 결과라고 할 수 있다.

(2) 우리 헌법과 의회입법

가. 국회입법중심주의

우리 헌법 제40조는 "입법권은 국회에 속한다"고 규정하여 국회에 입법기관의 지위를 부여하고 원칙적으로 입법권을 국회에 전속시키며, 국회 이외의 국가기관은 헌법이 특별히 정한 예외적 경우에만 입법권을 인정하고 있다.[27] 이를 국회입법중심주의(國會立法中心主義)라 한다.

근대 시민혁명 이후 강력한 의회주의에 기초하였을 때에는 입법권을 의회가 독점하였지만(의회입법독점주의), 오늘날에는 국가기능의 전문화와 국정운영의 효율화 필요성을 반영하여 다른 헌법기관도 예외적으로 입법을 할 수 있도록 하고 있고, 행정부의 법률안 제출권이나 대통령의 법률안 거부권과 같이 다른 기관이 의회의 입법작용에 관여할 수 있도록 하고 있다. 때문에 의회가 입법을 독점하는 기관이 아닌 입법의 중심기능을 수행하는 기관이라는 의미를 가진다(의회입법중심주의).[28] 우리나라 헌법도 대통령의 긴급명령권과 긴급재정명령권(헌법 제76조 제1항, 제2항), 대통령령·총리령·부령의 행정입법권(헌법 제75조, 제95조), 대법원·헌법재판소·중앙선

---

25) 한수웅, 『헌법학』, 법문사, 2017, 240-241.

26) 남기윤, "미국의 법사고와 제정법 해석방법론-한국 사법학의 신과제 설정을 위한 비교 법학방법론 연구(4-1)", 『저스티스』 99호, 한국법학원, 2007, 29.

27) 양건, 앞의 책, 1237.

28) 정종섭, 앞의 책, 1062-1063.

거관리위원회의 규칙제정권(헌법 제113조 제2항, 제108조, 제114조 제6항), 지방자치단체의 자치입법권(헌법 제117조 제1항)을 규정함으로써 국회 외의 다른 기관에도 입법권을 부여하고 있다.

나. 국회법률독점주의

우리나라 헌법은 입법권에 대하여는 국회입법독점주의보다 완화된 국회입법중심주의를 취하면서도, 형식적 의미의 법률을 개정하거나 제정하는 권한은 국회에 전속시키는 국회법률독점주의(國會法律獨占主義)를 채택하고 있다. 따라서 어떠한 국가기관도 국회를 대신하여 법률에 대한 입법권을 가질 수 없고, 국회의 법률제정권 또는 법률개정권은 다른 국가기관이나 국민에게 부분적으로나 전체적으로 이양될 수 없으며, 국민발안권이나 법률에 대한 국민투표권은 헌법에 별도의 근거가 있어야만 한다. 다만, 법률과 동일한 효력을 가진 긴급명령권과 긴급재정경제명령권을 대통령에게 예외적으로 부여하고 있을 뿐이다.[29)]

국회법 제98조의2에 의한 국회의 행정입법 검토제도와 같은 국회의 행정입법에 대한 통제는 이러한 국회법률독점주의를 보다 실질화하기 위한 것이라고 이해할 수 있다.

다. 법률유보와 의회유보의 원칙

법률의 유보(Vorbehalt des Gesetzes)는 국가의 행정행위가 법률에 의하거나 법률에 근거하여 그 행위의 권한이 인정된 경우에만 구체적인 행위를 할 수 있다는 관념으로서 입법부와 행정부 간의 권력배분과 연관되어 있다.[30)]

의회 유보(Parlamentsvorbehalt)는 법률이 규율하고자 하는 사항 가운데 중요하거나 본질적인 사항에 대하여는 국회가 독점적으로 이를 법률에서 정해야 한다는 것으로서 국회가 아닌 기관이 법률에서 정할 사항을 결정하는 것은 허용되지 않는다는 원칙이다.

이처럼 일반적 규범 가운데 반드시 법률의 형식에 의해 국회가 제정

---

29) 정종섭, 앞의 책, 1069－1070.
30) 위의 책, 1070.

해야 하는 내용을 법률사항 또는 입법사항이라고 하는데, 헌법재판소는 "우리 헌법 제40조의 의미는 적어도 국민의 권리와 의무의 형성에 관한 사항을 비롯하여 국가의 통치조직과 작용에 관한 기본적이고 본질적인 사항은 반드시 국회가 정하여야 한다는 것이다(헌재 1998.5.28. 96헌가1)"라고 하여 법률사항의 실체적인 내용을 "국민의 권리와 의무의 형성에 관한 사항"과 "국가의 통치조직과 작용에 관한 기본적이고 본질적인 사항"으로 보았다. 다만, '기본적이고 본질적인 사항'의 구체적 범위에 대해서는 국회의 재량적 판단에 맡겨져 있다고 할 수 있다.[31]

제 2 절 의회입법과정의 특징

1. 의사결정구조: 다원적 합동행위

(1) 입법부·행정부·사법부의 의사결정구조[32]

입법부와 행정부 및 사법부는 그 구성과 기능의 특성을 반영한 각각의 특징적 의사결정구조를 가지고 있다. 행정부의 의사결정행위는 행정수반을 정점으로 한 수직적 위계구조 하에서 내부의 다양한 의견이 계층적 의사결정과정을 거쳐 단일의사로 수렴되는 '일원적 단독행위(一元的 單獨行爲)' 형식이라고 할 수 있다.

이에 비하여 입법부의 의사결정행위는 규범적으로 수평적인 관계인 다원화된 의회 구성원들이 내부의 다양한 의견들을 다수결 원리와 같은 의사규칙에 의해 하나의 의사로 수렴하여 결정하는 '다원적 합동행위(多元的 合同行爲)'라고 할 수 있다. 또한 사법부의 전형적 의사결정행위는 입법부의 다원적 합동행위와 유사한 전원재판부의 판결을 제외하고는 내부 구성원의 다양한 의견수렴 절차가 중시되지 않고 직무상 독립된 법관이 단독으로 판단을 내리는 '다원적 단독행위(多元的 單獨行爲)'라고 할 수 있다.

31) 양건, 앞의 책, 1238.
32) 이정은 등, 『입법과 사법의 법률정보협력에 관한 연구』, 사법정책연구원, 2019, 35.

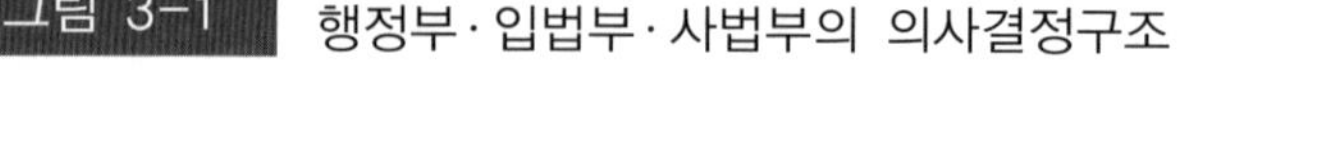
그림 3-1 행정부·입법부·사법부의 의사결정구조

(2) 의회의 의사결정구조: 다원적 합동행위

규범적으로 의회는 수평적 관계에 있는 구성원들이 개체 수준에서 독립적으로 활동하고 의사결정권한을 행사하는 다원적 구성의 특징을 가지고 있으며, 이러한 다원화된 구성원들의 의사를 일정한 규칙에 따라 수렴하여 하나의 단일의사를 결정하는 다원적 합동행위의 의사결정구조를 가지고 있다.

이러한 의회의 다원적 합동행위 의사결정구조는 의회의 입법과정을 '공익의 발견과 상충하는 이익간의 정당한 조정에 보다 적합한 과정'으로 만드는 가장 중요한 요인이다. 헌법재판소도 이러한 국회 입법절차의 다원적 특성이 다원화된 이익의 조정에 적합한 민주적 과정이라고 언급한 바 있다.

> 국회의 입법절차는 국민의 대표로 구성된 다원적 인적 구성의 합의체에서 공개적 토론을 통하여 국민의 다양한 견해와 이익을 교량하여 공동체의 중요한 의사결정을 하는 과정이며, 일반국민과 야당의 비판을 허용하고 그들의 참여가능성을 개방하고 있다는 점에서 전문관료들만에 의하여 이루어지는 행정입법절차와는 달리 공익의 발견과 상충하는 이익 간의 정당한 조정에 보다 적합한 민주적 과정이다(헌재 2009.10.29. 2007헌바63).

따라서 의회의 입법과정은 입법기관 구성원의 동등한 참여 및 의사결정권한과 자유로운 의견표출을 보장하는 것이 이상적이며, 기본적으로 입법과정의 다원성을 지향하는 특징이 있다.

또한, 의회의 입법과정은 이러한 다원성의 보장에 그치지 않고 다양한 내부의견을 조정·수렴하여 필요한 입법산출을 만들어내는 것이 중요하기 때문에 민주적 정당성과 함께 효율성을 추구해야 할 필요가 있다.

2. 가치의 혼재와 조화

(1) 민주성과 효율성

가. 민주성과 효율성의 딜레마

입법과정은 절차와 내용면에서 민주적이어야 하나, 입법과정에서 민주성이 과도하게 강조되면 효율성이 저하될 우려가 있다. 반대로 입법과정의 효율성만을 강조할 경우 민주성이 저하될 우려가 있다.

나. 민주성과 효율성의 의회운영체제 반영

입법과정에서 입법요구를 입법산출로 전환하는 기능을 수행하는 의회운영체제는 이러한 민주성과 효율성의 상충적 관계를 극복하고 이를 조화시켜 민주적이고 효율적인 입법산출체계가 되어야 한다. 그러나 민주성의 가치와 효율성의 가치에 대한 교량(較量)은 의회운영체제의 구체적 양태를 결정하는 데 있어 각국이 처한 상황과 역사적 연혁에 따라 편차가 있다.

일반적으로 양원제는 효율성이 저하되는 대신 민주성이 강화되는 측면이 있고, 단원제는 효율성은 제고될 수 있으나, 민주성이 저하될 우려가 있다.[33)]

또한, 본회의 중심주의는 의사결정의 민주적 정당성이 높다는 측면에서 민주성은 제고되나, 효율성이 저하되고, 위원회 중심주의는 효율성은 제고할 수 있으나 민주적 정당성이 상대적으로 저하될 우려가 있다.

의회운영체제의 선택은 이러한 민주성과 효율성의 가치를 형량하여

---

33) 물론 양원제와 단원제의 민주성과 효율성에 미치는 제도적 특성은 이처럼 일률적으로 도식화할 수 있는 것은 아니다.

사회·경제적 환경 및 역사적 발전단계에 적합한 최적의 조합을 탐색하여 결정되어야 한다. 아래의 표는 양원제와 단원제, 본회의 중심주의와 위원회 중심주의의 제도적 선택의 조합과 민주성과 효율성의 관계를 나타낸 것이다.

표 3-1 의회운영체제와 민주성 및 효율성

	양원제	단원제
본회의 중심주의	효율성↓, 민주성↑ (영국)	효율성 - , 민주성 -
위원회 중심주의	효율성 - , 민주성 - (미국)	효율성↑, 민주성↓ (한국)

그러나 의회운영체제와 민주성 및 효율성의 관계는 이러한 분석틀을 이용하여 도식적으로 파악하기에는 다음과 같은 이유에서 한계가 있다. 첫째, 양원제와 단원제, 본회의 중심주의와 위원회 중심주의가 민주성과 효율성에 미치는 제도적 특성은 일률적이고 일차원적으로 도식화할 수 없는 복합적인 특성이 있다. 예를 들어 각 원의 입법과정을 중복적으로 거치는 양원제의 입법과정은 비용 측면에서는 비효율적으로 비칠 수 있으나, 입법과정의 신중성을 제고하여 입법산출의 질을 제고할 수 있다는 측면에서는 오히려 결과적으로는 효율적일 수 있다. 또한, 양원제의 구성이 하원만 민주적 선거절차에 의해 구성되고 상원이 국왕이나 대통령 등의 임명에 의해 구성되는 체제라면 선출된 대표로만 구성된 단원제가 더 민주적일 수 있다.

둘째, 각각의 제도적 특성이 조합되는 과정에서 각국의 제도적·사회적 환경과 결합하며 다른 특성이 발현될 수 있다. 예를 들어 단원제와 위원회 중심주의를 채택한 우리나라가 민주성보다는 효율성을 강조한 효율성 중심의 의회운영체제인 것은 맞지만, 양원제와 본회의 중심주의를 채택한 영국의 경우 각 제도적 특성은 효율성보다는 민주성을 강조한 것처럼 보이나, 반드시 양원제와 위원회 중심주의를 채택한 미국에 비하여 민주성이 높고 효율성이 낮다고 볼 수는 없다. 실제 영국 의회의 입법과정은 의원내각제적 특성을 반영하여 정부입법 중심의 일원적 입법과정으로서 미국 의회에 비하여 입법과정의 효율성이 높고 다원적 민주주의 관점에서 덜 민주적인 편이라는 평가도 있다.

(2) 정치적 합리성과 정책적 합리성

가. 정치적 합리성과 정책적 합리성의 혼재

입법과정은 정치과정이자 정책과정으로서 배분지향적인 정치적 합리성과 산출지향적인 정책적 합리성이 혼재되어 작용한다. 가치평가의 기준에 있어서도 정치적 합리성은 다원주의적이고 점증주의적 합리성을 추구하며, 정책적 합리성은 총체주의적 관점의 합리성을 추구한다. 또한, 정책적 합리성이 당해 정책의 합리성만을 판단하는 반면, 정치적 합리성은 정치상황 및 사회구성원의 정치적 이익 등의 복합적 측면을 종합적으로 고려한다.

입법과정에서는 이러한 산출지향적인 총체주의적 관점의 정책적 합리성과 배분지향적인 점증주의적 관점의 정치적 합리성이 충돌하기도 하는데, 사회 전체적 관점에서 바람직하다고 평가되는 입법이 입법과정에서 저지되고 그 내용이 정치적으로 조정되거나, 내용상 문제가 없는 입법이 정치상황의 경색으로 지연되는 것 등은 이러한 정치적 합리성과 정책적 합리성의 충돌 때문이라고 할 수 있다.

나. 정치적 합리성과 정책적 합리성의 조화

입법과정에서 정치적 합리성과 정책적 합리성은 그 우열을 일의적으로 판단할 수 없다. 통상 입법과정의 정치적 합리성에 대해 총체주의적 관점의 비판이 많은 편이나, 다원화된 민주사회일수록 이러한 가치의 경합에 대해 일률적인 판단을 내리기가 쉽지 않다.

입법과정의 나눠먹기식 가치 배분은 총체적 효율성을 저해하는 것처럼 비춰질 수 있으나, 각자의 몫이 있는 민주사회 공동체에서 구성원 개체의 지분을 보장함으로써 불필요한 사회적 갈등비용을 최소화하며 규범의 사회적 수용성을 높일 수도 있다. 또한, 총체주의적 합리성에 기반한 입법정책결정은 구성원 간의 재분배효과를 충분히 고려하지 않은 공리주의적 사고의 산물일 수 있다는 점에서 반드시 최선의 가치배분 상태를 보장하지는 못한다. 다수에게 이익이 되는 입법이라도 소수에게 치명적인 피해를 주게 된다면 이를 반드시 바람직한 입법이라고 할 수 있는 것은 아니다. 따라서 입법과정에서 정치적 합리성과 정책적 합리성의 조화를 추구할 필요가 있으나, 양자의 가치 기준을 통합할 마땅한 대안은 찾기가 쉽지 않다.

(3) 다수결 원리와 합의주의

가. 다수결 원리(多數決 原理)

의회의 입법과정은 원칙적으로 다수결 원리에 따라 의회 구성원 간의 이견을 조정하고 최종적인 결과물을 도출하는 과정이다. 다수결의 원리는 다수에 의한 지배를 원리로 하는 민주주의와 국민 대표자들에 의한 의사결정을 원리로 하는 대의제 민주주의가 정착되면서 일반적인 의사결정 원칙으로 자리를 잡았다.[34] 다수결 원리에 의한 의결정족수는 의사결정비용과 다수결 원리에 의한 결정에 따른 갈등을 최소화하는 최적수준에서 결정된다.

나. 합의주의(合議主義)

다수결 원리가 다원화된 내부 구성원의 의견을 조정·수렴하여 단일 의사를 산출하는 의회 입법과정의 지배적 규칙으로서 다수의 의사를 관철시키는 데 효과적이나, 소수의 의사와 이익이 배제되기 쉬운 문제점이 있다.

따라서 의회 입법과정에는 다수의 찬성뿐만 아니라 소수의 동의까지 이끌어내는 합의주의적 의사운영 행태 및 제도적 요소도 존재한다. 소위원회나 위원회의 법률안 심사가 대부분의 경우에 있어 다수결 원리에 의한 표결보다는 합의에 의해 이루어지는 것이 대표적이라고 할 수 있다. 또한 우리 국회법에서 안건조정위원회와 같이 다수와 소수의 합의를 지향하는 심사절차를 두고 있고 무제한토론과 같이 의사절차에 있어 소수에 의한 의사진행 방해를 허용하는 것 등은 소수자 보호를 위한 합의주의적 의사결정

34) 박수철, 『입법총론』, 한울, 2012, 487.

을 촉진하기 위한 것이라고 할 수 있다.

3. 입법절차의 정당성

(1) 입법절차의 중요성

입법절차는 사회적 합의의 산물인 정책을 규범으로 전환하는 일련의 과정으로서 민주국가에서는 적법하고 정당한 입법절차를 통하여 사회구성원 간의 공통된 합의를 입법화함으로써 법규범의 정통성과 정당성을 확보하고 수용성을 확장할 수 있다.[35]

따라서 입법과정에서는 입법절차의 정당성이 매우 중요하다. 입법절차는 입법과정의 단순한 절차상 형식논리가 아니라 입법과정에서 고려되어야 할 실체적 내용이 입법에 반영되는 것을 보장하고 입법에 대한 사회적 합의를 명확히 하는 절차이기 때문이다.

또한, 입법과정은 사회 구성원들의 이익에 경합적인 영향을 미치는 개별적인 입법산출이 만들어지는 과정이므로 의사결정방식을 선행적으로 결정한 입법절차는 일종의 사전적 사회계약의 의미를 가지며, 이러한 사전적 사회계약에 따른 공정한 절차를 거쳐 산출된 입법의 결과물과 그에 의한 가치배분상태는 상대적으로 높은 정당성을 가질 수 있다.

(2) 입법절차의 기능

가. 대의제 하 국민주권의 실현과정

입법절차는 주권자인 국민의 의사를 입법에 반영하는 기회를 제공함으로써 국민주권주의를 실현하는 과정이다. 입법과정에서 입법예고, 공청회, 청문회 등은 국민의 의사를 입법에 반영하기 위한 절차이다.

나. 입법과정의 통제절차

입법절차의 제 과정은 입법과정에서 부적절하거나 불필요한 입법을 선별하여 통제하고 그 내용을 조정함으로써 법규범의 내용적 타당성과 정

35) 권태웅, “미국의 입법절차와 사법심사”, 『법제』, 법제처, 2007, 59.

당성을 확보하도록 기능한다.

다. 정치과정의 경기규칙

입법절차는 상이한 이해관계와 다양한 의견을 가진 입법참여자들 간에 최종 입법산출을 위한 가치경쟁에 있어 경기의 규칙으로 작용함으로써 사회구성원간 경합적인 결과를 가져올 수 있는 입법의사결정의 공정성을 확보하는 기능을 갖는다.

4. 표본민주주의의 대표성

(1) 표본민주주의(sample democracy)

대의제 국가에서 법적으로 의회는 국민과 자유위임관계에 있지만, 의회의 의사결정은 국민 전체의 집단적 의사결정과 동일성을 가지는 것으로 간주되어야 정당성과 대표성이 인정될 수 있다. 이러한 의미에서 국민 전체집단을 통계학상 모집단이라고 한다면, 국민의 대표로 구성된 의회는 모집단의 특성을 추정하기 위해 추출한 표본(sample)에 해당한다고 할 수 있으며 대의민주주의는 이러한 표본의 대표기능을 이념적 전제로 한다는 점에서 표본민주주의(sample democracy)라고 부를 수 있다. 물론 대의제 하에서 선거에 의해 추출되는 표본(sample)은 이른바 선량(選良)으로서 무작위로 추출되는 통계학적 표본과 차이가 있지만, 의회가 국민의 의사를 대변해야 한다는 이념적 차원에서 볼 때 다양한 국민의 의사를 비례적으로 대표하는 특성을 가져야 한다고 할 것이다. 따라서 의회의 구성이 가급적 성별, 지역별, 직능별 등 국민의 다양한 집합적 특성을 비례적으로 반영하여 합리적 대표성을 발휘하는 것이 이상적이라고 할 수 있다.

(2) 표본민주주의의 왜곡

가. 비례적 대표성 반영의 한계

국가를 구성하는 국민 전체집단의 다양한 특성을 선거를 통해 구성된 의회가 완벽하게 비례적으로 반영하는 것은 사실상 불가능하다고 할 수 있다. 물론 비례적 대표성이 국민 전체집단의 부정적 특성을 포함한 모든 특성을 반영해야 하는 것도 아니다. 대의민주주의를 통해 지향하는 대표성은 이른바 선량(選良)을 통한 규범적 구성의 대표성을 의미하기 때문이다. 하지만, 그러한 규범적 구성의 대표성 또한 의회가 완벽하게 비례적 대표성을 발휘하는 것은 기술적으로 불가능하다. 특히 의회 구성원을 엘리트 중심으로 충원할수록 이러한 다층적인 비례적 대표성의 반영이 어려워질 수 있다.

나. 본인 - 대리인 문제

국민 전체집단에 대한 표본인 의회의 비례적 구성을 아무리 이상적으로 하더라도 대리인(代理人, agent)인 의원과 본인(本人, principal)인 국민 전체의 이익이 상충하는 본인－대리인 문제가 발생할 가능성이 있다. 본인－대리인 문제는 정보의 비대칭 상황에서 일을 부탁하는 본인(principal)과 대리인(agent)의 이해관계가 상이하여 대리인이 본인의 완전한 분신처럼 행동하지 않는 문제를 말한다.

본인－대리인 문제가 심화되면 대리인인 의원들이 자신의 이익을 위해 국민 전체의 이익에 배치되는 의사결정을 내릴 가능성이 높아지며 의회의 표본적 대표성과 정당성이 훼손되는 문제점이 발생한다. 이는 정치에 대한 신뢰와 대의민주주의 체제에 대한 정당성의 저하로 귀결될 수 있다.

다. 의회 내 다층적 위임의 문제

의회는 전체 국민을 모집단으로 하는 소수의 의원들로 구성된 표본으로서 통계학적으로 모집단의 특성을 신뢰도 높게 반영하기 위해서는 표본의 규모가 일정한 수 이상이 되어야 한다.

그런데 의회의 입법과정에서 입법심사의 효율성과 전문성을 위하여 전체 의회 구성원의 수보다 적은 수의 의원들로 구성된 위원회 또는 소위원회에 실질적 의사결정권한을 위임하는 것은 적은 수의 표본에 따른 통계적 오류의 가능성을 높이는 문제점이 있다. 즉, 너무 적은 수의 대표자가 다원적인 사회구성원의 다양한 특성을 충분히 반영할 수 없는 문제가 있다는 것이다.

특히 위원회 중심주의 의회에서 위원회 또는 소위원회 중심의 입법과정은 그 단계적 위임과정이 다층적 표본추출과정에 해당하기 때문에 보다 적은 수의 의원으로 구성되는 회의체에 권한을 위임할수록 표본의 대표성과 정확성이 저하되는 문제점이 있다.

(3) 입법과정에 대한 민주통제의 필요성

의회를 구성하는 소수의 국민대표자들이 전체 국민의 의사를 대표하는 표본이 되기를 기대하는 표본민주주의의 이상은 표본 구성의 한계, 의회정치의 본인－대리인 문제, 의회 내 다층적 위임의 문제 등으로 현실에서는 많은 제약이 있다.

따라서 모집단인 유권자 전체를 대표하는 표본이라고 할 수 있는 의회를 구성하는 선거 이후에도 입법 및 정치과정에 대한 민주통제가 지속적으로 시도될 필요가 있다.

제 3 절 현대의회민주주의와 입법과정

중세유럽의 등족회의에서 싹이 트기 시작해서 17~18세기에 들어 근대적 의미와 모습을 갖추게 된 의회민주주의는 국민의 대표로 구성된 회의체 국가기관인 의회가[36] 주권자인 국민들을 대신하여 국민의 권리·의무에 관한 사항이나 국가의 중요정책 등을 결정해야 한다는 이념이며 제도라고 할 수 있다.[37]

그러나 국민의 대표들이 모여 있는 의회에서 국가의 중요정책과 국민의 권리·의무에 관한 사항들이 결정되어야 한다는 고전적 의미의 의회민주주의는 오늘날 여러 가지 이유로 그 의미가 퇴색되었으며 이러한 현상은

36) '의회'와 '국회'라는 개념은 보통 상호 혼용되고 있으며, 또 혼용이 된다 하여 큰 문제가 발생하는 것은 아니나, 이 책에서는 보다 정확한 용어사용을 위하여 '국회'는 우리나라 중앙정부의 입법기구만을 지칭할 때 사용하기로 하고, 외국의 입법부나 지방정부의 입법기구를 포함하여 포괄적으로 표현할 때에는 '의회'라는 용어를 쓰기로 한다.

37) '대의제민주주의'라는 표현도 '의회민주주의'와 같은 의미로 쓰이고 있으며 단순히 '의회주의'라는 개념도 다소 그 내포하는 바는 다르나 '의회민주주의'라는 표현과 함께 혼용되고 있다. '의회주의'와 '의회민주주의'의 개념상 차이점과 유사점에 관하여는 허영, 『한국헌법론』, 박영사, 2003, 830 참조.

우리나라도 예외가 아니다. 우선 의회에서 법률로 정해야 할 사항들이 오늘날 너무 복잡·다양화되고 그 해결을 위해서는 전문지식을 갖춘 많은 수의 인력을 필요로 하게 됨에 따라 대부분 비전문가인 의원들로 구성된 의회로서는 현대사회에서 대두하는 모든 중요한 문제를 이해하고 효과적으로 대처하는 것이 곤란하게 되었다는 점이다. 따라서 의회는 이들 문제를 스스로 결정하지 못하고 방대한 관료조직을 가지고 있는 행정부에 그 결정권한을 위임하거나, 아니면 행정부에서 제공하는 정보나 정책대안에 기초하여 이들 문제의 해결을 시도하게 되었다.[38] 그리고 의회에서는 정책의 근간만을 정하고 정책의 구체적이고 실질적인 내용은 행정부에서 위임입법의 형식으로 정하도록 하는 권한의 위임이 이루어진다. 의회가 새로운 정책을 주도적으로 스스로 개발하지 못하고 행정부에서 제공하는 정책대안에 대하여 의회는 그 당부(當否)나 가부만을 판단하는 기능을 행할 경우 의회의 정책결정기능은 형식화되고 정책의 실질적인 내용은 국민들이 선출하지 않은 행정관료에 의하여 주도되게 된다. 이러한 현상이 심화될 경우 의회는 행정부가 입안하여 제출하는 법률안에 대하여 절차적 정당성만을 부여해 주는 '통법부(通法府)'로 변질되게 된다.[39]

또한, 의원들이 국민전체의 이익을 대변하지 않고 잘 조직화된 소수의 이익집단의 이익만을 대변하거나 자신이 소속되어 있는 정파나 직역(職域) 등의 이익만을 추구할 경우 대의민주주의의 기본취지는 퇴색되게 된다. 이러한 가능성은 국회에서 특정 법률의 제정이나 개정과 관련하여 가끔 언론에서 거론되는 내용이기도 하다. 그리고 대의민주주의하에서 국민들의 국회의원들에 대한 강제위임은 금지된다 하여도 입법의 전 과정을 통하여 국민들의 의사가 입법과정에 충실하게 투영되어야 한다는 것은 오늘날의 대의민주주의가 요구하는 또 다른 측면이라고 할 수 있으나, 입법의 현실을 보면 법률안의 제안단계에서부터 심사·의결단계를 거치는 과정에서 유권자들의 의사가 과연 어느 정도 제대로 반영되고 있는지 의문이다.[40]

38) 특히 개발도상국에서의 행정부 주도적인 입법경향에 대하여는 G. R. Boynton & Chong Lim Kim, *Legislative Systems in Developing Countries*, Durham, N. C.: Duke University Press, 1975 참조.

39) 정종섭, "우리나라 입법과정의 문제상황과 그 대책", 『법과 사회』 제6호, 1992, 8.

이상과 같은 이유로 오늘날 의회제도가 그 본래의 취지대로 기능을 발휘하지 못하고 있음에도 불구하고, 아직도 의회민주주의가 전면적으로 부정되지 않고 나름대로 존재의의를 가지고 세계 각국에서 계속 유지·발전되고 있는 것은 다음과 같은 이유가 있기 때문이라고 생각된다.

첫째, 아무리 의회의 전문성이 부족하여 의회가 오늘날의 복잡 다양한 문제들을 효과적으로 해결할 수 없다 하여도 이러한 문제들이 국민들로부터 직접 수권받지 않은 행정부 공무원들에 의하여 최종적으로 결정될 수는 없는 것이며, 이러한 문제들의 궁극적인 결정책임은 결국 국민들이 직접 선출하였고 국민들에게 책임을 지는 의회의원들이 져야 한다는 대의민주주의의 기본원리는 부정될 수 없는 것이다.

둘째, 특정의 중요 정책 사안에 대한 국민의 의견은 일치되기보다는 국민 각자가 속한 지역·직역·성·연령 등에 따라 다른 경우가 일반적일 것이다. 이러한 경우 국민들의 대표가 모여 있는 의회는 다양한 의견을 수렴하고 이들 의견 중 어느 의견이 국민 전체의 이익을 위하여 바람직한지를 토론을 통하여 검증하고 상호간에 타협과 설득을 시도함으로써 하나의 해결책을 찾아가는 데 적합하고도 효과적인 기구라 아니할 수 없다. 비록 행정부 내에서의 의사결정은 전문지식을 갖춘 공무원들에 의하여 합리적으로 이루어진다고 하여도 그 과정이 비공개회의에서(비록 일부 공청회 같은 여론 수렴절차가 있다 하여도) 공무원들을 중심으로 진행되는 데 반하여, 의회 내에서의 의사결정은 공개된 장에서 토론을 통하여 이루어지기 때문에 국민들의 참여와 비판이 가능하다.

셋째, 국민의 대표성을 담보할 다른 특별한 제도를 창출하기가 어렵다는 점이다. 비록 다원화된 유권자의 의사를 입법과정에 반영할 필요성에 따라 이익집단이나 시민단체가 입법과정에 참여자나 조언자로서의 역할을 하게 되는 것은 불가피하다고 하더라도, 이들에게 국회의원과 동등하거나 이에 상응한 대표성이나 역할을 부여하는 제도를 발견할 수 없을 뿐만 아니라 현실적으로도 곤란하다. 적어도 대의민주정치를 근간으로 하고 있는 이상 선거에 의하여 국민의 대표를 선출하고, 이들로 구성되는 의회만이

---

40) 정종섭, 앞의 글, 17-27 참조.

국민의 대표기관으로 기능하게 되는 것이다.

이상과 같은 이유로 현대의회민주주의는 여전히 그 존재의의와 가치가 있으며, 입법과정이 중요한 의미를 가지게 되는 것이다. 즉 입법과정이 제대로 조직되고 운영될 때 오늘날 의회민주주의는 주어진 역할을 다하고 그 존재가치를 인정받게 되는 것이다.

한편 위에서 논의된 것과 다른 변화도 나타나고 있다는 것을 주목할 필요가 있다. 우선은 전 세계적으로 의회민주주의의 현실을 보완한다는 측면에서 참여민주주의가 주장되고 시민단체(NGO)들을 중심으로 입법과정에 대한 감시와 관여가 한층 높아지고 있다. 그리고 국내에서는 뒤에서 설명하는 바와 같이 제15대 국회 이후 국회의원들의 입법에 대한 관심이 꾸준히 제고되고 있어 의원발의 법률안 수가 대폭 증가하는 등 국회의원들이 입법에 실질적이고 적극적으로 참여하고 있다. 우리 국회를 '통법부'라고 하는 비판은 이제는 더 이상 받아들일 수 없게 되었다.

PART 2

한국의 입법과정

제 1 장 _ 한국의 입법과정 개관

제1절 한국 입법과정의 구조

1. 한국 입법과정의 단계

(1) 개 관

대통령제와 단원제 의회제도를 근간으로 한 한국의 입법과정(立法過程)은 국회의원이나 정부가 법률안을 입안하여 국회에 제안(제출)하고, 이 법률안을 국회가 여러 단계의 입법절차를 거쳐 심의하고 의결한 후, 의결된 법률안이 정부에 이송되어 대통령에 의하여 공포됨으로써 법률로서 확정되는 일련의 절차와 과정으로 이루어져 있다.

이러한 한국의 입법과정을 단계별로 구분하면, ① 법률안의 입안 및 제안, ② 법률안 심의, ③ 이송 및 공포의 3단계로 구성되어 있다고 할 수 있다. '법률안의 입안 및 제안' 단계의 주된 행위자는 법률안 제출권이 있는 국회의원과 정부이다. '법률안 심의' 단계의 주된 행위자는 헌법상 입법권을 가진 국회이며, '이송 및 공포' 단계에서는 국회와 정부가 행위자라고 할 수 있다.

표 4-1 한국 입법과정의 단계적 구조

법률안 입안 및 제안	⇨	법률안 심의	⇨	이송 및 공포
의원, 정부		국 회		국회, 정부

그림 4-1 입법과정의 제 단계

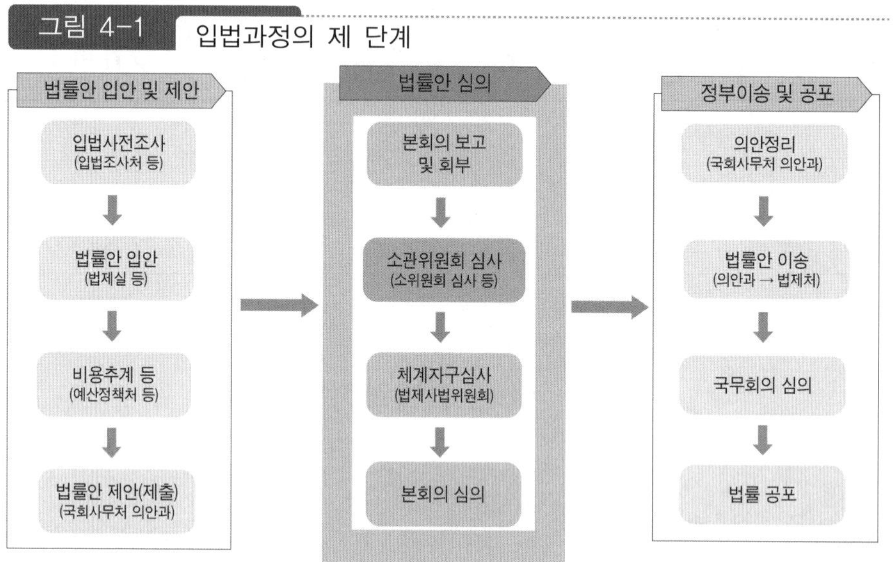

(2) 입법과정의 제 단계

가. 법률안 입안 및 제안

법률안의 입안 및 제안 단계는 법률안의 제안권자(제출권자)가 법률안을 입안하여 제도적인 입법과정을 공식적으로 개시하기 위하여 국회에 제안(제출)하는 과정이다. 통상 '입법준비(입법수요의 파악 및 정책조사) → 법률안 기초 → 비용추계서 등 부속서류 작성 → 국회 제안(제출)'의 과정을 거친다.

나. 법률안 심의

법률안 심의과정은 국회에 제안된 법률안에 대하여 국회가 심의하는 과정으로서 입법과정의 핵심적인 단계라고 할 수 있다. 통상 '본회의 보고 → 소관위원회 심사 → 법제사법위원회 체계·자구 심사 → 본회의 심의'의 단계를 거친다.

다. 정부 이송 및 공포

법률안의 정부 이송 및 공포 과정은 국회가 의결한 법률안을 정부에 이송하고 이를 대통령이 공포하는 과정으로서 입법과정의 완결단계라고 할 수 있다. 통상 '의안정리 → 정부이송 → 국무회의 심의 → 공포'의 과정을 거친다.

2. 입법의 형식적 체계

(1) 법률의 형식적 체제와 입법생애주기

가. 법률의 형식적 체제

법률은 크게 제명(題名), 본칙(本則), 부칙(附則)으로 구성되어 있다. 법률의 제명은 법률의 제목으로서 법률의 고유한 이름을 말한다. 법률의 본칙은 법률이 본래 규율하려던 주된 내용으로서 법률의 본체를 말하며, 법률의 부칙은 법률의 시행일, 적용례, 경과조치 등 부대적인 사항을 규율하는 규정을 말한다.

나. 법률의 입법생애주기

법률은 '제정 - 개정 - 폐지'의 입법생애주기를 가진다. 법률의 제정(制定)으로 법률이 법규범으로서 생성되고, 법률의 개정(改正)으로 기존 법률의 내용이 변경되며, 법률의 폐지로 법률이 소멸한다. 법률은 제정되어 소멸되기까지 효력기간을 가진다.

표 4-2 법률의 입법생애주기

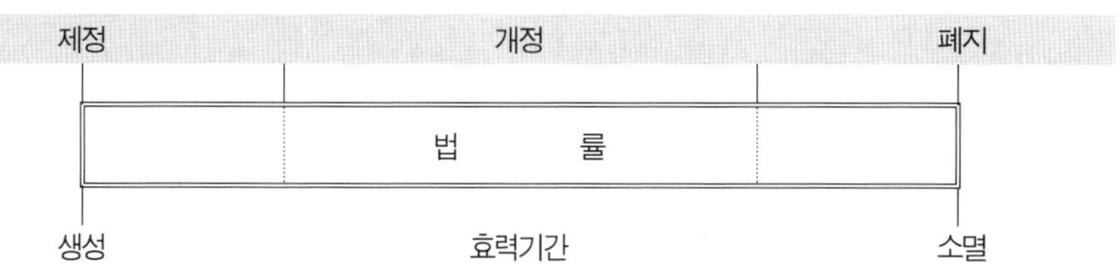

법률의 제정(制定)은 법률을 처음으로 생성하는 입법행위를 말하는 것으로서 규범의 내용보다는 규범의 형식적 단위를 기준으로 한 개념이다. 즉, 기존 법률의 규율내용이라도 새로운 제명과 형식으로 재편하여 제정법

률안을 통하여 규범화되면 법률의 제정이라고 한다.

법률의 개정은 기존 법률의 내용을 변경하는 입법행위로서 법률의 규범적 기능을 바로잡고 보완하기 위한 행위이다. 법률의 개정은 형식에 따라 일부개정과 전부개정, 본법개정과 타법개정으로 분류한다.

일부개정은 법률의 일부를 개정하는 형식의 개정이다. 통상 '○○○법 일부개정법률안'의 제명으로 법률안이 제출된다. 전부개정은 법률 전체를 개정하는 형식의 개정을 말하는 것으로 통상 '○○○법 전부개정법률안'의 제명으로 법률안이 제출된다.

본법개정은 개정하려는 당해 법률의 개정법률안에 의하여 개정되는 경우를 말한다. 타법개정은 다른 법률의 제정법률안, 개정법률안, 폐지법률안에 의하여 개정되는 경우로서 주로 다른 법률의 법률안 부칙 규정에서 조문 및 체계의 일치 등을 위하여 개정내용을 수록하는 경우가 많다. 실체적인 내용의 경우는 타법개정보다는 본법개정에 의하여 변경되는 것이 바람직하다.

법률의 폐지(廢止)는 기존 법률을 소멸시키는 입법행위로서 폐지형식에 따라 폐지법률안에 의한 폐지와 타법개정에 의한 폐지가 있다.

(2) 법률안의 체제와 변동

가. 법률안의 의의와 체제

법률안(法律案)은 법률을 제정·개정·폐지하기 위하여 국회에 제안되는 의안(議案)을 말한다. 법률안은 기존의 규범체계에 대한 대안을 제시하는 것으로서 이에 관한 입법의사를 일정한 형식에 따라 법률언어로 표시한 것이다.

법률안의 형식체계는 표지부, 본문부, 첨부서류로 구성되어 있다. 법률안의 표지부는 법률안의 제명, 부제(○○○의원 발의, ○○○의원 대표발의), 의안번호, 발의연월일, 발의자, 찬성자, 제안이유, 주요내용, 참고사항을 수록한다. 본문부는 법률안의 실체적 내용으로서 법률 번호, 제명, 개정문, 부칙으로 구성되어 있다. 첨부서류에는 신·구조문대비표, 비용추계서 등이 있다.

나. 법률안의 생애주기와 변동

법률안은 국회의원이나 정부와 같은 제안권자에 의하여 제안된 후 국회의 심의를 받아 처리될 때까지 국회에 계류되어 심의의 대상이 된다. 즉, 법률안도 제안되어 생성된 후 가결, 부결, 폐기, 철회 등 종국적 처리에 의하여 국회의 심의대상에서 제외되기 전까지 입법과정 상 공식적인 제안으로서 생애주기를 가진다고 할 수 있다. 한편, 국회에 제안된 법률안은 종국적으로 처리될 때까지 그 내용 등이 변하지 않는 것이 아니라, 경우에 따라서는 내용 또는 형식에 대한 수정이 이루어질 수 있다. 즉, 법률안은 입법과정에서 내용 또는 형식이 변동하며, '제안 - 수정 - 처리'의 생애주기를 가진다고 할 수 있다.

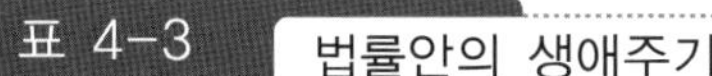
표 4-3 법률안의 생애주기

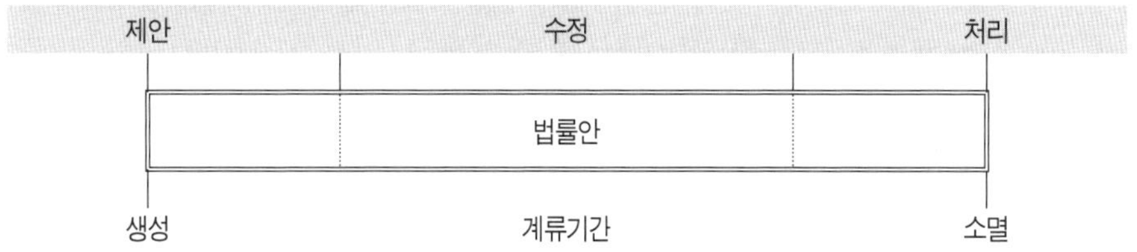

1) 법률안의 제안

먼저 법률안의 제안은 법률의 제정, 개정, 폐지를 위하여 법률안을 기초하여 일정한 형식적 요건을 갖춘 후 국회에 제출하는 행위로서 법률안의 제안은 입법제안을 공식적으로 의제화하며 법률안을 생성하는 행위이다.

2) 법률안의 수정

법률안의 수정은 법률안이 심의되는 과정에서 내용 또는 형식을 변경하는 행위로서 제안 당시와 다른 내용이 추가되거나 다른 내용으로 변경되는 것을 의미한다.

법률안의 수정은 잠정적으로 일단 위원회에서 수정동의가 가결되어 위원회수정안이 채택된 경우에 일어나며, 최종적으로 본회의에서는 위원회에서 심사보고한 위원회 수정안이 가결되거나 국회의원 30인 이상의 연서로 발의된 수정동의가 가결되는 경우에 발생한다.

3) 법률안의 처리

법률안의 처리는 제출된 법률안에 대한 종국적 의사결정을 하는 행위로서 법률안의 철회(撤回), 가결(可決), 부결(否決), 폐기(廢棄)를 말한다.

법률안의 철회(撤回)는 적법하게 제출된 법률안을 사정의 변경에 의하여 제안자의 의사에 따라 심의·의결 대상에서 제외시키는 조치를 말한다. 국회법 제90조에 따르면 공동발의한 의원발의 법률안을 철회하기 위해서는 발의의원 2분의 1 이상이 철회의사를 표시해야 한다. 다만, 법률안이 본회의 또는 위원회의 의제가 된 경우에는 본회의 또는 위원회의 동의(同意)가 필요하다. 철회한 법률안을 동일 회기 내에 다시 제출하는 것은 일사부재의(一事不再議) 원칙에 저촉되지 아니한다.

법률안의 가결(可決)은 의결정족수 이상의 찬성을 얻어서 법률안을 법률로서 성립시키는 취지의 의사결정을 하는 것을 말하며, 법률안의 부결(否決)은 의결정족수 이상의 찬성을 얻지 못하여 법률로 성립시키는 의사결정의 요건을 갖추지 못한 경우를 말한다. 부결은 반대 의사가 찬성 의사보다 많은 경우뿐만 아니라 찬성이 반대보다 많더라도 무효 또는 기권 등으로 찬성이 의결정족수를 충족시키지 못한 경우에도 발생한다.

법률안의 폐기는 제출된 법률안을 회의체의 결정 또는 법정요건의 충족에 따라 심의·의결대상에서 제외하는 조치를 말한다. 법률안이 폐기되는 경우는 ① 위원회가 본회의에 부의하지 아니하기로 결정하여 이를 본회의에 보고한 후 의원 30인 이상으로부터 폐회 또는 휴회기간을 제외한 7일 이내에 본회의 부의요구가 없는 경우(국회법 제87조 제2항)와 ② 국회의원의 임기가 만료되는 경우(헌법 제51조 단서)이다. 법률안의 제안취지가 상실된 경우에도 폐기된다는 설이 있으나 이에 대하여는 이론의 여지가 있다.

(3) 법률안의 종류

법률안은 제안주체 및 입법형태에 따라 다음과 같이 종류를 구분할 수 있다.

가. 제안주체별 분류

먼저 제안주체에 따라 법률안은 의원발의안(議員發議案), 위원회안(委員會案), 정부제출안(政府提出案)으로 분류된다.

1) 의원발의안(議員發議案)

의원발의안은 헌법 제52조에 따라 국회의원이 제출하는 법률안으로서 협의의 의원발의안과 위원회안으로 구분된다. 협의의 의원발의안은 국회법 제79조 제1항에 따라 발의자를 포함하여 의원 10인 이상의 찬성으로 연서하여 발의하는 법률안으로서 통상적인 의원발의안을 말한다.

2) 위원회안(委員會案)

위원회안은 국회법 제51조에 따라 위원회가 소관 사항에 대하여 제안하는 법률안을 말한다. 위원회안은 대안(代案)을 위원회안 형식으로 제안하는 위원회 대안(委員會 代案)과 대안(代案)이 아닌 순수한 의미의 위원회안(委員會案)으로 구분된다.

3) 정부제출안(政府提出案)

정부제출안은 헌법 제52조에 따라 정부가 제출하는 법률안이다.

나. 입법생애주기별 형태에 따른 분류

법률안은 입법생애주기별 입법형태에 따라 제정법률안(制定法律案), 개정법률안(改正法律案), 폐지법률안(廢止法律案)으로 분류하며, 개정법률안은 다시 일부개정법률안(一部改正法律案)과 전부개정법률안(全部改正法律案)으로 구분한다.

1) 제정법률안(制定法律案)

제정법률안은 기존법률에 없는 새로운 법률제명으로 입안하는 법률안으로서 일반적으로 '○○○(관한)법(률)안'의 형식을 취한다. 전혀 새로운 정책을 수립하거나 기존 정책을 전면 폐지하고 대체정책을 추진하고자 하는 경우에 주로 제정법률안을 제안한다. 또한 정책사항의 변경이 없더라도 법률의 분할 또는 통합 등 기존 법률의 규율내용을 다른 형식적 체계로 정비하는 경우에도 제정법률안의 형태로 제안할 수 있다.

2) 개정법률안(改正法律案)

개정법률안은 기존 법률의 내용이나 형식을 변경하는 법률안을 말하는데, 개정법률안은 기존 법률을 어느 정도 개정하게 되는가에 따라 그 입안형식이 다르게 된다. 전면적인 개정을 하는 경우는 전부개정법률안, 일부분을 개정하는 경우는 일부개정법률안의 형태를 취하게 된다. 종전의 경우 전부개정법률안의 제명을 '○○○법개정법률안'이라고 하였으나, 2005년 1월부터 보다 알기 쉽게 '○○○법 전부개정법률안'으로 변경하였다. 이에 비하여 일부개정법률안은 개정하고자 하는 조항 및 그 내용을 기존법률에 흡수하는 방법이나 증보하는 방법으로 개정하는데, 우리나라의 경우 흡수방법을 취하고 있다. 일부개정법률안의 제명형식은 2005년 1월 국회법 개정 전에는 '○○○법중개정법률안'의 형식이었으나 현재는 '○○○법 일부개정법률안'의 형식을 취하고 있다.

그러나 어떠한 법률을 개정하는 경우 일부개정방식이 적합한지 전부개정방식이 적합한지 판단이 쉽지 않은 경우가 있다. 대체로 일부개정방식의 개정법률안이 많지만, ① 개정되는 조문이 기존 조문의 3분의 2 이상을 차지하는 경우, ② 제정된 후 장기간이 경과되어 법문에 나타난 용어와 규제형태가 현실과 부합하지 아니하고, 수차례의 개정으로 삭제된 조항이나 가지번호의 장·절·조(예를 들어, 제5조 다음에 제5조의2가 있는 경우 제5조의2가 가지번호인 조이다) 등이 많아 새로운 체제로 정비할 필요가 있는 경우, ③ 법률의 핵심내용을 개정하면서 이와 관련된 부분도 정비하는 경우에는 전부개정방식을 취하는 것이 합리적이다.[1)]

개정법률안에서 종전의 법 제명을 변경하는 경우가 있는데, 이때 종전의 법 제명을 인용하고 있는 다른 법률의 관련규정을 '다른 법률의 개정' 형식으로 부칙에서 정비하여 주는 것이 바람직하다.

또한, 법률 상호 간에는 다른 법률의 관련조항을 인용하고 있는 점을 감안하여 가급적 기존 조문체계를 유지하면서 개정법률안을 입안하고 불가피하게 조문체계를 달리하여 개정법률안을 입안하게 되어 다른 법률에

---

1) 법제처, 『법령입안심사기준』, 법제처, 1996, 196-197. 현행 법령입안심사기준도 같다. http://edu.klaw.go.kr/ 참조.

서 인용하고 있는 조항에 변경이 필요하게 되는 경우에는 해당 개정법률안의 부칙(다른 법률의 개정)에서 이를 정리하는 것이 바람직하다.

3) 폐지법률안(廢止法律案)

폐지법률안은 기존법률을 폐지하는 법률안으로 ① 실효성 없는 정책을 담고 있는 법률, ② 위헌결정[2)]으로 존립근거를 상실한 법률, ③ 다른 법률의 제정으로 전면 정비가 필요한 법률 등이 있을 때 입안하게 된다. 예컨대, 2005년 철도건설법을 제정하면서 공공철도건설촉진법과 고속철도건설촉진법을 폐지한 경우가 이에 해당한다. 일반적으로 정책의 일부가 실효성을 상실하거나 법률의 일부규정이 위헌결정을 받아 법률안을 입안하고자 하는 때에는 개정법률안의 형식을 택하여 해당 내용을 삭제하며, 정책의 전부나 핵심사항이 실효성을 상실하거나 법률의 전부 또는 핵심규정이 위헌결정을 받아 법률안을 입안하고자 하는 때에는 폐지법률안의 형식을 택한다.

폐지법률안은 보통 '○○○법 폐지법률안'의 형식을 취한다. 폐지법률안을 입안하는 경우에는 폐지될 법률을 인용하고 있는 개별 법률들을 부칙에서 「다른 법률의 개정」이라는 조문을 두어 일괄적으로 정비를 하는 것이 입법경제상 바람직하다.

다. 법률안의 변동에 따른 분류

법률안은 변동 양태에 따라 원안(原案), 수정안(修正案), 대안(代案)으로

2) 2020년 5월 30일까지 헌법재판소가 법률에 대하여 위헌성 결정을 내린 건수는 698건(대통령긴급조치를 포함)이며, 위헌법률심판에서 346건, 「헌법재판소법」 제68조 제1항에 따른 권리구제형 헌법소원에서 167건, 「헌법재판소법」 제68조 제2항에 따른 위헌심사형 헌법소원에서 185건이 위헌성 결정을 받았다. 이 중 439건이 위헌결정이고, 178건이 헌법불합치 결정이며, 한정위헌과 한정합헌이 각각 52건과 29건이다. 국회사무처 법제실, 『제20대 국회 위헌·헌법불합치 법률 정비현황』, 2020, 8－9.

위헌성 결정을 받은 법률 조항 현황 (2020.5.30. 기준, 단위: 건)

구분	위헌	헌법불합치	한정위헌	한정합헌	총계
위헌법률심판	264	55	13	14	346
권리구제형 헌법소원	86	58	18	5	167
위헌심사형 헌법소원	89	65	21	10	185
합계	439	178	52	29	698

자료: 국회사무처 법제실, 『제20대 국회 위헌·헌법불합치 법률 정비현황』, 2020.

분류되기도 한다.

1) 원안(原案)

원안(原案)은 제안된 내용이 변경되지 않은 원래의 법률안을 의미한다. 국회 심의과정에서 수정 없이 원래 제안된 대로 의결된 경우에는 원안의결이라고 한다. 통상 체계·자구심사에 의한 수정만 있는 경우도 원안의결로 분류한다.

2) 수정안(修正案)

수정안은 원안의 내용을 수정하기 위하여 발의하는 안을 말한다. 우리 국회에서는 독립된 의안이 아닌 기존 법률안에 부수된 안으로 취급한다.

수정안은 크게 본회의 수정안과 위원회 수정안으로 구분한다. 본회의 수정안은 본회의에서 수정동의에 의해 제안된 수정안을 말한다. 본회의의 수정동의는 법률안의 경우 30인 이상의 찬성 의원과 연서하여 미리 의장에게 제출하여야 한다(국회법 제95조 제1항).

위원회 수정안은 위원회가 회부된 법률안을 심사하여 의결한 수정안으로서 위원회가 심사보고한 수정안은 별도의 찬성 없이도 본회의에서 의제로 성립한다(국회법 제95조 제2항). 위원회는 소관 사항 이외에는 수정안을 제출할 수 없으며(국회법 제95조 제3항), 위원회에서의 수정동의(修正動議)는 동의자(動議者) 외 1명 이상의 찬성자가 있어야 의제로 성립한다. 소위원회 심사가 일반화되어 있는 현재에는 위원회의 법률안 수정은 수정동의에 의한 수정보다는 통상 소위원회가 심사보고한 수정안을 위원회 전체회의에서 의결하는 형태로 이루어진다.

수정안의 수정내용은 무제한적으로 허용되는 것이 아니라 원안의 취지 및 내용과 직접 관련이 있어야 한다. 다만, 의장이 교섭단체 대표의원과 합의하는 경우에는 수정안의 범위에 제한을 두지 않는다(국회법 제95조 제5항).

3) 대안(代案)

대안은 원안을 대체하여 제안하는 법률안으로서 일반적으로 원안과 취지는 같으나 그 내용을 전면적으로 수정하거나 체계를 전혀 다르게 하여 원안에 대신할 만한 내용으로 제출하는 안을 말한다. 대안에는 위원회 대안(委員會 代案)과 의원발의 대안(議員發議 代案)이 있다.

위원회 대안(委員會 代案)은 위원회가 회부된 법률안을 심사한 결과, 원안을 폐기하고 그 원안에 대신할 만한 새로운 안을 제안하는 것으로서 이는 형식적으로는 국회법 제51조에 따라 위원회가 위원장 명의로 제안하는 위원회안(委員會案)에 해당한다. 따라서 위원회 대안은 해당 안을 제안한 위원회에 회부하지 않고 통상 본회의에서 바로 심의를 한다. 다만, 특별한 경우 국회운영위원회의 의결에 따라 다른 위원회에 회부할 수 있다(국회법 제88조). 위원회 대안은 최근 의원입법이 활성화되면서 입법과정에서 여러 개의 법률안을 하나의 의안으로 통합하여 의결하는 데 빈번하게 사용되고 있다. 이렇게 대안을 통하여 여러 개의 법률안을 통합하는 주된 이유는 동일한 제명을 가진 여러 법률안이나 유사한 내용을 가진 복수의 법률안이 그 취지 및 내용의 타당성이 인정된다고 하여 이들을 모두 본회의에 부의하고 이를 각각 의결하여 정부로 이송하는 경우 입법의사의 명확성이 확보되지 않고 체계상 충돌이 발생할 가능성이 있을 뿐만 아니라, 입법경제상 비효율성이 발생하기 때문이다. 가령 예를 들어 「법원조직법 일부개정법률안」이 각기 다른 내용으로 A의원 발의안, B의원 발의안, C의원 발의안이 있을 경우, 이들 각각의 법률안의 내용이 타당하다고 하여 이를 모두 본회의에 부의하는 경우 의사진행이 번거롭고 의결된 법률안 간 상충되는 내용이 포함될 수 있다. 따라서 이들 법률안들을 하나로 통합한 법원조직법 일부개정법률안(대안)을 제안하는 것이다.

과거 정부제출안을 중심으로 법률안이 통과되던 시기에는 정부제출안을 원안의결하거나 수정의결하는 형태의 입법이 주종을 이루었으나, 최근에는 의원입법의 활성화로 의원발의안이 동시에 여러 건 발의되어 입법에 반영되는 경우가 많아지면서 이러한 대안을 통한 입법형태가 보편화되었다. 국회를 통과하는 법률안 중 대안의 비율은 제14대 국회의 경우 5.64%에 불과하였으나, 제19대 국회에는 43.47%에 달하여 정부제출안(13.57%)과 대안이 아닌 나머지 의원발의안(42.96%)보다 높은 비중을 차지하였다. 제20대 국회에서도 대안의 비중은 43.82%로서 대안이 아닌 의원발의안(46.64%)보다는 다소 낮지만 상당히 높은 편이라고 할 수 있다.

그래프 4-1 역대 국회 통과 법률안의 종류별 비율

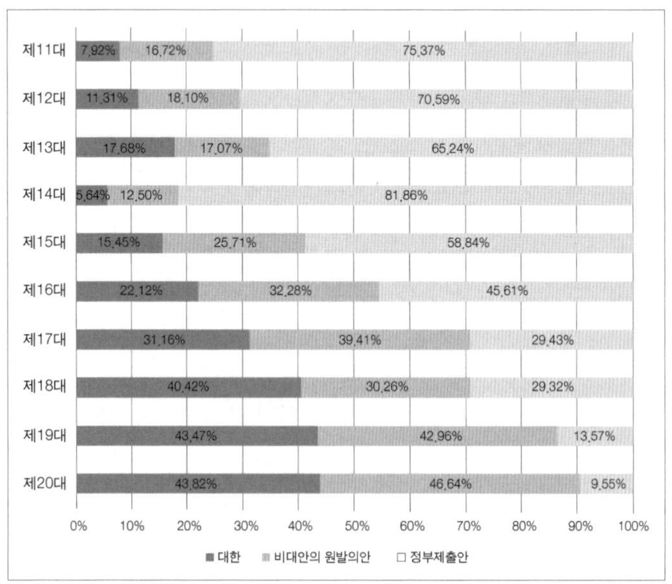

출처: 국회의안정보시스템

대안(代案)의 종류 중 의원발의 대안(議員發議 代案)은 국회법 제95조 제4항에 따라 의원이 30인 이상의 찬성자와 연서하여 의장에게 제출하는 대안으로서 위원회에서 그 원안을 심사하는 동안에 제출하여야 하며, 원안이 심사되는 위원회에 회부하여 원안과 함께 심사하기 때문에 독립된 의안으로 간주하지 않는다. 의원발의 대안은 제도적으로는 존재하는 형태이나 수정안에 비하여 절차가 번거롭고 실효성이 적기 때문에 잘 사용되지 않는다.

3. 입법과정의 참여자

(1) 국 회

권력분립원리와 대의제를 근간으로 하는 현대 의회민주주의국가에서 통상 입법권은 제도적으로 국민이 선출한 대표로 구성된 의회에 유보되어 있기 때문에 의회는 제도적인 입법권을 가진 가장 핵심적인 입법주체라고 할 수 있다. 우리나라 헌법도 제40조에서 '입법권은 국회에 속한다'고 하여 국회를 핵심적인 입법주체로 명시하고 있다. 이처럼 국회는 입법의 내용을 형성하고 형식적 정당성을 부여하는 입법의 주체로서 제도적으로 확고한 위치를 가지는데, 이러한 국회의 입법활동은 내부의 다양한 행위자가 참여 또는 관여하는 가운데 다원적 합동행위 형식의 의사결정을 통해 이루어진다. 입법과정에 관여하는 국회 내부의 행위자로는 국회의원, 국회의장, 위원회, 교섭단체, 입법지원기관이 있다.

가. 국회의원

국회의원은 헌법상 국민의 대표기관이자 집합적 입법주체로서 입법권을 행사하는 국회의 구성원이다. 입법기관인 국회의원의 입법권은 국회의원의 입법제안권과 법률안에 대한 심의권을 통하여 구체화된다. 국회의원과 정부가 법률안을 제출할 수 있다고 규정한 헌법 제52조에 따라 국회의원은 입법과정에서 의제설정기능을 수행하는 법률안 발의의 주체가 되며, 헌법 제40조에 따라 입법권을 행사하는 국회의 구성원으로서 법률안 심의에 참여한다.

또한, 국회의원은 국회의 행정입법 검토제도와 각종 국정통제작용을 통하여 법률뿐만 아니라 하위규범의 형성작용에도 영향력을 행사할 수 있다.

나. 국회의장

국회의장은 입법기관인 국회의 대표이자 수장으로서 입법과정에서 광범위한 역할을 수행한다.[3)]

먼저 법률안의 제출 단계에서 국회의장은 국회를 대표하여 국회의원이나 정부가 발의 또는 제출한 법률안을 접수한다. 이후 법률안 심의 단계에서는 접수된 법률안을 본회의에 보고하고 소관위원회 및 관련위원회에 회부한다(국회법 제81조, 제82조 및 제83조). 이때 소관이 불분명한 법률안의

3) 국회의장은 국회법 제10조에 따라 국회를 대표하고(국회대표권), 의사를 정리하며(의사정리권), 질서를 유지하고(질서유지권), 국회의 사무를 감독하는(사무감독권) 권한을 가진다.

소관위원회를 정하는 것은 국회의장의 권한이다. 한편, 국회의장은 위원회에 회부된 법률안에 대하여 일정한 요건에 따라 심사기간을 지정하고 세입예산안 부수법률안을 지정하는 등 각종 의안심사절차에 관하여 권한을 행사할 수 있다.

법률안이 본회의에 부의되면 국회의장은 본회의 의사일정을 작성하고 법률안을 심의하는 본회의를 주재하며, 본회의에서 의결된 법률안을 의안정리를 거쳐 정부에 이송한다. 만약, 정부에 이송한 법률안을 대통령이 법정시한 내 공포하지 않으면 국회의장이 이를 공포한다.

다. 위원회

1) 개 관

위원회는 본회의에 앞서 안건을 예비적으로 심사하는 국회의 회의체 내부기관이다. 국회의 최종적인 의사결정권은 국회의원 전원으로 구성된 본회의에 유보되어 있지만, 입법정책결정의 효율성과 전문성을 제고하기 위하여 소관 분야별로 구성된 위원회로 하여금 안건을 심도 있게 심사하도록 하는 위원회 제도를 운영하고 있다. 특히 우리나라 국회는 위원회중심주의를 채택하고 있기 때문에 실질적인 입법정책결정이 주로 본회의가 아닌 위원회에서 이루어지는 구조라고 할 수 있다. 따라서 위원회는 입법과정에서 가장 실질적인 입법정책결정이 이루어지는 기능적 단위라고 할 수 있다.

2) 위원회의 종류

우리나라 국회에 설치되는 위원회는 크게 상임위원회(常任委員會)와 특별위원회(特別委員會)로 분류된다. 이외에도 본회의의 변형된 형태로서 재적의원 전체를 구성원으로 하는 전원위원회(全院委員會)가 있으며, 위원회 내에 소수의 위원으로 구성된 소위원회(小委員會)와 안건조정위원회(案件調整委員會)를 두기도 한다.

이 중 상임위원회는 입법과정에서 실질적인 입법정책결정기능을 수행하는 기능단위로서 소관 법률안에 대한 심사권과 제안권을 가지고 있어서 회부된 법률안에 대하여 심사를 하고, 내용을 수정하거나 본회의에 부의하지 아니하는 결정을 할 수 있다. 또한 자체적으로 입안한 법률안을 본회의에 제안할 수 있다. 특별위원회도 구성결의안에서 특정 법률안에 대한 심사권이 명시된 경우에는 해당 법률안에 대한 심사권과 제안권을 예외적으로 갖는다.

① 상임위원회(常任委員會)

상임위원회는 일정한 소관 사항에 속하는 직무를 수행하기 위하여 국회법 제37조에 따라 상설적으로 설치된 위원회를 말한다. 상임위원회는 그 소관에 속하는 의안과 청원 등의 심사, 기타 법률에서 정하는 직무를 수행한다(국회법 제36조).

상임위원의 임기는 통상 2년이고, 상임위원장은 본회의에서 무기명투표로 최다득표자를 선출하며, 교섭단체별로 두는 간사는 위원회에서 호선으로 선출한다.

② 특별위원회(特別委員會)

특별위원회는 둘 이상의 상임위원회와 관련된 안건이나 특히 필요하다고 인정한 안건을 효율적으로 심사하기 위하여 본회의의 의결로 설치하거나 법률에 의해 별도로 설치하는 위원회이다.

특별위원회는 설치근거에 따라 크게 세 가지 유형으로 구분할 수 있는데, 첫째는 가장 일반적인 형태로서 본회의에서 특별위원회 구성결의안을 의결함으로써 설치하는 경우, 둘째로 법률에 의해 상설적으로 설치하는 경우, 셋째로 법률상 일정한 요건을 충족할 경우 설치하는 경우로 구분할 수 있다. 이 중 입법과정과 직접적으로 관련된 특별위원회는 대개 첫 번째 유형의 일반적인 특별위원회라고 할 수 있으며, 그중에서도 구성결의안에서 명시적으로 법률안 심사권을 부여한 특별위원회가 입법과정에서 직접적인 역할을 수행할 수 있다. 구성결의안에서 명시적으로 법률안 심사권을 부여하지 않은 특별위원회는 법률안에 대한 심사권이 없다.

특별위원회의 위원 정수는 구성결의안이나 법령의 규정에 따라 정해지며, 특별위원은 상임위원 중에서 교섭단체 소속의원 수의 비율에 따라 각 교섭단체 대표의원의 요청으로 의장이 선임하거나 개선한다(국회법 제48조 제4항). 특별위원장은 예산결산특별위원장을 제외하고는 위원회에서 호선으로 선출한다(국회법 제47조 제1항). 특별위원회의 간사도 위원회에서 호선으로 선출한다(국회법 제50조 제2항).

③ 전원위원회(全院委員會)

전원위원회는 국회의원 전원으로 구성된 위원회로서 위원회 중심주의로 인한 본회의 심의의 형식화 문제를 보완하려는 취지로 도입한 제도이다. 전원위원회는 재적의원 4분의 1 이상의 요구가 있을 경우에 위원회의 심사를 거치거나 위원회가 제안한 의안 중 정부조직에 관한 법률안, 조세 또는 국민에게 부담을 주는 법률안 등 주요 의안의 본회의 상정 전이나 상정 후에 개회한다. 다만, 재적의원 4분의 1 이상의 요구가 있다고 하더라도 각 교섭단체 대표의원의 동의가 있는 경우에는 개회하지 아니할 수 있다.

전원위원회의 위원장은 의장이 지명하는 부의장이 된다(국회법 제63조의2 제3항). 전원위원회의 간사는 국회운영위원회 간사가 맡으며, 국회운영위원회 간사가 사고로 직무를 수행할 수 없을 때에는 전원위원장이 교섭단체대표의원으로부터 당해 교섭단체 소속 국회운영위원회 위원 중에서 추천을 받아 지명한다(전원위원회 운영에 관한 규칙 제4조). 전원위원회는 재적위원 5분의 1 이상의 출석으로 개회하고, 재적위원 4분의 1 이상의 출석과 출석위원 과반수의 찬성으로 의결한다(국회법 제63조의2 제4항). 전원위원회는 상임위원회나 법률안 심사권을 가진 특별위원회와 같이 심사안건에 대하여 본회의에 부의하지 아니하는 결정을 할 수는 없으며, 심사안건에 대한 수정안만을 제출할 수 있다(국회법 제63조의2 제2항).

④ 소위원회와 안건조정위원회

소위원회는 위원회의 위임에 따라 안건 등을 심사하는 위원회의 회의체 내부기관이다. 국회법은 위원회에 두는 소위원회로서 i) 특정한 안건을 심사하기 위하여 두는 안건심사 소위원회, ii) 상임위원회의 소관사항을 분담·심사하기 위하여 두는 상설소위원회, iii) 청원심사를 위한 청원심사소위원회를 규정하고 있다. 이 중 상설소위원회는 상임위원회에만 둘 수 있는 소위원회로서 여러 가지 현실적인 제약으로 설치·운영되는 사례가 거의 없으며,[4] 법률안 심사는 주로 안건심사 소위원회 형태로 구성되는 소

4) 제20대 국회 외교통일위원회는 제364회 국회(정기회) 제6차 외교통일위원회에서 위원

위원회(통상 '법안심사소위원회'라는 명칭을 사용한다)에서 이루어지고 있다.

소위원회의 위원장과 위원은 위원회에서 의결로 선임하고 소위원회 위원장의 선임은 본회의에 보고한다. 소위원회 위원장이 사고가 있을 때에는 소위원회 위원장이 지정하는 소위원회 위원이 그 직무를 대리한다(국회법 제57조 제3항). 소위원회의 활동범위는 위원회가 의결로 정하는 범위에 한정되며, 폐회 중에도 활동할 수 있다(국회법 제57조 제4항 및 제6항).

소위원회는 국회의 심사안건 증가와 이에 따른 의사운영의 효율성 증대 요구에 따라서 입법정책결정이 실질적으로 이루어지는 기능적 단위로 변모하는 경향이 있어 제도적인 '위원회 중심주의'가 실질적인 양태는 '소위원회 중심주의'로 나타나고 있다. 국회법 제57조 제6항은 이러한 점을 반영하여 국회의 입법생산성을 제고하려는 취지로 법률안 심사의 실질적 기능단위인 법률안 심사소위원회가 매월 3회 이상 개회하도록 규정하고 있다.

안건조정위원회는 국회법 제57조의2에 따라 위원회 회부 안건 중 이견의 조정이 필요한 안건을 심사하기 위하여 6인의 위원으로 구성한다. 안건조정위원회의 조정위원은 소속 의원 수가 가장 많은 제1교섭단체 소속 조정위원과 제1교섭단체에 속하지 않은 조정위원의 수를 동수로 선임한다. 조정위원장은 제1교섭단체 소속 조정위원 중에서 선출하며, 재적 조정위원 3분의 2 이상의 찬성으로 의결한다. 안건조정위원회의 활동기한은 90일을 넘지 않는 범위 내에서 위원장이 간사와 합의하여 정한다.

라. 교섭단체

교섭단체는 능률적인 국회운영을 위하여 제도적으로 국회 운영의 협의대상이 되는 정당 또는 의원의 결사로서 20인 이상의 의원을 가진 정당은 하나의 교섭단체가 된다. 20인 이상의 의원을 가진 정당 소속이 아닌 의원도 20인 이상의 의원으로 교섭단체를 구성할 수 있다.

교섭단체는 소속의원들의 의사를 사전에 결집하여 입법과정에서 각

회의 안건 등을 분담하여 심사하는 상설소위원회로서 미주소위원회, 신북방소위원회, 신남방소위원회, 유럽·아프리카소위원회의 4개 소위원회를 구성하였으나, 별도의 법안심사소위원회에서 법률안 심사를 실질적으로 수행하였다.

정파의 의견을 개진하고 조정함으로써 입법과정에서 중요한 역할을 수행한다. 특히 각 교섭단체에 두는 교섭단체 대표의원은 의장의 국회운영에 관한 중요한 협의자로서 입법과정에서 중요한 역할을 수행한다.

마. 입법지원기관

입법기관의 체계적인 운영과 의원의 입법활동을 보좌하기 위하여 국회 내부에 두는 입법지원기관으로서 위원회 전문위원, 국회사무처, 국회도서관, 국회예산정책처, 국회입법조사처가 있다.

1) 국회사무처

국회사무처는 국회의 입법·예산결산심사 등의 활동을 지원하고 행정사무를 처리하기 위한 기관으로서 법률안의 접수 및 처리를 지원하고 국회의 본회의 및 각 위원회 활동을 지원한다.

국회사무처는 법률안의 제안, 심의 및 정부이송 등 입법과정의 각 단계에 폭넓게 관여하는 중심적인 입법지원기관이다. 국회사무처 법제실은 국회의원이 의뢰한 법률안을 기초하는 업무를 수행하는 부서로서 법률안의 제안 과정에서 중요한 역할을 수행하며, 국회사무처 의사국은 제출된 법률안을 접수한다.

법률안의 위원회 심사단계에서는 국회사무처 소속 전문위원이 위원회에 회부된 법률안에 대한 검토보고를 작성하고 위원회 회의자료 및 수정안 작성을 보좌함으로써 입법과정상 중요한 실무를 담당한다. 이들은 법률안의 검토 단계에서 정부측과의 사전협의 및 이해관계자들의 의견수렴을 통하여 위원회의 입법정책결정을 보좌하는 자료를 작성함으로써 입법과정의 효율성과 전문성을 높이는 역할을 수행한다. 전문위원은 위원회별로 차관보급인 수석전문위원을 1인을 두고 2급 공무원인 전문위원을 위원회에 따라 1명 이상 두기도 한다. 또한, 위원회에는 전문위원의 업무를 보좌하기 위하여 입법조사관과 기타 공무원을 여러 명 두고 있다.

위원회 심사단계를 거친 법률안에 대한 본회의 심의단계에서는 국회사무처 의사국이 본회의 진행 보좌와 통과된 법률안의 의안정리 및 정부이송 업무를 담당한다.

한편 국회의원 개인별로 보좌활동을 하는 의원보좌직원도 국회사무처 소속 별정직 공무원으로서 의원 1인당 보좌관(4급) 2명, 비서관(5급) 2명, 비서(6급, 7급, 8급, 9급) 4명을 둔다. 이들 의원보좌직원들은 특히 입법안의 제안 과정에서 많은 역할을 수행하며, 이후의 법률안 심의과정에서도 국회의원의 활동을 보좌한다.

2) 국회도서관

국회도서관은 국회의 도서 및 입법자료에 관한 업무를 처리하기 위하여 설치한 기관이다(국회법 제22조).

국회도서관은 각종 도서 및 자료를 수집·정리하고 열람서비스를 제공하는 것을 기본으로 할 뿐만 아니라 의회 및 법률정보의 조사·회답 및 제공을 통하여 국회의원의 입법활동을 지원한다.

3) 국회예산정책처

국회예산정책처는 국가의 예산결산·기금 및 재정 운용과 관련된 사항을 연구분석·평가하고 관련 의정활동을 지원하기 위하여 설치한 기관이다(국회법 제22조의2).

국회예산정책처는 국회의 입법과정보다는 예산과정에 대하여 의정활동을 전문적으로 지원하는 기관이나, 입법과정에서도 법안비용추계 및 조세특례평가자료의 작성 등의 업무를 통해서 입법과정에도 긴밀하게 관여하고 있다(국회법 제79조의2 및 제79조의3). 또한, 세입예산안 부수법률안의 처리와 관련하여서도 의장의 세입예산안 부수법률안 지정에 국회예산정책처의 의견을 듣도록 하고 있다(국회법 제85조의3 제4항). 특히 국회예산정책처는 재정상 조치가 수반되는 법률안에 대하여 비용추계서의 첨부가 의무화된 이후 입법과정상 주요한 임무를 수행하는 필수적 입법지원기관으로 기능하고 있다.

4) 국회입법조사처

국회입법조사처는 입법 및 정책과 관련된 사항을 조사·연구하고 관련 정보 및 자료를 제공하는 등 입법정보서비스와 관련된 의정활동을 지원하기 위하여 설치한 기관이다(국회법 제22조의3).

국회입법조사처는 국회의원이 요구하는 사항의 조사·분석 및 회답을 통하여 입법과정상 의정활동에 필요한 정보를 제공하는 것을 주요 임무로 하고 있으며, 국회의원의 요구와 별도로 독자적인 연구·분석 결과물을 제공하여 입법활동에 참고하도록 하고 있다. 국회입법조사처는 입법과정에서 법률안의 발의 시 기초가 되는 정책조사에 필요한 정보를 제공함으로써 국회의 입법활동에 기여하고 있다.

(2) 정 부

가. 개 관

정부는 법률의 집행주체로서뿐만 아니라 법률안 제출권자로서 입법안을 제안하고 대통령의 법률공포권을 통하여 입법정책결정에 관여함으로써 입법과정에서 상당히 비중이 있는 역할을 수행한다.

특히, 오늘날 전문화되고 복잡다기한 입법수요가 제기되는 현대 행정국가에서는 입법부에 비해 상대적으로 우위에 있는 정책자원을 배경으로 정부의 입법과정 관여가 비교적 활발한 편이다.

나. 정부 내부의 참여주체

1) 대통령

대통령은 법률의 공포 및 재의요구권을 가진 입법과정의 제도적 참여자이며 대통령제 국가의 경우 정책과정에 미치는 지대한 영향력을 배경으로 입법과정에서 상당한 역할을 수행한다.

2) 행정부처

통상 관료제 조직으로 구성된 각 행정부처 또한 고유의 정책목표를 추구하는 정책주체로서 입법과정에 참여한다. 직접 정부제출 법률안을 기초하여 제출하거나 의원발의 법률안에 대한 국회 심의과정에서 의견 제출 및 협의를 함으로써 입법과정에서 비중 있는 역할을 수행한다. 또한 행정부처는 입법화된 법률의 집행과정에서 보완 및 개선사항을 입법과정에 환류하는 기능을 통해 입법과정에 영향을 미치기도 한다.

각 행정부처의 입법과정 참여는 정부전체 차원의 통일된 정책의사를 배경으로 이루어지기도 하지만, 때로는 각 부처별 정책목표나 이해관계를 바탕으로 조정되지 않은 정책의사가 입법과정에 투입되거나 표출되기도 한다. 특히 법제처 심사 등 정부 내부의 정책조정절차를 거치지 않은 우회 입법의 경우 이러한 현상이 종종 목격되기도 한다.

3) 법제처

법제처는 정부법률안의 입안 및 공포과정 등 법제업무 담당부처로서 입법과정에 참여한다. 정부제출 법률안은 국회에 제출되기 전에 법제처의 심사를 받아야 하며, 국회 본회의에서 의결된 법률안은 법제처로 이송되어 공포절차를 거치게 된다. 법제처는 법령의 형식적 통일과 내용의 조정 등을 통해 정부의 입법제안 및 법령이 체계적 일관성을 갖추도록 하는 역할을 수행하며 국가 전체의 법령체계에 대한 관리 업무를 관장한다.

(3) 정 당

가. 정당의 입법과정상 역할

입법과정에서 정부와 국회를 매개하고 국민의 다양한 이해관계를 대변하는 정당도 중요한 입법과정의 참여자이다. 정당은 국민들의 다양한 이해관계와 정치적 견해를 조직화하여 입법과정에 투입시키는 기능을 수행한다. 다양한 이해관계가 중첩되거나 상충되는 현상이 일상적인 입법과정에서 정당을 통하여 조직화된 이해관계 및 정치적 견해의 표출은 대의과정의 효율성을 제고할 수 있다.

특히 정당국가화 경향이 심화되는 현대국가에서 입법과정에 대한 정당의 영향력은 확대되는 경향으로 정당은 선거과정의 지지를 결집하기 위한 공약의 이행, 정책대안의 제시 등을 위하여 입법과정에 참여한다.

정당의 입법과정 참여는 주로 국회의 교섭단체 제도를 통하여 공식적으로 이루어지는 편이나, 교섭단체를 구성하지 못한 정당도 다양한 활동을 통하여 입법과정에 영향을 미친다.

나. 정당의 입법과정 참여자

1) 정당의 지도부

정당의 지도부는 정당 내 주요정책의 결정 및 중요 입법사안에 대한 교섭 및 협상을 통하여 입법과정에서 비중 있는 역할을 수행한다. 특히 정치적으로 민감한 입법사항에 대하여는 정당 지도부의 영향력이 큰 편이다.

2) 정책위원회, 정책연구위원 및 정당의 연구소

정당 내 정책의사결정을 보좌하는 정책위원회와 원내 교섭단체를 구성한 정당 소속으로 국회에 임용되어 활동하는 정책연구위원도 입법과정에 참여하며 정당 차원에서 소속 의원의 입법활동을 지원한다. 그리고 정당 내에 설치된 연구소 등도 정당의 정책개발에 참여함으로써 입법과정에 관여한다.

(4) 지방자치단체 및 기타 국가기관

가. 지방자치단체

지방자치단체는 지역의 이익과 의사를 대변할 수 있는 정치적 단위로서 입법과정에서 지역이익을 대변하는 입법요구를 투입하거나 입법과정에서 의견을 개진하는 역할을 수행한다.

또한, 지방자치단체는 법령의 직접적인 집행기관의 역할을 수행하는 경우가 많아 법률 집행상의 문제점이나 개선방향을 입법과정에 환류시킬 수 있다.

나. 사법부

사법부의 사법작용 결과는 입법과정에 환류되어 입법에 영향을 주기도 한다. 특히, 헌법재판소의 헌법재판 결과는 법률의 효력에 영향을 줌으로써 법률의 제·개정 및 폐지에 직접적인 영향을 준다. 법원의 판례 또한 사법과정에서 발견한 법률의 흠결에 대한 정보와 입법에 대한 판단기준을 제공함으로써 입법과정에 상당한 영향을 미칠 수 있다.

한편, 대법원장과 헌법재판소장은 각각 「법원조직법」 제9조 제3항과 「헌법재판소법」 제10조의2에 따라 국회에 소관사항에 대한 입법의견을 제출할 수 있다.

다. 기타 기관

중앙선거관리위원장도 「선거관리위원회법」 제17조 제2항에 따라 소관

사항에 대한 입법의견을 국회에 제출할 수 있으며, 감사원의 감사결과나 국가인권위원회의 권고 등도 입법과정에 환류되어 영향을 줄 수 있다.

(5) 이해관계자

입법과정에서 다양한 이해관계자 또는 이해관계자 집단도 공식적인 입법과정 참여자는 아니나, 다원화된 현대 민주주의 국가에서는 그 역할비중이 큰 편이다. 우리 국회의 입법과정에서도 이들 이해관계자에 대한 의견수렴 절차가 있으나 구속력이 있는 것은 아니다. 이해관계자의 입법과정에 대한 영향력은 정치적 조직화 및 사회적 여론 환기 역량 등에 따라 좌우된다고 할 수 있다.

(6) 전문가

입법과정에서 전문적 식견을 가진 전문가의 의견은 입법의사결정에 영향을 미친다. 외부전문가의 경우 중립성 및 전문가 선정의 공정성 문제가 제기되기도 한다.

(7) 시민사회 및 언론

시민단체를 중심으로 한 시민사회도 입법요구의 형성 및 입법활동에 대한 통제과정에서 중요한 역할을 수행한다. 시민단체는 자신들의 이익이 아닌 사회 전체의 이익을 위하여 시민들이 자발적으로 조직화한 집단으로서 이익단체와 구별된다.

사회문제를 보도하는 언론도 입법요구의 형성과 입법활동에 대한 통제과정에서 중요한 역할을 수행한다. 특히 언론을 통하여 제기된 사회문제에 대하여는 관련 입법안이 제출되기도 하며, 입법과정에서도 언론보도를 통해 나타나는 여론의 반응을 고려한 심의가 이루어지는 경우도 있다.

제2절 한국 입법과정의 어제와 오늘

1. 개 관

한국의 입법과정은 그동안 대통령제 정부형태와 단원제 및 위원회 중심주의의 의회운영체제를 제도적 근간으로 하여 행정부의 관여를 허용하는 의원내각제적 요소를 가미한 형태로 운영되어 왔다. 물론 시대의 변천에 따라 일시적으로 양원제와 의원내각제를 채택하고, 본회의 중심주의적 특성이 강하였던 때도 있었으나, 대체적인 흐름은 대통령제와 단원제 의회의 제도적 기초를 유지하면서 의회민주주의의 발전에 따라 '정부 주도 입법과정'에서 '의회 중심의 입법과정'으로 진화하는 양상을 보여 왔다고 할 수 있다. 건국 이후 경제개발기에 이르는 이른바 '국가형성단계'에서는 강력한 대통령제의 제도적 기반과 행정부의 정책자원상 우위를 바탕으로 정부가 입법과정에서 중심적인 역할을 하는 이른바 '정부주도 입법과정'의 면모가 역력하였다면, 1987년 이후 이른바 '민주화 시대'에는 국회가 종전에는 미약하였던 자율적 입법기능을 강화하면서 '통법부(通法府)'라는 오명에서 벗어나 점진적으로 의회 중심의 입법과정으로 전환하는 모습을 보이고 있다. 무엇보다도 의원발의 법률안의 양적·질적 성장으로 국회 본연의 입법권능은 상당 수준 회복되고 있으며, 이와 함께 그동안 권위주의 개발시대에 정부 주도 입법과정에 적합한 제도적 요소가 국회운영의 민주성과 숙의성을 강조하는 제도적 요소로 대체되고 있는 양상을 보여왔다.

그러나 우리나라 국회 입법과정의 기본적 구조는 아직도 개발 시대에 정부정책을 최소한의 비용으로 입법화하는 데 적합한 효율성 중심의 구조를 크게 벗어나지 못하고 있다. 국회의 독자적인 입법권능이 크게 확대되고 과거에 비해 국회의 정책적 비중과 역할은 증대되고 있으나, 그에 상응하여 입법정책의 책임성과 신중성을 제고하기 위한 입법과정의 구조개선이나 제도적 보완은 미흡한 측면이 있다.

2. 법령 현황

2021년 1월 4일 현재 유효한 법령의 수를 기준으로 우리나라 법률의 총수는 1,509건이고, 법률 이외의 대통령령(1,775건), 총리령(90건), 부령(1,273건), 국회규칙(353건) 등의 법령은 3,491건이다. 법률과 하위법령을 합친 총 법령의 수는 5,000건이다.

표 4-4 현행 법령 현황(2021. 1. 4 현재)

구 분		건 수
헌 법		1
법 령	법 률	1,509
	대통령령	1,775
	총 리 령	90
	부 령	1,273
	기타(국회규칙 등)	353
	소 계	5,000
자치법규	조 례	93,021
	규 칙	26,145
	기타(훈령 등)	441
	소 계	119,607
계		124,608

※ 이 통계는 유효기간이 지난 법령은 제외하고 국가법령정보센터에 수록된 현재 유효한 법령만을 기준으로 집계한 것이다.
출처: http://www.moleg.go.kr

지방자치단체의 자치법규는 2021년 1월 4일 현재 조례 93,021건, 규칙 26,145건, 훈령 등 기타 자치법규 441건으로서 총 119,607건에 달한다. 법령과 자치법규를 합계한 수는 총 124,608건이다.

이러한 법령의 수는 국가발전에 따른 규범수요의 증가에 비례하여 지속적으로 증가하는 추세로서 특히 법률의 수는 법령공포대장에 기재된 수를 기준으로 할 때 1980년 719건에서 2020년에는 1,524건으로 두 배 이상 증가하였다.

표 4-5 연도별 법령수 증가 현황(2021. 1. 4. 현재)

	법 률	대통령령	총리령 · 부령	합 계
1980	719	1,288	1,006	3,013
1990	820	1,363	998	3,181
2000	978	1,335	1,212	3,525
2010	1,182	1,426	1,103	3,711
2020	1,524	1,790	1,355	4,669

※ 이 통계는 법령공포대장을 기준으로 집계한 통계로서 유효기간이 지난 법령도 명시적으로 폐지절차를 밟지 않는 한 포함되므로 유효한 법령만을 기준으로 집계한 표 4-4의 현황과 다를 수 있다.
출처: https://www.moleg.go.kr

한편 국회가 법률을 제정하거나 개정함에 따라서 공포된 총 법률의 수는 2021년 1월 4일 기준으로 17,814건인데, 연도별로 공포되는 법률의 수는 1982년 115건에서 2000년 238건, 2005년 517건, 2010년 516건, 2015년 744건, 2020년 952건으로서 증가하는 추세이다. 이러한 법률 공포 건수의 증가는 국회 입법과정의 산출량 증가를 의미하는 것으로 사회적 규범수요 및 입법과정상 정치적 투입요구의 증가와 국회 입법기능의 활성화를 복합적으로 반영하는 것이라고 할 수 있다.

또한, 이러한 국회 입법활동의 활성화는 현행 법률 개수 대비 공포법률 건수를 비교할 경우 더욱 극명하게 나타나는데, 1982년의 현행 법률 개수 대비 공포법률 건수 비율은 15.71%에 불과하였으나 2020년에는 62.47%로 크게 증가하였는데, 이는 국회 입법활동의 활성화로 법률의 개정빈도가 과거에 비해 크게 증가하였다는 것을 의미한다.

표 4-6 연도별 법률안 공포 건수(2021. 1. 4 현재)

	공포법률 수(A)	현행법률 수(B)	A/B
1982	115	732	15.71%
1990	115	820	14.02%
2000	238	978	24.34%
2010	516	1,182	43.65%
2020	952	1,524	62.47%

※ 현행법률 수는 표 4-5와 같은 법령공포대장 기준이다.
출처: http://www.moleg.go.kr

3. 국회 입법과정의 제도적 연혁

(1) 제헌국회 ~ 제4대 국회(1948년~1960년)

가. 특 징

제헌국회부터 제4대 국회까지의 기간은 제1공화국 시기로서 대통령제를 채택하였으나 의원내각제적 요소가 가미된 정부형태이었으며, 단원제를 채택한 국회의 운영체제도 위원회중심주의와 본회의중심주의의 특성이 혼재된 형태로서 현재에 비해서는 본회의 중심주의적 특성이 강한 것이 특징이었다.

나. 주요 제도

제헌헌법과 제정국회법은 입법과정에 의원내각제적 요소를 포함하고 있었는데, 정부의 법률안 제출권(헌법 제39조), 국무위원 및 정부위원의 정부제출 안건에 대한 발언권(국회법 제63조), 국무위원의 겸직 허용(국회법 제10조) 등은 대표적인 의원내각제적 특성의 제도적 요소들이다.

또한, 제헌헌법은 국회의 구성형태를 단원제로 채택하였으며, 이후에도 이른바 '발췌개헌'으로 불리는 제1차 개정헌법(1952.7.7.)으로 민의원(民議院)과 참의원(參議院)으로 국회를 구성하는 양원제가 헌법상으로 채택되기는 하였으나, '참의원이 구성될 때까지 민의원의 의결로써 국회의 의결로 한다'는 헌법 부칙에 따라 계속 단원제로 운영되었다.

그리고 이 시기의 의회운영체제는 본회의 중심주의와 위원회 중심주의를 절충한 형태로서 현재와 비교하면 본회의 중심주의적 특성이 강한 편이었다. 당시 국회법 제33조는 '의안이 발의 또는 제출되었을 때에는 의장은 이것을 국회에 보고한 후 적당한 위원회에 부탁하고 그 심사가 끝난 뒤에 본회의에 부의한다'고 규정하여 위원회 심사 전치주의(前置主義)를 원칙으로 하면서 위원회심사를 기본적인 의안심사절차로 상정하였다는 점에서는 위원회 중심주의적 특성도 다분하였다고 할 수 있다. 다만, 동조 단서에서 '단, 국회의 결의에 의하여 위원회 심사를 생략할 수 있다'고 하여 본회의 중심주의적 특성을 강화한 측면도 있었으나, 1951년 국회법 개정 시에 법률안은 위원회 심사의 생략 대상에서 제외함으로써 법률안을 심의하는 입법과정에서는 위원회 심사의 중요성이 강조되는 편이었다.

이 당시 본회의 중심주의적 특성이 가장 두드러진 것은 본회의 독회제도라고 할 수 있는데, 위원회심사를 거친 법률안에 대하여 본회의에서 3회의 독회를 실시하도록 하였다(당시 국회법 제38조). 제1독회는 본회의에서 의안을 낭독하고 질의응답과 대체토론을 거쳐 법률안을 제2독회에 부의할지 여부를 결의하는 절차이고,[5] 제2독회는 축조낭독하며 심의를 하는 과정으로서 법률안에 대한 수정이 이루어진다. 제3독회는 최종적으로 의안 전체의 가부를 결정할 뿐 문자의 정정 외에는 수정이 이루어질 수 없었다.

이 당시 법률안 등 의안의 발의는 10인 이상 의원의 찬성에 의하였으며, 일반 의결정족수는 출석의원 과반수의 찬성이었는데, 의사정족수가 재적의원 과반수의 출석이었기 때문에 의결정족수는 오늘날과 같은 재적의원 과반수 출석 및 출석의원 과반수의 찬성이라고 할 수 있다. 또한 현재와 같이 위원회의 의안 폐기권 및 위원회 폐기 의안의 본회의 부의요구 제도를 규정하고 있었으며, 1951년 3월 국회법 개정을 통하여는 법률안에 대한 법제사법위원회의 체계·형식심사제도를 도입하였다.

한편, 이 시기의 특징적 제도 중 하나로는 회기 내에 계류된 의안이

5) 제2독회에 부의하지 아니하기로 결의된 때에는 당해 법률안은 폐기된다. 제정국회법 제39조.

처리되지 못하면 현재와 다르게 회기 종료 후 일괄폐기하는 회기불계속의 원칙을 들 수 있는데, 폐회 중 대통령으로부터 환부된 법률안이나 국회의 결의로 위원회에서 폐회 중 계속 심사하는 법률안은 회기불계속의 원칙을 적용받지 아니하였다. 이외에 일사부재의 원칙(당시 국회법 제61조)이 제정 국회법부터 규정되었다.

(2) 제5대 국회(1960년~1961년)

가. 특 징

제5대 국회는 정부형태로 내각책임제를 채택하였던 시기로서 4·19 이후 민주화요구에 부응하여 국회의 역할과 권능을 강화하고, 양원제·소위원회 제도·공청회 제도 등을 통해 국회운영의 민주성과 숙의성을 강조하는 제도적 변화가 추구되었다.

나. 주요 제도 변화

제5대 국회의 입법과정은 내각책임제 하에서 양원제 입법과정을 채택하였다. 입법과정은 ① 법률안 발의 혹은 제출, ② 민의원 심사·의결(위원회 부탁 및 심사 → 법제사법위원회 체계·자구심사 → 본회의 심의), ③ 참의원 심사·의결(위원회 부탁 및 심사 → 법제사법위원회 체계·자구심사 → 본회의 심의), ④ 양원 의결 불일치 시 재의(참의원 → 민의원), ⑤ 법률안의 정리 및 이송, ⑥ 대통령의 공포 순으로 입법절차가 진행되었다.[6] 이러한 양원제 입법과정에서 국회의 의사결정은 양원의 의사 합치에 의해 이루어지는 것이 원칙이었으나, 참의원보다는 민의원에 우월적 지위를 부여한 것이 특징적인 점이었다. 대표적으로 법률안과 예산안은 민의원에 선의권(先議權)을 부여하여 민의원에서 먼저 심사를 하였으며, 양원의 의사가 일치하지 않을 때에는 민의원에서 재적의원 과반수의 출석과 출석의원 3분의 2 이상의 찬성으로 의사를 확정하였다(당시 헌법 제37조 제2항). 한편, 참의원에 부의된 의안이 60일(예산안은 20일) 이내에 의결되지 않으면 부결된 것으로 간주하였다.[7]

이 시기에는 국회의 입법권능을 강화하는 제도의 변경이 상당수 있었

6) 박수철, 『입법총론』, 한울, 2012, 470.
7) 당시 헌법 제39조.

는데, 먼저 국회의 회기를 확대하여 정기회는 90일에서 120일로, 임시회는 각 의원(議院)이 정하는 기간으로 하였다.[8] 또한, 국회 입법과정의 숙의성을 강화하기 위하여 소위원회 제도를 신설하였고, 공청회 제도를 명문화하였으며, 다른 원의 관련위원회와 의견을 교환하는 협의위원회 제도를 도입하였다.

또한, 이 시기에는 본회의의 독회 제도는 유지되었으나, 실효성에 대한 지적이 계속되었던 전원위원회 제도를 폐지하였으며, 의장의 당적 이탈이 국회법에 명문으로 제도화되었다. 한편, 의사정족수는 재적의원 과반수에서 재적의원 3분의 1 이상으로 완화되었다.

그리고 헌법에서 대통령의 법률안 재의요구권을 삭제하는 한편, 기존의 헌법위원회 대신에 입법에 대한 합헌성 통제를 강화하기 위하여 헌법재판소를 설치하였다.

(3) 제6대 국회 ~ 제8대 국회(1963년~1972년)

가. 특 징

5·16 이후 제6차 개헌으로 다시 대통령제 정부형태를 채택하였던 이 시기에는 당시의 강력한 개발국가체제 지향성을 반영하여 단원제 하 상임위원회 중심주의를 강화하는 등 입법과정의 효율성을 강조한 제도 변화가 많았다.

나. 주요 제도 변화

이 시기 입법과정의 가장 특징적인 제도 변화는 단원제 하 상임위원회 중심주의 체제를 강화하는 내용으로서 양원제 및 독회제를 폐지하고 의안의 위원회심사를 의무화하였으며, 입법과정의 효율성을 강화하기 위하여 종전의 회기불계속 원칙을 폐기하고 회기계속의 원칙을 헌법에 직접 규정하였다. 또한, 본회의에서 축조심사의 생략이 가능하도록 하였으며, 표결에 있어 미결(未決)제도[9] 및 2차 표결제도를 폐지하여 입법과정상 의사진행의

8) 이전에는 임시회의 회기는 30일 이내, 정기회의 회기는 90일 이내로 규정하였으나, 국회의 결의로 연장이 가능하였기 때문에 실질적인 차이는 크지 않았다고 할 수 있다.

9) 미결(未決)이란 찬성과 반대 모두 과반수 등 의결정족수에 미치지 못하여 의결이 이루

효율성을 제고하려 하였다.

(4) 제9대 국회 ~ 제10대 국회(1973년~1980년)

가. 특 징

강력한 대통령 중심 통치체제인 이른바 '유신체제'의 특성을 반영하여 국회의 역할과 위상을 제약하는 반면, 정부 주도 입법과정의 효율성 제고에 초점을 맞춘 제도 변화가 있었다.

나. 주요 제도 변화

먼저 이 시기는 국회의 회기를 헌법에서 연간 150일로 제한하였으며, 의안의 발의요건을 10인 이상에서 20인 이상으로 강화하고, 수정동의 요건도 10인 이상에서 20인 이상으로 강화하는 한편, 예산 수반 의원발의안의 예산명세서 제출을 의무화하고 예산 수반 의안에 대해서는 발의요건을 50인[10] 이상으로 강화하는 등 의원의 법률안 발의권을 제약하는 방향의 제도 변화가 있었다. 또한, 국무위원 출석요구 요건도 종전에 의원 30인 이상의 요구에서 본회의 의결로 강화하였다.

그리고 입법과정의 효율성을 강화하기 위하여 심사기간 지정 주체를 국회에서 의장으로 변경하는 등 의장의 권한을 강화하였고, 교섭단체의 구성요건을 의원 10인 이상에서 20인 이상으로 상향하였으며, 발언시간의 제한, 필리버스터 제한, 본회의 축조심의 폐지 등 의사진행의 신속성을 강조하는 제도변화가 있었다.

(5) 제11대 국회 ~ 제12대 국회(1981년~1988년)

가. 특 징

이 시기는 강력한 대통령 중심제 통치체제가 다소 완화된 형태로 운

어지지 않은 것을 말하는 것으로 제정국회법 제36조의 수정안에 대한 표결규정에서 '未決'이란 용어를 사용하며, 미결 시 재표결 절차를 규정하고 재표결 결과, 다시 미결인 경우 당해 의안을 폐기하도록 규정한 것과 당시 헌법이 국회의 의결을 '과반수의 찬성으로 의결한다'와 같이 규정하지 않고, '출석의원 과반수로써 의결한다'로 규정한 데에서 연유하는 제도이다. 국회사무처, 『국회법해설』, 1968, 216.

10) 1973년 국회법 개정 시 30인 이상으로 발의요건이 완화되었다.

영되었던 시기로서 효율성 위주의 국회 입법과정을 다소 완화하는 방향의 제도 변화가 있었다.

나. 주요 제도 변화

입법과정의 주요 원칙 및 기본구조는 큰 변화가 없었으나, 입법과정의 민주성과 숙의성을 강화하기 위한 제도들이 보완되었다. 먼저 전문위원 검토보고가 필수절차화 되었고, 본회의의 발언시간 제한을 20분 이내로 강화한 반면, 위원회의 발언시간 제한을 완화하여 동일 의제에 대하여 제한 없이 발언하도록 하였으며, 세입예산안을 회부받은 위원회는 예산결산특별위원장의 요청이 있을 때에는 연석회의를 열도록 하였다. 또한, 종전에는 의장의 요구에 의해서만 가능했던 위원회 폐기 법률안의 본회의 부의요구의 요건을 완화하여 의원 30인 이상이 요구하는 경우에도 본회의에 부의할 수 있도록 하였다.

(6) 제13대 국회(1988년~1992년)

가. 특 징

정치·사회적 민주화의 진전에 따른 국회의 위상과 역할의 재정립으로 국회의 권한과 기능을 확대하고 협의에 의한 의사운영을 강화하는 등 의회운영 및 입법과정의 민주성을 제고하는 방향의 제도개선이 이루어졌다.

나. 주요 제도 변화

이 시기에는 국회의 권한을 강화하기 위하여 국회의 연중 회기제한을 폐지하였고, 휴회 중 본회의 재개요구 요건을 재적의원 4분의 1 이상의 요구로 완화하였으며, 정부에 대한 서면질문 시 20인 이상 찬성요건을 삭제하는 등 의정활동에 대한 제약을 완화하였으며, 종래 의장의 직권 결정사항이었던 본회의 개의시간 변경, 회의의 비공개 결정, 본회의 의사일정 변경, 의안의 위원회 심사기간 지정 등을 교섭단체 대표의원과의 협의대상으로 변경하는 등 협의에 의한 의사운영을 강화하였다.

또한, 위원회 활동을 활성화하기 위하여 발언자 수 및 발언시간 제한에 대한 위원장 권한을 삭제하였고, 청문회제도를 명문화하였으며, 위원장 직무대행제도를 신설하고, 폐회 중 상임위원회 개회를 정례화하며, 상설소위원회 설치근거를 신설하고, 관련위원회 회부 및 의견제시 제도를 도입하는 등의 제도개선이 있었다.

이와 함께 의정활동의 책임성 및 투명성을 강화하기 위한 제도개선으로 윤리특별위원회를 설치하고, 의장단 구성 시기를 법정화하며, 회의장 내 녹음·녹화·촬영 및 중계방송을 원칙적으로 허용하였다.

(7) 제14대 국회 ~ 제17대 국회(1992년~2008년)

가. 특 징

사회 전반의 민주화 진전에 따라 국회의 권능과 위상 강화요구를 반영하여 국회의 입법·재정통제·국정통제 기능을 강화하는 한편, 국회운영의 안정성과 의정활동의 책임성을 제고하는 제도개선이 이루어졌다.

나. 주요 제도 변화

제14대 국회에서는 입법과정의 내실화를 위하여 대체토론 제도를 도입하고, 전문위원 검토보고의 48시간 전 배부 원칙을 규정하였으며, 폐회중 정례회의를 종전의 1회에서 2회로 확대하였고, 위원회의 입법예고제를 도입하였다. 또한, 국회운영의 안정성을 제고하기 위하여 연간 국회운영기본일정을 작성하게 하였으며, 의정활동의 책임성을 강화하기 위하여 기록표결제도를 도입하였다.

제15대 국회에서는 연중 상시국회 제도를 도입하여 2·4·6월 임시회를 정례화하였고, 입법과정 및 의안심사의 내실화를 위하여 제정법률안 및 전부개정법률안에 대한 공청회·청문회의 개최를 의무화하였으며, 법률안 실명제를 도입하였고, 위원회의 법률안 상정제한 기간을 종전의 3일에서 5일로 확대하였다. 이와 함께 전원위원회 제도를 재도입하였으며, 정부의 법률안 제출계획의 국회 통지를 의무화하였다. 또한, 본회의 표결에 전자투표에 의한 기록표결 원칙을 도입하였고, 의사진행의 효율성을 제고하기 위하여 의사정족수를 재적의원 3분의 1 이상에서 5분의 1 이상으로 완화하였으며, 소위원회의 공개원칙[11)]을 도입하였다. 이외에 행정입법 검토제

11) 제16대 국회부터 시행

도를 도입하여 소관위원회가 법률에 위반되는 행정입법을 소관 중앙행정기관에 통보하도록 하였다.[12]

제16대 국회에서는 법률안의 의원발의 요건을 종전의 20인에서 10인 이상의 찬성으로 완화하였고,[13] 법률안의 위원회 상정제한기간을 종전의 5일에서 15일로 확대하였으며, 원칙적으로 정기회 중에는 예산부수법률안만 처리할 수 있도록 하되 의결이 있는 경우 예외를 두도록 하였다.

제17대 국회에서는 입법과정 및 의안심사의 내실화를 위하여 예산수반 의안에 대하여 비용추계를 의무화하였고, 위원회 회부 후 법률안 상정제한 기간을 일부개정법률안의 경우는 15일, 제정법률안 및 전부개정법률안의 경우는 20일로 연장하였으며, 소위원회 회의록의 속기 작성을 의무화하였다.

(8) 제18대 국회 ~ 제20대 국회(2008년~2020년)

가. 특 징

국회의 권한과 기능의 확대에 상응한 의정활동의 책임성과 입법과정의 내실화를 도모하고 고질적인 정쟁을 완화하기 위하여 국회운영의 합의성을 획기적으로 강화하는 제도개선이 이루어졌다.

나. 주요 제도

제18대 국회에서는 입법과정의 내실화를 위하여 위원회의 입법예고를 의무화하였고, 본회의 수정 동의의 범위를 제한하였으며, 실효성이 없던 정기회 중 예산부수법률안 외의 법률안 상정제한 규정을 삭제하였다. 또한, 국회운영의 합의성을 강화하기 위한 이른바 '국회선진화법'에 따라 의장의 심사기간 지정요건 강화, 예산안 등 세입예산안 부수법률안 본회의 자동부의제도 도입, 의안 자동상정제·위원회 안건조정제도·안건신속처리제도의 도입, 본회의 무제한토론제도 신설, 국회질서유지 강화 등의 제도변경이 있었다. 이러한 '국회선진화법'에 의한 제도개선사항은 제19대 국회부터 시행되었다.

---

12) 제16대 국회부터 시행

13) 2003. 2. 4. 국회법 개정

제19대 국회에서는 재정수반 의안의 발의 및 심사보고서 제출 시 국회예산정책처의 비용추계서 제출을 의무화하였고, 조세특례 관련 법률안의 발의 시 조세특례 평가자료의 제출도 의무화하였다.

제20대 국회에서는 국회의 입법생산성을 제고하기 위하여 8월 임시회를 명문화하고 폐회 중 상임위원회 정례회의를 확대하며, 복수 법안심사소위원회의 설치 근거를 마련하는 한편, 헌법재판소가 위헌결정을 한 법률에 대한 위원회의 심사제도를 도입하였다. 이외에 행정입법 검토제도를 개선하여 대통령령 및 총리령의 경우 본회의 심의를 받아 정부에 송부하도록 하였다.

4. 국회 입법실적의 변화: 통법부(通法府)에서 입법부(立法府)로

(1) 국회의 법률안 접수 및 처리실적

제헌국회의 심의를 거쳐 법률 제1호로 제정된 법률은 「정부조직법」이었다. 이후 제헌국회 임기 2년 동안 법률안은 모두 234건이 접수되었고 이 중 82%인 191건이 처리되었으며, 64%인 149건이 가결되었다. 제헌국회 이래 국회의 법률안 접수건수와 처리건수는 시대 상황과 국회의 위상에 따라 증가와 감소를 반복하다가 제13대 국회 이후 지속적으로 증가하는 추세를 보이고 있다. 특히 제17대 국회 이후에는 의원발의 법률안의 괄목상대한 증가에 힘입어 법률안 접수 건수와 처리 건수가 크게 증가하는 양상을 보이고 있다. 제헌국회부터 제20대 국회까지 국회(비대의 입법기구인 국가재건최고회의 및 국가보위입법회의 실적 포함)의 입법실적 경과를 몇 가지 지표를 통해 살펴보면 다음과 같다.

표 4-7 역대 국회 법률안 접수 및 처리실적

구 분	총 계			의 원 발 의			정 부 제 출		
대 별	접 수	처 리	처리 비율	접 수	처 리	처리 비율	접 수	처 리	처리 비율
제 헌	234	191	82%	89	73	82%	145	118	81%
제2대	398	340	85%	182	157	86%	216	183	85%
제3대	410	216	53%	169	101	60%	241	115	48%
제4대	322	108	34%	120	49	41%	202	59	29%
제5대	296	103	35%	137	60	44%	159	43	27%
국가재건 최고회의	1,162	1,162	100%	554	554	100%	608	608	100%
제6대	658	508	77%	416	283	68%	242	225	93%
제7대	535	442	83%	244	170	70%	291	272	93%
제8대	138	47	34%	43	12	28%	95	35	37%
제9대	633	591	93%	154	119	77%	479	472	99%
제10대	129	101	78%	5	3	60%	124	98	79%
국가보위 입법회의	189	189	100%	33	33	100%	156	156	100%
제11대	489	430	88%	202	148	73%	287	282	98%
제12대	379	299	79%	211	134	64%	168	165	98%
제13대	938	806	86%	570	447	78%	368	359	98%
제14대	902	763	85%	321	196	61%	581	567	98%
제15대	1,951	1,561	80%	1,144	791	69%	807	770	95%
제16대	2,507	1,753	70%	1,912	1,199	63%	595	554	93%
제17대	7,489	4,335	58%	6,387	3,443	54%	1,102	892	81%
제18대	13,913	7,612	55%	12,220	6,298	52%	1,693	1,314	78%
제19대	17,822	8,010	45%	16,729	7,199	43%	1,093	811	74%
제20대	24,141	9,139	38%	23,047	8,401	32%	1,094	738	67%
계	75,635	38,706	51%	64,889	28,870	46%	10,746	8,836	82%

자료: 국회사무처, 『의정자료집』, 2016; 국회의안정보시스템

가. 법률안 접수건수 및 처리건수

국회의 법률안 접수건수 및 처리건수는 국회 입법활동의 양적인 규모에 대한 지표로서 국회가 얼마나 활발하게 입법기능을 수행하였는지에 대한 정보를 제공한다. 앞서 언급한 바와 같이 국회의 법률안 접수건수 및 처리건수는 시대 상황에 따른 국회 입법기능의 활성화 정도에 따라 변동성이 있는 편이나, 대체적으로는 민주화의 진전과 국회의 위상 및 기능의 강화에 따라 증가하는 추세를 보이고 있다. 그 결과 제20대 국회(2016년 5월 30일 ~ 2020년 5월 29일)의 법률안 접수건수는 24,141건으로서 제2대 국회(398건)에 비하여 60.7배 증가하였으며, 법률안의 처리건수도 9,139건으로서 제2대 국회(191건)에 비하여 47.8배로 증가하였다.[14)]

그래프 4-2 역대국회 법률안 제안건수

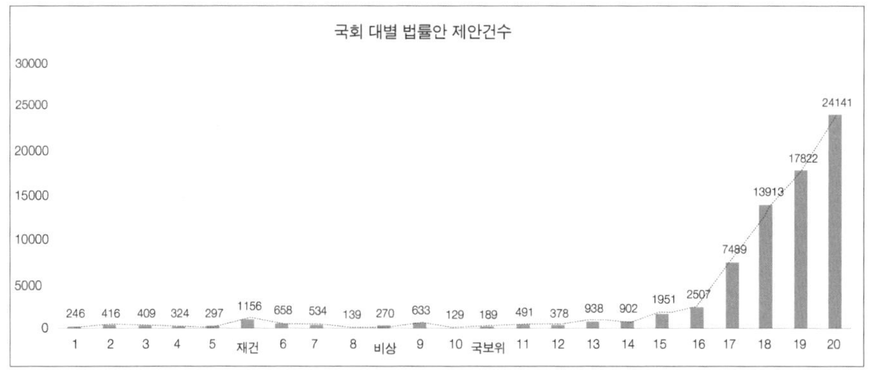

※ 재건=국가재건최고회의, 비상=비상국무회의, 국보위=국가보위입법회의
자료: 국회사무처 법제실, 『대한민국 법률』, 2020.

이러한 역대 국회의 법률안 접수건수 및 처리건수의 증가세는 그동안 획기적인 변화를 보이는 몇 번의 변곡점이 있었는데, 첫 번째는 민주화의 진전으로 국회의 권능이 크게 신장한 제13대 국회(1988년 5월 30일~1992년 5월 29일)로서 법률안 접수건수가 직전인 제12대 국회의 379건에 비하여 2.5배인 938건으로 크게 증가하였고, 처리건수도 제12대 국회의

14) 제헌국회의 임기가 2년이었던 점을 감안하여, 4년 임기인 제20대 국회와 비교하기 위하여 동일하게 임기가 4년인 제2대 국회와 비교하였다.

299건의 2.7배인 806건으로 증가하였다. 이는 민주화의 진전으로 국회의 권능이 강화되고 사회의 다양한 입법요구가 증가하여 국회의 입법활동이 더욱 활발해졌기 때문으로 보이며, 제13대 국회 당시 여소야대 정국의 형성으로 국회의 자율성이 한 층 더 강화된 것이 많은 영향을 준 것으로 보인다.

두 번째로 법률안 접수건수가 크게 증가한 것은 제15대 국회(1996년 5월 30일 ~ 2000년 5월 29일)로서 임기 동안의 법률안 접수건수가 직전인 제14대 국회(902건)에 비하여 두 배 이상 증가한 1,951건이었다. 처리건수도 직전인 제14대 국회(763건)에 비하여 두 배 이상 증가한 1,561건에 달하였다. 제15대 국회에서 이처럼 법률안 접수건수와 처리건수가 크게 증가한 것은 1997년 말 도래한 외환위기의 극복과정에서 입법수요가 증가한 원인도 있으나, 그보다는 언론 및 시민단체의 입법실적에 대한 평가가 의정활동에 대한 평가로 이어지는 분위기가 조성된 것이 큰 역할을 하였다. 이와 함께 국회 내부에서 입법기능의 활성화를 뒷받침할 수 있는 제도 개선과 입법인프라 확충이 이루어진 것도 의원들의 입법활동을 촉진하는 역할을 하였다. 먼저 제15대 국회 중에는 2·4·6월 임시회를 정례화하여 연중상시 국회를 지향하는 국회법 개정 등이 있었으며 국회의 활동기간인 회기의 총기간이 제14대 국회의 652일에서 1,032일로 크게 늘어났다. 다음으로 1994년 국회사무처에 법제예산실(法制豫算室)이 신설되면서 의원입법에 대한 법제지원 서비스가 강화된 것이 의원발의 법률안의 증가요인으로 작용하였다. 제15대 국회에서 법률안 접수건수 및 처리건수가 급증한 것은 주로 의원발의 법률안의 접수건수와 처리건수가 크게 증가한 것에 기인하는데, 제15대 국회 기간 중 의원발의안의 접수건수 및 처리건수는 각각 1,144건과 791건으로서 제14대 국회의 접수건수 및 처리건수 321건과 196건에 비하여 비약적인 증가세를 보였다. 국회 내 법제지원기구의 설치가 이러한 의원입법의 활성화에 크게 기여한 것으로 보인다.

세 번째로 법률안 접수건수가 크게 증가한 시점은 제17대 국회(2004년 5월 30일 ~ 2008년 5월 29일)로서 이 기간 이후 의원발의 법률안의 폭발적인 증가에 힘입어 법률안 접수건수도 큰 폭의 증가세를 보였다. 제17대 국회의 법률안 접수건수는 7,489건으로서 직전인 제16대 국회(2,507건)에 비해 3배에 가까운 증가세를 보였다. 법률안 처리건수도 제16대 국회의 1,753건에 비하여 크게 증가한 4,445건이었다. 이러한 법률안의 폭발적인 증가는 정부제출안의 증가에도 일부 기인하지만, 상당 부분은 의원발의안이 크게 증가한 것에 기인한다. 제16대 국회에 비하여 제17대 국회에서 정부제출안은 1,102건으로서 1.9배 증가한 반면, 의원발의안은 6,387건으로서 3.3배 증가하였다. 이러한 증가세는 이후에도 계속 가속화되어 제18대 국회의 법률안 접수건수는 13,913건으로서 제17대 국회의 두 배에 가까운 증가세를 보였으며, 이는 제헌국회부터 제17대 국회까지(국가재건최고회의 및 국가보위입법회의 포함) 60년 동안 국회에 접수된 법률안(19,759건)의 70.4%에 달하는 법률안이 제18대 국회 임기 4년 동안 접수되었다는 것을 의미한다.[15] 이후에도 법률안 제출건수는 대를 거듭할수록 큰 폭의 증가세를 보여 제19대 국회에는 17,822건, 제20대 국회에는 24,141건의 법률안이 접수되었다. 법률안 처리건수도 제17대 국회부터 크게 증가하는 추세이나, 법률안 접수건수에 비해서는 증가세가 크지 않은 편이다.

이처럼 제17대 국회 이후에 법률안 접수 및 처리건수가 증가한 것은 16대 국회 후반기인 2003년 2월 국회법 개정으로 의안 발의요건이 20인 이상의 찬성에서 10인 이상의 찬성으로 완화되어 법률안 발의가 보다 용이해진 것이 영향을 준 것으로 보이며, 이와 함께 입법실적에 대한 평가가 각 정당의 공천심사에 정량지표로 활용되고, 국회의원 보좌직원의 증원과 국회예산정책처 및 국회입법조사처 등 입법지원기구의 확충으로 법률안 발의에 필요한 정책인프라가 확대된 것도 원인으로 보인다.

나. 법률안의 처리율

법률안의 '처리'란 국회에 접수된 법률안에 대하여 가결, 부결, 폐기, 철회 등의 종국적인 처분을 함으로써 해당 법률안을 국회의 심의대상에서 제외하는 것을 말한다. 통상 법률안의 처리율을 산정할 때 처리건수는 미

15) 비대의 입법기구인 국가재건 최고회의와 국가보위입법회의의 법률안 건수를 제외하면 제헌국회부터 제17대 국회까지 접수된 법률안은 18,408건으로서 제18대 국회 기간 동안 제출된 법률안 건수는 이전 국회에서 제출된 법률안 건수의 75.6%에 달한다.

처리 상태에서 국회의원의 임기만료를 맞아 자동폐기된 건수를 제외한 수치를 사용한다.

제17대 국회 이전의 역대 국회 법률안 처리율은 정변으로 국회의 임기가 중단된 제4대, 제5대, 제8대 국회와 제3대 국회를 제외하면 대체로 70% 이상의 높은 처리율을 보였다.[16] 건국 초기 규범수요가 원초적으로 많은 제헌국회와 제2대 국회의 처리율이 80% 이상이었고, 정부주도 입법과정의 특성이 강화된 제3공화국과 유신정권 시대인 제7대 국회와 제9대 국회의 처리율도 각각 83%와 93%로 높은 편이었으며, 1980년대 이후에도 제17대 국회 이전에는 70%대와 80%대의 높은 처리율을 보였었다. 비대의(非代議) 입법기구인 국가재건최고회의와 국가보위입법회의의 처리율은 모두 100%이었다. 이 당시는 정부주도 입법과정의 특성이 강하던 시대로서 정부제출안이 법률안의 다수를 이루었고, 정부의 의도대로 법률안이 통과되는 경향이 강하였던 때이었다.

그러나 법률안의 처리율은 제13대 국회에서 86%를 기록한 후 지속적으로 하락하는 추세이다. 특히 제17대 국회에서 58%의 처리율을 보인 후, 제18대 국회 55%, 제19대 국회 45%, 제20대 국회 38% 등으로 처리율이 지속적으로 하락하는 양상을 보이고 있다. 이러한 처리율의 하락추세는 제14대 국회 이후에 법률안의 처리건수가 지속적으로 증가함에도 불구하고 계속되고 있는데, 이는 법률안의 처리건수 증가율보다 접수건수의 증가율이 더 높기 때문으로 보인다. 제20대 국회의 법률안 처리건수는 8,572건으로서 제13대 국회(806건)에 비하여 10.6배 증가한 반면, 법률안의 접수건수는 제20대 국회(24,141건)가 제13대 국회(938건)에 비해 25.7배 증가하였다.

그런데 이러한 법률안 처리율의 저하는 국회의 입법활동 실적에 대한 부정적 평가의 근거로 사용되기도 한다. 법률안 처리율의 저하가 국회에 주어진 입법과제를 효과적으로 수행하지 못한 것을 나타내는 지표로 해석될 소지가 있기 때문이다.

16) 제3대 국회는 정상적으로 임기를 마쳤으나, 법률안 처리율이 낮은 편이다.

그래프 4-3 역대국회 법률안 처리건수 및 처리율

자료: 국회사무처 법제실, 『대한민국 법률』, 2020.

그러나 법률안의 처리율만을 가지고 국회의 입법실적을 단편적으로 평가하는 것은 정확하지 않은 측면이 있다. 먼저 이러한 처리율의 저하가 법률안 접수건수의 증가와 관련이 있다는 점을 주목할 필요가 있다. 이는 국회의 입법과정에 투입되는 입법요구의 다양성이 그만큼 심화되고 있다는 것을 반영하는 것이기 때문이다. 민주화의 진전에 따라 국회의 입법과정에는 민주사회의 다원성을 반영한 다양한 입법요구의 투입이 증가할 수 있으나, 사회적 합의 과정을 통해 이러한 다원적 요구를 규범으로 수용하는 데에는 한계가 있을 수밖에 없다. 각계각층의 다원적 요구는 서로 상충되는 경우가 많이 있기 때문이다. 그런데 정치과정의 성격을 띠는 입법과정에서는 최종적인 사회적 단일 의사로 수용하기 어려운 입법제안이라도 이에 대하여 명시적인 거부의 의사결정을 하는 것보다 소극적으로 가결의 의사결정을 하지 않는 상태로 방치하는 방법을 택함으로써 정치적 갈등을 확대시키지 않는 것을 선호하는 경향이 있다. 따라서 사실상 폐기처리되어야 하는 법률안이 처리되지 않고 방치됨으로써 처리율을 하락시키는 요인으로 작용할 수 있다.

한편, 과거 정부 주도 입법과정이 지배적인 시대의 비교적 높은 법률안 처리율이 정부가 설정한 정책의제에 대한 국회의 순응적인 태도를 반영한 것이라고 한다면, 이러한 처리율의 저하는 과거 일원적 정부 주도 입법

과정의 퇴색과 함께 의회의 자율성 강화 및 입법과정의 다원성 심화를 나타내는 것일 수도 있다.

따라서 법률안 제출건수의 증가에 따른 처리율의 저하를 국회 입법활동의 해태나 부실로 연결 짓는 것은 정확한 평가가 아닐 수 있다. 즉, 처리율의 저하가 반드시 사회적으로 필요한 규범 생산 수준을 충족시키지 못하는 것은 아니라는 것이다.[17]

다. 법률안의 가결률

법률안의 가결률(可決率)은 접수건수 대비 가결건수의 비율을 말하는 것으로서 제헌 이래 제15대 국회까지 대별로 편차를 보이고 있기는 하나, 제3대 국회와 국회의원의 임기가 도중에 비정상적으로 종료된 제4대, 제5대, 제8대 국회를 제외하고는 전체적으로 50% 이상을 넘고 있다. 제4대 국회, 제5대 국회와 제8대 국회의 법률안 가결률이 30%를 밑도는 것은 이들 국회가 각각 1~2년 정도밖에 임기를 채우지 못하고 조기에 해산됨에 따라 많은 수의 법률안이 제대로 심의도 되지 않은 채 폐기된 결과라고 할 수 있다. 이와는 대조적으로 국가보위입법회의와 국가재건최고회의 때에는 각각 100%와 87%의 가결률을 보여주고 있어 국민이 선출하지 않은 비대의기구(非代議機構)의 법률안 가결률이 평균 가결률보다 높게 나타나고 있다. 이는 한편으로는 법률안 심의가 능률적이고 생산적이었다고 할 수 있으나 다른 한편으로는 이들 기구에서의 법률안 심의가 정부가 제출한 법률안을 형식적으로 통과시키는 역할에 국한되었다는 평가를 할 수 있다.

17) 다만, 이러한 처리율의 저하는 국회가 감당할 수 있는 입법 심의 역량을 넘어서는 수준으로 법률안 제안이 증가되고 있다는 것을 반영하는 것이 될 수 있고, 국회의 입법산출체계가 이처럼 증가하는 입법투입요구에 완벽하게 대응할 만큼 법률안 심의시스템의 완성도나 정책자원의 확보 측면에서 보완의 여지가 있다는 점을 시사하는 것으로 해석될 여지도 있다.

그래프 4-4 역대국회 법률안 가결건수 및 가결률

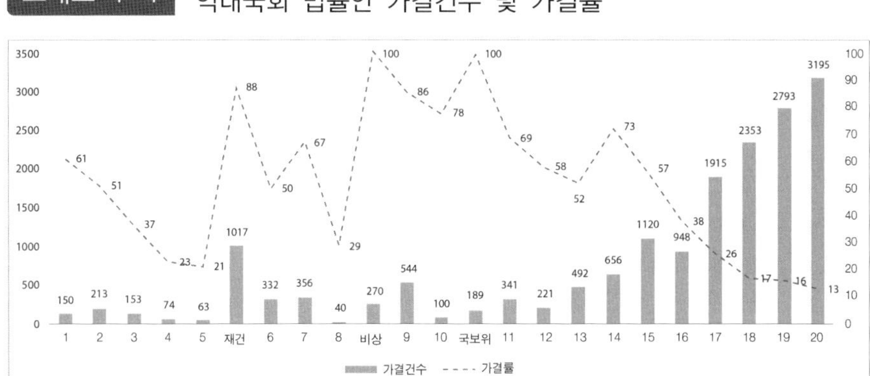

자료: 국회사무처 법제실, 『대한민국 법률』, 2020.

최근 국회의 입법기능 활성화에 따라 법률안의 접수건수와 처리건수는 지속적으로 증가하는 추세가 이어지고 있으나, 법률안의 가결률은 제14대 국회(73%) 이후 계속 낮아지고 있으며, 특히 법률안 접수건수가 증가한 제16대 국회 이후에는 가결률이 크게 낮아지고 있다. 제16대 국회에서는 38%, 제17대 국회에서는 26%를 보이고 있으며, 제18대 국회 이후에는 가결률이 10%대로 하락하며 지속적으로 낮아지고 있다(제18대 국회 17%, 제19대 국회 16%, 제20대 국회 13%).

의원발의안과 정부제출안의 가결률을 비교하여 살펴보면, 정부제출 법률안이 의원발의안에 비하여 상대적으로 가결률이 높기는 하지만, 제14대 국회(92%) 이후 계속 하락하고 있으며, 제17대 국회에서 51%로 하락한 이후 계속 하락하여 제19대 국회와 제20대 국회의 경우 가결건수 마저 감소하는 가운데 각각 35%와 28%까지 하락하였다. 의원발의안의 가결률은 비대의 입법기구를 제외하고 제7대 국회 이외에는 모두 50%를 하회하는 가결률을 보였으며, 제15대 국회(40%) 이후 가결건수의 증가에도 불구하고 계속 하락하는 추세이다. 제20대 국회의 의원발의안 가결률은 13%이었다.

이러한 법률안 가결률의 저하에 대하여는 국회의 법률안 접수건수 증가에도 불구하고 내용적으로 완성도가 높지 않은 입법제안이 많기 때문이라는 비판이 제기되기도 한다. 통상 가결률이 높을수록 내용이 최종적으로

입법화될 만큼 타당한 입법제안을 많이 한 것으로 인식될 수 있으며, 반대로 가결률이 낮을수록 애초에 수용가능성이 낮은 입법제안을 많이 한 것이라고 볼 수 있기 때문이다. 특히 입법실적을 의식하여 '건수 올리기식'의 단편적인 입법이 많은 것이 가결률 저하의 원인이라는 지적도 있다. 또한, 법률안의 가결률은 이처럼 법률안의 입안 및 제안의 질적 성과를 평가하는 지표로 이해되기도 하지만, 법률안의 가결이 입법과정에 투입된 입법요구를 법규범화 함으로써 입법산출을 생산하는 것이라는 점에서 입법산출체계 전반의 생산성을 의미하는 지표로 이해되기도 한다. 따라서 가결률의 저하는 결국 국회 입법과정의 생산성이 낮다는 의미로 해석될 수도 있다.

그러나 최근의 가결률 저하 현상을 이러한 단편적인 관점에서 해석하기보다는 입법과정과 국회 의안처리 절차에 대한 보다 심도 있는 이해를 바탕으로 평가할 필요가 있다.

먼저 가결률의 저하는 입법산출체계의 측면에서는 입법생산성의 하락으로 보일 수 있으나, 이는 국회의 입법과정의 기능을 단순히 규범의 생성과 정책산출에만 초점을 둔 관점이다. 국회의 입법과정에서는 사회구성원의 다양한 이해관계와 가치를 공론의 장에서 다룸으로써 상호 이해를 증진하고 이해관계 및 가치의 조정을 지향함으로써 갈등을 완화하고 사회통합을 강화하는 정치과정으로서의 기능 또한 중요하다. 따라서 법률안이 증가하면서 가결률이 저하하는 현상은 사회의 다원성을 반영한 다원적 요구의 증가로 입법과정의 정치적 기능이 활성화되고 있다는 것을 의미하는 것으로도 해석될 수 있다. 앞서 언급한 바와 같이 각계각층에서 입법과정에 제기되는 다원적 요구는 상호 경합과 충돌로 인해 모두 입법화되는 것은 현실적으로 불가능하다. 따라서 최종적으로 가결되는 법률안의 수는 제한적일 수밖에 없으므로 법률안이 증가할수록 가결률은 저하될 소지가 있다.

이러한 현상은 의원발의안의 경우 더욱 확연하게 나타나는데, 최근 의원발의안의 가결건수가 증가함에도 불구하고 가결률이 하락하는 것은 의원발의안의 증가율이 가결건수의 증가율을 압도할 만큼 높기 때문이다. 실제로 제15대 국회(461건)에 비하여 제20대 국회(2,890건)의 의원발의 법률안 가결건수는 6.3배 증가하였으나, 가결률은 40%에서 13%로 하락하였다.

의원발의안의 가결률 저하가 입법과정의 사회적 다원성 반영과 관련이 있다면, 정부제출안의 가결률 저하는 다른 측면의 원인에 주로 기인한다. 제17대 국회 이후 의원발의안과 정부제출안의 가결률이 지속적으로 떨어지는 원인 중 하나는 위원회 대안 형태의 가결이 증가하는 것과 관련이 있다. 위원회 대안은 타당성이 인정되는 여러 법률안(특히 동일 제명의 법률안)을 하나의 대체되는 법률안(대안)으로 통합·조정하여 제안하고, 그 대신 내용상으로는 가결되어 마땅하고 실질적으로도 그 내용이 반영된 원래의 법률안을 형식상 폐기하는 입법형태이다. 따라서 내용상으로는 실질적으로 가결이라고 할 수 있는 의원발의안과 정부제출안이 대안에 반영되어 폐기되는 경우, 당해 법률안은 가결건수로 집계되지 않는다. 최근에는 의원발의안의 증가로 동일 회기 내 정부제출안이 단독으로 가결되는 경우보다는 정부제출안이 다른 의원발의안과 함께 대안에 포함되어 의결되는 경우가 늘어나고 있다. 실제로 제20대 국회에서 대안에 그 내용이 실질적으로 반영되고 폐기되어 가결건수에 집계되지 않은 정부제출 법률안은 433건으로서 가결된 정부제출 법률안 305건보다 많은 수이다. 이러한 대안 형식의 가결형태가 증가하는 것은 다음의 표에서 의원발의안 중 위원회안의 증가건수를 보면 알 수 있다. 국회법 제51조에 따라 위원회가 제안하는 위원회안의 대부분이 앞서 말한 위원회 대안이기 때문에 위원회안의 증가를 위원회 대안의 증가로 보아도 크게 틀리지 않는다. 제16대 국회에서 258건이었던 위원회안의 가결건수는 이후 지속적으로 증가하여 제20대 국회에서는 1,453건으로 증가하였다.

이처럼 가결률의 저하가 반드시 부정적인 의미만 내포하고 있는 것은 아니나, 가결률 저하의 원인 중에는 입법실적만을 고려한 '건수 올리기식'의 부실한 입법제안이 증가한 것도 일부 있다는 것은 부인할 수 없는 사실이다. 또한, 입법과정의 정치적 기능이 중요하다고 하더라도 최종적으로 규범화되지 못하는 입법요구의 투입이 과다하게 이루어지는 것은 정책자원의 낭비를 초래하는 측면도 있으므로 입법과정 상의 적정한 수요관리도 필요한 것으로 보인다.

표 4-8 법률안 제출 및 가결현황

구분 / 대별	총 계			의원발의 (위원회안)					정부제출		
	접 수 (A)	가 결 (B)	가결비	접 수 (C)	C/A	가 결 (D)	D/B	가결비 (D/C)	접 수	가 결	가결비
제 헌	234	149	64%	89 (21)	38%	43 (18)	29%	48% (85.7%)	145	106	73%
제 2 대	398	214	56%	182 (61)	46%	77 (44)	36%	42% (72.1%)	216	137	63%
제 3 대	410	157	38%	169 (53)	41%	72 (42)	46%	43% (79.2%)	241	85	35%
제 4 대	322	75	23%	120 (29)	37%	31 (27)	41%	26% (93.1%)	202	44	22%
제 5 대	296	70	24%	137 (33)	46%	30 (16)	43%	22% (48.5%)	159	40	25%
최고회의	1,162	1,015	87%	554	48%	514	51%	93%	608	501	82%
제 6 대	658	332	50%	416 (104)	63%	178 (102)	54%	43% (98.1%)	242	154	64%
제 7 대	535	357	67%	244 (60)	46%	123 (59)	34%	50% (98.3%)	297	234	80%
제 8 대	138	39	28%	43 (2)	31%	6 (2)	15%	14% (100%)	95	33	35%
제 9 대	633	544	86%	154 (40)	24%	84 (40)	15%	55% (100%)	479	460	96%
제10대	129	100	78%	5	4%	3	3%	60%	124	97	78%
입법회의	189	189	100%	33 (26)	17%	33 (26)	17%	100% (100%)	156	156	100%
제11대	489	340	70%	202 (39)	41%	83 (39)	24%	41% (100%)	287	257	90%
제12대	379	222	59%	211 (29)	56%	66 (29)	30%	31% (100%)	168	156	93%
제13대	938	492	52%	570 (108)	61%	171 (108)	35%	30% (100%)	369	321	87%

제14대	902	656	73%	321 (69)	36%	119 (68)	18%	37% (98.5%)	581	537	92%
제15대	1,951	1,120	57%	1,144 (337)	59%	461 (337)	41%	40% (100%)	807	659	82%
제16대	2,507	948	38%	1,912 (261)	76%	517 (258)	55%	27% (98.8%)	595	431	72%
제17대	7,489	1,915	26%	6,387 (659)	85%	1,350 (654)	70%	21% (99.2%)	1,102	563	51%
제18대	13,913	2,353	17%	11,191 (1,029)	80%	1,663 (1,024)	71%	15% (99.5%)	1,693	690	41%
제19대	17,822	2,793	16%	16,729 (1.285)	94%	2,414 (1,280)	86%	14% (99.6%)	1,093	379	35%
제20대	24,141	3,195	13%	23,047 (1.453)	95%	2,890 (1,453)	90%	13% (100%)	1,094	305	28%

출처: 국회사무처, 『의정자료집』, 2016; 국회의안정보시스템.

라. 법률안의 수정비율

법률안은 국회 심의과정을 거치면서 원안 그대로 통과되는 경우도 있지만 상당수의 경우는 국회의 다원적 입법과정을 거치면서 정책적 검토와 정치적 요구를 반영하여 그 내용이 수정되어 의결되기도 한다. 법률안의 수정은 국회가 제안된 법률안을 수동적으로 통과시키고 정당성만을 부여하는 것이 아니라 국회의 독자적인 정책의사를 법률안에 반영함으로써 입법부로서 입법심의 기능을 충실히 수행하는지 여부에 대한 지표로 간주되기도 한다. 특히 통과되는 법률안의 대다수가 정부제출안이었던 과거의 정부 주도 입법과정에서는 법률안의 수정비율이 국회의 입법활동 역량과 자율성을 가늠하는 지표로 간주되기도 하였다.

제6대 국회부터 제17대 국회까지 법률안의 수정의결현황을 살펴보면, 국회에서 대별로 가결된 법률안 가운데 원안의결 비율은 50% 내외이고 수정의결 비율도 50% 내외이다. 이를 의원발의와 정부제출로 구분하여 살펴보면, 의원발의법률안의 경우에는 원안의결 비율이 제8대와 제10대 및 제15대 국회를 제외하고 60% 이상이고, 수정의결 비율은 30% 내외이다. 이에 비하여 정부제출법률안의 경우에는 원안의결 비율이 제15대 국회 33%, 제16대 국회 27%, 제17대 국회 23%로 점점 원안의결 비율이 낮아지고 있는 것을 알 수 있다. 즉 정부제출법률안에 대하여는 수정하여 의결하는 비율이 전체적으로 높은 편인데 특히 제16대와 제17대 국회의 경우 수정비율이 70%대에 달하고 있다. 제18대 국회 이후에는 수정비율이 제17대 국회에 비해 다소 저하되고 있지만 적어도 이것만으로 국회의 법률안 심의에 있어서 자율적인 심의기능이 약화되었다고 보기는 어렵다.

한편 정부제출안에 비하여 의원발의법률안의 원안가결률이 높고 수정가결률이 낮은 원인은 가결되는 의원발의안 중 상당수가 위원회 대안이기 때문이기도 하다. 위원회 대안은 대개 본회의에서 위원회가 제안한 대로 가결되기 때문에 원안의결로 집계되는 경우가 많다. 따라서 의원발의안의 원안가결률이 상대적으로 높고, 수정비율이 낮은 것이 반드시 의원발의안이 정부제출안보다 완성도가 높다는 것을 의미하지는 않는다.

표 4-9 법률안 수정현황(제6대 국회 이후)

구분 대별	총계				정부제출			의원발의		
	접수	가결	원안	수정	가결	원안	수정	가결	원안	수정
제6대	658	332 (50%)	179 (54%)	153 (46%)	154 (46%)	60 (39%)	94 (61%)	178 (54%)	119 (67%)	59 (33%)
제7대	535	357 (67%)	170 (48%)	187 (52%)	234 (66%)	84 (36%)	150 (64%)	123 (34%)	86 (70%)	37 (30%)
제8대	138	39 (28%)	15 (38%)	24 (62%)	33 (85%)	12 (36%)	21 (64%)	6 (15%)	3 (50%)	3 (50%)
제9대	633	544 (86%)	311 (57%)	233 (43%)	460 (85%)	256 (56%)	204 (44%)	84 (15%)	55 (65%)	29 (35%)
제10대	129	100 (78%)	55 (55%)	45 (45%)	97 (97%)	54 (56%)	43 (44%)	3 (3%)	1 (33%)	2 (67%)
입법 회의	189	189 (100%)	133 (70%)	56 (30%)	156 (83%)	104 (67%)	52 (33%)	33 (17%)	29 (88%)	4 (12%)
제11대	489	340 (70%)	174 (51%)	166 (49%)	257 (76%)	123 (48%)	134 (52%)	83 (24%)	51 (61%)	32 (39%)
제12대	379	222 (59%)	116 (52%)	106 (48%)	156 (70%)	73 (47%)	83 (53%)	66 (30%)	43 (65%)	23 (35%)
제13대	938	492 (52%)	256 (52%)	236 (48%)	321 (65%)	138 (43%)	183 (57%)	171 (35%)	118 (69%)	53 (31%)
제14대	902	656	350	306	537	271	266	119	79	40

		(73%)	(53%)	(47%)	(82%)	(50%)	(50%)	(18%)	(66%)	(34%)
제15대	1,951	1,120 (57%)	574 (51%)	546 (49%)	659 (59%)	215 (33%)	444 (67%)	461 (41%)	359 (78%)	102 (22%)
제16대	2,507	968 (38%)	402 (42%)	546 (58%)	431 (45%)	117 (27%)	314 (73%)	517 (55%)	285 (55%)	232 (45%)
제17대	7,489	1,915 (26%)	954 (50%)	961 (50%)	563 (29%)	131 (23%)	432 (77%)	1,352 (71%)	823 (61%)	529 (39%)
제18대	13,913	2,353 (17%)	1,634 (69%)	719 (31%)	690 (29%)	369 (53%)	321 (47%)	1,663 (71%)	1,265 (76%)	398 (24%)
제19대	17,822	2,793 (16%)	1,775 (64%)	1,018 (36%)	379 (14%)	129 (34%)	250 (66%)	2,417 (86%)	1,646 (68%)	768 (32%)
제20대	24,141	3,195 (13%)	2,137 (67%)	1,058 (33%)	305 (10%)	135 (44%)	170 (56%)	2,890 (90%)	2,002 (69%)	888 (31%)

주: 총계 난의 가결비율은 제출건수에 대한 비율이고, 의원발의·정부제출 난의 가결비율은 총 가결건수대비 비율이며, 원안과 수정 난의 비율은 전체 가결 건수 중 원안의결과 수정의결된 비율임.
출처: 국회사무처, 『의정자료집』, 2016; 국회의안정보시스템.

(2) 의원입법의 비중 증대

가. 개 관

대표민주주의와 권력분립 원리에 기초한 의회주의(議會主義)는 의회입법의 원칙을 본질로 하고 있으나, 정부형태에 따라서는 법률안의 제출권을 정부에 부여하기도 하고, 실제 입법과정에서 정부 역할의 증대로 의회는 정부의 입법정책에 절차적 정당성을 부여해 주는 형식적인 절차기관에 불과하게 되는 경우도 있다. 입법과정에서 이와 같은 '행정부 역할의 비대화' 현상으로 의회가 자율적인 입법기능을 수행하지 못하는 데 대하여는 정부주도 입법에 대하여 정당성만을 부여하는 이른바 '통법부'로서의 역할을 수행하는 데 지나지 않게 되었다는 비판이 초래되기도 하였다. 우리나라의 경우 제헌 이래 법률안의 제안은 국회의원 또는 정부가 할 수 있는데 최근에 의원입법이 활성화되기 이전에는 국회보다 정부가 입법주도권을 행사해 온 것이 사실이다.[18] 국정수행에 있어 행정부가 주도적인 역할을 한 이 시기에는 법률안 접수·처리에 있어 정부제출법률안이 차지하는 비율

18) 대통령의 리더십은 종속변수라기보다는 독립변수적인 속성이 강하며, 대통령이 체제의 구조·기능 양면에 걸쳐 중추적인 위치를 점하고 있기 때문에 대통령의 기능과 속성이 입법과정에 미치는 영향력은 절대적일 수밖에 없다는 견해가 있다. 이진복, "대통령리더십이 입법과정에 미친 영향", 『건국대사회과학연구』 제6집, 1996, 99 참조.

이 높았다. 특히 국회활동이 정치적 환경에 의하여 위축되었던 제 9 대 국회와 제10대 국회의 경우에는 법률안 접수건수 면에서 정부제출법률안이 의원발의법률안보다 월등히 많았고, 제11대 국회와 제12대 국회의 경우에는 정부제출법률안의 가결비율이 90%를 넘고 있다. 이는 행정부 중심의 국정운영 현상과 함께 국회의원의 입법활동이 상당 수준 위축되었다는 것을 말해 주는 것이다.

그러나 민주화 이후 의회권능의 회복과 기능 강화에 따라 국회의 입법주도권이 강화되는 추세로서 의원입법은 양적인 면에서나 질적인 면에서 지속적으로 성장하는 추세이다. 지금은 의원발의안이 제출건수나 처리건수로는 정부제출안을 압도하는 양상으로서 더 이상 국회를 '통법부'로 지칭하기 어려운 상황이다.

이러한 의원입법의 활성화는 민주화의 진전과 사회의 다원적 요구의 증대라는 시대적 조류의 영향과 각 시기별 정치적·사회적 환경과 밀접한 관계가 있다. 특히 의원입법은 여소야대의 정국 형성과 같은 의회의 자율성 공간의 확보 정도에 영향을 받는 편이며, 의원의 입법실적 평가와 공천방식의 변경 등과 같은 정치 환경 변화도 의원입법 활성화에 많은 영향을 주었다. 이외에도 국회 내 입법 심의 절차의 개선과 입법지원 인프라의 확충과 같은 요인도 상당한 영향을 미쳤다고 할 수 있다.

나. 법률안 접수건수의 상대적 비중 증대

의원발의 법률안의 비중 증대 현상을 살펴보기 위하여 접수건수를 정부제출안과 비교해 보면, 최근 의원발의안의 비중 증대 현상을 명확히 볼 수 있다. 여기서 사용하는 의원발의안의 건수에는 위원회 대안의 숫자를 제외하였는데, 그 이유는 위원회 대안은 실질적으로는 별도의 독립된 입법제안이 아니고 기존의 의원발의안 등을 형식적으로 통합하는 수단에 불과한 경우가 많음에도 불구하고 위원회안이라는 입법형식으로 인하여 의원발의안으로 집계됨에 따라 의원발의안의 수가 중복 집계되어 정부제출안과 정확한 비중 비교를 할 수 없기 때문이다.

그래프 4-5 제14대 국회 이후 의원발의안(대안 제외)과 정부제출안의 접수건수 비교

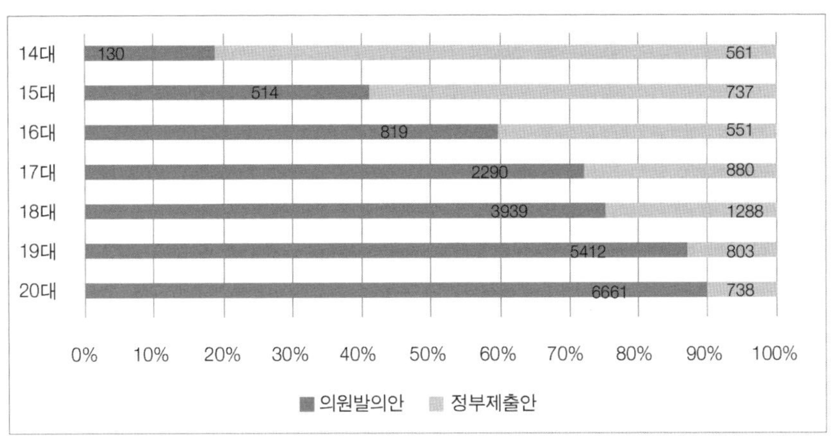

위원회 대안을 제외한 의원발의안의 건수는 제14대 국회의 경우 252건으로서 정부제출안(581건)의 43.4%에 불과하였으나, 제15대 국회 이후에는 의원발의안의 제출건수가 정부제출안의 건수를 계속 상회하고 있다. 이 결과 제14대 국회의 경우 의원발의안과 정부제출안의 비중이 3:7이었으나 제20대 국회의 경우 의원발의안(대안 제외)이 21,647건으로서 정부제출안(1,094건)의 19.8배에 달하였으며, 의원발의안과 정부제출안의 비중도 95:5로 역전되었다.

다. 법률안 반영건수의 상대적 비중 증대

의원발의안의 성장은 이러한 발의건수의 증가와 같은 양적인 측면에만 머무는 것이 아니라 질적인 측면에서도 괄목상대한 발전을 보이고 있다. 최종적으로 법률에 반영되는 반영건수를 비교해 보면, 제14대 국회의 경우 대안을 제외한 의원발의안이 99건으로서 정부제출안(562건)의 17.6%에 불과하였으나, 제20대 국회의 경우 의원발의안의 법률 반영건수는 6,661건(대안 제외)으로서 정부제출안(738건)의 9배에 달하고 있다. 이 결과 제14대 국회에서 의원발의안(대안 제외)과 정부제출안의 법률안 반영건수의 상대적 비중이 15:85이었던 것이 제20대 국회에서는 90:10으로 역전되었다.

그래프 4-6 제14대 국회 이후 의원발의안 정부제출안의 법률반영건수 비교

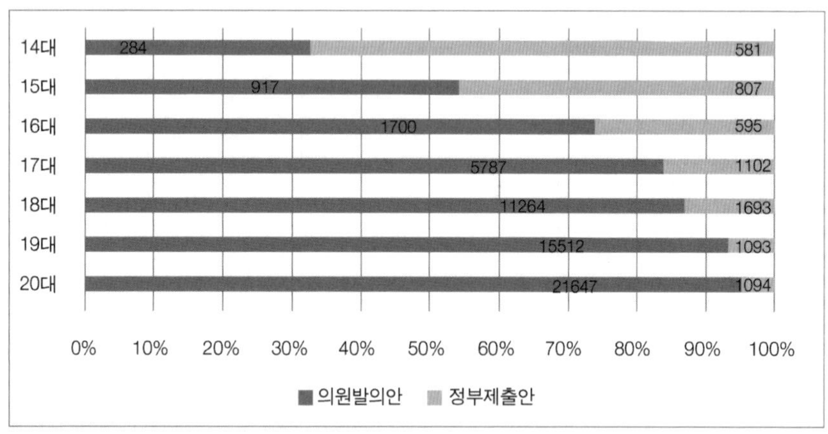

제 2 장 _ 법률안의 준비: 입안 및 제안[1)]

제1절 개 관

1. 입법의 준비과정: 입안 및 제안

(1) 입안 및 제안의 의의

가. 의 의

법률안의 입안 및 제안 과정은 입법과정이 공식적으로 시작하기 전에 이루어지는 입법의 준비과정으로서 법률안의 내용을 확정하고 일정한 절차적·형식적 요건을 구비하여 법률안을 국회에 제출하는 과정을 말한다. 입안과정과 제안과정을 입안과정이라고 통칭하는 경우도 있으나, 실무적으로 법률안의 내용을 성안하는 입안(立案)과 입안된 법률안을 국회에 제출하는 제안(提案)을 구분하는 경우가 있어 별개의 연계된 절차로 설명하기로 한다. 실제로 국회사무처 법제실 등에 의뢰하여 입안된 법률안 중에는 최종적으로 제안(발의)되지 않고 입안 단계에만 머무는 경우가 많을 뿐만 아니라, 국회법 제85조의3 제5항도 입안의 개념을 구분하여 사용하고 있다.[2)]

---

1) 이 장에서 별도로 법률명을 언급하지 않고 인용한 법률 조문은 현행 국회법의 조문을 인용한 것이다.

2) 동조 동항은 "위원회가 제4항에 따라 지정된 세입예산안 부수 법률안에 대하여 대안을 입안한 경우에는 그 대안을 제4항에 따라 세입예산안 부수 법률안으로 지정된 것으로 본다"라고 하여 대안이 본회의에 제안되기 전에 입안 상태의 법률안을 세입예산안 부수 법률안으로 지정된 것으로 간주하고 있다.

나. 입안 및 제안의 기능

1) 의제형성 기능

입안 및 제안 과정은 입법요구가 제기된 사회문제를 공론화하여 정책 의제로 형성하는 기능을 수행한다. 특히 갈등이 내재된 사회적 의제를 국가적 의제로 격상시켜 사회통합의 방향을 제시하고[3] 사회적 문제의 해결을 위한 합리적인 방안을 제시하는 기능을 수행한다.

2) 사전검토 기능

입안 및 제안 과정에서 이루어지는 법률안의 내용 및 형식에 대한 검토는 제안 이후 법률안 심의과정에 앞서 사전적인 검토를 시행함으로써 불필요한 입법수요를 제거하고, 법률안의 내용을 정리하여 입법과정의 심사부담을 경감시키는 기능을 수행한다.

3) 사전조정 기능

입안 및 제안 과정에서 이루어지는 의견수렴 및 협의는 당사자나 이해관계자에게 의견 개진 기회를 부여하는 기능을 수행하여 제안 이후의 본격적인 입법과정에서 이루어지는 의견수렴 및 협의를 사전적으로 시행함으로써 공식적인 입법과정의 부하를 경감시키고 입법과정의 원활한 진행을 촉진할 수 있다. 다만, 이러한 사전조정 기능은 입안 및 제안 주체가 특정 입법목적에 지나치게 경도되지 않고 가급적 객관적 입장에서 의견수렴 및 협의를 진행하는 경우에만 기대할 수 있다.

4) 입법과정의 개시 기능

법률안의 입안으로 실질적인 입법과정이 개시되며, 법률안의 제안을 통하여 입법과정이 공식적으로 개시된다. 입안 및 제안은 입법산출체계에 입법요구를 투입하는 기능을 수행한다.

다. 특징: 불완전한 규범화 단계

입안 및 제안 과정을 거쳐 제시되는 법률안은 일정한 내용과 형식을 갖추고 있어 규범화할 수 있는 최소요건을 구비하고 있으나, 입안 및 제안 과정에서 이루어지는 법률안에 대한 조사, 검토 및 의견수렴 등은 이후의

---

3) 박수철, 『입법총론』, 한울, 2012, 515.

법률안 심의과정에 비하여 특정한 입법목적에 경도되고, 분파적 이익을 과도하게 대변할 개연성이 있다. 따라서 제안 이후 법률안 심의과정에서 보다 종합적 관점에서 내용에 대한 검토와 의견수렴이 필요하다는 점에서 불완전한 규범화단계에 있다고 할 수 있다.

(2) 입안 및 제안 과정

입안 및 제안 과정은 법률안의 내용을 확정하는 입안과 입안된 법률안을 국회에 제출하는 제안 과정으로 구성되어 있다.

그림 5-1 법률안의 입안 및 제안 과정

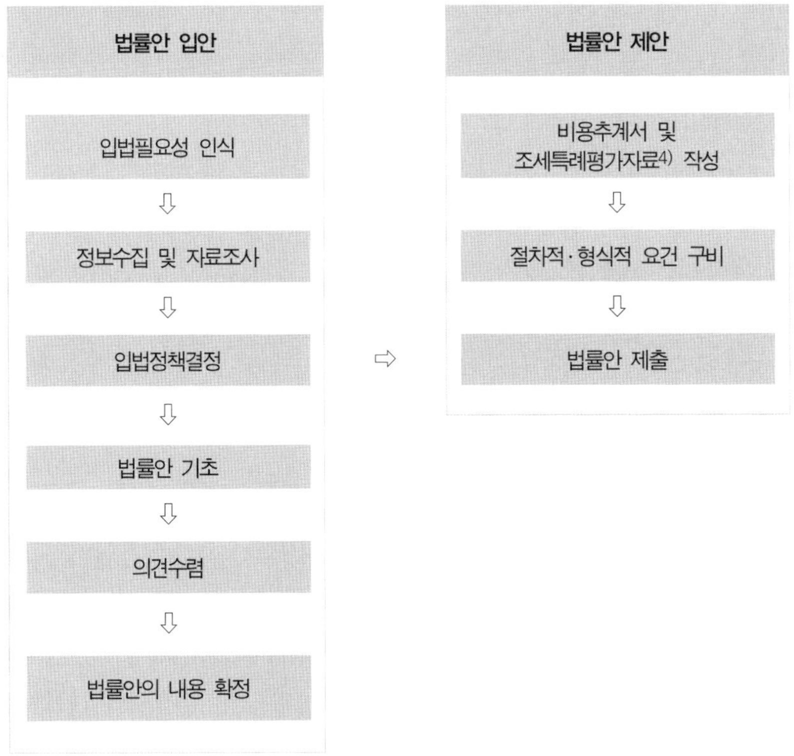

법률안 입안		법률안 제안
입법필요성 인식		비용추계서 및 조세특례평가자료[4] 작성
⇩		⇩
정보수집 및 자료조사		절차적·형식적 요건 구비
⇩		⇩
입법정책결정	⇨	법률안 제출
⇩		
법률안 기초		
⇩		
의견수렴		
⇩		
법률안의 내용 확정		

4) 조세특례평가자료의 첨부는 2021년 3월 현재 관련 규칙 미제정으로 시행되지 않고 있다.

법률안의 입안은 통상 먼저 법률안의 제안권자인 국회의원이나 정부가 입법필요성을 인식한 후 관련된 정보수집이나 자료조사를 통하여 법률안의 규범화를 통하여 달성하려는 입법정책의 내용을 결정하고, 결정된 입법정책을 형식에 맞게 조문화하여 법률안을 기초한 후, 이해관계자 등의 의견수렴절차를 거쳐 법률안의 내용을 확정하는 순서로 진행된다.

법률안의 제안은 입안된 법률안에 대하여 비용추계서 및 조세특례평가자료를 작성하고 발의에 필요한 찬성자의 서명·날인 등 절차적·형식적 요건을 구비하여 국회에 법률안을 제출하는 과정이다.

2. 입안 및 제안의 주체와 참여자

(1) 입안 및 제안의 주체: 법률안의 제안권자

가. 국회의원

1) 국회의원의 법률안 발의권

우리 헌법 제52조는 "국회의원과 정부는 법률안을 제출할 수 있다"라고 규정하여 국회의원의 법률안 제출권을 명시하고 있다. 이러한 국회의원의 법률안 제출권은 국회법 제79조에서 구체화하고 있는데, 동조는 법률안을 포함한 의안의 발의요건으로 10인 이상 국회의원의 찬성을 요건으로 하고 있다. 즉, 국회의원은 본인을 포함하여 10인 이상 국회의원의 찬성을 얻은 경우에만 법률안을 발의할 수 있다.

2) 국회의원의 법률안 발의에 대한 영향요인

법률안의 입안 및 제안 과정에서 국회의원이 어느 정도 실질적인 역할을 수행할 수 있는지는 여러 요인에 의하여 결정된다. 우선 의원과 정당의 관계 및 의원과 행정부의 관계 등이 영향을 미친다.[5] 즉 의원에 대한 정당의 기속력이 강하고, 대통령을 포함한 행정부가 입법정책을 주도하는 성향을 보이면 의원의 입안활동은 상대적으로 위축된다. 이외에 입법과정 자체의 구조적 요인인 의회운영제도 또한 영향을 미치는 요인이다. 그리고

5) 이는 박종흡, "국정감사성과의 영향요인 분석-국회의원의 인식조사", 성균관대학교 행정학 박사학위논문, 1997, 25-35에서 적시한 국정감사활동에 대한 영향요인을 참고하여 입법활동의 요인으로 인용한 것이다.

의원의 법률안 발의는 상황적 요인에[6] 의해서도 영향을 받는데 이러한 상황적 요인으로는 선거, 공천제도와 정치문화 등이 있다.

이외에도 의원 개인의 특성도 법률안 발의에 영향을 미칠 수 있다. 의원이 가지고 있는 입법정보와 입법경험 및 입법지원능력, 의원의 당선경로(지역구, 비례대표 여부) 및 지역구 특성 등에 따라 법률안 발의의 양상이 달라질 수 있다. 가령 예를 들어 우리나라의 경우 국회의원의 선수가 높을수록 법률안 발의건수가 감소하는 경향이 있는데, 이는 선수가 높을수록 발의건수가 증가하는 미국의 사례와는 다른 현상이다. 미국 의회의 경우는 다선의원일수록 입법과정에 대한 경험과 지식이 많고 당선에 대한 부담이 감소하기 때문에 지역구 활동보다는 입법활동을 활발히 한다는 분석이 있다.[7]

3) 국회의원 법률안 발의의 장 · 단점

정부제출 법률안에 비하여 의원발의 법률안이 가지는 장점은 ① 다원화된 사회적 요구의 반영과 소수자 보호에 적합하고, ② 관료적 왜곡이 없는 민의(民意)의 직접적 반영이 가능하며, ③ 상대적으로 연성적(軟性的)인 제안절차를 활용하여 현안에 대한 순발력 있는 대응이 가능하고, ④ 정부정책에 대하여 대안(代案)을 제시하거나 정부의 법률안 제출을 유도할 수 있다는 것이다.

반면, 의원발의 법률안의 단점은 ① 법률안의 내용에 대한 정책조정이 미흡한 상태에서 분파적 시각에 의해 발의될 수 있고, ② 정책효과에 대한 심층적 검토가 정부제출안에 비하여 미흡한 경우가 있으며, ③ 정치적 요구에 의하여 경박한 입법행태를 보이거나, 정책으로서 합리성이 미흡한 경우가 있고, ④ 단편적인 입법제안이 많은 편으로서 체계적 완성도가 부족할 수 있다는 것이다.

나. 위원회

1) 위원회의 법률안 제안권

국회법 제51조 제1항은 "위원회는 그 소관에 속하는 사항에 관하여

---

6) 이에 대하여는 박종흡, 앞의 글, 30면 참조.

7) 최준영, 의원발의의 동인에 대한 경험적 분석 - 사건계수 분석기법(Event Count Analysis)을 중심으로, 21세기정치학회보 제16집 2호(2006년 9월), 311-320.

법률안과 그 밖의 의안을 제출할 수 있다"라고 규정하여 위원회에 소관 사항에 대한 법률안을 비롯한 의안 제안권을 부여하고 있다.

이러한 위원회의 법률안 제안권에 대하여는 국회의 내부기관인 위원회를 법률안 제안권자로 규정하는 것이 국회의원과 정부를 법률안 제출권자로 규정하고 있는 헌법 제51조에 부합하는지 여부가 문제가 될 수 있는데, 위원회도 법률안 제안권을 가진 국회의원의 집합체일 뿐만 아니라 형식상 국회의원인 위원장을 제안자로 하여 국회의원이 제안하는 형식을 갖추고 있다는 점에서 헌법 규정에 저촉되지 아니하는 것으로 보인다.

2) 위원회안의 유형

위원회안은 순수한 의미의 위원회안(委員會案)과 위원회 대안(委員會 代案)으로 구분될 수 있으며, 다음과 같은 경우에 제안된다.

① 복수의 법률안을 하나의 법률안으로 통합하여 대안(代案)을 제안하는 경우이다. 통상적으로 복수의 법률안을 본회의에 부의하지 아니하기로 하고 이들을 하나의 안으로 통합하여 새로운 법률안을 제안한다. 이 경우 법률안의 통합은 기계적인 법률안의 합체가 아니라 내용상 또는 체계상 조정을 거친 수정이 이루어지는 경우가 보통이다.

② 기존의 안(案)을 폐기하고 새로운 법률안을 대안(代案)으로 제안하기도 한다. 이 경우는 법률안의 체계·형식상 여러 개의 법률안을 통합하기 위하여 기존의 안을 폐기하는 것과 다르며, 순수한 의미에서 대체적인 내용의 안을 제안하는 경우이다.

③ 위원회 차원에서 새로운 입법정책을 결정하고 이를 위원회안으로 제안하는 경우이다. 이 경우 위원회에서 동의(動議)를 통하여 위원회안이 제안되기도 하며, 위원회 내에 법률안 기초소위원회를 두거나 법안심소위원회의 심사를 거쳐 제안할 내용을 준비하기도 한다.

④ 때로는 국회의장 또는 헌법상 독립기관의 장(대법원장, 헌법재판소장, 중앙선거관리위원장)이 제출한 입법의견을 반영하여 위원회안을 제안하기도 한다. 국회의장은 국회법 등 국회관계 법률이나 국회규칙에 대한 제정 또는 개정의견을 국회운영위원회에 제의하고 국회운영위원회가 이를 심사하여 위원회안의 형식으로 본회의에 제안하기도 한다. 대법원장, 헌법재판소

장, 중앙선거관리위원장은 각각 법원조직법, 헌법재판소법, 선거관리위원회법에 근거하여 소관사항에 관련된 입법의견을 국회에 제출하기도 하며, 이에 대한 심사를 통하여 소관위원회가 이를 위원회안으로 제안할 수 있다.

3) 위원회안의 성립 시점

위원회안은 위원회에서 의결되었을 때 입안되고, 공문으로 의장에게 제안되어 본회의에 부의되었을 때 법률안으로 성립한다. 소관위원회가 위원회안을 의결한 후 법제사법위원회의 체계·자구심사 중일 때에도 입안 상태로 본다.

4) 위원회 제안의 장점과 단점

위원회안 중 위원회 대안은 여러 개의 법률안을 통합·조정한 내용을 반영할 수 있으므로 입법과정의 조정기능을 강화하는 데 기여할 수 있고, 순수 위원회안의 경우 법률안의 회부 및 심사절차를 상당 부분 거치지 아니하고 법률안을 본회의에 바로 부의할 수 있으므로 통상적인 입법과정을 거치는 경우에 비하여 절차상 노력과 시간을 절약할 수 있는 이점이 있다.

반면, 순수 위원회안의 경우 통상적인 입법절차를 생략하기 때문에 심사의 밀도가 저하되고 입법과정의 투명성이 저하될 수 있다. 위원회 대안의 경우에도 입법과정에 대한 실질적인 정보를 활용하기 어렵고 투명성이 저하된다는 문제점이 있다. 보통 위원회 심사 단계에서 대안에 포함되어 형식적으로는 폐기되는 원래의 법률안에 대하여만 검토보고나 대체토론이 이루어지고, 검토보고서나 심사보고서도 이들 원안에 대하여만 존재할 뿐만 아니라 대안에 대하여는 간략한 제안경위만 의안문서에 기재되기 때문에 위원회 대안은 입법정보자료로서 정보량이 충분하지 않은 면이 있다.[8)]

다. 정 부

1) 행정국가와 정부의 입법기능

입법기능은 의회의 고유기능이라고 할 수 있으나, 복잡다기한 현대사회의 문제를 해결하기 위하여 행정권이 비대해지는 행정국가화 경향이 심

8) 따라서 각 개정사항에 대한 심사경과가 나타나 있지 않으므로 법률안에 포함된 제·개정사항에 관한 실질적인 정보를 얻기 위해서는 대안에 반영된 원래 법률안의 심사경과 정보와 검토보고서 등 입법자료를 다시 검색하여야 한다.

화되면서 정부의 입법과정상 역할도 증대되는 경향이 지속되고 있다. 의원내각제 국가의 경우 정부가 입법과정을 주도하는 것이 일반적이고, 미국과 같은 대통령제 국가도 정부의 법률안 제출권이 인정되지 않음에도 불구하고 대통령과 정부가 입법과정에서 상당한 역할을 수행한다.

우리나라의 경우 시민사회의 성장을 바탕으로 하여 의회가 성립된 시민민주주의 단계를 거치지 않은 채 민주주의제도가 바로 이식되었기 때문에 행정권이 건국 초기부터 비대하여 정부가 입법과정에서 주도적 역할을 수행하였던 것이 사실이다. 제도적으로도 헌법상 정부에게 법률안 제출권이 부여되어 있다.

그러나 1980년대 민주화 이후 국회의 입법권능이 상당 부분 회복되어 입법과정에서 국회가 차지하는 비중이 크게 늘어났으며, 그로 인하여 과거와 같은 일방적인 정부 주도의 입법과정은 탈피하게 되었다. 그러나 아직도 정책자원의 우위와 정책적 책임성을 바탕으로 입법과정에서 정부의 역할이 큰 편이라고 할 수 있다. 특히 법률안의 입안 및 제안 과정에서 정부는 법률안의 제출권자로서 중요한 역할을 수행한다.

2) 법률안 제출권자의 역할

정부는 헌법 제51조에 따라 법률안 제출권을 활용하여 정부의 주요정책을 입법화하기 위한 정부제출법률안을 국회에 제출한다. 정부제출안의 입안과정에서 정부 내부의 각 행정부처는 서로의 정책적 입장에 대한 사전협의 및 조정을 통해 입안 과정에 참여한다. 또한, 정부 내 일부 기관은 입안과정의 일정 절차에서 역할을 수행하도록 제도적 설계가 되어 있다. 법제처는 소관 부처가 입안한 법령에 대하여 심사하는 기능을 수행하고 있으며, 감사원과 국가인권위원회도 각각 「감사원법」 제49조[9]와 「국가인권위

9) 감사원법의 입법절차 관련 규정

제49조(회계 관계 법령 등에 대한 의견 표시 등) ① 국가의 각 기관은 다음 각 호의 경우에는 미리 해당 법령안을 감사원에 보내 그 의견을 구하여야 한다.

1. 국가의 회계 관계 법령을 제정하거나 개정·폐지하려는 경우
2. 국가의 현금, 물품 및 유가증권의 출납 부기(簿記)에 관한 법령을 제정하거나 개정·폐지하려는 경우
3. 감사원의 감사를 받도록 하거나 배제·제한하는 등의 감사원의 권한에 관한 법령을 제정하거나 개정·폐지하려는 경우
4. 자체감사 업무에 관한 법령을 제정하거나 개정·폐지하려는 경우

원회법」 제19조[10]에 따라 법률안 입안과정에 참여한다. 「감사원법」에 따라 국가회계관련 법령, 국가의 현금, 물품 및 유가증권의 출납 부기에 관한 법령, 감사원 권한에 관한 법령, 자체감사 업무에 관한 법령을 제·개정하거나 폐지하려는 경우 각 국가기관은 해당 법령안을 감사원에 보내 그 의견을 구해야 하며, 국가인권위원회도 인권에 관한 법령에 관하여 권고 또는 의견의 표명을 할 수 있도록 「국가인권위원회법」에 규정되어 있다.

3) 정부제출안의 장점과 단점

정부제출안은 의원발의안에 비하여 예산 및 다른 행정수단과 연계한 종합적이고 체계적인 입법정책의 결정이 가능하고, 부처간 협의를 통하여 입안과정에서 충분한 정책조정이 이루어질 수 있으며, 법제처 심사 등을 통하여 체계 및 형식의 완성도를 제고할 수 있는 장점이 있다.

반면 정부제출안은 정부입법과정의 특성상 정부 내부의 여러 절차를 거쳐야 하므로 상대적으로 복잡하고 많은 시일이 소요되며, 대통령을 정점으로 한 일원화된 의사결정이 특징으로서 관료적 왜곡의 우려가 있다는 단점이 있다.

(2) 입안 및 제안 과정의 참여자

입안 및 제안 과정의 참여자는 법률안 제안권을 가지고 있지는 않으나 입안 및 제안 과정에 영향력을 행사할 수 있는 행위자를 말한다.

가. 정 당

정당은 입안 및 제안 과정에서 국민들의 정치적 요구를 투입하는 기능을 수행한다. 정당은 법률안 제출권은 없으나, 국회에 의석을 가진 원내정당의 경우 소속 의원을 통하여 법률안을 제안하기도 한다.

---

② 감사원의 감사를 받는 회계사무 담당자가 그 직무를 집행하면서 회계 관계 법령의 해석상 의문점에 관하여 감사원에 의견을 구할 경우 감사원은 이에 대하여 해석·답변하여야 한다.

10) 국가인권위원회법의 입법절차 관련 규정
제19조(업무) 위원회는 다음 각 호의 업무를 수행한다.
1. 인권에 관한 법령(입법과정 중에 있는 법령안을 포함한다)·제도·정책·관행의 조사와 연구 및 그 개선이 필요한 사항에 관한 권고 또는 의견의 표명
2. ~ 10. 생략

나. 입법지원기관

국회의원의 입법활동을 지원하기 위해 국회의 기관인 입법지원기관들도 법률안 준비과정에 관여한다.

우선 각 국회의원에 소속된 의원보좌직원들도 입안과정에서 중요한 역할을 수행하는 입법지원인력이다. 통상적으로 법률안의 발의 및 정책개발에 깊숙이 관여하여 입안 및 제안 과정에서 중요한 역할을 수행한다.

국회사무처의 법제실은 국회의원이 발의하고자 하는 법률안을 입안하여 제공하는 역할을 수행하는 기관으로서 의원발의 법률안의 입안 및 제안 과정에서 매우 비중 있는 역할을 수행한다. 국회입법조사처는 의원발의 법률안의 입안에 필요한 정책조사와 조사·회답 서비스를 제공하여 국회의원의 입법정책 개발을 지원한다. 위원회에 소속된 전문위원을 비롯한 입법지원인력들도 위원회 차원의 법률안 입안이나 검토를 지원한다. 국회예산정책처는 법률안 제출에 필요한 비용추계서와 조세특례평가자료의 작성을 지원한다.

다. 헌법상 독립기관

헌법상 독립기관은 독자적인 법률안 제출권은 없으나 법률안을 입안하여 정부를 통해 정부제출안 형식으로 법률안을 제출하거나 국회에 입법의견을 서면으로 제출하여 국회를 통해 입법을 추진하기도 한다. 특히 법원조직법 등은 각 헌법상 독립기관의 입법의견 제출권을 규정하고 있다.

1) 대법원

대법원장은 법원의 조직, 인사, 운영, 재판절차, 등기, 가족관계등록, 그 밖의 법원 업무와 관련하여 입법의견을 제출할 수 있다(법원조직법 제9조 제3항).

2) 헌법재판소

헌법재판소장은 헌법재판소의 조직, 인사, 운영, 심판절차와 그 밖에 헌법재판소의 업무와 관련된 법률의 제정 또는 개정이 필요하다고 인정하는 경우에는 국회에 서면으로 그 의견을 제출할 수 있다(헌법재판소법 제10조의2).

3) 중앙선거관리위원회

중앙선거관리위원회는 선거 · 국민투표 · 정당관계법률, 주민투표 · 주민소환관계법률에 관하여 국회에 서면으로 의견을 제출할 수 있다(선거관리위원회법 제17조 제2항).

라. 전문가

각 분야의 전문가들도 전문적 지식을 바탕으로 입안과정에 자문을 하거나 공청회 등을 통하여 전문적 의견을 개진함으로써 입법의제 형성이나 입안과정에 참여한다.

마. 이해관계자

오늘날 기본권의 신장과 사회의 다원화에 따라 사회구성원들이 정치과정에 참여함으로써 자신들의 이해관계를 관철시키려는 조직화된 요구가 활발히 제기되고 있다. 이러한 이해관계자들의 요구는 자신들의 이익을 위한 입법요구로 이어져 입법의 구체적 동기를 제공한다. 또한 이들은 입안과정에서 논의되고 있는 법률안의 내용이 자신들에게 유리하게 조정되도록 영향력을 행사하기도 한다. 이해관계자들의 입안과정 참여는 정부 및 국회에 대한 입법청원, 여론조성 및 로비활동 등의 방식으로 이루어지며, 입안과정에서 공청회 등에 참석하여 의견을 개진하기도 한다.

바. 언론 및 시민단체

언론 및 시민단체도 스스로의 가치기준에 의한 공익적 관점에서 입장을 표명함으로써 입안과정에 참여한다.

1) 언 론

언론은 주요한 입법과제에 대한 필요성 및 법률안의 입안사실 등을 보도함으로써 사회적 관심을 이끌어내고 입안내용에 대한 의견을 개진하여 여론을 유도하기도 한다.

2) 시민단체

시민단체도 공익적 관점에서 입법요구를 제기하거나 입안 중인 법률안에 대하여 의견을 표명함으로써 입안과정에 영향을 미칠 수 있다.

제 2 절 법률안의 입안

1. 입안(立案)의 의의와 유형

(1) 입안의 의의

입안(立案)은 협의의 의미에서는 수립된 정책을 법률로 수용하기 위한 법률안을 일정한 형식과 체계에 맞추어 작성하는 행위라고 할 수 있다. 즉, 입법자가 결정한 입법정책의 내용을 법률안 형식으로 조문화하는 것을 의미한다.

그러나 보다 광의의 의미에서 본다면, 입안(立案)은 입법정책을 결정하고 그 내용을 일정한 형식과 체계를 갖춘 법률안으로 기초하는 행위로서 단순히 정해진 정책내용을 조문화하는 것만이 아니라 입법정책의 내용을 결정하는 것까지 포함하는 개념이다. 통상적으로 입안은 광의의 의미로 사용된다.

(2) 법률안 입안의 유형

가. 정책기획형 입안과 상황대응형 입안

정책기획형 입안(政策企劃型 立案)은 입법주체가 독자적인 입법의제에 대한 인지(認知)와 중·장기적인 체계적 정책목적에 따라 종합적인 관점에서 일정한 사회변화를 도모할 목적으로 법률안을 입안하는 것을 말한다.

이에 비하여 상황대응형 입안(狀況對應型 立案)은 일시적·단기적인 정치적 요구나 현안의 발생에 대응하여 비교적 단편적인 입법목적을 달성하기 위하여 법률안을 입안하는 것을 말한다.

나. 자기주도형 입안과 청부형 입안

자기주도형 입안(自己主導型 立案)은 입법주체 자신의 입법목적에 따라 정책자원을 동원하여 행하는 입안을 말한다.

이에 비하여 청부형 입안(請負型 立案)은 실질적으로 다른 주체가 입안한 내용을 제안권자의 제출권한만을 차용할 목적으로 행하는 형식적인 입안행위를 말한다.

다. 일체형 입안, 종합형 입안, 합체형 입안

일체형 입안(一體型 立案)은 내용상 단일 입법주제의 법률안을 하나의 체계로 입안하는 것을 말하고, 종합형 입안(綜合型 立案)은 내용상 복수 입법주제의 입법사항을 종합하여 하나의 체계로 입안하는 것을 말한다. 합체형 입안(合體型 立案)은 내용상 별개인 복수의 법률안을 하나로 통합할 목적으로 다수의 법률안을 모자이크식으로 조합하여 하나의 법률안으로 입안하는 것을 말하며, 주로 다수의 법률안을 하나의 법률안으로 통합한 위원회 대안을 입안하는 경우이다.

2. 법률안 입안의 준칙

(1) 개 관

가. 입안준칙의 의의

입법자는 입법과정에서 광범위한 형성의 자유를 가진다. 특히 다른 입법과정 참여자의 제도적 간섭을 받기 전의 단계인 입안과정에서는 법률안의 내용형성에 폭넓은 재량을 가진다.

그러나 법률안의 입안은 그 입안의 결과가 기존의 법체계 속에서 기능하면서 법질서를 형성하는 또 하나의 법규범을 만드는 작업을 지향하기 때문에, 기존의 법체계와 내용면에서 상충되어서는 아니되고, 형식면에서도 통일성이 유지되어야 한다. 이런 측면에서 법률안을 입안할 때 참고해야 할 준칙이나 적용원리[11]가 필요하게 된다. 즉 일정한 입법요구에 부응하는 적당한 법 형식을 선택하거나 법률안에 담을 내용을 정하고 이를 법조문화하는 작업에도 일정한 원칙과 적용원리가 필요한 것이다.[12]

헌법재판소는 국가가 국민의 기본권을 제한하는 입법을 할 경우 준수

11) 이를 입법기술의 주요준칙 또는 적용원리라고 기술하기도 한다. 박영도, 『입법이론연구(Ⅴ) 입법기술의 이론과 실제 연구보고 97-1』, 한국법제연구원, 1997, 27 참조.
12) 박영도, 위의 책, 11 참조.

하여야 할 대표적인 기본원칙으로 '비례의 원칙'(또는 '과잉금지의 원칙')을 제시하고 있다.

나. 입안준칙의 기능

1) 법률안의 완성도 및 수용성 제고

입안준칙을 준수한 법률안 입안은 법률안의 완성도와 수용성을 제고하여 궁극적으로 입법화될 가능성을 제고한다.

2) 입법과정의 효율화

입안준칙의 준수는 입안 이후 입법과정에서 발생할 수 있는 법률안의 흠결에 대한 보완 및 치유를 사전적으로 시행함으로써 입법과정의 부담을 경감시키는 효과가 있다. 또한 사전적으로 헌법에서 내재적으로 설정한 한계를 준수한 입법은 사후적인 위헌결정에 의한 재입법의 필요성을 감소시킴으로써 입법과정의 전반적인 효율성을 향상시키는 데 기여한다.

(2) 실체적 내용의 준칙

가. 입법여건에 관한 준칙

법률안의 입안에 앞서 입법여건이 갖추어졌는지를 검토하는 준칙으로는 ① 입법필요성, ② 사회적 성숙성, ③ 적시성 등이 대표적이다.

입법필요성이란 입법이 그 사회에서 실제로 필요해야 한다는 것이다. 실제로 필요성이 요구되지 않는 입법을 하게 되면 그 법은 가치가 없는 입법을 양산하는 결과를 초래한다.

사회적 성숙성이란 입법 그 자체에 대한 사회적 공감대가 형성되어 있어야 한다는 것이다. 따라서 사회적 성숙성이 결여된 입법안을 추진할 때에는 입법시도가 좌절될 가능성이 커진다.

적시성이란 입법필요성과 사회적 성숙성이 충족되었다고 하더라도 입법효과가 가장 큰 시점을 골라 입법을 해야 한다는 것이다. 적시성을 갖춤으로써 입법수요를 충족시킨 적절한 입법조치라는 평가를 받게 된다. 적시성과 관련하여 필요한 입법이 지연되었을 경우 지연되는 동안 입법부작위로 국회가 우리 사회의 발전에 발목을 잡았다거나 법적용과 법해석의 공백을 초래하였다는 비판을 받게 된다.

나. 입법내용에 관한 준칙

입법하고자 하는 내용에 관한 준칙으로는 ① 합헌성, ② 실효성과 강제성, ③ 경제성, ④ 적용성, ⑤ 연계성 등을 들 수 있다.

합헌성이란 입법하고자 하는 목적이나 내용이 명문의 헌법규정은 물론 헌법의 기본원리나 기본질서에 위배되지 않아야 한다는 것이다. 기본권 제한 입법의 한계로 제시된 비례의 원칙은 대부분의 입법이 기본권 제한과 관련된 만큼 입법을 하면서 유념해야 할 대표적 준칙이다.

실효성이란 입법의 내용이 현실에서 규범력을 발휘하고 본래 의도한 결과를 실현할 수 있어야 한다는 것이다. 따라서 실효성을 갖기 위해서는 입법된 내용이 사회구성원의 준수기대성을 확보하고 법집행상 일반국민들의 지지와 협조를 끌어 낼 수 있는 것이어야 한다.

실효성과 밀접한 관련이 있는 준칙이 강제성이다. 강제성은 작위 또는 부작위의무의 준수를 강제하기 위해 벌칙(형벌, 과태료)을 가하는 직접적인 강제방식을 통해서 달성된다. 그러나 오늘날 국가발전을 위해 국가기관이나 공공기관 및 국민이 나아가야 할 방향과 기준을 제시하는 방침규정이나 훈시규정 및 조성법규의 증대는 종래의 강제방식보다 자발적 참여와 협력을 유도하기 위한 행정적·재정적 지원 등을 그 주요내용으로 하는 간접적 강제방식을 활용하고 있다. 따라서 입법의 실효성을 확보하기 위하여 강제규정을 둘 것인지, 둔다면 어떤 방식으로 강제성을 담보할 것인가를 판단하는 것이 중요하다. 아울러 형벌에 의한 강제에 있어서는 헌법상 죄형법정주의, 즉 형벌은 형식적 의미의 법률에 규정하는 것이 원칙이고 부득이 하위법령에 위임하는 경우에도 모법에서 처벌대상 행위의 구체적 기준과 형벌의 종류 및 최고한도가 규정되어 있는지 반드시 검토하여야 한다(헌재 1991. 7. 8. 1991헌가4 참조).

경제성이란 입법에 수반되는 비용을 최소화하면서 입법으로 얻을 편익은 극대화하여야 한다는 것이다. 입법목적을 달성하는 데 필요한 최소한의 수단을 동원하거나 최대한의 효과를 가져 오는 수단을 선택하여야 한다는 것이다. 법적 내용을 지나치게 자세하게 규정하는 경우 법운영의 탄력성을 저해하고, 그 반대로 너무 추상적이고 포괄적으로 규정하는 경우에는 불분명한 입법으로 집행자의 자의에 따라 법이 해석·운용될 수 있으며[13) 이는 결국 법적 분쟁을 초래하게 되므로, 법률안을 입안하면서 경제성을 달성하기 위한 적절한 수준을 신중하게 결정해야 한다.

적용성이란 언제부터 법률을 시행 또는 적용하는 것이 바람직한지를 다루는 문제로서 입안의 실제에 있어서는 부칙과 관련된 사항이다. 입법하는 시점과 그 적용시점은 반드시 같아야 하는 것은 아니며 적용시점은 수범자들에게 입법 내용을 이해할 시간을 확보해 주는 등 법의 집행을 위한 현실적 여건을 고려하면서 가능한 시점을 결정하여야 한다. 적용시점에 대한 판단에 오류가 있는 경우에는 일단 시행에 들어간 법률의 시행시기를 연기해야 한다는 문제를 야기하게 되는데(예컨대, 1995. 12. 개정한 「물품목록정보의 관리 및 이용에 관한 법률」), 법적 안정성과 예측가능성을 훼손한다는 측면에서 볼 때 매우 바람직스럽지 않다고 하겠다.

연계성이란 다른 법률(안)과의 관계를 어떻게 설정할지에 관한 문제이다. 입법하고자 하는 법률안과 내용상 관련이 있는 다른 법률 또는 법률안이 존재하고 있는 경우에는 ① 해당 법률안과 다른 관련법률(안)과의 관계설정, 즉 어느 법률을 우선하여 적용할 것인지 또는 어느 법률 또는 조항을 배제할 것인지에 대한 판단이 필요하고, ② 법률안 상호간의 시행시점도 조정할 필요가 있을 수 있다.

(3) 형식 및 체계적 측면의 준칙

법률안을 입안함에 있어서는 입안하는 법률안이 일반적인 법형식을 갖추면서 그 내용이 기존 법체계와 충돌하거나 모순이 없어야 한다. 이런 측면에서 법률안의 입안시 그 형식 및 체계와 관련된 준칙을 살펴보면 ① 형식적합성, ② 명확성, ③ 일관성, ④ 통일성 ⑤ 소관주의 등을 들 수 있다.

형식적합성이란 입법목적에 적합한 입법형식을 채택하여야 한다는 것

13) 포스너(Posner)는 이를 'agency cost'라는 개념으로 설명하고 있다. Richard A. Posner, *Economic Analysis of Law*, Boston, Little Brown and Company, 1992, 616 참조.

을 말한다. 즉, 새로운 법률의 제정형식으로 할지 아니면 기존 법률의 개정형식으로 할지를 판단하여야 한다. 개정형식으로 하는 때에는 전부개정방식을 취할 것인지 또는 일부개정방식을 취할 것인지에 대하여 판단하여야 한다. 제정법률안을 입안하기로 한 때에는 관련 법률이 존재하는지 여부를 파악한 후 관계 법률을 제정법률안에 흡수할지 여부도 결정하여야 한다.

그리고 법률안 형태를 일반법으로 할지, 특별법으로 할지를 선택하여야 하는데, 가급적 특별법형식은 피하는 것이 법체계 유지 차원에서 바람직하다.

명확성이란 법규정의 내용이 객관적으로 일의적인 해석이 가능해야 한다는 것이다. 그러나 명확성을 갖추었는지 여부를 판단하는 구체적 기준이 설정되어 있는 것은 아니다. 우리 헌법재판소의 결정에서는 ① 법률규정의 구성요건적 내용에 따라 국민이 자신의 행위를 결정지을 수 있는 정도의 명확성이[14] 요구된다거나 또는 ② 법률규정이 건전한 상식과 통상적인 법감정을 가진 사람에게 그 적용대상자가 누구이며 구체적으로 어떠한 행위가 금지되고 있는지 충분히 알 수 있는 정도의 명확성이 요구된다고 하였으며[15] 그러면서도 ③ 명확성의 구체적인 요구정도는 그 규율대상의 종류와 성격에 따라 달라지지만, 국민의 기본권을 직접 제한하거나 침해할 소지가 있는 법규에는 구체성과 명확성의 요구가 강화된다는[16] 등의 견해가 제시되었다. 따라서 국민의 기본권을 제한하거나 기초적인 법률관계를 규정하는 법률안을 입안하는 때에는 명확한 법문표현이 되도록 주의하여야 한다.

일관성이란 하나의 법률안에서 규정하고 있는 내용이 전후에 걸쳐서 논리적으로 모순이 없어야 한다는 것이다. 따라서 일관성이 결여된 때에는 법률안의 규정내용 상호간에 충돌이 야기된다.

통일성이란 법률안의 내용이 다른 법률의 규정내용과 조화를 유지해

14) 사립학교법 제55조, 제58조 제1항 제4호에 관한 위헌심판(헌재 1991. 7. 22. 89헌가106) 참조.

15) 대통령선거법 제162조 제1항 제1호 등에 대한 헌법재판소의 결정(1995. 5. 25. 93헌바23) 참조.

16) 소득세법 제60조, 구소득세법 제23조 제4항 등에 대한 헌법재판소의 결정(1995. 11. 30. 91헌바1·2·3·4, 92헌바17·37, 94헌바34·44·45·48, 95헌바12·17 병합).

야 한다는 것이다. 즉, 법률 상호간의 규정내용이 일관성을 유지해야 하는 것이다. 통일성이 결여되면 법률 상호간에 모순과 저촉을 초래하게 된다.

소관주의란 헌법-법률-명령-조례-규칙으로 이어지는 법규범의 위계질서에 맞게 입법안의 내용을 선별해서 규정해야 한다는 원칙이다. 즉 헌법에 규정할 사항을 법률에서 규정한다든지, 법률에서 규정할 사항을 행정입법으로 위임하는 것은 소관주의에 반하는 것이다. 따라서 소관주의를 벗어나는 경우 입법권의 한계이탈이라든지 포괄위임의 문제가 대두되게 된다.

(4) 절차적 측면의 준칙

절차적 측면의 주요 준칙이란 법률안의 입안에 있어 필요한 절차나 과정에 관한 준칙을 말하는데, 민주성과 공개성이 대표적인 준칙이다.

민주성은 입안과정에서 의견수렴절차나 협의 등을 거쳐야 한다는 것을 의미한다. 즉, 입안내용이 부처 간 또는 이익집단 간 첨예한 이해관계의 대립을 유발할 가능성이 있는 경우에는 미리 공청회를 개최한다든지 이해관계인이나 관계부처의 의견을 수렴하는 절차를 거침으로써 사전에 법률안에 대한 취지나 내용을 납득시키거나 설명하여야 하는 것이다.

공개성은 입안과정에 외부인이 접근 가능하도록 하는 것을 말한다. 즉 특별히 법률안의 입안사실이 비밀을 필요로 하는 등 불가피한 경우를 제외하고는 입안과정을 공개함으로써 소수이익집단에 포획되어 법안내용이 왜곡될 가능성을 차단하고 불필요한 오해를 방지하여 투명성을 제고하여야 한다.

절차적 측면에 문제가 있는 법률안은 소수의 횡포나 다수의 횡포를 초래할 가능성이 크게 되어 비민주적 입법이 될 소지가 있게 된다.

3. 의원발의안의 입안과정

의원발의 법률안은 실질적인 입법주체를 불문하고 국회의원 명의로 발의된 법률안을 의미한다. 자기주도형 의원발의안은 의원 자신의 정책의

지에 따라 입안된 법률안을 말한다. 이에 비하여 청부형 의원발의안은 정당 또는 정부 및 다른 주체가 입안한 법률안에 대해서 법률제출권자로서의 권한만을 빌려주는 형태의 의원발의안을 말한다. 의원발의안의 입안과정은 이러한 입법동기별로 다소 상이한 양태를 보인다.

(1) 의원 개인발의안의 입안과정

가. 입법동기

국회의원 자신의 입법정책을 입법화하기 위하여 발의하는 경우이다. 국회의원이 스스로 인지한 사회문제를 해결하기 위하여 법률안을 발의하는 경우로서 그중에는 궁극적으로 입법화되는 것까지 실질적 목표로 삼지 않고 단순히 정책의제화하여 사회적 관심을 환기시키기 위한 입법을 시도하는 경우도 포함된다.

나. 입안과정

의원발의안의 입안과정은 ① 정보수집 및 자료조사, ② 입법정책 결정, ③ 법률안 기초, ④ 의견수렴, ⑤ 법률안 내용의 확정 순으로 이루어지는 것이 일반적이다.

1) 정보수집 및 자료조사

법률안의 발의주체는 법률안 입안에 필요한 정보를 수집하고 관련된 자료를 조사하는 것으로 구체적인 입안작업을 시작한다. 의원 개인의 발의안 같은 경우에는 각 국회의원의 보좌진이 입법과정의 실무를 수행하는 것이 일반적이며, 경우에 따라서는 국회사무처, 국회입법조사처, 국회예산정책처, 국회도서관 등 입법지원기관에 의뢰하여 자료를 취득하기도 한다.

2) 입법정책결정

수집된 정보를 분석하여 입법의 필요성 여부, 구체적 입법정책의 내용 등을 결정한다. 이 단계에서 관련 부처와 협의하거나 전문가의 자문을 받기도 한다.

3) 법률안 기초

결정된 입법정책의 내용을 법률안의 형식으로 조문화하기 위하여 법률안을 기초한다. 국회사무처 법제실에 의뢰하거나, 외부 전문가에게 의뢰하기도 한다.

4) 의견수렴 및 내용 확정

기초된 법률안에 대하여 의견수렴을 한 후 그 내용을 반영하여 법률안의 내용을 확정한다.

(2) 정당 차원 발의안의 입안과정

가. 입법동기

정당의 소속원으로서 국회의원이 정당 차원의 정책을 입법화하기 위하여 발의하는 경우이다. 정당은 특정한 정치적·정책적 목적을 달성하기 위하여 당내의 의사결정과정을 거쳐 특정 법률안을 소속 국회의원을 통해 발의하기도 한다.

나. 입안과정

1) 정보수집 및 자료조사

통상 정당의 정책지원조직(정책연구위원, 정당연구소) 등을 통하여 정보수집 및 자료조사를 실시한다.

2) 검토 및 초안 작성

수집된 정보를 분석하여 입법의 필요성 여부와 입법정책의 구체적 내용 등을 검토하여 법률안 초안을 작성한다. 이 단계에서 관련부처와 협의하거나, 전문가의 자문을 받기도 한다.

3) 정당 정책기구의 심의

작성된 법률안 초안에 대하여 정책위원회 등 정당 정책기구 심의를 거쳐 정당의 입법정책이 결정된다. 집권당의 경우 정부와 당·정협의 과정을 거치기도 한다.

4) 발의의원 의뢰

입법정책이 결정된 법률안은 발의의원을 선정하여 법률안 발의를 의뢰한다.

(3) 실질적 정부안의 입안과정

가. 입법동기

실질적으로 정부가 입안한 법률안을 형식적으로는 의원발의안의 형태로 발의하는 경우이다. 정부 입장에서는 복잡한 정부 내부의 입법과정을 생략할 수 있어서 절차상 신속하고 간편하다는 이점이 있다. 의원 입장에서는 별다른 노력 없이 입법화 가능성이 높은 법률안을 발의하여 입법실적을 거둘 수 있고, 정부정책에 협조를 함으로써 기대할 수 있는 예산 확보 등 정치적 이익을 도모할 수 있는 이점이 있다.

그러나 정부내부의 입법절차를 제대로 거치지 않기 때문에 내용상 완성도가 높지 않은 경우가 있으며, 부처 간 협의가 어려운 사항의 우회입법 수단으로 활용되는 경우도 있어 정부제출안에 비하여 정책조정이 미흡한 상태에서 발의되는 문제점이 있다. 특히 이러한 실질적 정부안의 청부형 의원입법은 입법과정에서 정부제출안 만큼 내용적 완성도가 높지 않음에도 불구하고 소관 부처의 반대나 이의 제기가 없고, 오히려 정책주체인 정부의 적극적인 입법추진 의사를 배경으로 정책추진력이 뒷받침되어 정제되지 않은 법률안이 졸속으로 통과될 위험성 또한 크다.

나. 입안과정

소관부처가 정책내용을 결정하고 이를 법률안으로 조문화한다. 이때 부처 간 협의를 거쳐 사실상 정부안으로 정책내용이 결정되는 경우도 있으나, 부처 간 이견으로 인한 정책추진의 장애를 회피하기 위하여 부처 간 협의절차를 거치지 않은 단순한 부처안에 불과한 경우도 있다. 입안된 부처안은 통상 소관위원회 소속이거나 법률안과 특별한 정치적 이해관계가 있는 의원을 섭외하여 법률안의 발의를 의뢰한다.

4. 정부제출안의 입안과정

(1) 개 관

헌법은 정부에 법률안 제출권을 부여하고 있다(제52조). 그리고 실제 입법과정에서 정부제출법률안의 통과비율이 높다는 사실은 이미 설명한 바 있다. 행정부가 법률안을 입안하는 과정은 국회의원이나 정당의 경우에 비하여 다소 복잡한데 ① 해당 부처 내 담당부서의 입법정보수집·분석과 입법정책의 결정, ② 초안(부처안)의 작성, ③ 관계부처와의 협의 및 의견수렴, ④ 당정협의, ⑤ 입법예고, ⑥ 규제개혁위원회 심사, ⑦ 부처의 원안결정, ⑧ 법제처 심사, ⑨ 차관회의·국무회의 심의, ⑩ 대통령 재가 및 국회제출 순으로[17] 진행된다. 다만, 1998년 이전에는 입법예고가 있은 후 경제관련 법률안인 경우에는 경제 장·차관회의의 심의를 거친 다음 법제처 심사를 받는 절차로 진행되었으나, '경제장관회의규정'과 '경제차관회의규정'이[18] 폐지됨에 따라 이제는 경제 장·차관회의의 심의를 요하지 않게 되었다.

(2) 정부제출안의 입안과정

가. 정부입법계획의 수립

정부의 각 부처는 법제처의 지침에 따라 매년 해당 연도에 추진할 입법계획을 수립하고 이를 법제처에 통보하여 정부전체의 입법계획을 수립한다.[19] 정부의 입법계획은 매년도 1월 31일까지 국회에 통지되어야 하며, 계획이 변경되었을 때는 분기별로 주요사항을 국회에 통지하여야 한다(국회법 제5조의3).

나. 부처안 기초

수립된 입법계획 또는 정책수요에 따라 소관부처(중앙행정기관)는 법률

17) 이에 대해서는 ① 법률안의 성안, ② 관계부처와의 협의, ③ 당정협의, ④ 입법예고, ⑤ 경제장·차관회의심의, ⑥ 법제처심사, ⑦ 차관회의·국무회의심의, ⑧ 대통령결재 및 국회제출로 기술하기도 한다. 조정찬, "법제실무강좌 ④", 『법제』, 1994.5, 법제처, 58 참조.

18) '경제장관회의규정'(1961년 6월 제정, 대통령령), '경제차관회의규정'(1967년 11월 제정, 대통령령)은 경제관련 정책의 일관성을 높이고 그 효율적인 추진을 위하여 경제관련 법령안을 심의하는 등 경제장관회의, 경제차관회의의 운영에 관한 사항을 규정하고 있었다. 이 규정들은 '경제장관회의'를 폐지하는 대신 '경제정책조정회의'를 두기로 함에 따라 1998년 4월 각각 폐지되었다.

19) 법제처, 『법제업무편람』, 2018, 115.

안 초안을 기초한다.

법률안 입안을 위하여 먼저 정보수집 및 조사연구를 시행한다. 전문연구기관에 조사 및 연구를 의뢰하거나, 태스크 포스나 프로젝트 팀을 구성하여 조사 및 연구를 진행하기도 한다(정보수집 및 조사연구).

이러한 연구결과를 바탕으로 부처 내 담당과에서 초안을 작성한다. 경우에 따라서는 법령안 작성만을 위한 연구용역을 별도로 의뢰하거나 법제처의 사전입안지원제도를 이용하기도 한다. 담당과의 초안 작성은 통상 해당 부처의 법무담당관실 검토를 거친다(담당과 초안 작성).

작성된 담당과 초안은 부처 내 다른 부서와의 의견조정을 통하여 부처의 초안으로 확정된다(부처 내 의견조정 및 부처 초안 작성).

다. 관계기관 협의 및 당·정협의

1) 관계기관 협의 및 의견수렴

부처의 초안이 마련되면 정부 내 관계기관과의 협의를 거친다. 재정지출 수반 법령, 사업자의 자격·거래조건의 결정 및 시장진입 또는 사업활동의 제한 등 경쟁 제한 사항을 규정하는 법령, 조세특례 및 그 제한에 관한 사항, 선거 및 정당 관련 법령, 무역에 관한 사항 등에 관하여는 소관부처 협의가 필수적이다.

2) 관련 단체 및 전문가 의견 청취

정부는 사전 입법준비 과정에서 법령에 의한 입법예고 절차와 별도로 관련 단체나 관계전문가의 의견을 청취하기도 한다.

3) 당정협의

법률 제·개정시 각 부처는 국무총리 훈령인 「당정협의업무 운영규정」 제4조에 따라 입안단계부터 집권당의 정책위원회 의장과 협의를 하여야 한다. 이러한 당정협의 과정에서 각 부처는 입법배경 및 필요성을 여당에 인식시키고 여당의 입장을 반영하며 정책을 사전에 조율한다.

라. 입법예고 및 공청회

1) 입법예고

당정협의를 거쳐 개략적으로 확정된 법률안은 국민에게 이를 알리고 의견을 청취하는 입법예고절차를 거친다. 「행정절차법」 제41조 제1항에 따라 법률안을 입안한 행정청이 입법예고를 하며 입법예고 기간은 40일 이상이다.

2) 공청회

각 부처는 법률안을 준비하면서 통상 입법예고 절차와 함께 공청회를 개최하여 이해관계집단과 전문가의 의견을 수렴하기도 한다.

마. 규제개혁위원회 심사 및 부처원안 확정

규제를 신설 또는 강화하는 법률안의 경우 「행정규제기본법」 제10조 제1항에 따라 법제처 심사 전에 불필요한 행정규제의 신설을 억제하기 위한 규제개혁위원회의 심사를 받아야 한다.

바. 법제처 심사

법제처는 국무회의에 상정될 법률안 등에 대한 심사권이 있는데, 각 부처의 장은 관계기관의 장과의 협의와 「행정절차법」에 의한 입법예고절차 및 행정규제기본법에 의한 규제심사를 거친 후 법제처장에게 법령안의 심사를 요청하여야 한다(법제업무 운영규정 제21조 제1항). 법제처는 국무회의에 상정될 법률안 등의 심사권이 있고(정부조직법 제23조), 이에 따른 심사는 정부입법과정에서 반드시 거쳐야 할 법적 절차이다.

법제처 심사는 법률 상호 간의 체계를 유지하고, 헌법위반이나 법리상 모순 등 문제점을 시정하며, 입법의 형식을 갖추게 하는 한편 입안과정에서 필요한 절차를 거쳤는지를 확인하는 데 목적이 있다. 법제처는 그 심사과정에서 헌법위반 등의 소지가 있다고 판단되는 사항에 대하여 주관부처에 의견을 제시하여 부처안에 반영하게 하는데, 법제처 의견이 반영되지 않은 중요한 사항이 있는 경우에는 법률안을 국무회의에 상정하면서 표기하게[20] 된다. 또한, 부처 간 협의가 필요함에도 불구하고 협의절차를 거치지 아니한 사안으로 그 사안이 중요하다고 판단된 때에는 주관부처에 법률안을 반려하여 협의를 거치도록 한다. 법제처의 심사와 관련한 사항은 대통령령인 「법제업무 운영규정」에서 정하고 있다.

20) 표기는 법률안 앞부분의 '주요토의과제'에 담게 된다. 이에 대하여는 법제처, 『법령입안심사기준』, 법제처, 1996, 253 참조.

5. 위원회안의 입안과정

(1) 위원회안의 종류

가. 협의의 위원회안과 광의의 위원회안

협의의 위원회안은 위원회가 독자적인 입법정책결정에 따라 입안한 법률안으로서 보통 법률안의 제명에 '(위원회안)' 표기가 부기된다. 광의의 위원회 안에는 협의의 위원회안 외에 이미 위원회 계류 중인 법률안을 대체하여 제안하는 위원회 대안이 포함된다. 위원회 대안은 법률안의 제명에 '(대안)' 표기가 부기된다.[21)]

나. 상임위원회안과 특별위원회안

1) 상임위원회안

별도의 수권행위 없이 국회법 제37조에서 정한 위원회별 소관에 따라 심사권을 가진 상임위원회가 제안하는 법률안을 말한다.

2) 특별위원회안

수 개의 상임위원회 소관과 관련이 되거나, 특히 필요하다고 인정한 안건을 효율적으로 심사하기 위하여 본회의 의결로 설치한 특별위원회 중 법률안 심사권을 수권 받은 특별위원회가 제안하는 법률안을 말한다. 특별위원회의 법률안 심사권 수권 여부는 특별위원회 구성결의안에 명시된다.

(2) 위원회안의 입안과정

가. 협의의 위원회안 입안과정

1) 소위원회 심사를 거치는 경우

위원회안을 제안하고자 하는 위원회는 소위원회를 지정하거나 별도의 기초소위원회를 구성하여 제안할 법률안의 내용을 기초하게 한다. 소위원회에서 기초한 법률안은 위원회 전체회의에서 소위원장으로부터 보고를 받은 후 축조심사와 찬반토론을 거쳐 위원회안을 제안하기로 의결한다. 위원회의 의결로 법률안은 입안상태에 이르며 입안된 위원회안은 법제사법

21) 최광의의 위원회안은 위원회의 의결을 거쳐 확정된 위원회의 수정안까지 포함한 개념이나, 수정안은 독립된 안이 아닌 부수된 안으로서 독자적인 법률안으로 볼 수가 없다.

위원회의 체계·자구심사를 거쳐 위원장 명의로 의장에게 제출되는 공문을 통해 제안된다.

2) 전체회의에서 직접 입안하는 경우

위원회안은 경우에 따라 소위원회를 거치지 않고 실무적으로 준비된 법률안을 위원장이 제안하거나 소속 위원이 동의(動議) 형식으로 제안하여 전체회의에서 직접 의결할 수 있다. 의결된 위원회안은 법제사법위원회 체계·자구심사를 거쳐 위원장 명의로 의장에게 제출하는 공문을 통해 제안된다.

나. 위원회 대안의 입안과정

위원회에 이미 회부되어 있는 법률안을 전체회의에 상정하여 제안설명과 전문위원 검토보고를 들은 후 대체토론을 거쳐 소위원회에 회부한다.

소위원회에서는 회부된 법률안을 심사하여 본회의에 부의하지 아니하기로 하고 대신 위원회 대안을 입안하기로 의결한다. 통상적으로 소위원회 심사과정에서 대안을 입안하기로 의결하는 경우는 제안취지의 타당성이 인정된 법률안 중 ⅰ) 동일 제명의 법률안이 여러 건 있는 경우나 ⅱ) 유사한 내용의 법률안을 하나로 통합하여 법률안에 반영할 필요가 있는 경우이다.

위원회는 전체회의에서 소위원장으로부터 소위원회안을 포함한 소위원회의 심사결과를 보고 받은 후 축조심사와 찬반토론을 거쳐 위원회 대안을 의결한다. 위원회 전체회의 의결로 법률안은 입안되며 입안된 법률안은 법제사법위원회의 체계·자구심사를 거친 후 그 심사결과를 반영하여 위원장 명의로 의장에게 제출하는 공문을 통해 제안된다.

제 3 절 법률안의 제안

1. 법률안 제안의 의의와 유형

(1) 법률안 제안의 의의

법률안의 제안(提案)은 법률안 제출권자가 입안된 법률안을 일정한 형식적·절차적 요건을 갖추어 국회에 제출하는 행위를 말한다. 법률안의 제안으로 당해 법률안에 대한 국회의 제도적인 입법과정이 공식적으로 개시된다.

(2) 법률안 제안의 유형

법률안의 제안은 통상 제안주체에 따라 발의, 제출, 제안으로 부른다. 발의(發議)는 통상 국회의원이 법률안을 국회에 제안하는 것을 지칭하고, 제출(提出)은 통상 정부가 국회에 법률안을 제출하는 경우에 사용된다. 위원회안을 국회에 제안하는 경우에는 제안(提案)이라는 용어를 사용한다.

2. 의원발의 법률안의 발의(發議)

(1) 개 요

국회의원은 헌법상 법률안 제출권자로서 국회법에 따라 안을 갖추고 발의정족수 등 발의요건을 충족하여 법률안을 발의한다. 국회법 제79조는 의원이 10인 이상의 찬성으로 의안(議案)을 발의할 수 있도록 규정하면서, 의안을 발의하고자 하는 의원은 그 안(案)을 갖추고 이유를 붙여 소정의 찬성자와 연서(連書)하여 이를 의장에게 제출하도록 규정하고 있다. 또한, 동법 제79조의2와 제79조의3은 일정한 의안의 경우는 비용추계서와 조세특례평가자료를 첨부하도록 규정하고 있다.

의원이 발의하는 의안의 일종인 법률안의 발의과정은 ① 비용추계서 및 조세특례평가자료 작성·첨부, ② 발의 및 찬성의원 서명, ③ 법률안의 제출의 순서로 진행된다.

그림 5-2 의원발의 법률안의 발의과정

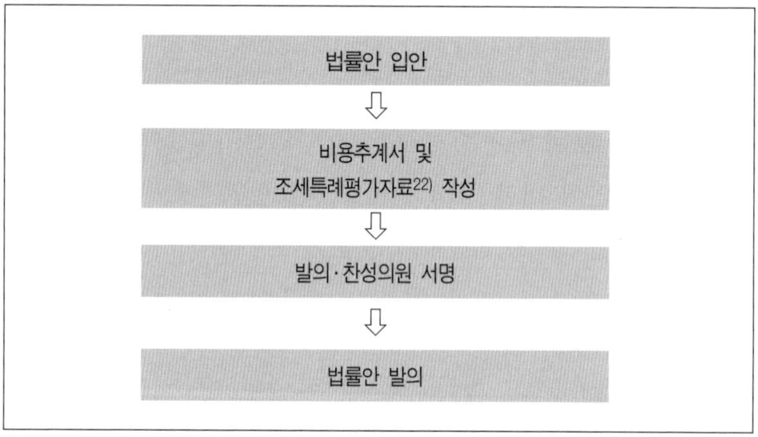

법률안 입안
⇩
비용추계서 및 조세특례평가자료[22] 작성
⇩
발의·찬성의원 서명
⇩
법률안 발의

(2) 발의과정

가. 비용추계서 및 조세특례평가자료 작성

1) 비용추계서의 작성 및 첨부

국회법 제79조의2는 재정조치가 필요한 법률안 등 의안의 발의 시 국회예산정책처의 비용추계서를 첨부하도록 하고 있다. 비용추계서를 첨부해야 하는 의안은 예산상 또는 기금상 조치를 수반하는 의안이다. 원칙적으로 비용추계서를 첨부해야 하지만, 국회예산정책처에 대한 추계요구서를 첨부하는 것으로도 갈음할 수 있다. 이 경우 위원회의 심사가 개시되기 전에 국회예산정책처의 비용추계서를 제출해야 한다.

이처럼 예산상 또는 기금상 조치를 수반하는 의안에 대하여 비용추계서의 첨부를 의무화한 것은 재정부담을 유발하는 법률안이 남발되는 것을 통제하기 위한 것이다. 비용추계서 첨부 제도의 연원은 1973년 2월 국회법 개정으로 예산상 조치가 수반되는 법률안 기타 의안의 발의 시 예산명세서

22) 조세특례평가자료는 2021년 3월 현재 관련규칙이 제정되지 않아 시행되지 못하고 있다.

을 제출하게 한 것이었는데, 이는 의원발의안에만 적용되는 규정이었다(당시 국회법 제73조 제2항).

그런데 이러한 의원발의안의 예산명세서 제출이 형식적이고 제대로 지켜지지 않았다는 비판이 있었으며,[23] 현실적으로 국회에서 의결되는 법률안 가운데 대규모 재정 부담을 수반하는 법률안은 정부제출법률안이 대부분이었음에도 불구하고 법률의 집행에 소요되는 재원과 그 조달방안에 대한 자료가 없어 법률안의 정책적 타당성 등에 대한 실질적인 심사가 어려웠던 문제점이 있었다.

이에 국회는 2005년 7월 국회법 개정을 통해 정부제출법률안, 의원발의법률안, 위원회제안 등 법률안 제안 주체와 상관없이 예산 또는 기금상의 조치가 수반되는 모든 법률안에 대하여 예상되는 비용의 추계서를 제출하도록 제도를 개선하였다(국회법 제79조의2). 아울러 비용추계 및 재원조달방안에 대한 자료작성 및 제출절차 등을 국회규칙으로 정하도록 하였으며(국회법 제79조의2 제3항), 이에 따라 「의안의 비용추계 등에 관한 규칙」이 제정되어 비용추계서 및 재원조달방안의 작성 및 방법 등에 관한 사항을 규정하고 있다.

한편 제19대 국회에서는 비용추계서 작성 주체가 일원화되어 있지 않아 비용추계의 전문성 및 신뢰성이 확보되지 않는 문제점을 해소하기 위하여 국회법 개정(2014. 3. 18.)을 통하여 국회예산정책처가 의원발의안과 위원회안에 대한 비용추계를 전담하도록 제도를 개선하였다.

2) 조세특례평가자료의 작성 및 첨부

조세특례를 도입하는 내용의 의원발의법률안이나 위원회제안 법률안은 국회법 제79조의3에 따라 조세특례평가자료를 첨부해야 한다. 조세특례평가자료가 첨부되어야 하는 법률안은 「조세특례제한법」에 따른 조세특례를 신규로 도입하는 법률안으로서 연간 조세특례금액이 일정 금액 이상인 법률안이며, 조세특례에 대한 평가를 실시하는 기관은 국회예산정책처 등 국회규

23) 제16대 국회의 경우 예산명세서가 첨부된 의원발의법률안은 제출된 의원발의법률안 중 4%(76/1,912)에 불과하였다는 지적이 있으며, 제17대 국회의 경우(2004. 6.~2005. 9.) 의원발의 2,176건 중 예산추계서가 첨부된 375개 법률안의 소요예산이 무려 5년간 253조에 이르고 있다는 비판도 있었다. 중앙일보, 2005. 11. 28, 1면.

칙으로 정하는 전문기관이다.

이러한 조세특례평가자료의 작성 및 첨부 제도는 조세특례가 국가재정에 미치는 영향을 고려하여 입법과정에서 보다 신중한 심사를 하기 위한 것으로서 정부제출법률안의 제출 시 조세특례평가자료를 첨부하도록 한 「조세특례제한법」 개정(2014.1.1.)에 맞추어 국회에서 의원발의안이나 위원회안을 통하여 제안되는 법률안에도 동일한 제도를 적용하기 위하여 2014년 3월 국회법 개정에 의해 도입된 것이다. 그러나 조세특례평가자료의 작성 및 첨부 제도는 관련된 국회규칙이 제정되지 않아 실제로는 시행되지 않고 있는 상태이다.

나. 발의 및 찬성의원 서명·날인

1) 발의정족수 의원의 서명·날인

국회의원이 법률안을 발의할 경우에는 일정 수 이상 동료 의원의 찬성을 얻어야 한다. 이처럼 법률안 발의에 필요한 찬성 의원의 수를 발의정족수(發議定足數)라고 한다. 국회에 제출하는 법률안에는 발의정족수를 충족한 발의의원 및 찬성의원의 서명과 날인을 첨부해야 한다. 발의자는 법률안을 제안하는 의원을 말하며 찬성자는 발의에 찬성하는 의원을 말한다. 발의자의 경우 법률안의 표제부에 그 성명을 기재하며 찬성자의 경우는 성명을 기재하지 않고 찬성자의 숫자만 기재한다.

현재 법률안을 비롯한 일반적인 의안의 발의에 필요한 발의정족수는 발의자와 찬성자를 합하여 10인 이상이다. 그런데 국회법상 의원발의 법률안의 발의정족수에는 그동안 많은 변화가 있었다.[24]

제 1 공화국에서는 국회의원 10인 이상의 찬성이 요구되었다(1948년 국회법 제33조).[25] 제 2 공화국에서는 국회가 양원제를 채택함에 따라 민의원의 경우에는 10인 이상, 참의원의 경우에는 의원 5인 이상의 찬성을 얻도록 하였다(1960년 9월 개정국회법 제72조).[26] 단원제로 환원된 제 3 공화국에

24) 이 절의 내용은 국회사무처가 국회개원 50주년 기념사업의 일환으로 1998년 5월 출간한 『대한민국국회50년사』 중 제3편 제9장 입법절차 부분(1125~1150면)과 『대한민국법령연혁집』의 헌법과 국회법 부분을 참고하였다.

25) 제 1 공화국에서의 국회의원 수는 대별(代別)로 약간의 차이가 있으나 198인 내지 233인이었다.

서는 다시 의원 10인 이상의 찬성으로 법률안을 발의할 수 있게 되어 제1 공화국 시대와 같게 되었다(1963년 개정국회법 제73조).[27]

그런데 제4공화국 비상국무회의에서 의결된 제15차 국회법 개정에서는 법률안 발의를 위한 찬성의원 수가 10인 이상에서 20인 이상으로 상향 조정되었으며, 특히 예산상의 조치가 수반되는 법률안은 예산명세서를 첨부하여 50인 이상의 찬성을 얻도록 하였다(1973년 개정국회법 제73조).[28] 이러한 변화는 유신체제 하에서 국회의원의 입법활동을 제약하기 위하여 법률안 발의요건을 상향 조정한 것으로 보인다. 제5공화국에서는 법률안 발의요건은 종전과 같이 20인 이상의 찬성으로 하였으나 예산상의 조치가 수반되는 법률안의 경우에는 종전의 50인 이상의 찬성에서 30인 이상의 찬성으로 하향 조정하였다(1981년 개정국회법 제74조).[29] 제6공화국에서는 예산상의 조치가 수반되는 법률안의 경우 필요한 찬성의원의 수를 30인 이상에서 20인 이상으로 다시 하향 조정함으로써 일반 법률안의 발의요건과 동일하게 하였다(1988년 개정국회법 제74조).[30]

한편 2000년 2월 국회에서 의결된 개정국회법에서는 국회의원이 법률안을 발의할 때 발의의원과 찬성의원을 구분해서 표시하게 하였으며, 2003년 1월 국회에서 의결된 개정국회법은 의안[31]발의요건을 20인에서 10인으로 완화하였다. 이러한 발의요건의 완화는 국회의원의 입법활동 활성화와 국민들의 다양한 의사를 국회에 반영하는 데 목적이 있다고 하겠다.

2) 발의의원의 명시: 법안실명제

발의자인 의원의 성명은 법률안의 제명에 부제로 표기되기도 한다. 발의의원이 1인인 경우에는 '○○○의원 발의'라는 발의의원 성명이 기재된 부제를 표기한다. 발의의원이 2인 이상일 경우는 대표발의의원 1인의 성명만 기재한 '○○○의원 대표발의'라는 부제를 표기한다.

---

26) 제2공화국에서의 국회의원 수는 민의원 233명, 참의원 58명이었다.
27) 제3공화국에서의 국회의원 수는 175인 내지 204인이었다.
28) 제4공화국에서의 국회의원 수는 219인 내지 231인이었다.
29) 제5공화국에서의 국회의원 수는 276명이었다.
30) 제6공화국에서의 국회의원 수는 299인이었으나, 2000년 2월 개정 공직선거 및 선거부정방지법에서 지역구국회의원 수를 26인 줄여 총 273인으로 하였다(동법 제21조 제1항).
31) 여기서 의안이라 함은 법률안을 비롯하여 결의안·건의안·규칙안 등을 말한다.

이는 2000년 2월 개정된 국회법에 도입된 소위 '법안실명제'에 따른 것으로서 국회법 제79조 제2항은 국회의원이 법률안을 발의하는 때에는 발의의원과 찬성 의원을 구분해서 표시해야 하며, 발의의원이 2인 이상인 경우에는 대표발의자 1인을 명시하여야 한다고 규정하고 있다. 그리고 동조 제3항은 국회의원이 발의하는 법률안에는 그 법률안 제명의 부제(副題)로 발의의원의 성명을 기재하도록 하였으며, 동조 제4항은 국회의원이 발의한 법률안 중 국회에서 의결된 제정법률안 또는 전부개정법률안에 대하여는 그 법률안을 공포 또는 홍보하는 경우 당해 법률안의 부제, 즉 발의의원의 성명이 포함된 제명을 함께 표기할 수 있도록 규정하였다. 이러한 제도개선은 법률안 발의에 있어 의원들의 책임성을 강화하고, 의원들의 입법활동에 대한 적극적인 참여를 유도하며, 외부에서 의원별 입법활동을 평가하는 객관적 자료로 활용토록 하기 위한 목적이 있다.

다. 법률안의 제출

발의에 필요한 형식적 요건을 갖춘 법률안을 국회에 제출함으로써 발의 절차가 완료된다. 법률안의 제출은 서면 또는 전자적 방식으로 제출된다. 서면 제출은 국회사무처 의사국 의안과의 의안접수센터를 방문하여 제출하는 방식으로 이루어진다.

법률안의 제출은 이러한 방문제출 방식 외에 국회전자입법발의시스템을 통하여 전자적인 방식으로 제출할 수 있다. 2019년 4월 28일 더불어민주당 백혜련 의원과 바른미래당 채이배 의원이 각각 대표발의한 '고위공직자범죄수사처 설치 및 운영에 관한 법률안'과 '형사소송법 일부개정법률안'이 국회전자입법발의시스템을 통하여 발의되는 등 국회전자입법발의시스템을 통한 발의도 종종 이루어진다.

3. 정부제출 법률안의 제출

(1) 개 요

법제처 심사를 거쳐 입안된 정부제출 법률안은 ① 차관회의 심의, ②

국무회의 심의, ③ 대통령 결재(국무총리 및 관계 국무위원 부서), ④ 법률안 제출의 순서로 진행된다.[32]

그림 5-3 정부제출 법률안의 제출과정

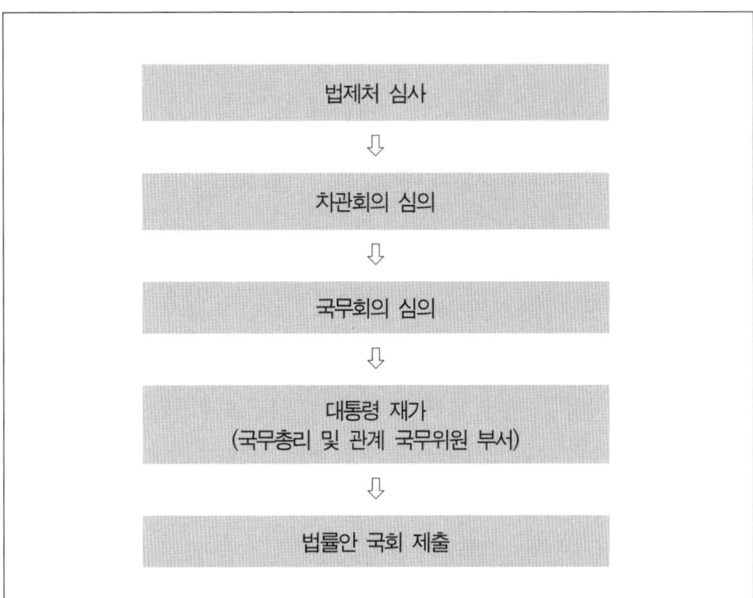

(2) 제출과정

가. 차관회의 심의

차관회의는 국무조정실장을 의장으로 하여 각 부처의 차관으로 구성된 회의로서 국무회의에 상정되는 안건을 사전에 심의한다. 차관회의는 통상 매주 목요일 오전에 정례회의가 열리며 필요한 경우 임시회의를 개최한다.

나. 국무회의 심의

차관회의에서 의결된 안건은 특별한 사정이 없으면 자동적으로 다음 국무회의에 상정되어 심의를 거친다. 국무회의는 매주 화요일 오전에 열리

32) 정부제출안의 입안 및 제출과정을 입안과 제출로 명확히 구분하기 모호한 면이 있으나, 차관회의 심의과정부터는 내용상 수정이 빈번하지 않다고 보아 제출과정으로 분류하였다.

며 필요시 임시회의를 개최한다.

헌법 제89조 제3호는 국무회의 심의사항에 법률안을 포함하고 있기 때문에 입법과정상 국무회의 심의는 헌법상 필수적 절차라고 할 수 있다. 국무회의의 운영에 관한 구체적 사항은 정부조직법과 대통령령인 「국무회의 규정」에서 규정하고 있는데, 대통령을 의장으로 하는 국무회의는 구성원 과반수의 출석으로 개의하고, 출석구성원 3분의 2 이상의 찬성으로 의결한다고 되어 있으나(국무회의 규정 제6조), 실제로는 만장일치제와 유사하게 운영하고 있다. 따라서 부처안에 대하여 다른 국무위원의 이의가 있는 때에는 사실상 국무회의에서 통과되지 못하게 된다.

다. 대통령의 재가(국무총리 및 국무위원의 부서)

1) 국무총리 및 국무위원의 부서

부서(副署, countersignature)는 대통령의 국법상 행위에 관한 문서의 서명에 국무총리와 국무위원이 함께 서명하는 것으로서 책임소재를 명확하게 하고, 대통령의 권한 행사에 대한 내부견제를 명확히 하기 위한 것이다.

국무총리와 법률안을 제출한 국무위원은 관계 국무위원으로서 부서를 하는데 통상 '온-나라 국정관리시스템'에서 전자서명으로 부서한다. 국무위원의 부서가 끝나면 국무총리 의전비서관실을 거쳐 국무총리가 부서를 한다. 한편, 소관 국무위원이 공석인 경우에 행정안전부장관이 부서한 사례가 있다.

부서가 없는 대통령의 국법상 행위의 효력에 대하여는 부서는 대통령의 권한행사에 대한 견제적 기능을 하는 제도이므로 이를 결여한 대통령의 행위는 형식적 유효요건을 결여한 것이므로 무효라는 설(무효설)과 부서는 대통령의 국법상 행위에 관한 유효요건이 아니라 적법요건이기 때문에 부서 없는 대통령의 국법상 행위도 당연무효는 아니고 위법행위에 불과하다는 설(유효설)이 있다.

2) 대통령의 재가

국무총리의 부서가 끝나면 대통령비서실을 거쳐 대통령이 재가를 한다. 통상 '온-나라 국정관리시스템'에서 전자서명으로 재가를 한다. 대통령의 재가는 국회에 제출할 정부의 법률안을 확정하는 행정부 내부절차로서 그 실무는 법제처에서 담당한다. 따라서 국무회의에서 부처안이 의결되었다고 하더라도 대통령의 결재를 얻지 못하면 법률안으로 확정되지 못한다.

라. 국회 제출

1) 법률안의 제출

대통령의 재가가 끝나면 정부는 국회(국회사무처 의사국 의안과)에 법률안을 제출한다. 정부법률안의 국회 제출절차는 이를 특별히 규정하고 있는 법령이 없으나 헌법과 실무 관행에 따라 대통령 명의로 국회의장에게 제출하고 있으며, 이에 필요한 실무적 사항은 법제처에서 담당한다.

2) 비용추계서의 첨부

정부가 법률안을 제출할 때에 예산상 또는 기금상 조치를 수반하는 의안에 해당하는 경우에는 국회법 제79조의2에 따라 비용추계서와 상응하는 재원조달방안에 관한 자료를 첨부해야 한다. 종전의 국회법에서는 정부제출법률안의 경우 의원발의법률안과는 달리 예산상 조치를 수반하는 법률안이라고 하더라도 예산명세서를 첨부할 의무를 부여하지 않았는데, 2005년 7월 개정국회법은 정부가 예산 또는 기금상의 조치를 수반하는 법률안을 제출하는 경우에는 그 법률안의 시행으로 수반될 것으로 예상되는 비용에 대한 추계서와 함께 이에 상응하는 재원조달방안에 관한 자료를 법률안에 첨부하도록 의무화하였다(제79조의2 제2항). 이는 국회에서 의결되는 법률안 중 대규모 재정 부담을 수반하는 법률안의 대부분이 정부가 제출한 것이라는 점을 고려하여 이들 법률안에 담긴 정책적 내용의 타당성 등을 효과적으로 심사할 수 있도록 하기 위한 조치라고 생각된다.

3) 조세특례평가자료의 첨부

조세특례금액이 300억원 이상인 조세특례를 신규로 도입하는 법률안을 제출하는 경우에는 전문적인 조사·연구기관에서 조세특례의 필요성 및 적시성, 기대효과, 예상되는 문제점 등을 평가한 자료를 첨부해야 한다. 이러한 조세특례평가자료의 첨부제도는 2014년 1월의 「조세특례제한법」 개정으로 도입된 것으로서 2019년 12월 동법 개정으로 종전에 대통령령으로 정하던 조세특례금액을 300억원 이상으로 법률에서 직접 규정하고 있으며,

대통령령으로 정하던 예외사항을 법률에서 직접 규정하고 있다.[33)]

4. 위원회안의 제안

(1) 개 요

위원회에서 의결되어 입안된 위원회안은 ① 법제사법위원회 체계·자구심사, ② 비용추계서 첨부, ③ 위원회안 제안공문 시행의 순서로 제안절차가 진행된다.

그림 5-4 위원회안의 제안 과정

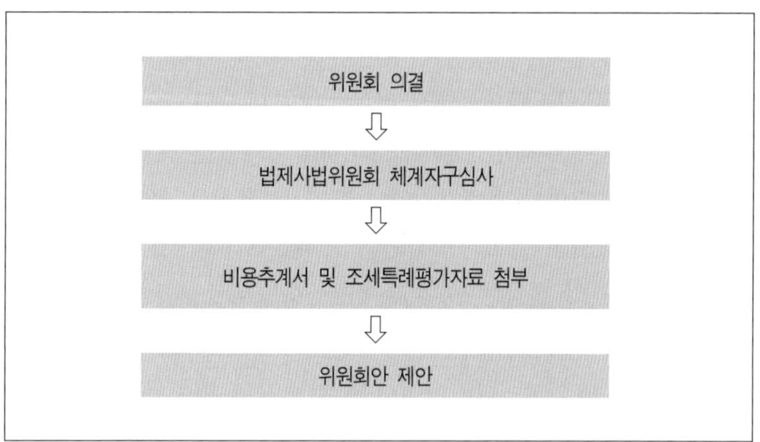

33) 조세특례제한법 제142조 제5항 각호에서 규정하고 있는 조세특례평가자료 첨부의 예외사유는 다음과 같다.
1. 경제·사회적 상황에 대응하기 위하여 도입하려는 경우로서 국무회의의 심의를 거친 사항
2. 남북교류협력에 관계되거나 국가 간 협약·조약에 따라 추진하는 사항
3. 국제대회나 국가행사 등 지원 기간이 일시적이고 적용기한이 명확하며 사업의 추진을 위하여 시급히 도입할 필요가 있는 사항
4. 제4항에 따른 평가 결과를 반영하여 기존 조세특례를 개선하려는 경우로서 기획재정부장관이 제4항에 따른 평가 내용에 조세특례의 필요성 및 적시성, 기대효과, 예상되는 문제점 등 대통령령으로 정하는 내용이 포함된 것으로 인정하는 사항

(2) 제안 과정

가. 법제사법위원회 체계·자구심사

소관위원회에서 의결된 위원회안은 다른 법률안과 마찬가지로 법제사법위원회에 체계·자구심사를 의뢰하여 심사를 받는다. 소관위원회는 법제사법위원회가 체계·자구심사 과정에서 수정한 내용을 법률안에 반영한다.

나. 비용추계서 및 조세특례평가자료의 작성·첨부

위원회안에 대하여도 국회법 제79조의2와 제79조의3에 따라 비용추계서와 조세특례평가자료를 작성·첨부하여 함께 제출하여야 한다. 다만, 긴급한 사유가 있는 경우 위원회의 의결이 있으면 제출을 생략할 수 있다.

다. 위원회안 제안 공문 시행

법제사법위원회의 체계·자구심사 결과를 반영하고 비용추계서와 조세특례평가자료를 첨부한 법률안은 위원장을 제안자로 하여 공문으로 의장에게 제출된다.

5. 제안의 철회와 수정

(1) 철 회

법률안 등 안건의 철회(撤回)는 적법하게 제출된 의안(議案) 또는 동의(動議)를 사정 변경에 의하여 제안자의 의사에 따라 심의·의결대상에서 제외하는 조치를 말한다.

의원발의 법률안 등 의안 및 동의를 발의자가 철회하려고 할 때, 단독발의의 경우 발의자 단독의사로 철회가 가능하나, 공동발의의 경우에는 발의원 2분의 1 이상의 철회 의사가 있어야 한다(국회법 제90조 제1항). 그러나 발의자의 철회 의사가 있더라도 본회의 또는 위원회에서 의제가 된 경우에는 본회의 또는 위원회의 동의(同意)가 있어야 한다(국회법 제90조 제2항). 본회의 의제가 아직 되지 않았으나, 위원회 심사가 종료된 의안 또는 동의는 위원회의 동의가 있어야 하며,[34] 국회법 제58조 제4항에 따라 소위원회에 직접 회부된 의안도 위원회의 동의가 필요하다.[35]

정부제출 법률안 등 정부제출 의안을 정부가 철회하려면, 본회의 또는 위원회의 의제가 되기 전에는 청구만으로 가능하나, 의제가 된 이후에는 본회의 또는 위원의 동의를 얻어야 한다. 정부제출안의 경우도 본회의 의제가 아직 되지 않았으나, 위원회 심사가 종료된 의안은 위원회의 동의가 있어야 하며,[36] 국회법 제58조 제4항에 따라 소위원회에 직접 회부된 의안도 위원회의 동의가 필요하다.[37]

철회된 의안 또는 동의는 심의대상에서 제외되며, 의안의 경우 부결된 것이 아니므로 일사부재의 원칙이 적용되지 않는다.

(2) 수 정

정부가 제출한 법률안 등 의안을 수정하려면 본회의 또는 위원회의 의제가 되기 전에는 청구만으로 가능하나, 의제가 된 이후에는 본회의 또는 위원의 동의를 얻어야 한다. 정부제출안의 경우도 본회의 의제가 아직 되지 않았으나, 위원회 심사가 종료된 의안은 위원회의 동의가 있어야 하며,[38] 국회법 제58조 제4항에 따라 소위원회에 직접 회부된 의안도 위원회의 동의가 필요하다.[39]

정부의 청구로 수정된 의안은 수정 전에 제출된 원안을 수정안으로 대체하고 위원회 심사 및 본회의 심의 시 원래 제출한 안이 아닌 추후 수정된 안을 기준으로 원안의결이나 수정의결이 된다.

---

34) 국회사무처, 『국회법해설』, 2016, 438.
35) 국회사무처, 『의안편람 I (해설편)』, 2016, 368.
36) 국회사무처, 『국회법해설』, 2016, 438.
37) 국회사무처, 『의안편람 I (해설편)』, 2016, 368.
38) 국회사무처, 『국회법해설』, 2016, 438.
39) 국회사무처, 『의안편람 I (해설편)』, 2016, 368.

제 3 장 _ 법률안의 심의

제1절 개 관

1. 법률안 심의의 의의

(1) 법률안 심의의 의미

법률안이 국회에 제출되면 국회는 일정한 절차에 따라서 법률안을 심의한다. 심의(審議)의 사전적 의미는 '심사(審査)하고 토의(討議)함'이므로[1] '토의를 거쳐 심사한다'란 뜻이라고 할 수 있다.

따라서 국회의 심의란 사전적 의미로는 회의체인 국회가 구성원인 국회의원들의 토의과정을 거쳐 안건의 내용을 심사하고 의결을 하는 행위를 말한다. 입법과정의 측면에서 국회의 법률안 심의는 국회가 정해진 절차에 따라 국회에 제출된 법률안을 심사하여 의결하면서 입법권을 행사하는 과정을 의미한다.

한편 우리 국회법은 이러한 심의(審議)와 심사(審査)의 사전적·강학적 의미와 별도로 본회의 안건과 관련하여서는 '심의'(제93조)라는 용어를 사용하며, 위원회의 안건과 관련하여서는 '심사'(제58조)라는 용어를 사용하고 있다.

(2) 법률안 심의의 입법과정상 의의

현대 대의민주주주의 체제 하에서 국민의 대표기관인 의회는 주권자인 국민으로부터 위임된 입법권을 행사하는 입법기관으로서 입법과정에서

1) 국립국어원, 표준국어대사전, https://stdict.korean.go.kr

제도적인 입법주체가 된다. 따라서 의회의 법률안 심의는 전반적인 입법과정 중 가장 중심적인 과정으로서 제출된 법률안의 입법화 여부에 대하여 결정하고 내용을 확정하는 입법정책결정(立法政策決定)이 공식적으로 이루어지는 과정이다. 이러한 의회의 법률안 심의는 체제론적 관점에서 볼 때에는 투입된 입법요구(제출된 법률안)를 처리하여 입법산출(법률)을 생산하는 일종의 전환과정이라고 볼 수 있다.

그러나 입법과정의 실제에서 국회의 법률안 심의과정이 실질적인 입법정책결정이 이루어지는 핵심적인 입법과정으로서 기능하는지에 대하여는 각국 입법과정의 구조적 특성과 운영행태에 따라 다를 수 있다.

영국과 같이 정부주도의 입법과정을 가진 의원내각제 국가에서는 의회의 입법과정보다는 의회에 법률안이 제출되기 전인 정부의 입안과정에서 실질적인 입법의사결정이 이루어지는 경우가 많다.2) 대통령제 국가라고 하더라도 의회의 자율성이 확보되지 않아 정부가 입법과정을 주도하는 경우에는 의회의 법률안 심의과정보다는 정부의 법률안 입안과정이 실질적 입법과정으로 인식되기도 한다. 우리나라의 경우도 과거 정부제출안 중심으로 입법이 이루어지고 국회의 자율적인 법률안 심의기능이 취약할 때에는 입법과정 중 국회의 위원회 심사 및 본회의 심의과정보다는 법률안의 발안 및 초안 작성 과정과 정부의 입법예고 및 당정협의과정이 보다 중요한 과정으로 인식되기도 하였었다.3)

그러나 의회가 입법권을 행사하는 법률안 심의과정의 실질성 여부에 대한 평가와는 별론으로 규범적으로 입법권이 의회에 부여되어 있고, 제도

2) 이정은 등, 『입법과 사법의 법률정보협력에 관한 연구』, 사법정책연구원, 2019, 199－203.

3) 1984년도 이루어진 최송화의 연구에 따르면 당시 법률의 입법과정 단계 중 중요도에 대한 인식조사에서 60%의 응답자가 발안·초안 작성 과정이 가장 중요하다고 응답하였고, 30%의 응답자가 입법예고 및 당정협의과정이 중요하다고 응답하였으며, 국회 상임위원회와 법제사법위원회 심사가 중요하다고 응답한 비율은 2~3%에 불과하였다.

입 법	발안· 초안 작성	입법예고 부처협의 당정협의	법제처 심사	차관회의 국무회의	국회 상임위 심사	국회 법사위 심사	본회의
비 중	60%	20~30%	5~10%	7~8%	2~3%	2~3%	

최송화, “한국의 입법기구와 입법자”, 『법학』 제25권 제4호, 서울대학교, 1984. 12 참조

적인 입법기관인 의회의 승인이 법규범에 정당성을 부여한다는 인식이 일반적이기 때문에 의회의 입법과정은 규범적으로 가장 중요한 공식적인 입법과정으로서 의의를 가진다고 할 수 있다.

2. 법률안 심의와 국회의 회의

(1) 개 관

회의체인 국회의 법률안 심의는 국회의 회의(會議)를 통하여 진행된다. 즉, 법률안의 심의 절차 및 과정 자체가 법률안을 심의하는 국회의 회의 절차 및 과정이라고 할 수 있다. 회의를 통하여 회의체 구성원 간에 법률안에 대한 정보를 공유하고 의견을 교환하며, 각자의 입장과 주장을 상대방에게 설득하려고 노력하고, 이러한 과정에서 대화와 타협을 통하여 일정한 공감대를 형성한 후 단일한 합동적 의사를 도출하는 과정이 바로 국회의 법률안 심의과정이라고 할 수 있다.

의회는 규범적으로 수평적 관계인 다양한 구성원들의 의견을 수렴하여 하나의 단일한 의사를 형성하는 다원적 합동행위(多元的 合同行爲)의 의사결정구조를 가지고 있다. 회의는 이러한 의회의 의사결정구조에 가장 적합하고 효율적인 행위양식이자, 회의체인 의회의 본질적인 행위양식이라고 할 수 있다. 또한, 회의는 국민과의 대의관계에 있어서도 참여자가 다수라는 특성과 공개주의(公開主義)의 원칙상 공개된 공론(公論)의 장(場)에서 공동체의 주요한 의사를 결정함으로써 입법정책결정의 사회적 최적성을 추구함과 동시에 투명성과 공정성을 제고하고, 국민대표의 책임성을 확보함으로써 궁극적으로 입법과정에서 국민주권주의를 실현하는 데 적합한 형식이다.

국회의 법률안 심의도 이처럼 회의를 통하여 국민을 대표하여 입법권을 행사하고 사회적으로 바람직한 규범을 창출함으로써 그 제도적 의의를 보다 효과적으로 달성할 수 있다. 또한, 국회의 법률안 심의가 이처럼 회의를 통하여 구체적 활동이 전개될 수밖에 없다는 점에서 국회 회의의 제도적·행태적 요인들의 영향을 받을 수 밖에 없다. 따라서 이에 대한 이해가 선행될 필요가 있다.

이러한 관점에서 국회의 회의가 성립하고 원활하게 진행되기 위해서는 일정한 회의의 기본요소들이 충족되어야 하며, 회의운영의 원칙들이 준수되어야 한다는 점을 설명한다.

(2) 회의의 기본요소

회의체인 국회의 본질적인 행위양식으로서 회의(會議)가 성립하려면 최소한 다음의 4가지 기본요소가 필요하다. 첫째, 회의의 진행이 있어야 하고, 둘째, 회의에서 논의하고 처리할 사항, 즉 회의의 '거리'가 있어야 하며, 셋째, 회의의 과정과 결과에 대한 기록이 있어야 하고, 넷째, 회의의 질서가 유지되어야 한다.[4]

가. 의사(議事): 회의 진행

1) 의사(議事)의 의의

회의의 진행 또는 의사(議事)라 함은 회의를 소집하여 안건 등을 심의하고 회의를 종료하기까지의 모든 절차를 총칭하는 개념이다.[5] 국회의 의사는 기본적으로 권력분립원칙에 따라 국회의 자율권 행사의 대상이나, 헌법과 법률에 국회의 의사에 관한 규정이 있는 경우는 자율권 행사에 한계가 있다.

2) 의사의 기반요소

의사의 기반요소는 회의가 성립하고 의사를 진행하는 데 필요한 제도적·인적·물적요소를 말한다. 의사의 기반요소로는 ① 회기 및 집회, ② 의사일정, ③ 정족수, ④ 회의주재자 및 보조자, ⑤ 회의장을 들 수 있다.

첫째, 회의가 성립하기 위해서는 국회의 활동기간인 회기 중에 회의가 소집되어야 한다. 회기(會期)는 국회가 활동능력을 가지는 기간으로서 집회한 날부터 폐회한 날까지의 활동기간을 말한다. 우리 국회의 회기는 정기회(定期會)와 임시회(臨時會)로 구분되며, 정기회는 100일 이내의 기간에서, 임시회는 30일 이내의 기간에서 국회의 의결로 기간을 정할 수 있다(헌법

4) 정호영, 『국회법론』, 법문사, 2012, 343.
5) 위의 책, 344.

제47조 제2항, 국회법 제7조).

집회(集會)는 국회가 활동을 개시하기 위하여 국회의원들이 일정한 일시에 일정한 장소에 모이는 것으로서 회기의 시작을 의미한다. 정기회의 집회는 국회법 제4조에서 매년 9월 1일(공휴일인 경우 익일) 집회하도록 규정하고 있으며, 임시회는 대통령 또는 재적의원 4분의 1 이상의 요구로 집회한다(헌법 제47조 제1항). 임시회의 집회공고는 집회기일 3일 전에 해야 한다(국회법 제5조 제1항). 회기는 국회의 의결로 연장 또는 단축할 수 있으나, 헌법에서 정한 회기의 상한(정기회 100일, 임시회 30일)을 넘지는 못한다. 국회의 회의 중 본회의는 회기 중에만 개의할 수 있으나, 위원회와 소위원회는 폐회 중에도 개회하여 활동할 수 있다.

둘째, 의사일정(議事日程)은 국회 회의의 일시 및 부의안건과 그 순서를 기재한 의사진행의 예정서를 말한다. 의사일정은 국회의원이나 정부 등 회의관계자에게 회의의 개시와 활동예정사항을 미리 통지함으로써 회의 참석기회를 실질적으로 보장하는 회의 통지의 기능과 회의를 보다 능률적으로 진행하기 위한 회의의 사전계획 기능을 수행한다. 따라서 의사일정의 작성과 사전통지가 없이 소집된 회의는 적법하게 성립되었다고 하기 어렵다.

의사일정은 회기 전체의 일정을 정한 '회기 전체 의사일정'과 당일 본회의 및 위원회 회의 등의 일정을 정한 '당일 의사일정'으로 구분된다. 회기 전체의 의사일정은 의장이 국회운영위원회와 협의하여 결정하고, 당일 본회의 의사일정은 의장이 결정한다(국회법 제76조). 하지만 이러한 실정법 규정과는 별개로 회기 전체 의사일정이나 당일 의사일정은 의장이 교섭단체 대표의원과 협의하여 결정하는 것이 통례이다. 한편, 위원회 의사일정은 위원장이 간사와 협의하여 결정하며(국회법 49조 제2항), 소위원회의 의사일정은 소위원장이 결정한다. 의사일정은 의원 20인 이상의 연서에 의한 동의로 본회의 의결을 거치거나 의장이 교섭단체 대표의원과 협의하는 경우 변경할 수 있다(국회법 제77조). 작성된 의사일정은 의장이 의원에게 통지하여야 하며, 전산망 등을 통하여 공표한다(국회법 제76조 제4항).

셋째, 정족수는 회의를 열거나, 의결하는 데 필요한 최소한의 출석인원수를 의미하는 것으로 회의의 대표성을 확보하기 위한 요건 중 하나이다. 의사일정이 통지되고 회의가 소집되어도 출석의원이 정족수에 미달하면 회의는 성립할 수 없다. 국회법상 본회의와 위원회의 회의를 유효하게 성립하게 하는 의사정족수는 재적의원 또는 재적위원 5분의 1 이상이다. 또한, 유효하게 성립한 회의에서 행한 의결이라도 일정한 수 이상이 의결에 참여하지 않으면 대표성을 인정받을 수 없으므로 회의체의 의결에는 일정한 의결정족수가 충족될 것이 요구된다. 의결정족수는 특별한 규정이 없는 한, 본회의 및 위원회의 의결은 재적의원 또는 재적위원 과반수의 출석과 출석의원 또는 출석위원 과반수의 찬성으로 한다(일반의결정족수: 헌법 제73조 제1항). 이외에 법률에 특별한 규정이 있어 일반의결정족수보다 가중되거나 완화된 다수결 원리를 적용한 의결정족수를 요구하는 경우는 그에 따른다. 또한, 정족수는 의안 또는 동의(動議)의 발의나 국회법상 특정 행위의 시행을 요구하는 경우에도 적용되는데 이를 각각 발의정족수와 요구정족수라고 한다. 정족수에 관한 자세한 사항은 뒤에서 후술한다.

넷째, 회의가 실질적으로 진행되려면 회의주재자가 있어야 한다. 회의주재자는 본회의의 경우 의장, 위원회의 경우 위원장이 되며 사회권을 부의장이나 간사 등에게 대리하게 할 수 있다. 회의주재자가 없는 회의는 성립할 수 없다. 또한, 의장이나 위원장의 회의진행에 있어 의사진행을 보조할 의사직원이나 속기사 등은 회의성립의 요건과는 관계가 없으나 사실상 이들이 없으면 원활한 회의진행이 어렵다는 점에서 회의진행에 필요한 요소라고 할 수 있다.

다섯째, 회의가 실체적으로 성립하려면 회의가 열릴 수 있는 공간이 있어야 한다. 회의장은 회의가 개회되는 물리적 공간을 의미하는 것으로 회의 진행에 필요한 각종 인적·물적 기반을 포함한 개념이다.

3) 의사의 구성요소: 발언과 표결

의사(議事) 또는 회의의 내용을 구성하는 실체적 요소는 회의참석자의 '발언'과 '표결'이라고 할 수 있다.

발언(發言)은 회의에서 구두 또는 서면으로 사실을 전달하거나 의견을 진술하는 것을 의미한다(광의의 발언[6]). 또한, 발언은 일정한 사실을 회의체에 구두 또는 서면으로 알리는 '보고·설명·통지'와 참석자가 의견을 진술하는 '발언'으로 구분할 수 있다.

국회법상 발언제도는 본회의의 경우 의장의 허가를 받아 15분 이내의 발언시간 중 발언을 하는 것이 원칙이고(국회법 제99조, 104조 제1항), 발언의 종류(의사진행발언, 신상발언, 반론발언, 대정부질문, 긴급현안질문, 교섭단체 대표의원의 발언 등)에 따라 특별히 발언시간이 정해진 경우에는 그에 따른다. 발언시간 및 발언자의 수는 의장이 교섭단체 대표의원과 협의하여 조정할 수 있다(국회법 제104조). 의원은 동일 의제에 대하여 2회에 한하여 발언을 할 수 있으며(국회법 제103조), 의원의 발언에는 의제외 발언을 금지하고(국회법 제102조), 타인을 모욕하거나 사생활에 대하여 발언하는 것을 금지하는(국회법 제146조) 내용상 제한이 있다.

위원회의 경우는 동일 의제에 대하여 횟수 및 시간 등의 제한 없이 발언할 수 있으나, 발언을 원하는 위원이 2인 이상인 경우에는 15분의 범위에서 균등하게 발언시간을 정하여야 한다(국회법 제60조 제1항).

표결(表決)은 회의체의 의사를 결정하기 위하여 회의체 구성원이 찬성 또는 반대의 의사를 표시하여 결정하는 것으로서 의원 개개인의 찬반의사를 집계하여 회의체의 의사를 결정한다. 국회에서의 표결은 본회의의 경우 전자투표에 의한 기록표결이 원칙이며, 특별한 경우 기립표결, 이의유무표결, 무기명투표, 기명투표, 호명투표의 방식으로 표결할 수 있다(국회법 제112조). 인사에 관한 안건이나 대통령이 환부한 법률안은 무기명투표로 표결해야 하며, 헌법개정에 대한 표결은 기명투표로 해야 한다(국회법 제112조 제4항·제5항 및 제6항). 위원회의 경우는 통상 이의유무표결을 하며, 이때 이의를 표시하는 의원이 있는 경우 기립표결, 거수표결, 무기명투표 등의 방법으로 표결을 한다.

나. 의제(議題)

회의는 일정한 사항에 대하여 논의 및 결정을 하기 위한 목적적 행위이므로 회의가 성립하려면 회의에서 논의 또는 결정해야 하는 '회의의 거

---

6) 협의의 발언은 사전적 의미에 충실하게 회의에서 구두로 의견을 진술하는 것을 의미한다.

리'가 있어야 한다. 즉, 의제(議題)가 있어야 한다. 의제란 문언적 의미로는 논의할 사항의 제목을 말하는 것이나, 실체적으로는 회의의 논의 또는 의사결정의 대상이 되는 문제(question)를 의미한다. 즉, 의사(議事)의 내용을 구성하는 발언과 표결의 대상이 되는 문제를 말한다.

회의의 의제가 될 수 있는 사항에는 의안(議案, bill), 안건(案件, matter), 기타 의제(question)가 있다. 의안은 헌법, 국회법, 그 밖의 법령에 따라 국회의 의결을 필요로 하는 안건 중에서 특별한 형식적 요건을 갖추어 국회에 제출된 것을 말한다. 국회에 제출되는 법률안, 예산안, 동의안 등이 의안에 해당한다. 안건은 국회 또는 위원회의 의결 및 의사의 대상이 되는 모든 사안을 말하며 의안도 이 안건 개념에 포함된다. 의제는 의안과 안건을 포함하여 회의에서 논의 및 표결이 되는 모든 사항을 말하는 것으로서 각 개념의 포함관계는 수학의 집합관계식으로 표현하면 '의안 ⊂ 안건 ⊂ 의제'라고 할 수 있다.

의제의 성립은 의안의 발의·제출·제안·제의가 있거나 의원의 동의(動議)나 기타 행위가 있는 경우 이루어진다. 여기서 의원의 동의(動議; motion)란 회의체의 구성원이 회의체에 일정한 조치를 취하도록 공식적으로 제안하는 것을 말하며, 국회법상 동의의 종류에는 동의자 1인과 찬성자 1인으로 의제가 될 수 있는 일반동의(국회법 제89조)와 일정 수 이상의 찬성자를 요구하는 특별동의가 있다. 신속처리대상안건의 지정요구동의에 재적의원 또는 재적위원 과반수의 찬성을 요구하는 경우와 의안에 대한 수정동의에 30인 이상의 찬성을 요구한 경우 등이 특별동의의 예에 해당한다.

한편 의안의 발의나 동의 이외에 기타 행위에 의하여 의제가 성립하는 경우는 의원이 사직서를 제출하는 경우나, 의원의 소개나 일정 수 이상의 국민의 동의(同意)에 의해서 청원이 접수된 경우 등이 있다.

다. 회의기록

회의기록은 회의의 진행상황 및 회의자료 등을 문자 또는 음향, 영상 등으로 기록하는 것을 말하며, 주로 회의록을 작성하는 것을 의미한다. 회의록은 회의의 시작부터 끝까지 모든 의사에 관한 발언을 속기방법에 의하여 빠짐없이 기록하는 동시에 의사일정·보고사항·부의된 안건 등 회의에 관한 모든 사항을 기재한 기록이다.

회의록의 작성과 공개는 헌법상 회의공개원칙을 실현하는 주요한 수단으로서 회의기록은 국회의 의사를 명확히 하고, 회의내용을 일반 국민에게 공개하는 기능을 수행한다. 회의록은 국회의원에게 배부하고 일반에게 배포하는 것이 원칙이나, 비밀유지나 국가안전보장을 위하여 필요한 부분은 의장이 교섭단체 대표의원 등과 협의하여 게재하지 않을 수 있다(국회법 제118조 제1항). 또한, 비공개회의의 회의록도 공개하지 아니한다(국회법 제118조 제4항).

라. 질서유지

회의는 다수의 인원이 참여하는 행위이므로 회의의 원활한 진행을 위하여는 일정한 규율 및 질서를 유지하는 것이 필요하다. 국회의 질서유지제도는 회의체인 국회의 기능을 원활히 수행하기 위하여 일정한 행위규범을 강제하는 제도로서 국회의 자율권에 해당하는 사항이다.

국회의 질서유지권은 국회의장의 경호권과 국회의장 및 위원장의 질서유지권을 통해 구체화되는데, 국회의장의 경호권은 회기 중 국회 안의 질서를 유지하기 위하여 국회의장이 행사할 수 있는 내부 경찰권을 의미한다(국회법 제143조). 질서유지권은 회의주재자인 의장과 위원장이 회의의 질서를 유지하기 위하여 행사하는 권한으로서 의원의 질서문란 행위 시 경고 또는 제지하고 이에 순응하지 않을 경우 당일 회의의 발언을 금지하거나 퇴장을 명할 수 있는 권한을 말한다(국회법 제145조). 이외에도 의장과 위원장은 회의장 질서를 유지하기 위하여 방청을 제한적으로 허가하거나, 방청객의 신체를 검색하게 할 수 있으며, 퇴장을 명할 수 있다(국회법 제152조·제153조 및 제154조). 또한, 의장이나 위원장은 공개회의의 녹음·녹화·촬영 및 중계방송에 대한 허가권을 가진다(국회법 제149조의2).

(3) 회의운영의 원칙

국회는 다양한 의견을 가진 다수의 국회의원들로 구성된 회의체이기 때문에 회의운영에 관하여 사전에 합의된 원칙이 없을 경우, 회의운영 방식이나 절차에 대하여 이견이 있을 때마다 이에 대한 논의를 해야 하는 문제가 발생할 수 있으며, 이로 인하여 법률안 등 안건의 심의가 원활하게 진행되지 않을 수 있다. 따라서, 국회의 회의운영에 관하여는 사전에 정해진 원칙이 필요하다. 국회의 회의운영에 있어 지켜야 할 주요한 원칙으로는 ① 다수결의 원칙, ② 일사부재의 원칙, ③ 정족수의 원칙, ④ 회기계속의 원칙, ⑤ 1일 1회의의 원칙, ⑥ 회의공개의 원칙 등을 들 수 있다.

가. 다수결의 원칙

1) 의 의

다수결의 원칙이란 다수인의 의사에 의하여 의사결정이 이루어지는 원칙을 말한다. 즉, 다수인의 의사를 전체의 의사로 보는 집단의 의사형성 방식이다.

다수결의 원칙은 민주정치와 의회민주주의가 성립되면서 의사결정의 중요한 원칙으로 자리를 잡게 되었고 오늘날 각국 의회에서 보편적으로 채택된 원칙이다.

2) 이론적 근거

다수결 원칙의 사상적 근거는 다수의 결정에 따르는 것이 보다 합리적이라는 경험적 판단과 독단이나 전제(專制)를 배제하는 상대주의적 견해에 바탕을 두고 있다.[7] 다수결 원칙은 다수결이 구성원의 일반의지를 현실적으로 대표하고 다수의 판단이 소수의 판단보다 정확할 가능성이 높다는 전제 하에서 다수 의사의 정당성을 추정한 원칙이다(다수결의 추정적 정당성). 또한, 다수결의 원칙은 이에 대한 사회구성원의 만장일치적 사전동의가 추상적으로 전제된 사회계약론적 원리이기도 하다(사회계약론적 합의).[8]

7) 이에 대하여는 국회운영위원회, 『의회대사전』, 국회사무처, 1992, 339 참조.

8) "실지로 事前의 약속이 전혀 없다면 선거가 滿場一致가 아닌 바에야 小數가 多數의 선택에 복종할 의무가 어디에 있겠는가? 그리고 支配者를 원하는 百人이 그 支配者를 원하지 않는 十人을 위하여 투표할 수 있는 권리가 어디서 나오는가? 多數決의 법칙은 그 자체가 하나의 약속의 所産이므로 적어도 한 번은 만장일치를 전제하고 있는

그리고 다수결의 원칙은 '최대 다수의 최대 행복'을 명제로 하는 공리주의(功利主義)가 암묵적으로 전제된 원칙으로서 모든 사안에 있어 만장일치적 합의가 현실적으로 어렵다는 한계를 감안한 차선(次善)의 원리이다(공리주의적 가치).

3) 다수결의 방식

다수결 방식에는 일정한 기준이 없이 단순히 다른 대안보다 더 많은 지지를 얻는 의사에 따르는 단순다수결(simple majority), 과반수의 결정에 의하는 절대다수결(absolute majority), 3분의 2 또는 4분의 3과 같은 특별다수의 결정에 의하는 특별다수결(qualified majority)이 있다. 일반적으로 의회에서 다수결이라고 함은 단순다수결 또는 절대다수결을 말한다. 우리 헌법(제49조)이나 국회법(제109조)은 절대다수결을 국회의 의결정족수 원칙으로 하고 있다. 그러나 재적의원 3분의 2 이상의 찬성을 요하는 헌법개정(헌법 제130조 제1항)이나 의원제명(헌법 제64조 제3항), 재적의원 과반수의 발의와 재적의원 3분의 2 이상의 찬성을 요하는 대통령의 탄핵소추(헌법 제65조 제2항 단서), 재적의원 과반수의 출석과 출석의원 3분의 2이상의 찬성을 요하는 재의 요구 법률안의 의결(헌법 제53조 제4항) 등에는 특별다수결이 적용된다.

4) 전제와 한계

다수결의 원칙은 민주공동체의 의사결정을 위한 기술적 형식원리로서 도구적 가치를 가질 뿐 그 자체가 민주주의의 본질적 요소가 될 수는 없다.[9)10)] 그리고 다수결 원칙에 의한 의사결정도 근본적인 헌법가치를 침해해서는 안되며, 의사결정과정에서 참여자의 평등성과 의사표현 및 협상의 자유가 보장되어야 한다. 또한, 다수결 원칙하에서 승자가 되는 다수의 변동 가능성이 있어야 하며 소수가 다수가 될 수 있는 기회가 개방되어 있어야 한다.[11)]

따라서 다수결로 결정한다고 하여 소수자의 정당한 권리나 의사를

것이다". 루소·페인, 『사회계약론/ 常識/ 人權論』, 을유문화사, 1988, 27.

9) 정종섭, 『헌법학원론』, 박영사, 2018, 134.

10) 허영, 『헌법이론과 헌법』, 박영사, 1997, 201.

11) 정종섭, 위의 책, 134－135.

무시해서는 아니될 것이다. 국회의 궁극적인 의사결정은 다수결 원칙에 의해 구성원 다수의 의사에 따른다고 하더라도, 심의과정에서 소수자의 참여가 충분히 보장되고 적정한 몫이 그들에게 배분되어야 한다. 국회의 의사제도에서 의사정족수를 완화하거나 법률안 등 의안의 발의요건을 완화하는 것은 다수결 원칙 하에서 소수의 기회를 보장하기 위한 방향성을 가지는 것이다.[12] 또한, 2012년 국회법 개정에 의해 무제한토론과 안건조정위원회 등의 제도를 도입한 것도 소수의 권리 보장을 강화하기 위한 것이다.

나. 일사부재의(一事不再議) 원칙

1) 의 의

일사부재의 원칙(Principle of Double Jeopardy, ne bis in idem)이란 한 번 부결된 안건은 같은 회기 중에 다시 발의 또는 제출하지 못한다는 원칙이다(국회법 제92조). 따라서 일사부재의 원칙이 적용되는 경우에는 동일 회기에 동일한 안건을 다시 심의할 수 없게 되는 것이다.

2) 필요성

이 원칙은 국회에서 부결된 안건의 경우 적어도 동일 회기 중에는 다시 심의되는 것을 금지함으로써 국회의 의사가 계속해서 확정되지 못하는 불안정한 상태를 제거하고, 국회운영의 안정성과 효율성을 도모하고자 하는 것이다. 나아가 한번 결정된 국회의사를 존중하도록 함으로써 소수파에 의한 의사진행의 방해를 방지하는 데 그 의의가 있다.

3) 적용요건

일사부재의 원칙의 요건을 구체적으로 살펴보면 아래와 같다.

첫째, 부결된 안건이어야 한다. 가결된 안건의 경우에는 그 의결 내용에 문제가 있을 경우 번안(飜案)하여 재의결할 수 있으나 부결된 안건은 재의결할 수 없으며, 의결을 하지 않은 상태에서 철회된 안건의 경우에는 일

12) 우리 국회는 국회법개정(1997. 1. 13)을 통하여 종래 본회의의 의사정족수(재적의원 4분의 1 이상의 출석)와 위원회의 의사정족수(재적위원 3분의 1 이상의 출석)를 모두 재적의원 5분의 1 이상의 출석으로 완화하였고, 법률안을 포함한 의안의 발의요건 또한 2003년 1월 국회법 개정을 통해 의원 20인 이상의 찬성에서 의원 10인 이상의 찬성으로 완화하였다.

사부재의 원칙이 적용되지 않는다. 부결과 관련하여서는 폐기된 안건도 부결에 해당하는지를 놓고 이견이 있다. 예컨대, 국회법 제112조 제7항에 의하면 국무총리 또는 국무위원에 대한 해임건의안은 발의되어 본회의에 보고된 때로부터 24시간 이후 72시간 이내에 무기명투표로 표결하도록 되어 있으며, 이 기간 내에 표결하지 아니한 때에는 그 해임건의안이 폐기된 것으로 보도록 규정하고 있다. 이렇게 폐기된 안건을 부결된 안건과 동일시할 것인지가 문제된다.

생각건대, 국회법 제112조 제7항에서 정해진 기간 내에 해임건의안에 대하여 표결이 이루어지지 않은 경우 폐기된 것으로 보도록 규정한 것은 결국 이 안건을 부결된 것과 같이 동일하게 취급하겠다는 뜻으로 보아야 하며, 일사부재의 원칙이 동일한 문제에 대한 안건의 반복적 심의를 제한하는 데 그 의의가 있음을 감안해 볼 때 폐기된 안건도 일사부재의 원칙의 적용을 받는 안건으로 볼 수 있을 것이다.[13)]

둘째, 동일안건에 대한 발의 또는 제출을 제한한다. 무엇이 '동일안건'에 해당하는지와 관련해서는 '동일안건'을 너무 좁게 해석할 경우에는 구체적·실질적 타당성을 도모할 수 없게 될 것이며, 그렇다고 '동일안건'을 너무 넓게 해석하는 경우에는 국회의 안건에 대한 심의를 과도하게 제한하는 결과가 될 것이다. 이런 측면에서 '동일안건'에 대한 판단은 형식적인 측면인 안건명이나 안건의 종류가 동일한지 여부가 아니라 내용적인 측면에서 동일한 문제에 대한 안건인지에 따라 결정할 사항이다(내용의 동일성). 예컨대, 하나의 법률안이 어떤 조항에 대한 반대 때문에 부결되었을 때 기타의 조항을 포함한 동일 제명의 별개의 법률안은 심의가 허용된다.[14)] 따라서 비록 안건명이 동일하다고 하더라도 그 내용을 달리하는 경우에는 일사부재의 원칙의 적용을 받지 않는다. 그리고 어떤 의안에 대한 수정안이 부결된 때에는 그 부결된 수정안과 실질상 똑같은 내용을 담은 새로운 의안인 경우에도 일사부재의 원칙에 해당된다.[15)] 또한 안건의 내용이 실질적으로 동일하더라도 그 이유나 목적이 다른 경우는 다른 안건으로 판단한다(목적

13) 국회사무처, 『국회법해설』, 2008, 405.
14) 위의 책, 406 참조.
15) 위의 책, 407 참조.

의 동일성). 따라서 새로운 사유가 발생하거나 또는 중대한 사정변경이 있는 때에는 일사부재의원칙이 적용되지 않는다.[16)]

셋째, 동일 회기 중에만 적용된다. 회기가 다른 때에는 전 회기의 안건과 동일한 안건이라고 하더라도 제한 없이 심의할 수 있으므로 발의나 제출이 가능하다.[17)]

4) 일사부재의 원칙의 적용

일사부재의 원칙은 본회의 심의와 위원회 심사 단계에 모두 적용된다. 즉, 본회의에서 부결된 안건과 동일한 안건은 동일회기 내에 본회의는 물론 위원회 심사단계에서도 발의 또는 제출할 수 없다. 위원회심사는 그 자체로서 국회의사를 확정하지 못하며 단지 본회의 전의 예비심사성격을 띠고 있으므로 이미 최종적인 국회의 의사를 결정한 본회의에서 부결한 안건과 동일한 안건을 위원회에서 다시 심사하지 못하는 것은 당연하기 때문이다.

한편 심의중인 법률안이 일사부재의 원칙에 저촉되는 경우에는 '의결을 요하지 않는 안건,'[18)] 즉 의결대상이 되지 아니하는 안건으로 처리하여야 한다.

다. 정족수(定足數)의 원칙

1) 의의

회의체인 국회는 구성원인 의원이 출석하여 회의를 열고 여기서 의원의 찬성으로 안건을 처리하게 된다. 가장 이상적인 국회의 운영은 국회의원 전원이 출석하여 만장일치로 안건을 처리하는 방식이겠지만, 이러한 경우 국회운영의 비효율은 물론 안건처리 지연으로 인한 국정운영의 비효율이 초래된다. 또한, 현실적으로도 국회의원 전원의 출석을 기대하는 것은 사실상 불가능한 것이다.

이런 이유로 국회는 정족수(Quorum) 제도를 두고 있는데, 이는 개회나 안건의 의결에 필요한 최소한의 의원수를 규정함으로써 원활한 국회운영을 도모하는 측면이 있다. 그러나, 정족수원칙의 가장 본질적인 의의는

16) 이에 대하여는 국회운영위원회, 앞의 책, 1025 참조.
17) 위의 책, 405.
18) 이에 대하여는 국회사무처 의사국, 『국회의사편람』, 2004, 166 참조.

일정 수 이상 의원의 출석이나 찬성으로 회의를 열거나 안건을 의결하게 함으로써 국회운영과 국회가 행하는 의사결정의 정당성과 대표성을 확보하기 위한 것이라고 할 수 있다. 다수의 의원이 참석하지 않은 상태에서 열린 회의에서 결정된 사항을 국회의 의사로 간주하는 것은 정당성을 인정받기 어렵기 때문이다. 한편, 의안의 발의나 의사절차상 특정한 요구 등에 정족수를 요구하는 것은 발의나 요구의 남발로 인한 의사진행의 부담을 줄이기 위한 것으로 국회운영의 효율성을 확보하기 위한 것이라고 할 수 있다.

이와 같은 정족수는 보편적인 적용 여부에 따라 일반정족수, 특별정족수로 구분하기도 하고, 적용되는 사안에 따라 의사정족수(議事定足數), 의결정족수(議決定足數), 요구정족수(要求定足數), 발의정족수(發議定足數) 등으로 구분하기도 한다.

2) 의사(議事)정족수

의사정족수란 본회의의 개의, 위원회의 개회에 필요한 최소한의 출석의원수를 말한다. 따라서 의사정족수는 본회의나 위원회가 열리는 데 필요한 정족수라고 볼 수 있다. 특별한 규정이 없는 한 본회의를 개의하거나 위원회를 개회하기 위하여 요구되는 정족수는 재적의원 또는 재적위원 5분의 1 이상의 출석이며(국회법 제54조, 제63조의2 제4항, 제73조 제1항), 재적의원(또는 재적위원) 5분의 1 이상의 출석이 충족되지 아니하는 때에는 의장(또는 위원장)은 유회를 선포할 수 있다(국회법 제71조, 제73조 제2항). 개의(또는 개회) 시에는 의사정족수가 충족되었으나 회의 도중 의원의 이석 등으로 의사정족수에 달하지 못하는 때에는 의장(또는 위원장)은 회의의 중지 또는 산회를 선포한다. 다만, 효율적인 의사진행을 위하여 의장은 교섭단체 대표의원이 의사정족수의 충족을 요청하지 않는 한 회의를 계속할 수 있다(국회법 제71조, 제73조 제3항).

이처럼 의사정족수가 유효한 회의를 진행하기 위한 필수적 요건임에도 불구하고 의사진행의 효율성 등을 위하여 의사정족수 적용의 예외를 인정하는 것은 회의 진행 중에 매번 의사정족수를 엄격하게 충족할 것을 요구하게 되면 ① 회의 도중 한두 명의 의원이 부족하게 되어 회의가 중단됨에 따라 참석한 다수의원의 의안심의권이 사실상 침해당하는 결과를 초래하게 되며, ② 본회의에 상정되는 안건에는 그 중요성에 경중이 있고, 일부 안건의 심의에는 5분의 1 이상의 의원이 참석하지 않더라도 별다른 문제가 없는 현실에서 의사정족수 문제로 회의가 지연 또는 중단되면 의사진행의 효율성이 매우 저하되는 문제점이 있기 때문이다.

이러한 의사정족수 적용의 예외는 무제한토론을 실시하는 경우에도 해당이 된다. 국회법 제106조의2에 따라 무제한토론을 실시하는 경우에도 의사정족수를 적용하지 않고 회의를 계속 진행한다(국회법 제106조의2 제4항 후단). 이는 무제한토론 제도의 취지를 실효성 있게 구현하기 위한 것이다.

재적의원 또는 재적위원 5분의 1 이상의 의사정족수는 위원회 회의 형식으로 열리는 공청회(국회법 제64조 제4항), 청문회(국회법 제65조 제7항), 인사청문회(인사청문회법 제19조)에도 적용되고, 소위원회(국회법 제57조 제7항)와 전원위원회(국회법 제63조의2 제4항)에도 동일하게 적용된다. 연석회의는 소관위원회의 회의로 한다는 국회법 제63조 제3항의 규정에 따라 다른 위원회 위원의 출석수에 관계 없이 안건의 소관위원회 재적위원 5분의 1 이상만 출석하면 의사정족수를 충족하게 된다.[19)]

3) 의결정족수

의결정족수란 본회의나 위원회에서 안건을 의결하는 데 필요한 최소한의 의원수를 말한다.

특별한 경우가 아닌 일반적인 상황에 적용하는 국회의 일반 의결정족수는 재적의원(또는 재적위원) 과반수의 출석과 출석의원(또는 출석위원) 과반수의 찬성으로 규정되어 있다(헌법 제49조, 국회법 제54조, 제109조). 이처럼 의결정족수에 과반수의 찬성을 요구하는 것은 다수결의 원리를 반영한 것으로 의결의 정당성을 확보하기 위한 최소한의 요건을 규정한 것이다.

한편 이러한 일반 의결정족수와 달리 헌법과 법률에 특별한 규정이 있는 경우에는 보다 가중되거나 완화된 의결정족수를 적용한다. 이처럼 특별의결 정족수를 적용하는 때는 안건의 상대적 중요성을 감안하여 가중된 다수결의 원리를 적용할 필요가 있는 경우나 의사진행의 효율성을 위해 다

19) 국회사무처, 『국회법해설』, 2016, 289.

소 완화된 의결정족수를 적용할 필요가 있는 경우이다. 먼저 의결의 합의 수준을 높이기 위해 가중된 다수결의 원리를 적용하는 특별의결정족수에는 ① 재적의원(위원) 3분의 2 이상의 찬성, ② 재적의원(위원) 5분의 3 이상의 찬성, ③ 재적의원(위원) 과반수 찬성, ④ 재적의원(위원) 과반수의 출석과 출석의원(위원) 3분의 2 이상의 찬성 등이 있다. 다소 완화된 의결정족수를 적용하는 경우는 전원위원회의 의결정족수로서 재적위원 4분의 1 이상의 출석과 출석위원 과반수의 찬성을 요한다(국회법 제63조의2 제4항).

표 6-1 헌법 및 국회법상 의결 및 당선 정족수

구 분		안 건	비 고
일반의결정족수 (과반수 출석, 과반수 찬성)		일반 안건	헌 §49, 국 §109
특별 의결 정족수	재적 3분의2 이상 찬성	헌법개정	헌 §130①
		의원제명	헌 §64③
		대통령 탄핵소추	헌 §65②
		의원자격상실	국 §142③
		대통령지정기록물 열람	대통령기록물관리법 §17④
	재적 5분의3 이상 찬성	신속처리안건지정동의	국 §85의2①
		체계·자구심사 지연 법률안 본회의 부의요구	국 §86③
		무제한토론 종결동의	국 §106의2⑥
	재적 과반수 찬성(득표)	국회의장 및 부의장 선거	국 §15①
		계엄 해제 요구	헌 §77⑤
		국무총리 · 국무위원 해임건의	헌 §63②
		국무총리 · 국무위원등 탄핵소추	헌 §65②
	재적 과반수 출석, 출석 3분의2 이상 찬성	재의법률안	헌 §53④
		번안동의	국 §91
	재적 과반수 출석, 출석다수 득표	국회의장 및 부의장 결선 투표	국 §15③
		임시의장 선거	국 §17
		상임위원장 선거	국 §41②
		예산결산특별위원장 선거	국 §45④
	재적 4분의1 이상 출석, 출석 과반수 찬성	전원위원회 안건	국 §63의2④

국회에서 재적의원 3분의 2 이상의 찬성이 요구되는 의결정족수를 요하는 안건으로는 헌법개정안(헌법 제130조 제1항), 의원의 제명(헌법 제64조 제3항), 대통령에 대한 탄핵소추(헌법 제65조 제2항 단서), 국회의원 자격상실의 결정(국회법 제142조 제3항), 대통령지정기록물의 열람, 사본제작 및 자료제출(대통령의 기록물관리에 관한 법률 제17조 제4항)이 있다.

재적의원(위원) 5분의 3 이상의 찬성을 의결정족수로 요구하는 사항으로는 신속처리대상 안건의 지정(국회법 제85조의2 제1항), 체계·자구심사지연법률안의 본회의 부의요구(국회법 제86조 제3항), 무제한토론의 종결동의(국회법 제106조의2 제6항)가 있다.

재적의원 과반수 찬성이 요구되는 의결정족수를 요하는 안건으로는 의장·부의장의 선거(국회법 제15조 제1항), 계엄의 해제요구(헌법 제77조 제5항), 국무총리 또는 국무위원의 해임건의(헌법 제63조 제2항), 대통령 외의 자의 탄핵소추(헌법 제65조 제2항 본문)가 있다.

그리고 재적의원(위원) 과반수 출석과 출석의원(위원) 3분의 2 이상의 찬성이 요구되는 의결정족수를 요하는 안건으로는 대통령에 의하여 환부(還付)된 법률안의 재의(再議)(헌법 제53조 제4항), 일단 본회의(위원회)에서 의결한 사항에 대하여 다시 심의하는 번안동의(飜案動議)의 의결(국회법 제91조)이 있다.

참고로 주요 외국의회의 의사정족수 및 의결정족수를 비교해 보면 <표 6-2>와 같다.

표 6-2 주요국 의회의 정족수 비교

	의사종족수	의결정족수	이의가 없는 의안에 대한 표결	이의가 있는 의안에 대한 표결	비 고
미 국 (하원) (상원)		과반수 출석, 과반수 찬성 (헌법 §1⑤)	정족수 불문 (voice vote, 기립표결)	정족수 준수(전자투표, 상원의 경우 호명투표)	
영 국 (하원)	40명	40명 이상 출석, 과반수 찬성	정족수 미확인 (voice vote)	정족수 준수	재적 650명

프 랑 스 (하원)	규정 없음	과반수 출석, 과반수 찬성	원내대표의 확인 요청이 없으면 불문	원내대표의 확인 요청이 있으면 정족수 준수	
독 일 (하원)		과반수 출석, 과반수 찬성	정족수 확인의무 없음	교섭단체나 의원 5% 이상이 정족수에 이의제기시 정족수 준수(入場표결)	
이탈리아		과반수 출석, 과반수 찬성	정족수 확인의무 없음	일정 수 이상(하원 20명, 상원 12명) 정족수 확인 요청시 정족수 준수	
일 본	재적 3분의 1 이상(헌법 제56조)	재적 3분의 1 이상 출석, 출석과반수 (헌법 제56조)	과반수 찬성으로 의안이 채택된 것으로 인정가능 (기립표결)	정족수 준수 (기명투표-백표· 청표)	

4) 요구정족수

요구정족수는 임시회 집회 요구나 징계 요구 등과 같이 국회에서 특정절차의 개시를 요구하는 데 필요한 최소한의 의원수를 말한다. 즉 요구정족수는 국회에서 안건을 다루기 위하여 필요한 절차를 개시하기 위하여 요구하는 정족수로서, 요구정족수가 충족되는 것을 계기로 하여 회의를 열거나 안건심의에 착수하는 등 절차가 진행되기 때문에 본안에 앞선 선결요건이라고 볼 수 있다.

요구정족수를 살펴보면 ① 임시국회 집회 요구(헌법 제47조 제1항), 국정조사요구(국정감사 및 조사에 관한 법률 제3조 제1항), 휴회 중 본회의 재개요구와 전원위원회 및 위원회 개의요구(국회법 제8조 제2항, 제52조, 제63조의2 제1항)는 재적의원(또는 위원) 4분의 1 이상, ② 안건조정위원회 구성요구(국회법 제57조의2 제1항), 공청회 또는 입법청문회 개최요구(국회법 제64조 제1항, 제65조 제2항), 청문회·국정감·조사·인사청문회 관련 서류 등 제출요구(국회법 제128조 제1항, 국정감사 및 조사에 관한 법률 제10조 제1항, 인사청문회법 제10조 제1항), 청문회 증인 및 감정인의 고발(국회에서의 증언 및 감정에 관한 법률 제15조 제1항)은 재적위원 3분의 1 이상, 본회의 무제한토론요구(국회법 제106조의2 제1항)는 재적의원 3분의 1 이상, ③ 표결방법의 변경요구(국회법 제112조 제2항)는 재적의원 5분의 1 이상, ④ 위원회에서 폐기된 의안이나 청원의 부의요구(국회법 제87조 제1항, 제125조 제6항)는 30인 이상, ⑤ 긴급현안질문 요구(국회법 제122조의3 제1항)는 20인 이상의 찬성으로 한다. 이 밖에 공동으로 발의한 의안 또는 동의의 철회에는 발의의원 2분의 1 이상의 찬성이 필요하다(국회법 제90조 제1항).

표 6-3 국회법상 요구정족수

정족수	요 구
의원 20인 이상의 찬성자	긴급현안질문 요구(국 §122의3①)
의원 30인 이상의 찬성자	위원회에서 폐기된 의안의 본회의 부의요구(국 §87①) 위원회에서 폐기된 청원의 본회의 부의요구(국 §125⑥)
재적의원 5분의1 이상의 찬성자	표결방법 변경요구(국 §112②)
재적의원(재적위원) 4분의 1 이상의 찬성자	임시회의 집회요구(헌 §47①) 휴회 중 본회의 재개요구(국 §8②) 전원위원회 개회요구(국 §63조의2①) 위원회의 개회요구(국 §52) 국정조사요구(감조 §3①)
재적의원(재적위원) 3분의 1 이상의 찬성자	안건조정위원회 구성요구(국 §57의2①) 공청회의 개최요구(국 §64①) 법률안의 심사를 위한 청문회의 개최요구(국 §65②) 무제한토론 요구(국 §106의2①) 청문회·국정감사·국정조사 관련 서류 등 제출요구(국 §128①, 감조 §10①) 인사청문 관련자료의 제출요구(인청 §10①) 청문회 증인·감정인의 고발(증감 §15①)
발의의원 2분의 1 이상의 찬성자	의안 또는 동의의 철회(국 §90①)

5) 발의정족수

발의정족수(發議定足數)란 의안(議案)이나 동의(動議)를 발의하는 데 필요한 최소한의 의원수를 말한다. 즉 국회에서 심의할 수 있는 의안이나 동의로 성립되기 위한 요건이라고 볼 수 있다.

발의정족수는 의안의 종류에 따라서 그 요건에 차이가 있는데, 법률안 등 일반 의안의 발의에는 10인 이상의 찬성을 발의정족수로 요구한다. 중요한 안건이나 동의에 대하여는 보다 많은 찬성의원수를 필요로 하는데, ① 재적의원(위원) 과반수 찬성의 발의정족수를 요구하는 안건은 헌법개정안의 발의(헌법 제128조 제1항), 대통령 탄핵소추 발의(헌법 제65조 제2항 단서), 신속처리대상안건 지정동의 발의(국회법 제85조의2 제1항)이고, ② 재적의원 3분의 1 이상의 찬성을 요구하는 경우는 국무총리·국무위원 해임건의안 발의(헌법 제63조 제2항), 대통령을 제외한 일반 탄핵소추 발의(헌법 제65조 제2항), 무제한토론 종결동의의 발의(국회법 제106조의2 제5항)이며, ③ 재적의원 4분의 1 이상의 찬성을 요구하는 경우로는 의원석방요구 발의(국회법 제28조)가 있다. 이외에 ④ 예산안에 대한 수정동의는 50인 이상의 찬성을 요하고(국회법 제95조 제1항), ⑤ 의원 30인 이상의 찬성이 필요한 경우는 일반 의안에 대한 수정동의(국회법 제95조 제1항), 국회의원 자격심사의 청구(국회법 제138조)가 있으며, ⑥ 의원 20인 이상의 발의정족수를 요구하는 경우는 국회의원 징계요구(국회법 제156조 제3항), 의사일정 변경동의(국회법 제77조), 국무위원 등의 출석요구(국회법 제121조 제1항)가 있고, ⑦ 법률안 및 기타 의안의 발의 외에 의원 10인 이상의 찬성을 요구하는 경우로는 비공개회의의 동의(국회법 제75조 제1항)가 있다. 이외에 일반 동의의 발의(국회법 제89조)와 위원회에서의 동의의 발의(국회법 제71조)는 동의자 외 1인 이상의 찬성자를 필요로 한다.

표 6-4 국회법상 발의정족수

정족수	의안의 발의(◦) 및 동의의 발의(•)
위원 5인 이상의 찬성자	• (윤리특별위원 5인 이상의) 의원 징계요구 동의(국 §156⑥)
의원 2인 이상의 찬성자 (동의자 외 1인 이상의 찬성자)	• 일반 동의(국 §89) • 위원회에서의 동의(국 §71)
의원 10인 이상의 찬성자	◦ 법률안 기타 의안(국 §79①) • 비공개회의의 동의(국 §75①)

의원 20인 이상의 찬성자	◦ 의원의 징계요구(국 §156③) • 의사일정의 변경동의(국 §77) ◦ 국무위원 등의 출석요구(국 §121①
의원 30인 이상의 찬성자	• 일반 의안에 대한 수정동의(국 §95①) ◦ 의원의 자격심사청구(국 §138)
의원 50인 이상의 찬성자	• 예산안에 대한 수정동의(국 §95①)
재적의원 4분의 1 이상의 찬성자	◦ 의원의 석방요구(국 §28)
재적의원 3분의 1 이상의 찬성자	◦ 국무총리·국무위원 해임건의(헌 §63②) ◦ 일반 탄핵소추의(헌 §65②) • 무제한토론종결동의(국 §106조의2⑤)
재적의원(재적위원) 과반수의 찬성자	◦ 대통령에 대한 탄핵소추(헌 §65② 단서) ◦ 헌법개정안(헌 §128①) • 신속처리대상안건 지정 동의(국 §85조의2①)
발의 및 찬성의원 3분의 2 이상의 찬성자	• 의원발의안의 번안 동의(국 §91①)

라. 회기계속의 원칙

1) 의 의

회기계속(會期繼續)의 원칙이란 국회에 발의 또는 제출된 법률안 기타 의안이 회기 중에 처리되지 못하더라도 폐기되지 아니한다는 원칙을 말한다. 이 원칙은 국회가 회기 중에 한하여 활동하더라도 매 회기마다 독립된 별개의 국회가 아니라 적어도 임기(또는 입법기) 중에는 일체성을 가지고 있다는 사고에 근거를 둔 것이다. 이에 반하여 회기가 종료됨에 따라 당해 회기 내에 처리되지 못한 의안을 폐기하는 원칙을 회기불계속(會期不繼續)의 원칙이라고 한다. 이 원칙은 의회는 회기에 따라 별개의 국회로 존재한다는 사고에 바탕을 두고 있다. 그러나 회기를 의원의 임기와 같이 할 경우 회기계속의 원칙이나 회기불계속의 원칙은 결과적으로 같게 된다.

2) 회기계속의 원칙과 회기불계속의 원칙의 장·단점

회기계속의 원칙은 ① 회기와 상관없이 의안을 계속해서 심의할 수 있고, ② 회기 중에 진행된 의안심사에 소요된 시간과 노력을 살릴 수 있으며, ③ 회기에 쫓기지 않고 심도 있게 의안을 심의할 수 있는 등의 장점이 있다. 이에 비하여 회기불계속의 원칙은 ① 의안이 회기 중에 처리되지 않고 폐기되는 데 따른 부담을 고려하여 의안의 발의나 제출에 있어서 신중성과 책임감을 제고하고, ② 회기 중에 의안의 처리결과가 신속히 나타나며, ③ 회기에 따라 그 사정과 여건의 변화에 맞게 의안을 수정하여 제출할 수 있는 등의 장점이 있다.

이와 같이 회기계속의 원칙이나 회기불계속의 원칙은 각각 장점을 가지고 있기 때문에 어느 제도가 바람직하다고 일의적으로 말하기는 곤란하며, 국회의 활동기간을 정하는 회기제도의 취지를 감안하여 살펴보아야 한다. 즉, 1년 내내 회기로 하고 필요시 휴회하는 회기제도를 가지고 있는 영·미식 의회에 있어서는 회기불계속의 원칙을 채택하는 것이 타당할 수 있으나, 우리와 같이 회기를 단기간으로 운영하는 방식을 채택하는 경우에는 회기계속의 원칙이 의안심사의 절차적 경제성이나 임기 중 의회의 일체성과 연속성 유지에 더 유리할 수 있다.

3) 연 혁

우리 국회의 경우에는 제 5 대 국회까지는 회기불계속의 원칙을 채택하였었다. 제정국회법 제61조는 "회기중에 의결되지 아니한 의안은 차기국회에 계속되지 아니한다. 단, 국회의 결의에 의하여 그 폐회중 위원회에 계속심사케한 의안은 예외로 한다"고 하여 회기가 끝나면 처리되지 못한 의안을 폐기하도록 규정하고 예외적으로 본회의 결의에 의해 폐회중 위원회에서 계속 심사하게 한 의안만은 회기가 끝나도 폐기되지 않도록 하였다. 이후 제2차 국회법 개정(1949.7.29.)으로 대통령으로부터 환부된 법률안에 대하여도 임기말까지 회기불계속의 원칙의 적용을 받지 아니하도록 예외를 두었다.

이러한 회기불계속의 원칙은 의안제출의 남용을 막는 효과가 있으나, 매회기말 의안을 폐기하고 다음 회기에 다시 제출하여야 하는 번거로움이 있었다.[20]

---

20) 제5대 국회까지는 국회의 회기연장에 제한이 없었기 때문에 회기별 평균회기일수가 제헌국회 106.5일, 제2대 국회 109.2일, 제3대 국회 127일 등으로 제5대 국회까지의 회기별 평균회기일수가 109.6일이었다. 이는 제6대 국회부터 제20대 국회까지의 회기

이에 제6대 국회부터는 헌법에서 국회의 회기를 정기회는 120일 이내, 임시회는 30일 이내로 제한하면서 회기불계속의 원칙을 폐기하고 '회기계속의 원칙'을 헌법에 직접 규정하기에 이르렀다.

마. 1일 1차 회의의 원칙

1) 의 의

1일 1차 회의의 원칙이란 회의(본회의, 위원회 회의)는 하루에 1차밖에 열 수 없다는 원칙을 말한다. 즉, 유회 또는 산회 선포 시 당일에는 다시 회의를 열지 못한다는 원칙이다. 이러한 원칙은 국회법에 명문의 규정 없이 관행으로 인정되어 왔으나, 2010년 5월 국회법 개정을 통해서 명문화되었다. 국회법 제74조 제2항은 "산회를 선포한 당일에는 회의를 다시 개의할 수 없다"고 규정하고 있다.

2) 필요성

1일 1차 회의 원칙은 의사(議事)의 예측가능성과 명확성을 확보하기 위한 것이다. 1일 1차 회의의 원칙을 적용하지 않는다면 정족수 미달로 산회를 선포한 후에도[21] 정족수를 채워 차수(次數)를 변경하여 다시 회의를 열 수 있고, 예정된 의사일정을 마치고 산회한 뒤에도 당일 다시 회의를 열어 안건을 상정하여 처리할 수 있게 된다. 이렇게 되면 의원들은 회의가 언제 열릴지를 예측할 수 없게 되기 때문에 항시 국회에 대기하고 있지 않는 한, 제 때에 회의에 참석하는 것이 불가능하게 될 뿐만 아니라, 변칙적인 안건처리가 발생할 위험성이 있다.

3) 적용원칙

1일 1차 회의 원칙의 적용으로 법률에서 정한 예외를 제외하고 산회 또는 유회를 선포하면 당일 회의를 재개할 수 없다. 또한, 회의가 자정까지 끝나지 않을 경우 국회의 관행은 1일 1차 회의의 원칙을 유지하기 위하여[22] 자정에 즈음하여 회의를 산회하고 익일(翌日) 0시가 지나서 회의 차

별 평균회기일수 34일보다 많은 편이었음에도 불구하고 회기불계속의 원칙으로 인한 의안의 폐기와 재제출은 비효율적인 것으로 인식되는 면이 있었다.

21) 의사정족수 미달인 경우에 유회 또는 산회를 선포하는 규정은 본회의에 관한 규정이지만 위원회에도 준용된다(국회법 제71조).

22) 1일 1회의의 원칙과 관련하여 제 3 대 국회 제19회(임시회)에서는 제31차 본회의를 산

수를 변경하여 형식적으로 새로운 회의를 개의하고 있다. 이를 '차수 변경'이라고 부른다.

4) 예 외

1일 1회의의 원칙은 전체 회기에 맞추어 계획적인 의사일정을 마련할 수 있도록 하고, 매일 회의에서 회의종료시점(늦어도 당일 오후 12시)에 대한 예측성을 확보하는 장점이 있으나, 융통성 있는 회의진행이나 긴급하게 발생한 안건처리 수요에 신속히 대응할 수 없는 단점이 있다. 이러한 단점을 해결하기 위하여 국회는 2010년 5월 국회법을 개정하여 긴급한 사안이 발생한 경우 의장이 각 교섭단체 원내대표들과 합의한 경우에는 산회를 선포한 다음에도 회의를 개의할 수 있도록 하여 1일 1차 회의 원칙에 중대한 예외를 인정하고 있다. 즉 국회법 제74조 제2항 단서는 "내우·외환·천재·지변 또는 중대한 재정·경제상의 위기, 국가의 안위에 관계되는 중대한 교전상태나 전시·사변 또는 이에 준하는 국가비상사태의 경우로서 의장이 각 교섭단체대표의원과 합의한 때에는 그러한지 아니하다"고 규정하고 있다.

또한, 무제한토론을 실시하는 경우에도 1일 1차 회의 원칙을 적용하지 아니하여 자정에 도달하여도 산회하지 않고 회의를 계속 진행한다(국회법 제106조의2 제4항).

바. 회의공개의 원칙

1) 의 의

회의공개(會議公開)의 원칙이란 국회의 모든 회의과정은 일반국민에게 공개하여야 한다는 원칙을 말한다. 즉 회의과정을 공개하여 주권자인 국민 누구나 회의 내용을 알고 비판·감시활동을 할 수 있게 함으로써 입법과정에서 민주성을 확보한다는 데 의의가 있다.

헌법(제50조 제1항 본문)과 국회법(제75조 제1항 본문)은 국회의 회의는 공개하도록 규정함으로써 회의공개원칙을 채택하고 있다. 공개대상인 회의에는 국회의 본회의는 물론 위원회의 회의도[23] 포함된다.[24] 또한, 2000년

회한 후 당일 제32차 회의를 재개하여 1일 2회의를 한 예외가 있다.

23) 이는 국회법 제71조의 준용규정에 따른 것이다.

24) 헌법 제50조는 '국회의 회의는 공개한다'라고 하여 헌법상 회의공개의 원칙이 국회의

2월 국회법 개정(제57조 제5항 및 제69조 제4항)으로 그동안 회의를 공개하지 않는 관행을 유지하던 소위원회의 회의도 '원칙적으로' 공개하고 회의록을 작성하도록 함으로써, 위원회에서의 법률안심사가 실질적으로 이루어지는 소위원회까지도 회의공개원칙의 적용을 받고 있다. 이러한 회의공개원칙의 강화를 위하여 2005년 7월 개정된 국회법에서는 소위원회 회의는 소위원회의 의결로 속기를 하지 않고 회의요지만 기록할 수 있다는 예외규정(제69조 제4항 단서)을 삭제함으로써 소위원회 회의도 속기방법에 의한 회의록을 작성하도록 의무화한 바 있다.

2) 회의공개의 방법

회의공개원칙은 구체적으로 ① 방청, ② 방송·통신매체 등을 통한 공개, ③ 회의록 공표의 방법으로 구현될 수 있다.

방청은 일반 국민이 본회의나 위원회 회의를 직접 보고 듣는 것을 말하는 것으로 가장 기본적인 회의공개의 방법이라고 할 수 있다. 따라서 일반 국민이 국회의 회의를 방청할 수 있는 방청의 자유는 원칙적으로 보장될 필요가 있다. 그러나 회의장의 물리적 공간상 한계 및 원활한 회의진행의 필요성을 고려하여 국회법은 방청권을 교부 받아 방청의 허가를 받은 사람에게만 제한적으로 방청을 허용하고 있으며, 방청을 허용하는 경우에도 방청인수를 제한할 수 있도록 하고 있다(국회법 제152조). 이는 방청 외에도 의사중계방송이나 공표된 회의록 등을 통하여 회의의 경과와 결과가 공개되기 때문에 방청을 제한한다고 하여 회의가 공개되지 아니한다고 할 수 없을 뿐만 아니라 방청의 자유와 회의의 원활한 운영간에 적절한 조화를 이룰 필요가 있기 때문이다. 헌법재판소도 회의장 질서유지를 위하여 위원장이 재량적 판단에 의해 방청을 제한할 수 있다고 판시한 바 있다(98헌마443).

이러한 방청의 회의공개수단으로서의 한계를 보완하기 위하여 오늘날은 다양한 방송·통신매체 등을 통하여 회의의 진행상황을 일반 국민에게

회의인 본회의만 회의공개원칙이 적용된다는 설(본회의적용설)과 위원회 등도 포함이 된다는 설(위원회포함설)이 대립하나, 헌법재판소는 본회의든 위원회든 국회의 모든 회의에 적용된다고 판시한 바 있다(98헌마443). 또한, 헌법 규정과 별도로 국회법에서 본회의와 위원회, 소위원회의 공개규정을 두고 있기 때문에 위원회등도 명백한 적용대상이 되고 있다.

공개하고 있다. 먼저 국회는 방송채널을 확보하여 국회의 회의를 음성이나 영상으로 방송하는 제도를 운영하고 있다(국회법 제149조). 2004년 5월부터는 케이블TV인 국회방송을 개국하여 국회 본회의 및 중요한 위원회 회의를 방송하고 있으며, 이외에도 2005년 9월부터는 인터넷 의사중계를 통하여 본회의 및 위원회 회의를 영상으로 방송하고 있다. 또한, 회의장 안의 녹음·녹화·촬영 및 중계방송을 의장 또는 위원장의 허가에 따라 허용함으로써 회의진행상황을 공개하고 있다(국회법 제149조의2). 이외에도 언론의 취재 및 보도를 통하여 회의의 진행경과와 결과가 공개되기도 하는데, 이와 관련한 보도의 자유는 헌법에 보장된 언론·출판의 자유에서 당연히 파생되는 권리라기보다는 회의공개주의를 채택함에 따라 구체화되는 자유라고 보아야 한다.

마지막으로 회의공개의 원칙은 회의록의 공표를 통하여 구현되고 있다. 회의록 공표는 회의록에 대한 일반의 접근성 및 가독성을 보장함으로써 회의의 경과와 결과에 대한 정보를 제공하는 회의공개 방법으로서 가장 전형적이고 필수적인 회의공개수단으로 인식된다. 국회법 제118조 제1항은 '회의록은 의원에게 배부하고 일반에게 배포한다'고 규정하여 회의록의 공표를 원칙적으로 규정하고 있다. 회의가 공개된다고 하는 것은 그 회의 기록도 공개되어야 한다는 것을 의미하므로 국회 회의의 중요한 기록인 회의록을 국회전산망 등을 통해 일반국민에게 공표하여 누구나 볼 수 있게 하고, 필요한 경우 유상 또는 무상으로 인쇄물을 배부하는 것이다. 현재 국회의 회의록은 국회회의록시스템(https://likms.assembly.go.kr/record/)을 통하여 인터넷으로 공개되고 있다.

이외에도 국회는 국회공보를 발간하고 인터넷 홈페이지에 게재하여 본회의 또는 위원회의 운영 및 의사일정, 의안목록 등에 관한 정보를 공개하고 있고, 의안정보시스템, 회의록시스템, 영상회의록시스템 등을 통하여 일반에게 국회의 의사(議事)에 관한 정보를 공개하고 있다.

3) 회의공개원칙의 예외

헌법 제50조 제1항은 회의공개의 원칙을 규정하면서도 단서에서 '다만, 출석의원 과반수의 찬성이 있거나, 의장이 국가의 안전보장을 위하여 필요하다고 인정할 때에는 공개하지 아니할 수 있다'라고 하여 회의공개 원칙의 예외를 규정하고 있다. 국회법 제75조 제1항은 이러한 헌법규정을 보다 구체화하여 의장의 제의나 의원 10인 이상의 연서에 의한 동의에 대하여 출석의원 과반수의 찬성이 있거나, 의장이 각 교섭단체대표의원과 협의하여 국가의 안전보장을 위하여 필요하다고 인정할 때에는 회의를 공개하지 않을 수 있도록 하였다.

국회법 제71조의 준용규정에 따라 회의공개에 관한 본회의 규정이 위원회에도 동일하게 적용되므로 위원회 회의도 위원장의 제의나 위원의 동의에 의한 위원회 의결이 있는 경우 비공개할 수 있다.[25] 다만, 위원회에서의 동의는 본회의와 같이 동의에 10인 이상의 찬성을 요하지 아니하고 동의자 외 찬성자 1인 이상만 있으면 의제로 성립한다(국회법 제71조 단서). 또한, 소위원회의 경우는 국회법 제57조 제5항에서 의결로 공개하지 아니할 수 있는 근거를 두고 있다.

이외에 증인이나 참고인이 요구하는 경우 본회의 또는 위원회의 의결로 중계방송 또는 녹음·녹화·사진보도를 금지시키거나 회의의 일부 또는 전부를 공개하지 아니할 수 있으며(국회에서의 증언·감정 등에 관한 법률 제9조 제2항), 정보위원회의 회의와 징계에 대한 의사도 공개하지 않는 것이 원칙이다(국회법 제54조의2 제1항 및 제158조).

한편 비공개회의의 회의록은 공표하지 않으나, 본회의 의결 또는 의장의 결정으로 비공개 사유가 소멸되었다고 판단되는 경우에는 추후에 공표할 수 있다(국회법 제118조 제4항).

사. 발언 및 표결 자유의 원칙

1) 의 의

발언 및 표결 자유의 원칙은 국회의원이 국회의 회의에서 자유롭게 자신의 의사를 표시하고 표결할 수 있어야 한다는 원칙을 말한다. 헌법 제

25) 특히 인사청문회의 경우 국가안전보장, 개인의 명예나 사생활 존중, 기업 및 개인의 금융 및 상거래에 관한 정보 누설 방지, 계속 중인 재판 또는 수사 중인 사건에 영향을 주는 정보의 누설 방지, 기타 법령에 의한 기밀 유지를 위하여 위원회 의결이 있는 경우 비공개할 수 있다(인사청문회법 제14조).

45조는 "국회의원은 국회에서 직무상 행한 발언과 표결에 관하여 국회 외에서 책임을 지지 않는다"라고 규정하여 국회의원의 발언 및 표결의 자유를 보장하고 있고, 국회법 제114조의2도 "의원은 국민의 대표자로서 소속 정당의 의사에 기속되지 아니하고 양심에 따라 투표한다"는 자유투표의 원칙을 규정하고 있다.

2) 발언의 자유

발언의 자유는 국회의원이 국회의 회의에서 소신을 가지고 의사표시를 할 수 있도록 자유롭게 발언할 수 있어야 한다는 원칙으로서 헌법상 면책특권 등에 의하여 보장되는 원칙이다.

면책특권의 대상이 되는 발언은 ① 국회에서의 발언이어야 하며, ② 직무상 발언에 해당하여야 한다. 면책특권의 대상이 되는 발언은 민·형사상 책임이 배제되며 이는 국회의원의 임기종료 후에도 효력이 유지된다. 다만, 이러한 면책특권은 국회 내부의 징계 책임이나 정치적 책임까지 배제하는 것은 아니다.

이외에 국회법도 의원의 발언권을 보장하는 규정을 두고 있는데, 국회의원의 발언권은 의제나 의사진행에 관하여 국회의원이 국회의 회의에서 발언할 수 있는 권한으로서 표현의 자유가 아닌 국회의원의 심의·의결권에서 비롯된 권한이라고 보아야 한다. 발언권은 의장 또는 위원장의 허가를 받아 제한적으로 행사되는데, 국회법 제100조는 의원의 발언이 다른 의원의 발언에 의하여 정지되지 않는다고 규정하고 있으며, 산회 또는 정회로 발언을 마치지 못하는 경우 의사가 다시 개시될 때 먼저 발언을 할 수 있도록 하고 있다.

그런데 이러한 발언의 자유는 일정한 내용상·의사절차상 한계가 있다. 먼저 내용상 한계로서 의제외 발언과 타인을 모욕하거나 타인의 사생활에 대하여 발언하는 것은 금지된다(국회법 제102조 및 제146조). 의제외 발언을 금지하는 것은 의제와 관련 없는 발언을 제한함으로써 의사진행의 효율성을 높이려는 취지이고, 타인을 모욕하거나 타인의 사생활에 대한 발언을 금지하는 것은 국회의원의 발언의 자유가 개인의 인격권과 사생활의 자유를 침해하는 것을 방지하기 위한 것이다. 다음으로 의사절차상 한계로는 효율적인 의사진행을 위하여 발언에 의장이나 위원장의 허가가 필요한 것과 발언횟수 및 시간의 제한이 있다는 것을 들 수 있다.

3) 표결의 자유

표결의 자유는 국회의 회의에서 국회의원이 지역구 유권자나 소속정당에 기속되지 않고 양심에 따라 자유롭게 표결할 수 있어야 한다는 것으로 헌법상 자유위임의 원칙과 면책특권 등으로 보장되는 원칙이다. 국회법 제114조의2도 '의원은 국민의 대표자로서 소속정당의 의사에 기속되지 아니하고 양심에 따라 투표한다'고 규정하여 자유투표의 원칙을 천명하고 있고, 국회 회의 방해 금지 의무 규정 등을 통하여 표결참여에 대한 방해를 배제함으로써 국회의원이 본회의나 소속 위원회의 표결에 참여할 권한을 보장하고 있다.

그러나 이러한 표결의 자유 역시 일정한 내용상·의사절차상 한계를 가지는데, 먼저 절차상으로 표결은 표결 선포 후 표결 종료 선언 시까지만 할 수 있는 시간적 한계가 있고, 표결을 하려는 의원은 회의장 안에 있어야 한다는 장소적 한계가 있다(국회법 제111조 제1항).[26] 또한, 의원이 일단 표결에 대하여 표시한 의사를 변경할 수 없으며(표결의사 변경 금지, 국회법 제111조 제2항), 표결 시 의사표시의 효과를 제한하기 위한 조건을 붙이는 것도 허용되지 아니한다(조건부 표결의 금지).[27] 이외에도 표결자유의 원칙은 익명성이 보장되지 않는 기록표결에 의하여 실질적인 구현에 한계가 발생할 수 있으며, 정당의 기속성 및 유권자의 평가 등 외부에 대한 정치적 책임에 의하여 표결의 자유가 위축될 소지가 있다.

3. 법률안 심의의 참여자와 영향요인

(1) 법률안 심의의 주요 참여자

가. 국회의원

국회의원은 입법의 주체인 입법기관의 구성원으로서 국회에 접수된

26) 징계대상 의원은 변명 이후 회의장을 퇴장하여야 하므로 표결에 참여할 수 없다(국회법 제160조).

27) 국회사무처, 『국회법해설』, 2016, 521.

법률안을 심의할 권한을 가진다. 국회의원의 법률안 심의권은 정보접근권, 발언권, 표결권의 형태로 구체화된다.

1) 정보접근권

먼저 정보접근권은 국회에 접수되어 심의대상이 되는 법률안 등 안건을 배부받고 이에 대한 보고를 받으며, 심의에 필요한 자료를 요구할 수 있는 권리를 말한다. 국회법 제81조 제1항은 의안이 발의 또는 제출되었을 때 의장이 인쇄 또는 전산망 입력 방식으로 의원에게 배부하고 본회의에 보고하도록 규정하고 있다. 또한 국회의원은 국회사무처, 국회예산정책처, 국회입법조사처에 대하여 입법 및 예산결산심사 활동 지원 등에 관한 자료를 요청할 수 있는 권한이 있다(국회법 제21조 제5항, 국회예산정책처법 제8조, 국회입법조사처법 제7조).

그리고 국회의원은 정부에 대하여 서면질문을 할 수 있으며(국회법 제122조), 본회의·위원회·소위원회의 의결을 통하여 안건의 심의에 필요한 보고 또는 서류와 해당 기관이 보유한 사진·영상물의 제출을 정부 및 행정기관 등에 요구할 수 있다(국회법 제128조).

2) 발언권(發言權)

국회의원은 안건의 심의와 관련하여 발언을 할 수 있는 권한이 있다. 국회의원의 발언권은 의장이나 위원장의 허가를 받아야만 실질적으로 행사할 수 있다. 발언권을 보다 세부적으로 구분하면 질의권, 토론권, 질문권, 제안설명권, 의사진행 등에 관한 발언권으로 분류할 수 있다. 이 중 법률안 심의와 가장 직접적으로 관련된 발언권은 질의권과 토론권으로서 질의권은 의제가 되어 있는 안건에 대하여 위원장, 발의자, 국무위원, 정부위원에 대하여 의문이 있는 사항을 물을 수 있는 권한을 말하며, 토론권은 의제가 된 안건에 대하여 찬반의 토론을 하거나 의견을 표명할 수 있는 권한을 말한다. 토론을 하고자 하는 의원은 미리 반대 또는 찬성의 의사를 의장에게 통지하여야 하며(국회법 제106조), 질의나 토론이 끝났을 때나 각 교섭단체에서 1명 이상의 발언이 있은 후에는 본회의 의결로 의장이 질의나 토론의 종결을 선포할 수 있다. 단, 이때 질의나 토론에 참가한 의원은 질의나 토론의 종결동의를 할 수 없다(국회법 제108조). 의사진행 등에 관한 발언권은 안건심의 과정의 의사진행에 대하여 발언을 할 수 있는 권한이다.

이외에 안건의 심의와 직접적인 관련이 있는 발언권은 아니나, 제안설명권은 의안을 발의 또는 제안한 의원이 그 취지 및 내용을 설명하는 권한으로서 이는 안건의 심의주체가 아닌 발의주체로서 행하는 권한이고, 질문권은 정부에 대하여 국정과 관련된 모든 사항에 대하여 질문을 할 수 있는 권한을 말한다. 질문에는 대정부질문과 긴급현안질문이 있다.

3) 표결권(表決權)

국회의원은 본회의와 위원회 등에 참석하여 표결(表決)을 할 수 있는 권한을 가진다. 국회의원의 표결권에 대하여 헌법재판소는 입법권을 국회에 귀속시키고 있는 헌법 제40조, 국민에 의하여 선출되는 국회의원으로 국회를 구성한다고 규정한 헌법 제41조 제1항 및 국회의결에 관하여 규정한 헌법 제49조로부터 당연히 도출되는 헌법상의 권한으로서 의문의 여지 없이 헌법기관인 국회의원 각자에게 모두 보장되는 권한이라고 판시한 바 있다(헌법재판소 2009.10.29. 2009헌라8).

이러한 국회의원의 표결권은 대의민주주의의 자유위임 원칙상 소속 정당이나 지역구 주민 등의 의사에 기속되지 아니하고 행사될 수 있으며, 국회법 제114의2도 이러한 취지에서 자유투표의 원칙을 규정함으로써 이를 보장하고 있다.[28] 또한 국회의원은 표결방법의 변경을 요구할 수 있는데, 이에는 20인 이상의 연서에 의한 찬성이 필요하다(국회법 제77조).

한편, 이러한 국회의원의 표결권은 국회의원의 대표성을 구현하는 가장 본질적인 권한으로서 보장되어야 마땅하나, 일정한 한계가 있다. 먼저 표결 시 회의장에 있지 아니한 의원은 표결에 참여할 수 없다. 다만, 기명투표와 무기명투표로 표결할 때에 투표함이 폐쇄될 때까지는 표결에 참가할 수 있다(국회법 제111조 제1항). 또한 징계대상 피심의원은 당해 징계안에 대한 표결권이 사실상 제한된다(국회법 제160조). 또한, 한 번 표시한 표결의사는 변경할 수 없고, 표결의 의사표시 효과를 제한하기 위한 조건을 붙이는 조건부 표결도 허용되지 않는다.

---

28) 정종섭, 『헌법학원론』, 박영사, 2018, 1199.

나. 국회의장

국회의장은 국회의 수장으로서 국회를 대표하고, 의사를 정리하며, 질서를 유지하고, 사무를 감독할 권한을 가지면서 법률안 심의과정을 비롯한 입법과정 전반에 걸쳐 중요한 역할을 수행한다.

1) 국회대표권

첫째, 국회의장은 임기 동안(2년) 국회의 대표로서 입법부의 수장이며, 대외적으로 국회를 대표하고 대내적으로 국회운영의 통합·조정자의 역할을 수행한다. 국회의장의 국회대표권에 따라 원칙적으로 국회의사의 대외적인 표시는 국회의장 명의(예컨대, 국회 집회공고, 법률안의 정부이송, 국무총리·국무위원의 출석요구서 이송 등)로 한다.

2) 의사정리권

둘째, 회의를 진행하고 그 진행결과를 정리하는 이른바 의사정리권자로서의 지위에서 ① 의사일정의 작성·변경(제76조, 제77조), ② 회의의 개의·산회 및 재개(제8조, 제72조, 제73조), ③ 의안의 소관위원회 등에의 회부(제81조, 제82조, 제83조), ④ 의안회부시 심사기간 지정(제85조, 제86조 제2항), ⑤ 의안의 정리(제97조), ⑥ 수정안의 표결순서 결정(제96조), ⑦ 발언의 허가, 질의·토론의 종료(제99조, 제105조, 제106조, 제108조), ⑧ 회의록 게재허가(제104조 제6항) 등의 권한을 가지고 있다.

3) 질서유지권

셋째, 국회의 질서를 유지하는 질서유지권자로서의 지위에서 국회 자율권의 주요내용 중 하나인 '내부경찰권'을 행사할 수 있다. 이 권한에 기초하여 의장은 ① 회의장 질서 문란자에 대한 경고(제145조), ② 국회의 질서유지를 위한 경호권행사와 경찰관의 파견요청(제143조, 제144조) 등을 할 수 있다.

4) 사무감독권

마지막으로 국회사무에 대한 감독권자로서 국회소속 공무원에 대한 인사권과 국회소관예산의 편성·집행권 등을 행사한다. 국회의장의 사무감독권은 법률안 심의과정에서 국회의원의 국회 소속기관에 대한 자료요청권의 행사와 관련하여 행사될 수도 있다.

다. 교섭단체

국회법은 국회의 운영을 원활하게 하기 위해서 국회에 20인 이상의 소속의원을 가진 정당은 하나의 교섭단체가 되도록 하는(또는 다른 교섭단체에 속하지 아니하는 20인 이상의 의원으로 따로 교섭단체를 구성할 수 있음) 교섭단체 제도를 두고 있는데 정치적 과정의 특성이 강한 법률안 심의과정에서는 교섭단체의 역할이 큰 편이다. 특히 정치적 쟁점이 되는 법률안의 경우 교섭단체 간의 상호작용에 따라 법률안 심의의 양상이 크게 달라지기도 한다. 법률안 심의과정에서 교섭단체가 차지하는 역할과 비중은 정당국가화 경향이 강화되고 정치적 의사의 양극화가 정당을 매개로 표출되는 강도가 강할수록 증대되는 경향이 있다.

법률안 심의과정에서 교섭단체의 역할은 주로 교섭단체 대표의원의 권한 행사와 정치적 행위를 통해 수행된다. 교섭단체 대표의원은 그 교섭단체를 대표하는 의원을 말하는데, 제헌국회 이래 각 정당의 당직 중 하나인 원내총무가 원내에서 해당 교섭단체의 대표의원직을 수행해 왔으나, 제17대 국회에 들어와 각 정당이 정책정당화·원내정당화되어야 한다는 점이 강조되면서 정당의 지도부를 대외적으로 당을 대표하는 당대표와 소속국회의원을 국회 안에서 대표하는 원내대표로 이원화하고 '교섭단체대표의원'을 원내대표로 부르게 되었다. 교섭단체대표의원은 다른 교섭단체대표의원과 공식적 또는 비공식적 접촉과 회담을 통하여 국회운영이나 쟁점 법률안의 처리방향을 협의하는데 그 협의 결과에 따라 국회운영이나 쟁점 법률안의 처리 방향이 결정되는 경우가 많다.

또한 국회운영과 관련하여 교섭단체대표의원은 국회법에 규정된 사항에 대하여 국회의장의 협의대상자로서 역할을 한다. 법률안 심의와 관련한 주요 협의사항을 살펴보면 연간 국회운영 기본일정 수립(제5조의2), 전원위원회 개회(제63조의2 제1항) 등이 있다. 또한, 교섭단체대표의원이 의장에게 제청 또는 요청하는 사항으로는 정책연구위원의 임면(제34조 제2항), 상임위원회 위원의 선임 및 개선 요청(제48조 제1항), 본회의 중 의사정족수 미달시 충족요청(제73조 제3항) 등이 있다.

또한, 국회법상 의장의 일정한 권한 행사에 대하여는 각 교섭단체 대표의원의 동의 또는 합의가 필요한 경우가 있는데, 전원위원회 개회요구에 대한 불개회 결정(제63조의2 제1항 단서), 산회 선포 후 본회의 재개(제74조 제2항), 국가비상사태 이외 경우의 심사기간 지정(제85조 제1항 제3호), 예산안 등과 세입예산안부수법률안 자동부의의 예외 적용(제85조의3 제2항 단서), 체계·자구심사 지연법률안의 본회의 부의(제86조 제4항), 원안 또는 심사보고와 직접 관련성 없는 수정동의의 허용(제95조 제5항 단서), 교섭단체 대표연설의 추가 실시 결정(제104조 제2항), 전자장치를 이용한 기명 또는 무기명 투표의 실시(제112조 제9항)에 대해서는 교섭단체 대표의원과 의장의 의사가 합치되어야 한다.

교섭단체 대표의원은 이러한 제도적인 협의대상 또는 합의대상 이외에도 광범위한 국회운영 사항에 관하여 국회의장과 협의를 하는 역할을 수행한다.

라. 위원회

1) 위원회 중심주의

위원회 중심주의를 채택하고 있는 우리 국회는 본회의 심의에 앞서 위원회가 국회에 제출된 의안을 심사함에 있어 본회의 부의 여부의 결정이나 내용의 수정에 있어 광범위한 재량을 가지고 있다. 물론 국회법 제87조 제1항에 의한 본회의 부의요구 제도에 따라 본회의 부의 여부에 대한 최종적인 결정권은 본회의에 유보되어 있고, 위원회가 제안하거나 심사보고한 법률안에 대한 종국적인 결정이나 수정도 본회의에서 이루어질 수는 있다. 하지만, 본회의에서는 수많은 법률안의 상세한 내용에 대한 심의가 어렵고 전문성에도 한계가 있기 때문에 대부분 소관위원회의 심사결과를 존중하는 태도를 취할 수밖에 없으며, 위원회가 실질적인 내부 입법기관으로서 기능을 수행한다고 하여도 과언이 아니다.

이처럼 국회 내에서 실질적인 입법기능 단위로서 중요한 역할을 수행하는 위원회의 법률안 심의는 위원장, 간사, 소위원회 등 내부행위자의 역할 수행에 영향을 받는다.

2) 위원장

위원회 위원장은 상임위원회 위원장과 특별위원회 위원장이 있다. 상임위원장은 임기가 2년으로 해당 상임위원회 위원 중에서 본회의에서 선출하게 되며, 특별위원회 위원장은 당해 위원회에서 호선한다(상설특별위원회인 예산결산특별위원회 위원장은 상임위원장의 선출과 마찬가지로 해당 위원 중에서 본회의에서 선거한다).

위원회 위원장은 본회의에서 의장이 하는 역할을 위원회 차원에서 한다고 보면 된다. 즉 위원장은 위원회 대표권, 위원회 의사정리권, 위원회 질서유지권 그리고 위원회 사무감독권을 행사한다. 이들 권한 중 위원회 대표권에 속하는 사항으로는 위원회가 제안한 의안의 제안자가 되고(국회법 제51조), 국무위원 등의 출석요구나 보고·서류제출요구 등을 위원장 명의로 한다는 것을 들 수 있다. 그리고 위원회 의사정리권에 속하는 사항으로는 간사와 협의를 거쳐 위원회 의사일정을 작성하거나 변경하고, 개의시간을 결정하며(국회법 제49조 제2항), 위원회 회의록에 서명·날인하는 것 등을 들 수 있다.

3) 간 사

위원회 간사는 각 교섭단체별로 1인을 위원회에서 호선한다(국회법 제50조 제1항 및 제2항). 교섭단체의 추천대로 선출하는 것이 관행이다. 간사는 의사일정 작성 등 위원회 운영에 관하여 위원장과 협의하고, 위원회 내에서 교섭단체 간 협상과 교섭단체 내의 의견조정 등의 역할을 수행한다. 때로는 위원장을 대리 또는 대행하여 사회를 보거나 직무를 대리하며, 소위원회의 위원장을 맡기도 한다. 즉, 위원회 간사는 본회의에서 부의장, 교섭단체 대표의원, 위원장이 하는 역할을 위원회 차원에서 수행한다고 보면 된다.

또한, 국회법상 위원장의 특정한 권한 행사에 대하여는 간사의 합의가 필요한 경우가 있는데, 의안 등의 자동상정 예외 적용(제59조의2), 체계·자구심사 지연 법률안의 본회의 부의요구(제86조 제3항) 등에는 위원장과 각 교섭단체 간사들 간의 합의가 필요하다.

4) 소위원회

소위원회는 위원회의 위임을 받아 법률안 등 안건의 심의를 보다 심도 있게 수행하기 위하여 설치하는데, 소위원회의 위원장과 위원은 위원회에서 선임하며, 소위원회의 구성 및 활동범위는 위원회의 의결로 정한다. 소위원회는 소관 사항을 상시적으로 분담하여 심사하기 위한 상설소위원회와 특정한 안건의 심사를 위하여 구성하는 안건심사소위원회가 있는데, 상설소위원회는 그 구성사례가 많지 않으며, 대부분 안건심사소위원회 형태의 소위원회에서 법률안 등 안건 심사기능을 수행한다. 많은 위원회에서 법안심사소위원회라는 명칭으로 법률안을 심사하는 소위원회를 두고 있으며, 안건이 많은 위원회의 경우는 복수의 법안심사소위원회를 두기도 한다. 2019년 4월 개정된 국회법은 국회의 법률안 심의기능을 실질적으로 강화하기 위한 차원에서 상임위원회에 소관 법률안의 심사를 분담하는 둘 이상의 소위원회를 둘 수 있도록 명문화하였다(국회법 제57조 제2항).

마. 입법지원기관

국회 내에서 국회의원을 제외한 입법지원기관도 법률안 심의과정에서 국회의원의 심의활동을 보좌하는 역할을 수행한다. 먼저 국회사무처는 제출된 법률안을 위원회에 회부하고 의사진행을 보좌하며, 속기·경호·방송 등 의사진행에 필요한 실무를 담당한다. 특히 위원회 소속 전문위원과 공무원들은 위원회에 회부된 안건에 대하여 검토보고를 하고, 위원회의 의사진행을 보좌하며, 수정안 및 심사보고서의 작성 등 안건의 처리에 관한 실무를 수행한다.

바. 정부 및 국가기관

1) 부처 및 각 국기기관의 역할

정부의 각 부처 및 각종 국가기관은 국회의 법률안 심의과정에서는 심의의 주체가 아니지만, 주요 정책협의대상으로서 상당한 역할을 수행한다. 법률안 심의과정에서 검토 및 심의에 필요한 자료를 요청 또는 자발적 의사에 따라 제공하고 의견을 개진하기도 하며, 특히 정부제출안이나 실질적으로 정부안의 내용을 반영한 의원발의안에 대하여는 정부의 정책의지를 관철시키기 위한 적극적 설득작업이나 의견표명을 한다. 또한 국회법 제58조 제7항에 따라 예산상의 조치를 수반하는 법률안의 위원회 심사 시에는 정부의 의견을 들어야 한다.

2) 정부 차원의 입법정책 조정절차

근래에는 정부 전체 차원에서 정부제출안 뿐만 아니라 의원발의안에 대하여도 정부의 정책적 견해를 조율하고 결정하여 정부차원에서 정부의 통일된 의견을 국회에 제출하는 절차를 법제처를 중심으로 운영하고 있다. 이러한 절차는 대통령령인 「법제업무 운영규정」(제11조의2 내지 제12조의2) 이나 국무총리 훈령인 「정부입법정책수행의 효율성 제고 등에 관한 규정」에 근거하고 있다.

「정부입법정책수행의 효율성 제고 등에 관한 규정」[29]에서 정한 조정절차를 살펴보면, 법제처장이 의원발의안의 발의 사실을 소관부처에 통보하면 소관부처의 장은 당해 법률안을 검토하고, 기획재정부, 법무부, 행정안전부, 국무조정실 및 법제처 등 관련부처의 장에게 통보하여 협의를 하는 등 필요한 조치를 취해야 한다. 정부제출안이 국회 심의과정에서 주요내용이 수정된 경우도 같다(동 규정 제3조 제1항 내지 제3항). 주요 검토대상은 ① 법리적 쟁점(헌법 위반 및 법률간 상충 문제), ② 규제관련 쟁점, ③ 재정관련 쟁점, ④ 정부의 조직 및 인력 관련 쟁점, 입법정책상 부처 간 이견 및 기타 집행상 문제점이다(동 규정 제3조 제4항). 부처 간 협의과정에서 이견이 해소되지 않을 경우 정부입법정책(실무)협의회[30]를 구성하여 조정하게 하고 있으며, 그래도 조정이 되지 않을 경우에는 국무조정실에 통보하여 조정을 하도록 하고 있다. 또한 법제처장은 정부의 의견을 입법에 반영하기 위하여 여당의 협조가 필요할 경우 당정협의회에 이를 보고할 수 있으며, 입법추진사항 및 정부의 대응방안을 국무회의에 보고할 수 있다(동 규정 제7조 내지 제13조).[31]

이처럼 정부가 의원발의법률안의 심의에 대하여 관여하기 위한 정부차원의 절차를 운영하는 것은 과거 정부주도 입법과정과 달리 의원발의안의 입법비중이 증가함에 따라 입법과정의 다원성이 확대되면서 정부 입장에서는 나름대로 대응이 필요하다고 판단했기 때문으로 보인다.

---

29) 국회의원이 발의하거나 정부제출안 중 주요내용이 수정된 법률안을 적용대상으로 하고 있다.

30) 대통령령인 「법제업무 운영규정」 제12조의2에 근거하여 설치된다.

31) 법제처, 『법제업무편람 2020』, 2020, 124–132.

표 6-5 정부차원의 입법정책 조정절차

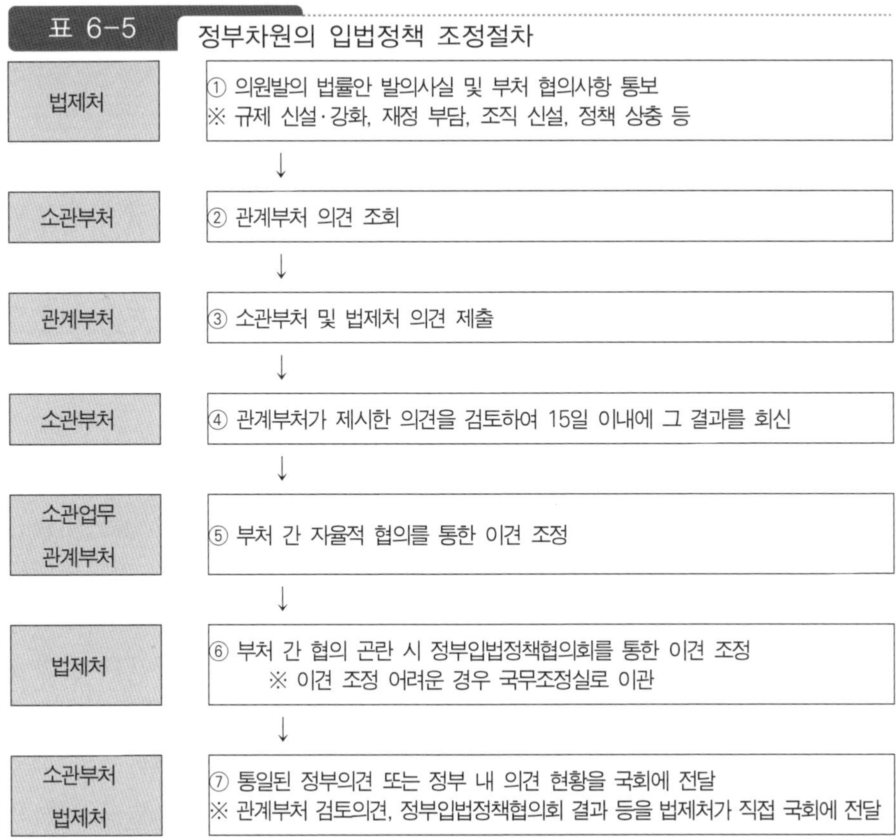

법제처	① 의원발의 법률안 발의사실 및 부처 협의사항 통보 ※ 규제 신설·강화, 재정 부담, 조직 신설, 정책 상충 등
소관부처	② 관계부처 의견 조회
관계부처	③ 소관부처 및 법제처 의견 제출
소관부처	④ 관계부처가 제시한 의견을 검토하여 15일 이내에 그 결과를 회신
소관업무 관계부처	⑤ 부처 간 자율적 협의를 통한 이견 조정
법제처	⑥ 부처 간 협의 곤란 시 정부입법정책협의회를 통한 이견 조정 ※ 이견 조정 어려운 경우 국무조정실로 이관
소관부처 법제처	⑦ 통일된 정부의견 또는 정부 내 의견 현황을 국회에 전달 ※ 관계부처 검토의견, 정부입법정책협의회 결과 등을 법제처가 직접 국회에 전달

출처: 법제처, 『법제업무편람』, 2020

사. 전문가·이해관계집단 등

국회의 법률안 심의과정의 공식적인 참여자는 아니지만, 전문가 및 이해관계집단을 비롯한 일반 국민도 입법예고 단계에서 의견을 개진할 수 있다. 또한 전문가 및 이해관계자는 공청회 또는 청문회에 진술인, 증인, 참고인, 감정인으로 출석하여 의견을 개진하거나 증언을 할 수 있으며(국회법 제64조 및 제65조), 전문가의 경우 위원회에서 의결하는 경우 심사보조자로 위촉되어 법률안 심의에 참여할 수 있다(국회법 제43조).

(2) 법률안 심의의 영향요인

법률안 심의과정은 국회의 입법산출체계에 투입된 입법요구를 법규범으로 전환하는 과정이다. 이러한 전환과정에는 개방체제의 특성을 가진 입법산출체계 내외의 많은 요인들이 작용하여 최종적인 입법산출과 입법과정에 영향을 미친다. 국회의 법률안 심의에 영향을 미칠 수 있는 다양한 요인들을 제도적 요인, 상황적 요인, 내용적 요인, 행위자 요인으로 나누어 살펴본다.

가. 제도적 요인

1) 정부형태

법률안 심의과정 전반에 가장 원초적인 영향을 미치는 요인은 법률안 심의의 방식과 절차를 제도적으로 설정함으로써 심의과정의 기본형태를 결정하는 제도적 요인이다. 그중에서도 정부형태는 가장 근본적인 영향을 미치는 요인이라고 할 수 있다. 순수한 대통령제 국가의 경우 의회의 자율성을 바탕으로 법률안 심의과정에 비교적 다원적 특성이 발현되면서 의회와 정부 등 공식적 정책주체 이외에 각종 이익집단과 시민간체 등의 작용도 활발한 편이며, 심의과정에서 협상과 정치적 타협에 의해 법률안이 도출되는 경우가 많다. 이에 비하여 의원내각제 국가의 경우 의회와 정부가 동일한 지도부에 의해 융합되면서 비교적 일원적 입법과정을 가지기 때문에 정부가 보다 주도적인 역할을 하며 일관된 정책목표에 따라 법률안 심의과정이 통제될 수 있고, 이러한 일원적 정책목표를 관철시키는 데 효과적인 내용으로 법률안이 통과될 가능성도 높다. 체벨리스(Tsebelis)에 의하면 정부형태는 입법결과에 중요한 영향을 미치는데, 그 이유는 정부형태에 따라 입법적 의제설정권(agenda setting power)의 소재가 달라지기 때문이며, 이는 대통령제에서는 의회가, 의회제에서는 정부가 유리한 입법적 환경에 놓여 있다는 것을 의미한다는 것이다.[32]

32) 문우진, “국회의원 개인배경과 입법: 입법 메커니즘과 16대와 17대 국회의 입법생산성”, 『議政硏究』, 제16권 제1호 통권 제29호, 한국의회발전연구회, 2010, 41.

2) 선거제도

선거제도도 원내정당의 수와 의회 구성원의 대표성 분포에 영향을 줌으로써 법률안 심의과정에 간접적인 영향을 줄 수 있다. 특히 선거제도에서 다수대표제와 소수대표제 중 어느 것을 선택하느냐에 따라 의회 구성에 있어서 소수의 대표성 발현 정도가 달라질 수 있다. 소수의 대표성 발현 정도가 강할수록 법률안 심의과정에서 소수의 의견이 반영될 가능성이 높아진다고 할 수 있다.

또한, 직능대표나 전문가를 의회구성원으로 충원할 수 있는 선거제도는 법률안을 심의하는 의원의 전문성 향상에 기여할 수 있으므로 입법의 질을 높일 수 있다. 다만 직능대표 등이 자신의 직역을 대표하는 분파적 대표성을 강조하게 될 경우 법률안 심의과정의 다원성이 심화되면서 협상과 조정의 복잡성이 증대될 수 있다.

그리고 정당의 공천제도도 법률안 심의에 영향을 줄 수 있는데, 후보자의 자격이 포괄적이고 개방적일수록 정당결속력을 약화시키고, 의원들이 법률안 심의과정에서 정당 전체의 이해보다 지역구의 선호를 반영할 동기가 강해진다. 이러한 정당결속력의 차이는 원내 정당간 타협의 범위와 연합 가능성에도 영향을 주어 결국 입법효율성에도 영향을 줄 수 있다.[33]

3) 의회제도

의회제도는 법률안 심의의 방식과 절차를 직접 규정함으로써 보다 직접적인 영향을 줄 수 있는 요인이다. 먼저 의회 구성에 있어 양원제와 단원제의 선택 여하에 따라 법률안 심의과정은 크게 양상이 달라질 수 있다. 또한 의회 내부의 조직에 있어서도 위원장의 배분방식 같은 것은 법률안 심의과정에 영향을 줄 수 있는 요인이다. 다수당에게 상임위원장을 모두 배정하는 방식(미국, 영국, 호주, 프랑스, 뉴질랜드 등)과 의석비율에 따라 비례적으로 배분하는 방식(네덜란드, 노르웨이, 덴마크, 독일, 스위스, 스웨덴 등)에 따라 법률안 심의의 양상이 달라질 수 있다.[34] 다수당 독점 방식은 일

33) 문우진, 앞의 글, 42.

34) G. Bingham Powell, “Constitutional Designs as Visions of Majoritarian or Proportional Democracy.” Elections as Instruments of Democracy: Majoritarian and Proportional Visions, Yale University Press, 2000, 20-44.

견 다수당의 의사를 법률안 심의과정에서 관철시키는 데 상대적으로 유리하게 작용할 것으로 보이는데, 국내의 실증분석 결과는 일관된 결과를 보이고 있지는 않다.[35][36]

또한 의사절차에 있어 의사진행방해의 수용 정도도 법률안 심의과정과 입법효율성에 영향을 줄 수 있다. 소수의 의사진행방해를 용인할수록 소수정파의 협상력이 높아지므로 법률안 심의과정에서 타협에 의한 법률안 조정이 이루어질 가능성이 높아진다. 반면, 법률안의 처리속도가 느려지고 입법효율성이 저하될 수도 있다. 이외에 표결에 있어서 익명성을 보장하는 투표방법의 채택 여부도 법률안 심의에 영향을 줄 수 있다.

나. 상황적 요인

1) 의석분포

시기에 따른 입법환경의 변화도 법률안의 심의에 영향을 주는 상황적 요인이 될 수 있다. 이러한 상황적 요인 중 의회 내 의석분포 상황은 비교적 영향의 지속성과 범위가 넓은 요인이다. 특히, 집권당의 다수당 여부는 법률안 심의에 큰 영향을 주는 요인이 될 수 있다. 이른바 '여소야대' 상황에서는 정부와 여당이 추진하려는 법률안이 심의과정에서 지연되거나 제지될 가능성이 높아지며, 이는 전반적인 법률안의 가결률에도 영향을 줄 수 있다. 실제로 미국 의회와 대통령의 관계에서 대통령의 법률안이 통과될 확률은 야당이 다수당일 때 적어진다는 연구결과도 있으며,[37] 우리나라의 경우도 제14대 국회부터 제17대 국회까지 상당수 상임위원회의 법률안 처리속도가 국회 구성이 여소야대인 경우에 느려진다는 연구결과가 있다.[38]

또한, 이러한 의석분포의 상황적 요인은 단순히 집권당의 다수당 여부에만 영향을 받는 것이 아니다. 집권당이 다수당인 경우라도 반대당과의

35) 박윤희, "의원발의 법안의 가결 결정 요인에 관한 연구: 18대 국회 상임위원회를 중심으로", 동국대학교 박사학위 논문, 2014, 143.

36) 박근후, 신명주, "입법환경과 법률안의 구성요인이 상임위원회 법안처리에 미치는 영향분석", 『의정논총』 제14권 제1호, 한국의정연구회, 2019, 90.

37) 임성호, "미국 의회-대통령 관계의 변화와 지속성: 대통령 반대당의 영향력을 중심으로", 『한국정치학회보』 제36집 제3호, 한국정치학회, 2002, 341.

38) 박기묵, "우리나라 국회 상임위원회의 법률안 처리속도 분석", 『한국행정논집』 제22권 제3호, 한국정부학회, 2010, 661-666.

의석 수의 차이에 따라 원내 역학관계가 변화할 수 있으며, 법률안 심의의 양상도 달라질 수 있다.

이외에도 전체 의회 차원의 의석분포 뿐만 아니라 위원회 단위의 의석분포도 법률안 심의에 영향을 미치는 상황적 요인으로 작용할 수 있다.[39]

2) 사회·경제적 환경

기본적으로 환경과 교호하는 개방체제로서 의회의 법률안 심의과정은 사회·경제적 환경의 상황적 요인에 의한 영향을 받을 수밖에 없다. 예를 들어 여성과 사회적 소수의 문제에 대한 사회적 관심이 높고 이에 대한 여론의 환기가 많을수록 여론에 민감한 국회의원들이 법률안 심의과정에서 이를 반영할 가능성이 높아진다. 경제 상황이 어려울 경우에는 법률안 심의과정에서 경제 활성화를 위한 입법목표가 부각될 수 있으며, 소득분배의 형평성이 악화되었다는 인식이 많을수록 법률안 심의과정에서 재분배를 지향하는 정책방향이 선호될 수 있다.

다. 내용적 요인

1) 법률안의 종류

심의대상인 법률안의 특성도 법률안 심의과정과 결과에 영향을 미칠 수 있다. 먼저 법률안이 정부제출안인지 또는 의원발의안인지에 따라서 법률안 심의과정이 달라질 수 있다. 대체로 정부제출안이 의원발의안에 비하여 법률안의 처리율, 가결률이 높고 처리속도도 빠른 편이다. 또한, 제정안의 경우에는 개정법률안에 비하여 처리속도가 느린 편이다.[40][41]

이는 정부제출안의 경우 정부입법 단계에서 사전적으로 정책내용의 검토나 이해관계집단과의 조정을 일정 수준 마친 후 법률안을 제출하기 때문에 국회 심의과정에서 이러한 과정에 소요되는 시간과 노력을 줄일 수 있으나, 의원발의안의 경우 상대적으로 발의 전에 사전검토 및 조정이 미흡할 경우 법률안 심의과정에서 내용의 타당성 부족이나 이해관계집단의

---

39) 실제 소관상임위원회의 여당 의석비율이 높을수록 법률안 처리속도가 빨라질 수 잇다는 연구결과가 있다. 목진휴, “법률안 국회통과 소요기간의 결정요인에 관한 연구”, 『한국행정논집』 제21권 제3호, 한국정부학회, 2009, 821.

40) 박기묵, 앞의 글, 661－666.

41) 목진휴, 앞의 글, 821.

반발 등으로 입법이 이루어지지 않거나 지연되는 경우가 발생할 수 있기 때문이다.

또한, 제정안의 경우는 새로운 규율내용이 포함되는 경우가 많아 신중하게 심의할 필요성이 있을 뿐만 아니라 단편적인 개정안보다는 심의대상이 되는 법률안의 규율사항이 많은 편이기 때문이다.

2) 법률안의 비용과 편익: 공정성과 Wilson의 규제정치이론 등

법률안의 규율내용에 따라 사회구성원 개개인에게 귀속되는 비용과 편익으로 인해 조성되는 이익분포상황 또한 법률안 심의에 영향을 줄 수 있는 요인이다. 이기적 동기를 가진 합리적 개인을 가정하는 경우 일반적으로 비용 부담자의 수가 많고 편익 향유자의 수가 적다면 이러한 법률안은 다수결 원리에 의해 통과되기 어려울 것이다. 근대 입헌주의 성립 이후 '다수의 지배'가 보편화되면서 이러한 다수결 원리는 과거 특권계급에 의한 소수의 횡포를 방지하고 다수의 이익을 보장하는 입법원리로 기능해 왔다. 그러나 실제로는 이러한 비용과 편익에 의한 이익분포상황에 영향을 받는 입법의사결정이라도 단순히 다수결 원리에 의해서만 결정되지 않는 경우가 많다.

먼저, 다수결 원리에 반하는 이익분포상황이라도 정당성이 인정된다면 사회적으로 수용이 가능한 경우가 있다. 예를 들어 다수의 부담으로 조성된 국가재정으로 소수의 장애인을 지원한다거나 이재민을 지원하는 경우와 같이 비용부담자가 다수이고 편익수혜자가 소수이더라도 정당성이 사회적으로 인정된다면 입법화의 가능성이 있다. 이 경우는 다수의 관용과 사회적 연대의식의 작용으로 이익분포상 다수결 원리에 반하는 결과가 나올 수 있는 것이다. 반대로 비용부담자가 소수이고 편익수혜자가 다수인 경우라도 정당성을 입증하기 어려운 법률안에 대하여는 심의과정에서 헌법재판소의 사후통제 등을 의식하여 '다수의 횡포'가 제어될 수 있다. 그런데 이러한 정당성의 근저에는 '공정성'의 관념이 있다고 할 수 있다. 존 롤스(John Rawls)에 따르면 원초적 상태의 무지의 장막(veil of ignorance) 속에서는 누구든지 소수의 상황에 처할 수 있다는 가능성을 인식하고 소수자의 편익을 극대화하는 원칙에 자발적으로 동의하게 될 것이며 이것이 공정한

정의의 원칙이 된다는 것이다.[42]

두 번째로 이익분포상황에서 다수결 원리에 반하는 결과가 나올 수 있는 경우는 대의과정의 본인－대리인 문제가 심화될 경우이다. 대표자인 의원이 유권자 다수의 이익에 반하여 소수의 이익을 위해 의사결정을 왜곡하는 경우는 편익이 소수에게 집중되고 비용이 다수에게 전가되는 결과가 도출될 수 있다.

세 번째로 선호의 강도가 작용할 경우 비용·편익의 이익분포상황에서 단순한 다수결 원리의 적용은 이루어지지 않을 수 있다. 민주적 의사결정 과정에서는 찬성과 반대의 수적 분포보다는 찬성과 반대에 대한 강도가 더 중요한 요인으로 작용하는 경우가 있기 때문이다. 찬성과 반대의 강도에는 법률안으로 인한 비용과 편익의 분산상태가 큰 영향을 미친다.

이러한 영향을 유형적으로 분석한 대표적인 이론인 Wilson의 규제정치 이론에 따르면 편익과 비용의 분산과 집중에 따라 네 가지 유형으로 구분할 수 있는데, 편익과 비용이 모든 국민에게 분산되는 대중정치(Majoritarian Politics)의 경우는 개개인에게 귀속되는 비용과 편익이 모두 작은 상황으로서 법률안에 대한 대중의 관심이 낮기 때문에 사회전체적인 관점에서 후생의 극대화를 고려하는 정부가 주도적인 역할을 하는 경우가 많다.

표 6-6 Wilson의 규제정치유형

		비 용	
		분 산	집 중
편 익	분 산	대중정치 (Majoritarian Politics)	기업가정치 (Entrepreneurial Politics)
	집 중	고객정치 (Client Politics)	이익집단정치 (Interest group Politics)

이외에 비용과 편익이 모두 별개의 특정집단에게 집중되는 이익집단정치(Interest group Politics)의 경우에는 해당 집단의 정치적 조직화의 유인이

42) 존 롤스, 『사회정의론』, 서광사, 1989.

강하고, 법률안 심의도 집단 간의 타협과 협상에 의존하는 양상을 보인다.[43)]

편익이 분산되고 비용이 특정 집단에게 집중되는 기업가정치(Entrepreneurial Politics)의 경우는 비용을 부담하는 집단의 반발은 조직적이고 강력한 반면, 수혜자들의 관심과 정치적 지지는 약하기 때문에 입법화되기 어려운 유형이며, 때문에 비조직적이고 무관심한 다수를 위해 활동하는 정책기업가가 필요하다. 정책기업가는 정부, 의원, 시민단체 등이 될 수 있다. 이러한 유형의 법률안 심의과정에서는 심의의 지연이나 내용의 수정이 많이 일어날 수 있다.

편익이 집중되고 비용이 분산되는 고객정치(Client Politics)는 반대를 해야 하는 비용부담자는 관심이 적은 반면, 수혜자 집단은 적극적으로 찬성하기 때문에 입법화의 가능성이 상대적으로 높으며, 정부나 정당의 역할보다는 후원자 역할을 하는 의원의 존재가 중요하다.[44)]

이상의 네 가지 유형 중 법률안 심의과정이 지연되거나 내용 수정이 많이 발생할 가능성이 있는 것은 비용이 특정집단에게 집중되는 기업가정치나 이익집단정치의 경우이다. 비용이 분산되는 대중정치나 고객정치의 상황에서는 비용부담자인 대중의 관심이 낮기 때문에 법률안 심의과정이 상대적으로 순탄할 수 있으나, 고객정치의 경우 다수의 부담과 소수의 이익이 비례적 균형을 상실하는 결과를 초래할 위험성이 있다. 또한 편익이 분산되는 대중정치나 기업가정치의 경우에는 정부가 법률안 심의과정에서 주창자로서 주도적 역할을 할 가능성이 높으며, 반면에 편익이 집중되는 이익집단정치나 고객정치에 해당하는 법률안의 심의과정에서는 상대적으로 국회의원의 역할이 주도적인 경우가 많다.[45)]

3) 규제집단의 권력과 사회적 형상: Schneider & Ingram의 사회적 형성이론

법률안의 규율대상이 가지는 사회적 권력과 사회적 형상(이미지)도 법률안 심의에 영향을 줄 수 있는 요인이다. 특히 다원적이고 반응적인 정치체제일수록 법률안 심의과정에 영향을 줄 수 있다. Schneider와 Ingram의

43) 서인석, 박형준, 권기헌, “정책유형과 정책대상집단에 따른 정책결정 소요기간: 발의 법률안의 통과기간의 영향요인 탐색연구”, 『한국행정학보』 제47권 제2호, 한국행정학회, 2013, 59.

44) 전진영, “정책유형별 입법과정 비교분석: 정책의제의 설정 및 대안채택과정을 중심으로”, 『한국정당학회보』 제8권 제2호 통권 15호, 한국정당학회, 2009, 40.

45) 전진영, 위의 글, 41.

사회적 형성주의 이론은 집단의 정치적 자원(권력)의 수준과 사회적 형상(이미지)이라는 두 차원을 가지고 정책대상집단의 유형을 분류하였다. 첫 번째는 수혜집단(advantaged)으로서 정치적 자원도 있고, 사회적 이미지도 긍정적인 집단을 의미한다. 두 번째는 주장집단(contenders)으로서 정치적 자원은 있으나, 사회적 이미지가 부정적인 집단을 말한다. 세 번째는 의존집단(dependents)으로서 정치적 자원은 없지만 사회적 형상이 긍정적인 집단이며, 네 번째는 일탈집단(deviants)로서 정치적 자원도 없고 사회적 형상도 부정적인 집단이다.[46]

표 6-7 Schneider & Ingram의 정책집단유형

		사회적 형상	
		긍정적	부정적
정치적 권력	강	수혜집단(Advantaged) 과학자, 퇴역군인, 노인, 중산층	주장집단(Contender) 부유층, 노동조합, 오염산업, 소수민족
	약	의존집단(Dependents) 저소득층, 노숙자, 모와 아동	일탈집단(Deviants) 범죄자, 마약상, 테러리스트

출처: 서인석, 박형준, 권기헌(2013)

이러한 정책집단유형을 법률안 심의과정과 관련하여 살펴보면, 일탈집단에 대하여 부담이나 처벌을 하는 내용의 법률안이나, 수혜집단에 대하여 편익을 제공하는 법률안은 상대적으로 통과되기 쉬울 수 있다. 실제로 Schneider & Ingram의 경험적 연구에 따르면, 수혜집단이 시혜적 정책의 대상이 되거나 일탈집단이 가벌적 정책의 대상이 되는 경향이 강한 편이며, 반면, 정치적 자원은 있으나 부정적 이미지를 갖는 주장집단이나 긍정적 이미지를 가지고 있으나 정치적 자원이 부족한 의존집단의 경우는 상대적으로 이들과 관련된 수혜적 정책의 입법화가 어려움을 가질 수 있다고 한다.[47]

46) 서인석, 박형준, 권기헌, 앞의 글, 61.
47) 위의 글, 55-62.

4) 예산 수반 여부

법률안 내용의 예산상 조치 수반 여부도 법률안 심의에 영향을 미치는 요인이다. 정치과정의 속성을 띄는 입법과정에서는 정치적 지지를 확대하기 위하여 재정의 부담을 재원으로 하는 시혜적 내용의 법률안이 제안될 가능성이 많다. 재정을 재원으로 하는 경우 비용이 전 국민에게 광범위하게 분산되므로 비용부담자의 관심과 반대가 작은 반면 수혜집단의 정치적 지지는 클 가능성이 높기 때문이다.

이러한 이유로 여러 나라의 입법과정에서는 입법이 재정건전성에 미치는 부정적 영향을 최소화하고 재정규율을 확보하기 위하여 PayGo rule 등 각종 제도적 제어장치를 두고 있으며, 우리 국회법도 비용추계서의 첨부나 예산수반 의안의 정부의견 청취 등의 절차를 규정하고 있다. 실제 법률안 심의과정에서도 정부 재정당국이 과도한 재정부담을 초래하는 법률안에 대하여 반대의견을 피력하는 경우가 많으며, 경우에 따라서는 대통령의 거부권 행사 대상이 될 수 있다. 따라서 법률안의 규율내용이 예산상 조치를 수반하는 경우 통과가 지연되거나 최종적으로 입법화가 되지 못할 가능성이 상대적으로 높아진다.[48]

5) 사회적 관심의 강도

언론 등에 의하여 보도 빈도수가 높아 사회적 관심이 높은 법률안일수록 심의과정에서 높은 주목도를 받으며 가결률이 높을 수 있다.[49] 이는 법률안 심의의 주체인 국회의원들이 언론 보도에 민감한 반응을 보이는 경향이 있기 때문이다. 따라서 법률안이 얼마나 여론의 주목을 받느냐는 심의과정에 큰 영향을 주는 요인이 될 수 있다.

라. 행위자 요인

법률안의 심의양상은 법률안의 발의자나 주요 심사주체인 위원회 등

48) 실제로 우리나라의 경우도 예산을 수반하는 경우 법률안의 가결률에 부정적인 영향을 미친다는 연구결과도 있다. 이지형, 박형준, “입법부의 법안가결에 미치는 영향요인 분석 - 제19대 미방위, 국방위, 농림위를 중심으로”, 『입법과 정책』 제11권 제1호, 2019.4., 국회입법조사처, 2019, 54.

49) 실제로 언론노출에 의한 이슈강도는 가결률에 유의미한 정(+)의 영향을 준다는 분석결과도 있다. 이지형, 박형준, 위의 글, 54.

입법과정 상 행위자의 특성에도 영향을 받는다.

발의의원이 소관위원회 위원인 경우에는 소관위원회 내의 내부교섭력과 전문성을 이용하여 입법화에 유리한 측면이 있다. 또한, 여당의원의 경우는 정부의 협조를 받을 수 있다는 점에서 발의법안의 입법화에 유리할 수 있다. 실제로 국내의 실증분석도 대체로 발의의원이 소관위원회 위원이거나 여당의원인 경우 법률안 가결률이 높아지고 법률안의 처리기간은 짧아지는 결과를 제시하고 있다. 이외에도 발의법안의 공동발의자의 수가 증가하거나 소속정당의 의석점유율이 높을수록 법률안에 대한 정보를 공유하는 의원이 많고 원내 정치적 지지기반에서 유리하기 때문에 가결률이 높아지고 처리기간은 짧아질 수 있다.[50]

또한, 법률안 심의과정에는 발의의원의 원내 영향력도 중요한 요인으로 작용하는데, 발의의원의 원내 인간관계의 친밀성이 높고, 다른 의원들의 존중을 받는 정도가 높을수록 가결률이 높다는 분석결과가 있다.[51]

한편 발의의원이 비례대표의원인 경우에는 전문성을 바탕으로 법안의 충실도를 높일 수 있다는 이점이 있을 것으로 보이나, 국내의 실증분석은 일관된 결과를 보이고 있지는 않고 있다.[52][53]

4. 법률안 심의 절차의 개관

(1) 법률안 심의의 단계

국회의 법률안 심의는 국회의원 전원이 참석하는 본회의의 의결만을 의미하는 것은 아니다. 국회의 법률안 심의과정은 입법의 정당성, 정책적 합리성, 정치적 수용성 등을 확보하기 위하여 일정한 단계의 절차로 구성되어 있다. 우리 국회의 법률안 심의는 크게 '① 본회의 보고 → ② 위원회 심사 →

50) 문우진, 앞의 글, 51－55.

51) 박상운, "의원의 입법 활동에 영향을 미치는 요인 분석: 제17대~19대 국회 전반기 기획재정위원회 소관 의원 발의 법안을 중심으로", 『사회과학연구』 제23집 1호, 서강대학교 사회과학연구소, 2015, 164.

52) 서현진, 박경미, "17대 국회 의원발의 법안의 가결 요인 분석", 『한국정치학회보』, 제43집 제2호, 한국정치학회, 2009, 101.

53) 이지형, 박형준, 앞의 글, 문우진, 앞의 글, 박근후, 신명주, 앞의 글.

③ 체계·자구심사 → ④ 본회의 심의'의 순차적 단계 구조로 이루어진다.

표 6-8 법률안 심의의 단계

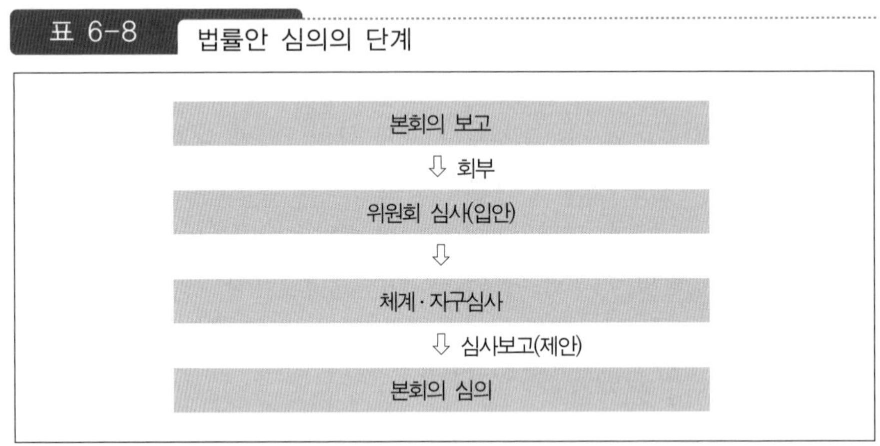

(2) 일반적 심의절차의 개관

국회의 법률안 심의절차는 법률안 심의과정의 순차적 단계와 각 단계간 연계적 절차 및 각 단계별 내부절차로 이루어진다. 국회에 발의 또는 제출되는 법률안에 대한 통상적인 국회 심의절차는 ① 본회의 보고, ② 위원회 회부, ③ 위원회 심사, ④ 체계·자구심사, ⑤ 심사보고서 제출, ⑥ 본회의 심의의 순으로 진행된다. 이와 달리 위원회가 제안한 법률안은 ① 위원회 심사(입안), ② 체계·자구심사, ③ 위원회안 제안, ④ 본회의 심의 순으로 심의절차가 진행된다.

가. 본회의 보고

법률안이 국회에 제출되면 국회의장은 이를 인쇄하여 의원에게 배부하고 본회의에 보고를 한다(국회법 제81조 제1항). 본회의 보고는 법률안이 발의 또는 제출된 사실을 입법기관을 구성하는 전체 국회의원들에게 고지하는 행위라고 할 수 있다.

나. 위원회 회부

국회의장은 본회의에 보고된 법률안을 소관위원회에 회부하여 심사하도록 한다. 폐회 중이나 휴회 등으로 본회의에 보고할 수 없을 때에는 이를 생략하고 소관위원회에 회부할 수 있다(국회법 제81조 제1항). 소관위원회는 통상 해당 법률안을 소관으로 하는 상임위원회가 되지만, 해당 법률안을 소관사항으로 하는 특별위원회가 있는 경우에는 상임위원회에 회부하지 않고 그 특별위원회에 회부한다.

다. 위원회 심사

법률안을 회부받은 위원회는 일정기간 입법예고를 실시하고, 일정한 상정제한 기간이 경과한 후 법률안을 상정하여 위원회 심사절차를 진행한다. 상정된 법률안은 발의자 또는 제안자의 제안설명과 전문위원의 검토보고를 들은 후 대체토론을 거쳐 소위원회에 회부하여 심사하게 한다. 소위원회의 심사를 마친 법률안은 소위원회의 심사보고를 들은 후 축조심사와 찬반토론을 거쳐 의결한다. 위원회 심사과정 중 공청회 또는 청문회를 개최하기도 하는데 제정법률안과 전부개정법률안은 원칙적으로 의무적인 공청회 또는 청문회 개최대상이다.

위원회가 제안하는 법률안의 경우는 입법예고, 제안설명, 검토보고의 절차 없이 심사절차를 진행하며, 위원회의 의결로 입안하여 법제사법위원회의 체계·자구심사를 거쳐 제안된다.

라. 체계·자구심사

소관위원회는 의결한 법률안에 대하여 법제사법위원회에 체계·자구심사를 의뢰한다. 체계·자구심사는 위원회에서 의결한 법률안이 헌법 및 다른 법률과 체계정합성을 갖추었는지를 심사하고 조문의 명확성과 형식적 통일성을 확보하기 위하여 자구를 수정·보완하는 절차이다.

마. 심사보고서 제출

법제사법위원회는 법률안에 대한 체계·자구심사를 마친 후 수정된 법률안을 소관위원회에 송부하며, 소관위원회는 법제사법위원회의 체계·자구심사결과를 반영하여 심사경과와 결과를 서면으로 의장에게 보고한다. 위원회가 제안한 법률안도 법제사법위원회의 체계·자구심사 결과를 반영하여 의장에게 제안된다.

바. 전원위원회 심사(국회법 제63조의2)

위원회 심사를 거치거나 위원회가 제안한 의안 중 주요의안에 대하여 재적의원 4분의 1 이상의 요구가 있는 경우 재적의원 전원으로 구성된 전원위원회를 개회하여 심사하게 할 수 있다.

사. 본회의 심의

의장에게 심사보고 또는 제안된 법률안은 본회의에 부의된다. 의장은 교섭단체 대표의원과 협의하여 부의된 법률안을 의사일정에 등재하고, 의사일정에 따라 상정하여 심의한다. 본회의에 상정된 법률안은 소관위원회 위원장의 심사보고나 제안설명을 들은 후 질의 및 토론을 거쳐 의결한다. 본회의 심의과정 중 본회의 토론종결 전에 전원위원회 개회요구가 있을 경우에는 전원위원회에 회부하여 전원위원회의 심사보고를 들을 수 있다.

(3) 특별 심의절차의 개관

가. 개 요

국회의 법률안 심의는 통상 일반적인 절차에 의해서 이루어지나 특별한 경우에는 일반적인 절차 외의 특별한 심의절차를 거치기도 한다. 이러한 특별심의절차는 일정한 요건과 절차에 따라 적용된다. 국회의 특별 심의절차는 목적에 따라 크게 두 가지 종류로 분류할 수 있는데, 하나는 심의의 숙의성(熟議性)을 제고하기 위한 절차이고, 다른 하나는 심의의 효율성(效率性)을 제고하기 위한 절차이다.

먼저 국회의 특별 심의절차로서 숙의성을 제고하기 위한 절차로는 안건조정위원회(국회법 제57조의2), 전원위원회 심사(국회법 제63조의2), 폐기법률안의 본회의 부의(국회법 제87조), 다른 위원회 회부(국회법 제88조), 재회부(국회법 제94조), 번안(국회법 제91조), 무제한토론(국회법 제106조의2) 등이 있다.

다음으로 국회 심의의 효율성을 제고하기 위한 특별절차로는 심사기간 지정(국회법 제85조), 예산안 등의 본회의 자동부의(국회법 제85조의3), 체계·자구심사 지연법률안의 본회의 부의(국회법 제86조 제3항 및 제4항), 안건의 신속처리(국회법 제85조의2)가 있다.

표 6-9 국회법상 의안심의의 특별절차

심의단계	절차명	내 용	중점가치
위원회 심사	다른 위원회 회부(§81③)	이해관계 위원회 의안의 다른 위원회 회부	숙의성
	안건조정위원회(§57의2)	이견조정을 위한 안건조정위원회 심사	숙의성
	심사기간 지정(§85)	위원회의 심사기간 제한	효율성
	예산안 등의 본회의 자동부의(§85의3)	예산안 등의 법정처리시한내 본회의 자동부의	효율성
위원회 심사 및 본회의 심의	안건의 신속처리(§85의2)	안건의 신속처리를 위한 위원회 심사의 제한	효율성
	체계자구심사 지연법률안의 본회의 부의(§86③·④)	체계자구심사 지연법률안의 본회의 부의	효율성
본회의 심의	번안(§91)	의결의 번복	숙의성
	폐기법률안의 본회의 부의(§87)	위원회 폐기법률안의 본회의 부의	숙의성
	다른 위원회 회부(§88)	위원회안의 타 위원회 회부	숙의성
	재회부(§94)	본회의 부의안건의 위원회 재회부	숙의성
	무제한토론(§106의2)	시간 제한 없는 토론	숙의성

나. 숙의성 강화를 위한 특별절차

1) 이해관계 위원회 소관 법률안의 다른 위원회 회부(국회법 제81조 제3항)

당해 법률안과 직접적인 이해관계를 가지는 소관상임위원회의 위원이 재적의원 과반수를 차지하여 심사의 공정성이 우려되는 경우 국회의장은 국회운영위원회와 협의하여 해당 법률안을 다른 위원회에 회부할 수 있다.

2) 안건조정위원회 심사(국회법 제57조의2)

위원회 심사 시 이견의 조정이 필요한 안건에 대하여 재적위원 3분의 1 이상의 요구에 따라 6인으로 구성된 안건조정위원회를 구성하여 심사하게 할 수 있다.

3) 번안(국회법 제91조)

번안이란 위원회 또는 본회의에서 이미 가결된 의안에 대하여 그 의결을 무효로 하고 전과 다른 내용으로 번복하여 의결하는 것으로서 일정한 요건에 따른 번안동의가 있은 후 재적의원 또는 재적위원 과반수의 출석과 출석의원 또는 출석위원 3분의 2 이상의 찬성으로 번안한다.

4) 위원회 폐기의안의 본회의 부의(국회법 제87조)

위원회에서 본회의에 부의하지 아니하기로 의결한 의안도 본회의 보고일로부터 폐회 또는 휴회 기간을 제외에 한 7일 이내에 30인 이상의 연서에 의한 요구가 있으면 이를 폐기하지 아니하고 본회의에 부의한다.

5) 위원회안의 다른 위원회 회부(국회법 제88조)

위원회에서 제출한 법률안은 원래 위원회에 회부하지 아니하고 본회의에서 심의하나, 의장이 국회운영위원회의 의결에 따라 다른 위원회에 회부할 수 있다.

6) 재회부(국회법 제94조)

위원회 심사를 마치고 본회의에 부의된 안건을 의장이 필요하다고 인정하는 경우 본회의 의결을 거쳐 같은 위원회 또는 다른 위원회에 회부할 수 있다.

7) 무제한토론(국회법 제106조의2)

재적의원 3분의 1 이상의 요구가 있는 경우 본회의에서 시간의 제한을 받지 않는 무제한토론을 실시한다.

다. 효율성 강화를 위한 특별절차

1) 심사기간의 지정(국회법 제85조, 제86조 제2항)

의장은 교섭단체 대표의원과 합의하거나 천재지변, 전시·사변 또는 이에 준하는 국가비상사태가 있는 때에 교섭단체대표의원과 협의한 경우 긴급한 처리의 필요가 있는 안건에 대하여 위원회의 심사기간을 지정하고 심사기간 내에 위원회가 이유 없이 심사를 마치지 못할 경우 해당 안건을 본회의에 부의할 수 있다.

2) 안건의 신속처리(국회법 제85조의2)

재적의원 또는 소관위원회 재적위원 과반수 요구에 의한 신속처리대상안건 지정동의에 대하여 재적의원 또는 재적위원 5분의 3 이상이 찬성하는 경우 의장은 당해 안건을 신속처리대상안건으로 지정하며, 이 경우 소관위원회 심사는 180일 이내에, 법제사법위원회의 체계·자구심사는 90일 이내에 마쳐야 한다. 만약 이 기간 내에 심사를 마치지 못하는 경우 당해 안건은 본회의에 부의되거나 법제사법위원회에 회부된 것으로 간주한다. 본회의에 부의된 안건은 60일 이내에 상정되어야 하며, 이 기간이 지나면 본회의에 자동상정된다.

3) 체계 · 자구심사 법률안의 부의요구(국회법 제86조 제3항)

체계 · 자구심사를 위하여 법제사법위원회에 회부된 후 120일 이내에 심사를 마치지 아니한 안건에 대하여 소관 위원장이 간사와 협의하여 본회의 부의를 요구하거나, 소관위원회 재적위원 5분의 3 이상이 찬성하는 경우 당해 안건은 본회의에 부의요구된다. 부의요구된 안건은 의장이 교섭단체 대표의원과 합의하여 즉시 본회의에 부의하되, 합의가 이루어지지 않는 경우 부의요구가 있은 날로부터 30일이 경과한 첫 본회의에서 부의 여부를 무기명투표로 표결한다.

4) 세입예산안 부수법률안의 본회의 자동부의(국회법 제85조의3)

예산안의 헌법상 법정처리 시한(12월 2일)을 준수하기 위하여 예산안 등과 세입예산안 부수법률안에 대한 위원회의 심사기한을 11월 30일 자정까지 제한한다.

제 2 절 보고 및 회부

1. 법률안의 접수 및 보고

(1) 법률안의 접수

국회의 법률안 심의절차는 국회의원이 발의하거나 정부가 제출한 법률안을 국회가 접수함으로써 시작된다. 법률안의 접수의 실무는 국회사무처(의사국 의안과)가 담당한다. 법률안이 접수되면 의장은 인쇄하거나 전산망에 입력하는 방식으로 국회의원에게 배부한다(국회법 제81조 제4항).

(2) 본회의 보고

국회가 접수하여 의원에게 배부한 법률안은 의장이 본회의에 보고한다. 본회의 보고는 법률안이 발의 또는 제출된 사실을 의원들에게 고지하는 행위라고 할 수 있는데, 법률안이 제출되었음을 보고하는 것은 의원들은 물론 관심이 있는 국민들에게 보고된 법률안이 국회에서 심의될 예정이므로 그 정확한 내용을 파악하여 의견을 개진할 준비를 하라는 촉구의 의미가 있다. 이런 의미에서 국회법은 의장이 법률안을 의원에게 배부할 때 이를 전산망에 입력할 수 있도록 하여 의원 및 일반국민들이 이용할 수 있게 하고 있다(국회법 제81조 제4항).

법률안을 심의하면서 3독회 제도를 채택하고 있는 미국과 영국의 의회에서 제 1 독회에서 하는 일은 주로 법률안의 제명을 낭독하는 정도의 것이라는 점을 감안할 때 우리 국회에서 입법과정의 첫 단계로서 본회의 보고는 영·미 의회의 제 1 독회에 해당하는 것이라고 할 수 있으므로 결코 무시할 수 없는 의미가 있는 절차이다.

본회의 보고는 관행상 국회의장을 대리하여 국회사무처 의사국장이 구두로 본회에서 보고를 하거나 회의록에 게재하는 방식으로 실시한다. 이러한 본회의 보고를 마쳐야만 법률안을 위원회에 회부할 수 있다. 다만, 폐회 또는 휴회 등으로 본회의에 보고할 수 없을 때에는 보고를 생략하고 회부할 수 있다(국회법 제81조 제1항 단서).

2. 법률안의 회부

(1) 의의와 원칙

가. 회부의 의의

회부는 국회의장이 국회에 제출된 의안을 심사권한이 있는 위원회에 송부하는 행위를 말한다. 위원회가 본회의의 예비적 심사기관에 불과하지만, 위원회 중심주의를 채택하고 있는 우리 국회에서는 입법정책을 실질적으로 결정하는 기능적 단위로서 위원회가 입법과정에서 핵심적인 역할을 수행하기 때문에 위원회 회부는 매우 중요한 의의를 가진다. 여러 위원회 소관과 관련된 법률안을 회부하는 경우 정책적 주안점이 다른 여러 위원회 중 어느 위원회에 회부하느냐에 따라 법률안 심의의 양상이 달라질 수도 있기 때문이다. 예를 들어 동일한 규율대상에 대한 법률안이라도 환경정책의 관점에서 다루는 위원회와 개발정책의 관점에서 다루는 위원회 중 어느 위원회에 회부되느냐에 따라 정책결정의 내용이 달라질 수도 있다.

위원회 회부는 크게 소관위원회에 법률안을 회부하는 소관위원회 회부와 소관위원회는 아니지만 소관위원회에 의견을 제시하도록 관련된 위원회에 회부하는 관련위원회 회부의 두 종류가 있다.

이러한 법률안의 회부는 본회의에 앞서 위원회에 법률안을 미리 심사할 권한을 부여하는 것이기는 하지만, 국회의 법률안 심의권을 전적으로 위원회에 위양하는 것은 아니다. 위원회에서 심사된 법률안을 비롯한 의안 중 가결된 의안은 본회의에 부의되어 최종적으로 본회의의 심의를 받아야 하며, 위원회가 본회의에 부의하지 아니하기로 한 의안도 폐회일과 휴회일을 제외한 7일 이내에 30인 이상 의원의 연서에 의한 요구가 있는 경우 다시 본회의에 부의한다(국회법 제87조 제1항 단서).

나. 회부의 원칙

법률안을 비롯한 의안의 회부에 적용되는 원칙은 다음과 같다.

먼저 하나의 안건은 반드시 하나의 소관위원회에 회부되며, 안건을 분할하거나 복수의 위원회에 동시에 회부할 수는 없다(단일소관주의 원칙). 다만, 소관위원회가 아닌 관련위원회의 경우는 여러 위원회에 동시에 회부할 수 있다.

이러한 단일소관주의 원칙은 국회법 등에 명문으로 규정된 것은 아니지만 여러 소관위원회에 동시에 회부하여 서로 다른 내용으로 심사결과가 나오는 경우 이를 조정하는 것이 쉽지 않기 때문에 의안심사절차의 명확성과 효율성을 위해 국회의 관행으로 정착된 원칙이다. 이러한 단일소관주의 원칙 때문에 법률안 등 의안의 내용이 여러 위원회 소관사항에 걸쳐있다고 하더라도 복수의 위원회에 회부하거나, 당해 의안을 분할하여 여러 위원회에 회부할 수 없는 것이다.

또한, 국회법 제81조 제1항에 따르면 의안의 위원회 회부는 본회의 보고를 마친 후에 시행될 수 있다(보고 후 회부 원칙). 다만, 폐회 또는 휴회 등으로 본회의에 보고할 수 없을 때에는 보고를 생략하고 회부할 수 있다. 휴회 결의를 하지 못한 채 본회의 의사일정이 예정되어 있지 않은 '사실상의 휴회기간'의 경우에도 보고를 생략하고 회부할 수 있다.[54)]

다. 회부제도의 연혁

위원회 회부제도는 제헌국회 때부터 있던 제도로서 제정국회법은 법률안이 국회의원들로부터 발의되거나 정부에서 제출되면 국회의장은 이 법률안을 본회의에 보고한 후 적당한 위원회에 부탁하여 심사보고하도록 규정하였다(제정국회법 제33조). 법률안을 적당한 위원회에 회부한다고 규정한 것은 당시 국회법에 위원회의 소관사항이 명시되어 있지 않았기 때문이다. 그리고 그 당시 우리 국회는 제도적으로 본회의 중심주의적 특성이 강하여 본회의 의결이 있으면 위원회의 심사를 생략할 수도 있었다. 다만, 법률안의 경우는 1951년 국회법 개정 이후에는 본회의 의결이 있어도 위원회 심사를 생략할 수 없게 되었다.

제 2 공화국에서는 상임위원회의 소관이 국회법에 명시됨에 따라 법률안이 발의 또는 제출되었을 때에 이를 소관상임위원회에 회부하였다(1960년 9월 개정 국회법 제75조). 법률안이 어느 상임위원회의 소관에 속하는지 명백하지 아니할 때 또는 수 개의 상임위원회의 소관에 속할 때에는 국회의장이 의회운영위원회(그 당시의 명칭은 '의원운영위원회'였다)에 의견을 물어서 소관상임위원회를 결정하였다. 또한, 법률안의 위원회 회부 시 본회의는 심사기간을 지정하여 회부할 수 있으며, 위원회가 이유 없이 그 기간 내에 심사를 마치지 못한 때에는 중간보고를 들은 후 다른 위원회에 회부

54) 제11대 국회 국회법 개정 전에는 폐회 또는 휴회 중에 본회의 보고를 생략하고 안건을 위원회에 회부할 수 있는 규정이 없었으나, 제11대 국회 국회법 개정(1981. 1. 29.)시 폐회 또는 휴회 중인 경우에는 본회의 보고를 생략하고 위원회에 회부할 수 있도록 하였고, 제15대 국회 국회법개정(2000.2.16.)시 폐회 또는 휴회 이외의 회기중이라고 본회의에 보고할 수 없을 때에는 안건을 바로 위원회에 회부할 수 있도록 하였다. 국회사무처, 『국회법해설』, 2016, 379.

하거나 위원회에서의 심사를 생략할 수 있도록 하였다(위의 국회법 제79조).

제 3 공화국 때에도 위원회 회부제도는 제 2 공화국 때와 같았으나 한 가지 달라진 점은 소관위원회가 지정된 심사기간 내에 심사를 마치지 못한 경우에 다른 위원회에 재회부는 할 수 있어도 위원회 단계의 심사 자체는 생략할 수 없도록 하였다는 점이다(1963년 개정국회법 제77조 제2항).

제 4 공화국 때에도 의장이 법률안의 소관위원회가 명백하지 않은 경우에는 국회운영위원회와 협의하여 소관위원회를 결정하도록 한 점은 제 3 공화국 때와 같으나 운영위원회와 협의가 이루어지지 아니한 경우에는 의장이 독자적으로 소관상임위원회를 결정하도록 수정 보완하였다(1973년 개정국회법 제74조 제2항). 또한 종전에는 법률안을 위원회에 회부할 때 심사기간을 본회의 의결로 지정하여 왔으나 제 4 공화국 때에는 의장이 독자적으로 지정하도록 하였고(위의 국회법 제77조 제1항), 위원회가 이유 없이 그 심사기간 내에 심사를 마치지 아니한 때에는 의장이 중간보고를 들은 후 다른 위원회에 회부하거나 바로 본회의에 상정할 수 있게 되었다. 그리고 그동안은 법제사법위원회에 법률안의 체계·자구심사를 의뢰할 때에는 심사기간을 지정하지 않았으나, 제 4 공화국 때에는 이 경우에도 심사기간을 지정할 수 있도록 하였으며, 그 기간 내에 법제사법위원회가 심사를 마치지 아니한 때에는 바로 본회의에 부의할 수 있도록 하였다(위의 국회법 제77조 제2항).

제 5 공화국의 국가보위입법회의에서 의결된 제20차 국회법 개정에서는 종전과 달리 본회의가 폐회 중이거나 휴회 중에는 본회의 보고 없이 의장이 법률안을 소관위원회에 회부할 수 있도록 하였다(1981년 개정국회법 제75조).

제 6 공화국 시절인 제13대 국회에서 1991년에 국회법을 개정하면서 독일· 미국 등의 의회에서 활용되고 있는 복수위원회 회부제도를 참고하여 의장이 법률안을 소관위원회에 회부하는 경우에 그 법률안이 다른 위원회의 소관사항과 관련이 있다고 인정할 때에는 관련위원회에도 그 법률안을 회부하도록 하였다(1991년 개정국회법 제83조). 그리고 법률안이 소관위원회에 회부된 후에도 다른 위원회로부터 회부요청이 있을 경우 그 위원회를 관련위원회로 인정하여 법률안을 회부할 수 있게 하였다.

2000년 2월 개정국회법에서는 본회의 보고를 생략하고 법률안을 바로 소관상임위원회에 회부할 수 있는 사유에 폐회나 휴회는 물론 휴회결의를 하지 못한 상태에서 국회가 공전되는 경우까지 포함되도록 개정하여 법률안의 원활한 회부가 가능하도록 하였다(제81조 제1항 단서).

2005년 7월 개정국회법에서는 의정활동의 윤리적 책임성을 강화하기 위하여 의안과 직접적인 이해관계를 가지는 위원이 소관상임위원회 재적위원 과반수가 되어 해당 의안의 심사에 공정을 기할 수 없다고 인정하는 경우에는 의장이 국회운영위원회와 협의하여 다른 위원회에 회부하여 심사하게 할 수 있도록 하였다(제81조 제3항).

(2) 소관위원회 회부

가. 의 의

소관위원회 회부는 국회의장이 법률안 등 의안을 심사권한을 가진 소관위원회에 보내어 심사에 착수하도록 하는 것을 말한다.

나. 상임위원회 회부

소관위원회 회부는 당해 의안에 대한 심사권한을 가진 특별위원회가 구성되어 있는 등 특별한 경우를 제외하고는 소관상임위원회에 회부하는 것이 원칙이다.

상임위원회는 국회법 제37조에 따라 고유의 소관사항을 가지고 있으며, 이러한 소관사항에 해당되는 법률안 등의 의안은 당해 소관상임위원회에 회부된다. 국회 상임위원회의 소관사항은 '소관부처 대응주의'에 따라 위원회 소관 중앙행정기관의 관장사항을 소관으로 하고 있다. 따라서 법률안의 규율사항을 관장하는 주무부처를 기준으로 소관상임위원회를 정하여 회부한다. 특히 통신비밀보호법과 같이 여러 부처의 공동소관 법률에 대한 개정법률안은 그 법률안의 주된 내용을 관장하는 소관 부처를 기준으로 하여 소관상임위원회를 정한다.

그런데 여러 위원회 소관과 관련된 내용의 의안이나 소관상임위원회가 불명확한 의안의 경우는 의장이 국회운영위원회와 협의하여 회부하되, 협의가 이루어지지 않을 경우 직접 소관위원회를 결정하도록 하고 있다(국회법

제81조 제2항). 그러나 실제로는 국회법 규정에 따라 국회운영위원회와 협의하여 소관위원회를 결정하는 경우는 흔하지 않은 편이며, 국회사무처 입법차장을 위원장으로 하여 국회사무처에 설치된 의안조정심의위원회에서 소관위원회를 실무적으로 결정하여 의장의 결재를 받아 소관위원회를 정하기도 한다. 간혹 국회법 규정에 따라 국회운영위원회에 협의를 요청하는 경우가 있으나 이 경우 국회운영위원회가 적극적으로 협의에 응하지 않는 편이기 때문에 협의를 요청한 의안이 상당 기간 회부되지 못하는 경우도 있다.

다. 특별위원회 회부

한편 의안 심사권을 가진 특별위원회가 구성되어 있을 때에는 법률안을 당해 특별위원회에 회부한다. 국회법 제82조는 "국회의장이 특히 필요하다고 인정하는 안건에 대해서는 본회의 의결을 거쳐 이를 특별위원회에 회부한다"고 규정하고 있는데, 실제로는 안건별로 일일이 본회의 의결을 거쳐 특별위원회에 회부하고 있지는 않다. 특별위원회를 구성하기 위한 구성결의안에 당해 의안에 대한 심사권을 해당 특별위원회에 부여하는 내용이 포함되어 본회의의 의결을 거치는 경우 국회법 제82조의 본회의 의결을 거치는 것으로 보아 특별위원회 회부가 이루어진다고 볼 수밖에 없다.

특별위원회에 회부된 안건과 관련이 있는 다른 안건은 그 특별위원회에 회부할 수 있으며(국회법 제82조 제2항), 상임위원회에 이미 회부된 안건도 회송을 받아 이를 다시 특별위원회에 회부한다. 특별위원회에 회부된 법률안 등은 특별위원회 활동기간이 종료될 경우 당해 안건을 회송 받아 다시 소관위원회에 회부하게 된다.

(3) 관련위원회 회부

가. 의 의

관련위원회 회부제도는 국회법 제83조에 따라 국회의장이 소관위원회에 안건을 회부하면서 그 안건이 다른 위원회의 소관 사항과 관련이 있다고 인정하는 경우에 당해 위원회를 관련위원회로 명시하여 안건을 회부하고 관련위원회가 소관위원회에 의견을 제시하도록 하는 제도이다.

이와 유사한 제도로서 독일·미국 등 외국 의회에서는 복수회부(multiple referral)제도를 두고 있다.

이러한 관련위원회 회부제도는 단일 소관주의 원칙에 따라 부득이하게 하나의 소관위원회에만 법률안 등을 회부하게 됨으로써 발생하는 위원회 간 정책조정의 문제를 완화하기 위한 것으로서 연석회의제도 외에는 관련된 위원회가 법률안 심사에 관여할 수 있는 제도가 미흡하였다는 지적에 따라 제13대 국회 때 국회법개정(1991. 5. 31)으로 도입되었다. 국회에 제출된 법률안의 내용이 정부의 여러 부처의 소관사항과 관련이 있고, 따라서 국회의 소관위원회가 복수로 존재하게 될 경우, 이 법률안을 하나의 위원회에서만 심사하게 되면 법률 상호 간에 내용상 충돌을 초래하거나[55] 중요한 관련사항을 누락할 수 있기 때문이다. 관련위원회 회부제도는 소관위원회의 법률안 심사와 관련하여 관련위원회가 의견을 제시할 수 있도록 함으로써 위원회 상호 간의 의견대립 등을 사전에 방지할 수 있게 하는 데에도 의미가 있다.

나. 관련위원회 회부 결정

관련위원회 회부는 의장이 판단하여 관련이 있다고 인정하는 경우 통상적으로 안건의 소관위원회 회부 시 병행한다. 물론 소관위원회에 회부한 후에 관련위원회에 회부할 수도 있다. 또한, 관련위원회 회부는 위원회의 회부 요청이 있어 필요하다고 인정되는 경우에도 할 수 있다(국회법 제83조 제1항).

다. 의견제시 기간의 결정

의장은 관련위원회에 안건을 회부할 때 관련위원회가 소관위원회에 해당 안건에 대한 의견제시를 할 수 있는 기간을 정하여야 하고 필요한 경우 그 기간을 연장할 수 있다(국회법 제83조 제2항). 통상적으로 의견제시 기간은 소관위원회 심사의결 전까지로 정하여 안건을 회부한다.

55) 제185회 정기국회(1997)에서는 축산물의 도축 이전 단계에서 위생관련 업무를 담당하는 소관부처를 규정하는 내용과 관련하여 농림해양수산위원회에서는 농림부권한으로 규정한 '축산물위생처리법개정법률안'을, 보건복지위원회에서는 보건복지부권한을 대폭 확대한 '식품위생법개정법률안'을 각각 의결하여 법률안 상호간에 내용이 충돌하는 결과를 야기한 바 있다.

(4) 위원회 회부의 특별절차

가. 이해관계 위원회 소관 의안의 다른 위원회 회부(국회법 제81조 제3항)

법률안 등 의안은 소관상임위원회에 회부되는 것이 원칙이나, 국회법 제81조 제3항은 해당 의안과 직접적인 이해관계를 가지는 소관상임위원회의 위원이 재적위원 과반수로서 심사의 공정성에 대한 우려가 있는 경우에는 국회운영위원회와 협의하여 다른 위원회에 회부할 수 있도록 규정하고 있다.

이는 법률안 심사의 주체인 위원들이 자신들과 직접적으로 이해관계가 있는 법률안을 심사할 경우에 이해충돌 문제가 발생하는 것을 방지하기 위한 것이다. 특히 일부 위원회는 특정한 경력과 자격을 보유한 의원들로 구성되어(예컨대, 법제사법위원회에서 변호사 출신들이 다수를 차지하거나 보건복지위원회에서 의사 출신들이 다수를 차지할 수 있다) 이들 위원회에서는 소속 의원들의 이해와 관련된 법률안에 대해서 공정하고 객관적인 심사를 기대할 수 없다는 지적이 제기되어 왔다. 이에 2005년 7월 개정국회법에서는 의장이 발의 또는 제출된 법률안과 직접적인 이해관계를 가지는 위원이 소관상임위원회 재적위원 과반수로 해당 의안의 심사에 공정성을 기할 수 없다고 인정하는 경우에는 국회운영위원회와 협의하여 소관상임위원회가 아닌 다른 위원회에 회부하여 심사할 수 있도록 하되, 협의가 이루어지지 않을 경우 의장이 소관위원회를 결정하도록 하였다. 여기서 다른 위원회에는 특별위원회도 포함된다.[56)]

나. 위원회안의 다른 위원회 회부(국회법 제88조)

위원회는 국회법 제51조에 따라 소관사항에 관하여 의안을 제안할 수 있다. 이처럼 위원회가 제안한 의안은 그 위원회에 회부하지 아니하나, 국회운영위원회의 의결이 있으면 다른 위원회에 회부할 수 있다(국회법 제88조).

56) 그러나 이 조항은 법률안 심사에 전문성이 필요하다는 현실적 요청과는 다소 상충되는 측면이 있다. 예컨대, 변호사법에 대한 개정법률안을 심사하면서 법제사법위원회에 변호사 출신 의원이 과반수라고 하여 이를 다른 상임위원회에 회부하여 심사하도록 하는 것은 위원회에서 법률안을 사전에 예비적으로 심사하도록 하는 것이 법률안 심사에서 전문성과 효율성을 도모하기 위한 것이라는 점을 몰각한 처사라고 할 수 있다. 그렇다고 하나의 법률안을 심사하기 위하여 특별위원회를 별도로 구성한다는 것도 쉽지 않은 일이다.

이때의 다른 위원회는 의안을 제안한 위원회가 아닌 다른 상임위원회나 특별위원회를 말한다. 이 절차에 따라 회부를 받은 위원회는 별다른 제약 없이 일반 의안과 동일하게 해당 의안을 심사한다.

다. 재회부(국회법 제94조)

위원회 심사를 마치고 심사보고가 이루어진 안건은 통상 본회의에서 심의를 하나, 해당 안건의 심사가 불충분하거나 심사결과가 부적당하다고 인정되는 경우에는 본회의 의결로 같은 위원회 또는 다른 위원회에 회부하여 다시 심사하게 할 수 있다. 이러한 심사보고 안건의 재회부는 해당 안건이 본회의의 의제가 되어 상정이 이루어지고, 위원장의 심사보고가 있은 후부터 그 안건이 의결되기 전까지 할 수 있다.[57] 재회부의 횟수에 대한 제한에 관하여는 명문의 규정이 없으므로 본회의에서 필요하다고 인정한 때에는 횟수에 제한 없이 재회부할 수 있다.

본회의 심사보고 안건에 대한 재회부의 동의(動議)는 일반적으로 다음과 같은 경우에 이루어진다고 할 수 있다. 첫째, 당해 위원회의 심사가 불충분하거나 부적당한 경우, 둘째, 당해 위원회의 심사절차상 하자가 있는 경우, 셋째, 당해 위원회의 심사안건 내용이 다른 위원회의 소관사항과 상충되어 다툼이 있는 경우이다.[58]

재회부를 받은 위원회는 이전에 본회의에 심사보고가 된 결과에 구애받지 않고 안건 전체를 원점에서부터 자유롭게 심사할 수 있다. 즉, 재회부된 안건을 이전의 심사보고 내용과 동일하게 다시 의결할 수도 있고, 심사결과를 변경할 수도 있다.

(5) 위원회 회부의 예외 및 회송

가. 위원회 회부의 예외

국회법 제81조와 제82조에 따르면 모든 의안은 위원회에 회부하여 위원회 심사를 거친 후 본회의에 부의하여야 하지만, 관례에 따라 위원회 심사를 거치지 아니하고 본회의에 직접 부의하는 의안이 있다. 선출안 및 추

57) 국회사무처, 『국회법해설』, 2016, 454.
58) 위의 책.

천안, 의원의 체포 또는 구금동의안, 국무총리 또는 국무위원 해임의 건, 의원 사직의 건 등은 위원회에 회부하지 아니하고 본회의에서 직접 심의를 한다. 이 중 입법과정과 관련된 안건은 헌법개정안과 대통령이 환부하여 재의하는 법률안으로서 이들 안건은 위원회에 회부하지 아니하고 본회의에서 직접 심의·의결한다.

나. 회송(回送)

법률안 등 의안의 회송(回送)은 의장이 위원회에 회부한 의안을 위원회로부터 다시 돌려받는 것으로서 ① 의안의 상임위원회 회부 후 특별위원회가 설치되어 특별위원회에 회부할 필요가 있는 경우, ② 특별위원회 회부 후 특별위원회의 활동기간 만료로 소관상임위원회에 다시 회부할 필요가 있는 경우, ③ 회부의 착오가 있어 시정할 필요가 있는 경우(예를 들어 복수 소관 법률의 착오에 의한 회부의 경우) 위원회로부터 회부한 의안의 회송을 받는다.

제 3 절 위원회 심사

1. 개 관

(1) 위원회 심사의 의의

가. 의 의

법률안이 회부되면 소관위원회는 그 법률안에 대하여 심사를 하여 당해 법률안의 본회의 부의여부를 결정하고 내용을 수정할 수 있다. 또한 동일한 법률안을 회부받은 관련위원회는 소관위원회와 같이 본회의 부의여부를 결정하거나 내용을 수정할 수는 없지만 지정된 의견제시 기간 내에 소관위원회에 의견을 제시할 수 있다.

위원회 심사는 위원회 중심주의를 채택하고 있는 우리나라 국회에서 가장 핵심적인 입법과정이라고 할 수 있다. 현실적으로 국회에 발의되거나 제출되는 수많은 법률안에 대하여 국회의원 전원이 그 내용을 자세하게 파악할 수 없을 뿐만 아니라 다수의 법률안을 심사하는 데 있어 300명의 국회의원 전체가 참여하여 심사하는 것은 입법과정의 효율성이 매우 떨어지기 때문에 부득이하게 소수의 위원으로 구성된 위원회에 실질적인 심사를 위임할 수밖에 없다.

위원회 심사는 입법과정의 효율성을 제고하기 위하여 입법산출체계에 일종의 분업화·전문화 원리를 도입하는 것으로서 국회의 입법생산성을 제고하여 입법산출을 증대하고, 보다 전문화된 법률안 심사를 통하여 입법산출의 품질을 제고할 수 있는 장점이 있다. 다만, 사회적 관심이 큰 몇몇 법률안을 제외하고는 소관위원회 위원 외에는 그 내용을 자세히 알 수 없는 것이 현실이며, 국민들로부터 직접 입법권을 수권 받은 전체 국회의원이 아니라 소수의 국회의원에 의해서만 실질적인 입법정책결정이 이루어지는 것은 민주적 정당성 측면에서 문제가 있는 것이 사실이다. 더욱이 입법정책결정이 소수의 의원들에 의해 이루어지게 되면, 이들 소수의 국회의원과 이해관계집단의 유착 가능성이 증대한다는 문제점도 있다.

나. 위원회 심사절차 개요

위원회에 회부된 법률안은 일정 기간 입법예고를 실시한 후 위원장이 간사와 협의하여 결정하는 위원회 의사일정에 기재되고, 의사일정에 따라 위원회 회의에서 의제로 상정됨으로써 본격적인 심사절차에 돌입한다. 상정된 법률안에 대하여는 제안자의 제안설명과 전문위원의 검토보고를 들은 후에 대체토론을 거쳐 소위원회에 회부하여 심사하게 하고, 소위원회가 심사를 마친 법률안에 대하여 소위원회의 심사보고를 들은 후 축조심사와 찬반토론을 거쳐 의결을 하는 절차를 거친다. 이때에 필요한 경우 공청회·청문회 등을 개최할 수 있고, 안건조정위원회나 연석회의 등을 거칠 수도 있다. 위원회가 의결한 법률안에 대하여는 법제사법위원회의 체계·자구심사를 의뢰하고 체계·자구심사 결과를 반영하여 심사보고서를 작성한 후 이를 의장에게 제출한다.

표 6-10 위원회 법률안 심사절차

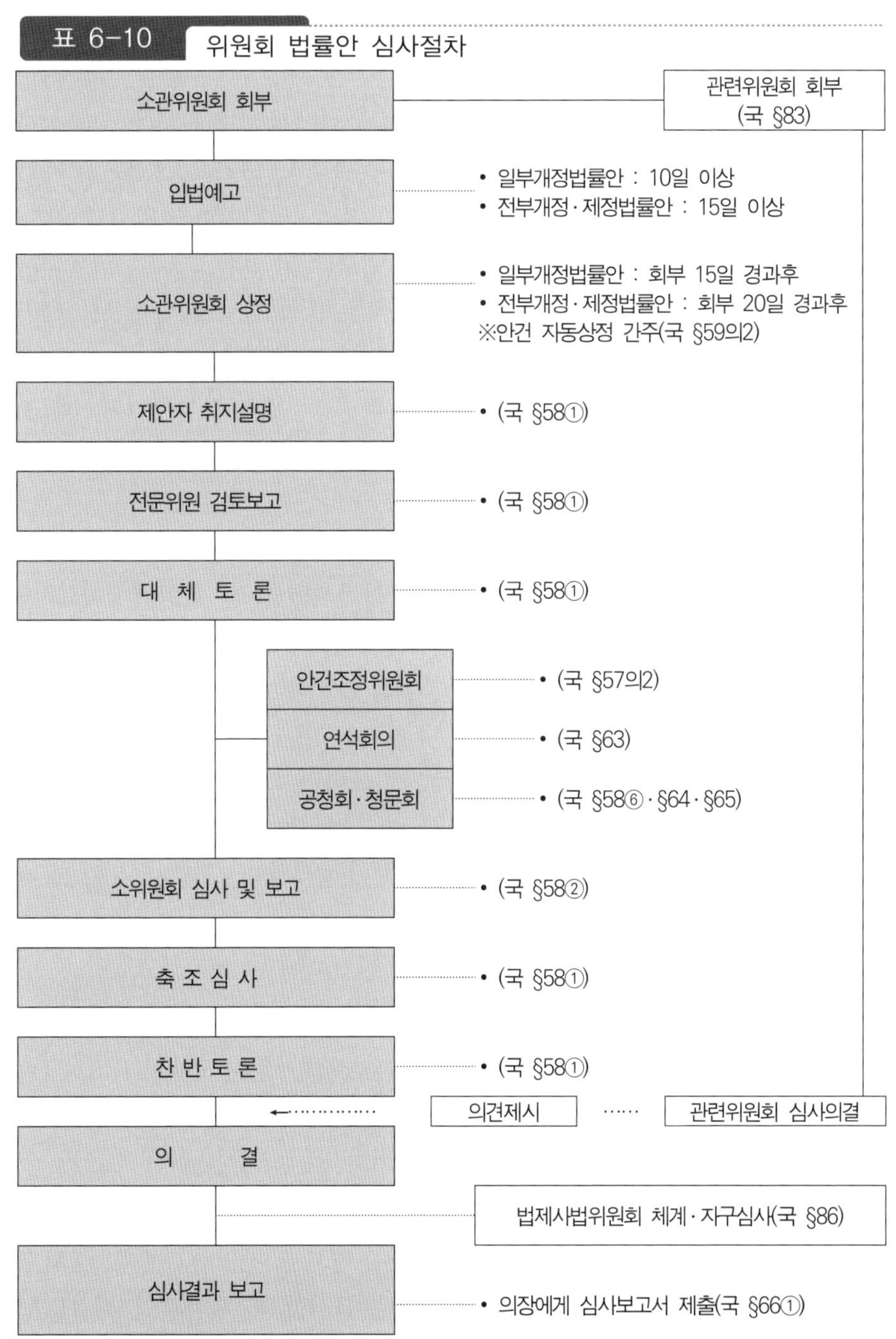

(2) 위원회 심사제도의 연혁

제헌국회를 비롯하여 제 1 공화국 때의 국회에서는 위원회에서의 심사절차가 구체적으로 규정되어 있지 않았으나 관례적으로 ① 상정, ② 제안자의 취지설명, ③ 전문위원의 검토보고, ④ 질의· 답변, ⑤ 소위원회 심사, ⑥ 축조심사, ⑦ 찬반토론, ⑧ 의결의 순서로 진행되었다. 그리고 위원회가 이유 없이 법률안의 심사보고를 지연할 때에는 본회의는 그 법률안을 해당 위원회로부터 반려받아 다른 위원회에 회부할 수 있었다. 법률안 심사 시 위원의 발언은 의제에 대하여 횟수 및 시간의 제한 없이 가능하였다. 제2공화국이나 제 3 공화국에서의 위원회 심사과정도 제 1 공화국 때와 큰 차이가 없었다.

제 4 공화국 때에 이르러 위원회에서의 심사절차가 처음으로 국회법에 명시되었다. 즉 1973년 2월 7일 개정된 국회법 제55조는 위원회에서의 안건심사는 ① 제안자의 취지설명을 듣고, ② 질의· 토론과, ③ 축조심사를 거쳐, ④ 표결하도록 규정하였다. 다만, 위원장은 축조심사를 생략할 수 있도록 하였다. 그리고 예산상의 조치가 수반되는 법률안의 경우에는 정부의 의견을 듣도록 의무화함으로써 재정부담을 야기할 수 있는 법률안에 대하여는 위원회의 심사권을 제한하였다. 그리고 위원회에서 위원들의 발언과 관련하여 위원장은 같은 의제에 대하여 각 교섭단체별로 소속 의원 수의 비율에 따라 발언자 수와 발언시간을 제한할 수 있도록 하였다(1973년 개정 국회법 제56조).

제 5 공화국에서의 법률안 심사절차는 종전과 비교하여 큰 변화가 없었으나 그동안 관행적으로 해 오던 전문위원 검토보고가 개정국회법(1981년 1월 29일 개정)에 명문화되어 제안자의 취지설명이 있은 다음 위원들의 질의·토론 전에 검토보고를 하도록 한 점이 특징이다(1981년 개정국회법 제56조).

제13대 국회부터 제17대 국회까지의 기간 동안에는 수차례의 국회법 개정으로 법률안의 위원회 심사절차에 많은 변화가 있었다. 첫째, 대체토론제도가 도입되었다. 즉 위원회는 법률안을 심사할 때 제안설명과 검토보고가 있은 다음 제안자와의 질의·답변을 포함하여 안건 전체에 대한 문제점과 당부(當否)에 관한 일반적 토론을 벌이도록 하였다(1994년 개정국회법 제58조 제1항). 특히 대체토론이 끝나지 않으면 위원회가 법률안을 소위원회에 회부할 수 없도록 하였다(위의 국회법 제58조 제2항). 이와 같이 대체토론제도를 도입하게 된 것은 그동안 위원회가 법률안 등을 심사하면서 충분한 토론과 의견교환을 거치지 않고 심사를 종결함에 따라 국회 전체의 법률안 심사가 졸속으로 진행되고 형식화되는 문제가 있어 이를 시정하기 위한 노력으로 생각된다.

둘째, 위원회에서의 법률안 상정시기를 제한하였다. 즉, 위원회는 발의 또는 제출된 법률안이 의원에게 배부된 후 3일을 경과하지 아니한 때에는 이를 의사일정에 상정할 수 없도록 하였다(1991년 개정국회법 제59조). 다만, 특별한 사유가 있는 경우에는 위원회의 의결로 달리 정할 수 있게 하였다. 이후 법률안의 상정시기에 대한 제한의 기준시점은 의원에 대한 법률안의 '배부' 시점에서 법률안의 위원회 '회부' 시점으로 변경되었다(1994년 개정국회법 제59조). 이처럼 위원회에서의 법률안 상정시기에 제한을 가한 것은 위원회 소속 의원들에게 법률안심사에 대비한 자료의 수집과 연구 등을 위하여 필요한 시간을 최소한이라도 확보하게 함으로써 보다 심도 있고 내실있는 법률안심사가 이루어지도록 하기 위한 것이다. 법률안 상정제한기간은 2000년 2월 개정국회법에서 종전의 3일에서 5일로 연장되었고(2000년 개정국회법 제59조), 2003년 1월 개정국회법에서는 위원회 최소계류기간을 다시 5일에서 15일로 확대하였으며, 2005년 7월 개정국회법은 일부개정법률안에 대해서는 15일을 유지하되, 제정법률안과 전부개정법률안의 상정제한기간을 20일로 확대하였다.

셋째, 전문위원 검토보고서의 배부시기와 관련하여 종전에는 국회법상 특별한 제한을 두지 않았으나, 1994년에 국회법을 개정하면서 위원회 소속 의원들의 법률안심사를 보다 실질적으로 지원한다는 측면에서 전문위원의 검토보고서는 특별한 사정이 없는 한 해당 법률안이 위원회에 상정되기 48시간 전까지 소속 위원들에게 배부하도록 하였다(1994년 개정국회법 제58조 제4항).

넷째, 종전에는 법률안 등 안건심사와 관련하여 외부전문가의 활용에 관한 별도의 규정이 없었으나, 1991년에 국회법을 개정하면서 위원회는 그 의결로 법률안심사에 필요한 경우 2인 이내의 전문가를 심사보조자로 위촉할 수 있도록 하였다(1991년 개정국회법 제43조). 2000년 2월 개정국회법에서는 위촉할 수 있는 전문가의 수를 2인 이내에서 3인 이내로 확대하였다(2000년 개정국회법 제43조 제1항).

다섯째, 위원회는 심사대상인 법률안에 대하여 그 입법취지와 주요 내용 등을 국회공보 등에 게재하여 입법예고할 수 있게 되었다(1994년 개정국회법 제82조의2).

여섯째, 폐회 중 상임위원회의 정례회의제도가 신설되었다. 그동안 폐회 중에 위원회가 개최되기 위해서는 본회의의 의결이 있거나 의장 또는 위원장이 필요하다고 인정하거나 위원회의 재적위원 4분의 1 이상의 요구가 있을 때에만 가능하였으나, 1991년에 국회법을 개정하면서 상임위원회는 폐회 중에도 최소한 월 1회 정례적으로 개회하도록 의무화하였다(1991년 개정국회법 제53조). 그 후 1994년의 국회법 개정에서는 월 1회를 월 2회로 정례회의의 횟수를 상향조정하였고(1994년 개정국회법 제53조), 1997년에는 2회의 정례회의 중 1회는 미리 그 개회하는 주(週)와 요일을 지정하여 자동 개회하도록 다시 개정하였다(1997년 개정국회법 제53조).

일곱째, 위원회와 예산결산특별위원회가 기획재정부 소관 법률안 또는 재정부담 수반 법률안에 대하여 협의하는 제도가 신설되었다. 예산상의 조치가 수반되는 법률안에 대하여는 일반 법률안에 비하여 엄격한 발의정족수를 규정하는 방식으로 통제를 가한 때도 있었지만, 주로 국회법은 발의정족수는 같게 하면서 예산상의 조치가 수반되는 법률안의 경우 예산명세서를 제출하도록 규정하였었다.

그런데 2005년 7월 개정국회법에서는 정부와 의원이 예산이나 기금상의 조치를 수반하는 법률안 제출 시 비용추계서 제출을 의무화하여 제출과 발의단계에서부터 통제를 강화하는 한편, 위원회심사단계에서는 기획예산처소관 법률안과 상당한 규모의 예산 또는 기금상의 조치를 수반하는 법률안에 대하여는 미리 예산결산특별위원회와 협의하는 제도를 신설하였다.

제18대 국회에서는 관련위원회 의견제시 제도의 실효성을 높이기 위해 소관위원회는 관련위원회가 제시한 의견을 존중하도록 하는 규정을 신설하였다(2010. 3. 12. 국회법개정).

제19대 국회부터 시행되었던 이른바 '국회선진화법'에 의해서는 위원회 심사안건에 대한 의장의 심사기간 지정요건을 엄격히 강화하였고, 이견이 있는 안건에 대한 조정을 위하여 안건조정위원회 제도를 도입하는 한편 위원회의 입법예고를 의무화하였으며,[59] 안건처리의 효율성을 높이기 위한 절차로서 위원회 심사안건에 대한 신속처리제도와 의안 회부 후 일정 기간이 경과한 경우 그 기간 이후 처음 개회하는 위원회에 당해 의안을 상정한 것으로 간주하는 자동상정 간주제도를 도입하였다.

제20대 국회에서는 국회의 입법생산성을 제고하기 위하여 위원회 의사일정의 요일제 시행의 근거를 도입하고, 복수 법안심사소위원회의 설치 근거를 명문화하였다.

2. 일반적 심사절차

(1) 입법예고

가. 의 의

위원회에 법률안이 회부되면 그 입법취지와 주요내용 등을 입법예고하여야 한다. 국회법 제82조의2는 위원장이 간사와 협의하여 회부된 법률안의 입법취지와 주요내용 등을 국회공보 또는 국회 인터넷 홈페이지 등에 게재하는 방법으로 입법예고하여야 한다고 규정하고 있다.

나. 입법예고의 대상

위원회에 회부된 법률안은 원칙적으로 모두 입법예고의 대상이 된다.

다만, ⅰ) 체계·자구심사를 위하여 법제사법위원회에 회부된 법률안과 ⅱ) 긴급한 입법의 필요성이 있거나 입법내용의 성질 또는 그 밖의 사유로 위원장과 간사가 협의하여 입법예고를 하지 아니하도록 결정한 법률안은 입법예고의 대상에서 제외된다(국회법 제82조의2 제1항). 위원장과 간사가 협의하여 입법예고를 실시하지 아니한 법률안은 추후 미실시 사유가

59) 입법예고 절차는 1994년 국회법 개정(1994. 6. 28.)에 의하여 임의절차로 도입되었으나, 실효적으로 작동하지 않아서 관련 정보시스템을 구축하고 의무화하였다.

소멸되었다고 인정하는 경우에는 위원장이 간사와 협의하여 입법예고를 실시할 수 있다(국회 입법예고에 관한 규칙 제4조 제3항).

입법예고의 대상이 되는 사항은 ⅰ) 발의자·제출자, ⅱ) 입법취지(법률안의 제안이유), ⅲ) 주요내용, ⅳ) 법률안의 전문, ⅴ) 국회법 제79조의2에 따른 비용추계자료 등, ⅵ) 의견제출 기관, 기간 및 방법이다(국회 입법예고에 관한 규칙 제3조 제1항).

다. 입법예고의 시기 및 방법

위원장은 위원회에 회부된 법률안을 간사와 협의하여 지체 없이 입법예고를 하여야 한다. 다만, 위원장이 필요하다고 인정하는 경우에는 간사와 협의하여 그 시기를 따로 정할 수 있다(국회 입법예고에 관한 규칙 제2조).

입법예고는 ⅰ) 국회공보 게재, ⅱ) 국회 또는 위원회 홈페이지 게재, ⅲ) 신문 등 매체(신문, 방송, 잡지, 인터넷 등) 광고의 방법으로 한다. 통상적인 경우 국회공보나 국회 또는 위원회 홈페이지 게재의 방법으로 입법예고를 하며, 국회공보에 게재할 때에는 지면 사정상 법률안 전문을 생략하고 게재할 수 있다. 신문 등 언론 매체 광고를 통한 입법예고는 국가의 중요 정책이나 국민생활에 중대한 영향을 미치는 사항을 포함하는 등 국민에게 널리 알릴 필요가 있는 법률안에 대하여 예산의 범위 내에서 위원장이 결정하는 경우 시행한다(국회 입법예고에 관한 규칙 제3조).

라. 입법예고 기간

입법예고의 기간에 대하여 국회법 제82조의2 제2항은 10일 이상으로 하되 특별한 사정이 있는 경우 단축할 수 있도록 규정하고 있다. 그런데, 「국회 입법예고에 관한 규칙」 제4조는 이를 법률안의 종류별로 보다 구체적으로 규정하여, 일부개정법률안의 경우는 10일 이상, 전부개정법률안 또는 제정법률안은 15일 이상 입법예고를 하도록 하고 있다. 폐지법률안에 대하여는 동 규칙에서 정하고 있는 바가 없으므로 국회법 규정에 따라 10일 이상의 입법예고기간을 갖는다고 보아야 할 것이다.

또한, 동 규칙은 특별한 사정이 있는 경우 이러한 법률안별 입법예고 기간을 위원장이 간사와 협의하여 단축할 수 있도록 하고 있으며, 법률안

심사에 필요한 경우에는 위원장이 간사와 협의하여 연장할 수 있도록 규정하고 있다(국회 입법예고에 관한 규칙 제4조 제2항).

마. 의견제출 및 보고 등

입법예고된 법률안에 대하여 의견이 있는 사람은 입법예고기간 동안 문서 또는 국회나 소관위원회의 인터넷 홈페이지에 게재하는 방법으로 소관위원회에 의견을 제출할 수 있다. 제출된 의견 중 법률안의 체계, 적용 범위 및 형평성 침해 여부 등 중요한 사항에 대하여는 위원회 전문위원이 위원회 또는 소위원회에 보고하도록 하고 있다(국회 입법예고에 관한 규칙 제5조).

또한, 국회사무총장은 입법예고의 효율적 실시를 위하여 필요한 정보시스템을 구축·관리하여야 하며(국회 입법예고에 관한 규칙 제6조), 이에 따라 국회는 현재 입법예고 및 이에 따른 의견접수를 위하여 '국회입법예고시스템'[60]을 운영하고 있다.

그림 6-1 국회입법예고시스템 화면

60) http://pal.assembly.go.kr

(2) 상 정

가. 의 의

위원회에 회부된 법률안에 대한 위원회의 심사가 공식적으로 개시되기 위해서는 당해 법률안이 위원회 회의에 의제로 상정되어야 한다. 상정(上程)은 의사일정에 기재된 안건을 회의의 정식 의제로 삼아 논의를 시작하는 행위를 말하는 것으로서[61] 위원회가 당해 안건에 대한 심사를 공식적으로 개시하는 절차라고 할 수 있다. 즉, 법률안 등 안건을 상정한다는 것은 당해 안건이 위원회 회의의 의제가 되어 공식적인 논의의 대상이 된다는 것을 의미한다.[62]

이처럼 법률안의 상정은 입법과정상 위원회 심사절차가 개시되었다는 의미를 가지지만, 본래 상정의 의미는 의사진행 절차의 하나로서 특정 안건을 당일 회의의 의제로 삼아 논의의 대상이 되게 하는 행위를 뜻한다. 따라서 법률안이 회의의 의제로서 심사의 대상이 될 때마다 매번 의제로 상정하는 행위가 있어야 한다. 가령 예를 들어 상정이 이루어진 법률안에 대한 심사를 당일 마치지 못하여 다음 날 열리는 회의에서 계속 심사를 하는 경우 다음 날에도 당해 법률안을 상정하는 위원장의 행위가 있어야 한다. 이 때에는 최초 상정의 경우와 구분하기 위하여 통상 위원장의 사회문안에서는 '계속 상정한다'는 용어를 쓴다. 한편, 이처럼 다시 상정되는 경우라고 하더라도 전문위원의 검토보고, 대체토론 등 이미 행하였던 심사절차를 매번 다시 반복하는 것은 아니다. 이전에 중지된 심사절차가 있다면 그 절차부터, 특정 심사절차를 완료하고 회의를 마친 경우에는 그 다음 심사절차부터 심사를 계속한다.

나. 의사일정의 작성

위원회의 의제로 안건을 상정하기 위해서는 당해 안건이 당일 회의의 의사일정에 등재되어 있어야 한다. 즉, 의사일정에 포함된 안건만이 당일 회의의 의제로 상정될 수 있다. 만약 의사일정에 없는 안건을 상정하려면

---

61) 정호영, 앞의 책, 411.

62) 이러한 측면에서 입법예고는 입법과정상 위원회 심사의 첫 번째 절차이기는 하나 이는 본격적인 위원회 심사에 앞서 여론을 수렴하는 사전적 준비절차라고 할 수 있다.

먼저 의사일정에 당해 안건을 추가하여 등재하여야 한다.

위원회의 의사일정은 위원장이 간사와 협의(協議)하여 작성한다(국회법 제49조 제2항).[63] 여기서 '협의'의 사전적 의미는 '둘 이상의 사람이 협력하여 의논한다'는 것으로서 일정한 협력적 의사결정을 위하여 의견을 교환하는 것을 의미한다. 이는 의논의 당사자들 간에 의사가 합치하는 '합의'와는 구별되는 개념이다. 따라서 위원장과 각 교섭단체 간사 간의 의사일정에 대한 의사가 합치되지 않아 합의에 이르지 못하여도 일단 위원장이 간사와 의논한 경우에는 협의절차를 거친 것이 되므로 위원장이 의사일정을 정할 수 있다. 그러나 이처럼 위원장에게 의사일정의 결정권이 최종적으로 유보되어 있다고 하더라도 일방적으로 의사일정을 정하는 경우는 흔하지 않으며 대부분의 경우 위원장이 간사와 합의하여 원만하게 의사일정을 결정하는 것이 통상적이다.

이처럼 결정된 의사일정은 필요에 따라 변경 또는 추가될 수 있는데 국회법 제77조의 규정을 준용하여 위원의 동의(動議)로 위원회의 의결이 있거나 위원장이 간사와 협의하여 필요하다고 인정하는 경우에는 안건을 추가하거나 순서를 변경할 수 있다.[64]

다. 상정제한기간

법률안 등 안건의 상정시기는 기본적으로 위원장이 간사와 협의하여 작성하는 의사일정에 따라 결정되나, 국회법 제59조는 원칙적으로 위원회 회부 후 일정기간이 경과하여야만 안건을 위원회 회의에 상정할 수 있도록 상정시기를 제한하고 있다. 이는 법률안 등 안건이 위원회에 회부된 후 일정 기간을 의견수렴과 검토에 필요한 일종의 숙려기간(熟慮期間)으로 확보하기 위한 것이다. 통상 이 기간 내에 입법예고와 전문위원의 검토보고 작

63) 2016년 12월 16일 국회법 개정으로 신설된 제49조의2는 위원회의 예측가능한 운영을 위하여 의사일정 작성 시 위원회 개회일시를 매주 월요일 및 화요일 오후 2시로 하는 의사일정 작성기준을 규정하고 있으나, 의사일정 작성에 참고가 되는 기준만을 제시하는 것으로서 구속력이 있지는 않다.

64) 본회의 의사일정 변경에 관한 규정인 국회법 제77조는 동의(動議)에 20인 이상의 연서를 요구하고 있으나, 위원회 준용규정인 국회법 제71조가 위원회의 동의는 특별히 다수의 찬성자가 있어야 한다는 본회의 규정에도 불구하고 동의자 외 1명 이상의 찬성으로 의제가 될 수 있도록 규정하고 있으므로 20인 이상의 연서가 불필요하다.

성 등이 이루어진다.

법률안의 상정제한기간은 법률안의 회부일로부터 기산하며,[65] 법률안의 종류별로 다소 차등을 두고 있다. 일부개정법률안은 회부일로부터 15일, 제정법률안·전부개정법률안 및 폐지법률안은 20일이다. 참고로 법제사법위원회에 체계·자구심사를 위하여 회부된 법률안의 경우는 5일의 상정제한기간을 갖는다(국회법 제59조 제1호~제3호).

원칙적으로 이러한 상정제한기간이 경과해야만 법률안을 상정할 수 있으나, 예외적으로 긴급하고 불가피한 사유가 있어 위원회의 의결이 있는 경우에는 상정제한기간이 지나지 않아도 상정이 가능하도록 하여 상황에 따른 탄력적 적용의 여지 또한 두고 있다(국회법 제59조 단서).

한편, 2003년 1월 22일 의결된 개정국회법은 정기국회 중 처리대상 법률안을 제한하는 규정을 두어 정기회 기간 중 위원회에 상정하는 법률안은 긴급하고 불가피한 사유로 위원회 의결을 거친 경우를 제외하고는 '다음연도 예산안처리에 부수하는 법률안'으로 한정하였었다(국회법 제93조의2 제2항). 이는 정기국회 중에 법률안이 집중적으로 제출됨으로써 예산안 심의 등에 상대적으로 소홀해지고 법률안도 졸속으로 심사되는 문제점을 시정하고자 도입한 규정이다. 그러나 현실적으로 정기국회 중에도 법률안의 심의가 불가피한 경우가 많아서 실효성이 떨어지고, 절차만 번거롭다는 지적에 따라 2012년 5월 국회법 개정으로 해당 조항이 삭제되었다.

라. 안건의 자동상정 간주

법률안 등 안건은 이처럼 상정제한기간이 경과한 후에는 언제든지 상정이 가능하나, 과거에는 상정시기나 상정 여부가 위원장이 간사와 협의하여 작성하는 의사일정에 따라 전적으로 결정되었기 때문에 쟁점 법률안 등에 대하여는 의사일정 협의가 원활하게 이루어지지 않아 안건에 대한 심사조차 시작하지 못한 사례가 많았으며, 이와 관련한 정치적 갈등 또한 극심한 편이었다. 특히 국회법 제85조 등에 의한 심사기간 지정과 관련하여 국회의장이 정치적 부담 때문에 최소한 위원회 상정절차라도 거친 안건에 대

65) 국회법 제168조는 국회법에 따른 기간을 계산할 때에 초일을 산입하도록 규정하여 민법상 기간계산 원칙인 초일불산입 원칙과 다른 기간계산 원칙을 적용하고 있다.

하여만 심사기간을 지정하는 관행이 반복되자, 안건의 종국적 처리절차도 아니고 심사의 개시를 의미하는 절차에 불과한 '상정'만을 위하여 물리적 충돌이 발생하는 사례도 다수 있었다.

이러한 문제점을 개선하기 위하여 2012년 5월 이른바 '국회선진화법'에 의한 국회법 개정 시 '의안의 자동상정 간주' 조항(국회법 제59조의2)을 신설하여 국회법 제59조에서 규정한 상정제한기간이 경과한 후 30일이 지나면, 이후 처음으로 개회하는 위원회에 당해 의안이 상정된 것으로 간주하는 제도가 도입되었다. 이 규정에 따르면 일부개정법률안의 경우 상정제한기간 15일에 30일을 더하여 45일이 경과하게 되면 이후 처음 개회하는 위원회에 당해 법률안이 상정된 것으로 간주되어 심사절차를 진행할 수 있다. 제정법률안·전부개정법률안 및 폐지법률안은 상정제한기간 20일에 30일을 더한 50일이 경과한 후 처음 개회되는 위원회에 상정된 것으로 간주된다.

이러한 '자동상정 간주'제도의 도입으로 상정 시기와 관련된 정치적 갈등이 완화되고 안건 심사의 신속성이 제고되는 장점이 있으나, 일률적인 자동상정 간주규정의 적용으로 안건의 특성에 따른 충분한 검토기간이나 사전조정기간의 확보가 여의치 않을 수 있는 문제점이 있다. 이러한 문제점을 보완하기 위해서 국회법 제59조의2 단서의 규정에서는 위원장이 간사와 합의하는 경우에는 이러한 자동상정 간주제도의 적용을 배제할 수 있도록 하고 있다.

또한, 상정이 간주된다 하여도 해당 안건에 대해서 실질적으로 심사가 진행되지 않으면 자동상정 간주제도는 의미가 크지 않게 되는 것이 사실이나, 실제로는 자동상정 간주제도의 취지에 따라 국회법 제59조의2에서 정한 기간이 경과할 경우 안건을 상정하여 심사하는 경우가 대부분이다.

(3) 제안설명

가. 의 의

법률안이 상정되면 제안자는 위원회에 출석하여 제안취지를 설명한다(국회법 제58조 제1항). 의원발의안의 경우 발의한 의원이 제안설명을 하며,

정부제출안의 경우는 관계 국무위원 또는 그를 대리한 정부위원이 제안설명을 한다. 의원발의안의 발의자가 다수일 경우는 대표자 1인이 제안설명을 하며, 발의자가 설명할 수 없는 사정이 있을 때에는 발의에 찬성한 찬성자가 발의자를 대신하여 설명할 수 있다.

나. 제안설명의 방법

제안설명은 제안설명자가 출석하여 구두로 설명하는 것이 원칙이다. 통상 위원회의 의사진행은 의원발의안에 대한 제안설명을 먼저 듣고 정부제출안에 대한 제안설명을 그 다음에 듣는 것이 관행이다.

그러나 제안설명자가 출석하기 어려운 상황인 경우 위원장의 허가를 얻어 유인물로 제안설명을 대체할 수 있다. 제안설명자가 출석한 경우에도 의사진행의 효율성을 위하여 제안설명을 유인물로 대체하기도 한다. 제안설명은 법정절차이므로 생략할 수는 없고 유인물로 대체하여서라도 실시하여야 한다.

(4) 전문위원 검토보고

가. 의 의

제안자가 설명을 마치게 되면 위원회 소속 전문위원이 해당 법률안에 대하여 검토한 사항을 보고한다. 전문위원의 검토보고는 국회법상 법률안 심사 시 반드시 거치도록 되어 있는 필수적 절차이다. 전문위원은 상정된 법률안에 대하여 입법의 필요성, 내용의 타당성, 기존법과의 상충 여부, 입법 영향 등에 대한 검토결과와 필요한 경우 해당 법률안에 대한 수정의견을 제시한 검토보고서를 작성하여 이를 위원회에 보고한다.

나. 전문위원

전문위원은 국회법(제42조)과 국회사무처법(제8조, 제9조)에 의하여 위원회에 두는 국회 공무원으로서 각 위원회별로 수석전문위원(차관보급)을 1인씩 두고 전문위원(2급)은 위원회별 업무량에 따라 1인에서 4인까지 두고 있다. 이들 수석전문위원 및 전문위원은 국회사무총장의 제청으로 국회의장이 임명하며 위원장과 위원의 입법활동을 지원한다.

위원회에는 이들 전문위원의 검토보고서 작성을 보좌하기 위하여 업무량에 따라 입법심의관(3급)과 입법조사관(3급~5급)을 여러 명 두고 있다.

다. 검토보고의 방법

전문위원은 특별한 사정이 없는 한 법률안의 위원회 상정 48시간 전까지 소속 위원들에게 검토보고서를 배부하여야 한다(국회법 제58조 제8항). 위원회 회의에서 전문위원의 검토보고는 구두로 이루어지는 것이 원칙이나 의사진행의 효율성 등을 위하여 불가피한 경우 서면으로 대체되기도 한다. 과거 법률안 심사 건수가 많지 않았을 때에는 전문위원의 검토보고는 작성된 검토보고서를 낭독하는 형식으로 이루어졌었으나, 2000년대 이후 심사하는 법률안의 수가 증가하면서 과거와 같이 법률안별로 검토보고서를 낭독하는 형식으로 보고하는 것이 어렵게 되었다. 요즘은 작성된 검토보고서는 의석에 배부하되, 당일 상정되는 법률안별 검토보고서의 내용을 요약한 요약 검토보고서의 내용만 보고하는 형식으로 검토보고가 이루어지는 것이 일반적이다.

(5) 대체토론

가. 개 요

전문위원의 검토보고에 이어 위원들의 대체토론이 실시된다. 대체토론(大體討論, General Debate)은 국회법 제58조 제1항의 규정에 따르면 안건 전체에 대한 문제점과 당부(當否)에 관한 일반적 토론을 말하며, 제안자와의 질의·답변을 포함한다.

대체토론은 소위원회 회부의 전치절차로서 대체토론이 끝나지 않으면 당해 안건은 소위원회에 회부될 수 없다(국회법 제58조 제3항).

나. 연 혁

1994년 6월 개정되기 이전의 국회법은 법률안의 심사절차를 ① 제안설명, ② 전문위원의 검토보고, ③ 질의·토론, ④ 축조심사, ⑤ 표결 순으로 규정하였었다. 그러나 대체토론이 명문으로 규정되어 있지 않았기 때문에 상임위원회 전체회의에서 소위원회에 법률안에 대한 심사를 회부할 때

① 안건에 대한 소위원회의 심사방향이 불분명하고, ② 소위원회의 심사결과가 위원회 위원 다수의견과 배치될 가능성이 있으며, ③ 소위원회의 권한과 책임의 한계가 불분명하다는 문제점이 제기됨에 따라 국회법을 개정(1994년 6월 28일)하여 위원회가 안건을 소위원회에 회부하기 전에 반드시 대체토론을 거치도록 보완하였다(국회법 제58조 제3항).

주요국 의회에서도 본회의중심주의를 채택하든 위원회중심주의를 채택하든 본회의 또는 위원회에서 대체토론을 거친 후 구체적인 내용심사에 들어가도록 하는 절차를 두고 있다.

다. 대체토론의 기능

대체토론은 입법과정상 다음과 같은 기능을 수행한다. 첫째, 대체토론은 법률안 등 안건에 대한 위원들의 의견 개진을 통하여 다양한 의견을 가진 위원들의 의사를 조정하여 수렴하는 기능을 수행한다. 위원회 위원들은 대체토론 과정에서 법률안 등에 대한 의견을 공식적인 절차를 통해 표출할 수 있으며, 대체토론 과정에서 표출된 의견은 해당 안건에 대한 위원회의 심사방향에 대한 공감대를 형성하고 쟁점을 명확히 부각시켜 주요 심사사항을 선별하는 기능을 수행한다. 대체토론 과정에서는 해당 안건에 대한 다수의 의사를 가늠할 수 있고, 각자의 정치적 견해나 정책적 견해의 차이에서 비롯되는 간극을 확인하여 합일적 의사형성을 위한 타협이나 조정이 필요한 사항이 무엇인지 인지하게 하여 준다. 그러나 쟁점에 대한 견해차가 극명한 경우로서 합일적 의사형성에 대한 의지가 강하지 않은 경우는 대체토론이 정책적 합의를 위한 의견수렴 기능보다는 정치적 공방을 주고받는 경쟁적 정치기능에 치중될 수도 있다.

둘째, 대체토론은 법률안 등의 안건 심사에 있어서 제안자나 검토보고를 한 전문위원이 미처 발견하지 못한 문제점을 지적하거나 보다 합리적인 정책대안을 제시하여 심사대상 안건에 대한 정책결정의 완성도를 높이는데 기여할 수 있다.

셋째, 대체토론은 전체 위원회의 다양한 의견을 수렴하여 소위원회의 심사에 지침을 제공하고 소위원회에서 심사할 주요의제를 선정하는 기능을 수행한다. 소위원회는 전체 위원회와 독립적인 회의체가 아니라 위원회의 위임범위 내에서 활동하는 위원회의 내부기관이다. 또한 소위원회가 심사한 결과에 대한 수용 여부의 결정권은 전체 위원회에 유보되어 있다. 따라서 전체 위원회 위원들의 의사가 소위원회 심사에 반영되도록 하는 것은 민주적 정당성이나 의사절차의 경제성 측면에서 바람직한 것이다.[66] 뿐만 아니라 대체토론은 해당 안건에 대한 위원회 심사의 쟁점사항을 부각시켜 소위원회에서 주의 깊게 다루어야 할 의제를 제시하는 기능을 수행한다. 때문에 위원회 전문위원이 소위원회 심사자료를 작성할 때에는 대체토론에서 제기된 위원들의 의견을 정리하여 수록하는 것이 통례이다.

라. 대체토론의 방식

대체토론은 발언의 일종으로서 위원회에 적용되는 발언원칙에 따라 실시된다. 위원회에서 위원은 동일 의제에 대하여 원칙적으로 횟수나 시간에 제한 없이 발언할 수 있다.[67] 그러나 실제 회의에서는 많은 수의 위원이 발언을 하고자 하기 때문에 특정 위원이 발언시간을 무제한 사용할 수는 없고 발언시간을 균등하게 배분하여 발언하게 한다. 특히 국회법 제60조 제1항 단서는 각 위원의 첫 번째 발언시간을 위원장이 간사와 협의하여 15분의 범위 내에서 균등하게 정하도록 하고 있다.

대체토론은 상정된 의제에 대하여 실시하며, 의사진행의 효율성을 위하여 의사일정의 안건 중 여러 안건을 일괄하여 상정하는 경우는 당해 안건 모두가 대체토론의 의제가 된다. 즉, 의사일정 제1항의 법률안부터 제10항의 법률안까지 상정하여 대체토론을 실시하는 경우 대체토론의 의제는 제1항의 법률안부터 제10항의 법률안까지의 법률안이 되는 것이다.

대체토론은 대개의 경우 질의의 형식으로 진행된다. 대체토론은 법률안의 문제점이나 타당성 여부에 대하여 위원회 위원들이 자신의 의견을 개진하는 것으로서 반드시 질의·답변의 형식으로 할 필요는 없으나, 실제로는 출석한 국무위원이나 정부위원 등에 대한 질의와 이에 대한 답변의 형

66) 전체 위원회의 다수의사와 배치되는 소위원회의 심사결과는 전체 위원회에서 수용되지 않을 위험성이 있기 때문이다.

67) 본회의는 동일 의제에 대하여 한 의원이 2회까지만 발언할 수 있다.

식으로 이루어지는 것이 통상적이다. 위원회에서 질의는 일문일답 방식으로 하여야 하지만(국회법 제60조 제2항) 위원회의 의결이 있는 경우 위원들이 일괄적으로 먼저 질의를 하고, 이에 대하여 국무위원 등이 일괄적으로 답변하는 방식으로 이루어질 수도 있다(동조 동항 단서).

마. 질의·답변

질의(質疑)는 심의 중인 안건에 관하여 의문의 해명을 요구하는 것으로서[68] 위원장·제안자·보고자·국무위원·정부위원 등에게 안건에 관한 의문사항을 물어서 밝히는 것을 말한다. '대정부질문', '긴급현안질문', '서면질문'과 같이 정부에 대하여 국정에 관한 설명을 요구하는 질문(質問)과는 구별되는 개념이다.

국회법 제58조 제1항은 대체토론에 제안자와의 질의·답변을 포함하도록 규정하고 있으나, 통상 대체토론 시 이루어지는 질의·답변은 제안자가 아닌 국무위원이나 정부위원에 대한 질의와 답변의 형식으로 이루어지는 경우가 많다. 의원발의안의 경우 제안설명을 하는 발의의원이 불참하거나 제안설명 후 이석하는 경우가 많아서 제안자에 대한 질의·응답이 이루어지기 어려운 것도 현실적인 이유이다. 또한, 그동안 관행적으로 질의·응답 형식으로 대체토론을 실시하였기 때문에 실질적인 내용이 의문사항에 대한 해명을 요구하는 질의가 아니고 자신의 정책적 주장을 개진하는 내용인 경우에도 질의의 형식으로 "~라고 생각하는데, 장관의 견해는 무엇인가?"라고 묻는 것과 같이 자신의 주장에 대하여 국무위원 등의 견해를 묻는 형식을 취하기도 한다.

질의방식은 구두질의가 원칙이나 질의할 의원에게 사정이 있거나 시간절약 등 회의진행상의 사정이 있는 경우 서면질의를 허용하고 후에 서면 또는 구두로 답변을 구하는 경우도 있다. 다만, 서면질의를 하고자 하는 경우에도 회의에 출석하는 것이 필요한지에 대하여는 우리 국회법에서 명시적인 규정을 두고 있지 않아 논란이 있다. 이에 대하여는 질의는 의원이 회의에 출석하여 의제가 된 안건과 관련하여 궁금한 사항을 제안자나 보고

68) 한수웅, 『헌법학』, 법문사, 2018, 1209.

자에게 묻는 행위이고, 서면질의는 예외적인 상황하에서 제한적으로 인정되는 질의방식으로 구두질의에 대한 보충적 성격이 있다고 보아야 할 것이므로 전혀 출석을 하지 않은 의원은 서면질의도 할 수 없다고 보는 것이 옳다.

질의에 대한 답변은 제안자나 보고자가 위원의 질의에 대하여 구두로 답변하는 것이 원칙이나 회의의 신속한 진행을 위하여 위원장이 질의한 의원의 양해를 얻어 서면으로 답변하는 것을 용인할 수 있다. 그리고 질의를 받은 제안자나 보고자가 직접 답변하는 것이 원칙이지만 보다 구체적이고 상세한 답변을 필요로 하는 경우에는 위원장이 질의위원의 양해를 얻어 정부위원 등 소관부처 관계자로 하여금 답변하게 하기도 한다.[69]

(6) 소위원회 심사

가. 의 의

소위원회 심사는 법률안 등 안건을 보다 효율적으로 심도 있게 심사하기 위하여 위원회 위원 중 일부로 구성된 소위원회에 세부적인 심사를 위임하고, 그 심사결과를 위원회에 보고하게 하는 절차이다.

국회법 제58조 제2항은 "상임위원회가 안건을 심사할 때 소위원회에 회부하여 심사·보고하도록 한다"라고 규정하고 있어 일견 소위원회 심사절차를 위원회 심사의 필수절차로 규정한 것처럼 보인다. 그러나 소위원회의 설치 근거 규정인 국회법 제57조 제1항 및 제2항은 소위원회를 '둘 수 있다'라고 하여 소위원회 설치 자체는 임의규정으로 두고 있다.[70]

나. 소위원회의 종류와 활동

법률안 심사와 관련하여 설치하는 소위원회는 크게 ⅰ) 상임위원회의 소관사항을 분담·심사하기 위하여 두는 상설소위원회와 ⅱ) 특정한 안건을 심사하기 위하여 두는 안건심사 소위원회가 있다. 이 중 상설소위원회

69) 우리 국회의 경우 주로 국무위원이나 차관이 출석하여 답변하고 있으나 미국, 일본 등의 의회에서는 고위 실무자(실·국장 등)가 답변하는 경우도 많이 있다.

70) 제21대 국회 제380회 임시회에서는 교섭단체 간 미합의로 소위원회가 구성되지 않은 상태에서 법제사법위원회에서 주택임대차보호법 일부개정법률안 등 법률안에 대하여 소위원회 심사 없이 대안 등을 의결한 사례가 있다.

는 여러 가지 현실적인 제약으로 거의 설치되어 있지 않고 있으며, 많은 위원회가 안건심사 소위원회 형태로 법률안심사소위원회를 설치하여 법률안 심사를 하고 있다. 2019년 4월 16일 국회법 개정으로는 상임위원회에 복수의 법률안심사소위원회를 설치할 수 있는 근거를 명문화하였다(국회법 제57조 제2항).

소위원회의 활동은 위원회가 의결로 정하는 범위에 한정된다(국회법 제57조 제4항). 상설소위원회의 경우 분담된 소관사항에 해당하는 법률안을 심사할 수 있으며, 안건심사소위원회의 경우는 위원회가 의결한 범위 내의 법률안을 심사할 수 있다. 상설소위원회와 안건심사소위원회의 소관이 중첩될 경우는 상설소위원회와 안건심사소위원회의 관계는 상임위원회와 특별위원회의 관계와 같다고 할 수 있으므로 위원회의 특별한 결정이 없는 한 안건심사소위원회가 우선하여 심사권을 가진다고 할 수 있다.

소위원회는 폐회 중에도 활동할 수 있으며, 법률안 심사소위원회는 매월 3회 이상 개회하도록 국회법에 규정되어 있다(국회법 제57조 제6항). 또한, 소위원회는 의결로 의안 심사와 직접 관련된 보고 또는 서류 및 해당 기관이 보유한 사진·영상물의 제출을 정부·행정기관 등에 요구할 수 있고, 증인·감정인·참고인의 출석을 요구할 수 있다. 이 경우 그 요구는 위원장의 명의로 한다(국회법 제57조 제7항).

다. 소위원회 회부

법률안 등 위원회 심사안건의 소위원회 회부는 국회법 제58조 제3항에 따라 대체토론이 종결되지 않으면 할 수 없다. 다만, 소위원회에 회부되어 심사 중인 안건과 직접 관련된 안건이 위원회에 추가적으로 회부된 경우에는 위원장이 간사와 협의하여 대체토론 등을 생략하고 당해 안건을 바로 해당 소위원회에 회부할 수 있다(국회법 제58조 제4항).

라. 소위원회 심사

소위원회 심사에는 통상 소위원장을 비롯한 소위원회 위원, 담당 전문위원, 소관부처의 정부위원(주로 소관부처의 차관)이 참석한다. 보통 소위원회 심사 전에 담당 전문위원은 안건의 내용과 위원회의 대체토론 요지 등을 정리한 소위원회 심사자료를 작성하여 배부한다. 전문위원이 작성한 소위원회 심사자료에는 미리 정부측과 협의하여 제시하는 수정의견이 포함되기도 한다.

소위원회의 심사절차는 위원회 심사절차(국회법 제58조)와 같은 명문규정은 없으나, 국회법에서 다르게 정하거나 소위원회의 성질에 반하지 아니하는 한 위원회의 규정이 적용되도록 하고 있으므로(국회법 제57조 제7항) 대체로 취지설명, 질의·토론, 축조심사, 표결 순으로 진행된다고 할 수 있는데, 국회법상 소위원회에서는 축조심사를 생략할 수 없다(국회법 제57조 제7항 단서).

그러나 실제로는 대부분의 경우 안건별로 상정하거나 관련 안건을 일괄 상정한 후 전문위원이 내용을 설명하고 수정의견을 제시한 후 정부측의 의견을 들은 다음 위원들 간의 상호토론을 거친 후 의결하는 순서로 진행된다.

소위원회의 회의는 공개를 원칙으로 하며, 예외적으로 의결로 비공개를 결정하는 경우에만 비공개로 한다(국회법 제57조 제5항). 또한, 소위원회 회의도 국회법 제57조 제7항의 준용규정에 따라 위원회 회의와 마찬가지로 국회법 제69조가 준용되므로 속기방법에 의해 기록된다. 과거에는 소위원회는 그 활동을 비공개로 하고, 회의록도 작성하지 않았으나, 의정활동에 대한 투명성 요구가 증대하고 소위원회의 역할과 비중이 확대됨에 따라 소위원회의 공개원칙을 명문화하였고(2000년 2월 국회법 개정) 회의록도 위원회회의록과 같이 속기방법에 작성하게 되었다(2005년 7월 국회법 개정).[71]

71) 1991년 5월 개정된 국회법(제69조 제4항)은 소위원회 회의록에 관하여 위원회 회의록에 관한 규정을 준용하되, 다만 소위원장이 필요하다고 인정할 경우에는 의사에 관하여 속기방법에 의하지 아니하고 그 요지를 기록할 수 있도록 하였다. 그러나 실제에 있어서는 극히 예외적인 경우를 제외하고는 소위원회 회의는 속기가 되지 않고 있으며 그 외에 다른 방법으로도 소위원회 심사내용이 제대로 기록되지 못하고 있어 특정 법률안의 구체적인 입법배경이나 취지를 파악하기가 곤란한 경우가 많았다. 이런 문제점을 보완하고자 1994년 6월 개정국회법은 소위원회의 심사보고 시 소위원회 회의록 또는 요지를 심사보고서에 첨부토록 의무화하였으나, 대체로 소위원회 회의 시 속기를 하지 않고 있고, 그 심사요지도 자세히 기록되지 못하였다. 이에 따라 2000년 2월 개정 국회법에서는 "소위원회의 위원장이 필요하다고 인정할 경우에 속기방법에 의하여 아니하고 그 요지를 기록할 수 있다"고 하였던 종전의 국회법(제69조 제4항 단서) 조항을 "소위원회의 의결이 있는 때에는 속기방법에 의하지 아니하고 그 요지를 구체적으

마. 소위원회 심사보고

소위원회는 법률안 등 안건 심사를 마친 후에 심사경과와 결과를 위원회에 보고한다. 국회법 제68조는 소위원회가 안건의 심사를 마친 때에는 소위원장이 그 심사경과와 결과를 위원회에 보고하고 심사보고서에 소위원회 회의록 또는 그 요지를 첨부하도록 규정하고 있으나, 실제로 소위원회 심사보고 시 일정한 양식의 심사보고서를 작성하거나, 회의록 또는 그 요지를 첨부하는 경우는 많지 않으며, 법률안에 대한 소위원회 수정안 등의 형태로 심사결과를 배부하고 소위원장이 구두보고 형식으로 심사보고를 하는 경우가 많다.

바. 소위원회 중심주의

국회에 제출되는 의안이 크게 증가하고 의정활동의 내실화에 대한 요구가 증대함에 따라 소위원회 심사의 역할과 비중이 크게 증가하였다. 이로 인하여 법률안에 대한 실질적 심사가 전체 위원회가 아닌 소위원회 단계에서 이루어지는 경향이 강화되어 의회운영체제가 사실상 '소위원회 중심주의'로 변모하는 양상이다.

소위원회제도는 안건의 능률적이고 전문적인 심사 차원에서 적극적으로 활용되면서 위원회 심사과정에서 중심적인 역할을 하고 있는 것이 사실이다. 그러나 법률안의 심사를 소위원회 심사에 의존하게 되면 ① 소위원회 위원이 아닌 다른 위원들의 법률안 심사 참여기회가 실질적으로 제한되고, ② 소위원회의 운영에 공개성이 떨어질 경우 국민의 감시와 통제가 어려워지며, ③ 입법과정이 소수의 의원들에 의하여 좌우되므로 이익집단들이 상대적으로 적은 비용으로 쉽게 소위원회 위원들을 설득할 수 있게 되는 등의 문제점이 나타날 수 있다. 따라서 소위원회제도는 효율성면에서는 장점이 있는 제도이나 반대로 민주성 측면에서는 많은 문제를 야기할 수 있다.

비록 그동안 수차례 국회법 개정을 통하여 소위원회의 투명성과 공개성을 많이 제고하였다고 평가할 수는 있지만 앞으로 그 운영에 있어서 ① 법률안의 성격이나 내용에 따라 소위원회 위원을 추가 또는 교체하는 탄력

로 기록할 수 있다"고 개정하여 속기방법의 배제요건을 엄격히 하였고, 2005년 7월 개정국회법에서는 아예 이 부분을 삭제하여 소위원회 회의록 작성을 의무화하였다.

적 운영을 통하여 위원회 소속 위원들의 참여 기회를 증대하고, ② 소위원회 심사과정에서 공청회를 개최하거나 다양한 의견을 가진 관계전문가의 참여를 확대하여 법률안 심사의 내실을 기하기 위한 노력이 있어야 하겠다.

(7) 축조심사

가. 개 요

소위원회의 심사가 끝나면(소위원회에 법률안을 회부하지 않은 경우에는 대체토론이 끝난 후) 위원회는 소위원회의 심사결과를 보고받은 후 법률안에 대하여 축조심사(逐條審査)를 진행하게 된다. 축조심사는 법률안을 한 조항씩 차례차례 심사하는 방식이다. 그러나 축조심사를 하면서 반드시 조항을 하나씩 낭독해야 하는 것은 아니다.

나. 연 혁

위원회의 축조심사제도는 제 6 대 국회부터 위원회중심주의로 국회운영방식이 전환됨에 따라 본회의 축조심사가 없어지는 대신 1973년 개정국회법에서 신설된 제도로 법률안 검토를 내실 있고 체계적으로 하고자 하는데 그 의미가 있다.

1973년 개정국회법은 축조심사를 위원장이 생략할 수 있도록 하였으나, 1988년 개정국회법에서는 위원회의 의결 없이는 생략할 수 없도록 하였다. 그러나 실제로 법률안에 대한 심사과정에서는 거의 축조심사가 이루어지지 않았다.

이런 점을 감안하여 2000년 2월 개정국회법에서는 "위원회의 의결로 축조심사를 생략할 수 있다"고 한 종전의 규정(국회법 제58조 제1항 단서)을 개정하여 "축조심사는 위원회의 의결로 생략할 수 있다. 다만, 제정법률안 및 전부개정법률안에 대하여는 그러하지 아니하다"(국회법 제58조 제5항)고 하여 적어도 소관위원회에서 심사하는 제정법률안과 전부개정법률안에 대하여는 축조심사를 반드시 하도록 의무화하였다. 축조심사 시에는 법률안의 개별조항마다 표결하는 축조표결제도가[72] 바람직하나 현행국회법은 이

72) 우리 국회는 제헌국회부터 제 4 대 국회까지는 축조표결제도를 활용하였다.

에 대한 명문의 규정을 두고 있지 않다. 보통은 몇 개의 조문씩 묶어서 이의유무를 물어 표결하는 것이 관행이라고 하겠다.

다. 축조심사의 생략

축조심사는 법률안 심사를 체계적으로 내실있게 수행함으로써 입법과정의 신중성과 충실도를 제고하기 위한 것이나, 시간이 많이 소요되는 문제점이 있다. 따라서 국회법 제58조 제5항은 위원회의 의결이 있는 경우 축조심사를 생략할 수 있도록 하고 있다. 다만, 제정법률안과 전부개정법률안에 대하여는 생략을 할 수 없도록 규정하고 있다.

(8) 찬반토론

법률안에 대한 축조심사를 마치면 최종적으로 법률안의 통과 여부에 대한 표결을 하기에 앞서 찬성과 반대의견을 개진하는 찬반토론을 하게 된다.

찬반토론은 찬성이나 반대하는 주장을 피력하는 것이기 때문에 질의와 같이 상대방의 견해를 묻거나 의문점을 제기할 수 없으며, 자신의 찬성 또는 반대 입장과 그 이유를 밝히는 방식으로 해야 한다. 토론하고자 하는 의원은 미리 반대 또는 찬성의 의사를 위원장에게 통지하여야 하며, 위원장은 찬반토론에 관한 통지를 받은 순서와 소속 교섭단체를 고려하여 반대자와 찬성자를 교대로 발언하게 하되 반대자에게 먼저 발언을 하게 하여야 한다(국회법 제71조, 제106조 제2항). 그러나 반대토론은 반드시 찬성토론을 전제로 하는 것은 아니기 때문에 반대토론자만 있고 찬성토론자가 없는 때에는 반대토론만 하게 할 수 있다.

(9) 표결(表決)

가. 개 요

법률안에 대한 찬반토론이 끝나면 위원장은 토론이 종결되었음을 선포하고 최종적으로 법률안에 대한 위원회의 최종의사를 결정하기 위한 의결(議決)을 실시한다. 의결은 "의논하여 결정하는 것"이라는 의미로서 회의체 의결기관이 구성원의 찬·반의사를 집계하여 일정한 절차와 기준에 따라 최종적인 의사결정을 하는 것을 말한다.

국회법 제58조 제1항은 '의결(議決)'이란 용어 대신에 '표결(表決)'이라는 용어를 사용하는데, 표결(表決)은 법률안 등 의제에 대하여 찬성 또는 반대의 의사를 표시하고 그 수를 집계함으로써 위원회의 의사를 결정하는 절차를 의미한다. 즉, 의사를 표시하여 결정한다는 뜻으로서 '의결'이 본래 '표결' 이전의 논의과정까지 의사결정과정에 포함하는 개념이라면, 표결은 이러한 이전의 논의과정과 별개로 의사결정을 위한 의사표시와 그 처리과정만을 의미하는 것이라고 구분할 수 있다. 실제 위원장의 회의진행에 사용되는 사회문안에서는 '표결'보다는 '의결'이라는 용어가 관례적으로 많이 쓰인다.

한편, 동음이의어인 표결(票決)은 표결(表決)과 구별되는 개념으로서 의사표시 방법 중 투표를 통하여 의사를 결정할 경우를 말한다. 즉, 위원회에서 만장일치의 합의가 이루어지지 않아 반대의견이 있는 경우 투표를 통하여 찬성과 반대의 수를 집계하여 의사를 결정하는 것을 말한다. 그러나 통상적으로는 투표(投票)뿐만 아니라 기립(起立)이나 거수(擧手)와 같이 찬성자와 반대자의 수를 집계하는 표결방법을 사용하는 경우에도 표결(票決)이라고 한다.

나. 절차 및 방법

표결은 위원장이 질의와 토론의 종료를 선포하고 표결할 것을 선포함으로써 실시된다. 표결선포 후에는 해당 법률안에 대하여 다시 수정안을 제출하거나 소위원회에 회부하는 등의 조치를 할 수 없다.

위원회의 표결방법은 ① 이의유무표결(異議有無表決), ② 기립표결(起立表決), ③ 거수표결(擧手表決), ④ 기명투표(記名投票), ⑤ 무기명투표(無記名投票), ⑥ 호명투표(呼名投票)의 방법이 있다. 통상적으로 위원회에서는 이의유무를 물어 표결을 하는데, 이의가 없을 때에는 만장일치의 찬성으로 간주하여 바로 가결되었음을 선포한다. 다만, 이의가 있을 때에는 찬성과 반대의 의사를 각각 표시하게 한 후 집계하는 표결(票決)을 실시한다. 보통 기립표결이나 거수표결의 방법을 많이 사용하며, 이 경우 찬성의사를 먼저 물어 집계한 후 반대의사를 물어 집계하는 순서로 진행한다. 찬성과 반대의 의사 모두 표시하지 않으면 기권으로 처리한다.[73)]

인사안건의 경우에는 국회법 제112조 제5항을 준용하여 무기명투표로 표결하여야 한다. 거수투표는 위원회에서만 사용하는 표결방법이며, 호명투표는 국회법상으로는 표결방법의 하나로 규정되어 있으나, 우리 국회에서는 거의 사용하는 경우가 없는 투표방법이다.

표결방법은 국회법 제112조 제2항을 준용하여 변경할 수 있는데, 중요한 안건에 대하여 위원장의 제의 또는 위원의 동의에 대한 위원회의 의결이 있거나 재적위원 5분의 1 이상의 요구가 있는 경우에는 투표방법을 기명투표, 호명투표 또는 무기명투표로 할 수 있다.

표결(表決)이 종료하면 위원장은 표결결과를 집계한 다음 발표하여 가결 여부를 선포한다.

다. 의결정족수

표결이 끝나면 위원장이 표결결과를 선포하는데, 법률안은 재적위원 과반수의 출석과 출석위원 과반수의 찬성으로 의결하며, 가부동수(可否同數)인 때에는 부결된 것으로 본다(헌법 제49조; 국회법 제109조).

과반수의 재적위원이 출석한 가운데 이루어진 표결에서 출석위원 과반수가 찬성을 하는 경우에 의제가 된 법률안은 가결(可決)되어 본회의에 부의된다.

라. 법률안의 의결형태

표결을 통하여 위원회의 의사가 종국적으로 결정되는 법률안 의결의 형태는 원안의결, 수정의결, 대안의결, 폐기의결, 위원회안(대안 제외) 의결 등으로 구분된다.

이 중 원안의결, 수정의결, 폐기의결은 위원회에 회부된 법률안의 의결형태이며, 위원회안(대안 제외) 의결은 위원회가 제안하기 위해 입안한 법률안의 의결형태이다. 대안의결은 회부된 법률안의 폐기의결과 폐기의결

---

73) 발생 가능성이 희박한 경우이나, 찬성과 반대의 의사를 동시에 표시하는 경우에는 무효로 하여야 할 것이다.

될 법률안을 대체하는 위원회안의 의결이 결합된 형태의 의결이다.

1) 원안의결(原案議決)

원안의결은 위원회에 회부된 법률안의 내용을 전혀 변경하지 않고 원안 그대로 의결하는 것이다. 원안의결은 원안의 실체적 내용에 대한 변경이 없이 본래 제안된 대로 본회의에 부의하기로 의결하는 것을 의미한다. 실체적 내용과 관계가 없는 자구나 형식의 수정이 있는 경우에도 원안의결로 분류할지에 대하여는 이론의 여지가 있는데, 실무상으로는 문맥의 흐름을 바르게 하기 위한 단순한 자구의 변경, 오자·탈자·한자의 한글로의 표기(또는 한글의 한자로 표기) 등의 변경이나 법제사법위원회의 체계·자구 심사로 수정된 내용의 심사보고서 반영에 따른 변경은 원안의결로 보기도 한다.[74]

원안의결의 형태는 정부제출 법률안이 국회에서 통과되는 법률안의 대부분을 차지하던 과거에는 상당한 비중을 차지하였으나, 국회의 자율적 입법기능이 활성화된 이후에는 그 비중이 현저히 감소하였다.

2) 수정의결(修正議決)

수정의결은 위원회에 회부된 법률안에 대하여 원안의 기본취지와 성격이 변경되지 아니하는 범위 안에서 원안의 내용·체계·형식 및 자구의 일부를 추가·삭제하거나 변경하는 등 수정을 가하는 것을 말한다.

국회법 제95조는 법률안에 대한 수정동의에 30인 이상의 찬성자와 연서를 요건으로 하고 있으나, 이는 본회의에 적용되는 규정이며, 국회법 제71조에 따라 위원회에서의 동의는 동의자 외 1인 이상의 찬성으로 의제가 될 수 있으므로 위원회에서 회부된 법률안을 수정하기 위하여 수정동의를 발의하려면 당해 위원회 위원 중 2인 이상의 찬성이 있으면 된다. 수정동의는 서면 또는 구두로 할 수 있으나, 표결 선포 전까지만 발의할 수 있다. 그러나 위원회에 회부된 법률안에 대한 수정은 이처럼 개개 의원들의 수정동의에 의하기보다는 대부분 소위원회가 심사보고를 통하여 제안한 수정안에 의하여 이루어진다.

수정의결은 국회의 자율적 입법역량의 신장에 따라 과거 정부 주도

74) 국회사무처, 『의안편람 I (해설편)』, 2016, 112.

입법과정 시절에 비하여는 상대적으로 그 비중이 크게 증가한 편이나, 최근에는 의원발의 법률안의 증가로 동일제명의 법률안을 통합하여 의결할 필요성이 증대됨에 따라 대안의결의 비중이 증가하면서 감소하는 양상을 보이기도 한다.

3) 대안의결(代案議決)

"대안"이란 원안과 일반적으로 그 취지는 같으나 내용을 전면적으로 수정하거나 체계를 다르게 하여 원안을 대신할 만한 내용으로 변경하여 제출하는 것으로서 일종의 수정안이라고도 할 수 있다.[75]

대안의결은 위원회에 회부된 법률안을 대체하여 형식상 새로운 법률안을 제안하는 것이기 때문에 원안인 법률안에 대한 폐기 의결과 이를 대신하여 제안하는 위원회 대안에 대한 의결이 결합된 법률안 통과형태이다.

대안은 크게 두 가지 종류가 있는데 위원회에서 원안이 심사되는 동안에 30인 이상의 찬성자와 연서하여 의원이 제안하는 의원발의 대안(국회법 제95조 제4항)과 위원회에서 원안을 심사하는 과정에서 원안을 폐기하고 그 원안을 대체하는 새로운 안을 입안하여 국회법 제51조에 따라 제안하는 위원회 대안(委員會 代案)이 있다. 위원회 대안은 위원장 명의로 제안되며 본회의에서 독립된 의안이 되므로 의안번호가 부여된다. 반면 의원발의 대안(議員發議 代案)은 독립된 의안으로 간주하지 않아 의안번호가 부여되지 않는다. 의원발의 대안은 그 형식이 까다롭고 의원 30인 이상의 찬성을 요하기 때문에 실제 운영에 있어서는 의원 10인 이상의 찬성으로 수정하고자 하는 내용을 포함하는 법률안을 발의하는 방법이 훨씬 용이하기 때문에 현재는 거의 활용되지 않는다.[76] 그러나 의원발의 대안이나 위원회 대안 모두 위원회가 그 취지를 수용하여 본회의에 부의하기로 결정하는 경우에는 기존의 원안을 폐기하고 이를 대체하는 새로운 법률안을 의결하는 대안의결의 형태가 된다.

대안의결은 대략 다음과 같은 경우에 이루어진다. 첫째, 복수의 법률

75) 국회사무처, 『의안편람 I (해설편)』, 2016, 113.
76) 국회사무처, 『국회법해설』, 2016, 461.

안을 하나의 법률안으로 통합하여 본회의에 부의할 필요가 있는 경우로서 ⅰ) 제명이 같은 법률에 대한 복수의 법률안이 있거나, ⅱ) 유사한 내용의 복수 법률안이 동시에 심사되는 경우이다. 먼저 제명이 같은 법률에 대한 법률안이 여러 건 있는 경우 각각의 법률안을 동시에 의결하게 되면 동일 제명의 법률안이 본회의에 동시에 부의되는 문제가 있기 때문에 동일 제명의 법률안 한 건에 각각의 법률안 내용을 반영하여 하나의 법률안으로 만들 필요가 있다. 또한, 유사한 내용의 법률안이 여러 건 있는 경우에도 각각의 법률안 내용이 타당하다고 하여 각각의 법률안을 본회의에 부의하면 유사한 내용의 법률이 여러 건 제정되는 문제점이 있기 때문에 이를 통합하여 대안을 제안할 필요가 있다.

둘째, 복수의 법률안이 아닌 한 건의 법률안이라도 기존의 법률안의 내용을 크게 수정하여 새로운 법률안을 제안하는 것과 마찬가지라고 할 수 있거나 수정사항이 많아 개개 조항을 일일이 수정하는 형식보다는 법률안 자체를 새로 제안하는 것이 절차상 간편한 경우에는 대안의결 형태를 취한다.

셋째, 원안에 포함되지 아니한 다른 조문의 내용까지 개정하고자 하는 경우 국회법 제95조 제5조에서 규정한 수정안의 한계 때문에 대안으로 제안하는 경우이다.

넷째, 의원발의 대안이 위원회에 회부되어 위원회 심사과정에서 원안과 의원발의 대안을 모두 폐기하고 위원회 대안을 제안하는 경우이다.

다섯째, 1건의 법률안을 다른 제명의 법률에 대한 법률안 여러 건으로 분할하는 경우이다. 예를 들어 여러 법률에서 규정하고 있는 각각의 개정사항을 하나의 법률로써 일괄적으로 개정하는 법률안이 제출된 경우 각각의 법률에서 규정할 사항을 단일 법률에서 포괄적으로 규정하는 것이 바람직하지 않다고 보아 이를 각각의 법률 개정법률안으로 분할하는 경우이다.

4) 폐기의결

폐기의결은 위원회에 회부된 법률안의 내용이 타당하지 않다는 입법정책결정이 이루어지거나 대안의결 등을 위하여 입법절차의 형식상 원안을 폐기할 필요가 있는 경우 당해 법률안을 본회의에 부의하지 아니하기로 결정하는 것이다. 이 중 대안의결을 위해 원안을 폐기하는 의결은 대안의결로 분류될 수 있으므로 협의의 폐기의결만을 폐기의결로 보기로 한다.

위원회의 폐기의결은 통상 두 가지 형태로 이루어진다. 먼저 위원장이 당해 법률안을 본회의에 부의하지 아니하기로 의결할 것을 의제로 표결하여 가결되는 경우와 본회의에 부의할 것을 의제로 표결하였으나 의결정족수를 충족하지 못해 부결되는 경우이다. 두 경우 모두 본회의에 부의하지 아니하는 결정이 이루어진 것으로 본다.

한편, 위원회에서 본회의에 부의하지 아니하기로 결정한 사실이 본회의에 보고된 날부터 폐회 또는 휴회 중의 기간을 제외한 7일 이내에 의원 30인 이상이 해당 법률안을 본회의에 부의할 것을 요구하면 위원회의 폐기의결에도 불구하고 해당 법률안이 본회의에 부의된다(이를 '위원회의 해임'(discharge of committee)이라고 한다). 만약 이 기간 내에 이러한 부의요구가 없는 경우 위원회에서 폐기의결된 법률안은 확정적으로 폐기된다.

5) 위원회안 의결

위원회안은 국회법 제51조에 따라 위원회가 제안하는 의안으로서 위원회안 의결은 이러한 위원회안을 제안할 것을 의결하는 것을 말한다. 국회법 제51조에 따른 위원회안에는 위원회 대안이 포함되어 있으나, 여기서는 위원회 대안을 제외한 협의의 위원회안을 의결하는 형태를 위원회안 의결로 분류하도록 한다. 협의의 위원회안은 소관사항 중 입법이 필요하다고 판단하는 사항을 위원회가 법률안으로 입안하여 국회에 제안하는 것으로서 이러한 위원회안 의결은 위원회 외부의 주체(의원 또는 정부)가 제안하여 당해 위원회에 회부된 법률안을 심사한 결과를 의결하는 하는 것이 아니라, 위원회가 내부의 논의를 통해 입법의제를 주도적으로 설정하고 이에 대한 정책내용을 제안한 결과에 대한 의결이라는 점에서 다른 의결형태와 구별된다고 할 수 있다.

(10) 심사보고서 작성·제출 또는 위원회안 제안

가. 개 요

위원회가 표결을 통하여 심사를 마친 법률안에 대하여는 위원장이 심사경과와 심사결과 및 기타 필요사항을 서면으로 의장에게 보고를 한다(국회법 제66조 제1항). 심사보고서는 가결되어 본회의에 부의하는 법률안뿐만 아니라 본회의에 부의하지 아니하기로 결정한 법률안에 대하여도 작성한다.

한편 위원회가 국회법 제51조에 따라 제안하기로 의결한 법률안(위원회안을 말하며 위원회 대안 포함함)은 심사보고서를 작성하지 아니하고 당해 법률안을 위원장 명의의 공문으로 제안한다.

위원회가 심사한 결과, 본회의에 부의하기로 의결된 법률안에 대하여는 위원장이 법제사법위원회에 체계·자구심사를 의뢰하고, 법제사법위원회의 체계·자구심사 결과를 반영하여 법률안을 수정하고, 이를 심사보고서에 첨부하여 의장에게 제출한다.

위원회가 국회법 제51조에 따라 위원회안을 제안하기로 의결하여 입안한 법률안에 대하여도 위원장이 법제사법위원회에 체계·자구심사를 의뢰하고 체계·자구심사결과를 반영하여 수정된 법률안을 의장에게 제안한다. 위원회안 중 위원회 대안을 제안하기로 하는 경우에는 위원회 대안을 공문으로 제안하고, 대안에 내용이 반영되고 형식상 폐기되는 원래의 법률안들에 대하여는 폐기 심사보고서를 작성하여 의장에게 제출한다.

나. 심사보고서 기재사항

심사보고서에는 심사경과 및 심사결과와 기타 필요한 사항을 기재하며, 소수의견의 요지 및 관련위원회의 의견요지 등을 기재하여야 한다(국회법 제66조 제1항, 제2항).

심사보고서 기재사항

① **심사경과**
- 1) 발의(제출)일자 및 (대표)발의자(제출자)
- 2) 회부일자
- 3) 상정 및 의결일자

② **제안설명의 요지(설명자의 직명 및 성명 기재)**
- 1) 제안이유
- 2) 주요내용

③ **전문위원 검토보고의 요지(전문위원의 성명 기재)**

④ **대체토론의 요지(질의자 및 답변자 성명 기재)**

⑤ 소위원회 심사내용(소위원장 또는 심사보고자 성명 및 직명 기재)
1) 심사보고 요지
2) 주요 논의사항

⑥ 찬반토론의 요지
1) 찬성토론의 요지(토론자 성명 일괄기재)
2) 반대토론의 요지(토론자 성명 일괄기재)

⑦ 수정안의 요지
1) 발의일자 및 발의자
2) 수정이유
3) 수정 주요내용

⑧ 심사결과
- '원안가결, 수정가결, 대안반영폐기, 부결, 본회의에 부의하지 아니함' 중 하나를 기재
- 표결(票決) 시 표결결과를 기재

⑨ 소수의견의 요지

⑩ 관련위원회의 의견요지
1) 관련위원회 회부일자
2) 관련위원회 의견제시 지정기간
3) 관련위원회 의견요지
  - 의견요지를 기재(관련위원회 의견이 있는 경우)
  - (관련위원회가 특별한 이유 없이 지정기간 내에 의견을 제시하지 아니하는 경우) '지정기간 내에 의견제시 없음'을 기재

⑪ 비용추계서
- 국회예산정책처의 비용추계서 또는 미첨부 사유서(예산·기금상 조치를 수반하고 위원회에서 수정된 경우)
- (긴급한 사유로 위원회 의결에 의해 비용추계서 첨부를 생략한 경우) 비용추계서를 위원회 의결로 생략함을 기재

⑫ 법제사법위원회 체계·자구심사 내용
- 주요사항을 반드시 기록
- (경미한 수정이 있었을 경우) '약간의 자구정리가 있었음'을 기재

⑬ 기타 필요사항
- (예산조치 필요시) 법률안에 수반한 예산조치 기재
- (개최시) 연석회의 개최경과 및 결과 기재
- (위촉시) 전문가 위촉 경과 및 결과 기재
- (개최시) 공청회 또는 청문회 개최 경과 및 결과 기재

⑭ 부대의견
- (필요시) 부대의견(법률적 효과가 없는 안건 관련 의견) 기재

3. 위원회 심사의 의견청취 절차 등

(1) 개 요

현대사회는 다원화되고 전문화되어 있으면서도 급속한 기술혁신과 분업구조의 심화로 연결성과 상호의존성이 강화되는 복잡한 특성을 가지고 있다. 이러한 입법환경에서 다양한 이해관계를 바탕으로 하는 복잡한 사회문제를 해결하기 위해서는 입법주체의 정책자원과 역량만으로는 한계가 있을 수 있다. 입법주체 중심의 폐쇄적 입법산출체계만으로는 과거에 의회가 자체의 다원적 구성을 통하여 일정 수준 가능하였던 사회적 다원성의 반영과 민주적 정당성의 확보가 어려울 뿐만 아니라 사회문제의 정확한 진단과 처방적 대안의 제시도 어렵기 때문이다.

따라서 현대사회의 입법과정은 각계 각층의 이해관계자와 전문가로부터 광범위하고 다양한 의견을 수렴하고 입법환경과 활발하게 교호하는 개방체제의 특성이 강조되고 있다. 공청회와 청문회는 입법주체인 국회가 개방적인 입법산출체계를 지향하면서 현대사회에서 입법주체가 직면한 다원성과 전문성의 한계를 보완하기 위한 것이다.

(2) 공청회

가. 의 의

공청회(公聽會)는 안건심사와 관련하여 전문가 및 이해관계인으로부터 의견을 청취하는 절차이다. 국회법 제64조 제1항은 위원회(소위원회를 포함)가 중요한 안건 또는 전문지식이 필요한 안건을 심사하기 위하여 일정한 절차(의결 또는 재적위원 3분의 1 이상의 요구 등)를 거쳐 진술인(이해관계자 또는 학식·경험이 있는 사람 등)으로부터 의견을 청취하는 공청회를 개최할 수 있다고 규정하고 있다.

공청회는 이해관계자의 의견을 수렴함으로써 입법과정의 민주적 정당성을 제고하고 입법의 구체적 타당성을 제고할 수 있게 해준다.

공청회는 본회의에서는 개최할 수 없으며, 위원회(특별위원회 포함)나 소위원회만 개최할 수 있다. 또한 공청회는 위원회의 회의로 하도록 되어 있으므로(국회법 제64조 제4항) 통상 위원회 회의의 의사일정 중 하나로 실시한다.

나. 연 혁

2000년 2월 국회법 개정 이전에는 어느 법률안이 공청회의 개최대상인지 여부를 전적으로 위원회에서 판단하였으나, 2000년 2월 국회법 개정으로 제정법률안과 전부개정법률안은 원칙적으로 공청회 또는 청문회를 개최하여야 한다. 또한, 그 이전에는 소위원회에서 공청회를 개최할 수 있는지 여부에 대하여 명문의 규정이 없어 해석론상 이견이 있었으나, 제15대 국회 제33차 국회법 개정시(2000. 2. 9.) 소위원회도 공청회를 개최할 수 있도록 명문화하였다.

다. 개최대상 및 시기

국회법 제64조 제1항은 '중요한 안건 또는 전문지식이 필요한 안건'의 심사를 위하여 공청회를 개최할 수 있다고 규정하고 있다. 그러나 '중요한 안건'이나 '전문지식이 필요한 안건'에 관한 기준이 명확하지 않기 때문에 사실상 위원회가 공청회의 필요성을 인정하는 안건이라면 모두 공청회 개최대상이 될 수 있다.

공청회의 개최 시기에 관하여는 명문의 규정이 없으므로 법률안 등 안건의 상정 전이나 상정 후 모두 개최가 가능하다. 다만, 공청회 개최는 안건심사와 관련성이 있어야 하므로 법률안을 직접적인 대상으로 하여 공청회를 개최하려면 해당 법률안이 위원회에 회부되어 계류 중인 상태이어야 할 것으로 보인다. 하지만 국회법상 '안건(案件)'은 법률안 등과 같은 '의안(議案)'보다는 넓은 개념이기 때문에 특정 법률안이 위원회에 회부되어 계류 중인 상태가 아니더라도 관련 정책사항에 대한 논의를 안건으로 상정하여 공청회를 우회적으로 개최하는 것은 기술적으로 가능하다고 할 수 있다.

상정 후에도 공청회를 심사절차 상 어느 단계에서 개최해야 하는지에 대해서 명문의 규정이 없기 때문에 언제든지 공청회를 필요에 따라 개최할 수 있다고 할 수 있다. 다만, 공청회의 취지가 해당 법률안에 대한 광범위한 의견수렴에 있다는 점을 감안하면 실질적인 심사가 중점적으로 이루어지는 소위원회 심사를 마치기 전까지 개최하는 것이 바람직할 것으로 보인다.

라. 공청회 개최절차

공청회를 개최하려면 위원회의 의결 또는 재적위원 3분의 1 이상의 요구가 있어야 한다(국회법 제64조 제1항). 제정법률안이나 전부개정법률안의 경우는 이러한 의결 또는 요구가 없어도 공청회 또는 청문회를 의무적으로 개최하여야 한다. 다만, 이 경우도 위원회의 의결로 공청회 개최를 생략할 수는 있다(국회법 제58조 제6항).

공청회 개최가 결정되면 통상 위원장이 간사와 협의하여 공청회의 안건, 일시, 장소, 진술인, 경비 등에 관한 사항을 기재한 공청회 계획서를 작성하고 위원회의 의결을 거쳐 그 내용을 확정한다. 공청회 계획서의 의결은 국회법상 필요절차는 아니며, 많은 경우 공청회 개최에 관하여 위원장과 간사 간 사전협의가 이루어지기 때문에 '공청회 개최의 건'과 '공청회 계획서 채택의 건'을 같은 날 상정해 처리하거나 '공청회 개최의 건'으로 통합하여 의결하기도 한다. 국회법 제64조 제3항은 진술인의 선정, 진술인과 위원의 발언시간을 위원회가 정하도록 규정하고 있는데 통상 공청회 계획서의 의결로 이러한 절차를 갈음하거나 '공청회 개최의 건' 의결 시 진술인 선정 등 의결사항을 포함시켜 의결하기도 한다. 진술인의 선정은 공청회를 개최함에 있어 매우 민감한 사항으로 찬성의견과 반대의견을 진술할 진술인을 균형있게 선정하는 것이 원칙이다. 많은 경우 찬·반의견의 진술인을 동수로 선정한다. 또한, 공청회의 목적이 각계 각층의 의견을 광범위하게 수렴하는 것이 목적이므로 진술인의 직역도 학계·실무계·정부·시민단체 등에서 가급적 골고루 선정하는 경향이 있다.

공청회 개최계획이 확정되면 공청회의 안건·일시·장소·진술인·경비, 그 밖의 참고사항을 적은 문서로 의장에게 보고를 한다(국회법 제64조 제2항). 그리고 국회법상 의무절차는 아니지만 공청회 개최 전에 안건·일시·장소·진술인 등을 기재한 공청회 개최공고를 실시한다. 공청회 개최공고는 위원장 또는 소위원장 명의로 하며, 공청회와 관련된 문서의 발송은 위원장 명의로 한다.

국회법 제64조 제4항은 공청회를 주관하는 위원회의 회의로 하도록 규정하고 있기 때문에 공청회를 당일 의사일정 중 안건의 하나로 상정한다. 통상 '○○○법 제정에 관한 공청회', '○○○법 개정에 관한 공청회' 등의 명칭으로 의사일정을 작성한다.

공청회는 진술인의 의견진술을 먼저 들은 후 위원들이 진술인들에게 질의하는 순서로 진행한다. 진술인의 의견진술은 위원장의 허가를 받아 정해진 시간 내에 실시하며, 위원은 진술인에게 질의가 가능하지만 진술인은 다른 진술인에게 질의할 수는 없다.

마. 공청회의 활용

앞에서 언급한 대로 공청회는 이해관계자의 의견을 수렴함으로써 입법과정의 민주적 정당성을 제고할 뿐만 아니라 전문가의 의견을 청취함으로써 입법의 타당성과 집행가능성을 향상시킬 수 있는 수단이 된다. 그럼에도 불구하고 여러 가지 현실적인 이유로 입법과정에서 공청회가 제대로 활용되지 못하고 있는 것은 아쉬운 일이다.

(3) 청문회

가. 의 의

청문회는 중요한 안건의 심사와 국정감사 및 국정조사에 필요한 경우 증인·감정인·참고인으로부터 증언 및 진술을 청취하고 증거를 채택하는 절차이다(국회법 제65조 제1항).

청문회 역시 본회의에서는 개최할 수 없으며, 위원회(특별위원회 포함)나 소위원회만 개최할 수 있다. 공청회도 위원회의 회의로 한다(국회법 제64조 제4항 준용).

나. 연 혁

청문회제도는 제13대 국회의 국회법 개정(1998. 6. 15.)으로 도입되었다. 청문회제도의 모델을 제시했다고 할 수 있는 미국의회의 경우 법률의 제정·개정을 위한 법률안심사와 관련한 청문회(입법청문회), 국정조사와 관련하여 개최되는 청문회(조사청문회), 정부에 대한 감독기능을 행사하기 위해서 개최하는 청문회(감독청문회) 등으로 나누어 운영되고 있으나, 우리 국회의 경우에는 주로 법률안의 심사에 있어서는 '공청회', 사건조사를 위해서는 '청문회'를 개최하여 왔다.

따라서 그동안의 우리 국회 청문회 운영방식에 개선이 필요하다는 지적이 있었는데, 2000년 2월에 국회법이 개정된 이래 현행 국회법은 법률안의 심사를 위한 청문회는 위원회의 의결이 없어도 재적의원 3분의 1 이상의 요구로 개회할 수 있도록 하고 있으며(제65조 제2항), "제정법률안과 전부개정법률안에 대하여는 공청회 또는 청문회를 개최하여야 한다"라고 하여 법률안 심사와 관련해서도 청문회를 개최할 수 있도록 하였다(제58조 제6항).

다. 개최대상

청문회의 개최대상은 중요한 안건 또는 국정감사 또는 국정조사에 필요한 사항이다. 제정법률안 및 전부개정법률안은 의무적으로 청문회 또는 공청회 개최대상이나, 위원회의 의결로 생략할 수 있다.

라. 개최절차

청문회도 위원회의 의결로 개최를 결정할 수 있다. 다만, 법률안 심사를 위한 입법청문회의 경우는 재적위원 3분의 1 이상의 요구로 개최할 수 있다. 청문회 또는 공청회의 의무적 개최대상인 제정법률안과 전부개정법률안은 의결이나 요구 없이도 청문회를 개최할 수 있으나, 위원회 의결이 있는 경우 청문회 절차를 생략할 수 있다.

또한, 청문회에 필요한 경우 국회사무처·국회예산정책처·국회입법조사처 소속 공무원, 교섭단체 정책연구위원, 전문가로 하여금 사전조사를 실시하게 할 수 있다(국회법 제65조 제5항).

그리고 청문회는 증인·감정인·참고인으로부터 증언 및 진술을 듣는 절차이기 때문에 사전에 증인·감정인·참고인을 선정하고 출석요구를 하여야 한다. 증인 등의 출석요구는 위원회의 의결로 하며(국회법 제129조 제1항), 「국회에서의 증언·감정 등에 관한 법률」에 따라 출석요구일 7일 전에 출석요구서가 송달되어야 한다. 청문회의 증인은 참고인이나 감정인, 그리고 공청회의 진술인과 달리 증인선서를 하여야 하며, 위증을 하거나 청문회에 출석하지 않은 경우 처벌의 대상이 된다.

또한, 위원회는 청문회 개회 5일 전에 안건·일시·장소·증인 등 필요한 사항을 공고하여야 한다(국회법 제65조 제3항). 청문회 개최공고는 공청회 개최공고와 달리 법적 의무절차이다. 청문회도 공청회와 같이 개최보고를 의장에게 하여야 한다(국회법 제64조 제4항 준용).

청문회는 국회법 제65조 제7항의 준용규정에 따라 동법 제64조 제4항이 준용되므로 주관하는 위원회의 회의에서 청문회를 당일 의사일정 중 안건의 하나로 상정한다. 청문회는 공개하는 것이 원칙이나 위원회의 의결로 청문회의 전부 또는 일부를 공개하지 아니할 수 있다(국회법 제65조 제4항).

마. 입법청문회의 활용

국회법 제65조 제1항은 청문회 개최대상 중 하나로 안건의 심사에 필요한 경우를 규정하고 있고, 동조 제2항은 법률안 심사를 위한 입법청문회의 경우는 개최요건을 완화하여 재적위원 3분의 1 이상의 요구가 있으면 개최할 있도록 하고 있으나, 법률안 심사를 위하여 공청회가 아니고, 청문회를 개최하는 경우는 드문 편이다. 청문회가 증인출석 요구 등 번거로운 절차를 거쳐야 하고, 위증 시 처벌가능성이 있어 증인의 선정에 애로가 있다는 점 등이 부담으로 작용하기 때문으로 보인다.

표 6-11 공청회와 청문회의 비교

	공청회	청문회
목 적	중요한 또는 전문지식을 요하는 안건의 심사 이해관계자 또는 학식·경험 있는 자의 의견청취	중요한 안건의 심사, 국정감·조사 증인, 참고인, 감정인의 증언, 진술의 청취 및 증거의 채택
근거조문	국회법 제64조	국회법 제65조
청취대상	진술인	증인, 참고인, 감정인(증인의 선서 의무)
위증에 대한 처벌	없음	증인의 경우 위증 처벌 대상

실시주체	위원회, 소위원회	위원회, 소위원회 국정감·조사 소위원회 또는 반
개최요건	위원회 의결 재적 1/3 이상의 요구	위원회 의결 재적 1/3 이상의 요구(입법청문회 한정)
개최절차	통상 공청회 개최계획 위원회 의결 공청회 시간·장소·안건·진술인 등 의장 보고	개최 5일전 안건. 일시. 장소. 증인 등 공고 청문회 시간·장소·안건·진술인 등 의장보고
사전조사		국회사무처·예산정책처·입법조사처 소속 공무원의 사전조사 가능
제정법률안 또는 전부 개정법률안	공청회 또는 청문회의 의무적 개최, 단 의결로 생략 가능(국 §58⑥)	

(4) 예산 수반 안건에 대한 정부 등 의견청취

가. 의 의

국회법 제58조 제7항은 위원회가 심사하는 안건이 예산상의 조치를 수반하는 경우 정부의 의견을 들어야 하며, 필요 시 의안 시행에 수반되는 비용에 관하여 국회예산정책처의 의견을 들을 수 있도록 규정하고 있다.

나. 대상안건 및 청취대상

의견청취의 대상이 되는 안건은 세입세출예산상 조치뿐만 아니라 기금 등 국민부담으로 귀착되는 모든 재정상 조치를 수반하는 안건으로 보는 것이 타당할 것이다.

예산상 조치 수반 안건의 경우는 정부의 의견을 의무적으로 들어야 하며, 안건 시행에 수반되는 비용에 관하여는 국회예산정책처의 의견을 선택적으로 청취할 수 있다.

다. 청취방법

이러한 의견청취의 대표적인 방법은 정부의 자체 판단이나 위원회의 요구에 의해서 정부가 의견을 서면으로 제출하거나 회의 중 구두로 의견을 진술하는 것일 것이다. 또한, 국회예산정책처의 의견의 경우 위원회 요구에 따라 서면 또는 회의 중 구두로 의견을 청취하는 방법이 있을 수 있다.

(5) 위헌법률 심사에 관한 국회사무처 의견의 청취

가. 의 의

국회법 제58조 제8항은 위원회가 국회법 제58조의2에 따라 헌법재판소의 위헌결정을 송부 받아 심사한 결과 위원회의 심사대상이 된 법률안을 심사할 때에 필요한 경우 국회사무처의 의견을 들을 수 있도록 하고 있다.

나. 대상법률안

의견청취의 대상이 되는 법률안은 법률의 제·개정과 관련 있는 헌법재판소의 종국결정이 위원회에 송부되어, 위원회가 심사하는 법률안이다. 이때에 국회사무처 법제실 등으로부터 이에 대한 의견을 청취할 수 있다. 국회사무처 법제실에는 위헌법률 정비 업무를 담당하는 과가 편제되어 있다.

다. 청취방법

국회사무처 법제실은 위원회의 요구에 따라 위헌법률에 대한 의견을 서면으로 제출하거나 또는 회의 중 구두로 진술할 수 있다.

(6) 전문가의 심사보조자 활용

가. 의 의

국회법 제43조는 중요한 안건 또는 전문지식이 필요한 안건의 심사와 관련하여 필요한 경우 해당 안건에 관하여 학식과 경험이 있는 3명 이내의 전문가를 심사보조자로 위촉하여 활용할 수 있도록 하고 있다. 이는 전문적인 내용의 안건 심사에 있어 외부전문가를 활용함으로써 법률안 심사의 전문성을 높이기 위한 것이다.

나. 심사보조자의 위촉요건 및 절차

위원회가 심사보조자로 위촉하는 전문가는 해당 안건과 관련한 학식과 경험이 있는 전문가이어야 하며, 「국가공무원법」 제33조의 결격사유에 해당하지 않아야 한다(국회법 제43조 제1항 및 제3항).

심사보조자의 위촉은 위원회의 의결로 결정하되, 위원장 또는 위원 2인 이상의 추천을 받은 사람 중에서 선정하여야 한다. 전문가의 위촉기간은 1월 이내로 하되, 부득이한 사유가 있는 경우 위원장이 위원회의 동의를 얻어 국회의장에게 1회에 한하여 위촉의 연장을 요청할 수 있다(위원회의 전문가 활용에 관한 규정 제3조 제1항).

위원회의 의결이 있은 후 위원장은 의장에게 심사보조자의 위촉을 요청하여야 한다. 위촉하는 전문가는 3인 이내이나, 의장이 예산사정 등을 고려하여 그 인원이나 위촉기간 등을 조정할 수 있다(국회법 제43조 제1항 및 제2항).

한편 위원회의 위원장은 심사보조자의 업무 태만 및 업무수행능력 부족, 신체·정신상의 이상, 위촉안건의 심사 필요성 소멸 등의 해촉사유가 있으면 의장에게 위촉의 해지를 요청하여야 한다(위원회의 전문가 활용에 관한 규정 제7조).

다. 심사보조자의 직무 및 복무

위원회의 심사보조자로 위촉된 전문가는 위촉기간 만료 전에 위촉받은 안건에 대한 검토보고서를 위원회에 제출하여야 한다. 위촉기간이 만료되기 전에도 위원회가 요구할 때에는 검토보고서를 제출하여야 한다. 또한, 심사보조자는 위원회의 위원 및 전문위원이 검토요구한 내용에 대하여 의견을 제출할 수 있다(위원회의 전문가 활용에 관한 규정 제5조).

한편, 위원회의 심사보조자로 위촉된 전문가에 대하여는 위촉 업무의 성질에 반하지 않는 범위에서 「국가공무원법」 제7장의 복무에 관한 규정이 적용되며,[77] 국회 규정이 정하는 바에 따라 수당 등을 지급한다.

---

77) 선서의무, 성실 의무, 복종의 의무, 직장 이탈 금지, 친절·공정의 의무, 종교중립의 의무, 비밀 엄수의 의무, 청렴의 의무, 외국 정부의 영예 또는 증여의 대통령 허가 취득 의무, 품위 유지의 의무, 영리 업무 및 겸직 금지, 정치 운동의 금지, 집단 행위의 금지 등이 적용된다.

4. 위원회 간 정책조정절차

(1) 관련위원회 의견제시

가. 의 의

관련위원회 의견제시 제도는 의장이 안건을 소관위원회에 회부할 때 그 안건이 다른 위원회 소관 사항과 관련이 있다고 인정되는 경우 그 위원회에 안건을 회부하고 당해 위원회가 관련 위원회로서 소관위원회에 안건에 대한 의견을 제시하도록 하는 제도이다(국회법 제83조).

이 제도는 '관련위원회 회부'[78]에 따른 것으로서 이와 유사한 제도로서 독일·미국 등 외국 의회의 복수회부(multiple referral)제도를 들 수 있다. 관련위원회 의견제시 제도는 위원회중심주의와 의안의 단일소관주의로 인하여 위원회의 심사결과가 다양한 정책적 관점과 이해관계를 충분히 반영하지 못하고 소관위원회의 관점과 정책적 선호만을 반영하여 입법정책결정이 이루어지는 위원회 간 '칸막이식' 정책결정의 폐해를 보완하기 위한 제도이다. 복수회부제도를 도입하지 않고 있는 우리 국회에서는 위원회 간 수평적인 정책조정을 위한 주요수단으로서 복잡한 사회문제에 대응하여 여러 분야에 걸친 융합적인 내용의 법률안이 증가하는 추세를 감안할 때 그 기능이 보다 활성화될 필요가 있는 제도이다.

나. 관련위원회 회부

의장은 안건을 소관위원회에 회부하는 경우에 그 안건이 다른 위원회 소관사항과 관련이 있다고 인정할 때에는 그 위원회에 당해 안건을 회부한다. 또한, 안건이 소관위원회에 회부된 뒤에도 다른 위원회로부터 회부요청이 있어 관련위원회 회부가 필요하다고 인정하는 경우에도 당해 안건을 회부할 수 있다(국회법 제83조 제1항).

관련위원회에 안건을 회부할 때에 의장은 소관위원회와 관련위원회를 명시하여 회부한다(국회법 제83조 제1항). 보통 관련위원회에 회부할 때 회

78) 그동안 국회는 매우 드물게 활용되는 연석회의제도 외에는 관련된 위원회가 법률안 심사에 관여할 수 있는 제도가 미흡하였다는 지적에 따라 제13대 국회 때 국회법개정(1991. 5. 31)에서 이를 도입하였다.

부 공문에 '관련위원회 회부'임을 명시한다.

의장은 관련위원회 회부 시 관련위원회가 소관위원회에 의견을 제시할 수 있는 의견제시기간을 공문에 명시한다. 통상 소관위원회 의결 시까지를 의견제시기간으로 지정한다. 의견제시기간은 필요한 경우 그 기간을 연장할 수 있다(국회법 제83조 제2항).

다. 관련위원회 심사 및 의견제시

관련위원회는 회부된 모든 안건에 대하여 심사를 하고 의견을 제시할 의무는 없다. 관련위원회는 관련위원회로서 회부된 안건에 대하여 필요하다고 인정하는 경우에만 해당 안건에 대한 의견을 소관위원회에 제시한다. 통상 관련 위원회는 '○○○○에 대한 의견제시의 건'을 의사일정으로 상정하고 의결한 후 의결된 의견서를 공문으로 소관위원회에 송부한다.

라. 관련위원회 의견제시의 효력

국회법 제83조 제4항은 관련위원회의 의견제시 내용을 소관위원회가 존중해야 한다고 규정하고 있으나, 이는 훈시적 조항으로서 관련위원회의 의견제시 내용을 반드시 안건 심사에 반영하여야 할 의무가 있는 것은 아닙니다.

다만, 소관위원회는 관련위원회가 제시한 의견의 안건 심사 반영 여부와 관계없이 의장에게 제출하는 심사보고서에 관련위원회의 의견제시 요지를 기재하여야 한다.

만약, 의견제시기간이 경과할 때까지 관련위원회로부터 특별한 이유 없이 의견의 제시가 없는 경우 소관위원회는 바로 심사보고를 할 수 있다(국회법 제83조 제3항).

마. 관련위원회 의견제시 현황

1991년 5월 도입된 관련위원회 회부제도에 따라 그동안 수많은 법률안이 관련위원회에 회부되었으나, 이 중 의견제시가 있었던 것은 일부에 불과하다.[79] 국회에 제출되는 법률안의 수가 증가하고, 법률안의 내용도

79) 국회사무처, 『의정자료집』, 2020, 973－980(하나의 안건이 둘 이상의 관련위원회로 회부된 경우는 각각 건수에 포함하고, 의견제시 건수는 의장에게 의견제시를 보고한 것

복잡·다양해지는 현상에 비추어 볼 때 관련위원회 회부제도가 도입취지에 맞게 활발하게 활용되어야 함에도 불구하고 활용이 미흡한 주된 이유는 ① 관련위원회에서 의견이 제시되더라도 기속력이 없어 실효성이 없고, ② 단일위원회 소관주의라는 그동안의 관행이 뿌리 깊게 자리 잡고 있기 때문으로 생각된다. 따라서 관련위원회 회부제도가 소기의 목적을 달성하지 못하고 있는 만큼 여러 위원회의 소관에 관련되는 법률안을 제대로 처리하기 위해서는 미국 등에서 활용되고 있는 복수위원회 회부제도(multiple referral)의 도입을 검토할 필요가 있다고 본다.

표 6-12 역대 국회 관련위원회 회부 및 의견제시 건수

	접수 (A)	위원회 회부[80] (B)	관련위 회부			의견제시건수 (E)	관련위 회부안건 비율		의견제시비율 (E/D)
			안건수 (C)	회부건수 (D)	평균 회부건수 (D/C)		(C/A)	(C/B)	
제13대	1,439	1,168	불명	2	-	1	-	-	50%
제14대	1,439	1,207	불명	165	-	47	-	-	28.5%
제15대	2,570	2,346	불명	438	-	80	-	-	18.3%
제16대	3,177	2,920	544	1,065	1.96	110	17.12%	18.63%	10.33%
제17대	8,368	8,138	773	1,474	1.91	164	9.24%	9.50%	11.13%
제18대	14,762	14,172	817	1,167	1.43	31	5.53%	5.76%	2.66%
제19대	18,735	18,469	152	2,690	1.72	19	8.34%	8.46%	0.71%
제20대	24,996	24,729	3,823	6,272	1.64	32	15.29%	15.46%	0.51%

만 포함함).

80) 전체 접수의안 건수에서 본회의 직접처리 안건 및 소관 미결정 등으로 인한 위원회 미회부 안건의 수를 제한 것임.

(2) 연석회의

가. 의 의

연석회의(連席會議)는 둘 이상의 위원회 소관사항과 관련이 있는 안건에 대하여 소관위원회의 위원과 다른 위원회의 위원이 의견을 교환하기 위하여 함께 참석하는 회의를 말한다.

나. 개 최

연석회의는 소관위원회가 심사대상 안건과 관련이 있는 위원회와 서로 협의하여 개최한다(국회법 제63조 제1항). 연석회의를 열고자 하는 위원회는 위원장이 부의할 안건명과 이유를 서면에 적어 다른 위원회의 위원장에게 요구하여야 한다(국회법 제63조 제2항).

한편, 세입예산안 관련 법률안의 경우 소관위원회는 예산결산특별위원회의 요청이 있는 경우 연석회의를 개최하여야 한다(국회법 제63조 제4항). 이는 세입예산안 관련 법률의 제·개정은 세입예산안의 총액 및 내용에 영향을 미치기 때문이다.[81] 또한, 기획재정부 소관의 재정 관련 법률안을 심사하는 소관위원회는 이 법률안을 국회법 제83조의2에 따라 예산결산특별위원회와 협의하여 심사할 때 예산결산특별위원회 위원장의 요청이 있는 경우 연석회의를 개최하여야 한다(국회법 제83조의2 제3항).

다. 회 의

연석회의는 소관위원회가 주관하며, 당해 회의는 소관위원회의 회의로 한다(국회법 제63조 제3항). 연석회의의 의사정족수도 다른 위원회 위원의 출석과 관계 없이 소관위원회 위원 5분의 1 이상이 출석하면 충족된다. 연석회의에서는 부의된 안건에 대한 의견의 교환만 할 수 있으며, 당해 안건에 대한 표결을 할 수는 없다(국회법 제63조 제1항 단서).

라. 현 황

연석회의는 제도의 취지와 달리 적극적으로 활용되는 편은 아니다. 제

81) 국회사무처, 『국회법해설』, 2016, 288.

11대 국회 이전에는 제6대 국회와 제7대 국회에서 한 차례 연석회의가 개최된 것이 확인될 뿐이며, 제헌국회와 제2대 국회의 개최실적은 위원회 회의록 및 관련 자료의 부재로 확인되지 않고 있다.[82] 제11대 국회 이후에는 28건의 안건에 대하여 총 25차에 걸쳐 연석회의가 개최되었다. 이렇게 연석회의 제도의 활용실적이 저조한 것은 연석회의에서 어떠한 의사도 결정할 수 없다는 근본적 한계 때문이라고 생각된다.

표 6-13 제11대 국회 이후 연석회의 개최현황

	제11대	제13대	제14대	제16대	제17대	제18대	제19대
안건수	6	4	1	2	2	2	11
회의수	8	6	1	2	2	5	1

출처: 국회사무처, 『의정자료집』, 2016 수정

(3) 예산 관련 법률안의 예산결산특별위원회 협의

가. 의 의

기획재정부 소관 재정 관련 법률안과 상당한 규모의 예산 또는 기금상의 조치를 수반하는 법률안을 심사하는 소관위원회는 예산결산특별위원회와 사전협의를 하여야 한다(국회법 제83조의2 제1항). 상당한 규모의 예산 또는 기금상의 조치를 수반하는 법률안의 범위 등은 국회규칙으로 정하도록 규정하고 있으나(국회법 제83조의2 제5항), 2020년 12월 현재 관련 국회규칙은 제정되어 있지 않다.

이 제도를 도입한 이유는 국회법 제83조의 관련위원회 협의제도가 2005년 당시 임의적 절차로서 사실상 구속력이 없는 상태에서 제대로 활용이 되지 못하였고, 국가의 재정 제도를 변경하거나 재정부담을 수반하는 법률안 심의가 국가 전체의 재정 상황을 고려하지 않은 채 이루어져, 법률

82) 제 2 대 국회에서는 본회의(제10회 제74차)에서 병역법중일부개정법률안에 대하여 국방위원회와 법제사법위원회의 연석회의 동의가 가결되었으나 소관위원회(국방위원회) 회의록 부재로 실시 여부가 확인되지 않는다.

시행 이후 사업재원 조달이나 재정의 효율적 운영 등에 어려움을 초래하였기 때문이다. 예산결산특별위원회 협의제도는 국회의 재정통제기능을 강화하고 법률의 실효성을 확보하는 데 그 목적이 있다고 할 수 있다.

나. 협의요청 및 협의기간

협의 대상 법률안의 소관위원회 위원장은 20일 이내의 협의기간을 정하여 예산결산특별위원회에 협의를 요청하여야 한다. 다만, 협의기간은 예산결산특별위원회 위원장의 요청에 따라 연장할 수 있다(국회법 제83조의2 제2항).

다. 재정관련 법률안에 관한 연석회의

기획재정부 소관 재정관련 법률안의 소관위원회는 예산결산특별위원장이 요청하는 경우 연석회의를 개최하여야 한다(국회법 제83조의2 제3항).

라. 협의의 효력 등

협의는 구속력을 가지지 않으며, 소관위원회는 예산결산특별위원회와의 협의가 이루어지지 않는 경우 바로 심사보고를 할 수 있다(국회법 제83조의2 제4항).

5. 위원회 심사의 특별절차

(1) 심사기간 지정(국회법 제85조 제1항)

가. 개 요

심사기간 지정제도는 안건의 긴급한 처리를 위하여 의장이 위원회에 회부된 안건에 대하여 심사기간을 지정하고, 심사기간 내에 위원회가 이유 없이 심사를 마치지 않을 경우 해당 안건을 본회의에 부의하거나 다른 위원회에 회부하는 제도이다.

나. 적용요건

심사기간의 지정은 i) 천재지변이나 ii) 전시·사변 또는 이에 준하는 국가비상사태의 경우에는 의장이 각 교섭단체 대표의원과 협의절차만 거치면 할 수 있으며, 그 외의 경우에는 iii) 의장이 각 교섭단체 대표의원과 합의하는 경우에만 할 수 있다. 심사기간의 지정은 안건을 위원회에 회부할 때 할 수도 있고, 회부한 후에 할 수도 있다.

종전에는 위원회의 심사기간을 별 다른 요건 없이 의장이 각 교섭단체 대표의원과 협의하여 정하도록 하여 사실상 의장이 별다른 제한 없이 심사기간을 정하고 심사기간이 지난 안건에 대하여는 본회의에 부의할 수 있었다(세칭 '직권상정'으로 불리기도 하였다).[83] 그러나 2012년 5월 30일부터 시행된 개정국회법(이른바 '국회선진화법')은 합의에 의한 국회운영을 강화하는 차원에서 의장의 심사기간 지정요건을 엄격하게 강화하여 심사기간 지정이 이전에 비하여 용이하지 않게 되었다.

다. 심사기간 지정의 효과 및 처리

위원회가 심사기간이 지정된 안건에 대하여 심사기간 내에 이유 없이 심사를 마치지 못하는 경우 의장은 위원회로부터 중간보고를 받고 당해 안건을 다른 위원회에 회부하거나 본회의에 바로 부의할 수 있다.

중간보고는 의장이 소관위원회의 심사상황을 살펴 그 위원회가 이유 없이 심사를 지체하고 있는지 여부와 앞으로의 전망을 판단함으로써 본회의 부의 여부 등을 결정하기 위한 것이다. 중간보고는 심사기간이 경과된 때나 의장의 요청에 의하여 할 수 있으며, 위원회는 심사기간이 지정되지 않은 안건에 대하여도 자진하여 중간보고를 할 수 있다. 중간보고는 통상 서면으로 하는 것이 관례이나 구두보고로 하는 경우도 있다.[84]

심사기간 내에 심사를 마치지 못하면 위원회는 그 기간의 연장을 요

83) '직권상정'은 합의에 의한 안건 상정이 아닌 일부의 반대가 있는 상황에서 의장의 의사일정 작성권한에 의해 해당 안건을 상정하는 것을 의미하는 것으로 심사기간 지정과 정확히 일치하는 개념은 아니나 양자를 동일시하는 의미로 많이 사용되었다.

84) 구두보고 형식으로 중간보고를 한 사례

의 안 명	발의자 (발의일)	소 관 위원회	심사기간		본회의 의결
			지정일	지정기한	
장애인활동 지원에 관한 법률안	정부 (10.11.17.)	보건복지	10.12.8.	10.12.8. 11:00	10.12.8.

자료: 국회사무처, 『의안편람 I (해설편)』, 2016, 93.

청할 수 있으며, 심사기간이 경과되어도 의장이 그 법률안을 다른 위원회에 회부하거나 본회의에 부의하지 아니하면 계속 당해 안건에 대한 심사를 할 수 있다.[85)]

라. 심사기간 지정제도의 연혁 및 현황

심사기간 지정제도는 제헌국회 국회법부터 존재하던 제도로서 1948년 제정된 국회법 제27조는 "국회는 기한을 정하여 위원회에 심사의 보고를 하게 할 수 있다. 위원회가 이유없이 그 보고를 지체할 때에는 국회는 그 안건을 위원회로부터 철회할 수 있으며 다른 위원을 선임할 수 있다"고 규정하였다.

양원제 의회이었던 제2공화국 당시 1960년 9월 개정된 국회법은 위원회가 심사기간 내에 심사를 지체할 경우 중간보고를 받은 후 다른 위원회에 '부탁'하거나 또는 그 심사를 생략할 수 있다고 규정하였으며, 1963년 11월 폐지제정된 국회법은 "위원회가 이유 없이 그 기간내에 심사를 마치지 아니한 때에는 중간보고를 들은 후 다른 위원회에 회부할 수 있다"고 규정하여 지금과 같이 본회의에 직접 부의하는 조항을 두고 있지 않았으나, 1973년 2월 개정된 국회법은 "다른 위원회에 회부하거나 본회의에 부의할 수 있다"고 규정하여 지금과 같은 본회의 직접 부의의 근거를 명시적으로 신설하였으며, 심사기간의 지정 주체도 종전의 '국회'에서 '의장'으로 변경하였다. 1988년 6월 개정된 국회법은 종전에 의장이 단독으로 행하던 심사기간 지정을 각 교섭단체 대표의원과 협의하도록 하였으나, 국회법상 '협의'는 의사의 합치를 전제로 한 것이 아니므로 각 교섭단체 대표의원이

85) 심사기간 경과 후 계속 심사한 사례

의안명	심사기간 지정일	심사경과
은행법 일부개정법률안 (박종희의원 등 16인)	09. 3. 2. (같은 날 15:00까지 심사기간 지정)	• 심사기간 내 심사 미료에 따라 소관위(정무위) 중간보고(09.3.2.) • 심사기간 경과 후(09.3.3.) 소관위 수정의결 • 법사위 체계·자구심사기간 중 체계·자구심사기간 지정(09.4.30.) • 본회의 부의 후 상정하여 홍준표의원 외 169인 수정안 의결[09.4.30. 수정의결]

자료: 국회사무처, 『의안편람 I (해설편)』, 2016, 91.

동의하지 않더라도 종국적으로 의장의 의사대로 심사기간을 지정하여 본회의에 안건을 부의할 수 있었다.[86)]

이러한 심사기간 지정제도는[87)] 소수자의 횡포를 방지하기 위한 효율적인 제도라고 할 수 있으나,[88)] 한편으로는 소관위원회에서 다수파 의원들의 수적 우위에 밀려 소수파 의원들의 정당한 주장이 반영되지 않을 경우 소수파 의원들이 자신들의 주장을 관철하기 위한 노력의 일환으로 문제의 법률안을 위원회 단계에서 잡아 두는 것을 불가능하게 한다는 점에서 다수의 횡포를 조장할 수 있다.

이러한 측면에서 의장이 직권으로 행사하는 심사기간 지정제도에 대하여 대화와 타협을 중시하는 국회운영과 민주성의 측면에서 바람직하지 않다는 비판이 제기되기도 하였으며, 특히 의장의 심사기간 지정에 따른 관련된 안건의 강행처리로 국회에서 물리적 충돌을 수반한 정쟁이 격화되면서 이에 대한 제도개선의 요구가 제기되었다.

이에 2012년 5월 이른바 '국회선진화법'에 의한 국회법 개정으로 의장의 심사기간 지정요건을 1) 천재지변의 경우와 2) 전시·사변 또는 이에 준하는 국가비상사태의 경우 의장이 교섭단체 대표의원과 협의하여 심사기간을 정하거나, 3) 의장이 각 교섭단체 대표의원과 합의하는 경우 심사기간을 지정할 수 있도록 함으로써 의장의 단독적인 심사기간 지정권한을 제약하고 합의에 의한 국회운영을 강화하였다.

이러한 심사기간 지정요건의 강화로 이른바 '국회선진화법'이 시행된 제19대 국회 이후에는 심사기간 지정 건수가 이전에 비하여 현저하게 감소하였다. 제19대 국회에서는 7건에 대하여만 심사기간이 지정되었고, 제20대 국회에서는 단 2건에 대해서만 지정되었다.

---

86) 2005년 7월 개정 국회법은 회부된 안건에 대하여도 심사기간을 지정할 수 있도록 조문을 명확화하였다.

87) 심사기간지정제도는 위원회에 회부할 때 활용되는 것이 일반적이나, 소관위원회의 심사 중이나 법제사법위원회 체계·자구심사 중 그리고 관련위원회 심사 중에도 활용되고 있다.

88) 즉 이 제도가 없었을 경우 쟁점이 있는 법률안이 소관위원회에서 소수파 의원들에 붙잡혀 심사가 진행되지 않거나 의결이 안 될 경우 심사기간지정제도는 이러한 소수의 횡포로부터 당해 법률안을 구해 내서 본회의에 부의할 수 있게 함으로써 국가 전체를 위하여 필요한 법률안이 소수파의 횡포로부터 벗어나 국회에서 심의되고 의결될 수 있게 한다는 점에서 입법과정의 효율성 증진 측면에서는 의미가 있는 제도라고 할 수 있다.

표 6-14 제12대 국회 이후 심사기간 지정현황

	소관위심사 안건			체계·자구심사 안건			합 계		
	전반기	후반기	소 계	전반기	후반기	소 계	전반기	후반기	소 계
제12대	13	-	13	19	-	19	22	-	22
제13대	1	3	4	-	38	38	1	41	42
제14대	-	-	-	21	-	21	21	-	21
제15대	8	11	19	1	71	72	9	82	91
제16대	1	1	2	2	2	4	3	3	6
제17대	16	4	20	6	3	9	22	7	29
제18대	13	16	39	46	14	60	59	40	99
제19대	-	3	3	-	4	4	-	7	7
제20대	-	-	-	2	-	2	2	-	2
계			100			229			329

자료: 국회사무처, 『의정자료집』, 2020, 904-946 정리

(2) 위원회 안건조정제도: 안건조정위원회(국회법 제57조의2)

가. 개 요

1) 의 의

위원회 안건조정제도는 제1교섭단체 소속 위원과 제1교섭단체에 속하지 않는 위원을 동수로 선임한 안건조정위원회를 구성하여 위원회에 회부된 안건 중 이견의 조정이 필요한 안건을 심사하도록 함으로써 안건에 대한 이견의 조정을 촉진하는 제도이다.

2) 도입배경 및 전제

이러한 안건조정제도는 이른바 '국회선진화법'에 따라 2012년 도입된 제도로서 이견이 있는 안건에 대하여 일방적으로 다수결 원리에 의해 의사결정을 하지 않고 찬성의견을 가진 측과 반대의견을 가진 측이 대등한 입장에서 대화와 타협을 통해 합리적인 안건조정을 함으로써 안건처리를 원

활하게 하기 위한 것이다. 이는 입법과정에 있어 다수결 원리의 기계적 적용에 의한 갈등의 심화를 방지하고, 소수당 소속 위원들의 안건 심사권을 최대한 보장함으로써 소수의 의견을 존중하고 안정적인 국회운영을 도모하기 위한 것이다.

그런데 이러한 안건조정제도는 몇 가지 사항이 전제적 조건으로 충족되어야만 소기의 기능을 발휘할 수 있을 것으로 보인다.

첫째, 안건조정위원회는 합리적인 대화와 타협을 통하여 상대측을 설득하고 상대방의 입장을 일정 부분 수용할 수 있는 유연성과 수용성을 전제로 한다. 즉, 찬성의견을 가진 측과 반대의견을 가진 측의 입장이 조정과정을 통해 변화할 가능성이 있어야 한다는 것이다. 만약 교섭단체별(정당별) 입장이 확고하게 사전적으로 결정되어 변화 가능성이 없고, 강력한 정당기속성 때문에 안건조정위원회에 참여하는 위원들의 자율성이 없는 상태에서 입장 변경의 가능성을 기대할 수 없다면 안건조정위원회는 실질적인 기능을 발휘하지 못하고 의사지연수단의 하나로만 활용될 가능성이 있다.

둘째, 안건조정위원회 구성에 있어 찬성과 반대 입장의 대등성은 기본적으로 양당제를 전제로 한 것으로서 다당제 하에서는 이러한 구성의 대등성이 보장되지 않을 수 있다. 예를 들어 제1교섭단체 소속 위원과 대칭적으로 동수로 선임되는 제1교섭단체 소속이 아닌 위원 중 제1교섭단체 소속 위원과 같은 입장을 가진 위원이 있다면, 찬성과 반대 의견을 대등하게 안건조정위원회 구성에 반영하는 데 한계가 있을 수 있다.

나. 안건조정 대상 안건

1) 대상 안건

안건조정위원회의 조정대상이 되는 안건은 위원회에 회부된 안건 중 이견을 조정할 필요가 있는 안건으로서 재적위원 3분의 1 이상이 안건조정위원회의 조정을 요구하는 안건이다(국회법 제57조의2 제1항). 즉, 위원회에 회부되어 계류되어 있지 않은 안건은 대상이 되지 않으며, 안건조정위원회 구성요구 시 조정 대상으로 명시되지 않은 안건은 안건조정위원회의 심사안건이 될 수 없다.

2) 제외 안건

위원회에 회부되어 계류 중인 안건이라도 i) 예산안, 기금운용계획안, 임대형 민자사업 한도액안, ii) 체계·자구심사 법률안, iii) 안건조정위원회를 거친 안건은 안건조정위원회의 심사대상이 될 수 없다.

예산안, 기금운용계획안, 임대형 민자사업 한도액안은 모두 헌법과 법률에 의하여 법정 처리시한이 정해져 있는 안건으로서 안건조정을 통한 이견의 조정 필요성보다 심사절차의 지연으로 발생할 수 있는 부작용이 크다고 판단하여 대상 안건에서 제외한 것이다.[89)]

체계·자구심사 법률안은 안건의 내용이 아닌 형식 및 체계에 관한 사항을 심사하는 체계·자구심사의 본래 취지상 안건조정제도의 대상에 부합하지 않을 뿐만 아니라, 소관위원회 심사과정에서 안건조정위원회를 거친 안건을 다시 체계·자구심사과정에서 안건조정위원회를 거치게 하는 것은 안건심의를 과도하게 지연시킬 우려가 있다고 보았기 때문으로 보인다. 안건조정위원회를 거친 안건이 안건조정위원회의 심사대상이 될 수 없는 것도 안건조정위원회가 의사지연 수단으로 남용되는 것을 방지하기 위한 것이다.[90)]

다. 안건조정위원회의 구성 및 활동기간

1) 안건조정요구

위원회는 위원회 소속 재적위원 3분의 1 이상의 안건조정요구가 있으면 안건조정위원회를 구성하여 국회법 제57조의2에 의한 안건조정을 실시하여야 한다. 재적위원 3분의 1 이상이 안건조정요구서를 제출하면 조정절차가 개시된 것으로 본다.

2) 안건조정위원회 구성

안건조정위원회의 위원 정수는 6인으로서 위원회 소속 위원 중에서 위원장이 간사와 협의하여 선임한다(국회법 제57조의2 제5항). 6인의 조정위원 중 3인은 소속의원의 수가 가장 많은 제1교섭단체 소속 위원으로 선임하고, 나머지 3인은 제1교섭단체 소속이 아닌 위원으로 선임한다. 이때 제1교섭단체는 위원회에서 소속 위원의 수가 가장 많은 교섭단체가 아닌 국

89) 국회사무처, 『국회법해설』, 2016, 263.
90) 위의 책.

회 전체 의석수를 기준으로 소속 의원의 수가 가장 많은 교섭단체를 의미한다. 만약, 제1교섭단체가 둘 이상인 경우에는 각 교섭단체에 속하는 조정위원 및 어느 교섭단체에도 속하지 아니하는 조정위원의 수를 위원장이 간사와 합의하여 정한다(국회법 제57조의2 제4항).

안건조정위원회의 위원장은 조정위원회가 제1교섭단체 소속 위원 중에서 선출하며, 선출결과를 위원장이 의장에게 보고한다(국회법 제57조의2 제5항).

3) 활동기간: 활동기한 및 활동의 종료

안건조정위원회의 활동기한은 안건조정위원회의 구성일로부터 90일로 하되, 안건조정위원회 구성 시 위원장과 간사가 합의하는 경우에는 90일을 넘지 않는 범위에서 활동기한을 따로 정할 수 있다(국회법 제57조의2 제2항). 안건조정위원회의 활동기한을 90일로 정한 것은 안건조정을 위한 충분한 조정 기간을 확보함과 동시에 안건조정으로 인하여 안건심의가 과도하게 지연되는 것을 방지하기 위한 것이다.

활동기한의 기산점이 되는 안건조정위원회 구성일은 문언대로라면 안건조정위원의 선임과 조정위원장의 선출이 이루어져 안건조정위원회의 구성이 완료되는 시점이라고 할 수 있으나, 실제 관행은 안건조정위원회의 실질적인 구성 여부와 관계없이 안건조정요구서가 제출된 시점으로 본다. 따라서 요구서의 제출일이 안건조정위원회의 활동기한의 기산점으로 간주되며 안건조정요구서가 제출된 이후 위원선임이 지연되는 등의 사유로 조정위원회가 실제 활동을 못하는 기간도 조정위원회의 활동기간으로 간주되고 있다.[91] 이는 법에서 안건조정위원회의 활동기한을 정한 취지를 감안하여 안건조정으로 인하여 안건심의가 지나치게 지연되는 것을 방지하려는 것으로서 안건조정위원회의 활동기한을 가급적 조기에 도래하게 하려는 것으로 보인다. 이러한 해석은 이견이 있는 안건의 경우 안건조정위원회 구성에 대한 협의조차 원활하게 진행되지 못하여 안건심의가 무한정 지연될 우려가 있는 현실을 반영한 것으로서 일응 타당한 면도 있으나, 가급적 입법적 개선을 통해 법률규정의 문언을 현실에 부합하게 수정하는 것이

91) 국회사무처, 『국회법해설』, 2016, 265.

필요한 것으로 보인다.

안건조정위원회의 활동은 이러한 활동기한의 도래로 종료하게 되지만, 활동기한이 도래하기 이전이라도 안건조정이 원활하게 이루어져 조정안이 안건조정위원회에서 의결되면 종료하게 된다. 또한, 국회법 제85조의2 제2항에 따라 신속처리대상안건으로 지정된 안건을 심사하는 경우에는 같은 조 제4항 또는 제5항에 따라 법제사법위원회에 회부되거나 바로 본회의에 부의된 것으로 보는 때에도 안건조정위원회의 활동을 종료하게 된다(국회법 제57조의2 제9항).

라. 안건조정위원회의 심사

1) 안건의 회부

안건조정요구서가 제출되면 안건조정위원회가 구성되고, 안건조정요구서에 명시된 조정대상 안건이 안건조정위원회로 회부된다. 다만, 안건조정위원회로의 회부는 국회법 제58조에서 정한 위원회 안건심사 절차 중 대체토론이 끝난 후에 할 수 있다(국회법 제57조의2 제1항). 이는 위원회에서 최소한의 심사를 거친 후에 이견이 있는 경우 이를 조정하기 위하여 안건조정위원회 심사를 거치게 하고 안건조정위원회의 조정이 전체 위원회의 의견을 수렴하여 이루어지도록 하기 위한 것이다. 한편, 안건의 회부는 안건을 심사할 안건조정위원회가 실체적으로 존재하여야 하므로 사실상 안건조정위원회의 구성이 완료된 이후에 가능하다고 할 수 있다.

따라서 대체토론을 마치고 소위원회에 회부된 안건이나 전체 위원회에 계류 중인 안건은 안건조정위원회가 구성된 이후에 안건조정위원회에 회부된다. 다만 대체토론을 마치지 못한 안건은 안건조정위원회의 구성이 완료되었다고 하더라도 대체토론이 끝나기 전까지는 회부될 수 없다. 그러나 국회법 제58조 제4항에 따라 소위원회에 회부된 안건과 관련이 있다고 판단되어 위원장이 간사와 협의하여 회부한 안건은 비록 대체토론을 거치지 않았다고 하더라도 당해 규정의 취지상 조정위원회로 회부할 수 있다고 보는 것이 타당하다는 주장이 있다.[92] 한편, 국회법 제57조의2 제8항에서

92) 국회사무처, 『국회법해설』, 2016, 265.

는 안건조정위원회에서 조정이 이루어지지 않거나 부결된 안건에 대하여 소위원회에 회부하되, '소위원회 심사를 마친 안건은 제외한다'라고 규정하고 있으므로, 소위원회 심사를 마친 안건도 안건조정위원회 조정대상이 된다고 할 수 있다.

2) 안건의 조정

안건조정위원회의 조정은 재적 조정위원 3분의 2 이상의 찬성으로 이루어진다. 재적위원 3분의 2 이상의 찬성을 요구하는 의결정족수는 안건조정대상 안건의 조정에 관하여만 적용되고 기타 안건조정위원회의 의사결정에는 일반정족수 및 법률 및 규칙에서 정한 특별의결정족수가 적용된다고 보아야 한다. 한편, 재적위원 3분의 2 이상의 찬성을 요하는 의결정족수는 일견 일반의결정족수에 비하여 가중된 다수결 원리를 적용하는 것처럼 보이나, 안건조정위원의 위원정수가 6인이므로 재적위원 과반수의 출석과 출석위원 과반수의 찬성을 요구하는 일반의결 정족수도 4인 이상의 찬성이 있어야 한다는 점에서 실질적인 차이가 크지 않을 수 있다.

안건조정위원회의 심사는 실질적으로 소위원회의 심사를 대체하여 그 조정기능을 강화하기 위한 것으로서 조정안을 의결한 안건에 관하여는 소위원회 심사를 거친 것으로 간주한다(국회법 제57조의2 제7항). 따라서 안건조정위원회의 심사결과인 조정안 또한 소위원회의 심사결과와 마찬가지로 원안, 수정안, 대안, 위원회안의 형태 중 하나가 될 것으로 보인다. 이 중 형식상 안건조정요구 대상으로 명시되지 않은 새로운 안인 위원회안을 안건조정위원회가 기초하여 조정안으로 제안할 수 있는지에 대하여는 이론이 있을 수 있으나, 안건조정위원회의 조정결과 기존의 조정대상 안건의 내용을 반영하지 않는 새로운 내용의 조정안이 도출된다면 이를 수용하기 위하여 위원회안을 제안할 수도 있을 것으로 보인다.

3) 조정대상 안건의 처리

조정위원회가 조정안을 가결한 안건은 소위원회 심사를 거친 것으로 간주하고, 위원회는 조정안의 의결일로부터 30일 이내에 표결을 하여야 한다.

조정위원회가 활동기한이 종료될 때까지 조정안이 의결되지 못하거나 조정안이 부결된 경우에는 조정위원장이 심사경과를 위원회에 보고하여야 하며, 이 경우 위원장은 해당 안건을 소위원회에 회부한다. 다만, 소위원회의 심사를 마친 안건은 소위원회에 다시 회부하지 아니한다.

마. 안건조정위원회와 위원회 및 소위원회와의 관계 등

조정위원회로 안건이 회부되는 경우 소위원회 또는 위원회는 안건조정위원회의 활동이 종료되어 해당 안건을 다시 회부받기 전까지는 당해 안건을 심사할 수 없다.[93]

한편, 안건조정위원회에 관하여는 국회법에서 다르게 정하거나 성질에 반하지 아니하는 한, 위원회 또는 소위원회에 관한 규정을 준용한다.

그림 6-2 안건조정위원회 조정절차

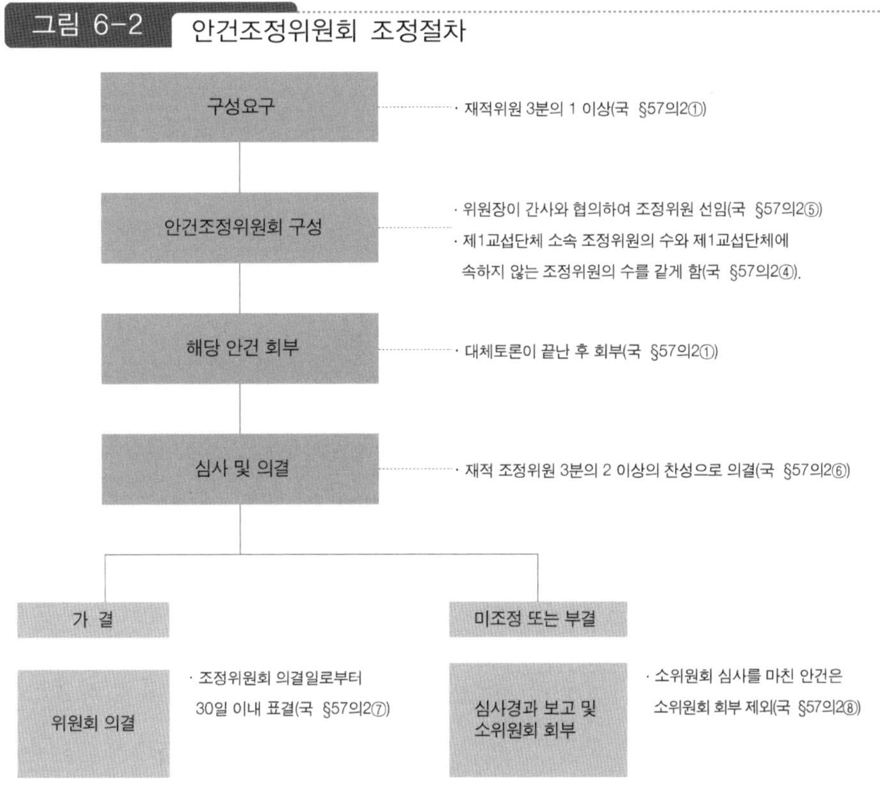

93) 국회사무처, 『국회법해설』, 2016, 266.

바. 안건조정위원회 활동실적

안건조정위원회 제도가 도입된 이래 제19대 국회와 제20대 국회에서 모두 24건의 안건조정위원회 구성요구서가 제출되었으며, 실질적으로 조정위원이 선임되었는지 여부와는 별론으로 안건조정위원회 구성요구에 따라 모두 22개의 안건조정위원회가 구성된 것으로 간주된다. 구성요구가 24건인데 구성된 안건조정위원회를 22개로 간주하는 것은 일부 안건조정요구의 경우 이미 구성된 안건조정위원회에서 심사할 것을 요구하였기 때문이다.

표 6-15 안건조정위원회 구성 및 활동실적(제19대 및 제20대 국회)

	요구건수	안건조정위원회				안 건		
		구 성	위원선임(회의개회)	조정도출(여야합의)	활동기한 경과	건 수	조정도출	활동기한 경과
제19대	6	6	-	-	5[94)]	30	-	28[95)]
제20대	18	16[96)]	5 (5)	3 (0)	14[97)]	78	30	48

자료: 국회사무처

이 중 제20대 국회에서만 5개 안건조정위원회의 조정위원 선임이 이루어졌으며, 나머지 안건조정위원회는 위원 선임이 이루어지지 않아 실질적인 활동을 하지 못하였다. 조정위원 선임이 이루어진 안건조정위원회 중 3개 안건조정위원회에서 조정안이 도출되었으나, 여·야가 실질적으로 합의하여 조정이 이루어진 사례는 없는 것으로 파악된다. 안건조정위원회의 조정대상이 된 안건은 모두 108건이며 이 중 30건에 대하여 조정이 이루어졌다.

이처럼 안건조정위원회의 실질적인 조정기능이 미흡한 편인 것은 안

94) 철회 1건.
95) 철회 1건, 심사기간 지정 1건.
96) 일부 안건조정요구의 경우 기구성된 안건조정위원회에서 심사할 것을 요구하여 요구건수와 안건조정위원회수가 차이가 난다.
97) 1개 안건조정위원회는 일부 안건에 대하여는 조정이 이루어졌으나, 일부 안건에 대하여는 조정이 이루어지지 않은 채 활동기한이 경과하였다.

건조정위원회가 이견에 대한 조정장치보다는 소수파의 의사진행 지연수단으로 활용되는 경우가 많기 때문으로 보인다. 앞으로 안건조정이 실효적으로 이루어져 합의에 의한 국회운영이 강화될 수 있도록 실질적인 제도정착을 위한 노력이 필요한 것으로 보인다.

(3) 안건 신속처리제도: 신속처리대상안건(국회법 제85조의2)

가. 개 요

안건 신속처리제도는 위원회에 회부된 안건 중 신속한 처리의 필요가 있는 안건을 신속처리대상안건으로 지정하고 이 안건에 대한 위원회의 심사기간 등을 제한하여 안건심사를 촉진하는 제도이다.

이러한 제도는 쟁점안건이 위원회에 장기간 계류되는 문제를 해소하기 위한 것으로서 위원회 심사단계뿐만 아니라 본회의 심의단계를 포함하여 안건의 국회심의과정 전반을 관통하는 특별절차라고 할 수 있다.

나. 신속처리대상 안건의 지정

신속처리대상안건으로 지정하기 위해서는 먼저 재적의원 과반수나 소관위원회 재적위원 과반수의 지정요구 동의(動議)가 있어야 한다.

이러한 지정요구 동의가 있으면 의장 또는 소관위원회 위원장은 이를 지체 없이 무기명투표 방식에 의한 표결에 부쳐야 하며, 지정요구 동의가 가결되려면 본회의의 경우 재적의원 5분의 3 이상의 찬성이, 위원회의 경우 재적위원 5분의 3 이상의 찬성이 있어야 한다.

본회의 또는 위원회의 지정요구 동의가 가결되면 의장은 해당 안건을 신속처리대상안건으로 지정한다. 이 경우 위원회가 신속처리대상안건으로 지정된 안건에 대하여 대안을 마련하면 이 대안을 신속처리대상안건으로 간주한다(국회법 제85조의2 제2항).

다. 신속처리대상안건의 위원회 심사기간

신속처리대상안건으로 지정되면 해당 안건에 대한 위원회의 심사기간은 지정일로부터 180일 이내로 제한된다. 심사기간이 경과할 때까지 위원회가 심사를 마치지 못하는 경우 심사기간의 종료일 다음 날 법제사법위원회에 회부된 것으로 간주하거나(법률안 및 규칙안의 경우), 본회의에 바로 부의된 것으로 간주한다(기타 안건의 경우).

법제사법위원회는 i) 회부된 법률안이나 규칙안이 법제사법위원회에 계류 중 신속처리대상안건으로 지정된 경우에는 지정일로부터 90일 이내에, ii) 안건 신속처리제도에 따라서 법률안이나 규칙안이 법제사법위원회에 회부된 것으로 간주된 경우에는 회부된 것으로 간주된 날부터 90일 이내에, iii) 신속처리대상안건으로 지정된 안건이 소관위원회에서 180일 이내에 심사를 종료하여 법제사법위원회에 회부된 경우에는 회부된 날로부터 90일 이내에 체계·자구심사를 마쳐야 한다. 만약 심사기간 내에 체계·자구심사를 마치지 못한 경우에는 심사기간 종료일 다음 날 바로 본회의에 부의된 것으로 간주한다(국회법 제85조의2 제5항).

라. 본회의 부의 간주 안건의 처리

안건신속처리제도에 따라서 본회의에 부의된 것으로 간주된 안건은 부의 간주일로부터 60일 이내에 본회의에 상정하여야 한다(국회법 제85조의2 제6항). 만약 부의 간주일로부터 60일 이내에 본회의에 상정되지 않으면 그 기간이 지난 후 처음 개의하는 본회의에 상정된다(국회법 제85조의2 제7항).

한편 위원회가 180일의 심사기간 이내에 심사를 마치고 본회의에 부의된 안건(법률안 및 규칙안 외의 안건)과 법제사법위원회가 90일의 체계·자구심사기간 내에 심사를 마치고 본회의에 부의된 안건에 대하여는 이러한 본회의 부의 간주 안건의 처리절차를 적용하는 규정이 없다.[98]

98) 국회사무처, 『국회법해설』, 2016, 416.

그림 6-3 법률안 및 규칙안의 신속처리대상안건 지정 및 심사절차

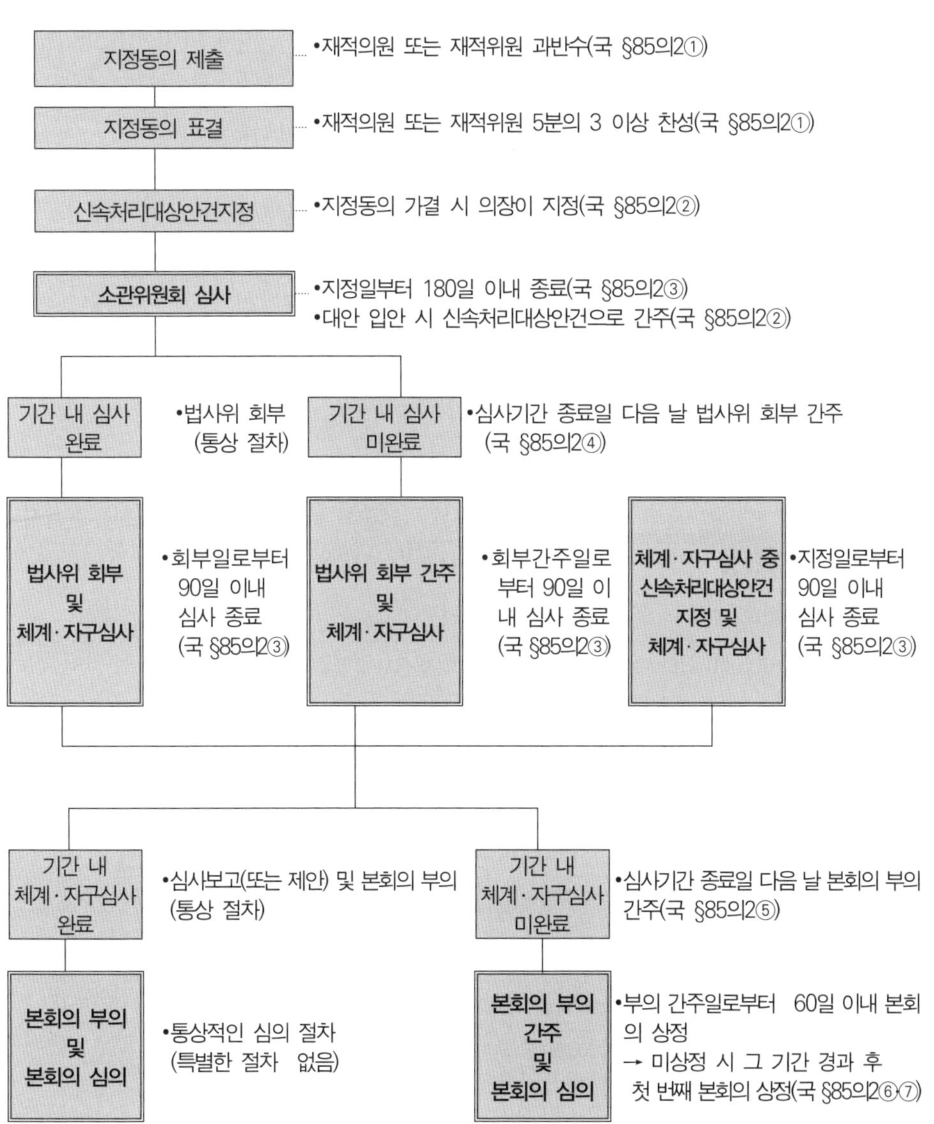

마. 안건신속처리제도의 적용 배제

신속처리대상안건으로 지정되었다고 하더라도 의장이 각 교섭단체 대표의원과 합의하는 경우에는 해당 안건에 대한 안건신속처리제도의 적용을 배제할 수 있다(국회법 제85조의2 제8항).

바. 신속처리대상안건의 지정현황

안건의 신속처리제도 도입 이후 제20대 국회까지 신속처리대상안건 지정 동의는 모두 제20대 국회에서만 5회 있었으며, 모두 소관위원회 재적위원 5분의 3 이상의 요구정족수를 충족하여 신속처리대상안건으로 지정되었다. 안건 기준으로는 9건의 법률안이 신속처리대상안건으로 지정되었으며 이 중 8건이 본회의에서 수정 가결되었고, 1건만 임기만료로 폐기되었다.

표 6-16 신속처리대상안건의 지정 및 처리경과(제20대 국회)

지정동의	안 건	처리결과
한정애위원 등 10인 (2016.12.23.)	사회적 참사의 진상규명 및 안전사회 건설 등을 위한 특별법안(박주민의원 등 11인)	본회의 수정가결
조승래위원 등 8인 (2018.12.27.)	유아교육법 일부개정법률안(임재훈의원 등 11인)	본회의 수정가결
	학교급식법 일부개정법률안(임재훈의원 등 11인)	본회의 수정가결
	사립학교법 일부개정법률안(임재훈의원 등 11인)	본회의 수정가결
백혜련위원 등 11인 (2019.4.26.)	고위공직자범죄수사처 설치 및 운영에 관한 법률안(백혜련의원 등 12인)	본회의 수정가결
	검찰청법 일부개정법률안(백혜련의원 등 19인)	본회의 수정가결
	형사소송법 일부개정법률안(채이배의원 등 11인)	본회의 수정가결
채이배위원 등 10인 (2019.4.29.)	고위공직자범죄수사처 설치 및 운영에 관한 법률안(권은희의원 등 10인)	임기만료폐기
김종민위원 등 10인 (2019.4.29.)	공직선거법 일부개정법률안(심상정의원 등 17인)	본회의 수정가결

자료: 국회회의록시스템 정리

그런데 일부 법률안의 경우 신속처리대상안건으로 지정된 이후, 해당 법률안에 대하여 위원회 차원에서 실질적 논의가 거의 이루어지지 못하는 문제점이 있다.[99] 이러한 문제점을 해소하기 위해서 신속처리대상안건으로 지정된 법률안에 대해서는 위원회가 최소한 일정 횟수 이상 회의를 개최하도록 의무화하고, 필요하다면 위원회의 자동개회 규정을 두도록 하자는 주장이 제기되고 있다.[100]

(4) 세입예산안 부수법률안의 본회의 자동부의(국회법 제85조의3)

가. 개 요

예산안의 헌법상 법정처리 시한(12월 2일)을 준수하기 위하여 예산안 및 관련 의안(이하 '예산안등'이라 한다)과 함께 세입예산안 부수법률안의 위원회 심사기간을 11월 30일 자정까지로 제한하고 그 기간이 경과하면 예산안등과 세입예산안 부수법률안이 본회의에 부의된 것으로 간주하는 제도이다.

나. 대상안건

이 제도에 따라서 예산안 및 관련의안(기금운용계획안 및 임대형 민자사업 한도액안)과 함께 본회의에 부의되는 법률안은 세입예산안 부수법률안으로 한정된다. 세입예산안 부수법률안은 세입예산안의 전제가 되어 예산안 의결의 선결문제로서 처리되어야 할 법률안으로서 의장이 세입예산안 부수법률안으로 지정하는 법률안을 말한다. 의장의 지정대상이 되는 세입예산안 부수법률안은 소관위원회에 회부된 법률안뿐만 아니라 법제사법위원회에 체계·자구심사를 위하여 회부된 법률안도 포함된다.

다. 세입예산안 부수법률안의 지정

의원이나 정부가 세입예산안에 부수하는 법률안을 발의하거나 제출하는 경우에는 세입예산안 부수법률안 여부를 표시하여야 하고, 의장은 이 법률안들 중에서 국회예산정책처의 의견을 들어 세입예산안 부수법률안을 지정한다(국회법 제85조의3 제4항). 또한 위원회가 세입예산안 부수법

99) 이우영, "입법과정에서의 숙의기능의 실질적 제고를 위한 안건신속처리제도 개선 논의", 『입법학연구』 제17집 제1호, 한국입법학회, 2020, 23-30.

100) 위의 글, 34.

률안으로 지정된 법률안에 대한 대안을 입안한 경우에는 그 대안을 세입예산안 부수법률안으로 간주한다(국회법 제85조의3 제5항).

라. 심사기간 및 본회의 부의 간주

세입예산안 부수법률안으로 지정된 법률안은 11월 30일 자정까지 소관위원회의 심사와 법제사법위원회의 체계·자구심사를 마쳐야 한다. 만약 이 기간 내에 심사를 마치지 못하는 경우 12월 1일 본회의에 부의된 것으로 간주된다.

그런데 동일 제명의 세입예산안 부수법률안이 둘 이상 지정된 경우에는 의장이 소관위원회 위원장의 의견을 들어 일부 법률안만 본회의에 부의할 수 있다(국회법 제85조의3 제3항).

마. 본회의 부의의 효과

본회의에 세입예산안 부수법률안이 자동부의되면 본회의에 상정하여 의결할 수 있는 상태가 된다.

또한, 예산안의 법정처리시한인 12월 2일까지 예산안등 및 세입예산안 부수법률안을 본회의에서 의결할 수 있도록 이들 안건에 대한 본회의의 무제한토론도 12월 1일 자정까지만 가능하다(국회법 제106조의2 제10항).

바. 자동부의의 적용 배제

예산안등 및 세입예산안 부수법률안의 자동부의 제도는 의장이 각 교섭단체 대표의원과 합의한 경우에는 그 적용을 배제할 수 있다(국회법 제85조의3 제2항). 이는 통상 예산안등의 합의처리 가능성이 있어 충분한 시간이 더 필요하다고 판단하는 경우에 이루어진다.

사. 세입예산안 부수법률안의 지정 및 자동부의현황

예산안등 및 세입예산안 부수법률안 자동부의제도가 시행된 2014년부터 2020년까지 세입예상안 부수법률안으로 지정된 법률안은 모두 180건이며, 이 중 72.2%인 130건이 본회의에 자동부의되었다.

표 6-17 세입예산안 부수법률안의 지정 및 자동부의 현황

	2014	2015	2016	2017	2018	2019	2020
지 정	31	15	31	25	28	32	18
자동부의		15	20	21	28	31	15

자료: 국회예산정책처

(5) 위원회에서의 번안(국회법 제91조)

가. 개 요

번안(飜案)은 이미 가결된 의안에 대하여 그 의결을 취소하고 전과 다른 내용으로 번복하여 의결하는 것을 말한다. 번안은 위원회와 본회의 모두 가능하며, 준용규정에 따라 소위원회에서도 가능한 것으로 본다.

번안은 객관적 사정이 이전의 의결 당시와 현저히 달라졌거나 이전의 의사결정이 명백한 착오 또는 오류에 기인하였을 경우 이를 바로잡을 필요성이 있을 때 의결된 의안을 다시 심의하여 시정하기 위한 것이다.[101]

나. 위원회의 번안절차

위원회가 의결한 사항을 번안하려면 번안동의(飜案動議)가 있어야 한다. 국회법 제91조 제2항은 위원회에서의 번안동의는 위원의 동의(動議)로 그 안을 갖춘 서면을 제출할 것을 요건으로 규정하고 있다. 번안동의에 구두동의를 허용하지 않고 서면동의를 요건으로 하는 것은 번안할 내용을 명확히 하기 위한 것이다.

번안동의가 있으면 위원장은 법제사법위원장이나 의장에게 대상 안건에 대한 반려를 요청하고, 반려된 해당 안건에 대한 번안의 건을 상정하여 의결한다.

번안동의에 대한 의결정족수는 재적위원 과반수의 출석과 출석위원 3분의 2 이상의 찬성으로 일반 의결정족수보다는 가중된 정족수를 요구한다. 일단 위원회가 결정한 사항을 번복하는 것인 만큼 신중을 기하기 위한 취지라고 할 수 있다.

번안된 안건은 다시 변경된 내용으로 법제사법위원회에 체계·자구심

101) 국회사무처, 『의안편람 I (해설편)』, 2016, 386-387.

사를 의뢰하거나(법률안이나 규칙안의 경우) 본회의에 심사보고 또는 제안을 한다.

다. 위원회 번안의 제한

위원회에서의 번안은 본회의에서 의제가 된 후에는 할 수 없다(국회법 제91조 제2항 단서). 즉, 위원회가 본회의에 심사보고를 하거나 제안하기 전은 물론, 위원회가 심사보고를 하거나 제안한 경우에도 본회의에 상정되어 의제가 되기 전에는 위원회의 번안이 가능하다.

그림 6-4 위원회의 번안동의 처리절차도

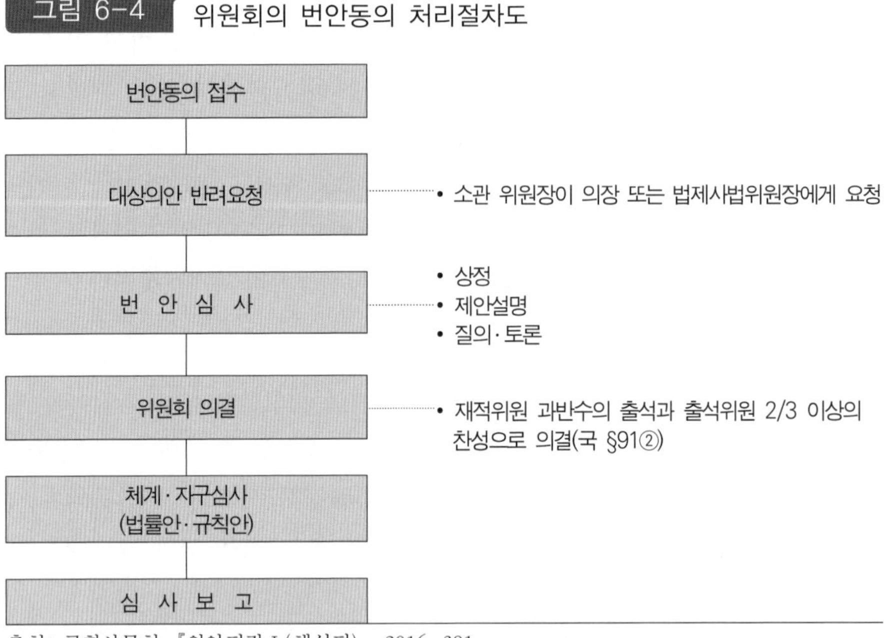

출처: 국회사무처, 『의안편람 I (해설편)』, 2016, 391.

(6) 헌법재판소 위헌결정에 대한 위원회 심사(국회법 제58조의2)

가. 개 요

헌법재판소의 위헌결정에 대한 위원회 심사제도는 헌법재판소의 종국결정이 법률의 제정 또는 개정과 관련이 있는 경우 소관위원회가 송부 받은 헌법재판소의 결정서를 검토하여 필요한 경우 입법개선조치를 하도록 하는 것이다(국회법 제58조의2).

이는 헌법재판소의 헌법재판결과가 입법과정에 체계적으로 환류되지 못하는 문제점을 보완하기 위한 것으로서 헌법재판소의 위헌결정 또는 헌법불합치결정으로 입법개선조치가 필요한 사항에 대하여 입법절차를 신속하게 이행하게 하려는 취지이다.

나. 절 차

헌법재판소는 법률의 제정 또는 개정과 관련이 있는 종국결정이 있는 경우 종국결정의 결정서 등본을 국회에 송부하여야 하며(국회법 제58조의2 제1항), 의장은 헌법재판소로부터 송부된 결정서 등본을 해당 법률의 소관 위원회와 관련위원회에 송부한다(국회법 제58조의2 제2항).

결정서 등본을 송부 받은 위원회는 이를 검토하여 소관 법률의 제정 또는 개정이 필요하다고 판단하는 경우 위원장이 이를 소위원회에 회부하여 심사하도록 한다(국회법 제58조의2 제3항). 이 경우 위원회는 해당 안건을 ‘○○○ 검토의 건’으로 상정하여 심사한 후 대체토론을 거친 다음, 소위원회에 회부할 수 있을 것이다. 소위원회는 회부받은 ‘○○○ 검토의 건’을 심사한 다음 관련된 법률안의 위원회안을 소위원회 심사보고를 통하여 제안할 수 있다.

소위원회의 심사보고를 받은 위원회는 이를 위원회안으로 입안하여 법제사법위원회의 체계·자구심사를 거쳐 본회의에 제안하고, 본회의가 이를 심의·의결함으로써 관련된 입법조치를 완료하게 된다.

6. 법률안별 위원회 심사절차 비교

(1) 일부개정법률안의 심사절차

일부개정법률안에 대하여는 전부개정법률안 및 제정법률안에 비하여 심사절차가 상대적으로 다소 완화된 특징이 있다.

가. 입법예고

일부개정법률안으로서 회부된 법률안은 10일 이상의 기간 동안 입법예고를 거쳐야 한다. 다만, 이 기간은 위원장이 간사와 협의하여 단축 또는 연장할 수 있다(국회법 제82조의2).

나. 상정제한기간

일부개정법률안은 회부된 후 15일이 경과하지 아니하면 상정할 수 없다. 다만, 위원회의 의결이 있는 경우에는 이 기간이 경과하지 아니하더라도 상정할 수 있다(국회법 제59조).

다. 자동상정

위원회에 회부되어 상정되지 아니한 일부개정법률안은 상정제한기간(15일)이 지난 후 30일이 경과한 날 이후 처음 개회하는 위원회에 상정한 것으로 간주한다(국회법 제59조의2). 즉, 회부 후 45일이 경과한 이후 처음 개회하는 위원회에 자동상정한 것으로 간주된다.

라. 공청회 또는 청문회

일부개정법률안에 대하여는 필요에 따라 공청회 또는 청문회를 개최할 수 있으나, 전부개정법률안과 제정법률안과 달리 의무적인 개최대상은 아니다(국회법 제58조 제6항).

마. 축조심사

일부개정법률안에 대하여도 원칙적으로 축조심사를 하도록 규정하고 있으나, 위원회의 의결로 생략이 가능하다(국회법 제58조 제5항).

(2) 전부개정법률안 및 제정법률안의 심사절차

전부개정법률안 및 제정법률안에 대하여는 법체계에 보다 큰 영향을 준다고 보아 일부개정법률안에 비하여 신중성을 제고하기 위하여 상대적으로 강화된 심사절차가 적용된다.

가. 입법예고

전부개정법률안 및 제정법률안으로서 회부된 법률안은 15일 이상의 기간 동안 입법예고를 거쳐야 한다(국회 입법예고에 관한 규칙 제4조 제1항).

다만, 이 기간은 위원장이 간사와 협의하여 단축 또는 연장할 수 있다(국회법 제82조의2).

나. 상정제한기간

전부개정법률안 및 제정법률안은 회부된 후 20일이 경과하지 아니하면 상정할 수 없다. 다만, 위원회의 의결이 있는 경우에는 이 기간이 경과하지 아니하더라도 상정할 수 있다(국회법 제59조).

다. 자동상정

위원회에 회부되어 상정되지 아니한 전부개정법률안 및 제정법률안은 상정제한기간(20일)이 지난 후 30일이 경과한 날 이후 처음 개회하는 위원회에 상정한 것으로 간주한다(국회법 제59조의2). 즉, 회부 후 50일이 경과한 이후 처음 개최하는 위원회에 자동상정된 것으로 간주된다.

라. 공청회 또는 청문회

전부개정법률안 및 제정법률안에 대하여는 의무적으로 공청회 또는 청문회를 개최하여야 한다. 다만, 위원회의 의결이 있는 경우에는 생략할 수 있다(국회법 제58조 제6항).

마. 축조심사

전부개정법률안 및 제정법률안에 대하는 일부개정법률안과 달리 축조심사를 생략할 수 없다(국회법 제58조 제5항).

표 6-18 법률안 종류별 심사절차

	일부개정법률안	전부개정법률안 제정법률안
입법예고 (국 §82의2)	10일 이상 (단축 또는 연장가능)	15일 이상 (단축 또는 연장가능)
상정제한기간 (국 §59)	15일	20일
	다만, 위원회 의결이 있는 경우 상정제한기간내 상정 가능	
자동상정 (국 §59의2)	회부일로부터 45일 (상정제한기간 15일 + 30일) 경과 후 첫 위원회 상정 간주	회부일로부터 50일 (상정제한기간 20일 + 30일) 경과 후 첫 위원회 상정 간주
	위원장·간사 합의 시 자동상정 예외	

공청회 또는 청문회 (국 §58⑥)	필요에 따라 개최	의무적으로 개최. 다만, 의결로 생략 가능
축조심사 (국 §58⑤)	생략 가능	생략 불가

제 4 절 체계·자구심사

1. 개 관

(1) 체계·자구심사의 의의

가. 의 의

체계·자구심사제도는 위원회가 법률안이나 규칙안의 심사를 마치거나 입안한 때에 법제사법위원회에 이에 대한 체계·자구의 심사를 의뢰하고 그 심사결과를 반영하여 심사보고를 하도록 하는 제도이다. 국회법 제86조 제1항은 "위원회에서 법률안의 심사를 마치거나 입안을 하였을 때에는 법제사법위원회에 회부하여 체계와 자구에 대한 심사를 거쳐야 한다"라고 규정하여 법제사법위원회의 체계·자구심사를 입법과정상 필수절차로 규정하고 있다.

여기서 '체계의 심사'는 법률안 내용의 위헌 여부, 관련 법률과의 충돌이나 저촉 및 체계정합성 여부, 자체 조항 간의 모순 유무를 심사하는 동시에 법률의 형식을 정비하는 것을 의미한다.[102] 또한 '자구의 심사'는 법규의 정확성, 용어의 적합성과 통일성 등을 심사하여 입법의사 표현의 정확성과 법률용어 사용의 통일성을 제고하는 것을 말한다.

체계·자구심사는 국회에서 제정하거나 개정하는 법률이 국가의 최고 법규범인 헌법에 위배되는지 여부를 심사하여 위헌가능성을 차단하고, 법률 상호 간의 충돌이나 모순을 시정하여 법체계상 조화를 도모할 뿐만 아니라, 법률안의 조문 구성이나 배열 등 법형식의 통일을 유지하며 불명확하거나 잘못 표기된 자구를 수정·보완하는 데 그 목적이 있다.

102) 국회사무처, 『의안편람 I (해설편)』, 2016, 118-119.

나. 연 혁

제정국회법(1948. 10. 2. 법률 제5호)은 제41조에서 "제 3 독회를 마칠 때에 수정결의의 조항과 자구의 정리를 법제사법위원회 또는 의장에게 부탁할 수 있다"고 규정하여 법제사법위원회가 조항과 자구에 대한 정리를 할 수 있도록 규정하였으나, 이는 본회의에서 제3독회를 마친 법률안의 자구 등을 대상으로 한 것으로서 위원회 심사를 마친 법률안 등을 대상으로 하는 현행 체계·자구심사제도와는 시점상 차이가 있다.

현행과 같은 체계·자구심사제도의 연원은 1951년에 개정된 국회법(1951. 3. 15. 법률 제179호)에서 도입된 체계·형식심사제도이다. 동법 제39조 제2항은 "위원회에서 입안 또는 심사한 법률안은 법제사법위원회의 심사를 경유하여야 한다. 단, 법제사법위원회는 법률안의 체계와 형식에 대한 심사를 하여 소관위원회에 회송한다"라고 규정하였다.

이러한 체계·형식심사제도는 1960년에 개정된 국회법(1960. 9. 26. 법률 제557호)에서 체계·자구심사제도로 개편되었고(당시 국회법 제104조)[103], 법률안에 대한 체계·자구심사가 민의원(民議院)과 참의원(參議院) 법제사법위원회의 소관사항으로 각각 명문화되었다(당시 국회법 제35조 제1항). 한편, 국회규칙안에 대한 체계·자구심사제도는 1963년에 국회법의 폐지·제정(1963. 11. 26. 법률 제1452호)으로 동법 제37조에 법제사법위원회 소관사항으로 규칙안에 대한 체계·자구심사가 추가됨에 따라 도입되었다.

1973년 국회법 개정(1973. 2. 7.)에서는 체계·자구심사에도 의장의 심사기간 지정제도를 도입하여 지정된 심사기간이 도과하면 법률안을 본회의에 부의할 수 있도록 하였으며,[104] 1981년 국회법 개정(1981. 1. 29.)에서는 의사진행의 효율성을 위하여 체계·자구심사 시 위원장이 제안자의 취지설명과 토론을 생략할 수 있도록 하였다.

1991년 국회법 개정(1991. 5. 31.)에서는 신중한 법률안 심사를 위하여 위원회 회부 법률안의 상정제한기간을 3일로 설정하였고,[105] 이후 2003년

---

103) 제104조 (체계, 자구의 심사) 위원회에서 법률안의 심사를 끝내거나 또는 입안한 때에는 법제사법위원회에 회부하여 체계와 자구에 대한 심사를 거쳐야 한다.

104) 1988년 국회법 개정으로 심사기간 지정 시 교섭단체 대표의원과 협의하도록 개정하였다.

105) 2001년 국회법 개정으로 위원회 회부 법률안의 상정제한기간을 5일로 연장하였으나,

국회법 개정(2003. 2. 3.)에 따라 체계·자구심사 법률안에 대한 상정제한기간을 5일로 연장하였다.

이후 2012년 이른바 '국회선진화법'에 따른 국회법 개정으로 체계·자구심사의 심사기간 지정도 일반 안건과 같이 지정요건을 엄격히 강화하였고(국회법 제86조 제2항), 법제사법위원회의 체계·자구심사 지연 법률안에 대한 소관위원회의 본회의 부의요구 제도를 도입하였으며(국회법 제86조 제3항 및 제4항), 안건의 신속처리제도 도입으로 체계·자구심사를 위하여 법제사법위원회에 계류 중인 법률안에 대하여도 신속처리대상안건으로 지정하여 특별한 신속처리절차를 적용할 수 있도록 하였다(국회법 제85조의2).

(2) 체계·자구심사의 대상 및 범위

가. 심사대상

체계·자구심사의 대상은 위원회가 심사하거나 입안한 법률안 및 국회규칙안이다. 신속처리대상안건으로 지정되어 법제사법위원회에 회부된 것으로 간주되는 법률안도 심사대상이 된다. 법률안이나 국회규칙안이 아닌 동의안, 승인안, 결의안 등의 의안은 법제사법위원회의 체계·자구심사를 거치지 않는다.

법률안이나 국회규칙안 중에서도 법제사법위원회 고유 소관의 법률안은 체계·자구심사대상에서 제외된다.[106] 심사기간 지정 등으로 본회의에 바로 부의되는 법률안이나 규칙안도 제외된다.[107] 법률안이나 규칙안이 법제사법위원회의 체계·자구심사를 거치지 않는 경우는 다음과 같이 정리할 수 있다.

① 위원회에서 의장이 정한 심사기간을 경과하여 법률안을 바로 본회의에 부의하는 경우(국회법 제85조 제2항, 제86조 제2항)

② 위원회에서 본회의에 부의할 필요가 없다고 결정된 법률안을 의원 30인 이상의 요구로 본회의에 부의하는 경우(국회법 제87조 제1항 단서)

체계·자구심사 법률안에 대한 상정제한기간은 3일로 유지하였다.

106) 법제사법위원회의 고유 소관 법률안이나 규칙안은 법사위가 내용을 심사하면서 체계·자구도 당연히 함께 심사할 것으로 생각하여 별도로 체계·자구심사에 관한 규정을 두지 않은 것으로 보는 것이 타당할 것이다.

107) 국회사무처, 『의안편람 I (해설편)』, 2016, 119.

③ 본회의 심의과정에서 수정되는 법률안이나 국회규칙안

④ 법제사법위원회가 구성되기 전에 본회의에서 의결하는 법률안 또는 국회규칙안(예를 들면 국회의원 총선거 후 상임위원회가 구성되기 전에 본회의에서 의결하는 국회법 개정안 또는 국회상임위원회 위원정수에 관한 규칙안)

⑤ 본회의 의결 후 의장의 의안정리 사항(국회법 제97조)

⑥ 대통령이 환부하여 재의가 요구된 법률안

⑦ 헌법개정안

나. 심사범위

체계·자구심사의 범위는 체계·자구의 심사에 한하고, 체계·자구심사를 담당하는 법제사법위원회가 법률안의 정책적 내용까지 심사할 수 있는 것은 아니다. 다만 법률안의 내용이 헌법에 위배되거나 상위법 또는 타법과 상충·저촉될 때에는 국가법체계의 통일성과 조화를 위하여 정책적 내용이 심사대상이 될 수 있다.[108]

그러나 이러한 규범적인 제한과 달리 위원회의 정책결정에 대한 현실적인 조정 필요성 등으로 인하여 법제사법위원회의 체계·자구심사과정에서 법률안의 내용에 대한 수정이 이루어지기도 한다. 이러한 법제사법위원회의 정책사항에 대한 관여는 때로는 월권 시비를 야기하거나 소관위원회의 반발을 초래하기도 한다. 실제로 법률안에 대한 내용의 수정이 이루어진 법제사법위원회의 체계·자구심사 결과에 반대하여 본회의에서 수정안이 가결되는 사례도 있다.

다. 심사내용

체계·자구심사에서는 주로 법률안이나 규칙안이 ① 헌법상 과잉금지원칙(비례원칙)이나 죄형법정주의·소급입법금지원칙·조세법률주의·포괄위임금지원칙 등 헌법 원리나 헌법상의 기본질서에 위반되는지 여부, ② 기존 법률의 내용과 모순이나 저촉되는 사항은 없는지, ③ 조문 상호 간에 모순되거나 누락된 부분은 없는지, ④ 법령의 소관 사항은[109] 지켜지고 있는지,

108) 국회사무처, 『의안편람 I (해설편)』, 2016, 119.

109) 이는 법률에서 규정할 사항, 명령 등에서 규정할 사항 등을 구분하는 것으로서 법제이론상으로는 국민의 권리·의무와 관련된 내용은 법률, 여러 부처관련 사항이나 국정수

⑤ 법문표현이나 용어사용이 적절한지 등에 대하여 중점적으로 검토한다.

2. 체계·자구심사의 일반적 절차

(1) 개 요

체계·자구심사의 일반적 절차에 대해서는 따로 국회법에서 규정한 것이 없으므로 안건에 대한 일반적인 위원회 심사절차(국회법 제58조)를 따른다. 일반적으로 법제사법위원회의 체계·자구심사는 ① 소관위원회의 체계·자구심사에 대한 의뢰가 있은 후, ② 상정, ③ 취지설명(제안설명), ④ 전문위원 검토보고, ⑤ 대체토론, ⑥ 소위원회 심사 및 보고, ⑦ 축조심사, ⑧ 찬반토론, ⑨ 표결(의결)의 절차를 순차적으로 거쳐 심사결과를 소관위원회에 통보하는 절차로 이루어진다. 이 중 ③ 취지설명(제안설명)과 ⑧ 찬반토론은 위원장이 간사와 협의하여 생략할 수 있고, ⑦ 축조심사도 소관위원회의 심사와 달리 일부개정법률안뿐만 아니라 전부개정법률안과 제정법률안에 대하여도 위원회 의결로 생략할 수 있다(국회법 제58조 제10항). 또한, 전부개정법률안과 제정법률안에 대한 공청회 또는 청문회의 의무적 개최조항(국회법 제58조 제6항)도 국회법 제58조 제10항에 따라 체계·자구심사에는 적용되지 않는다. 다만, 공청회의 개최가 불가능한 것은 아니다.

(2) 일반적 심사절차

가. 체계·자구심사의 의뢰

소관위원회에서 법률안이 의결되면 소관위원회 위원장이 법제사법위원회 위원장에게 공문으로 체계·자구심사를 의뢰한다.

나. 상 정

법제사법위원회는 체계·자구심사를 의뢰받은 법률안에 대한 의사일정을 작성하고, 위원회를 개최하여 법률안을 상정한다. 소관위원회 심사와 달리 상정 전에 입법예고 절차를 거치지 않는다.

행의 기본방침 또는 행정기관의 조직이나 권한의 위임·위탁은 대통령령, 절차적·기술적 사항은 총리령·부령에서 규정하는 것이 바람직하다는 원칙에 근거한 것이다.

체계·자구심사 대상 법률안은 법제사법위원회 회부일로부터 5일이 경과하지 않으면 상정할 수 없다.[110] 다만, 긴급하고 불가피한 사유로 위원회의 의결이 있는 경우에는 5일이 경과하지 않더라도 상정할 수 있다.

그리고 체계·자구심사에도 국회법 제59조의2의 규정에 따른 자동상정 절차가 적용된다. 상정제한기간(5일)이 경과한 후 30일이 경과한 후 첫 법제사법위원회에 상정되는 것으로 간주된다. 체계·자구심사에 대한 자동상정 절차 또한 위원장이 간사와 합의하는 경우 적용을 배제할 수 있다.

다. 취지설명(제안설명)

상정된 법률안에 대하여는 제안설명(취지설명)을 먼저 한다. 의원발의안은 발의의원, 위원회안(위원회 대안 포함)은 소관위원회 위원장 또는 이를 대리한 소관위원회 위원, 정부제출안은 소관 국무위원이 제안설명을 한다. 다만, 체계·자구심사의 제안설명은 위원장이 간사와 협의하여 생략할 수 있다(국회법 제86조 제1항 후단).

라. 전문위원 검토보고

제안설명이 있은 후 법제사법위원회의 전문위원이 체계·자구에 대하여 검토한 사항을 보고한다. 체계·자구심사 대상 법률안에 대한 검토보고도 특별한 사정이 없는 한 당해 법률안의 위원회 상정일 48시간 전까지 법제사법위원회 소속 위원에게 배부되어야 한다(국회법 제58조 제8항).

마. 대체토론

전문위원 검토보고 후에는 체계·자구심사와 관련하여 안건 전체의 문제점과 당부에 대하여 대체토론을 실시한다. 대체토론은 제안자와의 질의 및 답변을 포함한다.

바. 소위원회 심사 및 보고

대체토론이 종료하면 소위원회에 회부하여 소위원회의 심사를 거치게 할 수 있다. 소위원회 회부는 소관위원회의 심사와 마찬가지로 대체토론이

110) 체계자구심사 법률안에 대한 상정제한기간은 소관위원회 심사의 상정제한기간인 15일 또는 20일보다는 짧은 기간이다.

종료한 후에 할 수 있다.

최근 체계·자구심사를 위한 소위원회 심사는 대체토론 과정에서 문제점이 제기되어 해소되지 않은 경우에 이루어지는 경향이 있다. 법제사법위원회에는 법제사법위원회 고유의 소관사항을 심사하는 제1법안심사소위원회와 다른 위원회 소관의 체계·자구심사 대상 법률안을 심사하는 제2법안심사소위원회가 구성되어 있는데, 체계·자구심사 대상 법률안은 제2법안심사소위원회에 회부되어 심사된다. 심사를 마친 후 소위원회는 심사된 법률안에 대하여 전체 위원회에 심사결과를 보고한다. 소위원회 심사과정에서 이견이 해소되지 않는 경우에는 장기간 소위원회에 계류되어 있기도 한다.

사. 축조심사

소관위원회에서 대체토론을 거친 법률안은 소위원회 심사 여부와 관계없이 조문을 하나씩 심사하는 축조심사를 진행하여야 하나, 체계·자구심사에서는 일부개정법률안뿐만 아니라, 전부개정법률안이나 제정법률안에 대하여도 의결에 의하여 축조심사를 생략할 수 있다. 국회법 제58조 제10항에서 체계·자구심사에 대하여는 동조 제5항 단서의 규정을 적용하지 않도록 규정하고 있기 때문이다.

아. 찬반토론

축조심사를 마친 법률안은 찬반토론을 실시하도록 되어 있으나, 체계·자구심사의 경우는 위원장이 간사와 협의하여 생략할 수 있다.

자. 표결(의결)

이상의 체계·자구심사 절차를 마친 법률안에 대하여는 표결을 실시한다. 법제사법위원회의 의결은 체계·자구에 대한 수정이 없는 경우 원안의결을 하며, 수정이 있는 경우에는 수정의결을 한다.

차. 심사결과의 통보

의결이 이루어진 법률안은 법제사법위원장이 소관위원회 위원장에게 체계·자구심사결과를 공문으로 통보한다.

3. 체계·자구심사의 특별 절차

(1) 체계·자구심사 지연 법률안의 본회의 부의요구

가. 의 의

체계·자구심사가 지연되고 있는 법률안의 본회의 부의요구 제도는 법제사법위원회가 정당한 사유 없이 회부된 날부터 120일 이내에 체계·자구심사를 마치지 아니한 법률안에 대하여 소관위원회가 본회의 부의를 요구하는 제도이다.

나. 대상 안건

법제사법위원회가 이유 없이 회부된 날부터 120일 이내에 체계·자구심사를 마치지 아니한 법률안이 부의요구의 대상이 된다. 법제사법위원회의 고유 소관 법률안이나 규칙안은 부의요구의 대상이 되지 않는다.

다. 부의요구 요건

부의요구는 소관위원회 위원장이 간사와 협의하여 이의가 없는 경우 의장에게 서면으로 할 수 있다(국회법 제86조 제3항). 만약 간사와 협의하였으나 이의가 있는 경우는 당해 법률안에 대한 본회의 부의요구 여부를 위원회에서 무기명투표로 표결을 하여 재적위원 5분의 3 이상의 찬성으로 의결한다(국회법 제86조 제3항 단서).

라. 부의요구 후 절차

소관위원회의 부의요구가 있는 경우 의장은 교섭단체 대표의원과 합의하여 당해 법률안을 본회의에 부의하여야 한다. 만약 교섭단체 대표의원과 합의가 이루어지지 않은 경우 부의요구일로부터 30일이 경과한 후 처음으로 개의하는 본회의에서 해당 법률안에 대한 부의여부를 무기명투표로 표결한다(국회법 제86조 제4항).

(2) 기타의 특별절차

소관위원회 심사에 적용되는 특별 심사절차는 대부분 법제사법위원회 체계·자구심사에도 적용된다. 안건의 신속처리제도(국회법 제85조의2), 세입예산안 부수 법률안의 본회의 자동부의 제도(국회법 제85조의3), 심사기간 지정(국회법 제86조 제2항), 번안(국회법 제91조)의 절차는 체계·자구심사에도 적용된다. 다만, 안건조정위원회(국회법 제57조의2)나 헌법재판소 위헌결정에 대한 위원회 심사(국회법 제58조의2)제도는 체계·자구심사에는 적용되지 않는다.

가. 심사기간 지정(국회법 제86조 제2항)

1) 의 의

체계·자구심사를 위하여 법제사법위원회에 회부된 법률안에 대하여도 의장은 소관위원회의 심사기간 지정요건(국회법 제85조 제1항)과 같은 요건을 적용하여 심사기간을 지정하고, 법제사법위원회가 이유 없이 심사기간 내에 체계·자구심사를 마치지 못하는 경우 의장은 당해 법률안을 본회의에 부의할 수 있다.

2) 대상 안건

국회법 제86조 제2항의 규정에 따라 심사기간을 지정할 수 있는 안건은 체계·자구심사를 위하여 법제사법위원회에 회부된 법률안이다. 규칙안도 체계·자구심사의 대상이 되나 동조에서는 규칙안에 대하여 규정하고 있지 않기 때문에 적용대상이 아니라고 보아야 한다.

3) 심사기간 지정요건

국회법 제86조 제2항의 규정에 따른 심사기간의 지정요건은 동법 제85조 제1항의 심사기간 지정요건과 동일하다. 즉, ⅰ) 천재지변이나 ⅱ) 전시·사변 또는 이에 준하는 국가비상사태의 경우에는 의장이 각 교섭단체 대표의원과 협의절차만 거치면 심사기간을 지정할 수 있으며, 그 외의 경우에는 ⅲ) 의장이 각 교섭단체 대표의원과 합의하는 경우에만 심사기간을 지정할 수 있다. 심사기간의 지정은 안건을 위원회에 회부할 때 할 수도 있고 회부한 후에 할 수도 있다.

4) 심사기간 지정의 효과 및 처리

법제위원회가 심사기간이 지정된 안건에 대하여 심사기간 내에 이유 없이 심사를 마치지 못하는 경우 의장은 당해 안건을 본회의에 바로 부의할 수 있다.

심사기간 내에 심사를 마치지 못하면 법제사법위원회는 그 기간의 연장을 요청할 수 있으며, 심사기간이 경과되어도 의장이 그 법률안을 본회의에 부의하지 아니하면 계속 당해 안건에 대한 심사를 할 수 있다.

나. 안건의 신속처리: 신속처리대상안건(국회법 제85조의2)

1) 의 의

법제사법위원회의 체계·자구심사에도 국회법 제85조의2에 따른 안건의 신속처리 절차가 적용될 수 있다. 체계·자구심사 대상인 법률안이나 규칙안이 안건의 신속처리제도의 적용을 받게 되는 경우는 신속처리대상안건으로 지정된 법률안이나 규칙안이 체계·자구심사를 위하여 법제사법위원회에 회부되거나, 회부된 것으로 간주되는 경우와 체계·자구심사 중인 법률안이나 규칙안이 신속처리대상안건으로 지정되는 경우이다.

2) 신속처리대상안건의 심사기간: 90일

신속처리대상안건으로 지정된 법률안이나 규칙안은 소관위원회에서 180일 이내에 심사를 마치고 체계·자구심사를 위하여 법제사법위원회에 회부되어야 한다.

소관위원회의 심사기간인 180일 이내에 심사를 마치고 법제사법위원회에 체계·자구심사를 위하여 회부된 경우 회부일로부터 90일 이내에 체계·자구심사를 마쳐야 한다. 만약, 180일 이내에 소관위원회 심사가 종료되지 않은 경우 다음 날 법제사법위원회에 회부된 것으로 간주하며, 회부간주일로부터 역시 90일 이내에 체계·자구심사를 마쳐야 한다.

체계·자구심사를 위하여 법제사법위원회에 회부될 때에는 신속처리대상안건으로 지정되지 않았다가 체계·자구심사 중에 신속처리대상안건으로 지정된 법률안이나 규칙안은 그 지정일로부터 90일 이내에 체계·자구심사를 마쳐야 한다.

3) 심사기간 지정의 효과

심사기간(90일) 이내에 체계·자구심사를 마치지 못한 경우 그 다음 날 본회의에 부의된 것으로 간주된다.

다. 세입예산안 부수법률안의 본회의 자동부의(국회법 제85조의3)

1) 의 의

체계·자구심사를 위하여 법제사법위원회에 회부된 세입예산안 부수법률안도 국회법 제85조의3에 따른 세입예산안 부수법률안 자동부의 제도의 적용을 받는다. 동조 제2항은 세입예산안 부수법률안에 체계·자구심사를 위하여 법제사법위원회에 회부된 법률안이 포함된다는 것을 명시적으로 규정하고 있다.

2) 심사기간 및 본회의 부의 간주

체계·자구심사를 위하여 법제사법위원회에 회부된 세입예산안 부수법률안은 위원회에 계류 중인 세입예산안 부수법률안과 마찬가지로 11월 30일 자정까지 심사를 마쳐야 한다. 만약 이 기간 내에 심사를 마치지 못하면 다음 날인 12월 1일 본회의에 부의된 것으로 간주한다.

라. 번안(국회법 제91조)

1) 의 의

번안은 이미 가결된 의안에 대하여 그 의결을 무효로 하고 전과 다른 내용으로 번복하여 의결하는 것으로서 법제사법위원회의 체계·자구심사에도 위원회 번안 규정(국회법 제91조 제2항)의 적용이 가능하다.

2) 번안절차

법제사법위원회의 체계·자구심사 결과를 번안하려면 먼저 위원의 서면을 갖춘 동의(動議)로 번안동의가 있은 후, 소관위원회 및 본회의에 반려를 요청하고 번안의 건을 상정하여 심사를 한다. 번안의결은 재적위원 과반수의 출석과 출석위원 3분의 2 이상의 찬성으로 한다.

3) 번안의 제한

본회의에서 의제가 된 후에는 번안을 할 수 없다.

제 5 절 전원위원회 심사

1. 개관

(1) 의의와 필요성

가. 의 의

전원위원회(全院委員會) 심사는 본회의에 부의된 의안을 재적의원 전원으로 구성된 전원위원회에서 심사하는 절차이다. 전원위원회는 본회의의 변형된 형태로서 영·미 의회의 Committee of the Whole에 해당한다. 전원위원회 심사는 사실상 본회의 심의의 일환으로 행해지는 심사절차로서 본회의에서 의안에 대한 심사보고나 제안설명이 있은 후에 실시된다.

나. 필요성

전원위원회 심사는 다음과 같은 필요성에 의하여 실시된다.

먼저 전원위원회 심사는 본회의 심의의 형식화 문제를 완화하고 안건 심의의 충실도를 제고할 목적으로 실시된다. 우리 국회와 같이 위원회 중심주의를 채택하는 의회는 소수의 위원회 위원만이 안건의 내용을 정확히 알 뿐이고, 대다수의 의원들은 안건의 내용을 정확히 파악하지 못할 뿐만 아니라 심의에 실질적으로 참여할 기회도 제한적이다. 이 때문에 본회의가 위원회가 의결한 대로 추인만 하며 정당성을 부여하는 기능만 수행함으로써 형식화되는 문제점이 있다. 전원위원회는 위원회에서 심사보고하거나 제안한 의안을 의원 전원이 참여하여 다시 심도 있게 심사할 기회를 가짐으로써 본회의의 형식화 문제를 완화하고 안건심의의 충실도를 높일 수 있다.

둘째, 전원위원회는 위원회 중심주의의 한계를 극복하여 정책조정기능을 강화하고 민주적 정당성을 제고할 수 있다. 위원회 중심주의 하에서 각 의안은 소관위원회의 정책적 관점에서만 입법의사결정이 이루어지고 다양한 정책적 시각의 반영이 어려울 뿐만 아니라 이해관계집단과 소관위원회 간의 유착 위험성이 증대하는 문제점이 있다. 특히 소관위원회 단위의 칸막이식 정책결정으로 다양한 이해관계와 정책적 관점의 조정이 미흡한 문제점이 있다. 전원위원회는 이러한 소관위원회 중심의 정책결정구조에 대한 보완기능을 수행함으로써 정책조정기능을 강화하고 입법의사결정의 민주적 정당성을 제고할 수 있다.

셋째, 전원위원회는 엄격한 의사절차가 적용되는 본회의의 절차와 형식을 탈피하여 상대적으로 유연한 의사절차를 적용함으로써 본회의 심의의 효율화를 도모할 수 있다.

(2) 연 혁

가. 제헌국회～제 4 대 국회(1948. 10. ～1960. 9.)

전원위원회는 제정국회법(1948. 10. 2.)에서 도입되어 제 4 대 국회까지 운영되었다. 당시 전원위원회는 상설기구로서 제정국회법 제15조는 전원위원장을 매회기 초에 임시의장의 예(재적의원 과반수 출석과 출석의원 다수득표자 선출)에 따라 선출하고, 의원 10인 이상의 발의로 국회의 결의가 있으면 개의하도록 규정하였다. 또한 동조의 규정에 따라 전원위원회의 의결에는 재적위원 3분의 1 이상의 출석이 필요했다. 이후 국회법 개정(1953. 1. 22.)으로 전원위원회 위원장의 임기가 1년으로 변경되었으며, 이후에도 전원위원회는 상설적 기구로서 위원장을 계속 선출하였으나, 전원위원회 회의는 제헌국회에서 2회, 제 2 대 국회에서 4회만 개회되었다.

이후 본회의와의 중복성, 국회 결의에 의한 빈번한 예산안 심사 생략 등으로 그 제도가 유명무실하게 됨에 따라 제 5 대 국회의 국회법 전부개정(1960. 9. 26.)으로 폐지되었다.

나. 제15대 국회 이후

전원위원회는 위원회 중심주의로 인한 본회의 심의의 형식화 문제를 보완하기 위하여 2000년 국회법 개정(2000.2.16.)으로 제63조의2를 신설하여 재도입되었다. 재도입된 전원위원회는 이전의 제도와 달리 본회의 의결이 없더라도 재적의원 4분의 1 이상의 요구가 있는 경우 개회할 수 있었고, 의결에 재적위원 3분의 1 이상의 출석이 필요하였던 것이 재적위원 4

분의 1 이상의 출석으로 의결정족수가 완화되었다.

한편, 2000년 국회법개정으로 재도입될 당시에는 2일 이내 1일 2시간의 범위 내에서 심사할 수 있도록 하여 전원위원회 심사가 본회의 심의를 지연하는 수단으로 활용되는 것을 제한하는 장치가 있었으나, 전원위원회 심사의 충실성을 보장하고, 보다 많은 의원들이 심사과정에 자유롭게 참여할 필요성이 있다는 지적에 따라 2005년 7월 개정된 국회법에서는 2일 이내, 1일 2시간 범위 내의 심사기간 제한규정과 의원의 발언시간을 5분 이내로 제한했던 규정을 삭제하였다. 이와 함께 전원위원회 운영의 세부절차를 규정하기 위하여 2003년 5월 16일 제정된 「전원위원회 운영에 관한 규칙」도 2006년 9월 8일 개정으로 심사기간 제한규정을 삭제하였다.

표 6-19 전원위원회제도 비교

구 분	제정국회법(1948. 10)	개정국회법(2005.)
심사대상안건	특별한 안건	위원회 심사를 거친 안건과 위원회 제안안건 중 정부조직에 관한 법률안과 조세 또는 국민에게 부담을 주는 법률안 등 주요 의안
개회요건	의원 10인 이상의 발의에 의한 국회의결	재적의원 4분의 1 이상의 요구(의장은 교섭단체 대표의원의 동의를 얻어 개회하지 않을 수 있음)
위 원 장	재적의원 과반수 출석과 출석위원 다수의 동의로 선거	의장이 지명하는 부의장
의결정족수	재적의원 3분의 1 이상 출석이 있어야 의결	재적의원 4분의 1 이상 출석과 출석의원 과반수 찬성
회의기간 제한	규정 없음	규정 없음(종전에는 2일 이내, 1일 2시간 범위 내로 제한)
발언시간 제한	규정 없음	규정 없음(종전에는 5분 이내로 제한)

(3) 전원위원회 심사과정 개관

전원위원회 심사의 전반적인 과정은 i) 전원위원회 개회요구 및 전원위원회 구성, ii) 본회의 심의(전치절차), iii) 전원위원회 심사, iv) 본회의 심의(후속절차)로 구성되어 있다.

전원위원회 심사는 재적의원 4분의 1 이상의 개회요구에 따라 전원위원회를 구성하고, 본회의에서 심사보고 또는 제안설명을 들은 후에 전원위원회를 개회하여 심사를 하며, 전원위원회 심사가 종료되면 다시 본회의를 개의하여 전원위원회의 심사보고를 듣고 안건을 처리하는 순서로 진행된다.

2. 전원위원회의 개회 및 구성

(1) 전원위원회의 개회

가. 개회요건

1) 심사대상 의안: 본회의에 부의된 주요 의안

전원위원회 개회 요구의 대상이 되는 의안은 위원회의 심사를 거치거나 위원회가 제안한 의안 중에 정부조직에 관한 법률안, 조세 또는 국민에게 부담을 주는 법률안 등 주요 의안이다(국회법 제63조의2 제1항).

따라서 의안이 아닌 안건은 전원위원회의 개회 요구 및 심사대상이 될 수 없으며, 위원회에서 의결을 하였더라도 심사보고서가 제출되지 않거나 위원장 명의의 공문으로 제안되지 않은 의안은 심사대상이 될 수 없다.

국회법 제63조의2 제1항은 "정부조직에 관한 법률안, 조세 또는 국민에게 부담을 주는 법률안 등 주요의안"을 심사대상안건으로 규정하고 있으나 '주요의안'의 기준은 명확하지 않다.

2) 요구정족수: 재적의원 4분의 1 이상의 개회요구

전원위원회의 개회는 재적의원 4분의 1 이상의 개회요구가 있어야 한다. 전원위원회 개회요구서는 이유를 기재하여 요구의원 연서로 제출되어야 하며, 요구서의 제출은 당해 의안의 본회의 토론 개시 전에 이루어져야 할 것이다.

3) 의장의 불개회 결정이 없을 것

재적의원 4분의 1 이상의 전원위원회 개회요구가 있다고 하더라도 의장은 각 교섭단체 대표의원의 동의를 받아 전원위원회를 개회하지 아니할 수 있다(국회법 제63조의2 제1항 단서). 즉, 소극적 요건으로서 전원위원회가 개회되기 위해서는 각 교섭단체대표의원의 동의를 얻은 의장의 전원위원회 불개회 결정이 없어야 한다.

그림 6-5 전원위원회 심사 안건의 처리절차

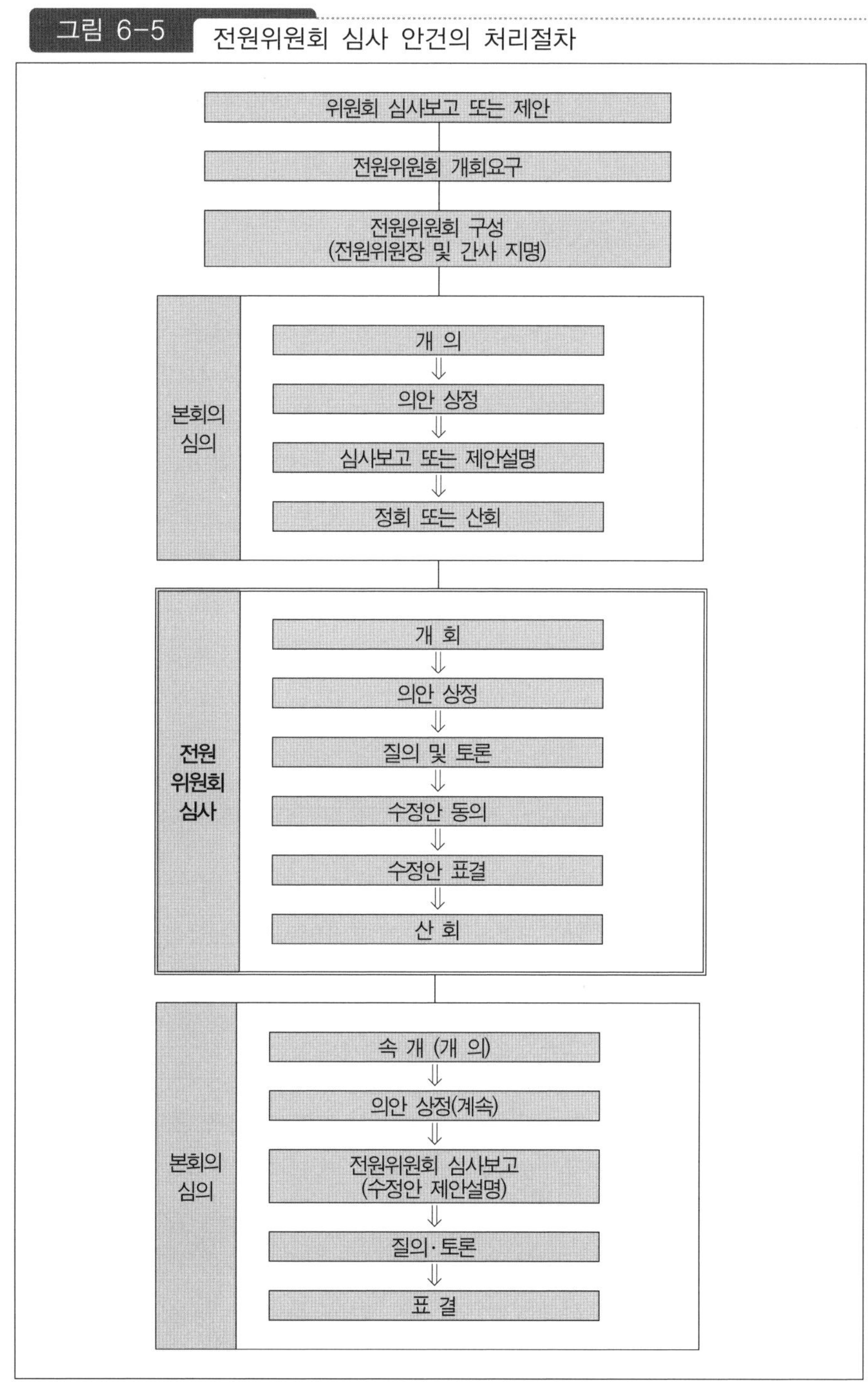

나. 개회요구 시기 및 개회시기

1) 개회요구 시기

전원위원회의 개회요구는 의안에 대한 위원회의 심사보고나 위원회의 제안이 있은 후에 가능하다. 본회의 상정 전에도 전원위원회 개회요구는 가능하며, 본회의 상정 후에 개회요구를 할 경우에는 본회의 토론이 개시되기 전에 하는 것이 바람직하다.

2) 개회시기

본회의 상정 전에 전원위원회 개회요구가 가능하다고 하더라도 전원위원회의 개회는 본회의에서 당해 의안이 상정되고 심사보고나 제안설명이 있은 후에 가능하다(전원위원회운영에 관한 규칙 제5조 제1항).

「전원위원회운영에 관한 규칙」 제5조 제2항은 전원위원회의 최초 개회일을 본회의에서 '심사보고나 제안설명이 있은 날'로 규정하고 있으며, 그 날 부득이한 사유로 개회할 수 없을 때에는 전원위원장이 간사와 협의하여 그 다음날에 최초로 개회하도록 규정하고 있다(전원위원회운영에 관한 규칙 제5조 제2항).

(2) 전원위원회의 구성

가. 구 성

1) 전원위원회의 위원

전원위원회의 위원은 재적 국회의원 전원으로 구성된다. 재적의원 전원은 특별한 선임절차 없이 자동적으로 전원위원회의 위원이 된다. 국회법 제39조 제3항에 따라 상임위원회나 특별위원회의 위원으로 선임될 수 없는 국회의장도 전원위원회의 위원이 된다.

2) 전원위원장

전원위원장은 의장이 지명하는 부의장이 된다(국회법 제63조의2 제3항). 전원위원장이 사고가 있을 때에는 전원위원장이 지정하는 간사가 전원위원장의 직무를 대행한다(전원위원회운영에 관한 규칙 제4조 제2항).

3) 간 사

전원위원회에 각 교섭단체별로 간사 1인을 둔다. 국회운영위원회의 간사가 전원위원회 간사가 되는 것이 원칙이나, 사고로 국회운영위원회 간사가 직무를 수행할 수 없을 때에는 전원위원장이 교섭단체대표의원으로부터 당해 교섭단체 소속 국회운영위원회 위원 중에서 추천을 받아 간사를 지명한다(전원위원회운영에 관한 규칙 제4조 제1항).

나. 구성시기 및 존속기간

전원위원회는 의장이 전원위원장을 지명한 때에 구성된 것으로 간주한다(전원위원회운영에 관한 규칙 제3조). 존속기간에 대한 별도의 규정은 없지만, 수정안을 제출할 경우에는 본회의에서 제안설명을 하여야 하고 의원들의 질의가 있을 경우에는 답변을 하여야 하므로 전원위원회가 수정안을 제출한 의안이 본회의에서 의결될 때까지 존속하는 것으로 본다.[111] 전원위원회가 수정안을 제출하지 않고 산회하는 경우에는 전원위원회의 개회시부터 산회시까지만 존속하는 것으로 보는 것이 타당할 것이다.

3. 전원위원회의 심사 및 후속절차

(1) 전원위원회의 심사 권한과 정족수

가. 전원위원회의 심사 권한

전원위원회는 심사대상 의안에 대하여 수정안의 제안만 가능하며, 심사대상 의안을 본회의에 부의하지 아니하는 결정은 할 수 없다. 전원위원회의 수정안은 전원위원장의 명의로 제안된다.

나. 전원위원회의 정족수

전원위원회의 의사정족수는 재적위원 5분의 1 이상으로서 본회의나 위원회의 의사정족수와 같다. 그러나 의결정족수는 본회의의 일반의결정족수보다 완화된 재적위원 4분의 1 이상의 출석과 출석위원 과반수의 찬성이다. 이는 본회의에 비해 유연한 의사절차를 적용하기 위한 것이다.

111) 국회사무처, 『국회법해설』, 2016, 293.

(2) 전원위원회 심사절차

전원위원회의 심사는 제안설명 및 전문위원의 검토보고 없이 질의 및 토론을 실시하는 절차로 진행된다. 본회의에서 이미 해당 의안에 대한 심사보고 또는 제안설명을 실시하였기 때문에 이를 전원위원회 심사과정에서 반복하지 않는 것이다.

질의 및 토론이 실시된 후에 수정안의 동의(動議)가 있으면 이에 대한 표결절차를 진행하고 심사를 마친다. 이때 수정동의는 전원위원회가 위원회이므로 위원회 정족수인 '동의자 외 1인 이상의 찬성'을 적용하여야 한다는 위원회 정족수 적용설과 전원위원회가 본회의의 변형된 형태이고 본회의 심의절차의 일환이므로 본회의 수정동의 정족수와 동일한 '30인 이상의 찬성(예산안의 경우 50인 이상의 찬성)'을 적용한다는 본회의 정족수 적용설이 제기될 수 있다. 그러나 전원위원회 제도의 취지 및 완화된 의결정족수(특히 재적의원 4분의 1 이상의 출석으로 의결) 등을 감안해 보면, 수정안 제출이 용이하도록 위원회 정족수를 적용하는 것이 바람직하다고 본다.

(3) 후속절차: 전원위원회 심사보고 및 본회의 심의

전원위원회 심사를 마친 의안은 본회의에 다시 계속 상정되어 전원위원장의 심사보고를 듣고 질의 및 토론을 거쳐 표결을 하는 절차를 거쳐 처리된다. 전원위원회가 수정안을 제안하였을 때에는 전원위원장의 심사보고 시 수정안에 대한 제안설명을 포함하여 실시하며, 원안보다 전원위원회의 수정안을 먼저 표결한다.

4. 현황 및 평가

(1) 현 황

전원위원회 제도가 재도입된 2000년 이후 본회의에서 심의되는 법률안을 심사하기 위하여 전원위원회가 개회된 사례는 없다. 재도입 이후 전원위원회가 개회된 사례는 단 2차례에 불과하며, 모두 동의안(同意案)을 심사하기 위한 것이었다.[112] 제16대 국회 임기 중인 2003년 3월 「국군부대의이라크전쟁파견동의안」을 심사하기 위하여 전원위원회가 개회되었고, 이듬해인 2004년 12월(제17대 국회)에 「국군부대의이라크전쟁파견연장동의안」의 심사를 위한 전원위원회가 개회되었다. 이때의 전원위원회 심사는 모두 전원위원회의 의결 및 본회의 보고 없이 안건이 본회의에서 처리되었다.

전원위원회 제도가 처음 도입되었던 제1공화국 때에도 입법과 관련된 전원위원회 심사는 1952년(제2대 국회) 헌법개정안에 대한 전원위원회 심사가 유일했으며, 이를 제외하고는 모두 예산안과 동의안 등의 심사를 위해서만 전원위원회가 개회되었다. 그러나 이 시기는 본회의 중심주의적 특성이 강하였던 때로 법률안에 대하여는 본회의 독회제도가 있었기 때문에 법률안에 대한 전원위원회 심사의 필요성이 현재에 비하여 크지 않았던 때이다.

(2) 평 가

전원위원회 제도는 위원회 중심주의에 따른 본회의 심의의 형식화 문제를 완화하고 위원회 간 칸막이식 정책결정의 폐해를 보완함으로써 입법심의의 충실도를 높이기 위하여 적극적으로 활용될 필요가 있는 제도이다. 특히 전원위원회 심사는 법률안을 본회의에서 보다 심도 있게 심사하거나 수정할 필요가 있는 경우에 유용한 심사절차이나, 정작 우리 국회에서는 법률안 심의에는 활용되지 않고, 오히려 국회의 수정이 불가능하기 때문에 전원위원회 심사의 필요성이 상대적으로 크지 않다고 할 수 있는 동의안 등의 심의에 활용된 사례가 있을 뿐이다.

이처럼 전원위원회 제도의 활용이 미흡한 것은 우리 국회의 입법과정이 극도로 효율성 중심의 가치에 경도되어 있고, 전원위원회 심사를 의사지연 수단으로 인식하는 경향이 있기 때문으로 보인다.

이처럼 전원위원회 심사가 활성화되지 못하고 있는 것은 매우 아쉬운 점으로서 우리와 같이 위원회 중심주의를 채택하여 위원회가 실질적인 입

112) 동의안(同意案)은 정부 등이 일정한 행위를 하기에 앞서 국회의 동의를 받기 위하여 제출하는 의안을 말한다. 동의안은 성질상 일반적으로 국회가 동의 여부가 결정할 수 있고 내용을 수정할 수 없다.

법주체로 기능하고 있는 미국 의회도 상당수의 법률안에 대하여 전원위원회 심사를 거친다는 점과 비교해 볼 때 더욱 그러하다.

표 6-20 역대 국회 전원위원회 개회 현황

대	회 별	개 회 일	안 건	심사결과	본회의 보고	
					보고자	보고일
제헌	제1회 (2일간)	1948. 9. 16 1948. 9. 17	大韓民國政府와 美國政府間의 財政과 財産에 관한 最初協定同意案	원안가결	李靑天위원장	제68차본회의 1948. 9. 17
제헌	제 2 회 (2일간)	1949. 4. 28 1949. 4. 29 (2일간)	1949年度歲入歲出豫算案	수정의결	池大亨위원장	제88차본회의 1949. 4. 30
2	제 11 회	1951. 11. 29	1951年度內務府第3回追加更正豫算案	수정의결	李甲成위원장	제106차본회의 1951. 11. 30
2	제 12 회 (1일이상)	1952. 4. 8 1952.4.	1952年度豫算案	수정의결	吳漢泳위원장	제46차본회의 1952. 4. 16
2	제 13 회 (2일간)	1952. 7. 3 1952. 7. 4	憲法改正案	수정의결	池大亨위원장	제2차본회의 1952. 7. 4
2	제 16 회	1953. 6. 13	休戰對策에관한件	-	郭尙勳위원장	제8차본회의 1953. 6. 13
16	제237회 (2일간)	2003. 3. 28 2003. 3. 29	국군부대의이라크전쟁파견동의안	-	-	※ 의결 및 본회의 보고 없음-
17	제250회	2004. 12. 9	국군부대의이라크파견연장동의안	-	-	※ 의결 및 본회의 보고 없음-

자료: 국회사무처, 『의정자료집』, 2020.

제 6 절 본회의 심의

1. 개 관

(1) 의 의

가. 본회의의 의의

본회의(本會議)는 '국회 그 자체'로서 국회의원 전원이 참석하여 국회의 의사를 결정하는 '국회의 회의'이다. 또한 본회의는 국회에 설치된 여러 종류의 회의체 중 최고기관으로서 국회의 의사가 최종적으로 결정되는 회의체이다.

나. 본회의 심의의 의의

본회의 심의는 국회 입법과정의 최종단계로서 국회의 종국적인 의사결정이 이루어지는 과정이다. 본회의 심의는 국회가 심의·의결하는 법률안에 대하여 민주적 정당성을 부여하고, 각 소관위원회에서 결정한 입법정책에 대한 조정기능을 수행하며, 입법과정의 마지막 단계로서 법률안의 타당성이나 예상되는 문제점 등을 다시 한 번 검증하는 최종심사기능을 수행한다.

(2) 연 혁

가. 제1공화국

제헌국회를 비롯하여 제1공화국 하의 국회에서는 법률안 심의에 있어 본회의중심주의의 특성이 강하였다. 즉, 법률안은 위원회의 심사보고가 있은 다음 본회의에서 3독회를 거치며 심의되었다. 우선 제1 독회에서는 의안낭독, 질의응답과 법률안의 대체적인 내용에 대하여 토론한 후 제2 독회에 부의할 것인지 여부를 결의하도록 되어 있었다(1948년 국회법 제39조). 제2 독회에 부의하지 아니하기로 결의된 때에는 그 법률안은 폐기되도록 하였다(위의 국회법 제39조). 제1 독회 절차 중 의장은 필요하면 의안낭독절차를 생략할 수 있었으며, 본회의 의결로 대체토론을 생략할 수 있었다. 제

2 독회에서는 의안을 축조 낭독하며 심의했다. 다만, 의장은 의안의 낭독을 생략할 수 있었으며, 축조심의의 순서를 변경하거나 수조(數條)를 합하거나 또는 한 개 조를 나누어 토의에 부(付)할 수 있었다(위의 국회법 제40조). 수정안을 발의하는 방법에는 두 가지가 있었다. 하나는 의원이 제2 독회 개시 전일까지 '예비수정안'을 제출하면 이 예비수정안을 위원회에 회부하여 심사하게 한 다음 본회의에 보고하게 하는 방법이다. 또 하나의 방법은 제2 독회에서 의원 20인 이상의 연서로 '수정동의'를 본회의에 제출하는 방법이다(위의 국회법 제40조). 제3 독회는 법률안 전체의 가부를 의결하는 단계였다(위의 국회법 제41조). 제3 독회에서는 문자를 정정하는 것과 다른 법률이나 법률안과 저촉되어 필요한 수정을 하는 것 외에는 수정의 동의를 할 수 없었다. 그리고 독회와 독회 간에는 적어도 3일을 두도록 하였다(위의 국회법 제38조). 물론 본회의 의결로 그 기간을 단축 또는 생략할 수 있었으며, 독회의 절차 자체도 본회의 의결이 있으면 생략할 수 있었다.

제1공화국에서 안건 심의가 본회의 중심으로 이루어진 것과 관련하여 함께 검토되어야 할 것은 전원위원회제도가 있었다는 점이다. 즉, 국회는 특별한 안건을 심사하게 하기 위하여 의원 전원으로 구성되는 전원위원회를 둘 수 있었는데, 전원위원회는 본회의와 달리 의원 3분의 1 이상의 출석으로 의결할 수 있었다(위의 국회법 제15조). 따라서 그 명칭은 위원회로 되어 있었으나 그 구성원과 기능 면에서 전원위원회는 본회의와 비슷한 역할을 했다고 할 수 있다. 그러나 안건의 심의과정에서 전원위원회와 본회의 및 상임위원회와의 관계는 국회법상 분명하게 설정되어 있지 못하였다.

본회의 의사정족수는 재적의원 과반수의 출석이었으며, 발언의 경우 동일 의제에 대하여 2회까지 할 수 있는 것은 지금과 같으나, 국회의 결의가 없는 한 발언시간이 무제한이었다는 것이 차이점이다.

나. 제2공화국

제2공화국에서의 본회의 심의도 대체로 제 1 공화국 때와 비슷하였으나 약간 달라진 점은 위원장의 심사보고가 제1 독회에 포함되는 대신 의안

낭독절차가 제1 독회에서 빠졌다(1960년 개정국회법 제105조 제1항). 그리고 제2 독회에 부의하기로 의결한 법률안은 그 의결이 있은 다음 날 이후에 제2 독회에 부의하도록 변경되었다. 그 외에 독회 과정에서의 수정동의 절차가 별도로 규정되지 않게 됨에 따라 수정안이 어느 단계에서 제출되어야 하는지 불분명하게 되었다.

다. 제3공화국

제3공화국 국가재건최고회의에서 의결된 제10차 국회법 개정에 따라 본회의에서의 법률안심의절차가 중요한 변화를 겪게 된다. 즉, 그동안 유지되어 오던 본회의중심주의가 위원회중심주의로 전환되었다. 이에 따라 제1 · 2공화국에서 실시되었던 본회의 3독회 제도도 폐지되었다. 개정된 내용에 의하면 본회의에서는 우선 법률안을 심사한 위원장으로부터 심사보고를 듣고, 이에 대한 의원의 질의가 끝나면 토론을 거쳐 표결을 하게 되었다(1963년 개정국회법 제85조, 제86조). 법률안은 축조낭독하며 심의하되 의장은 이를 생략할 수 있으며 축조심의의 순서 등을 변경할 수 있었던 것은(위의 국회법 제86조 제1항) 제1공화국 때와 같았다. 법률안에 대한 수정동의는 그 안을 갖추고 이유를 붙여 의원 10인 이상의 찬성자와 연서하여 미리 의장에게 제출하여야 했다(위의 국회법 제88조).

라. 제4공화국

제4공화국에서의 법률안 심의절차는 제3공화국 때와 비슷하였으나, 다만 위원회의 심사를 거친 법률안에 대하여는 질의를 금지하였으며, 본회의 의결로 토론을 생략할 수 있게 된 것이 크게 달라진 점이다(1973년 개정국회법 제86조). 그리고 법률안에 대한 수정동의 요건이 대폭 강화되어 종전의 의원 10인 이상에서 의원 30인 이상의 찬성이 필요하게 되었다(위의 국회법 제88조 제1항). 결과적으로 제3공화국 때 채택된 위원회중심주의는 제4공화국에 와서 더욱 강화되었으며, 일단 위원회에서 의결된 법률안에 대한 본회의의 수정이 상대적으로 어렵게 되었다고 할 수 있다.

또한, 본회의에서의 발언시간을 30분 이내로 제한하였고, 동일의제에 대한 발언도 교섭단체 비율에 따라 2인의 범위 내에서 의장이 결정하는 등 발언의 제한을 통하여 본회의 심의의 효율성을 제고하려 하였다.

마. 제5공화국

제5공화국에서의 법률안 심의절차도 종전과 비슷하였다. 일부 달라진 점은 종전에는 위원회의 심사를 거친 법률안의 경우 본회의에서 질의를 금지하였으나, 제11대 국회(1981~1985)에서는 의장이 중요하다고 인정하는 법률안의 경우에는 질의가 가능하게 되었다는 것이다(1981년 개정국회법 제86조). 다만, 일반적인 발언시간은 20분 이내로 제한하였다.

바. 제6공화국 이후

제6공화국에서 종전과 달라진 것은 1991년에 개정된 국회법에서 법률안의 관련위원회 회부제도가 신설됨에 따라 위원장의 심사보고에 해당 위원회의 심사경과와 결과 외에 관련위원회의 의견도 포함하여 보고하도록 한 점이다(1991년 개정국회법 제67조).

그리고, 2000년 2월 9일 있었던 국회법개정에서는 위원회중심주의로 인한 본회의 심의의 형식화를 보완하기 위하여 전원위원회제도를 다시 도입하였다.

또한, 2000년 5월 국회법 개정으로 본회의 표결에 전자투표 원칙이 도입되었고(2000년 개정국회법 제112조 제1항), 2002년 3월 국회법 개정으로 자유투표 원칙이 규정되었으며(2002년 개정국회법 제114조의2), 법률안의 본회의 상정시기를 원칙적으로 심사보고서 제출 후 1일이 경과한 후로 제한하였다(2002년 개정국회법 제93조의2).

2010년 7월 국회법 개정에서는 재적의원 5분의 1 이상의 요구가 있는 경우 정당한 투표권자임을 전자적으로 확인하는 절차와 전자무기명투표와 전자기명투표의 근거를 신설하였으며(2010년 개정국회법 제112조 제8항, 제9항), 2012년 5월 국회법 개정(이른바 '국회 선진화법')으로는 의장의 심사기간 지정요건을 엄격히 강화하고, 안건의 신속처리, 예산안 등의 본회의 자동부의, 체계·자구심사 지연법률안의 본회의 부의요구, 무제한토론 등의 절차를 도입하였으며, 회의방해죄의 신설 등을 통하여 회의 질서유지 제도를 강화하였다.

(3) 본회의 심의과정 개요

가. 본회의 진행순서

본회의는 통상 의장의 개회선언이 있은 후 보고사항을 본회의에 보고한 다음 의사일정에 따라 안건심의를 진행하며, 안건심의가 끝난 후 5분자유발언을 실시하고 산회를 선포하는 순서로 진행된다.

나. 본회의 안건심의 절차

본회의의 안건심의절차는 의장이 의사일정에 따라 안건을 상정하면, 소관위원회 위원장 또는 이를 대리한 의원이 심사보고 또는 제안설명을 한 후 질의·답변과 토론을 실시한 후 표결을 하는 순서로 진행된다.

본회의 심의절차는 법률안의 부의 과정에 따라 다소 다른 심의절차를 거치는데 위원회 심사를 거친 안건에 대하여는 질의 또는 토론을 본회의 의결로 생략할 수 있는 반면, 위원회 심사를 거치지 않은 안건은 질의 또는 토론을 생략할 수 없다(국회법 93조).

(4) 법률안의 본회의 부의(附議)

가. 본회의 부의의 의의

법률안의 본회의 부의란 위원회 심사절차를 마친(또는 위원회 심사절차를 마치지 않았으나 심사를 마친 것으로 보는) 법률안 등 안건을 본회의에서 심의할 수 있는 상태로 만드는 것을 말한다.

즉, 본회의 부의란 의장이 본회의 의사일정을 작성하여 안건을 상정할 수 있는 상태에 있도록 하는 것을 말한다.

나. 일반적 절차에 의한 부의: 심사보고 및 제안

통상 법률안의 본회의 부의는 위원회의 심사보고 또는 제안에 의하여 이루어진다. 위원회가 회부된 법률안을 심사한 후 법제사법위원회의 체계·자구심사 결과를 반영하여 수정안 등을 첨부한 심사보고서를 작성하고 이를 의장에게 제출하면 당해 법률안은 본회의에 부의된다. 또한, 위원회가 제안한 법률안도 법제사법위원회의 체계·자구심사 결과를 반영하여 위원회안을 작성하고 이를 공문으로 의장에게 제안하면 본회의에 부의된다.

이외에도 위원회 심사를 거치지 않고 본회의에서 직접 처리하는 안건은 의장의 제의로 본회의에 바로 부의할 수 있으나, 법률안의 경우 재의법률안이나 헌법개정안을 제외하고는 의장의 제의로 본회의에 직접 부의할 수는 없다.

다. 특별절차에 의한 부의

심사보고서 제출이나 위원회 제안과 같은 통상적인 절차에 의해 부의되는 것 외에 특별한 절차에 따라 본회의에 법률안이 부의되는 경우가 있다.

표 6-21 의사일정의 실제 예

제382회 국회(정기회) 의사일정 2020. 9. 1. ~ 12. 9.

일 자	부 의 안 건	비 고
9. 1.(화) 14:00	개 회 식	
개회식 직후	1. 제382회국회(정기회) 회기결정의 건 2. 안건심의	◦9. 1.~12. 9.(100일간)
9. 2.(수)~9. 6.(일)		◦위원회 활동 - 법률안 등 안건심사
9. 7.(월) 10:00	1. 국정에 관한 교섭단체대표연설	◦더불어민주당
9. 8.(화) 14:00	1. 국정에 관한 교섭단체대표연설(계속)	◦국민의힘
9. 9.(수)~9. 13.(일)		◦위원회 활동 - 법률안 등 안건심사
9. 14.(월) 14:00	1. 정치에 관한 질문	
9. 15.(화) 14:00	1. 외교·통일·안보에 관한 질문	
9. 16.(수) 14:00	1. 경제에 관한 질문	
9. 17.(목) 14:00	1. 교육·사회·문화에 관한 질문	
9. 18.(금)~9. 21.(월)		◦위원회 활동 - 법률안 등 안건심사
9. 22.(화) 22:00	1. 안건심의	
9. 23.(수)		◦위원회 활동 - 법률안 등 안건심사
9. 24.(목) 14:00	1. 안건심의	

9. 25.(금)~10. 7.(화)		◦위원회 활동 - 국정감사: 10. 7.~10. 26. [20일간] - 법률안 등 안건심사 ※ 추석연휴: 9. 30. ~ 10. 2. ※ 개천절: 10. 3. ※ 한글날: 10. 9.
10. 28.(수) 10:00	1. 2021년도 예산안 및 기금운용계획안에 대한 정부의 시정연설	
10. 29.(목) 14:00	1. 안건심의	
10. 30.(금)~11. 8.(수)		◦위원회 활동 - 예산안 및 법률안 등 안건심사
11. 19.(목) 14:00	1. 안건심의	
11. 20.(금)~11. 0.(월)		◦위원회 활동 - 예산안 및 법률안 등 안건심사
12. 1.(화) 14:00	1. 안건심의	
12. 2.(수) 14:00	1. 안건심의	
12. 3.(목)	1. 안건심의	
12. 4.(금)~12. 8.(화)		◦위원회 활동 - 법률안 등 안건심사
12. 9.(수) 14:00	1. 안건심의	

1) 위원회 폐기 의안의 본회의 부의

위원회에서 폐기(부결되거나 본회의에 부의할 필요가 없다고 의결)된 안건에 대하여 본회의에 보고된 날부터 폐회 또는 휴회 중의 기간을 제외한 7일 이내에 의원 30인 이상의 요구가 있는 경우 당해 의안은 폐기되지 않고 본회의에 부의된다(국회법 제87조 제1항).

2) 심사기간 지정에 의한 부의

의장이 심사기간을 지정한 법률안이 심사기간 내에 소관위원회 심사 또는 법제사법위원회의 체계·자구심사를 마치지 못한 경우 심사기간이 도과한 후 의장은 이를 본회의에 부의할 수 있다(국회법 제85조, 제86조 제2항). 이 경우 심사기간이 도과하면 자동으로 본회의에 부의되는 것이 아니라, 의장의 본회의 부의 행위가 있어야 한다.

3) 신속처리대상안건의 부의

신속처리대상안건으로 지정된 법률안이 정해진 기간 내에 위원회 심사를 마치지 못하는 경우 본회의에 부의된 것으로 간주한다(국회법 제85조의2). 이때는 심사기간 지정의 경우와 달리 의장의 본회의 부의 행위 없이 정해진 기간이 도과하면 자동으로 본회의에 부의된 것으로 간주한다.

4) 체계·자구심사 지연 법률안의 부의

체계·자구심사를 위하여 법제사법위원회에 회부된 지 120일이 경과한 법률안에 대하여는 소관위원회 위원장이 간사와 합의하거나 소관위원회 재적위원 5분의 3 이상의 찬성으로 본회의 부의요구가 있는 경우 의장이 각 교섭단체 대표의원과 합의하여 본회의에 부의할 수 있다. 만약 의장과 각 교섭단체 대표의원 간에 합의가 이루어지지 않을 경우 부의요구 30일이 경과한 후 첫 본회의에서 무기명투표로 부의 여부를 결정한다(국회법 제86조 제3항 및 제4항).

5) 세입예산안 부수법률안의 자동부의

세입예산안 부수법률안으로 지정된 법률안의 소관위원회 심사 및 체계·자구심사가 11월 30일 자정까지 완료되지 않은 경우 12월 1일 0시에 본회의에 부의된 것으로 간주한다(국회법 제85조의3 제2항).

2. 본회의 심의의 일반적 절차

(1) 상 정

가. 상정시기

본회의에 안건을 상정하려면 국회법 제93조의2에 따라 원칙적으로 심사보고서를 제출한 후 1일이 경과하여야 한다(국회법 제93조의2). 그러나 통상적으로는 '특별한 사유로 의장이 각 교섭단체 대표의원과 협의를 거쳐 정한 경우에는 그러하지 아니한다'는 동조 단서 규정에 따라 이러한 상정시기의 제한규정을 적용하지 않는 경우가 많다.

나. 본회의 상정 안건

본회의에 부의된 법률안 등 안건 중에서 의장이 의사일정에 기재한 안건이 상정될 수 있다. 국회법상 본회의의 당일 의사일정은 의장이 단독으로 작성할 수 있으나, 통상 각 교섭단체 대표의원과 협의하여 정한다. 또한 의사일정은 의장이 교섭단체 대표의원과 협의하여 변경하거나 의장의 제의나 의원 20명 이상의 연서에 의한 동의로 본회의 의결이 있는 경우 변경될 수 있으므로(국회법 제77조), 의사일정 변경에 의해 추가된 안건도 상정이 가능하다.

이외에도 신속처리대상안건으로 지정되어 본회의에 부의된 후 60일이 경과한 안건은 그 기간이 경과한 첫 본회의에 상정된다(국회법 제85조의2 제7항).

다. 상정순서

본회의에 상정되는 안건은 통상 법률안을 동의안이나 결의안등 기타 의안(인사안건을 제외)에 앞서 상정하는 것이 관례이다. 안건의 종류별로는 보통 위원회별로 수 건을 한번에 묶어 일괄하여 상정한다. 이때 위원회 순서는 국회법 제37조에 규정된 위원회 건제순으로 한다.

(2) 심사보고 또는 제안설명

가. 심사보고

위원회에서 심사를 마친 법률안이 본회의의 의제가 된 때에는 소관위원회 위원장이 위원회의 심사경과 및 결과와 소수의견 및 관련위원회 의견 등 필요한 사항을 본회의에 보고한다.

위원장 대신 다른 위원이 심사보고를 할 수 있으며, 소위원장이나 간사는 위원장의 심사보고에 대하여 보충보고를 할 수 있다. 심사보고는 구두로 하는 것이 원칙이나, 사정에 따라 서면(단말기 자료 포함)으로 대체되기도 한다.

나. 제안설명

위원회가 제안한 위원회안(위원회 대안 포함)은 위원장이 제안설명을 한다. 위원장을 대리한 소속 위원이 제안설명을 할 수 있다. 제안설명도 구두로 하는 것이 원칙이나, 사정에 따라 서면(단말기 자료 포함)으로 대체할 수 있다.

의장의 심사기간 지정 등으로 위원회 심사를 마치지 못한 법률안 등의 안건은 소관 위원장이 아닌 제안자가 제안설명을 한다. 가령 예를 들어 정부가 제출한 정부조직법 일부개정법률안에 대하여 심사기간을 지정하였으나 심사기간 내에 위원회가 심사를 마치지 못하고 본회의에 부의된 경우에는 당해 법률안의 소관 국무위원이 본회의에서 제안설명을 한다.

(3) 수정안 제안설명

가. 의 의

수정안의 제안설명은 심의대상 법률안 등 안건에 대하여 수정안이 제안된 경우 수정안의 취지와 내용을 설명하는 것이다. 수정안 제안설명은 원안에 대한 심사보고나 제안설명이 있은 후에 실시하며, 해당 안건의 표결이나 질의·토론 전에 실시한다. 위원회별로 몇 건씩 안건을 묶어서 일괄상정하고 심사보고나 제안설명을 일괄하여 듣지만, 수정안의 경우에는 제안설명, 질의·토론 및 표결은 안건별로 실시한다.

나. 수정안의 종류

1) 위원회 수정안

위원회에서 심사보고를 하며 첨부한 수정안(위원회 수정안)은 별도의 동의 및 찬성 절차 없이 의제가 되며(국회법 제95조 제2항), 위원회 심사보고에 위원회 수정안의 내용이 포함되어 있으므로 별도의 수정안 제안설명이 불필요하다.

2) 본회의 수정안

반면에 위원회에서 심사보고하거나 제안한 법률안에 대하여 본회의에서 수정을 하려는 경우에는 30인 이상의 찬성으로 본회의 수정안을 제출하여야 한다. 이 경우 원안에 대한 심사보고 및 제안설명이 있은 후 수정안에 대하여 제안설명을 한다. 제안설명 후 질의 및 토론은 원안과 병합하여 함께 실시하며, 표결은 원안에 앞서 수정안을 먼저 표결한다.

(4) 질 의

가. 질의의 의의 및 시기

질의는 심의 중인 안건에 대하여 제안자 또는 소관 국무위원에게 의문사항을 묻는 것으로서, 안건 상정 후 표결 전에 실시한다. 통상 심사보고 및 제안설명(수정안 제안설명 포함)을 한 후에 실시한다.

나. 질의의 절차

질의를 하려고 하는 의원은 국회법에서 규정한 발언원칙(국회법 제99조)에 따라 의장에게 통지하여 허가를 받아야 한다. 발언자수가 여러 명인 경우 의장은 교섭단체 대표의원과 협의하여 의석비율에 따라 교섭단체별 발언시간과 교섭단체에 속하지 않는 의원의 발언시간을 할당할 수 있다(국회법 제104조 제3항, 제4항, 제5항). 발언시간은 15분을 초과하지 아니하는 범위에서 의장이 정한다. 시간제한으로 마치지 못한 발언은 의장이 인정하는 범위 내에서 회의록에 게재한다(국회법 제104조 제6항).

다. 질의의 생략

위원회 심사를 거친 안건에 대하여는 의결로 질의를 생략할 수 있으나, 위원회 심사를 거치지 않은 안건에 대하여는 질의를 생략할 수 없다(국회법 제93조).

라. 현 황

일반적으로 본회의에서 심의하는 법률안에 대하여 질의를 신청하는 경우가 거의 없기 때문에, 질의는 본회의에서 거의 실시하지 않는 편이라고 할 수 있다.

(5) 토 론

가. 의의 및 시기

토론은 심의 중인 안건에 대하여 찬반의견을 표명하는 발언으로서 안건의 상정 후 표결 전에 실시한다. 통상 심사보고 및 제안설명(수정안 제안설명 포함)이나 질의가 끝난 후에 실시하며, 안건별로 실시한다.

나. 토론의 대상

의제가 되어 심의 중인 안건은 원칙적으로 모두 토론의 대상이 될 수 있다. 그러나 국회법 규정이나 관례에 따라 토론을 실시하지 않는 안건이 있다. 먼저 위원회 심사를 거친 안건은 의결로 토론을 생략할 수 있다(국회법 제93조 단서). 다만, 본회의 의결로 토론의 생략이 가능하지만, 토론 신청이 있음에도 불구하고 의결로 이를 생략하는 경우는 거의 없다.

그 외에 국회법에서 비공개회의의 동의, 의사일정 변경동의 등 의사절차 등에 관한 의제는 토론을 실시하지 않도록 규정하고 있으며, 인사에 관한 안건 등도 관례에 따라 토론을 실시하지 않으나 법률안과는 관계가 없는 사안이다.

다. 토론의 실시절차

토론을 하려는 의원은 먼저 의장에게 토론 신청을 하고 허가를 받아야 한다. 이때 반대 또는 찬성의 의사를 미리 의장에게 통지하여야 한다(국회법 제106조 제1항). 이는 국회법에서 반대자와 찬성자를 교대로 발언하도록 규정하고 있으므로(국회법 제106조 제2항) 미리 통지를 받아 반대자와 찬성자를 구분하기 위함이다.

토론 신청에 대하여 의장은 통지받은 순서와 그 소속 교섭단체를 고려하여 반대자와 찬성자가 교대로 발언하도록 발언순서를 정하되, 반대자가 먼저 발언하도록 한다. 토론을 신청한 의원이 여러 명인 경우 의장은 교섭단체 대표의원과 협의하여 의석비율에 따라 교섭단체별 발언시간과 교섭단체에 속하지 않는 의원의 발언시간을 할당할 수 있다(국회법 제104조 제3항, 제4항, 제5항).

토론시간은 15분을 초과하지 아니하는 범위에서 의장이 정한다. 시간 제한으로 마치지 못한 발언은 의장이 인정하는 범위 내에서 회의록에 게재한다(국회법 제104조 제6항). 토론이 끝나면 의장은 토론의 종결을 선포한다. 토론의 종결이 선포된 이후에는 토론을 신청할 수 없다.

(6) 표결(의결)

가. 표결의 의의와 원칙

1) 표결의 의의

토론의 종결이 선포되면 표결을 실시한다. 표결은 법률안에 대한 의원 개개인의 찬성과 반대 의사를 집계하여 회의체의 의사를 결정하는 것이다.

2) 안건별 표결 원칙

표결은 안건별로 실시한다. 통상 위원회별로 수 건의 안건을 묶어서 일괄 상정하여 제안설명이나 심사보고를 일괄해서 듣는 경우에도 표결은 안건별로 실시한다. 이는 표결의 의사를 명확히 하고 안건심의 절차 중 가장 핵심적인 절차라고 할 수 있는 표결을 보다 신중하게 하도록 하기 위한 것이다.

이처럼 본회의에서 심의되는 안건은 모두 안건별 표결원칙에 따라 1개의 안건씩 표결하는 것이 일반적이나, '국무총리 및 국무위원 출석요구의 건'이나 '국정감사결과보고서 채택의 건' 등은 일괄하여 의제로 상정하고 표결도 일괄하여 실시하기도 한다. 법률안의 경우는 이러한 일괄표결의 경우에 해당하지 않으므로 안건별로 표결을 하는 것이 원칙이다.

한편 표결에 많은 시간이 소요되는 무기명투표나 기명투표의 경우 표결절차의 효율성을 위하여 여러 건에 대한 투표를 한꺼번에 진행하는 연기식 투표방법을 사용하기도 한다. 연기식 투표방법이란 표결할 안건이 여러 건 있는 경우에 투표회수를 줄여 번거로움을 피할 목적으로 한 장의 투표용지에 의제에 맞게 기재란을 만들고 각각의 기재란에 표결내용을 기재하는 방식의 투표이다.[113] 연기식투표의 경우 일괄하여 투표를 실시한다는 점에서 일괄표결과 유사하나, 각각의 안건에 대하여 별도의 표결의사를 표시한다는 점에서 일괄하여 찬성과 반대의 의사를 표시하는 일괄표결과는 차이가 있다고 볼 수 있다. 법률안은 본회의에서 안건별로 전자투표를 하는 것이 원칙이나, 투표방법 변경에 따라 무기명투표 또는 기명투표를 실시하는 경우 이러한 연기식 투표방법이 적용될 수 있는지 신중한 검토가 필요하다.

---

113) 국회사무처, 『국회의사편람』, 2012, 256.

3) 표결의 참가와 본인투표의 원칙

표결을 할 때에는 회의장에 있지 아니한 의원은 표결에 참가할 수 없다. 다만, 기명투표 또는 무기명투표로 표결할 때에는 투표함이 폐쇄될 때까지 표결에 참가할 수 있다(국회법 제111조 제1항). 회의장에 부재한 의원의 표결 참가를 제한하는 것은 회의장에 부재한 의원이 출석할 때까지 표결의 종료를 지연시키기 어려울 뿐만 아니라 회의장에 부재한 의원을 대리하여 다른 의원이 표결을 하는 것을 제한하는 의미가 내포된 것이라고 할 수 있다. 한편 이와 관련하여 2010년 국회법 개정(2010.5.28.)으로 전자투표 시 재적의원 5분의 1 이상의 요구가 있을 때에는 전자적인 방법(본인확인시스템)을 통하여 정당한 투표권자임을 확인한 후 투표를 실시하는 절차가 도입되었는데, 이는 회의장의 재석 여부와 관계없이 다른 의원의 표결행위를 대리하는 대리표결 또는 대리투표는 허용되지 않는다는 취지로 해석될 수 있다.

4) 표결 의사 변경 및 조건부 표결의 금지

의원은 표결에 대하여 표시한 의사를 변경할 수 없다(국회법 제110조 제2항). 의원이 사후에 표결 의사를 변경할 경우 국회의 의사를 신속하게 확정할 수 없는 문제점이 있기 때문이다. 표결 의사의 변경금지 원칙은 회의체를 달리 하는 경우에는 적용되지 아니한다.[114] 즉, 동일 의원의 위원회에서의 표결 의사와 본회의에서의 표결 의사는 다를 수 있다.

또한, 의원의 표결행위는 찬성, 반대, 기권의 의사 중 하나만을 표시하는 것이므로 조건을 붙여 표결을 하는 것도 허용되지 아니한다.[115] 이 또한 한 번 결정된 국회의 의사가 불확정 상태에 처하는 것을 방지하고 국회의 의사를 신속하게 확정하기 위한 것이다.

나. 표결의 방법

1) 표결방법의 종류

표결의 방법은 크게 찬성 의원과 반대 의원의 명단을 기록하는 기록표결과 명단을 기록하지 않고 찬성 의원과 반대 의원의 수만 기록하는 비

114) 국회사무처, 『국회의사편람』, 2012, 257.
115) 위의 책, 257.

기록표결로 구분된다.

기록표결에는 전자투표, 기명투표(수기 기명투표, 전자 기명투표), 호명투표가 있으며, 비기록표결에는 무기명투표(수기 무기명투표, 전자 무기명투표), 기립표결, 이의유무표결이 있다. 이의유무표결은 안건의 의결에 이의가 있는지 여부를 물어 표결하는 것으로, 이의가 없는 경우에는 만장일치의 찬성으로 간주하며, 만약 이의가 있는 경우에는 찬성과 반대 의원의 수를 집계하는 표결을 한다.

2) 전자투표의 원칙

본회의에서의 투표는 전자투표에 의한 기록표결이 원칙이며, 전자투표 기기가 고장이 난 경우에는 기립표결로 표결할 수 있다(국회법 제112조 제1항). 본회의 표결 시 전자투표원칙의 도입은 2000년 5월 국회법 개정에 의한 것으로서, 이는 국회의원의 표결에 대한 책임성과 투명성을 강화하기 위한 것이다. 이전에는 안건에 대하여 이의유무를 물어 표결할 수 있다는 국회법 제112조 제3항의 규정을 근거로 통상 의장이 이의유무를 물어 표결을 하고, 이의가 있는 의원이 있는 경우에 기립표결로 표결을 하였으나, 의결정족수 충족의 명확성 및 표결의 책임성 확보에 대한 문제제기가 있어 전자투표에 의한 기록표결을 원칙으로 한 것이다.

3) 표결방법의 변경

표결방법은 의장의 제의 또는 의원의 동의로 본회의 의결이 있거나 재적의원 5분의 1 이상의 요구가 있을 때에는 기명투표·호명투표 또는 무기명투표로 표결할 수 있다(국회법 제112조 제2항). 재적의원 5분의 1 이상의 표결방법 변경 요구가 여러 건 있을 경우에는 각각 표결에 붙여 가부 여부를 결정한다. 제20대 국회 제373회 제1차 본회의(2019. 12. 27.)에서는 공직선거법 일부개정법률안(심상정의원 대표발의)에 대하여 심재철 의원 등 108인으로부터 무기명투표 방식으로 투표방법을 변경하자는 요구와 이원욱 의원 외 128인으로부터 기명투표 방식으로 실시하자는 요구가 각각 제출되어, 각각의 투표방법 변경요구를 표결에 붙여 모두 부결시키고 전자투표 방식으로 표결을 실시한 사례가 있다.

다. 표결의 절차

표결은 대체로 ① 표결선포, ② 표결실시, ③ 표결결과 선포의 순으로 진행되나 세부적인 절차는 표결방법에 따라 다르다.

1) 표결의 선포(국회법 제110조)

국회법 제110조는 표결의 선포를 의장석에서 하도록 규정하고 있다(국회법 제110조 제1항). 이는 이른바 '날치기 표결'을 방지하여 표결의 정당성을 확보하기 위한 것이다. 표결이 선포된 후에는 누구든지 안건에 관하여 발언을 할 수 없다(국회법 제110조 제2항).

2) 전자투표의 절차

전자투표의 경우 의장의 표결 선포 후에 의원들이 의석단말기를 조작하여 투표를 한다. 의장의 투표종료 선언 후 본회의장 전광판에 투표결과를 게시하며 의장이 표결결과를 선포하는 순으로 진행된다.

3) 무기명투표와 기명투표의 절차

무기명투표와 기명투표의 경우는 의장의 표결선포 후 감표위원을 선정하고 투표를 실시한 다음 투표종료 후 개표를 하여 표결결과를 발표하는 순으로 진행한다. 감표위원은 기표소와 투표함에 배치되어 투표가 정상적으로 진행되는지를 감시하는 의원으로서 통상 여당과 야당 의원을 동일한 수로 선정한다. 무기명투표와 기명투표는 모두 의원이 명패와 투표용지를 교부받아 기표소에서 기표한 후 명패함과 투표함에 각각 명패와 투표용지를 투함하는 순으로 진행한다. 전자무기명투표와 전자기명투표는 기표와 명패의 투함을 기표소에 설치된 전자단말기에서 실시하며, 기표의 방법은 화면에 터치방식으로 입력하는 방식이다. 개표는 명패수를 먼저 확인함으로써 총투표수를 확인한 후 찬성과 반대의 표수를 집계하여 표결결과를 발표한다. 투표의 수가 명패의 수보다 많은 경우에는 재투표를 하나, 투표의 결과에 영향을 미치지 아니할 때에는 그러하지 아니한다(국회법 제114조 제3항).

4) 기립표결과 호명투표의 절차

기립표결의 경우에는 표결선포 후 의장이 찬성과 반대의 의사를 가진 의원들을 차례로 기립시켜 그 수를 집계한 후 표결결과를 선포한다. 호명투표의 경우에는 의원의 성명을 일일이 불러 찬성과 반대 의사를 구두로 확인하여 집계한 후 표결결과를 선포한다.

라. 수정안의 표결

1) 수정안과 원안의 표결순서

의원이 수정안을 제안하였을 때에는 원안에 앞서 먼저 수정안을 표결한다. 수정안이 가결되면 원안은 표결하지 않는다. 의장은 통상 수정안이 가결되면 "수정안이 가결되었으므로 원안은 표결하지 않는다"라고 언급한다. 수정안은 원안을 전제로 일부를 수정한 안이므로 수정안에 찬성하였다는 것은 수정안의 수정 부분 외에는 원안의 내용에 찬성한다는 것이 전제되었기 때문이다. 만약 수정안이 가결된 후 원안을 다시 표결에 부쳐 가결될 경우 수정안과 원안의 상충되는 부분 중 어느 부분이 국회의 의사로 확정된 안인지가 불명확하게 되는 문제점이 있다. 또한, 국회법 제96조 제2호도 의원의 수정안을 위원회 수정안보다 먼저 표결하도록 규정하고 있어 소관위원회 수정안이 포함된 원안보다 의원이 발의한 수정안을 먼저 표결해야 한다.

만약 수정안을 먼저 표결하여 수정안이 부결되면, 위원회가 심사보고하거나 제안한 원안을 표결한다. 원안을 표결하여 가결되면 원안이 최종적인 법률안으로 확정된다. 이때의 원안은 본회의에서 제출된 수정안에 대비된 원안이라는 말이며, 위원회에서 심사보고하거나 제안한 내용의 안을 뜻한다. 위원회 심사과정에서 애초에 제출 또는 발의된 법률안을 수정한 내용일 수 있기 때문에 이때의 원안이 제출안 또는 발의안의 원형을 유지한 원안을 의미하는 것은 아니다. 그리고 수정안이 부결된 후 원안을 표결에 부쳐 원안도 부결되는 경우에는 당해 법률안이 최종적으로 부결되어 폐기된다.

2) 수정안 간의 표결순서

수정안이 여러 건 제출되었을 때 먼저 표결한 수정안이 가결되었을 경우 나머지 수정안과 원안은 표결을 하지 않고, 가결된 수정안의 내용이 법률안으로 확정된다. 이처럼 같은 의제에 대하여 여러 건의 수정안이 제출되었을 때에는 원안에 앞서 표결하는 수정안의 순서를 국회법 제96조 각 호에서 다음과 같이 정하고 있다.

1. 가장 늦게 제출된 수정안부터 먼저 표결한다.
2. 의원의 수정안은 위원회의 수정안보다 먼저 표결한다.
3. 의원의 수정안이 여러 건 있을 때에는 원안과 차이가 많은 것부터 먼저 표결한다.

그러나 국회법 제96조 각호에서 정하고 있는 기준 간의 우선순위에 대하여 명확한 규정이 없어 이를 실제 적용하는 데 모호함이 있다. 입법자의 입법의도가 동조 각호의 순서대로 기준을 적용하는 것이라고 한다면 제1호에 따라 접수의 시간 선후를 기준으로 순서를 정하고, 동시에 제출된 수정안에 대하여만 제2호와 제3호의 기준을 보충적으로 적용하면 된다. 제2호에 따라 의원의 수정안을 위원회 수정안보다 먼저 표결하는 것은 수정안을 소관위원회 수정안이 포함된 원안보다 먼저 표결하기 때문에 큰 의미가 없을 수 있으나, 만약 전원위원회가 개회되어 수정안이 제안되었다면 전원위원회 수정안과 의원의 수정안 중 어느 것을 먼저 표결할 것인가를 정하는 의미가 있다. 제3호의 원안과 차이가 많은 수정안을 우선 표결하는 기준도 원안과의 차이를 실질적 내용을 기준으로 할 것인지, 아니면 수정되는 조문의 형식적 분량을 기준으로 할 것인지 명확하지 않다. 생각건대, 실질적 내용을 기준으로 원안과의 차이 정도를 판단하는 것이 바람직하다고 보이나, 주관성이 개입되는 문제가 있다.

그런데, 만약 국회법 제96조 각호의 순서에 대해 입법자가 큰 의미를 둔 것이 아니라면, 동조 각호의 기준은 다음과 같이 해석하는 것이 타당한 면이 있다. 먼저 제2호의 기준을 적용하여 의원의 수정안과 위원회 수정안 중 의원의 수정안을 먼저 표결하고, 다음으로 의원의 수정안 간에는 제3호의 기준에 따라 원안과 차이가 많이 나는 수정안의 순서로 표결하되, 원안과의 차이 정도가 불명확한 경우 제1호의 제출시간 순서에 따라 표결순서를 정하는 것으로 해석하는 것이 타당하다.

우리 국회에서 여러 건의 수정안이 동시에 제출되는 것은 자주 발생하는 경우는 아니나, 논란의 소지가 있는 만큼 보다 명확한 입법적 보완이 있어야 할 것으로 보인다.

마. 표결의 결과

본회의 심의의 표결결과는 가결, 부결, 투표불성립의 세 가지 유형으로 구분된다. 위원회 심사의 표결결과와 달리 대안 의결이나 제안과 같은 유형의 표결결과는 성립하지 않는다.

1) 가 결

표결 결과 수정안이나 원안에 대하여 찬성하는 의원의 수가 의결정족수를 충족하게 되면 당해 법률안은 가결이 되어 공포를 위하여 정부에 이송된다. 법률안의 경우 일반 의결정족수를 적용하므로 재적의원 과반수가 출석하여 출석한 의원 중 과반수가 찬성하면 법률안이 가결된다. 대통령으로부터 환부되어 재의되는 법률안은 재적의원 과반수가 출석하여 출석한 의원 중 3분의 2 이상이 찬성하여야 한다.

2) 부 결

표결 결과 수정안이나 원안에 대하여 찬성하는 의원의 수가 의결정족수를 충족하지 못하면 당해 법률안은 부결된다. 본회의에서 부결된 법률안 등 의안은 확정적으로 폐기된다.[116]

3) 투표불성립

투표불성립은 투표에 참여한 의원의 수가 의결정족수가 요구하는 출석의원의 수에 미치지 못한 상태에서 표결이 종료되는 경우 이를 유효한 표결이 성립하지 않은 것으로 보아 가결이나 부결을 판단하지 않고 투표가 불성립하였다고 선포하는 것을 말한다. 즉, 법률안의 경우 일반 의결정족수를 적용하여 재적의원 과반수가 출석하여 출석의원 과반수의 찬성이 있어야 가결이 되나, 투표에 참여한 의원의 수가 재적의원 과반수에 미달하는 경우에 투표가 유효하게 성립하지 않았다고 보는 것이다.

통상 표결을 할 때에는 회의장의 출석인원이 의결정족수를 충족하는지를 확인하고 의사를 진행하기 때문에 이러한 문제가 발생하지 않으나, 회의장에 출석한 의원이 투표단말기를 작동하는 등의 투표행위를 하지 않는 경우

116) 위원회에서 폐기된 법률안은 특별절차로서 국회법 제87조에 따른 폐기의안의 본회의 부의절차가 있기 때문에 위원회에서 부결되거나 본회의에 부의하지 아니하는 의결을 하여도 당해 법률안이 바로 폐기되지 아니하고 동조에서 규정한 폐회 또는 휴회 중의 기간을 제외한 7일의 기간이 경과하여야만 확정적으로 폐기된다.

에는 이들이 의결정족수의 계산에 있어 출석의원의 수에 포함되지 않기 때문에 이러한 문제가 발생할 수 있으며, 때로는 반대하는 의안의 통과를 저지하기 위하여 회의장을 집단적으로 퇴장하는 경우에도 이러한 문제가 발생한다.

이러한 '투표불성립'에 대하여는 명문의 규정이 있는 것이 아니므로 이론의 여지가 있다. 실제로 의장이 투표불성립을 선포한 법률안에 대해 실시한 재투표에 대하여 헌법재판소에 제기된 권한쟁의심판(헌재 2009.10.29. 2009헌라8,9,10)에서 다수(5인)의 재판관[117]은 헌법 제49조 및 국회법 제109조에서 '재적의원 과반수 출석'과 '출석의원 과반수 찬성'의 출석정족수와 찬성정족수를 병렬적으로 규정하고 있고, 이들의 성격이나 흠결의 효력을 별도로 구분하여 규정하고 있지 않으므로 이 중 하나라도 충족시키지 못하면 의결정족수의 요건을 충족하지 못한 것이 되므로 투표불성립이 아니라 부결이 된 것이라는 위법의견을 개진하였다. 이들은 국회의원이 특정 의안에 반대하는 경우 회의장에 출석하여 반대투표하는 방법뿐만 아니라 회의에 불출석하는 방법으로도 반대의사를 표시할 수 있으므로 '재적의원 과반수의 출석'과 '출석의원 과반수의 찬성'의 요건이 국회의 의결에 대하여 가지는 의미나 효력을 달리 할 이유가 없다는 입장이었다.

이에 반하여 소수(4인)의 재판관[118]은 헌법 제49조 및 국회법 제109조의 '재적의원 과반수의 출석'이라는 출석정족수는 국회의 의결을 유효하게 성립시키기 위한 전제요건인 의결능력에 관한 규정으로서 '출석의원 과반수의 찬성'이라는 다수결 원칙을 선언한 의결방법에 관한 규정과는 성격이 구분되어야 하며, 출석정족수에 미달한 국회의 의결은 유효하게 성립한 의결로 취급할 수 없으므로 투표불성립과 이에 따른 재투표는 적법하다는 의견을 개진하였다. 또한, 이들은 이러한 출석정족수를 투표의 유효한 성립요건으로 보지 않을 경우, 소수의 국회의원만이 참석한 상태에서 표결이 가능하고, 이 경우 굳이 투표결과를 확인할 필요도 없이 부결이 된다는 결론에 이르게 되어 대의민주주의 원리에도 부합하지 않는다는 주장이다.

국회의 실제 의사 관행은 반복적으로 투표불성립을 인정하고 있으며,

117) 재판관 조대현, 재판관 김종대, 재판관 민형기, 재판관 목영준, 재판관 송두환.
118) 재판관 이강국, 재판관 이공현, 재판관 김희옥, 재판관 이동흡.

투표불성립으로 표결이 무효가 된 법률안 등은 이후 재투표를 하거나, 폐기시한이 도래하여 폐기가 되기도 한다.

3. 본회의 심의의 특별 절차

(1) 위원회 폐기 의안의 본회의 부의(附議) 요구

가. 의 의

위원회 폐기 의안의 본회의 부의요구 제도는 위원회에서 본회의에 부의하지 아니하기로 의결한 의안(위원회에서 부결된 의안을 포함한다)을 30인 이상 의원의 연서로 본회의에 부의요구하면 이를 본회의에 부의하는 제도이다. 즉, 위원회에서 본회의에 부의할 필요가 없다고 결정된 의안은 본회의에 부의하지 아니하나(국회법 제87조 제1항 본문), 이러한 위원회의 결정이 본회의에 보고된 날부터 폐회 또는 휴회 중의 기간을 제외한 7일 이내에 의원 30명 이상의 연서에 의한 요구가 있을 때에는 그 의안을 본회의에 부의하는 것이다(국회법 제87조 제1항 단서).

이는 의안심의의 효율성을 위하여 위원회제도를 운영하고 있으나, 국회의 최종 의사결정이 본회의에 유보되어 있기 때문에 위원회의 결정을 존중하되 전체 의원으로 구성된 본회의가 이를 번복할 기회를 부여함으로써 국회의 종국적 의사결정에 민주적 정당성을 확보하기 위한 것이다.

나. 부의요구 요건

1) 폐회·휴회 기간을 제외한 7일 이내의 요구

위원회에서 폐기된 의안에 대한 본회의 부의를 요구하기 위해서는 위원회가 당해 의안을 본회의에 부의하지 아니하기로 한 결정이 본회의에 보고된 날부터 본회의의 폐회 또는 휴회를 제외한 7일 이내에 요구해야 한다. 여기서 '본회의에 보고된 날'이란 위원회의 당해 의안에 대한 폐기심사 보고서가 접수되었음을 본회의에 보고한 날을 의미한다.[119]

이처럼 위원회의 본회의 불부의 결정에 대한 본회의 보고 후에 당해

119) 국회사무처, 『의안편람 I (해설편)』, 2016, 396.

의안에 대한 부의요구를 하도록 한 것은 위원회의 심사결과에 대하여 모든 의원이 인지할 수 있는 기회를 부여하기 위한 것이다. 또한, 가급적 빠른 시일 내에 당해 의안에 대한 국회의 의사를 확정하기 위하여 부의요구 기간을 7일로 제한하면서도 폐회 또는 휴회기간을 제외한 이유는 위원회 심사결과에 대한 충분한 인지기회를 제공하고 본회의 부의요구 여부에 대하여 검토시간을 주기 위한 것이다.[120)]

한편, 부의요구 기간의 산정에 있어 본회의의 폐회 또는 휴회 기간을 제외한 것은, 본래 회기 중 본회의가 개회한 날만 7일의 부의요구기간에 산입하도록 하기 위한 것이다. 그런데 회기 중에 본회의가 개회되지 아니하는 기간에 대하여 휴회 결의를 하여야 하나, 의결정족수의 부족 등으로 휴회결의를 하지 못하는 경우 당해 기간은 공식적으로 휴회기간이 아니므로 본회의 개회일이 아님에도 불구하고 7일의 부의요구 기간 산정 시 포함이 된다.

2) 30인 이상의 연서에 의한 요구

위원회 폐기 의안에 대한 본회의 부의요구 요건의 다른 하나는 30인 이상의 연서에 의하여 본회의 부의를 요구하여야 한다는 것이다. 여기서 일반의안 발의 요건인 10인 이상의 찬성보다 가중된 요구정족수를 요구하는 것은 위원회의 의사를 존중하기 위한 것이다.[121)]

또한, 여기서 30인 이상의 연서에 의한 요구를 요건으로 한다는 것은 30인 이상 의원의 요구가 개별적으로 제기되는 것이 아니라 하나의 문서에 연서하여 요구하여야 한다는 것을 의미한다.

다. 효 과

1) 부의요구의 효과

국회법 제87조 제1항 단서에 따라 본회의 부의가 요구된 의안은 본회의에 부의된다. 그리고 본회의에 부의요구된 의안은 부의요구 사실을 본회의에 보고한 후 의사일정에 따라 본회의에 상정되어 심의절차를 거친다. 이때 상정되는 안건은 위원회가 폐기 의결한 원래의 안건명 그대로 상정되며, 부의요구한 의원의 부의요구 이유에 대한 설명을 들은 후에 질의 및

120) 국회사무처, 『국회법해설』, 2016, 427.
121) 위의 책.

토론을 거쳐 의결한다. 질의는 부의요구 의원과 소관위원장 등에게 할 수 있으며, 토론은 부의요구에 대한 것이 아니라 상정된 안건에 대하여 이루어진다.[122] 본회의에 부의요구된 법률안의 의결은 특별한 의결정족수를 요구하지 않으며, 일반의결정족수인 '재적의원 과반수의 출석과 출석의원 과반수의 찬성'이 요구된다.

그림 6-6 본회의 부의요구 처리절차

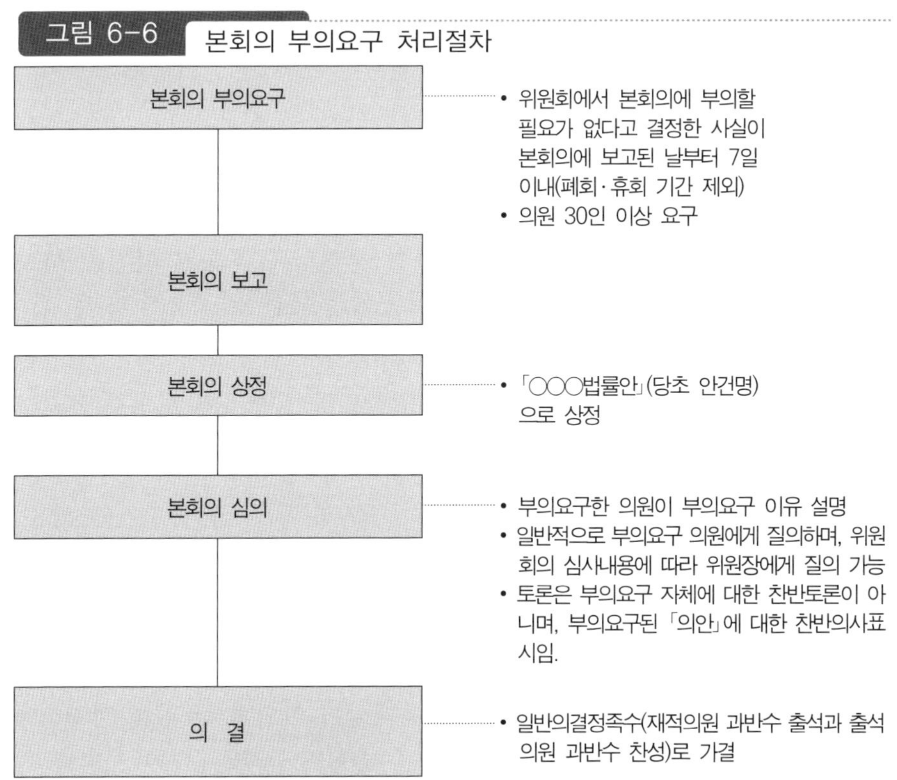

출처: 국회사무처, 『의안편람 I (해설편)』, 2016, 397.

2) 부의요구 기간 도과의 효과: 부의요구가 없는 경우

부의요구 기간 내에 부의요구가 없을 때에는 당해 의안은 확정적·종국적으로 폐기된다(국회법 제87조 제2항). 이는 위원회의 결정에 대하여 이의가 없는 것으로 간주하는 것으로서 당해 의안은 소멸하여 국회의 심의대

122) 국회사무처, 『의안편람 I (해설편)』, 2016, 397.

상에서 제외된다.

한편, 이와 같이 폐기된 의안에 대하여는 일사부재의 원칙이 적용되어 동일 회기 내에 동일한 의안을 다시 제출할 수 없다(국회법 제92조). 이때에 일사부재의 원칙의 적용시점에 관하여는 위원회의 부결이나 본회의 불부의 결정이 있었던 시점이 아니라 부의요구 기간이 도과하여 확정적으로 폐기된 시점을 기준으로 하여야 할 것이다. 즉, 전 회기에서 위원회가 폐기한 의안의 부의요구 기간 도과 시점이 이번 회기라면 일사부재의원칙은 이번 회기를 기준으로 적용하여야 한다.

(2) 재회부

가. 의 의

재회부 제도는 위원회 심사를 마치고 본회의에 부의된 안건을 다시 위원회에 회부하여 심사를 거치도록 하는 제도이다. 이는 위원회 심사의 충실성을 담보하기 위한 것으로 위원회의 심사가 불충분하거나 부적당하다고 판단하는 경우, 보다 충실한 심사를 하도록 함으로써 심의결과의 타당성을 제고하기 위한 것이다.

나. 재회부의 요건

1) 위원회가 심사보고한 안건

재회부 제도의 적용대상은 위원회에 회부되어 심사를 마치고 위원회가 심사보고서를 제출하여 심사보고를 한 안건이다. 위원회가 국회법 제51조에 따라 제안한 의안은 이 제도의 적용대상이 아니며, 국회법 제88조에 따라 다른 위원회에 회부할 수 있다. 동법 제88조에 따른 '다른 위원회 회부'는 위원회가 제안한 안건의 심의에 있어 신중성을 제고하기 위한 것으로서 위원회 심사를 다시 거치게 한다는 점은 유사하나, 재회부와 달리 같은 위원회에 다시 회부할 수 없다는 것이 차이점이다.

2) 재회부가 필요하다고 인정한 안건

재회부 제도의 적용대상은 위원회가 심사보고를 한 안건 중 위원회 심사가 불충분 또는 부적당하다는 등의 사유로 위원회에 재회부하여 다시 심사할 필요가 있다고 인정한 안건이다.

3) 본회의 의결

안건의 재회부에는 본회의에서 재회부 동의가 있은 후 이에 대한 의결이 있어야 한다. 본회의 의사의 명확성을 위해서는 재회부 안건과 재회부 위원회가 명시되어 동의가 이루어져야 할 것이다.

다. 재회부 위원회의 심사

본회의에서 재회부를 받을 위원회는 심사보고를 한 위원회와 다른 위원회는 물론이고 같은 위원회에도 다시 회부할 수 있다. 이는 재회부의 목적이 안건심의의 충실성과 신중성을 강화하기 위한 것이므로 이해상충 문제 등이 발생하지 않는다면 같은 위원회가 다시 심사하는 것도 취지에 벗어나지 않기 때문이다. 재회부를 받은 위원회는 심사권한에 제약이 없이 심사절차에 따라 자유롭게 안건에 대한 심사를 하고 이에 대한 심사보고를 다시 할 수 있다.[123]

라. 재회부의 시기 및 절차

1) 재회부의 시기

재회부는 본회의에서 해당 안건을 상정한 후 위원장의 심사보고를 받은 후에 할 수 있다. 재회부에는 본회의의 의결이 필요하기 때문에 의원들의 의사결정에 필요한 정보의 제공을 위하여 위원장의 심사보고 후에 재회부하도록 하는 것이다.

2) 재회부의 절차

재회부의 구체적 절차는 대상 안건에 대한 본회의 심사보고가 있은 후 동의자 외 1인의 찬성으로 재회부 동의가 있은 다음 본회의에서 의결하고, 이를 바탕으로 같은 위원회 또는 다른 위원회에 재회부를 하여 위원회가 재심사를 하도록 한 다음 본회의에 심사보고를 하는 순으로 진행된다.

123) 국회사무처, 『국회법해설』, 2016, 454－455.

그림 6-7 재회부 처리절차

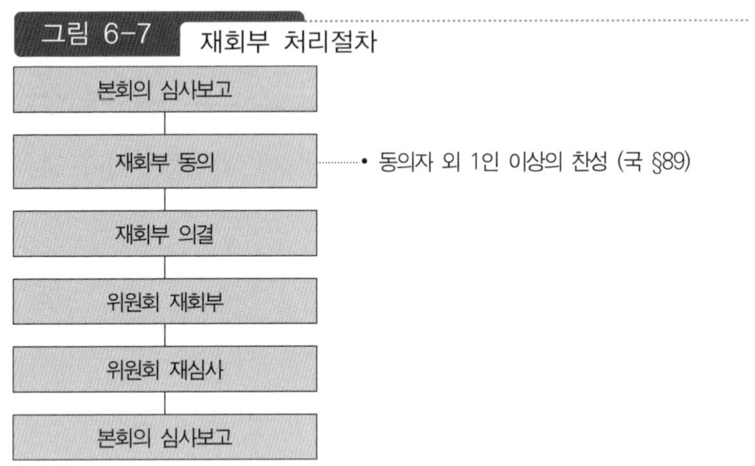

출처: 국회사무처, 『의안편람 I (해설편)』, 2016, 395.

(3) 신속처리대상안건의 본회의 상정

가. 의 의

신속처리대상안건으로 지정된 안건에 대하여 지정된 심사기간 내에 위원회가 심사를 마치지 못하여 본회의에 부의된 것으로 간주되는 경우, 당해 안건은 부의 간주일로부터 60일 이내에 본회의에 상정되어야 하며, 만약 이 기간 내에 상정되지 못하면 당해 기간이 경과한 후 첫 본회의에서 자동으로 상정이 된다(국회법 제85조의2 제6항 및 제7항). 이는 안건신속처리 제도의 실효성을 확보하기 위해서 마련되었다고 할 수 있다.

나. 적용대상

이 절차의 적용대상은 신속처리대상안건으로 지정된 후 위원회의 심사기간 내에 심사가 종료되지 않아 본회의에 부의된 것으로 간주된 안건이다. 신속처리대상안건으로 지정되었어도 위원회 심사기간 내에 심사를 마치고 위원회가 자발적으로 심사보고 또는 제안한 안건에 대하여는 명확한 규정이 없으므로 적용대상에서 제외되어 상정의무 등이 없는 것으로 본다.[124)]

124) 국회사무처, 『국회법해설』, 2016, 416.

다. 효과 및 적용배제

신속처리대상안건으로 지정되어 본회의에 부의된 것으로 간주된 안건에 대하여는 부의 간주일로부터 60일 이내에 본회의에 상정할 의무가 의장에게 발생하며, 만약 이 기간 내에 상정이 이루어지지 않을 경우 당해 기간 경과 후 첫 본회의에 상정된다. 한편 이러한 절차는 의장이 각 교섭단체 대표의원과 합의한 경우 그 적용을 배제할 수 있다(국회법 제85조의2 제8항).

(4) 번안(飜案)

가. 의 의

본회의에서 이미 의결된 법률안에 명백한 오류가 있거나 사정변경이 있는 경우 종전의 의결을 무효로 하고 전과 다른 내용으로 번복하여 의결할 수 있다. 이를 번안(飜案)이라고 한다. 번안은 객관적 사정이 이전의 의결 당시와 현저하게 변경되어 입법의 현실적 타당성이 저하되거나 의사결정에 명백한 착오가 있는 것으로 밝혀져 기존의 결정을 변경하여야 할 필요성이 있을 때 이를 시정하기 위한 것이다. 번안은 입법주체의 자기교정을 통하여 입법의 타당성을 확보하기 위한 것으로서 국회법 제91조는 위원회와 본회의에서 일정한 절차에 따라 의결을 번복하는 번안절차를 두고 있다.

나. 본회의의 번안절차

1) 번안동의

번안을 하기 위한 번안동의(飜案動議)는 서면으로 제출되어야 한다. 의원발의안의 경우는 발의의원 및 찬성의원의 3분의 2 이상의 동의(同意)를 받아야 하며, 정부제출안 또는 위원회가 제출한 안은 소관위원회의 의결이 있어야 한다.

2) 번안의결

본회의에서 번안동의가 있으면 당해 의안을 다시 심의한다. 이 경우 전에 의결하였던 내용에 구애되지 않고 수정하거나 부결시킬 수 있다.[125] 번안동의에 대한 의결정족수는 재적의원 과반수의 출석과 출석의원 3분의

125) 국회사무처, 『국회법해설』, 2016, 441.

2 이상의 찬성으로서, 신중한 의사결정을 위하여 일반 의결정족수보다는 가중된 다수결 요건을 적용하고 있다.

다. 본회의 번안의 제한

본회의에서의 번안은 의안이 정부에 이송된 후에는 가능하지 않다(국회법 제92조 제1항).

그림 6-8 본회의의 번안동의 처리절차도

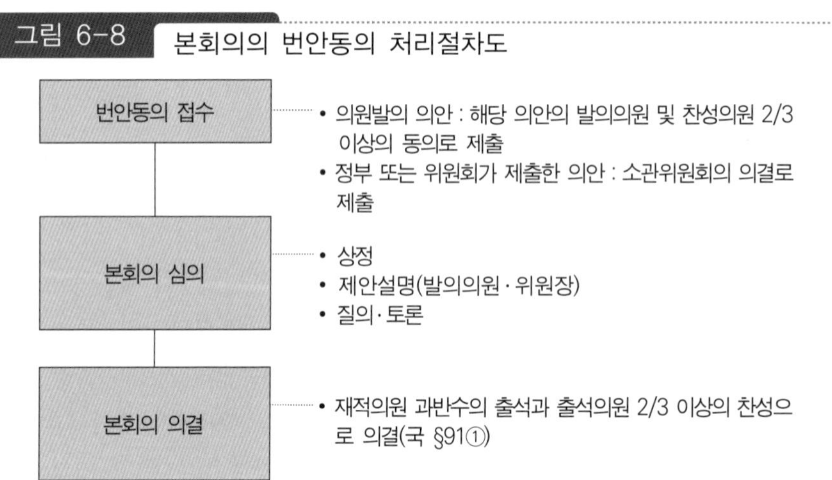

출처: 국회사무처, 『의안편람 I (해설편)』, 2016, 389.

(5) 무제한토론

가. 의 의

무제한토론은 일정 수 이상의 의원의 요구로 시간의 제한을 받지 않는 토론을 허용하는 제도로서 소수의 합법적인 의사진행방해를 보장하려는 취지이다.

나. 실시요건 및 실시절차

1) 실시요건

무제한토론은 본회의에 부의된 안건에 대하여 재적의원 3분의 1 이상의 요구가 있는 경우에 실시한다(국회법 제106조의2 제1항). 이때 무제한토론

요구서는 의사일정에 기재된 안건의 경우는 본회의 개의 전에 제출되어야 하며, 당일 의사일정에 추가된 안건은 해당 안건의 토론 종결 선포 전까지 제출되어야 한다(국회법 제106조의2 제2항).

2) 실시절차 및 방법

재적의원 3분의 1 이상이 서명한 무제한토론 요구서를 의장에게 제출하면 의장은 무제한토론을 실시하여야 한다(국회법 제106조의2 제1항). 무제한토론을 실시함에 있어 의원의 발언회수는 1인당 1회에 한정한다(국회법 제106조의2 제3항).

그리고 무제한토론이 실시되면 토론이 종결되지 않는 한, 1일 1차회의 원칙에도 불구하고 산회없이 회의를 진행하며, 의사정족수가 미달하여도 회의를 계속한다(국회법 제106조의2 제4항).

다. 토론의 종결

무제한토론은 ⅰ) 토론종결 동의가 의결되는 경우, ⅱ) 토론할 의원이 더 이상 없는 경우, ⅲ) 무제한토론 도중 회기가 종료되는 경우, ⅳ) 예산안등(기금운용계획안과 임대형 민자사업 한도액안 포함)과 세입예산안 부수법률안에 대한 무제한토론이 12월 1일 자정에 이른 경우에 종결된다.

토론종결동의는 재적의원 3분의 1 이상이 서명하여 제출하면, 제출 후 24시간이 경과한 후 이에 대하여 토론 없이 무기명 투표로 표결하는데, 재적의원 5분의 3 이상의 찬성이 있어야 가결된다(국회법 제106조의2 제5항 및 제6항).

무제한토론의 종결이 선포되거나 회기 종료로 토론 종결의 선포가 간주되는 경우 무제한토론을 재차 요구하는 것은 불가하며 지체 없이 해당 안건에 대한 표결이 이루어진다. 회기 종료로 무제한토론이 종결되는 경우에는 다음 회기에서 지체 없이 표결을 하여야 한다(국회법 제106조의2 제7항 내지 제9항).

라. 실제 운영 사례와 무제한토론의 한계

2016년 2월 23일 국회(임시회) 본회의에 「국민보호와 공공안전을 위한 테러방지법안」이 상정된 후, 이날 오후 7시 5분부터 3월 2일 오후 7시까지 총 38명의 의원들이 누적 발언시간 총 192시간 27분(8일 0시간 27분) 동안 이 법안의 통과에 반대하며 무제한토론을 하였다. 이 무제한토론은 국회선진화법에서 무제한토론 제도가 도입된 이후 처음으로 실시된 무제한토론이었다.

제20대 국회에서는 2019년 정기회가 종료된 후 소집된 임시회에서 「공직선거법 일부개정법률안」에 대하여 무제한토론이 신청되자, 이를 저지하기 위하여 당초 2020년 1월 9일까지 예정되었던 임시회의 회기를 2019년 12월 25일로 변경함에 따라 무제한토론이 회기 종료와 함께 조기에 종료되었다. 그리고 이때의 무제한토론에는 법안에 반대하는 의원들은 물론 찬성하는 의원들도 무제한토론에 참여하였다는 것이 특징이다.

제21대 국회에 들어와서는 2020년 정기회 마지막 날인 2020년 12월 9일 「고위공직자범죄수사처의 설치 및 운영에 관한 법률 일부개정법률안(대안)」에 대하여 무제한토론을 진행하였으나, 무제한토론을 실시하는 중에 정기회 회기가 종료됨에 따라 무제한토론도 종결되었다.

그리고 2020년 정기회가 종료된 다음 날 개의된 임시회에서는 12월 10일부터 「국가정보원법 전부개정법률안」에 대하여 무제한토론이 시작되었으나, 야당 의원들은 물론 여당 의원들도 무제한토론에 참여하여 토론을 하였는데, 이 무제한토론에 대해서는 종결동의가 제출되어 24시간 후인 12월 13일 표결에 부쳐진 결과 재적의원 5분의 3 이상의 찬성을 얻어 토론이 종결되었다.

이어서 「남북관계 발전에 관한 법률 일부개정법률안(대안)」(일명 '대북전단살포금지법')에 대한 무제한토론이 진행되었으나, 역시 재적의원 5분의 3 이상의 찬성을 얻어 종결되었다.

몇 번의 무제한토론 실시 경험을 종합해 보면, 우리나라에서는 미국 상원에서와 달리 무제한토론을 진행한다 하여도 해당 법률안의 본회의 가결을 저지하는 효과는 아직까지 뚜렷이 나타나고 있지 않다. 특히 다수당과 소수당의 의석 수 격차가 현저한 경우에는 회기단축이나 종결동의를 통해서 무제한토론을 무력화시킬 수 있기 때문으로 보인다.

제4장 _ 법률안의 이송 및 공포

제1절 이송 및 공포

1. 이송(移送)

(1) 의 의

이송(移送)은 국회에서 통과된 안건을 정부에서 필요한 조치를 취할 수 있도록 국회의장이 정부에 보내는 행위를 말한다. 국회법 제98조 제1항은 "국회에서 의결된 의안은 의장이 정부에 이송한다"라고 규정하고 있다.

국회에서 위원회 심사 및 본회의 심의를 거쳐 최종적으로 의결된 법률안은 국회의장의 의안정리 절차를 거쳐 정부에 이송된다. 정부에 이송된 법률안은 15일 이내에 대통령이 공포하고(헌법 제53조 제1항), 대통령은 법률안을 공포한 경우 공포사실을 지체 없이 국회에 통지하여야 한다(국회법 제98조 제2항).

(2) 이송절차

법률안 등 의안의 이송(移送)절차는 크게 ① 의안정리, ② 의장의 이송결재, ③ 이송의 시행으로 이루어진다.

가. 의안정리

1) 의 의

의안정리는 본회의에서 의결된 법률안 등 의안의 자구 또는 숫자 등을 의결된 내용이나 취지를 변경하지 않는 범위 안에서 정리하는 절차이다. 국회법 제97조는 본회의가 의안이 의결된 후 서로 어긋나는 조항·자구·숫자나 그 밖의 사항에 대한 정리가 필요할 때에 이를 의장 또는 위원회에 위임할 수 있도록 의안정리 절차를 규정하고 있다.

이는 본회의에서 의결된 법률안 등의 체계나 형식 및 법문표현을 최종적으로 확인하고 여기서 발견된 경미한 오류사항을 정정함으로써 입법의 형식적 완성도를 높이기 위한 것이다. 예를 들어 법률안 중 조문의 번호가 누락되어 있거나, 오·탈자가 있는 경우, 띄어쓰기를 정정할 필요가 있거나 한글과 한자의 전환이 있는 경우 등 단순하고 명백한 오류가 발견된 경우 이를 다시 본회의에 부의하여 수정하는 것은 번거로울 뿐만 아니라 시간적 여유도 없는 경우가 많기 때문에 입법절차의 효율성을 희생시키지 않으면서 입법의 완성도를 가급적 높이기 위하여 이러한 절차를 인정하고 있다.

통상 법률안의 체계·자구상 오류는 그 대부분이 법제사법위원회의 체계·자구심사과정에서 시정되는 것이 원칙이므로 본회의 의결 후 의안정리는 부차적인 절차라고 할 수 있으나, 의안정리는 국회의 입법과정에서 최종적인 자기교정 절차라는 점에서 생각보다 중요한 기능을 수행한다고 할 수 있다.

통상적으로 의안정리 과정에서 일반적으로 확인하는 사항은 다음과 같다.[1)]

○ 유인과정에서 오자·탈자·누락 등 착오 발생 유무
○ 소관위원회 수정사항 및 본회의 수정 시 그 내용의 반영 여부
○ 법제사법위원회 체계·자구 수정사항의 반영 여부
○ 인용법률 및 조항의 적합 여부
○ 띄어쓰기, 부호, 한글·한자 표기, 맞춤법 등이 기준에 적합한지 여부
○ 그 밖에 입법기준에 관한 사항

1) 국회사무처, 『의안편람 I (해설편)』, 2016, 145-146.

2) 의장의 의안정리

오늘날 의안정리는 보통 의장이 이송 전에 실시한다. 국회법 제97조는 의장에게 의안정리를 위임할 때 본회의에서 의결을 하도록 규정하고 있으나, 실제로는 본회의의 의결이 없더라도 의장의 명에 따라 국회사무처(의안과)가 주관하여 실시하는 것이 관례로서 인정되고 있다.[2] 통상 의사일정상 모든 안건을 처리한 후 '오늘 의결된 법률안 등 의안에 대한 정리는 의장에게 위임하여 주시기 바랍니다'라는 언급을 의장이 한다.

실무적으로 의장의 의안정리는 국회사무처 의안과에서 법률안을 확인하고 교열한 다음, 당해 법률안의 소관위원회 전문위원과 법제사법위원회의 체계·자구심사 담당 전문위원의 확인을 거치는 순서로 이루어진다.

3) 위원회의 의안정리

통상 법률안의 체계·자구상 중대한 오류는 그 대부분이 법제사법위원회의 체계·자구심사과정에서 시정되는 것이 원칙이므로 본회의 의결 후 의안정리를 위원회에 위임하는 것은 일반적으로 그 필요성이 크지 않다고 할 수 있다.

그러나 법제사법위원회의 체계·자구심사를 거칠 수 없는 특별한 경우에는 본회의의 의결이 있은 후 필요하다면 의안정리를 위원회에 위임할 수 있을 것으로 보인다. 이때의 위원회는 소관위원회가 될 수도 있고 법제사법위원회가 될 수도 있다. 국회의 선례도 소관위원회에 위임한 경우도 있고, 법제사법위원회에 위임한 경우도 있다.

위원회에 대한 자구정리 위임이 특별히 필요할 수 있는 경우는 다음과 같다.

첫째, 의장이 국회법 제85조 및 제86조 제2항에 따라 심사기간이 지정된 법률안을 본회의에 부의한 경우이다.

둘째, 국회법 제85조의2에 따라 신속처리대상안건으로 지정된 법률안이 본회의에 부의된 것으로 간주된 경우이다.

셋째, 위원회에서 심사한 결과 본회의에 부의할 필요가 없다고 결정된 법률안이 국회법 제87조 제1항 단서의 규정에 따라 의원 30인 이상의 요

2) 국회사무처, 『국회법해설』, 2016, 469.

구로 본회의에 부의된 경우이다.

넷째, 법률안이 본회의 심의과정에서 국회법 제95조에 따라 수정동의에 의하여 수정된 경우이다.

다섯째, 특별한 사정(예컨대 국회 개원 후 원구성이 완료되지 못한 경우)으로 상임위원회를 구성하지 못하여 구성한 특별위원회가 법률안을 제안하여 이를 본회의에 부의한 경우이다.

그러나 의안정리를 이처럼 위원회에 위임할 수 있는 근거와 필요성이 있음에도 불구하고 오늘날 위원회에 의안정리를 위임하는 경우는 드물며, 관행에 따라 의장이 의안정리를 실시하고 있다.

4) 의안정리의 한계

의장 또는 위원회에 위임된 의안정리의 범위는 어디까지나 자구·숫자의 수정 또는 단순한 조항의 정리에 국한되어야 하며, 그 범위를 넘어서 의장 또는 위원회에 폭넓은 수정의 재량을 주는 위임의결은 인정될 수 없다.[3)]

나. 의장의 이송결재

국회사무처 의안과는 의안의 확인 및 교열과 소관위원회 및 법제사법위원회 전문위원의 확인을 거친 정부이송확인용 의안을 정리하여 최종 정부이송안을 작성한 후 이송공문에 이를 붙여 의장의 결재를 받는다. 의장의 법률안 등에 대한 이송결재는 서면으로 할 수도 있으며 전자결재로도 가능하다. 오늘날은 전자결재의 방법을 통상적으로 사용한다.

다. 이송의 시행

의장의 이송결재를 받은 법률안은 정부에 이송된다. 실무적으로는 국회사무처 의안과가 법제처의 법제정책총괄과에 송부한다. 오늘날은 전자적인 방법으로 법률안을 정부에 이송하고 있다.

3) 국회사무처, 『국회법해설』, 2016, 468.

2. 공포(公布)

(1) 의 의

가. 공포의 의의

공포(公布)는 국회에서 의결한 법률안을 법률로 성립시키기 위하여 일반 국민에게 널리 알리는 과정을 말한다. 헌법 제53조 제1항은 국회에서 의결된 법률안이 정부에 이송되면 15일 이내에 대통령이 공포하도록 규정하고 있다.

나. 공포의 주체와 시한

헌법상 법률의 공포권은 대통령에게 있다. 대통령은 법률안이 국회로부터 이송되면 15일 이내에 공포하여야 한다. 만약, 이 기간 내에 대통령이 법률을 공포하거나 국회에 환부하여 재의를 요구하지 않으면, 그 법률안은 법률로서 확정되고 국회의장이 공포한다. 이때 국회의장은 대통령의 법률 공포기간이 경과한 후 5일 이내에 공포를 하여야 한다(헌법 제53조 제1항·제5항 및 제6항).

대통령이 국회에 재의를 요구한 법률안이 국회에서 다시 재의결되어 법률로 확정된 경우에 대통령은 이를 5일 이내에 공포하여야 한다. 만약 이 기간 내에 대통령이 공포를 하지 않으면 국회의장이 대통령의 법률 공포기간이 경과한 후 5일 이내에 공포한다(헌법 제53조 제4항 및 제6항).

(2) 공포의 절차

가. 이송 법률안의 관계부처 통보 및 재의요구 검토

법률안이 국회에서 이송되어 오면 법제처장은 이 사실을 관계 부처의 장에게 지체 없이 통보하고, 재의요구에 관한 관계 부처의 의견을 조회한다(법제업무 운영규정 제13조 제1항).

나. 공포법률안의 작성

법제처는 만약 관계 부처로부터 재의요구가 필요하다는 의견의 회신이 없거나 법제처의 내부 검토 결과 재의요구가 필요하지 않다고 판단되면, 국무회의에 상정할 법률 공포안을 작성한다. 이때 법률 공포안의 제안자는 국무총리가 되며, 모든 법률 공포안에 대한 소관부처는 법제처가 된다.

다. 국무회의 심의

법률안은 헌법 제89조에서 규정한 국무회의 심의사항으로서 정부가 제출하는 법률안뿐만 아니라 공포법률안도 심의대상이 된다. 다만, 정부제출법률안과 달리 공포법률안은 통상 국무회의 전에 차관회의를 거치지 않고 국무회의에 직접 상정한다.[4)]

국무회의는 국무회의 의장인 대통령과 국무총리 및 국무위원으로 구성되며, 구성원 과반수의 출석과 출석구성원 3분의 2 이상의 찬성으로 의결한다(국무회의 규정 제6조 제1항). 국무회의에는 국무위원을 대리하여 각 부의 차관이 출석할 수 있으나, 출석한 차관은 발언만 할 수 있고 표결에는 참가하지 못한다(국무회의 규정 제7조).

라. 대통령의 서명 및 국무총리·국무위원의 부서

국무회의에서 의결된 공포법률안에 대하여는 법률공포문 전문(前文)에 대통령이 서명하고 국무총리 및 관계 국무위원이 부서(副署, countersignature)를 한다. 「법령 등 공포에 관한 법률」 제5조 제1항은 법률 공포문의 전문(前文)에 대통령이 서명한 후 대통령인을 날인하고 그 공포일을 명기하여 국무총리와 관계 국무위원이 부서하도록 규정하고 있다.

부서는 헌법 제82조에 따라 법률 공포를 비롯한 대통령의 국법상 행위에 국무총리와 관계 국무위원의 서명이 부기되도록 하는 것으로서, 대통령의 국법상 행위에 국무총리와 관계 국무위원이 참여했다는 물적 증거를 남기고 책임을 명백히 하는 의미가 있다.

한편 부서 없는 대통령의 국법상 행위의 효력에 관하여는 무효설과 유효설이 대립한다. 무효설은 부서는 대통령의 권한행사에 대한 견제적 기능을 하는 제도이므로 이를 결여한 대통령의 행위는 형식적 유효요건을 결여한 것이므로 무효라고 본다. 이에 반하여 유효설은 부서는 대통령의 국법상 행위에 관한 유효요건이 아니라 적법요건이기 때문에 부서 없는 대통령의 국법상

---

4) 법제처, 『법제업무편람』, 2020, 83.

행위도 당연무효는 아니고, 위법행위가 되는 데 지나지 않는다고 본다.

마. 공포번호 부여

법제처는 대통령의 서명과 국무총리 및 관계 국무위원의 부서가 끝난 공포법률을 법률공포대장에 등재하고 공포번호를 일련번호로 부여한다(법령 등 공포에 관한 법률 제10조 제1항). 이때 제정법률안·개정법률안·폐지법률안 등 법률안의 종류를 구별하지 않고 일련번호를 '법률 제○○○○○호'의 형식으로 부여한다.

바. 공포: 관보게재

법률의 공포는 관보에 게재하는 방식으로 시행한다(법령 등 공포에 관한 법률 제11조 제1항). 법제처는 공포를 위한 제반 절차가 완료되면 행정자치부에 관보게재를 의뢰하고 행정자치부는 관보의 법률란에 공포법률을 게재한다. 관보는 종이관보와 전자관보의 두 가지 형태가 있는데, 관보의 내용 해석 및 적용 시기 등에 있어 종이관보와 전자관보는 동일하다(법령 등 공포에 관한 법률 제11조 제3항, 제4항).

사. 법률 공포의 국회 통지

법률이 공포되면 국회법 제98조 제2항에 따라 대통령은 지체없이 국회에 통지하여야 한다. 공포 법률의 국회 통지 규정은 2002년 3월 국회법 개정(2002. 3. 7.)으로 신설된 것으로서 이전에는 법률 공포사실의 국회 통지가 의무적 사항이 아닌 임의적 사항이어서 법률이 공포된 후 상당한 기간이 경과한 후에 국회에 통지되는 사례가 많았던 문제점을 개선하기 위한 것이었다.

국회의장은 대통령의 통지를 받은 후 소관위원회에 통지 공문 사본과 해당 공포법률 1부씩 첨부하여 통지한다.[5)]

아. 공포의 정정: 관보정정

관보 게재를 통하여 법률이 공포된 후 명백한 오류 등의 사항이 발견되었을 때에 국회는 관보의 정정을 공문으로 요구하고 법제처가 행정안전

5) 국회사무처, 『의안편람 I (해설편)』, 2016, 152.

부(법무담당관실)에 관보정정을 요청하여 정정된 사항을 관보에 게재한다.[6)]

(3) 국회의장의 법률 공포

가. 요 건

국회의장이 법률을 공포하는 경우는 국회에서 의결된 법률안이 정부에 이송된 후 대통령이 15일 이내에 공포나 재의요구를 하지 않을 때와 대통령의 재의요구에 따라 국회에서 재의결한 확정법률이 정부에 이송된 후 5일 이내에 대통령이 공포하지 않을 때이다(헌법 제53조 제6항).

나. 공포방법 및 공포시한

국회의장의 법률 공포는 서울특별시에서 발행되는 2개 이상의 일간신문에 게재하는 방식으로 시행된다(법령 등 공포에 관한 법률 제11조 제2항). 대통령이 법률의 공포를 거부 또는 기피하는 경우 대통령의 관장 하에 있는 관보의 게재가 현실적으로 어려운 점을 감안한 것이다.

국회의장의 법률 공포는 대통령이 정부에 이송된 법률안의 공포나 환부를 하지 않고 헌법에서 정한 법률 공포시한을 경과한 이후 5일 이내에 하여야 한다. 또한, 법률이 공포되면 국회의장은 대통령에게 공포사실을 통지하여야 한다(국회법 제98조 제3항).

다. 공포절차

국회의장의 법률 공포절차는 ① 법률 공포안 작성, ② 국회의장의 서명·날인, ③ 공포번호 부여, ④ 공포(서울특별시 발행 일간신문 게재), ⑤ 대통령에 대한 공포 통지의 순서로 진행된다.

먼저 법률 공포안 작성은 대통령의 법률 공포기한이 도과한 후 정부 이송법률안에 공포문을 붙여 공포법률안을 작성한다. 그 다음에 공포법률안의 공포문에 국회의장이 서명하고 국회의장인을 날인한다. 「법령 등 공포에 관한 법률」 제5조 제2항은 국회의장이 공포하는 법률의 공포문 전문에는 국회의 의결을 받은 사실과 「대한민국헌법」 제53조 제6항에 따라 공포한다는 뜻을 적고, 국회의장이 서명한 후 국회의장인을 찍은 후 그 공포

---

6) 법제처, 『법제업무편람』, 2020, 85.

일을 명기하여야 한다고 규정하고 있다. 대통령의 공포절차와는 달리 국회의장의 서명에는 부서가 필요하지 않다.

국회의장의 서명 및 날인이 있은 후 공포법률에 대하여 국회규칙으로 정하는 바에 따라 공포번호를 부여한다. 「법령 등 공포에 관한 법률」 제10조 제2항은 국회의장이 공포하는 법률에는 대통령이 공포하는 법률의 공포번호를 붙이지 아니하고 국회규칙으로 정하는 바에 따라 따로 표시하되, 대통령이 공포한 법률과 구별할 수 있는 표지(標識)를 하여야 한다고 규정하고 있다.

공포를 위한 제반 절차가 완료되면 국회의장은 서울특별시에서 발행되는 둘 이상의 일간신문에 공포법률을 게재함으로써 법률을 공포한다(법령 등 공포에 관한 법률 제11조 제2항), 법률을 공포한 후 국회의장은 대통령에게 공포법률을 통지한다(국회법 제98조 제3항).

(4) 법률의 공포와 효력발생

가. 공포일

「법령 등 공포에 관한 법률」은 법률 등 법령의 공포일을 해당 법령을 게재한 관보 또는 신문의 발행일로 규정하고 있다. 공포일 결정의 기준이 되는 관보 또는 신문의 발행일에 대하여는 관보 또는 신문에 기재된 발행일을 기준으로 하여야 한다는 설과 실제 관보 또는 신문이 발행된 날을 기준으로 하여야 한다는 설이 엇갈린다. 대법원은 법률이 수록된 관보의 발행일이 아닌 관보의 정부간행물판매센터 비치 또는 관보취급소 도달일을 기준으로 하여야 한다고 판시한 바 있다(대법원 1970.7.21. 70누76).

나. 효력발생일

법률의 효력발생일은 통상 법률의 부칙에서 규정을 한다. 법률의 부칙에서 "이 법은 공포한 날부터 시행한다"라고 규정하면 공포일부터 효력이 발생하며, "이 법은 공포 후 3개월이 경과한 날부터 시행한다"와 같이 공포일을 시점으로 하여 특정기간이 경과한 후 시행한다고 규정하면 공포일을 기준으로 일정기간이 경과한 후 효력이 발생한다. 이때 기간계산에 있어서는 민법상 기간계산 원칙이 적용되어 초일은 산입되지 아니하고 기간 만료일의 다음날 0시부터 효력이 발생되며, 만료일의 다음 날이 공휴일인 경우 그 다음 날 0시부터 효력이 발생한다.

또한, 효력발생일은 이처럼 공포일을 기준으로 정하지 않고 특정한 사정을 고려하여 시행일을 특정할 수 있다. 1987년 개정된 제10차 개정헌법은 부칙에서 "이 헌법은 1988년 2월 25일부터 시행한다"고 규정하였다.

그리고 해당 법률의 부칙에서 효력발생일에 관한 규정이 없는 경우에는 헌법 제53조 제7항에 따라 공포한 날부터 20일을 경과하면 효력이 발생한다. 공포한 날부터 20일이 경과한 후 효력이 발생하게 한 것은 법률이 공포된 후 일반 국민이 이를 주지하는 데 필요한 시간을 부여하고 법률의 시행에 필요한 준비기간을 확보하기 위한 것이라고 할 수 있다.

따라서 법률의 효력발생일을 정하는 것은 입법자의 재량에 속하는 사항이나, 수범자들이 충분히 인지할 수 있는 시간을 부여할 필요성이 있으므로 가급적 공포일부터 시행하는 입법을 지양하고, 입법 시 충분한 시행유예기간을 두는 것이 바람직할 것이다. 「법령 등 공포에 관한 법률」 제13조의2에서 "국민의 권리제한 또는 의무부과와 직접 관련되는 법률, 대통령령, 총리령 및 부령은 긴급히 시행하여야 할 특별한 사유가 있는 경우를 제외하고는 공포일부터 적어도 30일이 경과한 날부터 시행하여야 한다"라고 규정하고 있는 것은 이와 같은 취지에서이다.

반면, 공포 시 법률의 시행유예기간을 1년 이상 지나치게 장기간 설정하는 것도 법규범의 불확정 상태를 오랫동안 지속한다는 점에서 바람직하지 않은 측면이 있다. 이처럼 법률의 시행기간을 장기간 설정할 경우 법률이 시행되기 전에 국회의 의석분포 변경이나 사정변경으로 법률이 다시 개정되어 시행이 유예된 개정규정이 정해진 시기에 효력을 발생하지 못하는 경우도 발생할 수 있다. 실제로 1993년 12월 개정된 「각급법원의 설치와 관할구역에 관한 법률」은 대구지방법원 포항지원을 1997년 9월 1일자로 신설하기로 하였다가 1997년 8월에 동법을 개정하면서 동 지원의 개원 시기를 1998년 10월 1일로 연기한 바 있다.

그림 7-1 법률안의 이송 및 공포절차

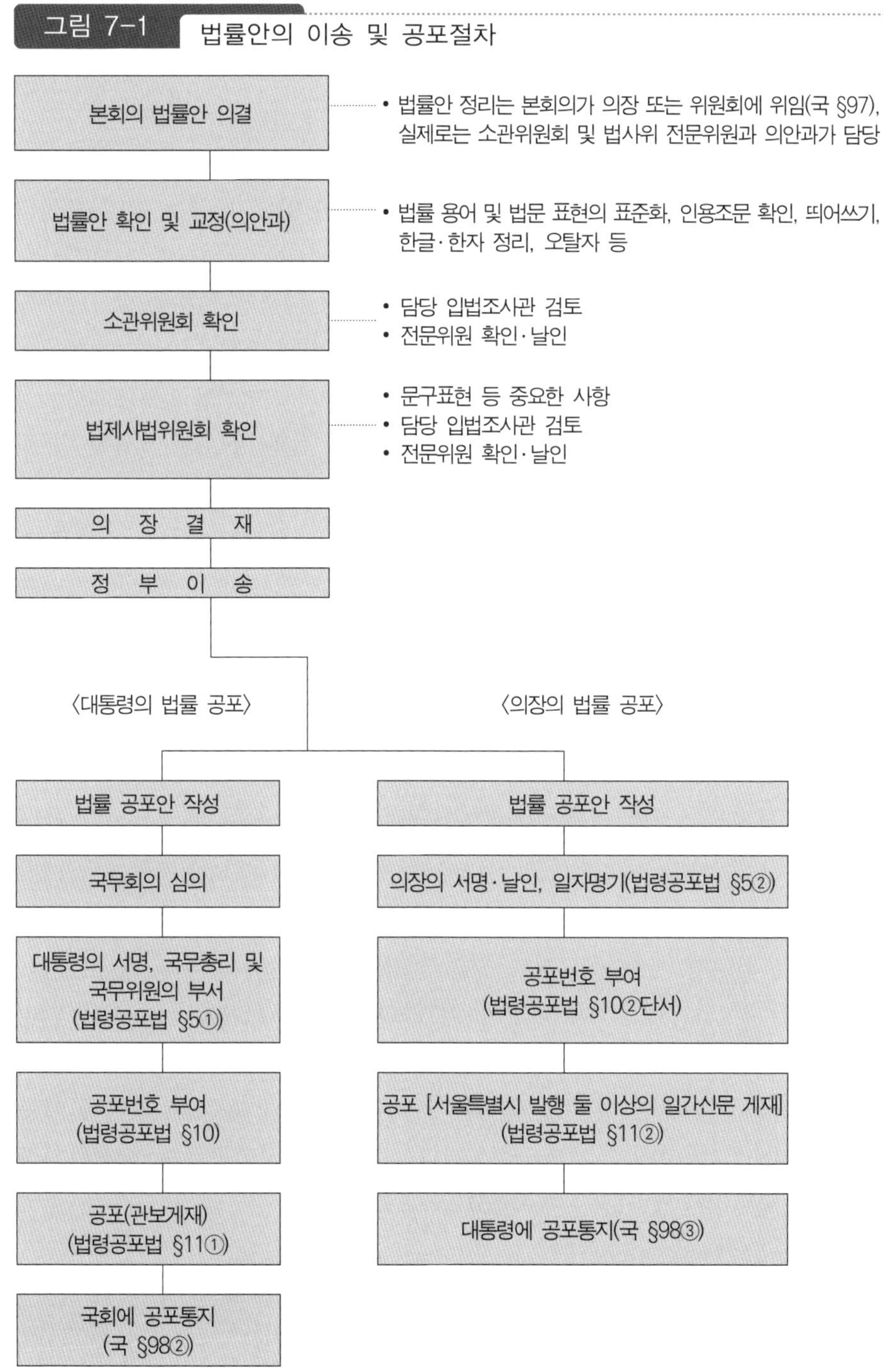

3. 공포 및 재의제도의 연혁

(1) 제1공화국

제헌헌법은 현행 헌법과 같이 법률안이 국회에서 의결되면 정부에 이송되어 15일 이내에 대통령이 공포하되 대통령이 이의가 있는 때에는 이의서를 첨부하여 국회에 재의를 요구하도록 규정하였다(제헌헌법 제40조). 다만, 국회가 재의에 부쳐 재의결을 할 때 필요한 의결정족수를 재적의원 3분의 2 이상의 출석과 출석의원 3분의 2 이상의 찬성으로 규정하여 현행의 재의결정족수(재적의원 과반수 출석과 출석의원 3분의 2 이상의 찬성)보다는 엄격한 정족수를 요구하였다. 국회가 재의한 결과, 전과 동일한 결의를 한 때에는 법률안이 법률로서 확정되고, 법률안이 정부에 이송된 후 15일 이내에 공포 또는 환부되지 아니하는 때에도 법률로 확정되도록 규정하였다. 법률이 특별한 규정이 없는 한 공포일로부터 20일을 경과함으로써 효력을 발생하도록 하는 규정은 제헌헌법에서부터 현행헌법에까지 계속 규정되고 있다.

(2) 제2공화국

제 2 공화국에서도 법률안의 정부이송 및 공포절차는 제 1 공화국 때와 대동소이하다. 다만, 제2공화국 헌법에서는 대통령의 재의요구권을 삭제하였다는 것이 특징이다. 또한, 양원제를 채택한 결과 양원 중 어느 원이 먼저 법률안 심의를 시작하고 어느 원의 의장이 법률안을 정부에 이송하느냐가 문제될 수 있는데, 이에 대하여 제2공화국 헌법은 법률안은 먼저 민의원에 제출하여야 한다고 규정하였다(제39조).[7] 그리고 국회법에서 "국회의 의결을 요하는 의안은 그 의안을 최후로 결의한 의원(議院)의 의장이 이를 정부에 이송한다"(1960년 개정국회법 제122조)라고 규정함으로써 참의원의장이 법률안을 정부에 이송토록 하였다.

---

7) 1952년 헌법 개정에서도 양원제가 도입되었으나 사실상 실시되지 않다가 제 2 공화국에 들어와서 비로소 양원제가 실시되었다.

(3) 제3공화국 이후

제 3공화국 시기에 종전과 달라진 점은, 제2공화국 헌법에서 삭제되었던 대통령의 법률안 재의요구권을 부활하였으며, 대통령이 이송된 법률안을 15일 이내에 공포나 재의의 요구를 하지 않아 확정된 법률에 대하여 공포를 하지 않거나, 국회의 재의결에 의하여 확정된 법률이 정부에 이송된 후 5일 이내에 공포되지 아니할 때에는 국회의장이 이를 공포하도록 한 점이 다르다(당시 헌법 제49조 제6항). 제 4 공화국에서도 법률안의 이송과 공포절차는 제 3 공화국 때와 같으나, 다만 국회의장이 확정된 법률을 공포하는 경우에는 대통령에게 통지하도록 한 점이 다르다(1973년 개정국회법 제91조). 제 5 · 6 공화국에서도 별다른 변화가 없었다.

2002년 2월 국회에서 의결된 개정국회법은 대통령이 법률안을 공포한 경우에는 정부가 이를 지체 없이 국회에 통지하도록 하여(국회법 제98조 제2항) 국회에서 의결한 법률안이 법률로 확정되었는지 여부를 국회가 신속히 알 수 있도록 하였다.

제 2 절 환부 및 재의

1. 환부 및 재의요구

(1) 의 의

대통령은 국회에서 이송된 법률안에 이의가 있을 때에는 이송된 날부터 15일 이내에 이의서를 붙여 국회로 환부하고, 국회에 환부한 법률안의 재의를 요구할 수 있다(헌법 제53조 제2항). 이러한 법률안의 환부 및 재의요구는 국회가 폐회 중일 때도 할 수 있으나(헌법 제53조 제2항 후단), 법률안의 일부에 대하여 재의를 요구하거나 법률안을 수정하여 재의를 요구하는 것은 할 수 없다(헌법 제53조 제3항).

(2) 절 차

가. 재의요구 검토 및 재의요구안 작성

법제처장은 국회에서 의결된 법률안이 정부에 이송되면 법제처 내부에서 재의요구 여부에 대한 검토를 진행함과 동시에 관계 부처의 장에게 지체 없이 그 사실을 통보하고 재의요구에 대한 관계 부처의 의견을 조회한다(법제업무 운영규정 제13조 제1항).

만약 소관기관의 장이 정부로 이송된 법률안 중 재의요구가 필요하다고 판단되는 법률안에 대해서 그 이유를 붙여 법제처장에게 심사를 의뢰하면(법제업무 운영규정 제13조 제2항), 법제처장은 이에 대하여 심사·검토를 하며, 부처 간 협조 및 대책 등을 마련하기 위하여 필요한 경우 각 부처 등의 고위공무원단에 속하는 일반직공무원 등으로 구성되는 정부입법정책협의회에 부의할 수 있다(법제업무 운영규정 제13조 제3항).

법제처의 심사 결과 재의요구가 필요하다고 판단하는 경우 법제처는 국무회의에 상정할 재의요구안을 작성한다.

나. 국무회의 심의

법제처가 작성하여 상정한 재의요구안에 대하여는 국무회의의 심의절차를 거친다. 국무회의의 의결에는 전체 구성원 과반수의 출석과 출석 구성원 3분의 2 이상의 찬성이 있어야 한다.

다. 대통령의 서명과 국무총리 및 관계 국무위원의 부서

국무회의에서 의결된 재의요구안에 대통령이 서명하고 국무총리 및 국무위원이 부서를 한다.

라. 이송법률안의 환부 및 재의요구

대통령의 서명과 부서 절차가 끝나면 법제처는 이송법률안을 환부하면서 국회에 해당 법률안의 재의를 요구하는 공문을 보낸다.

2. 국회의 재의(再議)

(1) 의 의

국회는 대통령이 환부하여 재의를 요구한 법률안에 대하여 다시 심의하고 표결한다. 대통령이 환부하여 재의를 요구한 법률안에 대한 국회의 의결에는 재적의원 과반수의 출석과 출석의원 3분의 2 이상의 찬성이 의결정족수로 요구된다.

(2) 절 차

가. 재의요구 접수 및 통지

대통령이 환부한 법률안과 재의요구가 접수되면 국회의장은 소관위원회와 교섭단체 등에 법률안이 환부되었다는 사실을 통지한다. 환부된 법률안은 위원회에 회부하지 않고, 본회의에서 바로 심의한다.

나. 본회의 심의

국회는 환부된 법률안의 재의를 위하여 「○○○법률안 재의의 건」을 본회의에 의사일정으로 상정하여 심의한다. 심의절차는 환부 법률안 재의의 건을 의장이 상정한 후 정부의 재의요구에 대한 이유 설명을 들은 다음, 질의와 토론을 거쳐 표결을 하는 순서로 진행된다. 표결은 국회법 제112조 제5항에 따라 무기명투표로 실시하며, 재적의원 과반수의 출석과 출석의원 3분의 2 이상의 찬성이 있으면, 당해 재의법률안은 법률로서 확정이 된다[이를 거부권의 압도(overriding veto)라고 한다]. 만약 반대로 의결정족수를 충족시키지 못하면 부결이 되어 폐기된다.

한편, 정부로부터 재의가 요구된 법률안을 국회가 재의하면서 원안대로 의결하지 아니하고 환부된 법률안의 내용을 수정하여 의결하는 것이 가능한지에 대하여는 헌법 제53조 제4항이 "전과 같이 의결을 하면 그 법률안은 법률로서 확정된다."라고 규정하고 있으므로 "전과 같이 의결"을 문언상 원안의결로 보는 것이 타당할 뿐만 아니라 수정하여 의결한 법률안은 새로운 내용의 법률안이라고 할 수 있기 때문에 다시 대통령의 재의요구

대상이 될 수 있으므로 대통령이 수정하여 재의요구를 할 수 없듯이 국회의 재의도 가부(可否)만을 결정할 뿐 수정의결은 인정되지 않는다고 할 것이다.

다. 확정법률의 이송 또는 재의결과의 통지

본회의에서 심의하여 가결된 재의법률안은 법률로 확정되며, 국회의장은 확정법률을 정부에 이송한다. 만약, 부결이 되면 재의결과를 대통령에게 통지한다.

라. 확정법률의 공포

국회가 재의하여 확정된 법률을 정부에 이송하면 대통령은 지체 없이 공포하여야 한다(헌법 제53조 제6항 전단). 대통령은 법률 공포 후 국회의장에게 공포사실을 지체 없이 통지한다(국회법 제98조 제2항).

만약 대통령이 정부로 이송된 후 5일 이내에 공포하지 아니할 때에는 국회의장이 이를 공포한다(헌법 제53조 제6항 후단). 국회의장의 공포는 대통령의 확정법률 공포기한 경과 후 5일 이내에 하여야 하며, 서울특별시에서 발행되는 두 개 이상의 일간지에 공포법률을 게재하는 방식으로 이루어진다. 국회의장은 법률을 공포한 후 대통령에게 이를 통지한다(국회법 제98조 제3항).

그림 7-2 환부 및 재의절차

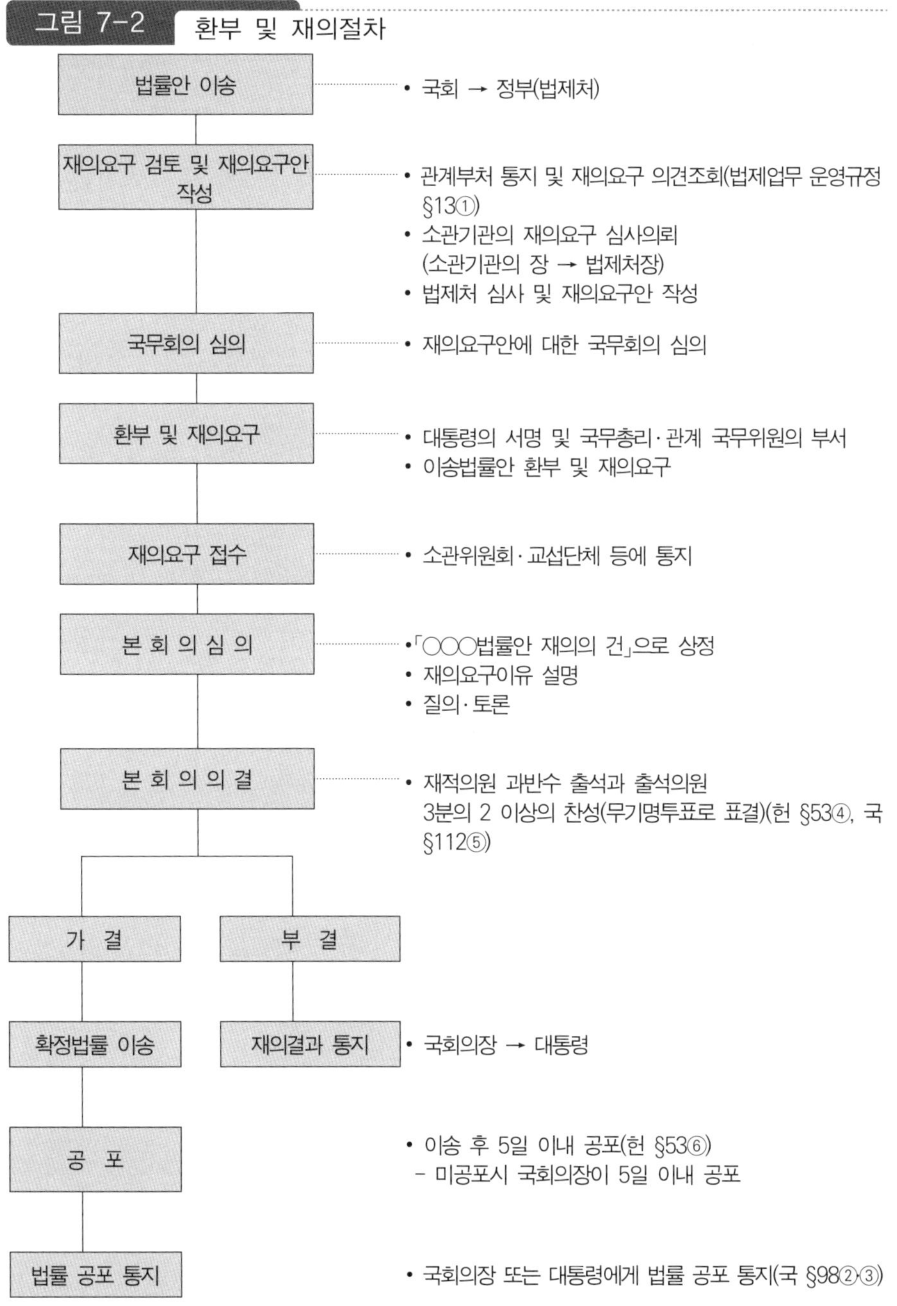

표 7-1 재의법률안의 국회처리현황

대 별	거부건수	법률확정	법률확정으로 간주	수정통과	폐 기	회기불계속으로 인한 폐기	철 회
제 헌	14	5	1	6	2		
제2대	25	14	4		6	1	
제3대	3				1	1	1
제4대	3					3	
제5대	8	3			5		
제6대	1						1
제7대	3					3 (임기만료폐기)	
제9대	1				1		
제13대	7				4	3 (임기만료폐기)	
제16대	4	1			1	2 (임기만료폐기)	
제17대	2				1	1 (임기만료폐기)	
제19대	3				2		
총 계	74	23	5	6	23	14	2

출처: 국회사무처, 『의정자료집』, 2016.

제 5 장 _ 입법의 한계 및 통제

제1절 입법의 한계

국회의 입법권은 국가의 최고규범인 헌법에 의하여 부여된 권능이며, 따라서 국회의 입법활동이 헌법에 위배되어서는 아니됨은 당연하다. 또한 국제법질서존중원칙의 연장선상에서 국회의 입법활동이 국제법규범이나 국제평화에 반하는 방향이 되어서는 아니된다. 아울러 입법의 한계문제와 관련된 사항 중 입법과정론적인 측면에서 최근 대두되고 있는 문제가 바로 입법활동 자율성의 범위에 관한 문제로서 이른바 '변칙통과법률'의 유효성 여부에 관한 문제이다.

또한, 국회의 입법권은 정부의 입법에 관한 권한에 의하여 제약을 받는다. 즉, 정부의 법률안 제출권, 대통령의 법률안 공포권 내지 법률안 거부권과 대통령의 긴급명령권 및 긴급재정·경제명령권은 국회의 입법권에 대한 견제수단 또는 예외로 작용하는 면이 있다.

국회의 입법권이 정부의 입법에 관한 권한에 의하여 제약을 받는 점에 관해서는 이 책의 다른 부분에서 언급하고 있으므로, 여기서는 국회가 심의하는 법률의 내용 및 체계의 한계를 의미하는 실체적 내용의 한계와 입법과정상 국회가 준수하여야 할 헌법 및 국회법상의 원칙, 특히 의회자율권에 관한 절차적 한계로 구분하여 언급하기로 한다. 다만, 입법의 실체적 한계에 대해서는 여러 헌법학 교재에서 자세히 다루고 있으므로[1] 여기

1) 예컨대, 김철수, 『학설·판례 헌법학(하)』, 박영사, 2008, 1604-1608; 권영성, 『헌법학원론』, 법문사, 2010, 807-812.

서는 그 내용을 간단히 소개한 다음 주로 입법과정에 대한 절차적 통제에 관하여 언급하고자 한다.

1. 실체적 한계

(1) 헌법 적합성에 의한 한계

법률은 최고법규범인 헌법의 명문규정에 위배될 수 없음은 물론 헌법의 기본원리나 기본질서에 위배되어서는 아니되는 한계가 있다.

가. 헌법의 명문규정에 의한 제한

헌법은 국가의 최고규범으로서 국회에 대하여 입법권을 부여한 수권규범이며 법률은 헌법의 구체화 내지 그 집행을 위한 규범이므로 헌법의 명문규정에 위배되어서는 아니된다. 예컨대, 헌법 제13조에 위반하여 소급입법으로 형사처벌을 하거나 재산권을 박탈하는 법률 등은 제정할 수 없다.

나. 헌법의 기본원리나 기본질서에 의한 제한

법률은 헌법의 하위규범이므로 국민주권주의, 법치주의, 자유민주적 기본질서, 복수정당제도 등 헌법의 기본원리·기본질서·기본제도 또는 기본이념에 위배되거나, 이를 폐지 또는 부정하는 것이어서는 아니된다.

다. 기본권 제한에 관한 일반원칙에 의한 제한

법률에 의하여 기본권을 제한하더라도 기본권 제한에 관한 일반원칙, 즉 비례원칙(또는 과잉금지원칙)이 존중되어야 한다. 이에 관하여 헌법 제37조 제2항은 법률로써 기본권을 제한하더라도 그 법률은 국가안전보장·질서유지 또는 공공복리를 위하여 필요한 최소한도의 범위 안에서 하여야 하며 법률로써도 기본권의 본질적인 내용은 침해할 수 없도록 규정하고 있다.

(2) 국제법 적합성에 의한 한계

법률은 국제법질서를 부정하여서는 아니된다. 헌법 제6조 제1항의 국제법질서존중의 정신에 비추어 국제법상의 일반적인 원칙이나 우리나라가 체결한 국제조약에 정면으로 배치되는 법률의 제정을 하여서는 아니된다.

2. 절차적 한계

(1) 헌법 및 국회법에 의한 한계

헌법과 국회법은 국회라는 회의체가 법률안을 포함한 각종 의안을 민주적이고 효율적인 절차에 따라 심의하기 위하여 준수하여야 할 여러 원칙과 기준을 정해 놓고 있다. 앞의 '회의운영의 원칙'에서 제시된 회의공개의 원칙, 일사부재의(一事不再議) 원칙, 정족수의 원칙, 회기계속의 원칙 등은 입법활동이 절차상 준수하여야 할 대원칙이면서 그 한계를 정한 것이다.

또한, 국회법에서 규정하고 있는 국회의 의사 및 의안심의에 관한 각종 규정들 중에도 법률안 심의 시에 존중되어야 할 절차적 한계로 기능하는 것들이 많이 있다. 예컨대, 국회법 제59조에서 법률안이 위원회에 회부된 후 15일 또는 20일이 경과되지 아니한 때에는 이를 위원회에 상정할 수 없도록 한 것은 입법의 절차적 한계로서 법률안에 대한 졸속심사를 방지하기 위한 것이고, 제58조 제3항에서 법률안을 소위원회에 회부하고자 하는 경우 위원회의 심사절차 중 대체토론이 끝난 후가 아니면 못하도록 한 것도 소위원회 위원이 아닌 위원의 법률안에 대한 질의기회를 봉쇄하거나 소위원회 심사가 부실하게 되는 것을 예방하기 위한 절차상 한계를 정한 것이라고 할 수 있다.

한편 국회는 헌법과 법률의 테두리 안에서 외부기관의 관여 없이 의사절차를 독자적으로 운영할 권한으로서 의회자율권을 갖는다. 의회의 자율권에 관하여는 이것이 헌법에 의하여 보장된 것으로서 국회의 자율적 결정을 다른 국가기관이 존중해야 하는 상당한 당위성을 내포한다는 논리와 절차적 민주성을 유지하기 위해서는 의회자율권도 그 한계가 있어야 한다는 논리 사이에 대립이 있다. 따라서 의회자율권의 한계를 인정할지 여부와 인정하는 경우 그 범위를 어느 정도로 할 것인지는 위의 논쟁의 실익을 검토하고 양자 간의 조화의 가능성을 도출하는 의미 있는 분석으로서 이에 대해서는 별도로 논하기로 한다.

(2) 입법절차상의 하자와 의회자율권(自律權)에 대한 한계

국회에서 법률안을 심의하고 의결하는 절차는 헌법과 국회법, 국회규칙 등에 따른다. 그런데 법률안의 처리에 있어서 그 절차상의 하자가 문제되는 경우를 종종 볼 수 있다. 이른바 '변칙처리'된 법률안의 위헌성에 관한 문제인 바, 국회 내 다수당이 소수당의 물리적인 반대를 회피하거나 제압하고 변칙적인 의사진행을 통하여 법률안을 의결하였을 경우 의사진행상의 위법성을 이유로 당해 의결행위의 무효화, 나아가 당해 법률의 무효화를 주장할 수 있느냐 하는 문제이다.

민주적 의사결정을 위한 의회정치문화가 성숙되었다고 볼 수 없었던 과거에는 이 같은 사례가 드물지 않게[2] 발생하였는데 입법절차상 하자가 있는 법률안의 적법성 및 효력에 관하여 판례는 입법절차상의 문제는 국회의 자율권에 속하는 사항이므로 사법적 판단의 대상이 아닌 것으로 일관되게 판단하여 왔었다.[3]

그러나 1996. 12. 26. 06 : 00경 야당의원들에게는 본회의 개의통보를 하지 아니한 채 당시 여당인 신한국당 소속 의원 155인만 출석한 가운데 기습적으로 「국가안전기획부법중개정법률안」과 노동관계 4개 법률안을 처리한 데 대하여 헌법재판소는 종전의 입장을 변경하여 입법절차상의 문제도 사법적 판단의 대상이 될 수 있다고 판시한 바 있다.

즉, 헌법재판소는 "국회는 국민의 대표기관, 입법기관으로서 폭넓은 자율권을 가지고 있고, 그 자율권은 권력분립의 원칙이나 국회의 지위·기능 등에 비추어 존중되어야 하는 것이지만, 한편 법치주의의 원리상 모든 국가기관은 헌법과 법률에 의하여 기속을 받는 것이므로 국회의 자율권은 헌법이나 법률을 위반하지 않는 범위 내에서 허용되어야 하고, 따라서 국

---

2) 이러한 사례로 1996. 12. 26. 신한국당이 국가안전기획부법과 노동관계법률안을 처리하면서 야당의 실력저지를 회피하기 위하여 새벽에 기습적으로 처리하여 이른바 '노동법파문'을 불러일으킨 적이 있다. 역대 사례를 보면 제2대 국회 때부터 제14대 국회까지 모두 44회에 걸친 변칙처리가 있었다.

3) 국민투표법은 국회에서 의결을 거친 것이며 적법한 절차를 거쳐서 공포·시행되고 있으므로 법원으로서는 국회의 자주성을 존중하는 의미에서 그 유·무효를 판단할 성질의 것이 아니다(대법원 1972. 1. 18. 71도1845). 국가기관 내부의 권한에 관한 다툼은 권한쟁의심판의 대상이 아니다(헌재 1995. 2. 23. 90헌마125).

회의 의사절차나 입법절차에 헌법이나 법률의 규정을 명백히 위반한 흠이 있는 경우에도 국회가 자율권을 가진다고 할 수 없다"라고 판시하면서, 국회의장이 국회법 제76조 제3항(현재는 제4항)을 위반하여 야당 소속 의원들에게 본회의 개의일시를 통지하지 않음으로써 야당 소속 의원들은 본회의에 출석할 기회를 잃게 되었고, 그 결과 법률안의 심의·표결과정에도 참석하지 못하게 된 것은 국회의원이 헌법에 의하여 부여받은 권한인 법률안 심의·표결권을 침해한 것이라고 결정하였다(헌재 1997. 7.16. 96헌라2).[4)]

한편 1998. 3. 2. 국무총리 임명 동의안의 처리에 관한 사건에서 헌법재판소는 "본회의의 의사절차에 다툼이 있거나 정상적인 의사진행이 불가능한 경우, 의사진행과 의사결정에 대한 방법을 선택하는 문제는 국회법 제10조에 의거 원칙적으로 의사진행에 관한 전반적이고 포괄적인 권한과 책임이 있는 국회의장이 자율적으로 결정하여야 할 영역에 속하는 것이다. 따라서 국회의장의 재량영역에 속하는 의사진행권은 넓게 보아 자율권의 일종으로 그 재량의 한계를 벗어난 것이 아닌 한 존중되어야 하므로 헌법재판소도 이에 관여할 수 없는 것이 원칙이다"라고 판시하여 국회의장의 자율권을 존중하는 입장을 취하였다(헌재 1998. 9. 14. 98헌라3).

그러나 1999. 1. 6. 제199회(임시회) 제 6 차 본회의와 동년 1. 7. 제 7 차 본회의에서 야당의원들이 의사진행을 방해하는 가운데 「남녀차별금지 및 구제에 관한 법률안」 등 65건의 법률안을 상정하여 각 안건에 대한 이의유무를 물어 가결 처리한 것에 대하여 야당의원들이 국회의장을 상대로 제기한 권한쟁의심판청구에 대한 결정에서 헌법재판소는 "국회의장은 의사진행과 의사결정에 관한 폭넓은 재량권이 있고 이것은 국회의 자율권의 영역에 속하므로 존중되어야 하나, 예외적으로 헌법이나 법률의 규정을 명백하게 위반한 의사진행이나 결정으로 재량권의 한계를 현저히 벗어난 흠이 있는 경우에는 권한쟁의심판이라는 구제수단에 의하여 이를 시정할 수 있다는 것이다"라고 밝힌 바 있다(헌재 2000. 2. 24. 97헌라1).

---

4) 그러나 이 결정에서 인용의견이 과반수에 이르지 못하여 무효선언이 이루어지지는 않았다.

국회의 자율권은 헌법과 법률에 저촉되지 아니한 범위 내에서 폭넓게 인정되어야 하나, 헌법이나 법률의 규정을 명백하게 위반한 의사진행이나 결정에 대하여도 인정하는 것은 아니라는 것이 헌법재판소의 결정취지라고 하겠다.

제 2 절 입법의 통제

위에서 언급한 입법의 한계는 국회에서 법률안이 심의·의결되는 과정에서 넘어서는 아니될 한계에 관한 것이다.

한편 여기에서 언급할 입법의 통제는 국회에서 심의·의결되는 법률안이 그 한계를 넘지 않게 하는 사전적·제도적 장치와 국회에서 심의·의결된 법률안이 그 한계를 벗어났을 경우 그 정상화를 강구하기 위한 방안에 관한 논의를 말한다. 입법통제를 위한 제도적 장치 내지 방안에는 국회의 자율적 통제, 대통령에 의한 통제, 법원과 헌법재판소에 의한 통제 등을 들 수 있다.

1. 국회 내부의 통제

국회는 입법권을 행사하면서 독단적이고 자의적인 법률안 처리를 방지하기 위한 여러 가지 통제장치를 마련해 두고 있다. 이러한 통제는 국회의 정부입법에 대한 통제와 국회 내의 입법과정에 대한 자율통제로 구분하여 생각해 볼 수 있다. 먼저, 국회의 정부입법에 대한 통제는 국회의 법률안 심의권과 국정통제권을 바탕으로 정부의 입법정책 추진에 대하여 민주통제를 가하는 것이다. 예를 들어 정부제출 법률안이 국민의 권리·의무관계에 중대한 영향을 미치는 것임에도 공청회 등 의견수렴절차를 거치지 않고 국회에 제출된 경우, 관계부처와의 협의 없이 타 부처의 소관사항을 침해하는 경우, 법률안제출이 국회심사일정의 고려 없이 급박하고 무리하게 이루어지는 경우 등 정부 내 입법과정이 비민주적이고 졸속으로 이루어진 때에는 해당 법률안의 위원회심사단계에서 의원들이 질의를 통하여 해당 부처에 그 책임을 추궁하는 것이 가장 일반적이고 직접적인 통제가 된다. 의원들의 질의 결과 해당 법률안의 문제점에 대한 다른 의원들의 공감의 정도에 따라서는 그 법률안을 본회의에 부의하지 않기로 의결(폐기)하기도 하고, 소위원회에 회부하여 문제점에 대한 신중한 검토를 통하여 보완하기도 한다. 그 밖에도 국무위원 등에 대한 출석요구·해임건의, 대정부질문, 국정감사·조사 또는 탄핵소추 등 국회의 국정통제권을 행사함으로써 해당 법률안의 문제점에 대한 간접적인 통제가 이루어질 수 있다.

다음으로, 국회 내의 입법과정에 대한 자율적인 통제장치는 국회법에 주로 규정되어 있는데, 특히 위원회와 일부 의원들의 일방적인 의사에 따라 국회 전체의 의사가 왜곡되지 못하도록 방지하는 통제장치가 두드러진다. 예를 몇 가지 들어보면, 소관상임위원회의 심사를 마친 법률안은 특별한 사유가 없는 한 반드시 법제사법위원회의 체계·자구심사를 거쳐야 한다. 비록 법제사법위원회에서는 법률안의 정책적 내용까지 실질적으로 심사할 수 없다고 하더라도 국가법체계의 통일·조화를 위하여 수정한 심사결과는 소관상임위원회의 심사보고서에 반영되어야 한다. 이는 특정한 정책목적의 달성만을 고려한 법률안의 내용이 전체적인 국법질서에 체계적으로 부합되게 하는 법리적 통제의 기능을 한다. 또한, 국회법 제87조에서는 위원회에서 부결된 법률안을 본회의에 부의할 수 있는 요건과 절차를 규정하고 있는데, 이는 위원회의 법률안 폐기권한이라는 능률위주의 의사(議事)진행절차가 야기할지 모르는 '소수의 횡포'를 견제하기 위한 제도이다. 즉, 전체 국회의원들의 판단과는 달리 법률안이 위원회심사단계에서 소멸되는 것을 방지하고자 하는 것으로 입법과정의 비민주성을 배제하기 위한 제도이다. 그리고 국회법 제94조에서는 위원회 심사가 완료된 후 심사 보고된 법률안에 대하여 본회의에서 위원회의 심사가 불충분하거나 부적당하다고 판단하는 경우에는 보다 철저한 심사를 위하여 그 법률안을 같은 위원회 또는 다른 위원회에 회부할 수 있는 '재회부제도'를 규정하고 있는데, 이 또한 위원회의 법률안 심사과정에 대한 중요한 통제가 된다.

또한, 2005년 7월 개정국회법에서 새롭게 도입한 제도로, 제출된 의안과 직접적인 이해관계를 가지는 위원이 소관상임위원회의 재적위원 과반수를 차지하여 심사의 공정성을 기할 수 없다고 인정되는 경우에 그 의안을 의장이 국회운영위원회와의 협의를 거쳐 소관상임위원회가 아닌 다른 위원회 또는 특별위원회에 회부할 수 있도록 한 것도(국회법 제81조 제3항) 국회 입법권의 적정한 행사를 위한 통제수단이 될 것이다.[5)]

그 밖의 통제장치로는 소위원회 회의록 작성의무화, 방청제도, 기획재정부 소관 법률안 또는 재정부담 수반 법률안에 대한 예산결산특별위원회와의 협의제도, 예산 등의 조치수반 의안제출시 비용추계서 제출의무화 등을 들 수 있다.

2. 대통령에 의한 통제(법률안 거부권)

대통령은 국회의 위헌적 입법이나 부당한 입법에 대한 통제수단으로 법률안에 대한 거부권을 행사할 수 있다. 정부의 법률안 제안권도 대통령에 의한 입법통제로서의 성격이 일부 있다고 하겠으나 정부의 법률안 제안권은 국회의 입법권에 대한 통제라기보다는 법률의 제·개정에 대한 대통령의 참여로 봄이 타당할 것이다.

(1) 법률안 거부권(拒否權)의 의의

법률안 거부권(right to veto) 또는 법률안 재의요구권이라 함은 국회가 의결하여 정부에 이송한 법률안에 대하여 대통령이 이의를 가질 경우 그 법률안을 국회가 재의에 부칠 것을 요구할 수 있는 권한을 말하는데, 이는 권력분립의 원칙에 따라 입법부와 행정부 상호간의 견제와 균형을 유지하기 위한 중요한 수단이면서 대통령의 입법에 대한 강력한 통제수단이라고 할 수 있다.

헌법 제53조 제2항은 대통령이 국회로부터 이송된 법률안에 이의가 있을 경우 15일 이내에 이의서를 붙여 국회로 환부하고 그 재의를 요구할

5) 그러나 앞에서 언급한 바와 같이 이 제도는 문제가 많다고 본다.

수 있도록 하여 이른바 환부거부(direct veto)형태의 법률안 거부권을 규정하고 있다. 재의요구는 국회의 폐회 중에도 가능하나 법률안의 일부에 대하여 또는 법률안을 수정하여 재의를 요구하는 것은 금지하고 있다. 그리고 대통령이 15일 이내에 공포나 재의요구를 하지 않으면 그 법률안은 법률로서 확정된다고 하여 이른바 보류거부는 인정하지 않고 있다.[6)7)]

재의요구가 있을 때에는 국회는 재의에 부치고 재적의원 과반수의 출석과 출석의원 3분의 2 이상의 찬성으로 전과 같은 의결을 하면 그 법률안은 법률로서 확정된다.

대통령제 정부형태에서 법률안 거부권이 인정되는 것은, 법률은 국회가 제정하지만 법률의 집행은 행정부의 책임이므로 행정부 입장에서 이의가 있는 입법을 저지할 수 있는 장치를 마련하여 주기 위함이다. 또한 법률안 거부권의 제도적 의의는 국회가 위헌적이거나 부당한 입법을 하는 경우 또는 집행 불가능한 입법을 추진하는 경우 집행을 책임진 대통령의 입장에서 이를 견제할 필요가 있고, 또한 국회가 입법권을 남용하여 행정부의 권한을 부당하게 침해하거나 간섭할 경우 행정부로 하여금 자기 방어를 위한 대항수단으로서 거부권을 활용함으로써 입법부와 행정부 사이의 권력적 균형이 유지되도록 할 필요가 있다는 데 있다. 특히, 대통령제국가에

6) 국회의원의 임기만료로 국회가 폐회된 때에는 대통령이 법률안을 국회에 환부하고자 하여도 할 수 없는데, 이와 같은 경우에 보류거부를 인정할 수 있는지 여부에 대하여는 긍정설과 부정설의 대립이 있다. 김철수, 앞의 책, 1136 참조.

7) 우리 제헌헌법은 국회운영에 있어 회기계속의 원칙을 취하는지 여부와 정부가 국회의 폐회중에도 법률안을 환부거부할 수 있다는 내용이 명문으로 규정되어 있지 않았으며 헌법제정 후 2개월여가 지난 후 제정된 국회법에서는 회기불계속의 원칙을 규정하고 있었다. 이러한 헌법과 국회법의 규정을 전제로 할 때 보류거부라고 할 수 있는 사례를 소개하면, 1949년 4월 27일 국회에서 의결된 농지개혁법에 대하여 정부는 "1949년 5월 2일 국회로부터 이송된 이 법안에 대하여 정부가 헌법 제40조에 의하여 재의요청코자 하였으나 당시 국회가 폐회중이어서 환부할 수가 없었으므로 이 법안은 회기가 종료됨에 따라 자연히 폐기된 것"으로 본다는 취지로 이 법률안이 폐기되었음을 국회에 통고하였다. 이는 농지개혁법안에 대한 보류거부로 볼 수 있지만 당시 국회에서는 정부의 "폐기통고는 위헌적인 조치이므로 법률안은 헌법 제40조 제3항(법률안이 정부에 이송된 15일 이내에 공포 또는 환부되지 아니한 때에도 그 법률안은 법률로서 확정된다)의 규정에 의하여 법률로서 확정된 것"으로 결의하고 정부의 폐기통고를 정부로 환송하였다. 이에 정부는 당초 의결된 법률안을 1949년 6월 21일 법률 제31호로 공포하였다. 윤장근, "대통령의 법률안재의요구제도", 『법제연구』 제8권, 한국법제연구원, 1996, 323 이하.

서는 야당이 국회의 다수의석을 차지할 경우 야당에 의한 정치적 공세를 견제하여 대통령의 임기 동안 행정부를 안정시킬 필요가 있다.

이와 같은 점에서 대통령의 법률안 거부권의 필요성을 긍정적으로 받아들일 수 있지만 만일 대통령이 거부권을 남용하게 되면 국회의 입법권이 유명무실하게 될 위험이 적지 않다. 거부권은 적극적으로 입법을 추진하는 권한이 아니라 소극적으로 입법을 저지하는 권한이기 때문이다. 민주주의가 성숙한 나라에서는 국회의 법률안 의결권과 대통령의 거부권을 절충하여 서로 정치적 타협에 의하여 최선의 균형을 찾아나가는 방향으로 제도를 운영한다.

(2) 법률안 거부권의 행사요건

가. 절차적 요건

대통령이 거부권을 행사하기 위한 절차적 요건으로서는 ㉠ 법률안이 정부로 이송되어 온 날부터 15일 이내에, ㉡ 국무회의의 심의를 거친 후, ㉢ 이의서를 첨부하여, ㉣ 국회로 환부하여 재의를 요구한다.

나. 실질적 요건

거부권제도의 운영에 있어서 거부사유, 즉 거부권행사의 실질적 요건이 상당히 중요한 문제인데 헌법에서는 단순히 "이의가 있을 때에는"이라고만 규정하고 있어 어떤 경우에, 어떤 사유로 거부권을 행사할 수 있는가에 관하여 아무런 제한을 두고 있지 아니하다. 학자들이 몇 가지로 나누어 설명하는 내용을 보면 대개 ㉠ 헌법에 위반되는 것, ㉡ 관계 법률에 저촉되는 것, ㉢ 국가이익에 반하는 것, ㉣ 행정부에 대하여 부당한 압력을 가하는 것, ㉤ 집행이 불가능한 것 등이다.[8)]

(3) 거부권의 범위

우리 헌법에서는 거부권의 범위에 관하여 환부거부의 형태만 인정하고 있을 뿐이며 일부거부[9)]나 수정거부[10)]는 불허하고 있다. 보류거부를 인

8) 김철수, 『학설·판례 헌법학(중)』, 박영사, 2009, 488 참조.

9) 미국연방대법원은 1998년 6월 25일 대통령이 의회를 통과한 예산법안 중 특정법률안만을 골라 거부권을 행사하는 '항목별 거부권'은 위헌이라는 판결을 내렸다. 연방대법

정하지 않는 것은 거부권행사에 대한 대통령의 명백한 의사표시를 요구함으로써 정치적 남용의 소지를 줄이기 위한 것으로 생각되며, 환부거부에 있어서 이의서를 첨부하도록 하고 있는 것은 국회와 행정부 사이의 견해차이를 확실히 하고 쟁점이 정리될 수 있도록 하여 그 결과 양자 사이에 타협의 실마리를 제공한다는 점에 중요한 의의가 있다.

일부거부나 수정거부를 인정할 경우에는 대통령에게는 매우 편리하고 국정운영에 필요한 법률인 경우 선별적으로 입법을 저지함으로써 국정운영의 공백을 줄일 수 있겠지만 대통령의 권한이 지나치게 강화되어 권력의 균형이 무너질 수 있다는 문제점이 있으며, 특히 수정거부는 거부권의 소극적 성격에 반하는 것으로서 인정하기 어렵다 하겠다.

3. 사법적 통제 – 헌법재판소의 권한쟁의심판

국회와 행정부, 여당과 야당, 이익집단 등 입법과정의 주체 및 참여자간의 타협과 갈등의 산물인 입법에 대한 중립적이고 최종적인 통제는 법원과 헌법재판소에 의하여 이루어지는데, 여기에는 헌법과 헌법재판소법에 의한 법원의 위헌법률심판제청권, 헌법재판소의 위헌법률심판권, 헌법소원심판권 등이 포함된다. 이러한 입법에 대한 사법적 통제제도는 그 기능이 주로 입법의 실체적 내용에 대하여 그 위헌 여부를 판단하는 것에 있다. 특히, 헌법소원심판과 관련해서는 법률이 다른 집행행위를 기다리지 않고

원판사 9인 중 6인의 위헌의견으로 받아들여진 이 판결은 공화·민주 양당이 1996년 균형예산 달성을 위해 논란 끝에 제정한 항목별 거부권법이 3권분립 정신에 위배된다는 취지이다. 이에 따라 미국헌정사상 처음으로 1997년부터 발효돼 지금까지 11개 법률안, 82개 항목에 걸쳐 빌 클린턴 대통령이 선택적으로 거부권을 행사한 항목별 거부조치는 그 효력을 상실하게 되었다. 연방대법원은 “1996년 의회에서 통과된 항목별 거부권법의 절차는 헌법에 의해 정당화되지 않는다”면서 “의회가 대통령에게 그와 같은 거부권을 주려면 입법을 통해서가 아니라 헌법을 개정해야 할 사안”이라고 판단했다(Clinton v. city of New York, 524 U.S. 417(1998)).

10) 일부거부와 수정거부를 금지하는 명문의 규정이 헌법에 반영된 제 5 차 헌법개정(1962년 12월 26일 공포) 전에는 일부거부와 수정거부가 가능하다는 유진오 박사의 견해가 있었다. 이러한 견해는 당시의 사례와도 부합되는 것으로 1949년 11월 22일 국회에서 의결된 귀속재산처리법안과 1950년 3월 18일 국회에서 의결된 국회의원선거법안에 대하여 대통령이 재의를 요구하면서 일부내용의 수정을 제의한 것에 대하여 국회가 재의결시 수정 가결하여 정부에 이송한 바 있다. 윤장근, 앞의 글, 317 이하.

직접 국민의 기본권을 침해하는 경우 당해 법률에 대한 헌법소원을 인정하고 있다. 예외적으로 법률에 대한 집행행위가 존재하는 경우라도 그 집행행위를 대상으로 하는 구제절차가 없거나, 있다고 하더라도 권리구제의 기대가능성이 없는 경우 당해 법률이나 법률조항이 직접 헌법소원의 대상이 될 수 있다.[11] 또한, 입법부작위와 폐지 법률도 일정한 경우에는 헌법소원의 대상이 된다. 따라서 입법의 실체적 내용에 관한 한 헌법재판소의 위헌법률심판과 헌법소원심판을 통하여 헌법에 위반되거나 국민의 기본권을 침해하는 입법에 대한 통제가 이루어질 수 있다.

그러나 입법과정을 논하면서 관심을 가져야 할 사법적 통제의 측면은 입법 그 자체의 실체적 내용에 대한 위헌 여부라기보다는 입법절차상의 흠에 대하여 사법적 판단이 가능한지에 있다고 하겠다. 이러한 관점에서 여기서는 주로 입법절차의 통제에 초점을 맞추어 검토하고자 한다.

앞에서 언급한 입법절차상의 국회자율권도 헌법과 법률에 저촉되지 아니하는 범위 내에서 행사되어야 한다는 한계가 있음을 살펴보았다. 이는 입법절차상에 흠이 있는 경우 사법적 판단이 개입할 수 있다는 의미가 된다.

법률제정 등에 관한 입법절차의 하자(瑕疵, 결함)에 대하여도 사법적 심사가 가능한지에 대하여는 긍정설과 부정설이 있었다.[12]

긍정설에 의하면, 헌법재판소는 법률에 관한 실체적인 판단권을 가질 뿐만 아니라 법치주의의 요구에 따라 정당한 법의 적용을 보장하는 것이 그 사명이므로 절차 문제를 포함한 모든 법률문제의 적부를 판단할 권한을 가진다고 한다.

이에 대하여 부정설은 위헌·위법의 문제라고 하여 모두가 법원이나 헌법재판소의 심리대상이 되는 것은 아님을 상기시키면서(예컨대, 통치행위), 국회가 의결한 것이고 또 적법한 절차에 따라 공포된 이상 헌법재판소는 국회의 자주성을 존중하여야 하므로 입법절차의 유효·무효를 사법부가 판단하는 것은 적절하지 않다고 한다.[13] 국회는 다른 국가기관의 간섭을

11) 예컨대, 국가보안법 위반 사건에서 판사의 구속기간 연장허가 결정에 대하여는 항고 등이 불가능하므로 이 경우 그 근거가 된 법률을 대상으로 헌법소원을 청구할 수 있다. 헌재 1992. 4. 14. 90헌마82.

12) 권영성, 『헌법학원론』, 법문사, 1998, 823 참조.

받지 아니하고 헌법과 법률 그리고 의회규칙에 따라 의사와 내부사항을 독자적으로 결정할 수 있는 권한인 자율권을 부여받고 있으며, 국회가 정치집단 간에 대립과 갈등을 겪으며 합의를 도출해 내는 정치의 장(場)임을 감안할 때, 입법절차의 적법성에 관한 판단은 원칙적으로 국회가 스스로 판단하고 해석하는 것이 타당하다는 것이다.[14)]

헌법재판소는 1990년 결정에서 국회의원이 국회의장을 상대로 제기한 권한쟁의심판에서 국회의원이나 교섭단체는 청구인이 될 수 없다고 하였으나, 1997년 결정에서는 판례를 변경하여 헌법재판소법 제62조 제1항 제1호가 국가기관 상호간의 권한쟁의심판을 "국회, 정부, 법원 및 중앙선거관리위원회 상호간의 권한쟁의심판"이라고 규정하고 있더라도 이는 한정적·열거적인 조항이 아니라 예시적인 조항이라고 해석하는 것이 헌법에 합치되므로, 헌법 제111조 제1항 제4호 소정의 국가기관에 해당하는지 여부는 그 국가기관이 헌법에 의하여 설치되고 헌법과 법률에 의하여 독자적인 권한을 부여받고 있는지, 헌법에 의하여 설치된 국가기관 상호간의 권한쟁의를 해결할 수 있는 적당한 기관이나 방법이 있는지 등을 종합적으로 고려하여야 할 것이라고 하면서 이러한 의미에서 국회의원과 국회의장은 위 헌법조항의 '국가기관'에 해당하므로 권한쟁의심판의 당사자가 될 수 있다고 하였다.[15)] 그런데, 이러한 판시에도 불구하고 헌법재판소가 당해 권한쟁의심판에서 청구인의 주장을 인용한 것은 아니었다.

1996년 12월 26일 이른 아침에 국회의장이 야당의원들에게는 개의사실을 알리지 않은 채 본회의를 개의하여 국가보안법과 노동관계법 등을 통과시킨 데 대하여, 헌법재판소는 1997년 결정에서 "국회의장이 야당의원들에게 본회의 개의일시를 국회법에 규정된 대로 적법하게 통지하지 않음으로써 그들이 본회의에 출석할 기회를 잃게 되었고, 그 결과 법률안의 심의·표결과정에 참여하지 못하게 되었다면 이로써 야당의원들이 헌법에 의하여

13) 노동관계법의 변칙처리와 관련한 헌법재판소결정의 타당성에 대한 평가는 임종훈, "국회의원과 국회의장간의 권한쟁의 심판", 『법률신문』(1997. 10. 13)과 이석연, "국회의 입법과정에 대한 헌법적 통제의 당위성", 『법률신문』(1998. 1. 19, 1998. 1. 22) 참조.

14) 임종훈, 위의 글 참조.

15) 헌재 1997. 7. 16. 96헌라2.

부여된 법률안 심의·표결의 권한이 침해된 것"[16]이라고 인정하였다. 그러나 헌법재판소는 이 사건 법률안이 재적의원 과반수가 출석한 가운데 개의된 본회의에서 출석의원 전원의 찬성으로 의결되었고, 일반국민의 방청이나 언론의 취재를 금지하는 조치도 취하지 않았음이 분명하기 때문에 이 사건 법률안의 가결선포행위는 입법절차에 관한 헌법의 규정을 명백히 위반한 흠이 있다고 볼 수 없으므로 이를 무효라고 볼 수 없다고 판시하였다. 즉, 다수결원칙과 회의공개원칙이 지켜진 이상 표결 자체는 유효하다는 것이다. 이러한 헌법재판소의 입장은 2000년 2월 24일의 '국회의장과 국회의원간의 권한쟁의심판' 사건의 결정에서도 유지되고 있다.

그러나 이러한 헌법재판소의 입장에 대해서는 비판적 주장도 제기되고 있다. 이러한 견해에 의하면 국가 활동의 기본원리로 요구되는 헌법상의 적법절차의 원리는 형사절차상의 영역에 한하지 않고 입법, 행정 등 국가의 모든 공권력작용이 절차상의 적법성을 갖추어야 함을 의미하는 것으로 헌법재판소가 피청구인이 헌법 제40조의 규정에 의한 입법권의 가장 핵심적 권한인 법률안의 심의·표결권을 구체화하는 국회법 제5조(임시회), 제72조(개의), 제76조(의사일정의 작성)의 규정을 위배하였다고 판시하면서도 당해 법률의 효력에는 영향이 없다고 판시한 것은 이와 같은 적법절차의 원리를 오해한 논리의 모순이라는 것이다.[17][18]

결국 국회의 입법절차와 관련하여 절차에 명백한 하자가 있는 경우, 국회의원은 권한쟁의심판을 통하여 입법절차가 위헌임을 확인하고 더 나아가 통과된 법률의 무효를 주장할 수 있을 것이다. 그러나 현재까지 입법절차상의 하자를 이유로 통과된 법률의 무효가 확인된 경우는 없다.

2009년 7월 22일에는 국회부의장이 방송법안을 직권 상정하여 표결을 진행하여 투표종료까지 선언한 다음 투표종료버튼을 누르도록 하였으나

16) 헌재 1997. 7. 16. 96헌라2, 국회의원과 국회의장간의 권한쟁의.

17) 이석연, 앞의 글 참조.

18) 헌법재판소가 결정문에서는 명시하지 않았지만, 보도자료를 통하여 국가안전기획부법을 청구인들의 법률안 심의·표결권을 존중하는 가운데 헌법과 법률이 정하는 절차에 따라 다시 개정할 것을 국회의 의무로서 강조한 것은 이러한 맥락에서 이해되어야 할 것이다(노동관계법은 헌법재판소의 결정 이후 국회에서 여야합의로 폐지되거나 개정되었다).

표결결과 재석의원수가 재적의원수의 과반에 미달하자 의안에 대하여 다시 투표를 진행하여 가결을 선포하는 일이 있었다. 이에 대하여 방송법안에 반대하던 의원들이 국회부의장의 권한행사가 일사부재의원칙에 반하여 자신들의 법률안 심의·표결권을 침해하였다고 주장하면서 권한쟁의심판을 청구하였다. 이에 대하여 헌법재판소는 "전자투표에 의한 표결의 경우 국회의장의 투표종료선언에 의하여 투표 결과가 집계됨으로써 안건에 대한 표결절차는 실질적으로 종료되므로, 투표의 집계 결과 출석의원 과반수의 찬성에 미달한 경우는 물론 재적의원 과반수의 출석에 미달한 경우에도 국회의 의사는 부결로 확정되었다고 볼 수밖에 없다"고 하면서 피청구인의 재표결은 청구인들의 표결권을 침해하였다고 결정하였다.[19)]

또한, 방송법 관련 헌법재판소의 위와 같은 결정이 있었음에도 불구하고 국회가 일부 국회의원들에 대한 권한침해 사태를 해결하기 위한 입법을 하지 않은 것에 대하여 다시 제기된 권한쟁의심판청구에 대하여 2010년 헌법재판소는 종전의 권한침해행위에 내재하는 위헌·위법성을 제거할 적극적 조치를 취할 법적 의무가 발생한다고 볼 수 없다고 하였으나(재판관 이공현, 민형기, 이동흡, 목영준), 이에 대하여는 헌법재판소가 권한쟁의심판에 의하여 국회의 입법절차가 위법하게 진행되어 일부 국회의원의 심의·표결권이 침해되었다고 확인하면, 그 결정의 기속력에 의하여 국회와 국회의원들은 위법하게 진행된 심의·표결절차의 위법성을 제거하고 침해된 국회의원의 심의·표결권을 회복시켜 줄 의무를 부담하게 된다는 반대의견(재판관 조대현, 김희옥, 송두환의 반대의견)도 강하게 제기되었다.[20)]

19) 헌재 2009. 10. 29. 2009헌라8.
20) 헌재 2010. 11. 25. 2009헌라12, 재판관 이공현, 민형기. 이동흡, 목영준의 각하의견.

제 6 장 _ 행정입법의 입법과정 및 통제

제1절 개 관

1. 행정입법의 의의와 기능

우리 헌법은 국민의 자유와 권리에 관한 사항은 국민을 대표하는 국회가 법률의 형식으로 규율할 것을 요구하는 국회입법의 원칙을 견지하고 있다. 그러나 국회입법의 원칙에 따라 입법권이 국회에 속하는 경우에도 국회가 모든 규율대상을 법률로 정할 수는 없다. 현대 행정국가의 등장과 함께 행정기능이 복잡·다기화되고 전문화되어 가면서 입법기관이 집행기관에 대하여 명문으로 입법권의 일부를 위임하고 이러한 위임에 근거하여 행정권이 입법을 행하는 행정입법이 날로 증대하고 있다.[1)]

행정입법의 증가는 합의제 대의기관으로서 국회가 갖는 시간적 제약, 전문성의 부족, 입법기술적인 한계 등 여러 가지 제약요인에 기인한다. 국회가 법률제정권을 독점하고 있으면서 국민의 권리·의무 및 통치조직과 작용에 관한 본질적인 사항은 법률의 형식으로 규율하지만, 그 법률을 집행하기 위한 세부적인 사항이나 본질적인 법률사항이라고 볼 수 없는 것들은 행정입법권에 맡길 수밖에 없는 이유도 그 때문이다.

이에 따라 헌법 제75조에서는 대통령은 법률[2)]에서 구체적으로 범위를

1) 김춘환, "위임입법의 한계와 통제", 국회법제실·한국공법학회 주최 학술대회 발표요지, 2005. 11, 69.

2) 법률과 동등한 효력을 가지고 있는 대통령의 긴급명령 및 긴급재정경제명령에서 일정한 사항을 대통령령으로 정하도록 위임하고 있는 경우(예컨대, 금융실명거래 및 비밀보장에 관한 긴급재정경제명령 제2조 제1호 및 제5조 등)도 있으므로 이에 관한 헌법상 근거를 명확히 하는 것이 바람직하다고 판단된다.

정하여 위임받은 사항과 법률을 집행하기 위하여 필요한 사항에 관하여 대통령령을 발할 수 있도록 하고 있고, 헌법 제95조에서는 국무총리 또는 행정각부의 장은 소관사무에 관하여 법률이나 대통령령의 위임 또는 직권으로 총리령 또는 부령을 발할 수 있도록 규정하고 있다.

2. 행정입법의 종류

행정입법은 그 제정 주체, 성질, 내용, 효력 등을 기준으로 하여 대통령령·총리령·부령, 법규명령과 행정명령(행정규칙), 위임명령과 집행명령 등 여러 가지 유형으로 분류할 수 있다. 이 중 입법과정론적인 측면에서 의미 있는 것은 그 제정 주체에 의한 분류, 즉 대통령령·총리령·부령의 구분이라고 할 수 있겠다.

제 2 절 행정입법의 입법과정

1. 대통령령

(1) 대통령령의 소관사항

대통령령은 법률에서 구체적으로 위임을 받은 사항과 법률의 집행에 필요한 사항을 정하지만(헌법 제75조) 법률은 그 밖에 총리령과 부령에도 위임을 할 수 있기 때문에(헌법 제95조) 어떤 사항을 하위법령에 위임할 때 그것이 대통령령에 위임할 사항인지, 총리령이나 부령에 위임할 사항인지를 구분할 필요가 있다. 대통령령에 위임할 경우 대통령령의 입법절차가 총리령이나 부령의 입법절차보다 훨씬 복잡하기 때문에 당해 법률안의 주무부처에서는 이를 꺼려하는 경향이 있다. 그러나 국정의 통일적 추진·집행을 위한 기본방침에 관한 사항이나 각 부처에 공통된 사항 등은 반드시 대통령령에 위임하여야 할 것이다.

또한, 법률안을 입안할 때 국회 제출 시한에 쫓겨 서두르다 보면 법률에서 직접 규정하여야 할 사항을 법률안에 포함시키지 못하고 이를 대통령령에 광범위한 위임을 하는 경향이 있다. 즉, 법률안의 내용에 대한 관계부처 사이의 협의가 제대로 되지 않을 경우 시간절약을 위하여 대통령령에 위임하고 나중에 다시 논의하기로 하는 사례가 자주 발생하는 것이다. 이러한 경우 국회심의과정에서 대통령령에 위임한 사항을 법률에 직접 규정하는 등 불필요한 위임이 이루어지지 않도록 면밀한 검토가 있어야 할 것이다.

(2) 대통령령의 입법절차

가. 개 관

대통령령의 입법은 그 절차가 국회 제출, 국회의 심의, 정부 이송 등을 거치지 않는다는 점에서 법률의 경우와 중요한 차이가 있으며 그 외 절차에서는 법률의 입법절차와 거의 같다.

즉, 대통령령의 경우 주무부처의 성안, 관계부처 협의, 당정협의, 입법예고, 규제개혁위원회 심사, 법제처 심사, 차관회의·국무회의 심의를 거치는 것은 법률의 경우와 동일하며, 다만 국무회의 심의 후 국무총리와 관계국무위원의 부서를 거쳐 대통령이 결재한 후 바로 공포절차를 밟게 된다는 점이 법률의 경우와 다르다.[3)]

나. 입안 및 관계부처 협의

대통령령은 대통령이 발령하지만 그 성안은 당해 대통령령의 소관부처에서 담당하게 된다. 따라서 대통령령이 대통령의 책임 아래 발령되는 것이라고 하더라도 그 실무책임은 기안책임을 담당하는 소관부처에서 진다고 보아야 하며 국무회의의 심의를 거치기는 하지만 다른 국무위원들은 정치적 책임 외에 직접적인 책임은 지지 않는다고 보아야 한다.[4)]

소관부처에서는 대통령령안을 성안할 때 사전에 대통령의 결심을 받

3) 헌법에서는 대통령이 발령하되 국무회의의 심의를 거치도록 규정하고 있을 뿐이다(헌법 제75조, 제89조).

4) 헌법 제82조에서 부서권자로서 행정각부를 통괄하는 지위의 국무총리와 관계국무위원만을 규정한 것도 이러한 취지 때문이라고 할 수 있다.

는 경우도 있으나 중요한 사항 외에는 사전 결심을 받지 않고 사후적으로 최종결재만을 받는 방식으로 운영하는 경우가 일반적이다(대통령비서실과의 실무 차원의 접촉은 수시로 이루어지고 있다).

대통령령의 입법절차에서 문제가 되는 것은 대통령에 대한 사전보고보다는 오히려 관계부처와의 협의라고[5] 할 수 있다. 이는 헌법상 국무회의의 심의를 받도록 한 것에서 비롯된 것이다. 국무회의의 심의를 거친다는 것이 연대책임을 진다는 것을 의미하지 않음에도(부서에 모든 국무위원이 참여하지 않는 점에서 알 수 있듯이) 국무회의를 통하여 관계부처 협의를 요하도록 한 것은 대부분의 국가행정사무의 경우 하나의 부처에서 이를 전담하는 것이 아니고 여러 부처의 업무와 서로 밀접한 관련이 있기 때문이다.

다. 당정(黨政)협의

당정협의에 관해서는 국무총리훈령인 「당정협의업무 운영규정」에서 대통령령안을 입안할 때에는 여당과 당정협의를 하도록 하면서, 국무총리비서실장이 당정협의업무를 국무총리의 명을 받아 총괄·조정하도록 하고 있다(동 규정 제3조 및 제4조). 그러나 대통령령은 국회에서 심의하지 않기 때문에 여당의 협조를 받을 절실한 이유가 없다는 점에서 법률안의 경우에 비해서 당정협의가 제대로 이루어지지 않고 있는 실정이다. 그러나 그 대통령령이 시행과정에서 어떤 물의를 일으켰을 경우에는 국회에서 당연히 정책질의 등을 통하여 정치적 책임추궁을 하게 될 것이므로 중요한 내용의 대통령령안은 여당과 사전 협의를 거치는 것이 바람직하다고 할 것이며, 또한 이렇게 하는 것은 법률의 입법권자로서 국회운영의 한 축을 담당하고 있는 여당과 협조하여 법률의 입법취지를 살려나간다는 의미도 갖는다.

라. 입법예고

대통령령안에 대한 당정협의를 마치면 입법예고를 하는데 「행정절차법」 제41조 내지 제45조 및 「법제업무 운영규정」 제14조, 제15조, 제19조에 따라 관보에 20일 이상 입법예고를 하는 외에 신문, 인터넷, 방송, 이해

5) 관계부처 협의는 예산관련 사항은 기획재정부, 정부조직·지방자치관련 사항은 행정안전부, 회계사항은 감사원이나 기획재정부, 벌칙은 법무부 등과 이루어진다.

관계가 있는 단체 또는 기관의 간행물 등을 활용하여 입법할 내용을 널리 알리기 위하여 필요한 조치를 마련하여야 한다(법제업무 운영규정 제15조 제1항).

마. 규제개혁위원회 심사

「행정규제기본법」 제10조에 의하여 규제를 신설하거나 강화하려면 법제처에 법령안 심사를 요청하기 전에 규제개혁위원회에 심사를 요청하여야 한다.

바. 법제처 심사

법제처 심사는 형식심사와 예비심사, 본심사로 진행된다. 형식심사는 형식적 요건에 대한 검토로서 예산반영 및 입법예고 여부를 확인하고, 예비심사는 헌법 및 법률 등과 관련된 체계검토를 주로 하며, 이어서 본심사에서는 상위법령과 저촉되는 사항의 수정·삭제 및 대안 준비, 타 법령과 중복된 사항의 수정·삭제 및 대안 준비 등 실질적 심사를 한다.

사. 차관회의·국무회의 심의

국무회의에 상정될 중요사항을 사전 심의하는 차관회의를 거쳐 행정부 최고정책심의기관인 국무회의의 심의를 받는다.

아. 공 포

대통령이 당해 대통령령안을 결재하면 법제처에서는 행정안전부에 공포를 의뢰하고 행정안전부는 이를 관보에 게재하여 공포하게 된다. 대통령령 공포문의 전문(前文)에는 국무회의의 심의를 거친 뜻을 기재하고 대통령이 서명한 후 대통령인을 찍고 그 일자를 명기하여 국무총리와 관계국무위원이 부서한다(법령 등 공포에 관한 법률 제7조). 대통령령도 특별한 규정이 없는 한 공포 후 20일이 경과한 날부터 효력을 발생한다(동법 제13조).

(3) 대통령령의 시행시기

대통령령과 총리령 또는 부령의 입법에는 일정한 기간이 소요되기 마련이기 때문에 법률과 이들 하위법령의 시행시기를 일치시키는 문제가 중요하다.

그 방법으로 대표적인 것은 법률의 시행일을 뒤로 늦추는 방법이다. 법률의 시행일은 앞에서 본 것처럼 특별한 규정이 없는 한(즉, 부칙에서 시행일에 관한 규정을 두지 않은 한) 공포 후 20일이 경과한 날부터 시행하도록 헌법에서 규정하고 있는바, 이는 원래 그 법률내용을 일반인들이 숙지하도록 하기 위하여 유예기간을 둔다는 의미도 있지만, 법률의 시행에 필요한 하위법령의 제정에 소요되는 기간을 확보하려는 취지도 있는 것이다. 최근에는 위에서 본 것처럼 법률의 핵심적인 내용들이 하위법령에 위임되고 하위법령 입법 시 그 위임사항을 조문화하거나 기타 시행준비를 하는 데 많은 시간이 소요되며, 특히 이러한 핵심내용을 둘러싸고 관계부처 협의가 제대로 이루어지지 아니하여 하위법령의 입법이 지연되는 사례가 있을 수 있기 때문에 여기에 상응하여 시행일을 뒤로 충분히 늦추는 경우가 많다(예컨대 「물품목록정보의 관리 및 이용에 관한 법률」의 경우에는 1991. 12. 27. 공포하면서 1995. 1. 1.부터 시행하도록 하고, 단서에서 “각 기관은 이 법 시행 전이라도 이 법 시행을 위하여 필요한 준비행위를 할 수 있다”라고 규정하였다).

그런데 문제는 이와 같이 하위법령의 입법에 소요되는 기간을 충분히 부여하고 있음에도 불구하고 주어진 기간을 부처 간의 의견조정에 다 소모해 버리고 법률의 시행일에 임박하여서야 입법일정에 쫓겨 서두르는 경우가 허다하며, 그러다 보니 시행일을 넘기는 일 또한 적지 않다는 점이다.

법률의 시행일이 도래하였음에도 하위법령이 마련되지 아니하여 시행을 못하게 되는 것은 국정운영상 결코 사소한 문제가 아니다. 원래 법률이 제대로 집행되기 위해서는 법률에서 위임한 사항(대통령령·총리령·부령 등 하위법령에 위임한 사항뿐만 아니라, 행정기관의 장이 정하도록 일임하여 예규나 고시·공고 등의 형태로 나타나는 것도 있다)과 집행에 필요한 사항(예컨대, 서식 등)을 모두 마련하고 업무처리지침까지를 갖추어 일선행정기관에 시달하여야 할 것인바, 이들 하위법령 등이 마련되기 전에는 법률의 시행일이 도래하더라도 당해 법률 중 법률의 규정만으로 충분히 집행될 수 있는 부분만 시행될 수 있을 것이며, 하위법령의 정비가 필요한 부분은 그 시행이 유보될 수밖에 없을 것이다.

법률의 시행일까지 법률의 전체 내용이 집행될 수 없는 상황이 발생할 경우에는 헌법상 법률의 집행책임이 있는 행정부(특히 소관부처)는 헌법을 위반하는 결과가 되어 중대한 정치적·법적 책임이 뒤따르게 될 수도 있다.

하위법령의 적기 입법에 대하여는 정부 측에 1차적으로 책임이 있는 것은 물론이지만, 입법부에서도 이에 관하여 유의하여야 할 사항이 있다. 즉, 정부에서 국회에 법률안을 제출할 때 그 회기 중에 처리해 줄 것을 전제로 하고 일정한 유예기간을 예상하여 시행일을 설정하였는데(예컨대, 정기국회에 법률안을 제출하면서 그 해 말까지는 공포될 것으로 예상하고 다음 해 7월 1일부터 시행하도록 하여 6개월 이상의 유예기간을 둔 경우), 국회에서의 심의가 지연되어 다음 회기로 그 안건이 이월되어 유예기간에 해당하는 기간이 거의 경과되었음에도 불구하고 당해 법률안의 시행일은 정부원안대로 의결함으로써 결과적으로 하위법령의 입법기간을 확보하지 못하게 하는 경우도 있고, 심지어는 의원발의형식으로 입법하는 경우에는 하위법령에 중요한 사항을 많이 위임하여 놓았음에도 불구하고 시행일을 공포한 날부터로 규정하여 행정부가 법률의 집행을 위한 준비를 할 수 없도록 하는 경우도 있다. 이러한 경우에는 행정부에 대하여 법률집행 지연에 따른 헌법위반의 책임을 물을 수 없을 것이다(예컨대, 1994년 3월 14일에 개정이 이루어진 지방자치법에서는 지방자치단체의 정원·기구 등을 하위법령에 위임하고서도 시행일은 공포일부터로 하여 하위법령을 마련할 시간을 전혀 주지 않음으로써 법에서 정한 취지대로 집행할 수 없는 상황을 만들어 놓았다).

이와 같이 특별한 이유도 없이 법률의 시행일을 공포일로부터로 규정하는 것은 공포 후 20일부터 시행함을 원칙으로 하는 헌법의 취지 및 30일 이상의 유예기간 확보를 규정한 「법령 등 공포에 관한 법률」 제13조의2의 입법취지에도 어긋나는 것이라 할 수 있다.

2. 총리령

총리령은 입안이 되면 관계기관의 협의를 거쳐 입법예고를 하게 되고 이어 법제처 심사를 거친 후 국무총리 결재를 얻고 난 다음 관보게재의뢰를 하는 절차로 제·개정된다.

총리령은 국무총리가 소관사무에 관하여 법률의 위임,[6] 대통령령의 위임 또는 직권으로 발령하는 것인데(헌법 제95조), 국무총리의 소관사무는 헌법에서 '대통령을 보좌하며 행정에 관하여 대통령의 명을 받아 행정각부를 통할'하는 것으로 규정하였으나(제86조 제2항), 이것만 가지고는 소관사무가 무엇인지 명확하지 못하다. 총리령을 행정각부의 통할 차원에서 발령한다면 행정각부 소관사항에 대하여서도 발령할 수 있다고 할 수 있겠으며, 그렇다면 어떤 법률에서 부령(그 법률의 소관부처인 행정각부의 부령)에 위임하는 외에 총리령에도 위임할 수도 있다고 하겠으나, 실제에 있어서 행정각부 소관사항은 부령에 일임하고 총리령은 행정각부가 아닌 부처(즉, 처에 해당하는 법제처 및 국가보훈처: 정부조직법에서는 이들 부처를 '국무총리 소속으로'라고 표현하고 있는 반면, 행정각부는 '대통령의 통할하'로 표현되어 있다) 소관의 법률에 한하여 대통령령보다 하위에 있는 법령의 형식으로 부령에 상응하여 발령하는 것으로 하고 있다(종전에는 경제기획원 소관의 통계법의 하위법령으로 '경제기획원령'을 발령할 것을 규정한 사례가 있었으나, '원령(院令)'은 헌법에 규정되어 있지 아니한 법령형식이므로 잘못된 것이었다고 보인다. 그 후 '각령'이란 형식도 등장하였으나 이는 헌법적 효력을 갖는다고 했던 국가재건최고회의법에 근거한 것이었다). 총리령은 이들 국무총리 소속의 처 소관인 법률의 하위법령으로서 발령하는 것이며, 따라서 부령과의 관계에서는 소관면에서 서로 배타적이고 효력면에서 동등한 효력이 있고, 행정각부의 통괄·조정과 관련된 업무에 한하여 그 업무의 성질상 다소 우월적 효력을 인정할 여지가 있을 뿐이라고 보아야 할 것이다.[7] 총리령의 입법절차는 이와 같은 총리령의 성격을 전제로 하고 있다. 따라서 총리령의 성안은 그 모법

6) 헌법 제75조에서와 같이 총리령 및 부령의 경우에도 법률이나 대통령령에서 '구체적으로 범위를 정하여' 위임하도록 하는 것이 위임입법의 취지에 부합된다고 하겠다.

7) 이에 대하여는 학설의 대립이 있는데, 동위설에 의하면 헌법은 총리령과 부령이 다같이 법률 또는 대통령령의 위임을 근거로 또는 직권으로 발하게 되어 있으며 그 우열을 규정하고 있지 않기 때문에 총리령과 부령의 효력은 동등하다는 것이고, 총리령상위설은 형식적 효력면에서는 우열의 차이가 없으나, 실질적으로는 부령이 총리령에 저촉되면 국무총리의 통할권을 침해하는 것이 된다는 의미에서 총리령은 실질적으로 부령에 상위한 효력을 갖는다고 한다. 김철수, 『헌법학개론』, 박영사, 2003, 1175 참조.

인 법률의 소관부처인 처에서 담당하되 국무총리의 사전검토는 필수적으로 요구하지는 않는 경향을 보여 준다. 이는 위에서 본 대통령령의 경우에도 대통령에 대한 사전보고를 생략할 수 있는 것과 같은 맥락이라 할 수 있다.

국무총리훈령인 「당정협의업무 운영규정」에서 총리령은 국민생활 또는 국가경제에 중대한 영향을 미치는 경우에만 당정협의 대상으로 되어 있다(당정협의업무 운영규정 제4조 제1항). 그리고 부처 간 협의절차 역시 개별 법령에서 반드시 사전 협의를 거치도록 한 사안에 한하여 해당 부처와 협의하는 것으로 그치게 된다. 부처 간 협의의 이행 여부는 총리령의 경우 차관회의나 국무회의를 거치지 않기 때문에 법제처 심사과정에서 확인하는 수밖에 없다.

총리령이 법제처에 심사의뢰되면 법제처는 이를 심사하여 법령안 주관기관의 장에게 통보하면 법령안 주관기관에서 국무총리의 결재를 받게 되며, 국무총리의 결재가 끝나면 역시 법령안 주관기관에서 행정안전부에 공포를 의뢰하고 행정안전부는 이를 관보에 게재하여 공포하게 된다. 총리령을 공포할 때에는 그 일자를 명기하고 국무총리가 서명한 후 총리인을 찍도록 되어 있다(「법령 등 공포에 관한 법률」 제9조 제1항).

3. 부령(部令)

부령의 입법절차에 관하여서는 부령의 성격이 헌법상 행정각부(문자적 의미로서 정부조직법상 끝 글자가 <○○부>로 되어 있는 기관)에서 법률이나 대통령령의 위임 또는 직권으로 발령하는 것이라는 점과 관련하여 살펴보면 된다. 부령의 입법절차는 총리령과 거의 유사한 편으로서 소관 부처에서 입안한 부령은 관계부처 협의 및 입법예고를 거쳐 규제개혁위원회의 규제심사를 받은 후 법제처에 심사를 의뢰한다. 이 과정에서 총리령과 마찬가지로 국민생활과 국가경제에 중대한 영향을 미치는 경우에는 국무총리 훈령인 「당정협의업무 운영규정」에 따라 당정협의의 대상이 된다(당정협의업무 운영규정 제4조). 법제처 심사를 마친 부령안은 소관부처에 회신되고,

소관부처는 자체에서 공포번호를 붙여 행정안정부에 관보게재의뢰를 하며, 행정안전부에서는 이를 관보에 게재함으로써 공포하게 된다. 부령을 공포할 때에는 그 일자를 명기하고 당해 부의 장관이 서명한 후 당해 장관인을 찍도록 되어 있다(법령 등 공포에 관한 법률 제9조 제2항). 여기에서 생각해 볼 점은 부령은 행정각부에서 장관의 책임 아래 발령하기 때문에 법제처 심사가 필수적인 것이냐 하는 점이다. 이는 우리와 가장 유사한 입법절차를 가지고 있는 일본의 경우에도 우리의 대통령령에 해당하는 정령까지만 내각 법제국이 심사하고 부령에 해당하는 성령(省令)은 해당 성에서 자체적으로 발령하고 있기 때문에 제기된 문제라고 할 수 있다. 그러나 일본에서는 성령에 대한 헌법적 근거가 없는 반면 우리는 총리령과 같은 위치에서 부령이 헌법에 명시되어 있고, 그 성격면에서도 법률의 직접적인 위임 아래 법률을 보충하는 효력을 갖고 있으며, 이 점에서 대통령령과 본질적 차이가 없다는 사실을 간과할 수 없다.

따라서 부령의 경우에도 입법통제의 측면에서 제3자적 위치에 있는 법제처의 심사가 필수적으로 요구되며, 특히 법률이나 대통령령의 입법절차가 복잡하고 법률이나 대통령령의 입법과정에서 원래의 정책의도를 관철시키기 어렵다는 것을 이유로, 그 절차가 비교적 간단한 부령에서 상위법령에 상충되거나 상위법령의 위임이 없는 내용을 규정하고자 할 경우도 있을 것이기 때문에 법제처의 심사는 중요하다고 할 수 있다.

제 3 절 행정입법에 대한 통제

행정입법의 입법과정은 비록 입법예고의 절차를 거치고는 있으나 법률이나 조례의 입법과정에 비하여 행정관청 내에서 비공개리에 공무원들에 의하여 이루어질 뿐만 아니라, 또 그 내용이 상당히 전문적이고 기술적이기 때문에 일반 국민들이 그 입법과정을 추적·감시하기도 어려우며, 설령 입법과정의 추적이 가능하다 하여도 그 내용이 의미하는 바를 정확히 이해한다는 것은 지극히 힘든 일이다. 그리하여 행정입법의 입법과정과 행정입법에 포함될 구체적 내용은 특정 행정입법에 이해관계를 가지고 있는 이익집단의 로비와 의도에 영향을 받기가 쉽다.[8] 따라서 행정입법의 입법과정에 대하여는 대내외적 통제가 필요하다고 할 수 있다.

1. 행정부 내부의 자율적 통제

행정입법에 대한 행정부 내부의 자율적 통제에는 감독관청에 의한 감독권행사, 법제처에 의한 심사, 입법과정에 있어서의 절차적 통제 등을 들 수 있겠다. 즉, 총리령·부령 등의 행정입법에 대해서는 대통령이 그 지휘·감독권을 행사할 수 있으며, 법제처에서는 대통령령·총리령·부령 등 모든 행정입법에 대하여 심사를 함으로써 상위법령과의 상충 여부 등을 통제할 수 있다. 또한 행정입법도 규제개혁위원회의 규제심사를 받아야 한다. 그 밖의 절차적 통제로 행정입법의 제·개정 시 원칙적으로 입법예고를 거치도록 하고 있다.

다만, 행정부 내부의 통제는 국민의 기본권 보장보다는 정책목적의 달성이라는 목표에 치중한 행정편의주의적 통제의 가능성을 배제할 수 없다는 점에서 한계가 있을 수 있다.

2. 국회에 의한 통제

(1) 입법권 행사에 의한 통제

국회는 법률을 제·개정함으로써 행정입법을 직접적으로 통제할 수 있다. 행정입법권은 행정부가 법률의 내용을 보충하거나 집행 기준을 마련하기 위하여 일반적·추상적 법규를 정립하는 권한으로서 국회의 입법권에서 파생된 권한이라고 할 수 있다.[9] 따라서 행정입법의 규율영역은, 특히 위임명령의 경우, 국회 입법권 행사의 잔여 영역이라고 할 수 있으므로 국회가 법률의 규율 밀도를 높여 행정입법의 규율사항을 법률에서 상향하여 정

8) Neil Komesar, *Imperfect Alternatives: Choosing Institution in Law, Economics and Public Policy*, Chicago, Univ. of Chicago Press, 1994, pp. 90-96.

9) 국회사무처 법제실, 『행정입법 분석·평가사례 Ⅳ』, 2020, 13.

할 수 있으며, 이를 통해 행정입법에 대한 원천적인 통제를 가할 수 있다. 즉, 법률의 취지에 부합하지 않거나 국회의 의사에 합치되지 않는 내용의 행정입법은 상위규범인 법률에서 직접 이를 시정하는 내용을 규정함으로써 문제가 되는 행정입법의 규범적 효력의 발생을 제약할 수 있다.

(2) 국정통제권 행사에 의한 통제

또한, 위법·부당한 행정입법에 대해서는 국정감사·조사, 국회에서의 국무총리·국무위원 등에 대한 질문, 국무총리·국무위원의 해임건의, 탄핵소추 등의 방법으로 간접적으로 그 철회나 폐지 또는 개정을 촉구할 수 있다.

(3) 행정입법 검토제도에 의한 통제

가. 행정입법 검토제도의 의의

행정입법 검토제도는 국회법 제98조의2의 규정에 따라 국회가 행정입법의 내용을 직접 검토하여 법률불합치 사항을 정부에 통보하는 제도이다. 이는 행정입법에 대한 적절한 통제를 통하여 입법의 실효성을 확보하고 행정권을 견제하기 위한 것으로서 국회의 입법권을 실질화하려는 입헌주의적 요청에 따른 것이다.

나. 행정입법의 제출

국회에 제출되어야 하는 행정입법은 대통령령, 총리령, 부령, 훈령, 예규, 고시 등으로 제·개정 또는 폐지로부터 10일 이내에 소관상임위원회에 제출되어야 한다. 대통령령의 경우에는 입법예고안도 입법예고(입법예고를 생략하는 경우에는 법제처장에게 심사를 요청한 때)로부터 10일 이내에 제출하여야 한다. 기한 내 행정입법 또는 입법예고안을 제출하지 못할 경우에는 그 사유를 소관상임위원회에 통지하여야 한다(국회법 제98조의2 제1항 및 제2항).

다. 상임위원회의 검토

상임위원회는 위원회 또는 상설소위원회를 정기적으로 개회하여 대통령령·총리령·부령의 법률 위반 여부를 검토한다. 소관상임위원회에 제출되는 행정입법 중 훈령, 예규, 고시 등은 검토대상이 아니다.

상임위원회의 전문위원은 대통령령·총리령·부령에 대한 검토결과를 해당 위원회 위원에게 제공하는데(국회법 제98조의2 제9항), 위원회의 업무부담 때문에 국회사무처 법제실에 행정입법의 분석·평가를 의뢰하여 그 결과를 활용하기도 한다.

라. 법률불합치 대통령·총리령 검토결과 송부

행정입법 중 대통령령과 총리령에 대해서는 상임위원회가 검토를 하여 법률의 취지 또는 내용에 합치되지 아니한다고 판단되는 경우에 검토의 경과와 처리 의견 등을 기재한 검토결과보고서를 의장에게 제출한다. 의장은 제출된 검토결과보고서를 본회의에 보고하고, 국회가 본회의에서 이를 의결로 처리하여 정부에 송부한다(국회법 제98조의2 제4항 및 제5항). 정부는 송부받은 검토결과에 대한 처리 여부를 검토하고 그 처리결과를 국회에 제출하여야 한다. 국회의 검토결과를 따르지 못할 경우에는 그 사유를 함께 제출해야 한다(국회법 제98조의2 제6항).

마. 법률불합치 부령의 통보

행정입법 중 부령에 대하여는 상임위원회가 검토를 하여 법률의 취지 또는 내용에 합치되지 아니한다고 판단되면 소관 중앙행정기관의 장에게 그 내용을 통보하고, 통보를 받은 중앙행정기관의 장은 통보 받은 내용에 대한 처리 계획과 그 결과를 지체 없이 소관상임위원회에 보고하여야 한다(국회법 제98조의2 제7항 및 제8항).

바. 행정입법검토제도의 연혁 및 현황

국회의 행정입법에 대한 체계적인 통제는 1997년 1월 국회법개정으로 도입된 행정입법의 국회송부제도로부터 본격화되었다고 할 수 있다. 당시 도입된 행정입법 송부제도의 내용은 중앙행정기관의 장이 법률에서 위임한 사항이나 법률을 집행하기 위하여 필요한 사항을 규정한 대통령령·총리령·부령 및 훈령·예규·고시 등 행정규칙이 제정 또는 개정된 때에는 7일(이후의 국회법개정에서 10일로 변경되었다) 이내에 이를 국회에 송부하도록 규정한 것이었다(국회법 제98조의2).

그러나 국회에 송부된 대통령령 등에 대한 국회 차원에서의 심사·평가절차는 체계적으로 마련되어 있지 못하였는데 2000년 2월 개정 국회법에서는 행정입법에 대한 국회의 통제기능을 더욱 강화하여, 상임위원회가 정기적으로 위원회 또는 소위원회를 개회하여 소관 중앙행정기관의 장이 송부한 대통령령·총리령 및 부령을 검토하고 당해 대통령령·총리령·부령이 법률의 취지 또는 내용에 합치되지 아니한다고 판단되는 경우에는 소관 중앙행정기관의 장에게 그 내용을 통보하도록 규정하였다(당시 국회법 제98조의2 제3항). 이로써 위법·부당한 행정입법에 대한 국회의 직접적인 의견표명을 위한 제도적인 장치가 마련된 것인데, 당초에 정치개혁입법특별위원회가 제안한 안에 의하면, 소관상임위원회가 소관중앙행정기관의 장에게 '시정을 요구'할 수 있도록 하였으나 본회의 심의과정에서 시정요구가 통보로 수정되어 강제력이 다소 약화되었다.

행정입법에 대한 이러한 통제장치의 강화에도 불구하고, 소관상임위원회가 해당 중앙행정기관에 통보한 내용에 대하여 해당 중앙행정기관에서 국회에 그 처리결과를 사후 보고하는 절차가 없어 실질적인 행정입법통제가 미흡하다는 점과 함께 행정입법의 입안단계에서부터 그 내용을 국회가 숙지하여야 행정입법통제의 실효성을 제고할 수 있다는 지적이 있어 왔다. 이에 따라 2005년 7월 개정국회법에서는 국회에서 대통령령 등이 법률의 취지 및 내용에 부합하지 않는다고 판단하여 해당 중앙행정기관에 그 내용을 통보한 경우 중앙행정기관의 장은 통보받은 내용에 대하여 처리계획과 그 결과를 지체 없이 소관상임위원회에 보고하도록 하는 사후통제절차를 마련하였다(당시 국회법 제98조의2 제3항 후단). 또한, 행정입법 중 대통령령의 경우에는 입법예고 단계에서도 해당 위원회가 그 입법예고안을 제출받아 검토할 수 있도록 대통령령을 입법예고하는 때(입법예고를 생략하는 경우에는 법제처장에게 심사를 요청하는 때)에도 그 입법예고안을 소관상임위원회에 10일 이내에 제출하여야 하고(제98조의2 제1항 단서), 이 기간 이내에 제출하지 못한 경우에는 그 이유를 소관상임위원회에 통지하도록 하였다(제98조의2 제2항).

2015년에는 상임위원회가 법률 불합치 행정입법(대통령령·총리령·부령 등)에 대한 수정·변경을 요청할 수 있고, 이에 대하여 소관 중앙행정기관장이 처리하고 결과를 소관상임위원회에 보고하도록 국회법을 국회가 의결하였으나, 행정입법권의 중대한 침해를 이유로 대통령이 재의를 요구하였으며(2015. 6. 25.), 국회가 이에 대해 재의결하지 않아 임기만료로 폐기된 바 있다.

2020년 2월 개정 국회법에서는 종전에 상임위원회가 대통령·총리령·부령을 검토하여 소관 중앙행정기관의 장에게 통보하던 것을 대통령령 또는 총리령이 법률의 취지 또는 내용에 합치되지 아니한다고 판단되는 경우에는 검토결과보고서를 의장에게 제출하고 국회가 이를 본회의 의결로 처리하여 정부에 송부하도록 제도를 강화하였다. 부령의 경우는 종전과 같이 상임위원회가 소관 중앙행정기관의 장에게 송부하도록 하고 있다(국회법 제98조의2 제4항~제7항).

그러나 이러한 행정입법에 대한 통제의 제도적 강화에도 불구하고 실제 국회의 행정입법검토는 활성화되지 못하고 계속 그 실적이 저하되는 경향을 보이고 있다. 제20대 국회 기간 동안 상임위원회에서 이루어진 행정입법 검토건수는 모두 35건에 불과하며, 이 중 2건을 정부에 통보하였다.[10] 이것도 1개 상임위원회서만 검토를 한 실적이며 나머지 상임위원회는 검토한 실적이 전혀 없다. 이는 제19대 국회에서 313건을 2개 상임위원회에서 검토하여 40건을 정부에 통보한 것과 비교하여도 매우 저조한 실적이며, 그 이전인 제18대 국회와 제17대 국회와 비교하면 더욱 저조한 실적이라고 할 수 있다. 제18대 국회에서는 모두 1,499건이 8개 상임위원회에서 검토되어 303건이 정부에 통보되었으며, 제17대 국회에서는 1,437건이 상임위원회에서 검토되어 140건이 정부에 통보되었다.

이처럼 행정입법의 검토건수와 통보건수가 감소하는 것은 행정입법검토 제도의 예방적 효과 등에 따라 국회의 검토대상이 되는 하자 있는 행정입법의 수가 원천적으로 감소하였을 가능성도 배제할 수 없지만, 그보다는 소관상임위원회의 관심이 저조한 것이 원인이라고 할 수 있다.[11] 이는 최

10) 국회사무처 법제실, 『제20대국회 행정입법 분석·평가 사례 100선』, 2020, 13.

11) 실제로 국회사무처 법제실은 국회 상임위원회로부터 총 4,418건의 행정입법 분석을 의뢰받아, 101건(2.3%)의 행정입법에 대하여 상위 법률의 취지 또는 내용에 합치되지 않는다는 의견을 제시하였으나, 35건만 검토되었고, 법제실의 법률불합치 의견을 낸

근 법률안 회부건수가 급증하여 상임위원회의 업무부담이 가중된 것이 가장 큰 원인으로 보인다.

표 9-1 역대국회 행정입법 검토 및 통보 건수

	제17대	제18대	제19대	제20대
상임위 검토	1,437	1,499	313	35
행정부 통보	140	303	40	2

자료: 국회사무처

하지만, 오늘날 세계적으로 행정국가화 현상이 보편적으로 나타나면서 행정입법에 대한 의회의 통제가 강화되고 있는 것이 공통적 현상이라고 할 수 있으므로[12] 행정입법 검토제도가 제도의 취지대로 그 기능이 충실히

101건 중 2건에 대해서만 위법하다는 의견을 소관부처에 통보하였다.

12) 영국은 다른 나라에 비해 의회에 의한 행정입법의 통제제도가 상대적으로 잘 정비되어 있는데 그 주요한 내용으로서 행정입법의 의회제출 절차를 살펴보면 다음과 같다. 먼저, 행정입법의 의회제출 절차는 개별법의 수권에 의하여 행정입법을 의회에 제출토록 하여 의회의 통제를 받는 제도로서 단순제출방식, 부인결의의 절차, 승인결의의 절차, 위임입법의 초안단계에서의 제출, 위원회에서의 심사로 구분할 수 있다.
단순제출절차(Simple laying procedure)는 위임입법을 단순히 의회에 제출하도록 요구하는 것으로서 의회는 그 위임입법의 폐기를 동의할 수 없으며, 행정부도 시행 전에 반드시 의회의 결의를 얻어야 하는 것은 아니다. 부인결의의 절차(Negative resolution procedure)는 제정된 위임입법이 의회에 제출된 직후에 시행되지만, 제출 후 40일 이내에 상원이나 하원의 일방이라도 취소의 결의를 하면 당해 위임입법은 취소되는 절차로서 가장 많이 사용된다. 승인결의의 절차(Affirmative resolution procedure)는 양원 또는 하원의 결의에 의해 적극적으로 승인되지 않는 한 제출된 위임입법은 효력을 발생하지 않게 되는 절차이다. 위임입법의 초안단계에서의 의회 제출은 위임입법의 작성과정에서 의회의 의사를 반영하기 위하여 고안된 절차로서 부인결의 절차와 승인결의절차의 두 가지 방식이 이용된다.
위원회에 의한 심사는 보다 효율적인 행정입법통제가 가능하도록 위원회를 구성·심사하는 것인데 상원에서는 특별명령위원회(Special Order Committee)가, 하원에서는 심사위원회(Scrutiny Committee)라고 불리는 행정입법특별위원회(Select Committee on Statutory Rules and Orders)가 각각 구성되어 운영되었는데, 이 두 위원회가 상하 양원에서 각기 독자적 심사를 행함으로 인해 발생되는 문제점을 해소하기 위하여 1973년 2월 양 위원회가 합병되어 행정입법심사합동위원회(Joint Committee on Statutory Instrument)가 구성되었고, 같은 해 3월에는 행정입법심사상설위원회(Standing Committee on Statutory Instruments)가 구성되어 활동하고 있다.
미국의회는 의회거부제도(Legislative Veto/Congressional Veto)를 운영하였는데 이는 법원에 의한 행정입법의 통제가 사실상 실효적이지 못한 상태에서 행정입법이 의회입

수행될 수 있도록 노력할 필요가 있다.

3. 법원에 의한 통제

법원은 명령·규칙의 위헌·위법 여부를 심사함으로써 행정입법을 통제한다. 헌법 제107조 제2항에서는 명령·규칙이 헌법이나 법률에 위반되는 여부가 재판의 전제가 된 경우에는 대법원은 이를 최종적으로 심사할 권한을 가지도록 규정하고 있다. 명령 또는 규칙이 법원에 의하여 위헌 또는 위법이라고 판단된 때에는 그 명령 또는 규칙을 당해 사건에 대하여 적용하지 아니한다.

4. 헌법재판소에 의한 통제

명령·규칙의 특정 조항이 집행행위가 없이도 직접 국민의 기본권을 침해하는 경우에는 헌법소원의 대상이 된다(헌재 1990. 10. 15. 89헌마178; 헌재 1995. 1. 20. 94헌마99).[13]

이와 관련하여 헌법 제107조 제2항에 규정된 대법원의 명령·규칙심사권과의 관계가 문제되는데, 헌법재판소는 1990년 10월 15일의 '법무사법시

법을 사실상 대체하는 것을 막기 위하여 고안된 것이다. 의회거부권은 1983년 연방대법원에서 위헌판결을 내렸지만 1996년 5월 연방행정절차법에서 행정기관의 규칙제정에 대한 의회의 심사(Congressional review of Agency rulemaking) 규정을 둠에 따라 독립규제위원회를 포함하여 모든 행정기관들은 최종적이거나 혹은 중간의 규칙들을 효력발생 전에 의회의 심사를 위하여 각 원과 회계원장에게 제출하도록 하였다.
독일은 연방의회의 행정입법을 통제하기 위한 수단으로 행정입법에 대하여 이유를 제시할 의무를 지도록 하는 방법, 이의제기권과 거부권, 동의권(동의유보), 파기권(폐지유보), 교정권(변경유보) 등이 인정되고 있다. 동의유보는 모법에서 행정입법의 효력발생요건으로서 의회의 동의를 요구하는 것이고, 폐지유보는 모법에서 행정입법이 공포된 후 의회가 이를 폐지할 수 있는 권한을 유보하는 것이며, 변경유보는 행정기관이 제정한 행정입법의 내용을 의회가 변경할 수 있도록 하는 것이다. 이에 대하여 자세한 내용은 김춘환, 앞의 글, 89 내지 99 참조.

13) ① 법규명령 중 총리령에 대한 헌법소원의 예로는 헌재 1997. 3. 27. 93헌마159, 엔지니어링기술진흥법시행규칙 제3조 제1항 제2호 위헌확인.
② 부령에 대한 헌법소원 및 위헌결정의 예로는 헌재 1993. 5. 13. 92헌마80, 체육시설의 설치·이용에 관한 법률시행규칙 제5조에 대한 헌법소원. 이에 대하여는 김철수, 『헌법학개론』, 박영사, 2003, 1447 참조.

행규칙 제3조 제1항에 대한 헌법소원심판'에서 헌법 제107조 제2항이 규정하는 명령·규칙에 대한 대법원의 최종심사권은 구체적인 소송사건에서 명령·규칙의 위헌 여부가 재판의 전제가 되었을 경우 법률의 경우와는 달리 헌법재판소에 제청할 것 없이 대법원이 최종적으로 심사할 수 있다는 것이고, 명령·규칙 그 자체에 의하여 직접 기본권이 침해되었음을 이유로 하여 헌법소원심판을 청구하는 것은 위 헌법규정과는 아무런 상관이 없다고 하여 그 제도적 의의를 구분한 바 있다. 그러나 그 헌법소원의 유형은 헌법재판소법 제68조 제1항에 의한 권리구제형 헌법소원이 될 것이며, 동조 제2항에 규정된 위헌심사형 헌법소원은 이에 해당되지 않는다고 할 것이다.[14)]

14) "헌법재판소법 제68조 제2항에 의한 헌법소원심판청구는 당사자가 직접 헌법재판소에 헌법소원의 형태로 그 법률의 위헌 여부의 심판을 구하는 것이므로 그 심판의 대상은 재판의 전제가 되는 '법률'인 것이지 대통령령이나 부령은 그 대상이 될 수 없다." 헌재, 도시공원법 제2조 제2호 자목 등 위헌소원, 1997. 10. 30. 선고, 95헌바7.

PART 3

외국의 입법과정

제 1 장 _ 대통령제 국가의 입법과정

제1절 대통령제 국가의 입법과정

1. 입법과정의 구조적 결정요인

입헌적 대의민주주의 체제를 채택하고 있는 세계 주요국가의 입법과정은 의회의 법률안 심의과정을 핵심적 과정으로 한다는 점에서 기본적인 구조를 공유하면서 각 국의 정치·사회구조에 적합한 고유의 입법과정을 형성해 왔다. 앞서 언급한 대로 입법과정의 구조에는 정부형태(대통령제와 의원내각제), 의회의 구성방법(양원제와 단원제), 의회의 운영방법(본회의 중심주의와 위원회 중심주의) 등 많은 제도적 요인이 영향을 준다.

이 중에서도 정부형태는 입법과정의 구조에 가장 큰 영향을 미치는 요인이라고 할 수 있다. 이는 입법과정이 각국의 정부형태의 한 부분을 이루고 있기 때문으로서 각국의 입법과정을 비교해 보면 정부형태의 유사성이 입법과정의 유사성으로 나타나는 현상을 볼 수 있다. 이러한 정부형태의 대표적인 유형으로 대통령제와 의원내각제를 들 수 있다. 어느 국가가 대통령제 정부형태를 채택하고 있다면 그 국가의 입법과정은 상당한 유사성을 갖게 된다. 예를 들면 대통령제를 채택한 나라에서는 의회에서 의결된 법률안에 대해서 대통령에게 거부권을 행사할 수 있도록 하는 경우가 많다.

또한, 입법과정은 각국 의회의 구성형태에 따라 달라질 수 있다. 양원제를 채택하고 있는 국가와 단원제를 채택하고 있는 국가의 입법과정은 당연히 다르게 된다. 양원제를 채택하고 있는 국가의 의회를 살펴보면, 미국

의회는 세입관련 법률안, 영국과 프랑스의회는 재정관련 법률안, 캐나다 의회는 지출 법률안, 호주의회는 지출 및 조세 법률안에 대하여 반드시 하원에 제출되도록 하여 하원의 우선적 심사권을 인정하고 있다.

또한, 의회 운영구조가 본회의중심주의를 취하고 있는 영국과 같은 국가의 의회에서는 공통적으로 법률안에 대한 위원회 심사가 매우 실무적이고 기술적인 사항에 국한되고 있는 반면에 우리나라와 같이 위원회중심주의를 취하는 경우에는 위원회 심사가 실질적이고 핵심적인 과정이고 본회의 심의는 특별한 경우를 제외하고는 위원회 심사를 추인하는 기능에 머무르는 경향이 있다.

그러나 이미 언급했듯이 각국의 입법과정은 비록 정부형태나 의회의 구성형태가 동일하더라도 그 나라의 정치적 환경이나 역사적 경험에 따라 나름대로의 다른 특징들을 가지고 있다. 즉 전체주의 국가나 민주화의 정도가 낮은 국가의 경우 의회가 입법과정을 주도하지 못하고 권력자나 행정부 및 집권당의 관여 및 영향력이 크게 작용한다. 그리고 그 입법과정도 개방적이고 민주적이기보다는 폐쇄적이고 효율성 위주의 제도를 채택하게 된다.

다른 국가의 입법과정을 비교·분석하는 것은 바람직한 입법과정의 모델을 모색하고 우리나라 입법과정상의 문제점이나 개선방안을 찾는 데 도움이 될 수 있다. 따라서 각국의 입법과정을 비교함에 있어서는 각국의 입법과정을 단순히 자세하게 소개하는 것보다는 다른 나라에는 없는 특징적인 제도를 중심으로 살펴보는 것이 입법과정을 비교·분석하는 목적에 부합할 것이다.

이하에서는 입법과정의 구조적 영향요인 중 정부형태를 중심으로 대통령제 국가와 의원내각제 국가로 분류하여 주요 선진국인 미국, 영국, 일본, 독일, 프랑스의 입법과정을 살펴보기로 한다.

2. 대통령제의 특성

대통령제와 의원내각제의 가장 큰 차이점은 권력분립과 의회와 행정부의 관계에 관한 태도의 차이이다. 대통령제 국가의 원형(原型)은 의원내각제 국가에 비해 엄격한 권력분립을 강조하며, 행정부와 입법부가 각각 국민의 선거에 의해 구성되는 제도적 체제를 갖는 것이다.

따라서 대통령제 국가에서 입법부와 행정부는 구성 및 존속이 상호 독립적이어서 입법부와 행정부가 각각 국민에게 책임을 지고, 상호겸직을 원칙적으로 금지하고 있다. 또한 의원내각제 국가에서 특징적으로 나타나는 의회의 집행부 불신임권과 의회해산권을 인정하지 않는다. 이러한 대통령제 국가에서는 입법권과 행정권의 권력적 균형을 다양한 제도적 견제수단을 통해 확보하는 견제와 균형의 원리가 중시된다.[1]

대통령제 정부형태는 국정의 안정을 이룰 수 있고, 행정의 효율성을 높일 수 있는 반면, 행정부와 의회가 대립할 경우 효율적인 정책의 수립이 지연될 우려가 있고, 대통령의 강력한 권한이 독재를 흐를 위험성이 있다. 또한 정책에 대한 책임이 입법권과 행정권 사이에 그리고 대통령과 관료제 간에 분산되어 국민에 대한 책임이 불분명한 문제점이 있다.[2]

3. 대통령제 국가의 입법과정: 다양성과 다원적 입법과정

대통령제 국가의 입법과정은 대통령제를 채택한 국가들의 다양성만큼 다채로운 양상을 보이기 때문에 이를 일률적으로 설명하기는 어렵다. 대통령제로 분류하기도 하는 이원정부제 국가의 대통령제와 정치적 민주화와 사회적 다원화의 수준이 높지 않은 국가의 대통령제는 대통령제의 원형이라고 할 수 있는 미국과 같은 나라의 대통령제와는 많은 부분에서 다른 모습을 보이기 때문이다. 한 마디로 대통령제 국가의 입법과정은 대통령제의 다양성만큼 다양할 수 있다는 것이다.

그럼에도 불구하고 대통령제 국가의 입법과정은 그것이 명목적이든 실질적이든 간에 대통령을 수반으로 하는 행정부로부터 제도적으로 독립된 입법부가 입법기능을 담당하는 구조를 가지고 있다는 점에서 행정부와 입법부가 제도적으로 융합하는 의원내각제 국가와는 다른 제도적 지향을

1) 권영성, 『헌법학원론』, 박영사, 1997, 670.
2) 윤명선, “권력분립원리에 관한 재조명”, 『미국헌법연구』 제18권 제1호, 2007, 17.

가진다고 할 수 있다. 따라서 여기서는 현실에 존재하는 대통령제의 다양성으로 인하여 비록 보편적인 설명에는 한계가 있지만, 권력의 분산이라는 대통령제 본연의 제도적 지향을 감안하여 대통령제의 원형이라고 할 수 있는 미국의 대통령제를 중심으로 입법과정상 특징을 기술하고자 한다.

미국의 대통령제를 기준으로 한 원형적 대통령제 국가의 입법과정상 특징은 의원내각제 국가의 입법과정에 비하여 상대적으로 다원적인 구조를 가진다는 것이다. 이는 일원적 정책결정구조를 가진 행정부와 다원적 정책결정구조를 가진 입법부가 상호 독립적으로 작용하면서 실질적인 입법권이 제도적 입법기관인 의회에 유보되어 있기 때문에 발생하는 것으로서 집권화된 의원내각제 국가에 비하여 원형적 대통령제 국가가 보다 정치적으로 분권화되었기 때문이라고 할 수 있다. 정부가 제출하는 법률안에 비하여 의회에서 다양한 성향의 의원들이 발의하는 법률안은 정책이나 정치적 배경에 있어 훨씬 다원적인 성향을 지닌다. 특히 입법과정에 이해관계집단의 영향력이 크고 이들이 소관상임위원회나 지역구 의원을 통하여 입법요구를 투입시키는 경우도 많아 사회의 다원적 특성이 입법과정에도 반영될 확률이 높다.

권력융합을 상대적으로 강조하는 의원내각제의 경우 의회의 다수당 지도부와 행정부의 지도부인 내각이 정치적으로 단일한 주체라고 할 수 있으므로 내각의 정책의지가 의회를 지배하고 있는 다수당을 통하여 입법과정에서 관철될 수 있다. 따라서 의회에서 통과되는 법률안은 대부분 다수당과 정부가 사전에 조율을 마친 내용인 경우가 많다. 의원내각제 국가의 경우 정부의 법률안 제출권을 인정하는 경우가 많으며, 의회에서 주로 심의되고 통과되는 법률안도 정부제출안이 대부분이다. 반대로 의회를 구성하는 다양한 성향의 의원들이 제안하는 법률안은 비중있게 다뤄지지 않는 경향이 있다. 그만큼 의원내각제 국가의 입법과정은 상대적으로 일원적 특징을 가진다.

대통령제에서 나타나는 이러한 입법과정의 다원적 특성은 의원내각제에 비하여 입법과정상 조정과 타협의 부담을 가중시키는 측면이 있다. 공식적인 의회의 입법과정이 개시되기 전에 막후에서 실질적인 조정을 마치는 의원내각제와 달리, 다양한 이해관계와 가치관이 공식적인 의제로서 공론의 장에 등장하는 대통령제 입법과정에서는 이러한 이해관계와 가치의 충돌을 조정하기 위해서 당사자들의 양보를 이끌어내고 설득할 수 있는 명분과 보편적 기준이 필요하나 이 모든 것이 현실에서는 항상 용이한 것은 아니다. 따라서 원형적 대통령제의 입법과정은 이러한 다원적 특성 때문에 입법과정의 경색과 지연이 자주 발생하고 효율성이 저하될 수 있으며, 이러한 조정과 타협의 어려움 때문에 입법산출에 있어서도 모두를 만족시키는 듯이 보이는 모호한 입법이 증가하여 법률의 명확성이 의원내각제 국가에 비하여 상대적으로 저하되는 경향이 있다. 최근에 회자되는 '정치의 사법화' 현상도 입법과정상 조정의 어려움 때문에 입법과정의 정치적 책임을 사법과정에 전가하려는 정치주체들의 유인이 크기 때문에 발생하는 것이라고 할 수 있다.

또한, 대통령제의 입법과정은 의원내각제와 같이 사전에 막후에서 조정된 의제가 논의되는 것이 아니므로, 많은 수의 다양한 의제를 본회의와 같이 많은 인원이 참석하는 회의체에서 실질적으로 논의하기 어렵기 때문에 위원회 중심주의에 따른 의회 운영체제가 불가피한 측면이 있다.

그리고 미국과 같은 원형적 대통령제 국가에서는 입법부인 의회가 상대적으로 자율성을 가지고 입법에 있어 막강한 권한을 행사할 수 있으므로 이를 견제하기 위한 제도적 장치도 강조되는 편이다. 대통령의 법률안 거부권이나 사법부의 위헌법률심사제도 등은 이러한 입법권을 견제하기 위한 제도적 장치들이다.

물론 대통령제 국가라고 해서 모두 입법과정이 이러한 다원적 특성을 가지는 것은 아니다. 미국과 같이 대통령제가 권력집중을 초래하지 않고 권력분립의 원형을 일정 수준 유지한 경우에만 입법부의 자율성이 확보되면서 다원적 입법과정의 특성을 보일 수 있다. 신대통령제와 같은 비민주적 대통령제 하에서 입법과정은 통치자의 의지에 좌우되는 일원적 특성을 가질 확률이 높다. 또한 민주주의의 수준이 높다고 하더라도 프랑스와 같은 이원정부제적 국가는 의원내각제적 요소와 입법과정상 정부의 강력한 영향력 행사를 가능하게 하는 제도적 특성 때문에 의원내각제 국가 못지않은 일원적 특성을 보일 수 있다. 즉, 대통령제의 다양한 변용 가능성 만큼 대통령제 국가의 입법과정 또한 다양한 양태를 보일 수 있다.

제 2 절 미국의 입법과정3)

1. 개 관

미국은 몽테스키외적 권력분립 제도를 채택한 전형적인 국가답게 입법·행정·사법의 삼권을 의회와 대통령 및 법원에 각각 부여하고 원칙적으로 서로 간섭할 수 없도록 하고 있는데, 이에 따라 입법권은 의회만이 가질 수 있도록 하고, 행정부가 의회의 입법과정에 간섭할 수 없도록 하기 위하여 정부의 법률안 제출권을 인정하지 않는다.

그러나 미국헌법은 국가기관 상호간의 견제와 균형을 위하여 행정부의 수반인 대통령에게 의회의 입법과정에 대한 일정한 관여를 허용하고 있기도 하다. 즉 미국에서는 상하 양원의 의사합치만으로는 법률안이 확정되지 않고, 대통령의 승인행위를 거쳐야만 비로소 법률안이 확정된다. 나아가 대통령의 이러한 승인행위는 형식적인 것이 아니라 의회의 의사에 대하여 반대의 의사를 표명하는 실질적인 힘을 가진 거부권(veto)의 행사로 나타날 수 있다.

또한, 미국의 입법과정은 전형적인 위원회중심주의를 채택하고 있다는 점이 하나의 큰 특징이다. 미국의 위원회제도는 입법과정의 핵심적인 부분이 되고 있는데, 입법에 있어서 가장 중요한 과정이 위원회심의단계라는 의미에서 미국의 정치를 '위원회정치(Committee Government)'라고도 한다. 미국의회의 위원회는 각자의 영역에서 전문적 지식과 경험을 가지고 고도의 입법능력을 개발하여 행정부에 대항하며, 각종 조사기능을 활용하여 입법자료를 확보하는 동시에 행정부에 대한 유효적절한 통제기능을 행사하고 있다.

---

3) 이 장의 내용은 미국의회의 제110회 회기 초(2007년 7월)에 상하 양원에서 결의한 『How Our Laws Are Made』(미 하원의 Parliamentarian인 John V. Sullivan이 개정·보완)를 참고하였다.

그리고 미국의 입법과정에서 위원회 제도 못지않게 중요한 특징은 미국이 의회의 구성을 양원제로 하고 이를 모범적으로 운영해 온 결과, 그 입법과정도 상원과 하원 모두의 심의와 승인 없이는 법률이 제정될 수 없는 구조적 특성을 최대한 활용하여 토론문화의 정착과 소수의견의 존중 등 민주성이 두드러진다는 점이다. 그리고 미국 의회에서는 입법활동을 전문적으로 보좌하는 기구가 잘 정비되어 있는데, 이들 입법보좌기구는 '보이지 않는 정부(Shadow Government, Invisible Government)'라고 일컬어질 정도로 의회의 입법활동에 상당한 영향력을 미치고 있다.

2. 법률안의 제출[4)]

미국에서 법률안의 제출은 원칙적으로 의회의 구성원인 의원[5)]만이 할 수 있다. 이는 미국 헌법이 엄격한 권력분립원리에 기초한 대통령제 정부형태를 채택하고 있는 결과이기도 하다.

그러나 미국에서도 대통령은 매년 1월 또는 2월 연두교서(年頭敎書)를 의회에 제출하여 입법계획을 권고하고 그 후에도 수시로 대통령이나 각부

4) 미국 의회에 제출되는 의안의 종류에는 법률안(bill), 합동결의안(joint resolutions), 공통결의안(concurrent resolutions), 단순결의안(simple resolutions)의 4가지가 있다.
이 중 가장 일반적인 의안의 형태는 법률안으로서 상원과 하원 모두에서 제안될 수 있으나, 세입관련 법률안은 하원에서만 제안될 수 있고 상원은 수정안을 제안할 수 있을 뿐이다. 법률안은 그 법적 효과가 미치는 대상이 일반대중인지 특정계층인지에 따라 공적 법률안(public bill)과 사적 법률안(private bill)으로 구분된다.
합동결의안(joint resolutions)은 그 명칭에도 불구하고 상원과 하원이 합동하여 제안하는 의안이 아니라 상원 또는 하원 어느 한쪽에서 제안하는 것이다. 합동결의안은 서문을 갖추고 있고 헌법을 수정할 수 있다는 것 외에는 그 성격 및 의회절차에 있어서 법률안과 별다른 차이가 없기 때문에 상호대체적으로 사용된다. 미국의 법률은 법률안과 합동결의안에 의하여 제정되거나 개정되는 것이다.
공통결의안(concurrent resolutions)은 상원과 하원의 운영에 공통적으로 관련되는 사항을 제안하는 의안으로서 양원의 현황·의견·원칙·목적 등을 규정한다.
단순결의안(simple resolutions)은 상원 또는 하원 어느 쪽에만 관련되는 규칙·의견 등을 제안하고자 하는 경우로서 제안된 원(院) 내에서만 심의된다.
공통결의안과 단순결의안은 주로 의회운영 등 내부사항을 주로 규정하고, 대통령의 승인을 받지 않는 관계로 입법적 속성을 갖는다고 할 수 없다.

5) 정식 의원은 아니지만 Puerto Rico 대표도 법률안 발의권이 있다. 『How Our Laws Are Made』, 8.

장관 등은 서한이나 법률안의 초안을 의회에 보냄으로써 입법에 관한 의견을 개진한다. 이러한 입법의견은 소관위원회로 회부되어 위원장 또는 소수당 간사가 안을 갖추거나 초안 그대로 법률안으로 입안하여 제출한다. 법률안 제출을 위하여 위원회나 소위원회가 먼저 입법의견을 검토할 수도 있다.

정부의 입법의견이 의회에서 법률안으로 제출되고 있는 관행은 법적인 의무사항은 아니지만, 대통령의 소속정당과 의회의 다수당이 서로 다른 경우에도 일반적으로 행해지고 있다. 이러한 의미에서 실질적으로는 정부제안의 법률안이 의회에 상당수 제출된다고 하겠다.

법률안의 제출은 하원의 경우에는 하원회의장의 연단 옆에 마련되어 있는 법률안접수함(hopper)에 당해 법률안을 투입함으로써 할 수 있다. 법률안을 제출할 때에는 소속당의 지시나 소속위원회 위원장의 허락을 받지 않으며 스스로 판단하여 필요하다고 인정되는 때에는 회기 중 언제나 법률안을 제출할 수 있다. 법률안을 발의하는 의원을 그 법률안의 'primary sponsor'라고 하며, 그 법률안에 찬성하는 의원을 'cosponsor'라고 하는데, 법률안에 대한 찬성은 법률안의 제출시(original cosponsor)는 물론 제출 후에도(additional cosponsor) 할 수 있으나, 법률안을 최종적으로 심의한 위원회의 심사보고 후에는 찬성을 추가하거나 철회할 수 없다. 어떠한 경우라도 법률안 발의자의 서명은 삭제될 수 없다.

상원의 경우 법률안의 발의는 보통 의장석 옆의 사무처 직원에게 제출함으로써 이루어진다. 상원의원은 취지를 설명한 다음 법률안을 발의하는 보다 공식적인 절차를 밟을 수도 있다.

하원에서 법률안이 발의되면 오늘날은 법률안의 제명(題名)을 낭독하지 않고 의회 공보(Journal)와 회의록(Congressional Record)에 그 제명이 기록된다. 그런 다음 법률안 번호가 부여되고, 소관위원회에 회부된다. 그리고 Government Printing Office에서 인쇄된 후 소관위원회 위원장에게 보내진다.

정부 혹은 어떤 개인이나 단체가 법률안을 입안하여 의원에게 발의를 요청하는 경우(보통 대통령이나 장관이 요청함) 의원은 그러한 법률안에 '요청에 의해서(by request)'라는 문구를 첨부하여 그 점을 명확히 하여 제출할 수 있다.

제출된 법률안은 의장이 의사관(Parliamentarian)의 도움을 받아 소관위원회에 회부하는데, 그 회부에 있어서는 위원회의 관할권에 관한 상세한 규칙이 적용된다(2021년 1월 현재 하원에는 20개의 상임위원회가, 상원에는 16개의 상임위원회가 있다). 위원회의 관할영역과 관련하여 중복이 존재하는 경우에는 의장이 복수의 상임위원회에 법률안을 회부할 수 있다(이 경우 일반적으로 하나의 주관위원회와 몇 개의 보조위원회가 있게 되고 보조위원회에 대하여는 심사기간을 지정할 수 있다). 또한 상원에서는 관할권을 둘러싼 갈등을 해결하기 위하여 본회의에서 다수결투표로 소관위원회를 결정하거나 복수의 위원회에 법률안을 회부하는 결정을 내리기도 한다.

법률안은 상하 양원의 어느 원에서 먼저 심의하여도 관계없으며 보통 동일한 또는 유사한 법률안이 양원에 제출되어 병행 심의된다. 한편 연방헌법은 세입의 징수에 관한 모든 법률안은 하원에서 먼저 심의되어야 한다고 규정하고 있으며, 그 외에 전통적으로 세출법안도 하원에서 먼저 심의된다(연방헌법 제1조 제7항).

3. 위원회의 심사

법률안이 일단 위원회에 회부되면 위원회의 의사일정표에 올려지게 되는데, 대부분의 법률안은 위원회의 의사일정에 상정되지 못하고 더 이상 심사를 받지 못한 채 사장(死藏)되게 된다. 법률안을 회부 받은 위원회가 제일 먼저 하는 조치는 정부의 관련 부처(departments and agencies)에 의견을 조회하는 일이다. 그리고 종종 GAO(Government Accountability Office)에 법률안을 보내어 입법화의 필요성이나 타당성에 대한 보고서를 제출해 주도록 요구하기도 한다. 법률안이 본회의에 부의되기 위해서는 위원회의 두 가지 단계, 즉 청문회(Hearing)와 위원회 수정(Mark-up session)단계를 통과하여야 한다.

(1) 청 문 회

한 위원회에 법률안이 회부되면 우선 먼저 위원회 전체회의에서 심사할 수도 있으나, 일반적으로 각 위원회는 상설소위원회가 구성되어 있어 위원회의 별도 결정이 없으면 해당 소위원회에 회부하여 제출된 안건을 상세하게 심사하게 한다. 이 때 위원장의 재량으로 청문회를 개최하여 이해관계인·전문가 등을 소환하여 해당 법률안에 대한 의견의 진술을 들을 수 있다. 위원장은 청문회의 시간과 장소 및 주제를 청문회가 시작되기 적어도 일주일 전에 공고하여야 한다. 청문회는 위원장이나 간사의 간단한 인사말이 있은 다음 첫 번째 증인을 부르게 된다. 장관이나 고위 공직자 및 이해관계인 등은 출석요구를 받아서 증언을 하거나, 아니면 자발적으로 증언을 한다.

소수당 의원들도 청문회기간 중 적어도 하루 동안 자신들의 증인을 소환할 수 있는 권리가 있다. 청문회에서 의원들의 각 증인에 대한 첫 질의는 5분으로 제한된다. 위원회는 의결을 거쳐 의원들에게 한 시간 범위 내에서 정해진 시간 동안 증인에게 질문하게 할 수도 있으며, 위원회 직원에게도 한 시간 범위 내에서 정해진 시간 동안 증인에게 질문하게 할 수 있다.

청문회제도는 의회의 입법이나 조사활동과정에 이해관계 있는 자를 직접 참여시킴으로써 광범위한 정보를 수집하고 일반국민의 정확한 여론을 반영시킴과 동시에 국민들의 알권리를 충족시켜 줌으로써 입법과정에 대한 이해와 관심을 증진시키는 기능을 수행한다. 특히 미국과 같은 대통령중심제 국가에서는 청문회제도를 통하여 의회활동에 행정부가 참여할 수 있다.

(2) 위원회 수정

청문회가 종료되면 법률안을 면밀히 검토하는 소위원회의 수정단계(이 단계를 보통 'markup' session이라고 부른다)에 들어간다. 이 단계에서 중심적인 역할을 수행하는 행위자는 소위원회 위원장이다. 소위원회 위원장은 법률안의 각 부분에 관하여 의원 간의 합의를 도출하기 위하여 쟁점에 대한 타협을 도모하며 법률안의 심사기간이 끝날 때까지 조정하는 역할을 수행한다.

소위원회는 법률안을 원안대로 통과시키거나 아니면 수정의견이나 거부의견을 붙이거나 또는 아무런 의견 없이 위원회에 보고할 것을 결정할 수 있다. 또한, 소위원회는 위원회에 법률안을 상정하거나 그 상정을 무기한 연기할 것인지에 대하여도 의견을 제시할 수 있다.

소위원회가 전체 위원회 회의에서 법률안에 대한 보고를 하면, 위원회는 조문별로 수정작업을 하게 된다.

위원회에서 법률안을 대폭 수정할 때에는 대안(amendment in the nature of substitute)을 원안과 함께 제출하며, 어떤 경우에는 법률안을 대폭 수정한 결과 그에 새로운 번호를 붙여 'clean bill'이라는 이름의 새로운 법률안으로 보고하는 경우도 있다.

위원회의 수정단계에서 법률안의 수정이 완료되면 위원회는 본회의에 송부할 법률안에 대하여 표결을 하는데, 표결은 일반적으로 위원회 소속 의원 과반수의 찬성이 있어야 한다.

위원회의 수정안은 원안에 대한 수정동의에 불과하며, 따라서 본회의에서 다시 의결되어야 하므로 위원회의 심사는 예비심사과정에 불과하고 최종적인 결정권이 위원회에 유보된 것은 아니다. 그러나 본회의는 위원회의 결정을 그대로 받아들이는 것이 일반적 경향이므로 위원회의 심사과정은 법률안 통과에 있어서 가장 결정적인 과정이라고 할 수 있다.

4. 위원회의 보고

위원회에서 심사·의결된 법률안은 위원회보고서[6]와 함께 본회의에 송부된다. 보고서에는 법률안의 목적과 범위를 기술하고 조항별 입법목적과 수정내용을 자세히 기록한다. 위원회의 수정안도 이 보고서에 제시되어야 한다. 그리고 위원회에서 법률안을 의결할 당시 위원회 소속 의원이 보충의견이나 소수의견을 제시하겠다는 의사표시를 하면 그 의견도 위원회의 보고서에 포함되어야 한다. 이 보고서는 즉시 인쇄되어 모든 의원에게 배부되는데, 의원들에게 법률안에 찬성할 것인가 또는 반대할 것인가를 결정하기 위한 정보를 제공하는 역할을 한다. 하원의 경우 긴급입법 등 특별

---

6) 위원회보고서는 위원회 소속직원이 위원회 소속 특정의원의 이름으로 작성한다.

한 경우를 제외하고는 위원회의 보고서가 하원의원 모두에게 도달될 수 있는 충분한 시간을 확보하기 위하여 본회의 보고 후 3일째(공휴일을 제외) 의사일정일까지는 해당 법률안에 대한 심의에 착수할 수 없다.

만약 제출된 법률안을 하원의 특정위원회에서 보류시켜 본회의에 상정하지 않고 있거나 하원에 계류된 법률안 중 그 중요도와 긴급성에 비추어 일반적인 의사일정순서에 따르는 것이 적절하지 않은 경우로서 이를 시급히 심의할 필요가 있는 때에는 다음의 3가지 구제방법이 사용된다.

첫째, 하원의원 과반수의 동의를 얻어 그 법률안[7]을 본회의에 상정할 수 있다. 이를 'Discharge Committee'[8]라고 하는데, 이 경우 소관위원회는 더 이상 법률안에 관여하지 못하며 이 법률안은 직접 하원 본회의에서 토론에 의하여 처리된다.

둘째, 규칙위원회(Committee on Rules)에 의한 다른 위원회로의 회부조치이다. 그러나 소관위원회의 위원과 위원장을 무시하고 다른 위원회에 회부하는 경우는 거의 없다.

셋째, 의사규칙의 정지(Suspension of the rules)가 있다. 이는 의장과 의원 3분의 2 이상의 동의를 필요로 하는데, 여야 간에 이견이 없는 안건을 신속히 처리하기 위해서 주로 사용된다.

5. 본회의의 심의

본회의의 심의과정에 있어서 상원과 하원은 각각 독자적인 토론 규칙이 있다. 일반적으로 하원의 규칙은 엄하고 다수파에 유리한 데 반하여, 상원의 규칙은 느슨하며 소수파에게도 토론의 기회를 넓게 제공하고 있다.

---

7) 이 경우 해당 법률안은 소관위원회에 회부된 후 30일이 경과한 법률안이어야 한다.

8) 'Discharge Committee'는 소관위원회에서 심의가 지연되고 있는 법률안의 본회의에서의 직접 심의만을 의미하는 것이 아니라 하원의 규칙위원회(Committee on Rules)에서 심의중인 특별결의안(소관위원회로부터 보고된 법률안의 본회의 심의에 관하여 특별한 규칙을 제정하는 결의안)을 본회의에서 바로 심의하는 경우에도 지칭되는 용어이다. 특히 이러한 경우를 'Discharge Rule'이라고 한다. 본회의에서 특별결의안이 가결되면 규칙이 바로 시행된다.

(1) 하원에서의 심의

위원회에서 보고한 법률안들은 규칙위원회가 그 내용의 중요성이나 공공성 및 예산의 수반 여부, 논쟁의 여지 등을 고려하여 다음과 같은 다섯 가지로 분류하여 각각 그 의사일정을 마련하게 된다.

우선 연방정책에 관하여 조세를 징수하거나 예산지출을 수반하는 공적 법률안(public bills)은 Union Calendar[9]에 수록되고 예산이 수반되지 않는 공적 법률안은 House Calendar에 각각 수록되는데, 이 두 의사일정에 수록되는 법률안들은 논쟁이 예상되는 주요 공적 법률안들이다. 그리고 House Calendar나 Union Calendar에 등재된 법률안 중 논쟁의 여지가 없는 법률안으로 연방규칙이나 법원판결에 나타난 잘못을 신속히 바로잡기 위하여 초당적(超黨的)으로 합의된 법률안은 따로 Corrections Calendar에 올려지며, 연방정부에 대한 배상청구와 관련된 구제법률안 등의 사적(私的) 법률안들은 Private Calendar[10]에 각각 수록된다. 소관위원회에서 심사가 안 되고 있는 법률안을 본회의에서 바로 처리하기 위해서는 전체의원 과반수의 찬성으로 그 법률안을 Calendar of Motions to Discharge Committees에 수록한다.

의사일정이 마련된 법률안 중 Union Calendar에 올라 있는 모든 법률안(대부분의 public bill은 Union Calendar에 등재된다)은 하원 본회의에서 신속히 심의하기 위한 방편으로 먼저 하원의원 100명으로 정족수가 되는 전원위원회(全院委員會, Committee of the Whole)에서 심의되어야 한다. 하원본회의를 전원위원회로 전환하기 위한 결의안이 가결되면, 하원의장은 전원위원회의 위원장을 지명한 후 의장석을 떠나고 본회의는 그 자리에서 곧 전원위원회로 바뀐다.

전원위원회는 우선 보고된 법률안에 대하여 대체토론(general debate)을 하며 정해진 토론시간이 끝나면 위원장은 토론을 종결하고 제 2 독회

9) 정확한 이름은 A Calendar of the Committee of the Whole House on the State of the Union이다.

10) private bill을 전담해서 검토하는 의원이 다수당과 소수당에서 각각 3명씩 지명되어 있는데(합계 6명), 이들 중 2명 이상이 반대하면 private bill은 소관위원회로 재회부된다.

를[11] 개시하는데 이때에는 축조심의(逐條審議)가 이루어진다. 조문별로 수정동의(修正動議)가 나오고 이에 대한 대안(代案) 등이 제출되면 찬·반 양측에서 각 5분씩 의견을 개진할 수 있으며(five minute rule), 이어서 해당 조문에 대한 표결[12] 후 다음 조문으로 넘어간다.

이러한 방식으로 전(全) 조문을 심사하여 전체 법률안에 대한 수정안 심의가 완결되면 전원위원회는 그 결과를 하원 본회의에 보고한다. 본회의는 전원위원회가 채택한 수정안과 본래의 법률안에 대하여 표결하며, 이때 제 3 독회가[13] 행하여진다. 제 3 독회가 끝나고 표결이 있기에 앞서 의장은 법률안에 반대하는 소수당 대표들의 위원회 재회부(motion to recommit) 의사를 반드시 확인하여 의원들로 하여금 그 여부를 결정하게 된다. 표결 결과 최종법률안이 가결되면 그 법률안은 상원에 이송된다. 이 시점에서 법률안(bill)은 일원(一院)을 통과하였음을 나타내어 Act라는 명칭을 붙인다.

(2) 상원에서의 심의

상원은 하원과 달리 그 심의·의결의 방법과 절차가 비교적 비공식적이며 비정형적이다. 본회의의 의사일정도 하원의 경우처럼 복잡하게 분류되지 않고,[14] 당 지도부나 위원장들 또는 의원들 간에도 권한이 비교적 평등하게 배분되어 있다.

상원에서도 법률안 심의는 일차적으로 소관상임위원회에서 이루어지며 그 다음 본회의에서 심의가 있게 된다. 일반적으로 상원에서의 법률안 심의는 만장일치(unanimous consent)에 의한 요구로 시작된다. 그리고 상원은 하원과는 달리 별도로 본회의를 전원위원회로 변경하지는 않는다. 찬반

---

11) 제 1 독회는 법률안이 의회에 제출된 후 소관위원회에 회부될 때 있게 되는데, 제 1 독회에서도 법률안이 실제로 낭독되는 것은 아니고 법률안의 제명과 번호가 회의록에 기록되는 것으로 대체된다.

12) 법률안처리의 신속을 기하기 위하여 전원위원회에서의 의결은 하원의원총수(435인)의 과반수인 218인보다 훨씬 낮은 최소 100인의 출석과 과반수의 찬성으로 가능하다.

13) 의장이 이미 제 2 독회에서 충분히 토론된 법률안에 대하여 소위 'the previous question'을 동의받게 되면 일체의 토론 없이 법률안의 제명만 낭독되는 형식으로 제 3 독회가 행해진다.

14) 상원의 의사일정은 Calendar of Business와 Executive Calendar로 분류되는데, 모든 법률안은 Calendar of Business에 올려진다.

토론은 생략되며 바로 수정절차에 들어가게 되고, 수정절차가 완료되면 만장일치에 의해 결정되지 않는 한 최종표결을 한다.

(3) 양원합동위원회(Conference Committee)의 조정

상원에서 확정된 법률안은 다시 하원에 회부되는데, 이때 상원에서 수정한 내용이 경미한 것이면 하원에서도 이를 받아 주어 본회의에서 재가결하지만, 중요한 내용일 경우 상원에 대하여 양원합동위원회의 개최를 요구하게 된다.

양원합동위원회에서는 양원에서 온 의원들이 서로 협의하게 되는데, 협의를 마친 후 그 협의결과를 보고서에 채택할 것인지의 여부는 표결로써 결정한다. 양원합동위원회에서 성안된 보고서는 각 원(院)의 본회의에 부의되고 이 단계에서는 이의가 있어도 수정할 수 없으며 오직 전체로서 가부(可否)를 결정할 뿐이며, 실제 거의 그대로 가결되고 있다.

6. 법률안의 이송과 공포

최종적으로 양원의 본회의에서 가결된 법률안은 정서(engrossment)와 등록(enrollment)절차를 거친 후 양원의 의장이 서명하여 대통령에게 이송된다.

이송된 법률안에 대하여 관리예산처(Office of Management and Budget: OMB)는 각 관계기관에게 그 기관의 견해와 대통령이 취해야 할 조치에 대한 건의를 제출받는다. 이렇게 관계기관들로부터 의견들이 접수되면 OMB는 법률안에 대한 종합적인 검토서를 작성하여 대통령의 의사결정에 참고가 되게 한다.

대통령이 법률안에 서명을 함으로써 법률안은 법률로서 확정되며 확정된 법률안의 원본은 대통령으로부터 연방정부의 문서관리소장(Archivist)에게 보내져 발간하게 된다.

7. 대통령의 법률안 거부권

미국 연방헌법 제7조 제2항은 "상원과 하원을 통과한 모든 법률안은 법률로서 성립하기 전에 대통령에게 이송되어야 하며, 대통령이 승인하는 경우에는 이에 서명하고, 승인하지 아니하는 경우에는 이의서를 첨부하여 발의한 의원(議院)에 환부(還付)하여야 한다. … 법률안이 대통령에게 이송된 후 10일 이내(일요일은 제외함)에 대통령이 환부하지 아니하는 때에는 그 법률안은 대통령이 서명한 경우와 같이 법률로서 성립된다. 다만, 의회의 휴회로 인하여 환부할 수 없는 경우에는 법률로서 성립하지 아니한다"라고 규정하여 대통령의 법률안 거부권을 인정하고 있다.

대통령에게 법률안 거부권이 인정되는 일반적인 이유는 첫째, 대통령이 법률제정에 관여할 수 없는 엄격한 삼권분립의 구조 하에서 법률안의 제출과 의결권을 독점하고 있는 의회가 헌법에 위반되거나 실행불가능하거나 부당한 입법을 감행할 경우 대통령으로 하여금 이를 견제하게 할 필요가 있고 둘째, 의회가 입법권을 악용하여 행정부의 권한을 부당하게 침해하거나 간섭할 경우 행정부로 하여금 자기방어를 위한 대항수단으로서 법률안 거부권을 활용함으로써 양부(兩府) 간에 권력적 균형을 유지하게 할 필요가 있기 때문이다.[15] 특히 야당이 의회의 다수의석을 차지하고 있을 경우 야당에 의한 정치적 공세를 견제하여 대통령의 임기 동안 행정부를 안정시킬 필요도 있다.

법률안 거부권의 유형은 크게 환부거부(Direct Veto)와 보류거부(Pocket Veto)로 나누어 볼 수 있다. 환부거부는 일반적인 유형으로서 대통령이 법률안을 승인하지 아니하는 경우에 10일 이내에 이의서를 첨부하여 발의한 의원(議院)에 환부하는 것을 말하며, 보류거부는 대통령이 법률안을 이송받은 후 10일 이내에 서명하지 아니하고 지체하는 중에 의회가 폐회함으로써 법률안을 환부하고자 하여도 환부할 수 없는 경우에 사용되는 것으로서 예외적으로 인정되는 유형[16]이다.

---

15) 권영성, 『헌법학원론』, 법문사, 2010, 1005.

16) 미국 의회에서는 보류거부에 대하여 의회가 재소집되어 법률안에 대한 재심의를 할 수 있는 회기 초나 회기 중의 휴회시에는 이를 인정하지 아니하면서, 회기종료로 인한 폐회시에만 가능한 것으로 해석한다. 이와 관련하여 법원에서는 아직까지 보류거

거부권이 행사된 법률안은 대통령의 이의서와 함께 당초 법률안이 제안된 의원(議院)으로 송부되어 재심의를 받아야 한다. 재심의시 해당 법률안은 본회의에서 바로 표결처리될 수도 있으나, 경우에 따라서는 위원회로 회부될 수도 있고 심의 자체가 연기될 수도 있다. 그러나 어느 경우라도 이 법률안은 표결처리될 때까지 언제든지 바로 본회의에서 심의될 수 있는 우선권을 부여받는다.

만일 당초 법률안이 제안된 의원(議院)이 하원인 경우 본회의에서 표결처리 시 출석의원 3분의 2 이상의 찬성이 있으면 해당 법률안, 대통령의 이의서, 하원의 처리결과 및 협조의견은 상원으로 송부되고, 상원에서도 출석의원 3분의 2 이상의 찬성이 있으면 해당법률안은 대통령의 거부권행사에도 불구하고 법률로 확정된다.

그림 10-1 미국 의회의 법률안 처리과정

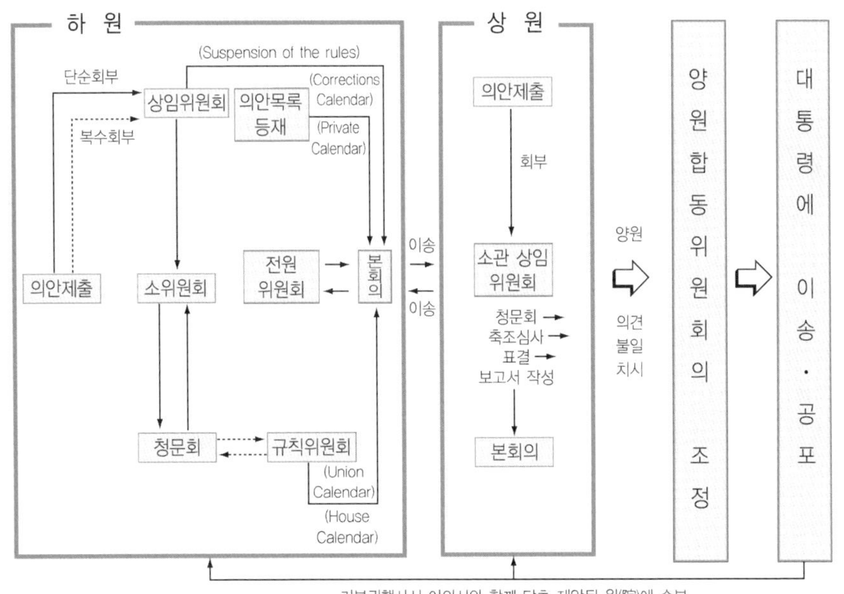

부의 인정범위에 대하여 명확한 판단을 내리지 못하고 있다.

8. 미국의 법제기구

미국에는 우리나라의 법제처(法制處)처럼 행정부에 법률안을 종합적·체계적으로 심사하는 기구가 없으며, 다음에 언급하는 의회의 법제기구와 행정부 내 일부기관의 전문가들이 법률안의 심사업무를 담당하고 있다. 이들 법제전문가들은 법률안의 기초(起草)에서부터 위원회 또는 소위원회 단계의 심의에 있어서 필요로 하는 조사와 자료의 수집, 청문회 등의 준비, 양원합동위원회에서의 조정에 이르기까지 배후에서 전(全) 입법과정을 지원하고 있다.

(1) 의회의 법제기구

가. 의회법제실(Office of Legislative Counsel)

의회법제실은 상원과 하원에 각각 조직되어 운영되는데, 그 기본적인 기능은 각 원(院)의 위원회 및 의원(議員)의 의뢰에 의하여 법률안 및 수정안의 기초나 위원회보고서의 작성에 관하여 전문적인 조언을 하는 것이다.

구체적으로는 의원(議員)이 법률안을 작성할 때 그 초안을 작성·제공하고 기타 법률문제에 대한 자문을 행하며, 상임위원회에 회부된 법률안의 입법과정에 구체적으로 참여하고 있다. 또한, 본회의 및 양원합동위원회에 참석하여 법제업무를 지원한다.

나. 의회도서관 입법조사국(Congressional Research Service: CRS)

입법조사국은 의회도서관에 부속되어 있는, 고도로 전문성을 지닌 입법보좌기구로서 연방의회의 입법기능 및 국정감독기능 등을 종합적으로 조사하고 전문적인 관점에서 분석하여 의원들에게 정보를 제공하는 업무를 수행한다.

이러한 임무 하에 CRS는 연방의회 각 부문으로부터의 조사, 분석 기타 정보제공 의뢰에 응함과 동시에 수시로 중요현안 정책문제를 학제적(學際的)이고 종합적인 방법으로 분석하고 해설한 간행물을 발행한다. 또한, CRS는 의원과 직원들의 관심 있는 현안문제들을 협의하기 위하여 국내외의 전문가를 찾아 확인하기도 하며, 의회의 다양한 관심사에 대하여 의원들이 전문가와 만나 논의할 수 있는 기회를 마련하기도 한다.

다. 위원회 Staff

위원회 Staff는 법률안의 기초(drafting bills), 조사의 실시(investigating), 정보의 제공(providing information), 로비스트와의 면담(seeing lobbyist) 등의 활동을 통하여 정책의 결정 또는 행정부에 대한 감독에 적극적으로 관여한다. 이들은 그 직무수행과정에서 거의 매일 행정부 관료들과 접촉하며 장래의 입법, 법률의 시행, 특정계획에 관한 정보, 예산할당 또는 행정감독에 관련된 제반 문제를 논의한다.

하원의 각 상임위원회는 상근(常勤) staff를 고용할 수 있는데, 이들의 임명권은 각 위원회에 있으나 그들 가운데 3분의 1은 소수당측 위원에 봉사하는 staff로서 그들의 임명권은 소수당 위원에게 부여되어 있다. 그리고 이러한 상근 staff 외에도 각 위원회는 의원(議院)의 예비비에서 조사비를 지출하면서 다수의 비상근(非常勤) staff를 고용하고 있다.

상원의 상임위원회도 하원의 경우와 마찬가지로 상근 staff를 고용하는 권한을 가지고는 있지만, 의원(議院)의 예비비에서 지출되는 각 위원회 조사비로 staff를 고용하는 것이 일반적이다. 이들 가운데 소수당을 위해 일하는 staff의 비율은 하원의 경우와 같다.

(2) 행정부의 법제기구

가. 관리예산처(Office of Management and Budget: OMB)

대통령 직속기구인 관리예산처(OMB)의 기본적 임무는 예산의 편성과 집행관리이지만, 연방정부 업무 전반의 관리·조정 및 각종 정책의 실행에 대한 평가도 아울러 담당하고 있다. 구체적으로는 행정 각부의 조직과 관리절차의 심사, 대통령입법계획의 조정, 행정명령 및 포고의 작성과 조정, 연방 업무 통계의 입안과 조정에 관한 계획과 촉진, 모든 연방부서 및 행정청의 업무에 대하여 대통령에게 조언하는 업무 등을 수행한다.

특히 입법과 관련하여 OMB는 입법제안이나 의회에 대한 증언에 관한 각 기관의 입장을 행정부 차원에서 통일적으로 조정하는 역할을 수행한다. 모든 기관은 OMB의 심사와 조정을 받지 않고 의회에 법률안이나 보고서를 제출할 수 없으며, 계류 중인 법률안에 대하여 증언할 수도 없다. 행정부 내 각 기관이 의회에 보내고자 하는 입법안은 OMB의 승인을 받아야 하며, 이 과정에서 OMB는 관계부처에 입법안을 회람시키고 이견이 있는 경우 조정하는 역할을 수행한다. 또한 의회에 계류 중인 법률안에 대한 행정부 내 각 기관의 증언 또는 의견제출도 입법안과 같은 절차를 거쳐 조정되고 승인을 한다. 이 밖에 주요법안에 대한 행정부 차원의 정책표명도 OMB의 조정과 승인을 거쳐야 하며, 의회가 의결하여 이송한 법률안에 대한 대통령의 거부권 행사 여부에 관하여도 행정부 내의 의견을 취합하여 대통령에게 권고하는 역할을 OMB가 담당한다.[17)]

OMB는 처장(Directoe)과 부처장(Deputy Director) 및 정부관리담당부처장(Deputy Director for Management) 아래에 크게 예산부서(Resource Management Office), 정부관리부서(Management Side Office), 총괄지원부서(OMB－Wide Support Office)로 구성되어 있는데, 이 중 예산부서는 5개의 Program별 부서로 구성되어 있다.[18)] 이들 부서는 그 소관에 속하는 정부 각 기관의 예산안을 사정하여 예산의 집행을 감독할 뿐만 아니라 이들 기관에서 제출한 법률안에 대한 심사를 담당하고 있다.

이외에 부처장 직속 하의 총괄지원부서 중 입법담당관실(Office of Legislative Affairs)은 입법사안에 대하여 대통령실, 각 연방기관, 의회의 관련부서와 협의를 하고 관련되는 정보의 제공 및 권고의 제시 등을 담당하며, 입법조사과(Legislative Reference Division)도 입법안, 증언, 법률안에 대한 의견서 등을 심사하여 행정부 내의 입장을 조율하는 역할을 수행한다. 또한 자문관실(Office of General Counsel)은 입법과 관련된 헌법 및 법률적 문제에 대한 자문을 제공한다.[19)]

17) https://obamawhitehouse.archives.gov/omb/organization_mission (2021. 3. 4. 확인)
18) Resource Management Office는 'Natural Resource Programs', 'Education, Income Maintenance and Labor Programs', 'Health Programs', 'General Government Programs' 및 'Natural Security Programs'의 다섯 개 분야로 구성되어 있으며, 각 Program별 부서 밑에 각 부서별로 1개 또는 2개씩 모두 8개 과(Division)가 있다.
19) https://obamawhitehouse.archives.gov/omb/organization_mission (2021. 3. 4. 확인)

나. 법률자문관실(Office of the General Counsel)·법제실(Office of the Legislative Affairs)

행정부 각 부처에 설치된 법제기구로서 법률자문관은 소속된 부처의 법률관계업무를 자문하며, 법제실의 법제담당관은 당해 부처의 입법계획의 추진에 관하여 장관에게 조언하고 의회에 파견된 연락관을 감독하는 업무를 담당한다.

다. 의회연락관실(The Congressional Liaison Office)

각 부처에 있는 의회연락관은 위원회·이익단체 기타 다른 부처로부터 제출된 보고서 및 법률안을 검토하며, 입법과 관련된 상원 및 하원의 조치에 대하여 장관에게 조언하는 등 법률안의 통과를 지원하기 위한 정보 및 전략을 제공한다.

제 3 절 프랑스의 입법과정[20)21)]

1. 개 관

프랑스 제 5 공화국(1958년 이후 현재까지)의 입법과정에서 가장 특징적

20) 프랑스의 정부형태를 국내 헌법학계에서는 일반적으로 이원정부제로 분류하고 있으나, 실제 운영은 대통령제에 가깝다는 점에서 여기서 소개하기로 한다.

21) 이 장의 내용은 박영도, 『입법과정의 이론과 실제』, 한국법제연구원, 1994, 161－181과 김강곤, "외국의회소개 프랑스", 『국회보』, 1990, 4－6을 주로 참고하였으며, 이 외에 당시 국회도서관의 해외자료관이던 김정화 자료관의 도움으로 다음의 문헌을 참조하였다.

·Assemblée Nationale, *Constitutiion et Réglement de l'Assemblée Nationale*, 13e éd., 1997.

·Assemblée Nationale, *Bulletin de l'Assemblée Nationale*, numéro hors série, 1997.

·Dalloz, *Léxique de termes juridiques*, 10e éd., 1998.

·*Léxique de termes politiques*, 9e éd., 1997.

·Conseil d'Etat, *Le Conseil d'Etat*, 1998.

·Conseil constitutionnel, *Le Conseil constitutionnel*, 1998.

이외에 법제처 세계법제정보센터의 "프랑스 입법절차"와 한동훈, "프랑스 제5공화국 헌법상 하원과 집행권의 관계", 『공법연구』 제46집 제1호, 2017.10, 2017을 참고하였다.

인 요소는 의회의 기본적 권한인 입법권의 행사에 정부가 직접적으로 개입할 수 있도록 하는 한편, 의회 입법권의 범위를 제한함으로써 의회에 대한 정부의 우위를 헌법제도 속에 확립시킨 점이라 할 수 있다. 우선 정부에 법률안 제출권과 입법을 위한 국민투표 발의권 등을 부여하고 있으며, 의회의 의사일정 결정 시에도 정부제출법률안에 대한 우선심의 제도를 인정하고 있다.

이러한 프랑스 입법과정의 특성은 대통령제와 의원내각제를 혼합한 이원(집)정부적 정부형태와 관련이 깊다. 프랑스의 의원(집)정부적 정부형태는 의원내각제적 요소가 강함에도 불구하고 영국과 같은 의회의 우위를 인정하지 않고 행정부 우월적인 제도적 구조를 가지고 있으며, 대통령제를 택하고 있음에도 불구하고 미국과 같은 엄격한 권력분립보다는 행정부와 입법부의 밀접한 협력관계, 보다 정확히 말하면, 정부에 유리한 방향의 협력을 강조하는 관계로 설정되어 있다.[22][23]

2. 프랑스 입법과정의 특징

정부의 우월적 권한을 제도화한 프랑스 입법과정의 특징을 상술하면 다음과 같다.

(1) 정부의 의회입법에 대한 개입

프랑스 입법과정에서 가장 두드러진 특징 중 하나는 대통령제이든 의원내각제이든 의회민주주의를 채택한 국가에서 통상적으로 의회의 자율성 영역으로 인정되는 의회 내부의 심의절차에까지 정부의 광범위한 개입을 헌법상 제도적으로 허용하고 있다는 것이다.

법률안의 발의 단계에서 상원과 하원의 의원뿐만 아니라 총리에게 법률안 발의권을 부여하고 있으며(프랑스 헌법 제39조 제1항), 재정수입의 변화를

22) National Parliamets: France, Library of Congrsee, https://www.loc.gov/law/help/na－tional－parliaments/france.php(2021. 1. 31. 확인)

23) 한동훈, “프랑스 제5공화국 헌법상 하원과 집행권의 관계”, 『공법연구』 제46집 제1호, 2017.10, 2017, 160.

유발하는 재정법률안에 대하여는 의원발의는 허용되지 않고 정부가 제출한 법률안이나 수정안만 허용이 될 뿐만 아니라, 헌법에서 열거한 법률사항 외의 사항에 대하여는 정부가 법률안의 수리를 거부할 수 있다.[24)]

법률안 심의단계에서도 정부는 헌법 제44조 제2항의 규정에 따라 사전에 위원회에 제출되지 않은 수정안에 대한 심사를 거부할 수 있고, 의사일정의 작성에 있어서도 헌법 제48조의 규정에 따라 재정법률안, 사회보장자금조달법률안, 정부제출법률안 및 정부가 수락한 의원발의 법률안을 우선적으로 의사일정에 등재할 수 있으며, 일정한 경우를 제외하고 다른 의원발의 법률안의 의사일정 등재를 연기할 수 있다.[25)]

또한, 본회의 토의에 있어서도 헌법개정안, 재정법률안, 사회보장자금조달법률안의 경우 정부가 제출한 법률안을 대상으로 하며, 소관상임위원회가 가결한 수정안은 수정안과 관련된 조항에 대한 토론이 진행되는 경우에만 심사가 이루어져, 사실상 소관상임위원회에 의해 가결된 수정안이 정부의 법률안을 변질시킬 수 없게 하고 있다. 그리고 본회의 표결에 있어서도 법률안의 조항별 투표를 할 때 헌법 제44조 제3항의 규정에 따라 한 번의 투표로 법률안의 전부 또는 일부에 대해 결정을 하는 일괄투표를 강제할 수 있으며, 조항별 투표가 끝난 경우에는 법률안의 전부 또는 일부에 대한 제2독회를 요구할 수 있다.[26)]

이러한 의회 입법과정에 대한 정부의 개입은 양원의 협의과정에서도 나타나는데, 총리는 상원과 하원의 의견이 일치하지 않아서, 정부제출법률안이 양원의 제2독회 후에도 가결되지 않은 경우에는 개입을 할 수 있다. 총리는 양원의 의사가 불일치하는 법률안에 대한 조정을 위하여 구성하는 양원동수협의회를[27)] 소집할 수 있으며, 양원동수협의회의 조정에도 불구하고 의사의 합치가 이루어지지 않을 경우 하원으로 하여금 최종적인 결정을 하게 할 수 있다.[28)]

---

24) 위의 글, 161－162.
25) 프랑스 헌법 제48조.
26) 한동훈, 앞의 글, 164.
27) 양원이 각각 7명의 정위원과 7명의 부위원으로 공동 구성하는 협의회로서, 양원 2차 교대심의 후에도 단일안이 합의되지 않을 경우 정부에 의해 소집된다.
28) 한동훈, 앞의 글, 165－166.

(2) 다양한 입법수단

프랑스는 의회가 핵심적인 입법기관이기는 하지만 의회입법 이외에도 다양한 입법수단을 가지고 있다.

먼저 프랑스 헌법은 양원 또는 정부의 제안으로 발의한 법률안을 국민투표에 부친 후 가결될 경우 의회에서 법률로서 채택하는 절차를 규정하고 있다.[29] 이전에는 대통령에게만 재량적인 국민투표 부의권이 있었으나, 2008년 헌법개정으로 등록된 유권자의 10분의 1의 지지를 받는 의회구성원 5분의 1의 발의로 법률안을 국민투표에 부의할 수 있게 되었다. 다만, 의원발의 법률안의 국민투표 부의는 최소 1년 전에 공포된 법률규정의 폐지를 목적으로 할 수는 없다.[30]

또한 헌법 제38조는 정부가 헌법에서 정한 법률사항에 속하는 사항에 대한 법률명령(法律命令, Ordonnance)을 발하고 추후에 의회의 비준을 받아 법률적 효력을 가질 수 있게 하고 있다. 즉, 헌법 제38조는 "정부는 국가정책의 수행을 위하여 통상적으로 법률사항(domaine de la loi)[31]에 속하는 조치를 일정기간 동안 법률명령으로 발할 수 있도록 의회에 동의를 요청할 수 있다"라고 규정하고 있는바, 이때의 법률명령은 헌법이 정하고 있는 법률사항에 대하여 입법권을 위임받아 일정한 절차를 거쳐 정부가 발하는 명령을 말한다.

정부가 법률명령을 발하기 위해서는 정부의 계획을 집행하기 위한 목적과 일정한 기간을 명시한 '수권법안(授權法案, Projet de loi d'habilitation)'을 의회에 제출하여야 한다. 이러한 수권법안은 일반법안의 처리절차에 따라 제정되는데 수권법률이 효력을 발생하게 되면 정부는 해당 법률명령을 부여된 기간 이내에 발해야 하며, 또한 정부는 수권법률에 의하여 정해진 기간 이내에 의회에 '법률명령에 대한 비준법안(Projet de loi de ratification)'을 제출하여야 한다. 법률명령은 '법률명령에 대한 비준법률안'이 의회에 의하여 승인되기 전까지는 명령으로서의 효력을 가지나, 승인 이후에는 법

29) 법제처 세계정보센터, 프랑스의 법률체계, 법제처, 2016, 11.
30) 국회도서관, 『세계의 헌법』, 2018. 517.
31) 프랑스 헌법 제34조 제2항에 열거한 법률로서 정해야 할 사항들을 말하며, 이 조항은 제 5 공화국 헌법제정 당시 의회의 권한약화를 위하여 신설한 것이다.

률로서의 효력을 가지게 된다.

(3) 의회의 입법권 제약

프랑스 의회의 입법권은 정부의 광범위한 입법과정 개입으로 인한 제약 외에도 여러 가지 제약요인의 영향을 받고 있는 것이 특징이다.

우선 프랑스헌법은 입법권이라는 용어 대신에 아예 법률안 발의(initiative des lois)와 의결(vote)을 구분하여 규정하고 있으며,[32] 헌법 제34조에서 열거주의식으로 입법의 영역을 제한하고 있다.

또한, 의회의 입법권은 프랑스가 유럽연합(EU) 회원국이기 때문에 특히 경제 및 재정 분야의 입법에서 제약을 받고 있다. 이외에도 하원의 정부에 대한 통제수단인 불신임권한을 정부가 중요법안과 연계시킴으로써 특정 법률안이 의회에서 통과되도록 강제하는 수단으로 사용하는 것도 의회의 입법권을 제약하는 중대한 요인이다. 프랑스 헌법 제49조 제3항은 "총리는 정부 제출 예산법률안 또는 사회보장제도의 자금조달 법률안의 표결과 관련하여 국무회의의 심의를 거친 후 하원에 대해 책임을 진다. 이 경우 24시간 이내에 제출된 불신임안이 전항에서 정하는 요건에 따라 가결되지 아니하는 한, 정부제출 예산법률안 또는 사회보장제도의 자금조달법률안은 채택된 것으로 간주한다. 뿐만 아니라, 총리는 회기마다 하나의 정부제출법률안 또는 의원발의법률안에 대해서도 이 절차를 사용할 수 있다."라고 규정하여 법률안의 표결에 대해 정부의 신임을 결부시킬 수 있기 때문에 의회에 대하여 법률안의 통과를 압박할 수 있는 수단으로 사용할 수 있다.[33]

(4) 입법에 대한 통제절차

프랑스의 입법과정에서 또 하나의 두드러진 특징으로는 국참사원(國參事院, Conseil d'Etat)[34]과 헌법평의회(憲法評議會, Conseil constitutionnel)[35]의

32) 법제처 세계법제정보센터, 프랑스 입법절차, 2016, 1.

33) 한동훈, 앞의 글, 154-155.

34) 법률과 명령제정에 관한 정부의 자문기관이며, 국가의 최고행정재판기관으로 약 200여 명의 심의관 대리(auditeurs), 심의관(maitres des requetes), 참사관(conseillers)이

기능과 역할이라고 할 수 있다.

국참사원은 헌법과 기타 법령이 정하는 바에 따라 정부가 제출하는 법률안뿐만 아니라 법률문제와 관련되는 주요 행정사안에 대한 최고자문기구로서 정부제출 법률안에 대하여는 국참사원의 의견을 청취하여야 하며, 이를 위해 국무회의 의제로 상정되기 최소 4주 전에는 법률안이 국참사원에 제출되어야 한다. 국참사원의 의견은 단순한 자문의견으로서 정부가 이에 꼭 따라야 하는 것은 아니나, 국참사원의 의견청취는 정부제출 법률안의 입법과정에서 가장 중요한 단계이자 필수적인 절차로 인식된다.[36] 이러한 사전 입법통제기능은 정부의 입법활동의 합법성 유지를 보장하는 안전판이 되고 있는데, 2008년 헌법 개정으로 하원의장 또는 상원의장도 소속 의원들이 반대하지 않는 한 위원회의 심사 전에 국참사원에 자문을 구할 수 있게 되어 정부입법뿐만 아니라 입법 전반의 완성도를 높이는 장치로 기능하고 있다.[37]

한편 헌법평의회는 모든 조직법과 양원 의사규칙에 대한 합헌성 여부를 심의하는 것은 물론, 특히 의회가 제정하는 법률에 대한 합헌성 통제권을 행사하고 있다. 일단 위헌판결이 내려진 법률안은 공포되거나 시행될 수 없으며, 어떠한 상고심에도 제소될 수 없다. 이 결정은 모든 공권력과 행정·사법기관에 적용된다. 헌법평의회의 이 같은 위헌법률심사권의 적절한 행사는 형식적 의미의 합헌성 통제뿐만 아니라 실질적 합헌성 통제로까지 확장되어 헌법의 최고규범성을 보장하고 국민의 기본권을 충실하게 보장하는 장치로 기능하고 있다.

재무, 내무, 공공건설 및 사회복지 등의 행정분과(Section administrative)와 보고위원회(Commission du rapport), 그리고 행정재판을 담당하는 소송분과(Section du contentieux)에 분산 배치되어 있다.

35) 프랑스 제5공화국 헌법으로 탄생된 법률의 합헌성 심사기구. 9명의 위원으로 구성되며, 3년마다 대통령과 상·하원 의장이 위원 3분의 1을 개선(改選)한다. 모든 조직법과 양원 의사규칙 및 법률의 합헌성 여부에 관한 사전심사뿐만 아니라 법률과 명령의 한계를 설정하고 공적 자유를 보호함에 있어 중요한 역할을 수행한다.

36) 법제처 세계법제정보센터, 프랑스 입법절차, 2016, 5.

37) 한동훈, 앞의 글, 161.

(5) 불평등한 양원제: 하원의 우위

프랑스의 의회는 상원인 원로원(元老院, Sénat)과 하원인 국민의회(國民議會, Assemblée Nationale)로 구성된다. 국민의회의원은 소선거구제 하에서 국민이 직접 선출하고 임기는 5년이며, 원로원의원은 국민의회의원과 각급 지방자치단체(Région, Département 및 Commune)의 의회의원 등으로 구성된 선거인단에 의해 선출되며 임기는 6년이고 3년마다 2분의 1씩 개선된다.[38]

상원과 하원의 입법에 관한 권한은 국민의회에 예산법률안의 선의권(先議權)이 있는 것을 제외하면 양원이 평등한 것으로 평가되지만, 법률안에 대한 양원의 의사가 불일치하는 경우에는 총리가 하원에 최종적 결정권을 부여할 수 있으며, 하원만이 내각을 불신임할 수 있다는 점에서 하원의 권한이 상대적으로 더욱 강하다고 할 수 있다.[39]

3. 법률안의 발의

프랑스 헌법 제39조 제1항은 법률안의 발의권이 총리(정부제출법률안: Projet de loi)와 양원의 각 의원(의원발의법률안: Proposition de loi)에게 있음을 규정하고 있다. 수정안의 발의권도 의회뿐만 아니라 정부에도 인정되고 있는데, 이는 프랑스가 입법과정에서 정부우위의 원칙을 적용하고 있음을 보여주는 또 하나의 사례라 할 수 있다.

정부제출법률안은 상원 또는 하원의 의장단(Bureau de l'Assemblée)에[40] 선택적으로 제출할 수 있고, 의원발의법률안은 발의한 의원이 소속된 원(院)의 의장단에 제출되어야 한다. 다만, 예산법률안과 사회보장제도자금조달법률안은 하원에 먼저 제출되어야 하며, 반대로 지방자치단체 조직을

---

38) 종전에는 임기가 9년이고 3년마다 3분의 1씩 개선되었으나, 2003년 7월 30일 조직법률로 개정되었다. 현재 과도기로서 1998년, 2001년 당선된 기존의 의원은 당초 9년의 임기를 채우며, 2008년에 당선되는 의원부터 6년의 임기를 누리게 되었다.

39) 한동훈, 앞의 글, 147.

40) 의장단은 의장 1인과 부의장 6인, 그리고 재무위원 3인과 서기위원(간사) 12인으로 구성된다.

위한 법률안은 상원에 먼저 제출되어야 한다.[41] 제출된 법률안은 이를 접수한 의원(議院)의 의장이 본회의에서 이를 공고한다.

또한 정부제출법률안에 대하여는 아무런 제한이 없으나 의원발의법률안에 대하여는 발의단계에서 다음과 같은 몇 가지 제약이 있다.

첫째, 하원에서 부결되었던 의원발의법률안은 1년 이내에 재발의될 수 없다.

둘째, 헌법 제40조는 의원발의법률안이 공공재원의 감소를 초래하거나 공공부담을 신설 또는 가중시킬 것이 예상되는 경우에는 수리될 수 없다고 규정하고 있다.

셋째, 헌법 제41조는 의회의 입법과정에서 의원발의안이나 수정안이 헌법 제34조에서 열거적으로 규정하고 있는 법률사항에 속하지 않거나, 헌법 제38조의 규정에 의해서 법률명령으로 위임된 사항에 위배될 경우 그 법률안을 수리거부(irrecevabilité)할 권한을 정부에 주고 있다. 정부가 의원발의법률안에 대해 수리거부할 경우 발의한 의원이 소속한 원(院)의 의장이 이에 대한 자신의 입장을 표명하는데, 만약 의장이 법률안에 대한 정부의 수리거부를 수락할 경우 그에 대한 심의는 더 이상 계속될 수 없고, 그렇지 않은 경우 의장 또는 총리가 이에 대한 최종판단을 구하기 위하여 헌법평의회에 위헌법률심사를 요청하게 된다. 헌법평의회는 8일 이내에 위헌여부를 선언하게 되는데, 헌법평의회에 의하여 수리거부 사유가 인정되면 해당 법률안은 의회의 심의에서 제외된다.

4. 법률안의 심의

(1) 위원회 심사

의장단에 접수된 법률안은 그 내용에 따라 소관상임위원회에 회부하며, 소관상임위원회가 명백하지 않을 경우 특별위원회를 설치하여 회부한다.

프랑스 의회의 위원회는 미국의 위원회와 같은 법률안의 폐기권한은 가지지 않으며, 다만 수정안을 제시할 수 있을 뿐이다. 그리고 위원은 위원

41) 법제처 세계법제정보센터, 앞의 글.

회에 출석할 의무가 있으나 다른 동료의원이 대리하게 할 수도 있다. 실제로 위원회에 출석하지 않을 것이 예정된 위원은 그 사실을 미리 소속 교섭단체(Groupe politique)에 통지하면 그 교섭단체는 해당 위원회의 다른 위원으로 하여금 대리하게 한다(하원의사규칙 제38조 제2항).

안건이 위원회에 회부되면 심의를 위하여 의사일정에 등록되는데, 이 의사일정의 작성에는 정부에 우선적 결정권이 있다. 그러므로 의사일정에는 정부제출법률안 또는 정부가 찬성하는 의원발의법률안이 우선 등록되게 된다. 위원회는 법률안의 원칙 및 문언에 관한 논의를 주로 하며 경우에 따라서는 수정안을 제출하기도 한다. 위원회는 안건의 소관부처 장관을 출석시켜 설명을 요구할 수 있고, 장관 역시 위원회에 출석하여 제출한 법률안에 관한 견해를 밝힐 수 있다.

위원회는 위원회의 심사결과를 본회의에 보고할 보고위원(Rapporteur)을 선임하여 그 보고위원으로 하여금 위원회의 심사절차를 진행하도록 한다. 보고위원이 작성한 보고서는 본회의에 배포되며, 본회의 전문회의록(Compte rendu intégral)[42]의 부록으로 게재될 수 있다.

(2) 본회의 심의

정부제출안이 아닌 의원발의법률안이 의사일정에 등록되면, 발의 후 6주의 기한이 경과하여야 본회의에서 심의할 수 있다.[43]

본회의는 정부제출법률안과 의원발의법률안의 심의에 있어 그 취급을 달리한다. 즉, 의원발의법률안의 경우에는 위원회가 수정안을 제출하면 그 수정안이 본회의의 심의대상이 되는 데 비하여, 정부제출법률안의 경우에는 위원회 수정의견의 유무와 관계없이 항상 법률안 원안이 심의대상이 된다.

본회의의 법률안 심의는 일반심의(Discussion générale), 축조심의(Discussion des articles), 표결(Vote)의 순서로 진행된다.

법률안의 일반심의는 정부로부터 법률안에 대한 제안설명을 청취하거

42) 본회의의 전문회의록은 회의 후 3일 이내에 출판·배포되나 요약회의록(Compte rendu analytique)은 회의 직후 2시간 이내로 출판·배포된다.

43) 법제처 세계법제정보센터, 앞의 글.

나 또는 법률안을 심사한 위원회 보고위원의 심사보고로 개시된다. 보고위원의 심사보고는 배포된 보고서로 대체될 수 있다.

한편, 일반심의과정에서 의원발의법률안의 소관상임위원회가 이 법안의 부결을 결의하였거나 결론을 내리지 못한 사실을 확인하게 된 경우, 의장은 일반심의가 종결되는 즉시 축조심의를 생략한 채 본회의의 표결을 선포한다. 위원회가 부결을 결의한 경우에는 본회의에서 이에 대해 재차 표결하며, 그 결과 부결결의가 채택되지 않으면 해당 발의안에 대한 축조심의가 개시된다. 만일 의원발의 수정안이 복수일 경우에는 최초로 제출된 수정안부터 축조심의를 실시한다.

누구든지 언제라도 일반심의의 종결을 제안할 수 있으며, 이 경우 의회는 거수로써 심의종결 여부를 결정한다.

축조심의에서는 법률안의 각 조항에 대한 심의가 순차적으로 이루어지는데, 각각의 조항별 심의시 해당 수정안에 대한 질의와 토론이 이어지며, 조항별 표결이 있게 된다. 축조심의가 끝나게 되면 이어 법률안 전체에 대한 표결이 개시된다.

프랑스 의회의 표결을 위한 정족수는 헌법개정안을 제외하고는 따로 정해져 있지 않으며, 출석의원의 단순과반수만 찬성하면 법률안이 가결된다. 예를 들어 전체 재적의원 577명 중 19명이 출석해 5명 찬성, 4명 반대, 10명이 기권하면 법률안은 통과된다. 의결된 법률안은 다른 원(院)으로 송부된다.[44]

(3) 다른 원의 심의

다른 원은 법률안을 송부받은 후 4주가 경과한 후에 동일한 규정에 따라서 법률안을 심의하며, 만약 이 과정에서 수정안이 가결되면, 수정된 부분에 대한 심의를 다시 받기 위하여 법률안이 다시 다른 원으로 송부된다. 이를 교대심의(navette)라고 한다.

(4) 양원동수협의회 및 하원의 최종의결

프랑스의 법률안은 하원 또는 상원의 어느 일 원(院)에 의해 가결되었

44) 법제처 세계법제정보센터, 앞의 글.

다고 하여 법률로서 확정되는 것이 아니다. 법률의 확정은 원칙적으로 양원이 두 차례의 교대심의(navette)를 통하여 합의를 이룰 때만 가능한 것이다. 그러나 양원 간의 의견이 계속 불일치하거나 정부가 법률안의 긴급 처리를 필요로 할 경우에는, 총리의 요청으로 양원동수협의회를 설치하여 하나의 안을 채택한 후 하원에 제출하도록 하거나 또는 하원이 최종의결을 하도록 규정하고 있다.

가. 양원합의에 의한 법률확정

헌법은 원칙적으로 양원이 2차 교대심의(navette)를 통하여 합의를 이룰 것을 전제하고 있다. 그러나 2차 교대심의가 종결될 때까지도 의견이 일치하지 않거나 1차 교대심의 후에라도 정부가 긴급을 요하면, 하원에 최종의결을 요청하거나 양원동수협의회를 설치하여 양원이 합의를 이루지 못한 조항들에 한하여 하나의 안을 채택하여 하원에 제출하도록 할 수 있다.

이러한 교대심의에는 두 가지의 원칙이 있다. 첫째, 법률안에 대한 양원의 반복되는 심의는 양원의 의견이 불일치되는 조항에 대해서만 이루어져야 하고, 둘째, 각 원에서의 심의는 일반적인 입법절차에 따라야 한다는 것이다. 즉, 소관위원회의 회부, 쟁점사항에 대한 새로운 수정안 제출, 이에 대한 본회의에서의 심의 등을 모두 거쳐야 한다는 것을 의미한다.

나. 양원동수협의회와 하원의 최종의결

총리는 법률안에 대한 양원의 의결이 양원에서의 두 차례 심의 이후에도 일치하지 않거나 또는 양원에서 비록 한 차례만 심의가 이루어졌다 하더라도 법률의 성립이 시간적으로 긴급한 경우에는, 각 원의 7인의 위원으로 구성되는 양원동수협의회의 개최를 요구할 수 있다.

양원동수협의회가 채택한 단일안은 원칙적으로 정부에 의해 양원의 심의에 재차 회부된다. 그러나 이 협의회가 합의된 의견을 도출하지 못하거나, 단일안을 제출하였더라도 정부가 긴급처리를 요하게 될 경우에는 양원의 제 1 독회만을 거친 후 하원에 최종의결을 요청하게 된다. 물론 양원동수협의회의 채택안에 대해 정부가 동의하지 않을 경우, 정부는 이 안을 양원에 재회부하지 않을 수도 있다.

하원이 법률안의 최종의결을 할 경우에는 양원동수협의회 채택안, 양원동수협의회 구성 전의 교대심의에서 하원이 최후로 가결한 법률안 또는 상원이 수정한 법률안 중 하나를 채택할 수 있다.

5. 헌법평의회의 합헌성 심사

헌법평의회는 의회의 권한행사에 있어서의 일탈을 방지하기 위하여 의회가 제정하는 법률에 대한 합헌성을 심사한다. 이미 앞에서 법률안의 발의단계에 있어 헌법평의회의 통제행위는 살펴보았으므로, 여기에서는 법률안이 의결된 후의 통제에 관하여 살펴보기로 한다.

헌법 제61조에 의하면 모든 '조직법안(Projet de loi organique)'은 공포 전에 총리의 회부에 의하여 헌법평의회의 위헌심사를 받도록 하고 있으며, '일반법률안(Projet de loi ordinaire)'의 경우에는 공포 전에 대통령·총리·상원의장·하원의장 또는 각 원(院)의 의원 60명 이상의 제소가 있을 경우 위헌심사를 받도록 하고 있다. 이 경우 '조직법'이란 헌법에 규정된 특정 사항들에 대한 법률로서, 예를 들면 대통령선거의 시행방법, 국무회의에서 임명되는 관직의 명칭, 각 원의 의원수·세비·피선 자격요건·결격사유·겸직이 금지되는 직종·궐위시의 충원문제, 헌법평의회의 조직·운영·제소절차 등의 조직법적 성격을 띤 법률을 말한다.

헌법평의회의 위헌심사는 양원의 의결을 거쳐 확정된 법률에 대해 이루어지나, 대통령의 서명·공포 전에 행해진다는 점에서 사전적·예방적 심사로 볼 수 있다. 이러한 프랑스 헌법평의회의 공포 전 위헌심사제는 법률이 일단 시행되고 난 후 구체적 소송을 통해 법률의 위헌 여부를 판단하는 사후적·교정적 위헌심사제와는 큰 차이점이 있다. 프랑스의 사전적·예방적 위헌심사제는 법률이 시행되고 난 후 무효선언이 있는 경우에 초래되는 법적 혼란과 사회적 비용을 미리 방지할 수 있는 장점이 있다고 볼 수 있다. 헌법평의회에 위헌법률심사가 청구되면 법률에 대한 공포정지의 효과가 발생하며, 헌법평의회는 청구된 안건에 대하여 1월 이내에 심사를 완료하여야 한다. 다만, 정부가 긴급을 요할 경우에는 8일 이내에 심사를 완료하며, 헌법평의회의 결정은 관보에 게재된다.

6. 법률안의 공포

양원에서 가결된 법률안은 정부에 이송되어 15일 이내에 대통령이 공포한다. 법률의 공포는 총리와 관계장관의 부서(副署, Contreseing)를 요하며 대통령이 서명하고 관보에 게재함으로써 이루어진다.

그러나 대통령은 이 기간 이내에 앞서 언급한 것처럼 법률안의 위헌여부를 가리기 위하여 헌법평의회에 제소할 수 있다. 헌법평의회의 위헌성 심사 기간 동안에는 그 기간만큼 법률안 공포 기한이 연장된다.[45]

또한 프랑스 대통령도 의회로부터 이송받은 법률안에 대하여 의회의 재의를 요구할 수 있는데, 이원정부제의 특성을 반영하여 재의의 요구에는 총리의 부서가 있어야 하고, 법률안의 전부뿐만 아니라 일부에 대해서도 재의를 요구할 수 있는 것이 특징이다. 또한 재의가 요구된 법률안의 의회 심의는 위원회 심사 등 처음에 진행되었던 모든 입법절차를 다시 거치며, 의결정족수도 우리나라와 같은 특별의결정족수가 아닌 일반의결정족수가 적용된다. 프랑스 대통령의 법률안에 대한 재의요구는 빈번하게 사용되는 편은 아닌데, 이는 의회의 다수당이 집권당이 아닌 경우 다수당의 신임을 받는 총리가 부서를 하지 않을 개연성이 크므로 재의의 요구가 사실상 어렵기 때문으로 보인다.[46]

7. 프랑스의 법제기구

프랑스의 경우 의원발의법률안보다 정부제출법률안이 더 활발하게 제출되고 있다. 더욱이 입법과정의 각 단계마다 정부에 부여되는 우선권을 감안하여 볼 때 정부제출법률안의 적절성을 보장하기 위해서는 정부제출

45) 법제처 세계법제정보센터, 앞의 글.
46) 진학선, “프랑스 대통령의 법률안거부권”, 『세계헌법연구』 제18권 제2호, 2012, 309.

법률안의 사전심사를 담당하고 있는 '국참사원'과 '내각총무처(Secrétariat Général du Gouvernement)'의 역할이 매우 중요하다.

(1) 정부의 법제기구

가. 국참사원

국참사원은 앞에서 설명한 바와 같이 정부의 입법에 관한 최고자문기관으로서의 자문기능과 행정소송에 관한 최고법원으로서의 사법(司法)기능을 담당하는 독립된 국가기관이다.

이 가운데 국참사원의 사법기능은 일단 논외로 하고 그 입법자문기능을 살펴보면, 정부는 법률사항 또는 행정입법사항 등에 관하여 국참사원의 의견을 구하는 것이 의무화되어 있다.[47)]

비록 법률적으로 국참사원의 의견이 정부에 대하여 기속력을 가지는 것은 아니나, 현실적으로 국참사원에서 심의·결정된 견해는 정부에 의해 대부분 채택되고 있다.

국참사원에는 재무와 내무, 공공건설 및 사회보장 등 4개의 행정분과가 있는데, 국참사원에 회부된 안건은 통상 소관분과가 담당한다. 만약 안건이 두 개 이상의 분과의 소관에 해당하는 경우에는 이들 분과가 합동으로 또는 각 분과의 일부 구성원으로 위원회를 조직하여 의견을 회신하며, 매우 중요한 안건에 대한 의견은 국참사원총회(Assemblée Générale du Conseil d'Etat)에서 도출되기도 한다.

나. 내각총무처

내각총무처는 각 부처로부터 작성·제출된 법률안들에 대한 형식심사와 각 부처들간의 행정조정기능을 수행하며, 법적·행정적 자문을 위해 국참사원에 회부한 법률안이 동 원(院)의 의견이 첨부되어 반송되어 오면 이 안건에 대한 부처간연석회의(Réunions interministérielles)를 소집하여 국참사원이 표명한 의견을 토대로 합의된 결론을 도출해 내도록 유도한다. 내각총무처의 기구 중 특히 법제실(Service législatif)이 이러한 형식심사와 정부

47) 국참사원은 법률안에 대한 수정안을 제안하거나 정부의 요구를 받아 법제기능을 수행하기도 한다.

와 국참사원간의 연락기구 역할을 수행하고 있다.

(2) 의회의 법제기구

프랑스 의회에 있어서 의원의 입법활동을 보좌하는 기관으로서는 우선 각 위원회별로 구성된 사무국의 직원(Conseillers, Administrateurs 등)들을 들 수 있다. 이들은 위원회의 안건에 대한 검토보고서 작성이나 회의운영 지원 등의 업무 외에도 의원발의법률안에 대한 기초 및 수정작업과 위원회 수정안의 기초작업 등을 보조하고 있다. 그 외의 기관으로는 하원 입법총국(Direction Générale des Services Législatifs)의 자료조사국과 국제·유럽·국방총국(Direction Générale des Affaires, Européenne Internationales et de Défense), 그리고 상원 입법총국의 입법조사국과 유럽국이 있는데, 이들은 의원들의 요청에 따라 자료 및 정보제공을 행하는 외에도 의원발의법률안 또는 수정안의 기초업무를 수행하는 법제기구 역할도 수행한다.

제 2 장 _ 의원내각제 국가의 입법과정

제 1 절 의원내각제 국가의 입법과정

1. 의원내각제의 특징

의원내각제 국가의 경우 행정부와 입법부의 성립 및 존속이 상호 연계되어 있고, 통치권력이 의회를 중심으로 융합되어 권력분립이 완화된 형태로 나타난다. 특히 의원내각제의 원형(原型)이라고 할 수 있는 영국의 경우 형식적인 삼권분립보다는 권력 간의 균형에 초점을 맞추어 '권력의 융합(fusion of powers)' 현상을 보인다. 의원내각제는 내각이 의회 앞에 정치적 책임을 지고 내각의 의회해산권을 인정하여 입법부와 집행부 간 권력적 균형을 유지하고, 의회의 구성원인 의원이 내각의 각료가 되는 등 상호 간의 겸직현상이 일반적이다.[1]

이러한 의원내각제의 권력융합적 구조는 의회의 다수당 지도부가 내각을 구성함으로써 다수당을 매개로 행정부와 입법부를 연계시킬 수 있기 때문에 가능하다. 이를 통하여 의원내각제 하에서는 입법부와 행정부가 법적으로는 분리·독립된 각각의 실체이지만, 정치적으로는 두 기관이 일원화된 지배구조 하에서 작동한다.[2] 권력분립을 강조하는 대통령제에 비하여 의원내각제는 상대적으로 집권화된 정치구조를 가지고 있는 것이 특징이다.

---

1) Richard Benwell & Oonagh Gay, The Separation of Powers, The Library of House of Commons, 2011, 1.

2) 위의 책, 3.

의원내각제는 내각의 존속과 진퇴가 국민의 대표기관인 의회의 의사에 의존하기 때문에 민주적 책임성이 높은 장점이 있으며, 내각이 의회에 대하여 연대책임을 지기 때문에 책임정치를 구현할 수 있다. 또한, 입법권과 행정권의 대립으로 정책추진의 효율성이 저하되는 경우가 발생하는 대통령제와 달리 입법권과 행정권의 융합으로 국가정책의 효율적인 추진이 가능하다는 장점이 있다.[3)]

반면, 군소정당의 난립과 타협정치가 성숙되지 않을 경우 정국의 불안정이 초래될 수 있고, 견제와 균형의 원리가 약화되어 다수의 횡포가 발생할 수 있다.[4)]

2. 의원내각제 국가의 입법과정: 일원적 입법과정

영국과 같은 원형적 의원내각제를 중심으로 설명하면, 의원내각제 국가의 입법과정은 다원적 특성을 가진 원형적 대통령제 국가의 입법과정에 비하여 일원적 특성이 강한 편이다. 이는 의원내각제 국가의 정부형태가 대통령제 국가에 비해 집권화된 정치구조를 가지고 있기 때문이다. 내각의 수반인 다수당의 당수는 엄격한 정당기율을 바탕으로 다수당을 통제할 수 있기 때문에 행정부와 입법부를 동시에 장악할 수 있다.[5)] 영국의회 등에서는 의사일정의 각 항에 밑줄을 표시하여 당론의 구속성 정도를 표시하고 이를 의원들이 따르도록 할 만큼 정당기율이 강한 편이다. 이처럼 의회의 다수 정파와 정부가 정치적 단일체로 융합되어 있기 때문에 입법과정에서 정부의 정책의사가 비교적 용이하게 관철될 수 있다.

물론 다수당 당수의 선출과 다수당의 당론 결정은 민주적 과정을 거치도록 되어 있으나, 실질적인 입법의사결정은 법률안이 의회에 제출되기

3) 이정은 등, 『입법과 사법의 법률정보 협력에 관한 연구』, 사법정책연구원, 2019, 14.
4) 권영성, 『헌법학원론』, 법문사, 1997, 668.
5) 다만, 다수당의 당수 역시 당원 및 당 소속의원들의 신임을 확보해야 한다. 예를 들어 보수당(정식명칭 Conservative and Unionist Party, 일명 Tory Party)의 경우 현직 보수당 하원의원의 15% 이상이 당수에 대한 불신임 투표를 요구하는 서한을 당내 기구인 1922위원회(the 1922 Committee)에 보내면, 당은 하원의원 전원을 대상으로 '당수에 대한 불신임투표(vote of no confidence)'를 실시한다.

전에 정부 내부의 검토와 내각의 심의 단계에서 결정되는 경우가 많다.

입법과정도 입안과정부터 의회의 심의과정까지 전 과정이 행정부에 의해 통제되고 조정되는 것이 특징이다. 행정부의 각료들과 관료들은 법률안의 내용에 대하여 의원들보다 상세히 파악을 하고 있으며, 정부가 법률안의 통과여부와 의사일정까지 통제하는 편이다. 의회에서 주로 집중적인 심의의 대상이 되어 통과되는 법률안도 이러한 과정을 거친 정부제출안이며, 평의원이 발의한 법률안은 상대적으로 비중 있게 다뤄지지 않는 편이다. 영국의 경우 정부가 제출한 법률안에 대하여도 의회 심의과정에서 수정안이 제안되기도 하지만 야당의원이나 여당의원이라도 평의원이 제출한 것은 잘 수용되지 않는 편이다. 영국의 경우 의원들이 제출한 법률안이 간혹 통과되는 일이 있으나, 이러한 법률안들은 대부분 비정치적이거나 비당파적 내용으로서 정부가 반대하지 않는 것들이다.[6] 채택되는 수정안도 입법과정상의 타협이나 의원들의 제안에 의한 것보다는 정부 공무원들의 계획과 후속조치에 따른 것이 보통이다.[7]

또한, 영국의 경우 정당규율이 엄격하고 정당이 강력한 공천권을 행사하기 때문에 대부분의 의원들은 지역구 유권자의 선호에 크게 영향을 받지 않으며, 이는 정당을 포퓰리즘으로부터 자유롭게 하고 입법과정에서 이해관계집단의 영향을 최소화하는 작용을 한다.[8]

이러한 정부주도 입법과정의 일원적 특성은 덜 민주적이기는 하지만 정책추진의 효율성이 높으며, 입법의사의 주체가 명확한 편이기 때문에 법률의 명확성 또한 제고할 수 있는 장점이 있다.[9]

그러나 이러한 의원내각제 국가 입법과정의 일원적 특성은 양당제를 기반으로 할 경우에 부각되며, 정치적 제휴나 연합이 필요한 다당제 하에서는 일원적 특성이 약화되고 보다 다원적인 특성을 보일 수 있다.

또한, 의원내각제 국가의 입법과정은 다원적 특성이 약하고 정부제출 법률안을 중심으로 심의되며, 막후에서 실질적인 정책결정이 이루어지는

6) Patrick S. Atiyah, 149.
7) 위의 책, 151.
8) 위의 책, 152.
9) 위의 책, 151.

경우가 많기 때문에 심의되는 법률안의 수가 많지 않은 특성이 있으며, 다원적 입법과정을 가진 대통령제 국가에 비해 본회의의 심의비중이 높을 수 있다. 영국의 경우 본회의에서 법률안의 통과 여부 및 주요 수정방향에 대한 결정이 이루어진 다음 세부적인 수정사항만 위원회에 위임하는 형태로 운영이 되고 있다.

제 2 절 영국의 입법과정[10)]

1. 개 관

영국은 군주제(君主制)국가인 만큼 법적으로 국왕은 행정부의 수반이자 입법부의 불가분의 구성부분이며 사법부의 총수인 동시에 군의 총사령관이고 영국교회의 수장이지만, 국왕은 군림하되 통치하지 아니하고, 수상을 비롯한 각료들의 조언에 따라서 행동할 뿐이다.

결국 영국헌정의 중심은 의회제도에 있다. 영국의 의회는 양원제로서 귀족원인 상원(House of Lords)과 평민원인 하원(House of Commons)으로 구성되어 있는데, 양원(兩院)의 의사가 합치하지 아니할 때에는 하원의 의사가 우선하도록 입법상의 하원우위원칙이 확립되어 있다.

행정부인 내각은 수상과 그가 선임하는 각료들로 구성되는데, 수상(Prime Minister)에는 하원 다수당의 당수(黨首)가 임명되고 각료들 대부분이 하원의원들이라는 점에서, 행정부인 내각과 의회는 매우 밀접한 관계를 가

10) 이 장의 내용은 박영도, 『입법과정의 이론과 실제』, 한국법제연구원, 1994, 112–133; "외국의회소개 영국", 『국회보』, 1990, 2–3; *Erskine May's Treaties on the Law, Privileges, Proceedings and Usage of Parliament*, 22nd ed., London, Butterworths, 1997을 참조하는 외에 인터넷을 통해서 영국의회 사이트에서 검색한 최신 자료를 활용하였다. 이외에 영국 내각사무처에서 발간한 「Guide to Making Legislation」(2017년 발간) 및 "Legislative Process: taking a bill through Parliament", 2013. (http://www.gov.uk/topic/government/legislative-process)와 함께 국회사무처 내부자료(이지민, 영국의 입법절차)를 참고하였다.

지고 있게 된다. 이를 대통령제의 '권력분립'에 갈음하여 '권력융화'로 표현할 수 있겠다.

영국에서도 미국과 마찬가지로 법률안은 의원(議員)만이 제안할 수 있지만 그 제안자가 내각의 각료(minister)일 경우 그 법안은 정부제출법률안이 되고, 각료가 아닌 일반의원이 제안하는 것은 의원발의법률안이 된다. 그러나 의원발의법률안은 각 의원들의 의회업무의 과중, 법안기초의 어려움 및 동료의원들의 무관심 등으로 최종적으로 법률로 성립되는 예가 드물며 대부분의 유력한 법률안들은 정부제출법률안이다. 이에 따라 행정부인 내각이 입법과정에 있어서 그 우위를 점하고 있다.

2. 법률안의 종류

영국 입법과정의 특징 중의 하나는 법률안의 종류에 따라 그 심의절차가 달라진다는 데에 있다. 그러므로 우선 법률안의 종류를 대별해 보는 것이 영국의 입법과정을 이해하는 데 도움이 되리라 생각된다.

(1) 공적 법률안(Public Bill)

공적(公的) 법률안은 국가의 일반적인 정책에 관한 법률안으로서 주로 사회전체에 영향을 미치는 일반법을 제·개정하고자 하는 것을 말한다. 즉, 범죄, 건강보건, 도로안전, 산업의 국유화 등과 같은 공공정책과 관련있는 법률안을 말하며, 그 적용대상 및 지역이 전국적인 것을 의미한다. 또한 공적 법률안 가운데 재정상의 수입·지출의 개정을 수반한 법률안을 금전법률안(金錢法律案, Money Bills)이라고 하며, 이는 정부만이 제출할 수 있다.

이러한 공적 법률안들은 그 제안자에 따라 다음의 두 가지 형태로 구분된다.

가. 정부제출법률안(Government Bill)

행정부로부터 제출되는 법률안을 말하는데, 이러한 법률안은 장관책임

제도의 원칙에 따라 장관이 그 법률안이 법률로서 성립될 때까지 책임을 진다. 이에 따라 정부제출법률안은 정부와 여당이 장기간에 걸쳐 연구한 것을 기초로 하여 작성되고 있으며 담당 장관이 중심이 되어 여러 관계기관들의 도움을 얻어 작성된다.

나. 의원발의법률안(Private Members' Bill)

의원발의법률안은 각료가 아닌 상·하원의 일반의원이 제안하는 법률안을 말한다. 일반의원은 의사규칙에 의해 자유로이 법률안을 제출할 수 있는데, 이러한 의원발의법률안은 소속 정당의 정책이라기보다는 의원 개인의 신념에 관계되는 것이 많다. 그러나 경우에 따라서는 정부가 제출하여야 할 법률안임에도 불구하고 여러 사정상 의원발의법률안으로 제출하는 경우도 있다.

(2) 사적 법률안(Private Bill)

사적(私的) 법률안은 특정개인, 공공기업체, 지방공공단체 등에 권한 또는 이익을 부여하는 특수한 법률안을 말한다. 이러한 사적 법률안은 의원에 의해서 제출되는 것이 아니라 Private Act의 제정을 희망하는 당사자에 의하여 사적 법률안의 제출허가를 요구하는 청원과 함께 제출된다. 사적 법률안은 공적 법률안과 다른 특별한 심의절차를 거친다.

(3) 혼성 법률안(Hybrid Bill)

혼성(混成) 법률안이란 공적(公的) 법률안과 사적(私的) 법률안의 성격을 동시에 지닌 법률안으로서 비록 그 법률안이 정부에 의하여 또는 일반의원(議員)에 의하여 공적 법률안으로 제출되었다 하더라도 특정한 면에서 개인이나 특정단체의 사적(私的) 권리에 영향을 미치는 법률안을 말한다. 이러한 혼성 법률안은 주로 정부에 의하여 제출되지만 그 예는 극히 드물다. 혼성 법률안은 주로 특별위원회(Select Committee) 등에서 특별한 절차에 따라 심의된다.

3. 법률안의 제출

영국의 내각, 즉 행정부는 직접 법률에 규정되어 있는 국가기관이 아닌 관계로 인하여 법률안은 각 원(院)의 규칙에 의거하여 하원의원 또는 상원의원만이 제안할 수 있다. 이런 의미에서 영국의 법률안은 모두 의원입법의 형식을 지니고는 있지만, 실제로는 각료 기타 정부관리의 직책을 가진 의원에 의해서 제출되는 법률안은 정부제출법률안(Government Bill)으로, 그리고 정부의 관직을 지니지 않은 일반의원이 제출한 법률안은 의원발의법률안(하원은 Private Members' Bill, 상원은 Private Peers' Bills)으로 구분하고 있다.

(1) 정부제출법률안

가. 입법계획의 수립

먼저 정부제출법률안의 경우는 제출하기 전에 행정부 내에서 치밀한 입법계획을 수립하고, 이에 의거하여 작성·발안된다.

매회기마다 정부는 당해 회기에 의회가 심의할 정부제출법률안에 대한 계획인 입법계획을 수립한다. 정부의 매회기 입법계획에는 통상 약 30여 개 정도의 법률안이 포함되는데, 각 부처에서 요구하는 법률안 수의 절반 정도만 수용된다. 보통 하원의 의사 중 정부의 법률안 심사에 사용하는 시간은 3분의 1 이하이기 때문에 정부 입장에서는 제한된 자원을 최대한 효율적으로 사용할 수 있는 계획과 관리가 필요하다.11)

정부의 입법계획에 자신들의 법률안이 포함되기를 원하는 각 행정부처는 내각의 위원회인 '의회업무 및 입법위원회(PBLC: Parliamentary Business & Legislation Committee)'에 요구서를 제출하고, PBLC는 이러한 요구서를 심사하여 내각에 입법계획 초안을 권고한다. 이때 PBLC는 입법의 필요성(의회입법인 primary legislation이 아닌 secondary legislation에 의해 목적 달성이 가능한지도 검토한다), 정부의 정치적 우선순위, 법률안의 준비 정도를 감안하여 입법계획에 포함될 법률안을 권고한다. 내각은 PBLC의 사전검

---

11) Cabinet Office, 『Guide to Making Legislation』, 2017, 8－9.

토 등을 바탕으로 정부의 입법계획을 회기가 시작되기 한 달 전쯤에 확정한다. 확정된 입법계획은 매회기 여왕의 시정연설에서 그 내용이 포함되어 발표된다.12)

나. 법률안의 준비

법률안이 정부의 입법계획에 포함되면 각 부처는 법률안의 입안과 의회 심의업무를 조정하는 '법률안 팀(bill team)'을 구성한다. 또한, 부처의 정책담당자는 부처 소속 변호사들에게 제공할 정책지침을 준비하며, 이는 법률안을 기초하는 법제실(Office of Parliamentary Counsel)에 대한 지침의 기초가 된다. 부처의 정책지침에 따른 법제실의 법률안 기초에는 통상 법률안별로 최소한 두 명 이상의 법제관이 배정되며, 분량이 많은 법률안의 경우는 더 많은 법제관이 배정된다. 법제관이 정책에 대한 명확한 이해를 바탕으로 초안을 작성하면, 이를 부처 소속 변호사에게 송부하고, 이들은 다시 이를 부처의 정책담당자와 협의한 후 회신한다. 이러한 과정은 한 번에 끝나지 않고 법제관과 부처가 만족스러운 수준으로 법률안이 수정될 때까지 반복된다.13)

한편, 웨일스, 스코틀랜드, 북아일랜드에 적용되는 법률안은 당해 자치정부와 협의를 하여야 하며, 웨일스 의회(Welsh Parliament), 스코틀랜드 의회(Scottish Parliament), 북아일랜드 의회(Northern Ireland Assembly)에 이양된 권한과 관련이 있는 조항은 보통 당해 기관의 동의를 받아야 한다.14)

다. 법률안의 제출

법제실(Office of Parliamentary Counsel)과 소관 부처가 협의하여 법률안이 기초되면 내각의 PBLC는 최종적인 법률안을 설명서(Explanatory Note), 입법영향 평가서, 대의회 전략 등과 같은 문서와 함께 검토를 한다. PBLC의 검토 결과 법률적인 문제와 절차상의 문제가 해결된 법률안은 세부 사항에 대한 수정이 허용된다. 이때 PBLC는 당해 법률안의 입법과정을 상원 또는

---

12) Cabinet Office, Legislative Process: taking a bill through Parliament, 2013. http://www.gov.uk/topic/government/legislative-process.

13) 위의 글.

14) 위의 글.

하원 중 어디에서 시작할 지 결정한다. 어떠한 법률안들은 의회의 본격적인 심의 전에 의회의 부처별 소관위원회의 사전심사를 받기도 한다.[15)]

PBLC의 심사 및 정리를 거친 법률안은 각의(閣議)에 상정된 후 의회에 제출된다. 정부제출법률안에는 대표발의자(거의 모두 해당 내각장관)와 찬성발의자 성명, 법률안번호와 제출회기가 표기되고, 법안설명서(Explanatory Notes)[16)]를 비롯한 첨부서류가 법률안과 함께 제출된다.[17)] 이러한 정부제출법률안은 특별한 경우를 제외하고는 의회의 모든 회의에서 다른 의사(議事)에 우선하여 다루어지게 된다.

(2) 의원발의법률안

의원발의법률안은 정당과의 협력, 변호사 등 법률가의 지원을 받아 작성되는 것이 일반적이다.

일반의원이 법률안을 제안하기 위해서는 첫째, 추첨(ballot)에 의해 심의시간을 확보하여 법률안을 제안하는 방법이 있다. 이 방법에 의하면 20명의 의원에게 법률안을 발의할 기회가 주어진다. 둘째, 하원의 승인을 받지 않고 사전에 통고만 함으로써 제안할 수 있는 방법이 있는데, 이 방법에 의할 경우 의원 모두가 합의하는 법률안이 아닌 한 통과될 가능성은 거의 없다고 볼 수 있다. 셋째, 회의에서 다수표를 획득하는 방법이 있다.

---

15) Cabinet Office, 앞의 글.

16) 법안설명서(Explanatory Notes)는 법률안의 입법목적을 설명하는 자료로서 모든 정부제출안에 대하여 1999년부터 제출되고 있으며, 일부 의원발의법률안에 대하여도 제출되는 경우가 있다. 정부제출안의 법안설명서는 소관부처가 작성하며, 정책의 배경(policy background), 법률적 배경(legal background), 지역적 범위와 적용(territorial extent and application), 조문별 설명자료(commentary on provisions of bill), 시행시기(commencement), 재정적 영향(financial implications of the bill), 의회의 재정비용 및 부담부과에 대한 승인(Parliamentary approval for financial costs or for charges imposed), 유럽인권협약과의 양립가능성(Compatibility with the European Convention on Human Rights) 등의 내용을 포함한다. 정부의 해설자료는 법률안을 제출할 때만 작성하여 제출되는 것이 아니라 입법상황에 따라 수정이 된다. 영국 정부의 지침에 따르면 양원 중 일원의 심사가 종료된 후 다른 원에서 심사를 시작할 때와 국왕의 승인이 있을 때를 포함하여 최소한 두 번 이상 내용을 갱신하도록 되어 있다. 이외의 첨부서류로는 '위임권한 의견서(Delegate Power Memoranda)' 등이 있다. 이정은 등, 앞의 책, 192.

17) 문제풍, "영국의회의 입법과정(상)", 『국회보』, 2005. 11, 104.

이는 회의 시작 전에 10분 간의 연설기회를 활용하여 법률안을 소개한 다음 반대가 있을 경우 표결에서 이기면 정식으로 소개하는 방법이다. 이 방법에 의할 경우에도 법률안이 의회를 통과할 가능성은 희박하다. 따라서 의원발의입법이 성공하기 위해서는 첫 번째 방법이 가장 효과적이라고 할 수 있다.[18] 의원발의법률안에는 법률안의 제명과 발의취지 및 날짜를 명기한다.

(3) 선의의원(先議議院)의 선택

원칙적으로 법률안은 상·하 양원에서 모두 발의될 수 있지만 대부분의 법률안은 하원에서 발의되고 있다. 일반적으로 정치적으로 다툼이 있는 법률안은 하원에서 발의되고, 그 내용이 기술적이고 정치적 다툼이 없는 법률안은 종종 상원에서 발의된다. 그러나 예산지출이나 조세 등에 대한 법률안은 하원에서만 발의될 수 있다. 하원의 국민대표로서의 성격, 그리고 대부분의 각료들이 모두 하원의원이라는 점을 감안한다면 정치적으로 중요한 법률안이 하원에서 발의된다는 것은 당연하다고 할 것이다.

3. 법률안의 심의

이하에서는 법률안의 종류별로 법률안의 심의과정을 살펴보고, 또한 하원과 상원의 심의과정을 비교해 보고자 한다.

(1) 하원에서의 심의과정

가. 정부제출 공적 법률안의 심의과정

정부제출법률안의 경우 다음의 5단계 심의과정를 거치게 된다.

1) 제1 독회

먼저 '제 1 독회' 단계이다. 제 1 독회는 형식적인 것으로서 법률안에 대한 토론 없이 하원 사무총장(Clerk)에 의해 법률안의 제명(題名)이 낭송되고 제 2 독회의 기일을 지정하는 것으로 끝난다. 그 후 법률안은 인쇄되어 각

18) Paul Silk, *How Parliament Works*, London, Longman, 1987, pp. 114－119 참조.

의원에게 배부된다.

2) 제 2 독회

다음 단계는 '제 2 독회' 단계이다. 제 2 독회는 관행적으로 제 1 독회가 있은 후 법률안이 발간된 다음 2주가 지난 후에 본회의에서 실시된다. 이 단계에서는 제1 독회를 통과한 법률안에 대한 장관의 취지 및 일반적인 내용 설명과 이에 대한 정당 간의 토론이 시작된다. 또한, 법률안의 제출배경과 법률안의 목적을 달성하기 위한 다른 방법에 대한 논의가 이루어진다. 그러나 제 2 독회에서는 법률안의 조항별 구체적 내용에 대해서는 논의가 진행되지 않는다.

법률안에 반대하는 야당은 제 2 독회에서 반대투표를 하거나 반대하는 내용의 수정안(reasoned amendment)을 제출할 수 있다.[19] 그러나 제 2 독회에서 정부제출법률안이 부결되는 일은 거의 없다. 만약 제2 독회에서 부결되면 그 법률안은 더 이상 입법절차를 진행할 수 없다.

한편, 모든 법률안이 제 2 독회를 거치는 것은 아니다. 즉, 문제가 없는 법률안은 토론 없이 제 2 독회를 마칠 수 있으며, 스코틀랜드나 웨일스에 전속적으로 관련되는 법률안에 대해서는 전담위원회에서 제2 독회를 할 수 있다.[20]

3) 위원회 심사

다음은 '위원회' 단계이다. 제 2 독회가 행해진 후에 반대의 의결이 없는 한, 그리고 전원위원회 등에 회부되지 않는 한, 법률안은 공적 법률안 심사위원회(Public Bill Committee)[21]에 회부된다. 의원(議員)은 법률안을 전원위원회(全院委員會, Committee of the whole House)나 스코틀랜드위원회(예컨대 Scottish Grand Committee) 또는 특별위원회(select committee) 등에 회부

19) 이 단계에서는 조문에 대한 수정안은 제출될 수 없다. Cabinet Office, 앞의 글.

20) 이는 이론상이며 실제로는 전담위원회가 아닌 하원 본회의에서 제2 독회를 해왔다. 문제풍, 앞의 글, 105 참조.

21) 과거에는 standing committee(상임위원회로 번역)에서 공적 법률안을 심사했는데, 명칭과 달리 영속적인 위원회가 아니라 법률안마다 새로 구성되고 심사가 끝나면 해체되는 위원회로서 명칭과 실질이 부합하지 않는다는 지적이 있었다. 영국 의회 의사규칙 개정으로 동일 기능을 수행하는 위원회가 공적 법률안 심사위원회(public bill committee)로 명칭이 변경되었다.

하는 동의를 제출할 수 있다. 특히 헌법적 중요성이 있는 법률안이나 재정에 관한 법률안은 전원위원회에 회부될 수 있다.

공적 법률안 심사위원회는 하원에서만 구성되며, 상원은 공적 법률안 심사위원회를 구성하지 않고 법률안의 축조심사를 전원위원회에서 행한다.[22] 공적 법률안 심사위원회는 법률안별로 구성되며, 위원회의 명칭도 법률안명을 따라 붙여진다. 공적 법률안 심사위원회의 위원은 통상 17인이고,[23] 하원의 선출위원회(Committee of Selection)에 의해 의석비율에 따라 지명되며, 위원장은 의장이 사전에 선임된 위원장 패널(Panel of Chairs) 중에서 불편부당한 인사로 지명한다. 만약 법률안이 잉글랜드에만 적용되는 것이라면 'English Votes for English Laws' 원칙에 따라 잉글랜드에 지역구를 둔 의원들로만 선임을 하며, 이때의 정당별 의석비율은 전체 의석수가 아닌 잉글랜드 지역구 의석수를 기준으로 정한다.[24]

공적 법률안 심사위원회 등 위원회는 해당 법률안을 축조심사하는데, 이 경우에도 법률안은 제2 독회에서 원칙적으로 가결된 것으로 보기 때문에 그 법률안을 부정하거나 원칙을 반전시키는 수정안은 허용되지 않으며 중요한 조문은 삭제할 수도 없다. 그러나 이러한 범위 안에서도 그 법률안의 주제에 관련되는 한, 법률안을 수정할 수 있음은 물론이고 정부측에서도 수정안을 낼 수 있다. 이러한 점에서 영국의 입법과정은 본회의중심주의를 특색으로 한다고 할 수 있다.

4) 보고 및 본회의 심의

다음은 '보고 및 심의(Consideration)' 단계이다. 여기서는 위원회에서 최종수정안이 마련된 경우 위원회에서 심의한 내용을 본회의에 보고한다. 보고단계에서는 법률 조문이 아닌 수정안에 대해서만 논의가 이루어지는데 보고단계에서도 새로운 수정안이 제출될 수 있다. 즉, 전원위원회에 상정되어 거기서 원안 의결된 법률안 외에 모든 법률안은 법률안심사보고를 위해 본회의에 재회부되고, 이때 모든 의원(특히 위원회에 참여하지 않은 의

---

22) 이지민, 앞의 글, 3.

23) https://guidetoprocedure.parliament.uk/articles/JJNovRsK/public-bill-committees (2021. 1. 31. 확인)

24) Cabinet Office, Guide to Making Legislation, 2017, 225-226.

원들)이 참여하여 수정된 부분에 한해 발언할 수 있는데, 법률안에 대한 수정의 기회를 한 번 더 갖는 것이다.[25)]

전원위원회에서 수정 없이 보고된 법률안은 바로 제3 독회가 이루어지거나 제3 독회의 일자를 정하게 되며, 수정의결된 경우에는 제 3 독회 일자를 별도로 정하여 본회의에서 심의하는 것이 보통이다. 공적 법률안 심사위원회에서 보고된 법률안은 본회의에서 날짜를 정하여 심의되며, 특별위원회에서 보고된 법률안은 통상적으로 전원위원회에 재회부된다.

5) 제 3 독회

마지막 단계는 '제 3 독회' 단계이다. 이 단계에서는 여러 차례 수정을 거친 법률안이 최종적인 형태로 심사를 받는다. 이때 자구수정(verbal amend–ment) 외의 수정은 행할 수 없으며, 따라서 통상 정례적인 절차만 이루어진다.

이렇게 하원에서의 절차를 종료하게 되면 해당 법률안은 상원에 송부된다.[26)]

나. 의원발의 공적 법률안 심의과정

다음 의원발의법률안의 경우를 보면 기본적으로는 앞의 정부제출법률안과 동일한 심의절차를 밟게 된다. 그러나 제2 독회 및 보고단계에서 정부·여당의 사전협조를 얻지 못하면 법률안이 제대로 심의되기가 매우 어렵다. 그 이유는 여당이 의사진행을 독점하면서 자신들이 제출한 정부제출법률안만을 제한된 시간 내에 심의하기 때문이다. 따라서 의원발의법률안은 이론의 여지가 없는 법률안이 아니면 각 심의단계를 모두 거쳐 법률로서 성립되기가 아주 어렵다고 할 수 있다. 하원에서는 매회기 초에 추첨을 통해서 법률안을 발의할 의원 20명을 결정한다. 이러한 절차를 거쳐 1974년부터 1984년까지 105건의 의원발의법률안이 법률로 확정된 바 있으며,[27)] 1985년부터 2017년까지 323건의 의원발의 법률안이 최종적으로 통과되었다.[28)]

---

25) 보고단계는 2일 이상 주어지지 않고, 새로운 조항의 추가 내지 수정안은 상임위원회에서보다 훨씬 어렵다. 문제풍, "영국의회의 입법과정(하)", 『국회보』, 2005. 12, 128 참조.

26) 상원에서 법률안이 먼저 심의된 경우에는 상원에서의 절차를 종료한 다음 해당 법률안이 하원으로 송부된다.

27) Silk, 앞의 책, p. 117.

28) 이지민, 영국의 입법과정, 국회사무처 내부자료, 2014, 26.

다. 사적 법률안의 경우

사적(私的) 법률안의 심의는 사적 법률안에 관한 의사규칙에 의하여 진행된다. 우선 사적 법률안의 청원이 제출되면 그 청원이 의사규칙이 정하는 소정의 요건을 구비하였는지를 심사하게 되는데, 이때 청원인 또는 그 대리인은 청원심사관(Examiners of Petitions for Private Bills)[29]에게 이를 입증하여야 한다.

이를 거쳐 사적 법률안의 청원이 본회의에 제출되면 제1 독회를 거친 것으로 간주되며, 제2 독회에서는 제출된 법률안에 대한 광범위한 토론이 행해지게 된다. 제2 독회가 끝나게 되면 해당 법률안은 반대의견이 없는 법률안과 반대의견이 있는 법률안으로 구분된다.

이 중 반대의견이 없는 법률안은 이들 법률안을 심의하기 위한 위원회에 회부되는데 이 위원회에서는 그 법률안이 공익에 반하는가의 여부에 대해서만 심사하여 그 결과를 본회의에 보고하며, 반대의견이 있는 법률안은 특별위원회에 회부되어 민사재판과 같은 준사법적 절차방식으로 심사가 이루어진다.

이렇게 위원회의 심사가 종료하면 제 3 독회를 거치며 제 3 독회에서 승인되면 해당 법률안은 상원으로 송부된다.

(2) 상원에서의 심의과정

상원은 법률안의 심의에 있어서 몇 가지 제약을 받는다. 예를 들면, 재정관계 법률안은 거의 예외 없이 하원에서 먼저 심의되며, 세출법률안에 대해서는 원칙적으로 수정이 금지되고, 금전법률안(金錢法律案, Money Bills)으로서 하원의장이 지정한 법률안은 1개월 이내에 하원에 반송(返送)하여야 하며, 연속 2회에 걸쳐서 같은 내용으로 하원을 통과하고 적어도 회기종료 1개월 전에 상원에 송부되어 상원에서 부결된 공적(公的) 법률안은 상원의 부결에도 불구하고 국왕의 재가(裁可)를 얻어 공포할 수 있는 것 등이다. 그러나 상원은 법안심의과정에서 나름대로 중요한 역할을 수행한다.

---

29) 청원심사관은 상·하원에 의하여 각각 한 명씩 임명된다.

우선 상원의원은 전원 세습 또는 임명에 의한 의원들이어서 하원의원과는 달리 선거민이 없는 관계로 항상 하원의원보다 자유시간이 많다. 따라서 하원에서 선의(先議)된 중요 법률안에 관하여 상원은 세밀한 부분에까지 재검토를 할 수 있다. 또한 정치적 쟁점이 없는 기술적인 법률안은 자주 상원에서 먼저 심의에 붙여 상세히 검토된 후 하원으로 송부되는데, 그 결과 하원은 잘 정리된 법률안을 받게 되므로 심사에 필요한 시간을 많이 절약할 수 있게 된다. 그래서 정책상 변화 없이 여러 개의 법률을 법령정비 차원에서 통합하는 통합법률안(consolidation bills)과 법적·사법적 문제를 취급하는 법률안은 보통 상원에서 먼저 심의된다.

상원도 하원과 마찬가지로 3독회를 거치면서 법률안을 심의한다. 다만, 하원과는 달리 상원에서는 전원위원회가 대부분의 법률안을 실질적으로 심의하고, 하원과는 달리 제 3 독회에서 수정안을 낼 수 있다는 점에 차이가 있다.30)

우선 제1 독회는 법률안의 제출과 동시에 이루어지는데 토론 없이 종료하는 것을 원칙으로 한다. 제2 독회에서는 법률안에 대한 원칙적이고 개략적인 논의가 있게 되고 제2 독회가 끝나면 법률안은 통상적으로 전원위원회(全院委員會)에 회부된다(이때 논쟁의 여지가 없는 법률안 등에 대해서는 의결에 의하여 위원회단계를 생략하고 제 3 독회로 넘어갈 수 있다). 전원위원회는 법률안 또는 그 수정안에 대한 심사를 하게 되며 위원장은 심사결과를 전원위원회 종료 후 전체회의(본회의)에 보고한다. 제3 독회는 다툼이 없는 법률안일 경우에는 토론 없이 간결하게 이루어지지만, 제3 독회 이전단계에서 상당한 논쟁이 있었던 법률안의 경우에는 토론이 행해지기도 한다.

---

30) 문제풍, 앞의 글, 129 참조.

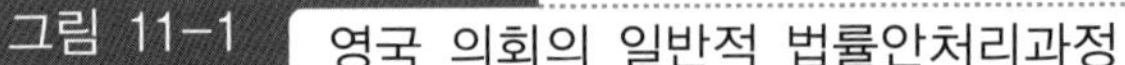
그림 11-1 영국 의회의 일반적 법률안처리과정

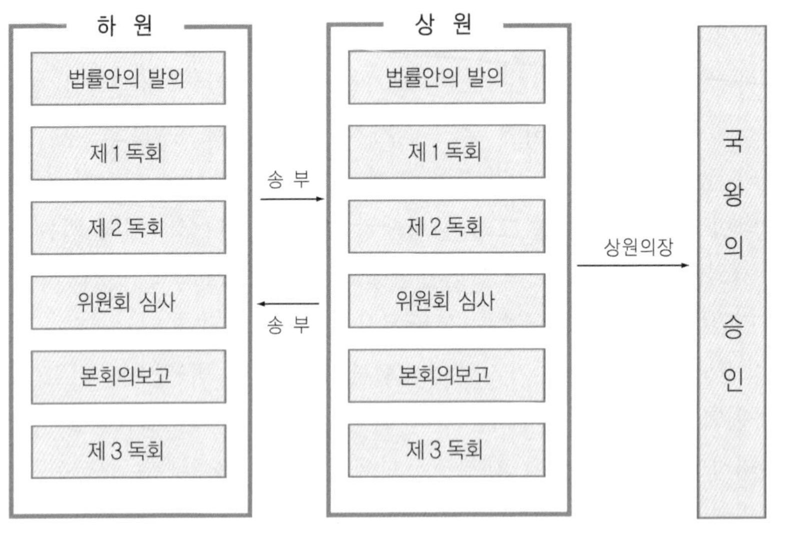

※ 하원은 상원의 의사에 반하여 법률안을 통과시킬 수 있으나, 상원은 하원을 통과한 법률안을 1 년간 계류시킬 수 있을 뿐임에 유의.

4. 법률안의 공포

의회를 통과한 법률안은 국왕의 재가(裁可, Royal Assent)를 요구하기 위하여 상원의장(Lord Speaker)에 의해 국왕에게 송부된다.

국왕의 재가는 칙허장(勅許狀, Letters Patent)에 의해 승인되며 이 사실은 상·하원의 의장에 의하여 각 의원들에게 통지된다. 1707년 마지막으로 국왕이 재가를 거부한 적이 있으나 오늘날 의회를 통과한 법률안에 대한 국왕의 재가는 당연한 것으로 간주되고 있다.

5. 영국의 법제기구

영국은 법률안의 작성을 담당하는 법제기구가 행정부에 주로 설치되어 있고 의회에는 상·하원에 의원들의 입법활동을 보좌하기 위한 기구로서 법제지원을 하는 부서가 있을 따름이다.

이러한 구조는 영국의 입법과정이 의원제출법률안보다 정부제출법률안을 중심으로 운영된다는 점, 정부제출법률안의 경우는 의원제출법률안보다 매우 복잡하고 정교한 체제를 요하는 중요입법이라는 점 등에 기인한 것이다. 또한, 영국에서는 의원내각제를 채택하고 있기 때문에 정부제출법률안이 의회에서 부결될 경우 정부의 불신임으로 간주되어 그 결과 내각총사퇴 내지 의회해산으로 이어질 수 있다는 점에서 정부제출법률안의 입법준비에 만전을 기하려는 의도에서 정부의 입법계획을 종합하고 개별 법률안의 법적 체제, 정책 검토 등을 전담하는 기구를 두고 있는 것이다.

(1) 행정부의 법제기구

가. 의회업무 및 입법위원회(PBLC: Parliamentary Business & Legislation Committee)

의회업무 및 입법위원회(PBLC: Parliamentary Business & Legislation Committee)는 내각에 설치된 위원회 중 하나로서 정부의 의회업무와 입법계획에 관한 사항을 심사하는 역할을 수행한다. 동 위원회는 입법계획의 작성과 의회업무에 대하여 내각에 권고를 하며, 의회에 제출되는 법률안의 준비과정과 심의과정을 조정하는 역할을 수행하는데, 특히 각 부처가 정부입법계획에 반영을 요구하는 법률안을 심사하여 반영 여부를 검토하고, 법률안에 대한 심의를 상원과 하원 중 어디에서 먼저 시작할 지에 대해서 권고를 하는 역할도 수행한다. 위원회의 구성인원은 유동적이나, 2020년 11월 현재 하원 원내대표를 비롯한 11명으로 구성되어 있다.[31]

31) 2020년 11월 현재 '의회업무 및 입법위원회'의 위원은 다음과 같다.
- Lord President of the Council, and Leader of the House of Commons (Chair)
- Secretary of State for Northern Ireland
- Secretary of State for Scotland
- Secretary of State for Wales
- Lord Privy Seal, and Leader of the House of Lords

나. 법제실(Office of Parliamentary Counsel)

이 기구는 입법위원회에서 정한 입법계획예정표에 의해 계획된 모든 법률안들을 기초(起草)한다. 정부의 모든 법률안들을 기초하기 때문에 이 기구에서는 아울러 각 부처 간의 의견조정기능도 수행하게 된다.

이 기구에 소속된 법제관(Parliamentary Counsel)은 주로 법정변호사(法廷辯護士, barrister) 또는 사무변호사(事務辯護士, solicitor)[32]의 자격을 지닌 전문가들로서 법률안의 기초를 위하여 행정부의 재무부에 소속된 상근직원들로 2021년 2월 기준 약 50명 정도의 변호사와 10명 정도의 직원들이 근무하고 있다.[33]

이들이 법률안의 기초작업을 함에 있어서는 2명의 법제관이 한 팀이 되어 정부의 담당부처 공무원과 협조하여 법률안을 기초한다. 그리고 법제관은 의회에서의 법률심의과정에서 제출되는 정부수정안의 기초작업도 담당하며, 의원발의법률안 중 채택가능성이 높은 법률안의 재작성작업도 담당하고 있다.

과중한 양의 법제업무를 소수의 정예인원으로 효과적으로 처리하고 있는 법제관들은 대표적인 엘리트 관료집단으로 평가되고 있다.[34]

- Chief Secretary to the Treasury
- Parliamentary Secretary to the Treasury (Chief Whip)
- Attorney General
- Advocate General for Scotland
- Lords Chief Whip (Captain of the Honourable Corps of Gentlemen at Arms)
- Minister of State (Cabinet Office)

32) 영국의 변호사는 법정변호사와 사무변호사의 2계급으로 나누어져 있다. 일반적 관할권을 가지는 법원에서 당사자를 위하여 변론할 수 있는 것은 법정변호사에 한하며 이 경우 법정변호사는 사무변호사를 통하여 변론의 의뢰를 받아야 한다. 사무변호사는 의뢰인으로부터 소송수행의 의뢰를 받고, 법률문제에 대하여 조언을 하고, 법률적 문서를 작성하는 등의 법률사무를 행한다. 그러나 최근 영국의 사법제도 개혁에 따라 사무변호사도 일정한 요건을 갖추게 되면 변론이 가능하게 되었다. 이상도, 『영미법사전』, 청림출판, 1989, 63; 법원행정처, 『외국의 민사소송』, 1996, 56-57 참조.

33) https://www.gov.uk/government/organisations/office-of-the-parliamentary-counsel/about (2021. 2. 1. 검색).

34) Michael Zander, *The Law Making Process*, 4th ed., London, Butterworths, 1994, 15.

(2) 의회의 법제지원기구

가. 공적 법률안 법제실(Public Bills Office)

공적(公的) 법률안 법제실은 의회의 공적 법률안에 대한 심의경과를 감독하고 진행절차에 따른 보고서를 작성한다. 또한, 법률안 및 수정안의 인쇄업무를 책임지며 접수된 모든 공식의견을 하원에 전달한다.

나. 사적 법률안 법제실(Private Bills Office) 또는 사법안과(私法案課)

영국 의회에는 법률안의 기초와 심사를 전문적으로 지원하는 기구는 두고 있지 않지만, 특정한 개인이나 단체 또는 지역의 이해와 관련된 입법청원이 제출되는 경우 이를 사전에 검토해 사적 법률안의 형태로 초안을 작성하는 직무를 수행하는 독특한 제도를 가지고 있다.

사적(私的) 법률안 법제실은 의회의 사적 법률안에 대한 심의의 모든 단계에서 입법활동을 보좌한다. 또한, 사적 법률안 법제실의 실장은 사적 법률안에 관련된 청원심사관(Examiner of petition for Private Bills)이 된다.

제 3 절 독일의 입법과정[35]

1. 개 관

독일의 입법과정은 한 마디로 말하자면 본회의중심주의인 영국과 상임위원회중심주의인 미국의 절충형이라고 할 수 있다. 왜냐하면, 법률안심의시 영국 의회와 마찬가지로 3독회(讀會)제도를 채택하고 있는가 하면, 법률안심의의 핵심적 역할은 소관상임위원회가 맡고 있기 때문이다.

독일의 입법과정에서 또 하나의 특징은 행정부인 연방정부(Bundes-

35) 이 장의 내용은 박영도, 『입법과정의 이론과 실제』, 한국법제연구원, 1994, 134-160; 박태조, "외국의회소개 독일", 『국회보』, 1992. 10-11.; 국회운영위원회 수석전문위원실, 『주요국의 의회제도』, 2004. 8, 325-385를 주로 참고하였다.

regierung)와 입법부인 연방의회(Bundestag) · 연방참의원(Bundesrat) 간의 관계인데, 특히 상원이라 할 수 있는 연방참의원의 기능과 역할이 독특하다.

우선 연방의회는 지역선거와 비례대표제에 의하여 선출된 의원들[36]로 구성되는데, 법률을 제 · 개정하는 권한 외에 예산의 확정권 · 연방대통령의 선출 · 연방총리의 선출 · 연방총리에 대한 불신임권 및 연방정부에 대한 감독권 등을 가진 연방의 중심기관이다.

다음으로 연방참의원은 란트(주)가 연방의 입법이나 행정에 참여하기 위한 기관이다. 연방참의원 의원은 대개 주정부의 총리 또는 장관이 그 역할을 수행하며, 도시형 연방주의 경우 시장 또는 시의회의 상원의원이 연방참의원 의원이 되기도 한다. 연방참의원 의원은 선출직이 아닌 임명직이므로 별도의 선거절차도 없고 정해진 임기도 없다.

각 주는 연방참의원의 전체 의석 69석 중 인구크기에 따라 정해진 수만큼의 정식 참의원 의원(full members)을 임명할 수 있지만, 연방참의원 의사규칙이 각 주정부의 대체의원(alternate members)에 대해서도 표결권 등 정식참의원 의원과 동일한 권한을 인정하고 있고 실제 주정부의 장관들을 대체의원으로 임명하고 있어 16개 주에서 약 170~180명 정도의 주정부 각료들이 연방참의원에 참여하고 있다고 볼 수 있다.[37]

연방참의원은 연방의회가 의결한 법률안에 대한 동의권 및 이의제출권과 연방정부가 제출하는 법률안에 대한 선심사권(先審査權) 등의 권한이 있다. 즉, 독일에서는 법률이 연방의회에서 의결되지만 법률이 최종적으로 성립하기 위해서는 연방참의원의 협력을 얻어야 하는 것이다. 이는 독일의 연방참의원이 영국의 상원이나 일본의 참의원과는 달리 입법과정에서 적극적인 역할을 수행하고 있음을 뜻한다.

2. 법률안의 발의

독일의 기본법에 의하면 법률안의 발안권은 연방의 3개 기관, 즉 연방

36) 연방하원 의원정수 598명은 절반인 299명은 지역선거로, 나머지 절반은 비례대표로서 16개 란트(州)단위로 작성된 정당별 비례대표 후보자명단에 의하여 구성된다.

37) 국회운영위원회 수석전문위원실, 『주요국의 의회제도』, 2004. 8, 336 참조.

정부,[38] 연방참의원 및 연방의회의원이 가지고 있다. 이 중 연방정부와 연방참의원의 발의권은 특별한 관계로 맺어져 이들 기관들은 서로간의 도움 없이는 연방의회에 법률안을 제출할 수 없도록 되어 있다.

즉, 연방정부는 법률안을 연방의회에 제출하기 전에 반드시 그 안을 연방참의원에 제출하여 연방참의원의 의견을 들어야 하고 그 의견을 법률안에 부가하여 연방의회에 제출하여야 한다. 이와 비교하여 연방참의원은 법률안을 발안하였을 경우 스스로 이를 연방의회에 제출할 수 없고 반드시 연방정부를 경유해야만 연방의회에 법률안을 송부할 수 있는데, 이 경우 연방정부는 자신의 의견을 법률안에 붙일 수 있으며 연방정부가 외견상 그 법률안의 제출자가 된다. 이러한 제도는 란트정부의 지방적 이익과 연방정부의 국가전체적 이익간의 균형과 견제를 도모하기 위한 것으로 보인다.

이하에서는 각 기관들의 법률안에 대한 발안절차를 보다 상세하게 살펴보고자 한다.

(1) 연방정부 법률안

연방정부가 법률안을 제출하는 경우 법률안의 소관부처는 법률전문가의 의견을 참고하여 법률안의 초안을 작성한 후, 관계부처에 초안을 보내 의견을 듣는 절차를 거친다. 이와 함께 국가규범통제위원회(Nationalen Normenkontrollrates)는 법률안에 수반되는 비용을 추계하고 필요한 경우 수정의견을 제시한다. 이후 연방법무부가 동 법률안이 기본법 및 다른 법률과 상충되는지 등을 검토하며, 이러한 과정을 거쳐 최종적인 법률안이 성안되면 연방총리와 각 부 장관으로 구성된 국무회의의 의결을 거쳐 법률안을 확정한다.

연방정부 내에서 심의·승인된 법률안은 우선 연방참의원에 송부되는데,[39] 이는 법률안에 대한 연방참의원의 태도결정(Stellungnahme)을 요구하

38) 법안의 3분의 2 이상은 연방정부에 의하여 제출되고 있는데, 정부의 중요한 입법원천은 매 선거 초에 발표되는 향후 4년간 주요 정치적 사업을 담은 정치적 공약이라고 할 수 있다.

39) 이 때 연방정부가 연방참사원에 제출하는 법률안은 표제부와 제출공문에 법률안과 입법이유서 및 국가규범통제위원회의 의견이 첨부된 형태이다. 이정은 등, 앞의 글, 2019, 213-214.

는 것이다. 연방정부가 제출한 법률안에 대하여 연방참의원은 스스로의 태도결정을 6주 이내에 하여야 한다. 이 기간은 필요한 경우 3주 연장될 수 있다. 예외적으로 특별히 긴급한 필요가 있어 정부가 3주 내에 태도결정을 요구하는 경우에는 이 기간에 3주를 연장하여 최대 6주 내에 태도결정을 하여야 한다. 만약 이 기간 내에 태도결정을 하지 않게 되면 연방정부는 법률안을 직접 연방의회에 제출할 수 있다.

정부제출법률안이 연방참의원에 송부되면 연방참의원 의장은 담당위원회를 정하여 이를 심사하게 한다. 위원회의 회의는 공개되지 않으나 여기에는 연방정부의 대표가 투표권 없이 출석하여 법률안에 대한 정부의 입장을 설명할 수 있으며, 필요한 경우 위원회는 전문가의 의견을 청취할 수 있다.

위원회의 심사가 끝나면 그 결과를 가지고 공개된 연방참의원 본회의에서 표결로써 연방정부의 법률안에 대해서 태도 결정을 할 것인가의 여부 및 어떠한 내용으로 태도결정을 할 것인가에 관한 결정을 하게 된다.

연방참의원의 태도결정이 연방정부에 송부된 후, 연방정부가 연방참의원의 결정내용으로부터 어떠한 결론을 도출하든지 그것은 연방정부의 자유이다. 즉, 스스로 법률안을 철회할 수도 있고 연방참의원의 거부의견을 무릅쓰고 법률안을 연방의회에 제출할 수도 있다. 그러나 연방정부가 처음의 법률안을 연방참의원의 태도 결정에 부합하도록 스스로 수정하는 것은 허용되지 않는다. 다만, 연방정부는 법률안을 연방의회에 제출할 때에는 연방참의원의 의견을 법률안에 부가하여야 하는 의무를 진다.[40)]

(2) 연방참의원 법률안

연방참의원의 법률안 발의는 실질적으로 란트정부들이 주도하고 있다. 특정 란트정부가 자신들의 이해와 관련된 법률안을 발의하게 되면 이

---

40) 연방정부가 연방의회에 제출하는 법률안은 연방참사원에 제출한 법률안에 연방참사원의 의견과 연방정부의 반대의견(반대의견이 있는 경우)을 첨부한다. 즉, 연방의회에 제출하는 법률안은 표제부 및 제출공문에 법률안 및 입법이유서, 국가규범통제위원회의 의견, 연방참사원의 의견, 연방정부의 반대의견이 첨부된다. 이정은 등, 앞의 글, 2019, 213－214.

법률안은 연방참의원의 관할위원회에서 심사된 후 본회의에서 심의·표결을 통하여 발의 여부가 결정되게 된다. 그러므로 법률안을 발의하고자 하는 란트정부는 본회의에서 다수표를 얻기 위하여 다른 란트정부의 지지를 획득하는 데 총력을 기울이게 된다.

법률안의 발의가 결정되면 법률안은 연방정부로 이송되고, 연방정부는 그 법률안에 대하여 6주 이내에 의견제시(counterstatement)를 하여야 할 의무를 진다. 연방정부는 의견을 붙여 이를 연방의회로 송부하는데 그 송부시기에 관해서는 기간의 제약이 없다. 그러나 이것이 법률안을 연방의회로 송부하는 시기를 연방정부가 임의대로 결정한다는 것을 의미하지는 않는다. 오히려 연방정부는 자신의 견해를 붙인 법률안을 '적당한 기간 내'에 연방의회로 송부할 의무를 진다. 여기서 '적당한 기간'이란 연방정부가 법률안에 대해서 적절한 태도를 결정하기 위하여 필요한 기간으로 해석되고 있다.

(3) 연방의회 법률안

연방정부나 연방참의원과는 달리 연방의회의 경우는 법률안의 발의권이 기관인 연방의회에 있는 것이 아니고 개개인의 연방의회 의원들에게 있다. 연방의회 의사규칙 제76조 제1항은 연방의회의원이 독립하여 법률안을 제안하는 때에는 적어도 교섭단체 또는 연방의회의원 5%에 상응하는 수의 의원에 의해서 서명이 행해져야 한다고 규정하여, 연방의회의원이 실현가능성도 없는 법률안을 함부로 제출하는 것을 방지하고 있다.

연방의회의원에 의해서 발의된 법률안은 다른 연방의회의원, 연방참의원의원 및 연방총리에게 송부된다. 그러나 앞의 두 경우와는 달리 다른 기관들의 태도결정 등을 받기 위하여 송부하는 것은 아니다.

3. 교섭단체에 의한 예비심사

법률안이 발의되면 교섭단체들에 배부되고 이들에 의한 예비심사가 있게 된다. 이를 위하여 교섭단체들은 세부분야별로 전문지식을 가진 의원들로 구성된 실무그룹(Working Group)을 구성하고 있다.

각 교섭단체들은 첫째로 법률안이 긴급한지, 법률안을 언제 본회의 제 1 독회에 회부할지, 교섭단체의 어떤 의원이 그것에 관하여 발언할지, 어떤 의원이 첫 번째 위원회심사단계에서 보고자로 활동할지 등을 결정하여야 한다. 교섭단체들이 법률안에 대한 그들의 최초 검토의견을 주게 되면, 연방의회의 운영위원회(Council of Elders)에서는 본회의 제 1 독회 개최일자를 결정한다.

따라서 교섭단체의 심사는 법률안의 내용에 대한 것이라기보다는 법률안을 심의하는 의사일정에 관한 것이라고 볼 수 있다.

4. 법률안의 심의·의결

기본법 제77조 제1항은 "연방법률은 연방의회에서 의결된다"라고 규정하고 있는데, 법률안이 연방의회에 제출되어 의결되기까지에는 본회의에서 제 3 독회 등의 일정한 절차를 거치게 된다.

(1) 연방의회에 의한 제 1 독회

제 1 독회에서는 제출된 법률안의 대강(大綱)이 토의되고 법률안에 관해서는 어떠한 표결도 행해지지 않은 채 그 법률안을 위원회에 회부할 것인가의 여부에 관한 결정이 이루어진다. 제 1 독회 기간 중 토론은 운영위원회 또는 어느 한 교섭단체의 요구에 의하여 있게 된다.

여기서 토론의 중요한 의미는 각 교섭단체들이 법률안에 대한 그들의 견해를 납득시키는 데에 있다기보다는 대중이나 언론에 법률안에 대한 그들의 정치적 입장을 표명하는 데에 있다.

(2) 연방의회위원회의 심의

연방의회 의사규칙 제80조 제1항은 "제 1 독회가 종료한 후 법률안은 이를 위원회에 회부할 수 있다"라고 규정하고 있으나 통상 대부분의 법률안은 소관위원회(the committee responsible)에 회부된다. 그리고 관련위원회

(the committee asked for an opinion)가 있는 경우에는 여기에도 회부된다.

위원회는 하원의사규칙(제62조)에 따라 하원에 심사한 결과(법률안의 승인, 수정안의 승인, 법률안의 거부)를 보고하여야 한다. 즉, 위원회의 심사는 단순한 승인권고나 거부의 태도결정에 그치는 것이 아닌 법률안의 수정도 가능한 것이다. 그 결과 연방의회에 제출된 법률안은 제출자가 본래 의도하던 것과는 완전히 다른 새로운 법률안으로 탈바꿈하는 경우가 적지 않게 나타나고 있다.

그러나 위원회는 정치적 이유나 과중한 업무 부담을 이유로 하여 법률안을 보류할 수 없다. 그리고 의사규칙(제62조 제2항)에 따라 위원회에 회부된 후 10주(週)가 지난 뒤에는 교섭단체가 위원회에 대하여 법률안을 심사하지 아니하였다는 이유로 하여 본회의에 보고서의 제출을 요구할 수 있다.

위원회의 회의는 원칙적으로 비공개이며,[41] 위원회는 그 심사를 위하여 전문가·이익대표자 또는 정보제공자 등과 함께 공개청문회를 개최할 수 있다.

(3) 연방의회에 의한 제 2 독회

운영위원회는 제 2 독회가 열리게 되는 일자를 정하는데, 제 2 독회는 본회의 의사일정의 한 항목으로 놓여지며, 사회자(the president chairing the sitting)에 의하여 소집된다. 그리고 사회자는 위원회 보고자나 보고자들의 요구가 있는 경우 제출한 서면보고서를 보충할 기회를 주어야 한다.

제 2 독회에서는 개개의 조문에 관해서 심의가 이루어지는데, 이는 처음에는 개개의 독립규정에 관하여 행해지고 마지막으로 그 법률안의 전문(全文) 및 제명(題名)에 관하여 행해진다. 심의가 종료되기 전에 법률안에 대한 수정동의안이 제출될 수 있으며, 심의가 종료되면 표결이 있게 된다. 따라서 제 2 독회는 법률안 심의에 있어서 핵심적인 과정이라고 할 수 있다.

---

41) 위원회는 특정 사안의 토의 또는 토론 중 일부에 대하여 공개를 허용할 수 있다. 그리고 1995년에 연방의회는 의사절차의 개혁을 위한 결의안을 통과시켜 특정 법률안에 관한 최종적인 위원회 회의에 대하여도 공개토록 하여 그 범위를 확대하였다.

(4) 연방의회에 의한 제 3 독회

제 3 독회는 제 2 독회에서 법률안에 대해 어떠한 수정도 가하지 않은 경우에는 제 2 독회의 종료 후 바로 개회되지만, 제 2 독회에서 수정안이 가결된 경우에는 이를 반영한 인쇄물의 배포 후 2일 후에 개회된다. 그러나 연방의회는 종종 제 2 독회에서 수정안이 채택된 경우에도 출석의원 3분의 2의 찬성으로 즉시 제 3 독회를 개회하고 있다.

제 3 독회에서는 법률안에 대한 일반적이고 전체적인 토론이 행해지며 토론 후 법률안에 대한 최종적인 표결이 이루어진다.

그러나 법률안이 연방의회에서 의결되어도 그것에 의해 직접 법률로서 효력이 발생하지는 않으며, 연방참의원의 협력이 있어야 완전히 법률로서 성립될 수 있다.

(5) 연방참의원의 동의와 양원협의회의 조정

기본법 제77조 제1항에 의하여 연방의회에서 의결된 모든 법률안은 연방참의원에 송부된다. 이 경우 그 법률안이 연방의회의원에 의해 제출된 법률안인지 또는 연방정부에 의해 제출된 법률안인지를 불문한다. 그러므로 만약 그 법률안이 연방의회의원에 의해 제출된 것이라면 연방참의원을 처음 통과하게 되지만 연방정부제출법률안은 연방참의원을 다시 통과하게 된다.

연방참의원이 연방의회에서 의결된 법률안에 대하여 이의 없이 찬성하는 경우에는 그 법률안은 법률로서 최종적으로 성립하게 된다. 그러나 연방참의원이 이의를 제기하는 경우에는 다음과 같은 단계를 거치게 된다.

우선 그 법률안의 내용이 반드시 연방참의원의 동의를 얻어야만 하는 것이 있다. 여기에는 기본법을 변경하는 법률안, 란트의 관청조직 및 행정절차를 규정하는 법률안, 란트의 수입이 되는 조세에 관한 법률안 등이 해당된다(이를 '연방적 법률안'이라고 한다). 이러한 법률안에 대하여 연방참의원이 이의를 제기하여 동의를 거부할 경우에 연방참의원·연방의회 및 연방정부는 양원협의회(the Mediation Committee)[42]의 소집을 요구한다.

---

42) 양원협의회는 연방의회와 연방참의원의 각각 16명의 의원들로 구성되는데 회의는 비공개로 한다.

양원협의회의 협의결과 그 법률안의 내용이 수정되면 그 법률안은 다시 연방의회를 거쳐 연방참의원에 송부되고 그 법률안의 내용에 대하여 수정이 이루어지지 않으면 그대로 연방참의원에 송부한다.

연방참의원이 이렇게 다시 송부받은 법률안에 대하여 이의를 제기하지 않고 동의한다면 그 법률안은 법률로서 성립하지만, 만약 계속 동의를 거부한다면 그 법률안은 법률로 성립할 수 없게 된다. 결론적으로 연방참의원은 그 법률안이 연방참의원의 동의를 얻어야만 하는 연방적 법률안인 경우에는 '절대적(絕對的) 거부권'을 가진다고 볼 수 있다.

이와 비교하여 볼 때 그 법률안이 연방참의원의 동의를 반드시 요구하고 있지는 않은 경우에는 연방참의원은 법률안에 대하여 '정지적(停止的) 거부권'을 가진다고 볼 수 있다. 우선 연방참의원이 이의를 제기하는 경우 연방참의원은 양원협의회의 소집을 요구할 수 있고, 양원협의회의 협의결과 수정 또는 무수정된 법률안에 대하여 다시 이의 또는 동의를 의결할 수 있다. 그러나 만약 연방참의원이 재회부된 법률안에 대해서도 계속 이의를 제기한다면, 연방의회는 절대 다수결로 연방참의원의 이의를 부결하고 그 법률안을 최종적인 법률로서 성립시킬 수 있다.

결론적으로 대략 60% 정도의 법률안이 연방참의원의 동의를 필요로 하는 법률안이며, 연방정부가 발의하는 법률안이 절대다수를 차지하고, 그리고 입법과정에 있어서 연방참의원의 막강한 권한을 감안하여 볼 때, 앞서 보았던 연방정부가 발의한 법률안에 대한 연방참의원의 '태도결정'행위가 큰 의미를 띠게 된다. 만약 태도결정에서 표명된 연방참의원의 입장이 연방의회에 의해 존중되었다면 그 법률안은 연방참의원을 별다른 잡음 없이 통과할 수 있겠지만, 연방참의원의 입장이 무시되는 경우 연방참의원이 그 점을 중시하고 문제 삼게 될 것이기 때문이다.

5. 법률안의 공포

연방의회에서 의결되어 연방참의원의 동의를 얻거나 최종적으로 연방의회에서 의결된 법률안은, 연방수상 및 그 법률안의 소관부처장관이 부서한 후 연방대통령이 이를 인증하고 연방관보(聯邦官報)에 공포한다. 그리고 별도의 규정이 없는 한 이 법률은 연방관보가 발행된 날로부터 14일이 경과함으로써 효력을 발생하게 된다.

그림 11-2 독일 의회의 법률안처리과정

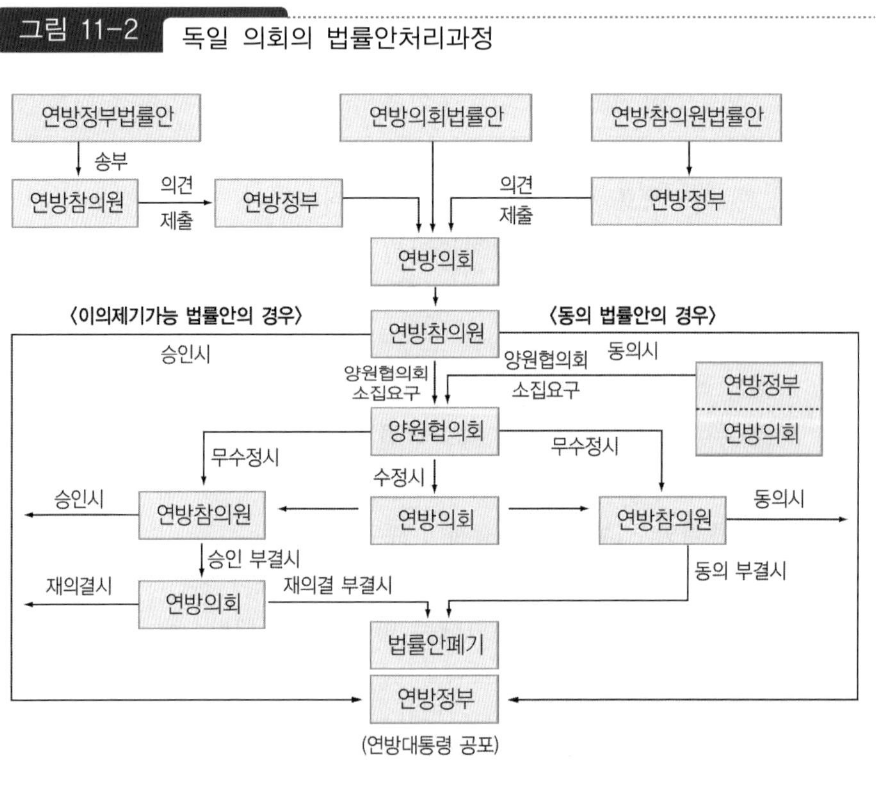

6. 독일의 법제기구

(1) 행정부의 법제기구

독일에서는 행정부 내에 법제업무를 전담하는 독립된 법제기구가 없으나, 각 성(省)에서 법제업무를 전담하는 관료들이 일차적으로 법제업무를 수행하고 연방 차원에서의 총괄적이고 최종적인 법제업무는 연방법무성이 수행한다.

각 성에서는 사전에 마련된 법령입안 심사기준표에 의거하여 필요성·적합성·실현가능성·유용성·비용 및 시민에 대한 친숙도 등에 관하여 정밀하게 검토한 후 법률안을 작성한다.

이렇게 작성된 법률안은 연방정부의 의결을 받기 전에 연방법무성의 법형식성(法形式性)에 대한 심사를 받아야 한다. 법형식에 대한 심사는 입법필요성·합헌성 및 형식의 통일성 등에 대한 심사로 이루어지는데, 연방법무성 내의 심사담당관에 의해서 행해진다.

(2) 의회의 입법지원기구

독일 의회 내에 독립적이고 전문적인 법제지원부서는 없다. 다만, 법제전담기구는 아니지만, 연방의회사무처 내 의회지원처(Parlamend und Abgeordnete)의 의회국(Parlamentsdienste) 산하 의회법팀(Parlamentrecht)이 의원발의 법률안의 입안을 지원하거나 자문기능을 수행한다.[43] 이외에 독일 연방의회의 입법지원기구로는 연방의회사무처 산하의 조사 및 대외관계처(Abteilung W: Wissenschaft und Außenbeziehungen)가 있는데, 동 기구는 조사지원국(Wissenschaftliche Dienste), 국제관계국(Internationale Beziehungen), 청원 및 진정국(Petitionen und Eingaben)의 3개 부서로 구성된다. 이 중 입법활동과 관련된 전문적 지원조직으로서 핵심적인 역할을 담당하는 조사지원국은 각 분야별로 10개 과로 구성되어 조사·회답 및 분석·평가 등 입법지원 업무를 수행하고 있다.[44][45]

43) 진영재 등, "주요국가 의회지원기구 비교연구: 미국, 독일, 프랑스, 오스트리아 사례를 중심으로", 국회사무처 연구용역보고서, 2017. 80.
44) https://www.bundestag.de/resource/blob/189334/c5b5a2eff41ebedd3e741a79e8fc808c/orgplan-de-data.pdf(2021.2.22. 확인)
45) 한인상, "독일 연방의회의 입법지원조직", 『국회입법조사처보』, 통권 4호, 2010, 88-92.

제 4 절 일본의 입법과정[46)]

1. 개 관

일본은 의원내각제를 채택하고 있는 국가이면서도 의회의 입법과정은 대통령중심제에 더 어울리는 위원회 중심주의로 운영하고 있다. 그러나 이것은 겉으로 드러난 형식적인 측면에서의 특징일 뿐 실질적으로 입법과정을 지배하고 있는 것은 정부의 관료들과 의회를 지배하고 있는 여당이라고 할 수 있다.

즉, 일본은 의원내각제를 채택하고 있으므로 당연히 정부제출법률안이 의회를 통과할 가능성이 더 높다고 할 수 있으며 이러한 정부제출법률안은 법률안에 대한 실무작업을 맡고 있는 각 부처와 해당 관료들의 의견이 반영될 수밖에 없는 것이다. 그리고 일본은 정부제출법률안의 경우 법률안을 의회에 제출하기 전에 반드시 '여당심사'의 형태로 여당에 설치된 부회(部會) 등의 심사를 거치게 함으로써 관료들에 대한 감독기능과 함께 여당에 집약된 각종 이익단체들의 요구도 관련 법률안에 반영시키고 있다.

그러면 일본의 입법과정에 있어서 실질적인 주도권을 쥐고 있는 쪽은 정부의 관료와 여당 중 어느 쪽이라고 보아야 할까? 이에 대한 대답으로 '정고관저(政高官低)'라는 말을 들 수 있다. 이는 말 그대로 관료에 대한 여당의 우위를 나타내는 것이다. 이것을 제도적으로 뒷받침하는 조직이 여당 내에 설치된 정무조사회이다. 정무조사회는 그 하부기관으로 정조심의회(政調審議會)와 각 부회(部會)를 두고 있다. 이 중에서도 최종의사결정기관인 정조심의회보다 각 분야별 정책결정기관인 부회의 권한이 막강하다.

부회(部會)는 행정부의 각 부처 및 의회의 각 상임위원회와 대응되게

---

46) 이 장의 내용은 박영도, 『입법과정의 이론과 실제』, 한국법제연구원, 1994, 182－211; 서병운, "외국의회소개: 일본", 『국회보』, 1990. 11.~1991. 1.; 국회운영위원회 수석전문위원실, 『주요국의 의회제도』, 2004. 8, 119－192을 주로 참고하였으며 이외에 당시 국회 재정경제위원회의 입법조사관이던 이규건의 도움으로 다음 문헌들을 참고하였다.
· 澁谷修, 『議會の時代: 議員立法と議會改革』, 三省堂, 1994.
· 『衆議院要覽』, 日本衆議員事務局, 1994.
· 『日本의 立法』, 法令編纂普及會, 1990.
· 岩井奉信, 『立法過程』, 東京大學出版會, 1988.

끔 설치되어 있는데 각 부회(部會)에 소속된 의원들은 당연히 의회의 같은 상임위원회에 속하게 마련이어서 부회의 결정이 사실상 의회의 상임위원회의 결정을 의미하는 것이므로, 행정부 관료들은 자신들의 법률안을 통과시키기 위하여 부회를 상대로 각종 설명회를 하거나 부회 소속 의원들을 상대로 로비를 하게 된다. 여기에다가 부회의 권한을 더욱 막강하게 만드는 것이 '족의원(族議員)'의 존재이다.

족의원이란 행정부의 각 부처를 단위로 하여 그 분야의 정책입안에 있어서 막강한 영향력을 행사하는 중견의원들의 집단이라고 할 수 있다. 일본의 의원들은 몇 선(選)이 되더라도 상임위원회를 바꾸지 않는 관례가 있는데 이로 인해 당선횟수가 거듭될수록 농림분야의 전문가(農林族)나 건설분야의 전문가(建設族)가 나타나게 되며 이들이 바로 족의원들이다. 족의원들은 각 부회의 의사결정을 실질적으로 지배하면서 자신들이 가진 전문지식을 토대로 행정부가 올린 법률안에 대한 심도 있는 검토를 하게 되는데, 이 과정에서 정부제출법률안은 많은 수정을 거치게 되고 실질적인 최종안의 모습을 갖추게 된다.

부회에서의 의사결정은 만장일치를 원칙으로 하고 있다. 그러므로 부회 내부에서 의견이 갈라지거나 강경한 반대가 있는 경우에는 당 간부 등에 의한 설득이 행해지지만 그래도 만장일치가 성사되지 않으면 추후 조정이 있을 때까지 법률안 제출이 연기되는 수도 있다.

부회에서의 심사가 끝난 법률안은 정조심의회의에 올려져 고차적인 입장에서 정책적인 심사가 행해지지만 기본적으로 부회가 받아들인 문제를 뒤집는 일은 없다. 그런 다음 법률안은 계속해서 당의 최고의사결정기관인 총무회(總務會)에 넘겨진다. 총무회에서의 검토는 정책의 내용적인 문제보다 정치적인 판단이 더 우선시되는데, 이 자리에서는 정·부회장(正·副會長) 이외에 간사장, 정무조사회장, 국회대책위원장 등이 출석하여 법률안뿐만 아니라 의회대책을 중심으로 정치정세 전반을 고려한 논의가 행해진다. 여기에서의 논의결과에 따라 부회를 문제 없이 통과한 법안이라도 의회의 운영상 지장이 예상되거나 여론의 반응이 좋지 않다고 판단되는 경우에는 법률안 제출이 연기되는 수도 있다.

이와 같이 여당심사는 정부제출법률안을 당론으로서 추인·정지시킨다든지 또는 수정한다든지 하는 힘을 갖고 사실상 해당 법률안의 운명을 결정하고 있다. 이 때문에 여당심사는 의회의 전·후 입법과정을 통틀어 가장 중요한 것이라고 해도 과언이 아니다.[47)]

일본의 의회는 중의원(衆議院)과 참의원(參議院)의 양원으로 구성되어 있으며, 양원 간에는 중의원의 우월주의가 확보되어 있다. 즉, 법률안의 의결에 있어서 중의원이 가결한 법률안을 참의원에서 부결하거나 수정한 경우 중의원에서 출석의원의 3분의 2 이상으로 다시 가결하면 그것이 최종의결이 되도록 하고 있으며, 예산안에 대한 중의원의 선심권(先審權)도 인정되고 있다.

2. 법률안의 제출

일본의 입법과정은 그 제도 면에서나 운영 면에서 우리나라의 그것과 흡사한 면도 상당수 있는데, 일본의 입법과정에서 법률안의 제출권은 양원의 의원(議員)과 내각에 인정되고 있다.

(1) 의원제출법률안

일본 국회법 제56조에서는 의원이 법률안을 발의하기 위해서는 중의원에서는 의원 20인 이상, 참의원에서는 의원 10인 이상의 찬성을 요한다고 규정하여 의원입법안의 발의시 일정 수 의원의 찬성을 요건으로 하여 의원입법을 어느 정도 제약하고 있다. 이러한 제약은 의원입법의 난립을 억제함과 동시에 정부제출법률안에 대한 의사촉진을 도모하기 위한 것이라 볼 수 있다. 또한, 예산을 수반하는 법률안을 발의하기 위해서는 중의원에서는 의원 50인 이상, 참의원에서는 20인 이상의 찬성이 필요하다.

동법 제50조의2는 위원회에 대하여도 법률안 제출권을 인정하고 있는데, 위원회는 그 소관사항에 관하여 법률안을 제출할 수 있고 이 경우 제출자는 위원장이 되도록 하고 있다.

의원이 법률안을 발의하는 경우에는 우선 법률안을 준비하여 소정의

47) 岩井奉信, 『立法過程』, 東京大學出版會, 1988, 60－62 참조.

찬성자들로부터 연서를 받아 소속 의원(議院)의 의장에게 제출하여야 한다. 그리고 그 법률안이 예산을 수반하는 경우에는 그 법률의 시행에 필요한 경비를 명백히 하는 문언을 갖추어야 한다. 이렇게 법률안이 제출되면 의장은 그 법률안을 인쇄하여 각 의원(議員)들에게 배포하며, 이 때 법률안 심의의 능률화를 도모하기 위하여 타 의원(議院)에도 이를 송부한다. 한 가지 특기할 만한 사항은 의원입법의 경우에도 앞서 본 정부제출법률안에 대한 여당의 심사절차와 유사한 절차를 거쳐 소속 정당의 승인을 받아야만 한다는 점이다.

(2) 정부제출법률안

행정부라고 할 수 있는 내각에도 법률안 제출권이 있는가에 관하여는 헌법상 명문의 규정이 없기 때문에 이견이 없는 것은 아니나 일반적으로 법률안 제출권을 인정하고 있다. 내각법 제5조에서도 "내각총리대신(內閣總理大臣)은 내각을 대표하여 내각제출의 법률안, 예산, 그 밖의 의안을 국회에 제출하고…"라는 명문규정을 두고 있다.

정부제출법률안은 각각 소관부처가 초안을 작성하고 이 과정에서 관련 부처와의 협의를 거친다. 초안이 만들어지면 내각법제국의 심사를 받으며, 예산이 수반되는 예산관련 법률안인 경우에는 내각법제국의 심사 외에 재무성 주계국(主計局)의 심사를 받는다. 이러한 심사과정을 마치면 해당 부처에서 사무차관 주관 회의를 거쳐 장관의 결재를 얻은 후 사무차관 회의에 상정되고, 여기서 통과한 법률안이 각의를 거쳐 국회에 제출된다. 앞서 설명한 바와 같이 이 경우 각 법률안은 여당의 심사를 거친 후 국회에 제출된다.

내각이 법률안을 제출한 경우 법률안을 제출하는 원(院)이 아닌 다른 원의 예비심사를 위하여 제출일로부터 5일 이내에 타 원(院)에 동일한 안을 송부하여야 하고, 내각이 각 의원(議院) 또는 위원회에서 의제가 된 법률안을 수정 또는 철회하기 위해서는 그 의원(議院)의 승인이 있어야 한다.

3. 법률안의 심의

(1) 부탁과 예비심사

법률안이 제출되면 의장은 그 법률안을 적당한 위원회에 부탁(付託)[48] 한다. 부탁할 위원회를 결정하기 어려운 경우에는 의원운영위원회와 협의하여 이를 결정한다. 부탁은 법률안이 제출 또는 송부된 당일에 행하는 것이 통례이다. 그러나 특히 긴급을 요하는 법률안의 경우는 제출자의 요구에 의하여 의원(議院)의 의결로 위원회의 심사를 생략할 수 있다.

법률안은 참의원 또는 중의원 어느 곳에도 제출할 수 있으나, 예산을 수반한 법률안 등 다수의 중요 법률안들은 중의원에 우선 제출하는 것이 관례이다. 이렇게 중의원에서 법률안을 심의하는 동안 참의원에 대하여는 국회법 제58조가 "내각은 하나의 의원에 의안을 제출한 경우에는 예비심사를 위하여 제출일로부터 5일 이내에 타 의원에 동일안을 송부하여야 한다"라는 규정을 두어 참의원으로 하여금 예비심사를 하도록 하고 있다.

(2) 위원회 심사

가. 취지설명, 질의

위원회에서의 법률안심사는 먼저 제출자의 법률안에 대한 취지설명을 들은 후 그에 대한 질의와 토론 순서로 진행된다.

취지설명은 법률안제출의 배경, 동기 및 법률안의 개요를 설명하는 것인데, 정부제출법률안은 국무대신 또는 정부위원이 취지설명을 하게 되고, 의원제출법률안은 발의자가 취지설명을 한다. 위원들은 법률안에 관하여 자유로이 질의하고 의견을 개진할 수 있으나 위원장은 위원회에 있어서의 질의·토론 기타 발언에 대하여 시간제한을 할 수 있다.

나. 공청회·참고인·소위원회

위원회는 심사과정에서 필요한 경우 공청회를 개최하거나 참고인의 의견을 들어 전문적인 심사를 할 수 있다. 그리고 필요한 경우에는 위원회에

48) 우리나라 국회법상의 '회부'에 해당하는 개념이다.

소위원회를 설치하거나 다른 위원회와 협의하여 연합심사를 행할 수도 있다.

다. 중간보고

앞서 말했듯이 일본의 입법과정은 위원회 중심주의를 채택하고 있음으로 인하여 자칫 위원회의 활동이 지지부진하거나 파행을 겪을 경우 입법활동 전체가 마비될 우려가 있다. 이를 방지하기 위하여 일본은 위원회의 심사를 촉진하는 방법으로 중간보고제도를 두고 있다.

즉, 국회법 제56조의3은 "각 의원(議院)은 위원회가 심사 중인 안건에 대하여 특히 필요한 경우에는 중간보고를 요구할 수 있다. 중간보고가 있는 안건에 대하여 의원(議院)이 특히 긴급을 요한다고 인정하는 경우에는 위원회의 심사에 기한을 정하거나 본회의(本會議)에서 직접 심의할 수 있으며, 위원회의 심사에 기한을 정한 경우 그 기한 내에 심사가 끝나지 아니한 경우에도 본회의에서 이를 바로 심의할 수 있다"라고 규정하여 경우에 따라서는 위원회의 심사를 중단시키고 본회의에서 심의할 수 있게 하여 위원회 중심주의에 중대한 제약을 가하고 있다.

라. 수정안

위원회의 심사과정에 수정안을 제출하는 경우에는 법률안의 제출과는 달리 일정 수 이상의 찬성자를 요하는 제한이 없으며, 위원 1인이라도 수정동의를 제출할 수 있다. 그러나 예산의 증액을 수반하는 것이나 예산을 수반하는 수정안에 대해서는 내각에 의견을 진술할 기회를 부여하게 되어 있으며 소요예산에 관한 문서도 함께 첨부하여야 한다.[49)]

위원회의 심사과정에 수정안을 제출하는 경우에는 법률안의 제출과는 달리 일정 수 이상의 찬성자를 요하는 제한이 없으며, 수정안은 위원 1인이라도 수정동의를 제출할 수 있다. 그러나 예산을 수반하는 수정안에 관해서는 내각에 의견을 진술할 기회를 부여하게 되어 있으며 소요예산에 관한 문서도 함께 첨부하여야 한다.

---

49) 위원회가 예산을 수반하는 법률안을 제출하는 경우에도 그 결정 전에 내각에 의견을 진술할 기회를 부여하여야 한다.

마. 토론·표결

질의가 종료되면 토론이 행해지는데 토론을 하려는 경우에는 위원장에게 통고하면 되고, 토론의 순서에 관하여는 특별한 규정이 없다.

토론이 끝나면 위원장은 그 법률안을 표결에 부치는데 수정안이 제출된 경우에는 수정안부터 우선 표결한다. 위원회에서 심사한 결과 본회의에 회부할 필요가 없다고 결정된 법률안은 폐기된다.

아울러 위원회는 법률안의 의결시 법률안에 부대(附帶)하여 정부에 대해 희망이나 요청을 표명하기 위한 부대결의를 할 수 있다.

(3) 본회의 심의

본회의에서의 법률안 심의는 매우 형식적인 심의에 불과하다. 그 이유는 본회의에서 의원들은 의제가 되어 있는 법률안에 대하여 관계가 있는 위원회의 소속이 아닌 한 거의 법률안의 내용을 숙지하고 있지 않으며, 또한 법률안의 취지도 본회의장에서 비로소 알게 되는 경우가 많기 때문이다.

본회의에서의 법률안 심의는 위원회에서의 심사경과와 결과를 해당위원회의 위원장이 보고함으로써 개시된다. 경우에 따라서는 위원장보고에 이어 소수의견자의 소수의견보고가 행해지기도 하며, 위원회의 심사를 생략한 법률안에 대하여는 발의자 또는 제출자가 그 법률안의 취지 및 내용에 관해서 설명한다.

본회의에서의 법률안에 대한 질의와 토론은 위원회의 경우보다 제한되어 있는데, 그 질의·토론의 발언자 수와 순서는 의원운영위원회(議院運營委員會) 또는 의사협의회[50]에서 결정된다. 그러나 현재는 의사운영상 필요한 사항에 대하여 본회의 개의 직전에 열리는 의원운영위원회나 그 이사회에서 협의가 이루어지고 있고, 의사협의회는 열리지 않고 있다.[51]

50) 일본 국회법 제55조의2는 의사협의회에 대하여 다음과 같이 규정하고 있다.
① 의장은 의사의 순서 기타 필요하다고 인정하는 사항에 대하여 의원운영위원장 및 의원운영위원회가 선임하는 의사협의원(議事協議員)과 함께 협의할 수 있다. 이 경우 의견이 일치하지 않는 때에는 의장은 이를 재정할 수 있다.
② 의장은 의사협의회의 주재를 의원운영위원장에게 위임할 수 있다.
③ 의장은 회기중이든 폐회중이든 관계없이 언제든지 의사협의회를 열 수 있다.

51) 중의원에 있어서는 제31회 국회인 1958년 12월, 참의원에서는 제100회 국회인 1963년 11월에 최후로 개최되었다고 한다. 이에 관하여는 국회운영위원회 수석전문위원

본회의에서의 법률안에 대한 수정동의에는 법률안 발의의 경우와 동일한 수적 제약이 있으며 이는 예산의 증액 또는 예산조치를 수반하는 수정동의의 경우에도 마찬가지이다. 그러나 위원회의 보고가 수정의결보고인 경우에는 그 보고와 관련한 수정은 찬성자를 필요로 하지 않는다. 수정동의의 제출은 가능한 한 토론에 들어가기 전에 행해지는 것이 원칙이나, 실제로 본회의에서 원안에 대한 질의가 행해지는 경우는 거의 없으므로 위원장보고 및 소수의견자의 보고에 이어 수정동의의 취지설명이 행해지는 것이 통례이다.

질의에 있어서는 동일의제에 관하여 3회 이상에 걸쳐 하거나 의제를 벗어나거나 사견(私見)을 표명할 수 없으며, 토론에 있어서는 반대자를 먼저 발언시키고 그 다음 찬성자가 발언하도록 하는 교차적 발언방식으로 행한다.

계획된 토론절차가 모두 끝나게 되면 의장은 토론종료를 선언하고 법률안에 대한 투표단계로 넘어간다. 제출된 법률안에 대한 투표결과 원안가결 또는 수정의결 되면 그 법률안은 타 원(院)에 송부되고 그 원(院)의 심의절차를 밟게 된다. 만약 타 원에서 그 법률안을 원안가결하게 되면 그 법률안은 법률로서 성립하게 되고, 수정의결하게 되면 그 수정안을 송부하였던 의원에 다시 송부하여 수정안에 대한 동의를 받아야만 법률로서 성립하게 된다.

(4) 양원협의회

일 원(院)에서 가결한 법률안을 타 원(院)에서 부결한 경우 또는 일 원에서 송부한 법률안을 타 원이 수정가결하고 그 결과에 먼저 의결한 일 원이 동의하지 않는 경우에 관하여 헌법은 중의원의 우월함을 인정하고 있다. 즉, 헌법 제59조 제2항은 "중의원이 가결하고 참의원에서 이와 달리의결한 법률안은 중의원에서 출석의원 3분의 2 이상의 다수로 재가결한 경우에는 법률이 된다"라고 규정하고 있는 것이다. 이 경우 중의원의 재가결은 회기불계속의 원칙에 비추어 동일회기 내에서 이루어진 것이어야 한다.

그러나 이러한 중의원의 단독재가결제도는 양원제의 이념에 비추어 볼 때 반드시 바람직한 것은 아니므로 헌법 제59조 제3항은 "전항의 규정은 법률이 정하는 바에 따라 중의원이 양의원의 협의회개최를 요구하는 것을 방해하지 아니한다"라고 규정함으로써 양원협의회제도를 인정하고 있

실, 『주요국의 의회제도』, 2004. 8, 139 참조.

그림 11-3 일본 국회의 법률안처리과정

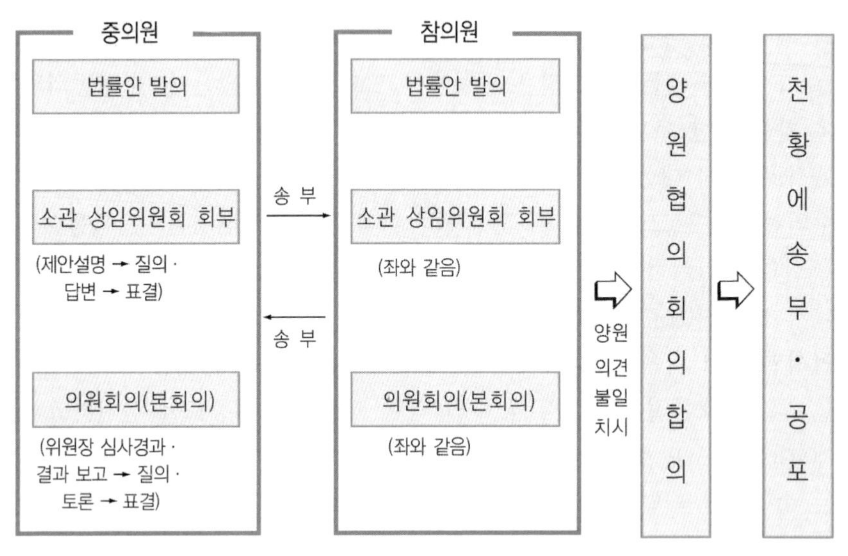

※ 양원협의회의 합의가 성립되지 않을 경우 중의원의 의결이 국회의 의결이 되고, 중의원에서 의결하여 참의원으로 송부한 법률안이 참의원에서 부결 또는 수정의결된 경우, 재송부된 법률안에 대해 중의원이 출석의원 2/3 이상의 찬성으로 전과 같이 재의결하면 중의원이 의결한 대로 확정된다.

다. 이를 구체적으로 보면 중의원에서 참의원의 회부안에 동의하지 아니한 때, 참의원에서 중의원의 송부안을 부결한 때 및 참의원에서 중의원의 회부안에 동의하지 아니하는 때에는 중의원은 양원협의회를 요구할 수 있도록 하고 있다.

참의원은 중의원의 회부안에 동의하지 아니하는 경우에 한하여 양원협의회를 요구할 수 있는데 중의원은 이 요구를 거부할 수 있도록 규정하고 있다. 즉, 참의원이 선가결(先可決)한 법률안을 중의원이 부결한 경우에는 양원협의회를 개최할 수 없기 때문에 그 법률안은 폐기되게 된다.

양원협의회에서는 안건에 대하여 각 의원(議院)의 협의위원(協議委員)이 각각 3분의 2 이상이 출석하고 출석한 협의위원 3분의 2 이상의 다수로 의결한 경우 성안(成案)되며, 성안이 된 경우 양원에서 이를 각각 가결하면 그 성안은 법률이 된다.

4. 법률안의 공포

법률안이 의회에서 가결되면 해당 법률안은 실질적으로 법률로서 확정된다. 확정된 법률은 주관 국무대신(國務大臣)의 서명과 내각총리대신(內閣總理大臣)이 연서한 후 천황(天皇)이 공포함으로써 형식적 절차는 완료되는데, 이 기간은 30일을 넘지 않도록 하고 있다.

5. 일본의 법제기구

정부제출법률안의 우위현상을 특징으로 하는 일본의 입법과정에서는 정부제출법률안을 주도면밀하게 계획·작성·심사하는 관료조직이 활발하게 기능하고 있다.

다른 한편으로 입법부에서도 정부에 못지않게 이러한 입법기능을 수행하는 전문기구들이 정비되어 있는 편이지만, 현실적으로 의원제출법률안은 대부분 야당의원들이 제출하는 것임을 감안하여 볼 때 이들 전문기구들의 활동결과가 가시적으로 활발하게 나타나고 있지는 않다.

(1) 행정부의 법제기구

가. 내각법제국

정부의 대표적 법제기구인 내각법제국은 「내각법제국설치법」에 의하여 설치되어 정부제출법률안의 심사를 담당하는 중추적인 기능과 내각의 법률고문 역할을 수행하고 있다. 즉, 내각법제국은 정부제출법률안, 하위법령, 조약안 등을 입안·심사하며 그에 대한 의견을 첨부하고 필요한 수정을 가하여 내각에 상신하고, 또한 법률문제에 관한 내각 및 내각총리대신·각성대신(內閣總理大臣·各省大臣)의 질의에 대하여 의견을 개진하며 이에 부수하여 내외 및 국제법제와 운용에 관한 조사·연구업무를 담당하고 있다.

내각법제국에서의 법률안심사는 사전에 제출예정인 법률안에 대한 예비심사를 거친 다음, 각 성청(省廳)으로부터 내각총리대신에게 제출되는 각의청의안(閣議請議案)을 회부받은 후에 정식으로 개시된다.

심사는 원안설명(原案說明), 이에 대한 질의·응답, 토론, 각 성청(省廳) 담당관에 의한 검토, 원안의 수정 등의 절차로 진행되는데, 원칙적으로 심사는 수회(數回)의 독회(讀會)방식으로 이루어진다. 첫 번째 독회에서는 법률안들 간의 균형·충돌의 문제, 하위법령에의 위임의 요건과 범위, 각 조문의 배열과 법률안 전체의 구성·체계, 헌법과 해당 법률안과의 관계, 입법내용의 법적 타당성, 용자(用字)·용어 등이 검토의 대상이 되며, 독회결과 발견된 문제점들에 대해서 각 성청과 내각법제국에서 재검토된 후 다음 독회가 열리게 된다.

이러한 심사를 위하여 내각법제국에는 내각이 임명하는 내각법제국장관을 필두로 각 성청에 대응하는 형태로 조직된 부(部)를 두고 있다. 부는 4개가 설치되어 있는바, 각 부는 부장(部長) 및 참사관(參事官)으로 구성되며 참사관이 당해 부에 속하는 각 성청의 법률안 등의 입안심사사무를 담당하고 있다.

나. 재무성

재무성은 우리나라의 기획재정부와 유사한 기능을 수행하는 곳으로 예산과 관련된 법률안에 대해서는 어느 정도의 심사권을 행사하고 있다.

그 이유는 각 성청(省廳)이 차기연도 예산요구서를 재무성에 제출할 때에는 예산을 수반하는 법률안에 대한 개요적 자료를 첨부하는 것이 관례로 되어 있기 때문이다. 재무성은 이 개요적 자료를 차기연도 예산안 사정시 참고자료로 사용하지만, 이에 부수하여 해당 법률안의 핵심적 내용도 예산안을 다루는 입장에서 그 비용·효과적 측면을 심사하게 된다.

(2) 의회의 법제기구

가. 의원법제국

의원법제국(議院法制局)은 행정부의 내각법제국에 대응하는 법제기구로서 양원에 각각 설치되어 있으며, 그 주요기능은 의원발의법률안 및 위원회제출법률안을 위한 자료조사와 이를 근거로 한 법률안의 기초(起草)작업 및 의원이나 위원회에 대한 법률자문 역할이다.

의원법제국은 국장을 정점으로 차장·부장·과장·참사 등의 조직으로 구성되어 있으며, 국장은 의장이 의원(議院)의 동의를 얻어 임면한다.[52]

의원법제국 내의 법률안 작성절차를 보면 다음과 같다.

우선 의원(議員)이 특정 법률안의 성안을 의뢰하게 되면, 먼저 과장의 주관 하에 과심사(課審査)를 거쳐 과 단계의 안을 성안한다. 이를 부장심사·차장심사·국장심사 순으로 계속 재검토하여 최종안이 마련되는데, 각 단계마다 소관 과의 참사 전원이 참석한다. 이 최종안은 이미 검토단계에서 의뢰의원과의 사전조정작업을 거쳤으므로 의뢰의원은 의원법제국의 안을 별다른 이의 없이 받아들이게 된다.

나. 조사 및 입법고사국

조사 및 입법고사국(調査及び立法考査局)은 국회도서관에 설치된 기구로서 그 주요업무는 위원회 또는 의원의 요구에 따른 법률안 및 기타 안건에 대한 분석·평가, 자료의 수집·분석, 행정부·사법부 및 일반대중에 대한 수집자료의 제공 등이다.

조사 및 입법고사국의 활동은 의원·위원회 또는 정당 등의 자료요구에 의한 조사활동과 이러한 요구에 대비한 독자적인 조사활동으로 나누어 볼 수 있다.

우선 의원 등의 자료요구에 대하여는 간단한 사항은 전화로 신속하게 답변하거나 조사원이 직접 설명하지만, 복잡하고 난해한 내용의 조사의뢰에 대해서는 조사 및 입법고사국이 독자적으로 작성한 문서로 답변하며 그에 대한 비밀을 준수하고 있다. 이외에도 조사 및 입법고사국은 조사의뢰에 대비하여 조사업무를 계속적으로 수행하고 있는데 그 성과물들은 각종 간행물의 형태로 수시 발간되고 있다.

다. 조사실

양원에는 의원의 의정활동 전반을 조사 측면에서 보좌하기 위하여 각각 조사실(調査室)을 두고 있다. 먼저 중의원은 사무국의 한 국(局)으로서

52) 의원법제국은 사무국에서 독립된 조직으로서 직원인사도 사무국과는 별도로 독자의 채용시험을 실시하고 있다.

조사국을 두고 있는데, 조사국에는 각 상임위원회에 대응하는 15개 조사실과 특별위원회에 대응하는 제1특별조사실에서 제3특별조사실까지 3개의 특별조사실이 있다. 이외에 2021년 3월 현재 북조선에 의한 납치문제 등에 관한 특별조사실 등 5개의 특별조사실이 별도로 설치되어 있다.[53)]

참의원에는 14개의 상임위원회 조사실과 제1특별조사실에서 제3특별조사실까지 3개의 특별조사실이 설치되어 있으며, 이외에 이들 부서의 조사업무에 관련되는 기획·조정을 담당하는 기획조정실이 설치되어 있는데, 이들은 모두 조사실로 통칭되고 있다.

양원의 조사실은 위원회에 회부된 법률안 등에 대한 조사 및 참고자료의 작성, 위원회가 발의하는 법률안에 대한 조사 및 기초(起草)작업, 본회의에서의 위원장의 보고서 작성 등 기타 소관사항에 대한 조사 및 자료수집 업무를 수행하고 있다.

53) 이전에는 각 위원회마다 상임위원회 조사실과 특별위원회 조사실이 설치되어 있었는데, 1997년 의원사무국법의 개정으로 1998년 1월 12일 중의원 조사국이 설치되어 상임위원회 조사실 등이 중의원 조사국으로 재편되었다.

부 록

1. 국회법
2. 법률안 관련 서식

1. 국회법

[시행 2021. 6. 23] [법률 제17756호, 2020. 12. 22, 일부개정]

제1장 총칙 <개정 2018. 4. 17.>

제1조(목적) 이 법은 국회의 조직·의사(議事), 그 밖에 필요한 사항을 규정함으로써 국민의 대의기관인 국회의 민주적이고 효율적인 운영에 기여함을 목적으로 한다.

[전문개정 2018. 4. 17.]

제2조(당선 통지 및 등록) ① 중앙선거관리위원회 위원장은 국회의원 당선인이 결정된 때에는 그 명단을 즉시 국회에 통지하여야 한다.

② 국회의원 당선인은 당선인으로 결정된 후 당선증서를 국회사무처에 제시하고 등록하여야 한다.

[전문개정 2018. 4. 17.]

제3조(의석 배정) 국회의원(이하 "의원"이라 한다)의 의석은 국회의장(이하 "의장"이라 한다)이 각 교섭단체 대표의원과 협의하여 정한다. 다만, 협의가 이루어지지 아니할 때에는 의장이 잠정적으로 이를 정한다.

[전문개정 2018. 4. 17.]

제4조(정기회) 정기회는 매년 9월 1일에 집회한다. 다만, 그 날이 공휴일인 때에는 그 다음 날에 집회한다.

[전문개정 2018. 4. 17.]

제5조(임시회) ① 의장은 임시회의 집회 요구가 있을 때에는 집회기일 3일 전에 공고한다. 이 경우 둘 이상의 집회 요구가 있을 때에는 집회일이 빠른 것을 공고하되, 집회일이 같은 때에는 그 요구서가 먼저 제출된 것을 공고한다.

② 의장은 제1항에도 불구하고 다음 각 호의 어느 하나에 해당하는 경우에는 집회기일 1일 전에 공고할 수 있다.

1. 내우외환, 천재지변 또는 중대한 재정·경제상의 위기가 발생한 경우
2. 국가의 안위에 관계되는 중대한 교전 상태나 전시·사변 또는 이에 준하는 국가비상사태인 경우

③ 국회의원 총선거 후 첫 임시회는 의원의 임기 개시 후 7일에 집회하며, 처음 선출된 의장의 임기가 폐회 중에 만료되는 경우에는 늦어도 임기만료일 5일 전까지 집회한다. 다만, 그 날이 공휴일인 때에는 그 다음 날에 집회한다.

[전문개정 2018. 4. 17.]

제5조의2(연간 국회 운영 기본일정 등) ① 의장은 국회의 연중 상시 운영을 위하여 각 교섭단체 대표의원과의 협

의를 거쳐 매년 12월 31일까지 다음 연도의 국회 운영 기본일정(국정감사를 포함한다)을 정하여야 한다. 다만, 국회의원 총선거 후 처음 구성되는 국회의 해당 연도 국회 운영 기본일정은 6월 30일까지 정하여야 한다.

② 제1항의 연간 국회 운영 기본일정은 다음 각 호의 기준에 따라 작성한다. <개정 2020. 12. 22.>

1. 2월·3월·4월·5월 및 6월 1일과 8월 16일에 임시회를 집회한다. 다만, 국회의원 총선거가 있는 경우 임시회를 집회하지 아니하며, 집회일이 공휴일인 경우에는 그 다음 날에 집회한다.
2. 정기회의 회기는 100일로, 제1호에 따른 임시회의 회기는 해당 월의 말일까지로 한다. 다만, 임시회의 회기가 30일을 초과하는 경우에는 30일로 한다.
3. 2월, 4월 및 6월에 집회하는 임시회의 회기 중 한 주(週)는 제122조의2에 따라 정부에 대한 질문을 한다.

[전문개정 2018. 4. 17.]

제5조의3(법률안 제출계획의 통지) ① 정부는 부득이한 경우를 제외하고는 매년 1월 31일까지 해당 연도에 제출할 법률안에 관한 계획을 국회에 통지하여야 한다.

② 정부는 제1항에 따른 계획을 변경하였을 때에는 분기별로 주요 사항을 국회에 통지하여야 한다.

[전문개정 2018. 4. 17.]

제6조(개회식) 국회는 집회일에 개회식을 실시한다. 다만, 임시회의 경우에는 개회식을 생략할 수 있다.

[전문개정 2018. 4. 17.]

제2장 국회의 회기와 휴회 <개정 2018. 4. 17.>

제7조(회기) ① 국회의 회기는 의결로 정하되, 의결로 연장할 수 있다.

② 국회의 회기는 집회 후 즉시 정하여야 한다.

[전문개정 2018. 4. 17.]

제8조(휴회) ① 국회는 의결로 기간을 정하여 휴회할 수 있다.

② 국회는 휴회 중이라도 대통령의 요구가 있을 때, 의장이 긴급한 필요가 있다고 인정할 때 또는 재적의원 4분의 1 이상의 요구가 있을 때에는 국회의 회의(이하 "본회의"라 한다)를 재개한다.

[전문개정 2018. 4. 17.]

제3장 국회의 기관과 경비 <개정 2018. 4. 17.>

제9조(의장 · 부의장의 임기) ① 의장과 부의장의 임기는 2년으로 한다. 다만, 국회의원 총선거 후 처음 선출된 의장과 부의장의 임기는 그 선출된 날부터 개시하여 의원의 임기 개시

후 2년이 되는 날까지로 한다.

② 보궐선거로 당선된 의장 또는 부의장의 임기는 전임자 임기의 남은 기간으로 한다.

[전문개정 2018. 4. 17.]

제10조(의장의 직무) 의장은 국회를 대표하고 의사를 정리하며, 질서를 유지하고 사무를 감독한다.

[전문개정 2018. 4. 17.]

제11조(의장의 위원회 출석과 발언) 의장은 위원회에 출석하여 발언할 수 있다. 다만, 표결에는 참가할 수 없다.

[전문개정 2018. 4. 17.]

제12조(부의장의 의장 직무대리) ① 의장이 사고(事故)가 있을 때에는 의장이 지정하는 부의장이 그 직무를 대리한다.

② 의장이 심신상실 등 부득이한 사유로 의사표시를 할 수 없게 되어 직무대리자를 지정할 수 없을 때에는 소속 의원 수가 많은 교섭단체 소속 부의장의 순으로 의장의 직무를 대행한다.

[전문개정 2018. 4. 17.]

제13조(임시의장) 의장과 부의장이 모두 사고가 있을 때에는 임시의장을 선출하여 의장의 직무를 대행하게 한다.

[전문개정 2018. 4. 17.]

제14조(사무총장의 의장 직무대행) 국회의원 총선거 후 의장이나 부의장이 선출될 때까지는 사무총장이 임시회 집회 공고에 관하여 의장의 직무를 대행한다. 처음 선출된 의장과 부의장의 임기만료일까지 부득이한 사유로 의장이나 부의장을 선출하지 못한 경우와 폐회 중에 의장·부의장이 모두 궐위(闕位)된 경우에도 또한 같다.

[전문개정 2018. 4. 17.]

제15조(의장 · 부의장의 선거) ① 의장과 부의장은 국회에서 무기명투표로 선거하고 재적의원 과반수의 득표로 당선된다.

② 제1항에 따른 선거는 국회의원 총선거 후 첫 집회일에 실시하며, 처음 선출된 의장 또는 부의장의 임기가 만료되는 경우에는 그 임기만료일 5일 전에 실시한다. 다만, 그 날이 공휴일인 경우에는 그 다음 날에 실시한다.

③ 제1항의 득표자가 없을 때에는 2차투표를 하고, 2차투표에도 제1항의 득표자가 없을 때에는 최고득표자가 1명이면 최고득표자와 차점자에 대하여, 최고득표자가 2명 이상이면 최고득표자에 대하여 결선투표를 하되, 재적의원 과반수의 출석과 출석의원 다수득표자를 당선자로 한다.

[전문개정 2018. 4. 17.]

제16조(보궐선거) 의장 또는 부의장이 궐위된 때나 의장과 부의장이 모두 궐위된 때에는 지체 없이 보궐선거를 실시한다.

[전문개정 2018. 4. 17.]

제17조(임시의장 선거) 임시의장은 무기명투표로 선거하고 재적의원 과반수

의 출석과 출석의원 다수득표자를 당선자로 한다.

[전문개정 2018. 4. 17.]

제18조(의장 등 선거 시의 의장 직무대행) 의장 등의 선거에서 다음 각 호의 어느 하나에 해당할 때에는 출석의원 중 최다선(最多選) 의원이, 최다선 의원이 2명 이상인 경우에는 그 중 연장자가 의장의 직무를 대행한다.

1. 국회의원 총선거 후 처음으로 의장과 부의장을 선거할 때
2. 제15조제2항에 따라 처음 선출된 의장 또는 부의장의 임기가 만료되는 경우 그 임기만료일 5일 전에 의장과 부의장의 선거가 실시되지 못하여 그 임기 만료 후 의장과 부의장을 선거할 때
3. 의장과 부의장이 모두 궐위되어 그 보궐선거를 할 때
4. 의장 또는 부의장의 보궐선거에서 의장과 부의장이 모두 사고가 있을 때
5. 의장과 부의장이 모두 사고가 있어 임시의장을 선거할 때

[전문개정 2018. 4. 17.]

제19조(의장 · 부의장의 사임) 의장과 부의장은 국회의 동의를 받아 그 직을 사임할 수 있다.

[전문개정 2018. 4. 17.]

제20조(의장 · 부의장의 겸직 제한) ① 의장과 부의장은 특별히 법률로 정한 경우를 제외하고는 의원 외의 직을 겸할 수 없다.

② 다른 직을 겸한 의원이 의장이나 부의상으로 당선된 때에는 당선된 날에 그 직에서 해직된 것으로 본다.

[전문개정 2018. 4. 17.]

제20조의2(의장의 당적 보유 금지) ① 의원이 의장으로 당선된 때에는 당선된 다음 날부터 의장으로 재직하는 동안은 당적(黨籍)을 가질 수 없다. 다만, 국회의원 총선거에서 「공직선거법」 제47조에 따른 정당추천후보자로 추천을 받으려는 경우에는 의원 임기만료일 90일 전부터 당적을 가질 수 있다.

② 제1항 본문에 따라 당적을 이탈한 의장의 임기가 만료된 때에는 당적을 이탈할 당시의 소속 정당으로 복귀한다.

[전문개정 2018. 4. 17.]

제21조(국회사무처) ① 국회의 입법·예산결산심사 등의 활동을 지원하고 행정사무를 처리하기 위하여 국회에 사무처를 둔다.

② 국회사무처에 사무총장 1명과 필요한 공무원을 둔다.

③ 사무총장은 의장이 각 교섭단체 대표의원과의 협의를 거쳐 본회의의 승인을 받아 임면(任免)한다.

④ 사무총장은 의장의 감독을 받아 국회의 사무를 총괄하고 소속 공무원을 지휘·감독한다.

⑤ 국회사무처는 국회의 입법 및 예산결산심사 등의 활동을 지원할 때 의

원이나 위원회의 요구가 있는 경우 필요한 자료 등을 제공하여야 한다.

⑥ 제5항과 관련하여 사무총장이나 사무총장이 지정하는 소속 공무원은 위원회의 요구에 응하여 해당 위원회에서 보고 또는 설명할 수 있으며, 사무총장은 의장의 허가를 받아 정부, 행정기관 등에 대하여 필요한 자료의 제공을 요청할 수 있다.

⑦ 이 법에서 정한 사항 외에 국회사무처에 관한 사항은 따로 법률로 정한다.

[전문개정 2018. 4. 17.]

제22조(국회도서관) ① 국회의 도서 및 입법자료에 관한 업무를 처리하기 위하여 국회도서관을 둔다.

② 국회도서관에 도서관장 1명과 필요한 공무원을 둔다.

③ 도서관장은 의장이 국회운영위원회의 동의를 받아 임면한다.

④ 도서관장은 국회의 입법활동을 지원하기 위하여 도서와 그 밖의 도서관자료의 수집·정리·보존 및 도서관봉사를 한다.

⑤ 이 법에서 정한 사항 외에 국회도서관에 관한 사항은 따로 법률로 정한다.

[전문개정 2018. 4. 17.]

제22조의2(국회예산정책처) ① 국가의 예산결산·기금 및 재정 운용과 관련된 사항을 연구분석·평가하고 의정활동을 지원하기 위하여 국회예산정책처를 둔다.

② 국회예산정책처에 처장 1명과 필요한 공무원을 둔다.

③ 처장은 의장이 국회운영위원회의 동의를 받아 임면한다.

④ 이 법에서 정한 사항 외에 국회예산정책처에 관한 사항은 따로 법률로 정한다.

[전문개정 2018. 4. 17.]

제22조의3(국회입법조사처) ① 입법 및 정책과 관련된 사항을 조사·연구하고 관련 정보 및 자료를 제공하는 등 입법정보서비스와 관련된 의정활동을 지원하기 위하여 국회입법조사처를 둔다.

② 국회입법조사처에 처장 1명과 필요한 공무원을 둔다.

③ 처장은 의장이 국회운영위원회의 동의를 받아 임면한다.

④ 이 법에서 정한 사항 외에 국회입법조사처에 관한 사항은 따로 법률로 정한다.

[전문개정 2018. 4. 17.]

제23조(국회의 예산) ① 국회의 예산은 독립하여 국가예산에 계상(計上)한다.

② 의장은 국회 소관 예산요구서를 작성하여 국회운영위원회의 심사를 거쳐 정부에 제출한다. 다만, 「국가재정법」에서 정한 예산요구서 제출기일 전일까지 국회운영위원회가 국회 소관 예산요구서의 심사를 마치지 못한 경우에는 의장은 직접 국회 소관 예산요구서를 정부에 제출할 수 있다.

③ 국회의 예산에 예비금을 둔다.

④ 국회의 예비금은 사무총장이 관리하되, 국회운영위원회의 동의와 의장의 승인을 받아 지출한다. 다만, 폐회 중일 때에는 의장의 승인을 받아 지출하고 다음 회기 초에 국회운영위원회에 보고한다.

⑤ 정부가 「국가재정법」 제40조제2항에 따라 국회 소관 세출예산요구액을 감액하기 위하여 국회의 의견을 구하려는 경우에는 그 감액 내용 및 사유를 적어 국무회의 7일 전까지 의장에게 송부하여야 한다.

⑥ 의장은 제5항에 따른 송부가 있은 때에는 그 감액 내용에 대한 의견서를 해당 국무회의 1일 전까지 정부에 송부한다.

[전문개정 2018. 4. 17.]

제4장 의원 <개정 2018. 4. 17.>

제24조(선서) 의원은 임기 초에 국회에서 다음의 선서를 한다.

"나는 헌법을 준수하고 국민의 자유와 복리의 증진 및 조국의 평화적 통일을 위하여 노력하며, 국가이익을 우선으로 하여 국회의원의 직무를 양심에 따라 성실히 수행할 것을 국민 앞에 엄숙히 선서합니다."

[전문개정 2018. 4. 17.]

제25조(품위유지의 의무) 의원은 의원으로서의 품위를 유지하여야 한다.

[전문개정 2018. 4. 17.]

제26조(체포동의 요청의 절차) ① 의원을 체포하거나 구금하기 위하여 국회의 동의를 받으려고 할 때에는 관할법원의 판사는 영장을 발부하기 전에 체포동의 요구서를 정부에 제출하여야 하며, 정부는 이를 수리(受理)한 후 지체 없이 그 사본을 첨부하여 국회에 체포동의를 요청하여야 한다.

② 의장은 제1항에 따른 체포동의를 요청받은 후 처음 개의하는 본회의에 이를 보고하고, 본회의에 보고된 때부터 24시간 이후 72시간 이내에 표결한다. 다만, 체포동의안이 72시간 이내에 표결되지 아니하는 경우에는 그 이후에 최초로 개의하는 본회의에 상정하여 표결한다.

[전문개정 2018. 4. 17.]

제27조(의원 체포의 통지) 정부는 체포 또는 구금된 의원이 있을 때에는 지체 없이 의장에게 영장 사본을 첨부하여 이를 통지하여야 한다. 구속기간이 연장되었을 때에도 또한 같다.

[전문개정 2018. 4. 17.]

제28조(석방 요구의 절차) 의원이 체포 또는 구금된 의원의 석방 요구를 발의할 때에는 재적의원 4분의 1 이상의 연서(連書)로 그 이유를 첨부한 요구서를 의장에게 제출하여야 한다.

[전문개정 2018. 4. 17.]

제29조(겸직 금지) ① 의원은 국무총리 또는 국무위원 직 외의 다른 직을 겸할 수 없다. 다만, 다음 각 호의 어느

하나에 해당하는 경우에는 그러하지 아니하다.

1. 공익 목적의 명예직
2. 다른 법률에서 의원이 임명·위촉되도록 정한 직
3. 「정당법」에 따른 정당의 직

② 의원이 당선 전부터 제1항 각 호의 직 외의 직을 가진 경우에는 임기개시일 전까지(재선거·보궐선거 등의 경우에는 당선이 결정된 날의 다음 날까지를 말한다. 이하 이 항에서 같다) 그 직을 휴직하거나 사직하여야 한다. 다만, 다음 각 호의 어느 하나의 직을 가진 경우에는 임기개시일 전까지 그 직을 사직하여야 한다.

1. 「공공기관의 운영에 관한 법률」 제4조에 따른 공공기관(한국은행을 포함한다)의 임직원
2. 「농업협동조합법」, 「수산업협동조합법」에 따른 조합, 중앙회와 그 자회사(손자회사를 포함한다)의 임직원
3. 「정당법」 제22조제1항에 따라 정당의 당원이 될 수 있는 교원

③ 의원이 당선 전부터 제1항 각 호의 직(제3호의 직은 제외한다. 이하 이 조에서 같다)을 가지고 있는 경우에는 임기 개시 후 1개월 이내에, 임기 중에 제1항 각 호의 직을 가지는 경우에는 지체 없이 이를 의장에게 서면으로 신고하여야 한다.

④ 의장은 제3항에 따라 신고한 직(본회의 의결 또는 의장의 추천·지명 등에 따라 임명·위촉된 경우는 제외한다)이 제1항 각 호의 직에 해당하는지 여부를 제46조의2에 따른 윤리심사자문위원회의 의견을 들어 결정하고 그 결과를 해당 의원에게 통보한다. 이 경우 의장은 윤리심사자문위원회의 의견을 존중하여야 한다.

⑤ 윤리심사자문위원회는 의장으로부터 의견제출을 요구받은 날부터 1개월 이내에 그 의견을 의장에게 제출하여야 한다. 다만, 필요한 경우에는 1개월의 범위에서 한 차례만 의견제출 기간을 연장할 수 있다.

⑥ 의원은 의장으로부터 겸하고 있는 직이 제1항 각 호의 직에 해당하지 아니한다는 통보를 받은 때에는 통보를 받은 날부터 3개월 이내에 그 직을 휴직하거나 사직하여야 한다.

⑦ 의장은 제4항에 따라 의원에게 통보한 날부터 15일 이내(본회의 의결 또는 의장의 추천·지명 등에 따라 임명·위촉된 경우에는 해당 의원이 신고한 날부터 15일 이내)에 겸직 내용을 국회공보 또는 국회 인터넷 홈페이지 등에 게재하는 방법으로 공개하여야 한다.

⑧ 의원이 제1항 각 호의 직을 겸하는 경우에는 그에 따른 보수를 받을 수 없다. 다만, 실비 변상은 받을 수 있다.

[전문개정 2018. 4. 17.]

제29조의2(영리업무 종사 금지) ① 의원

은 그 직무 외에 영리를 목적으로 하는 업무에 종사할 수 없다. 다만, 의원 본인 소유의 토지·건물 등의 재산을 활용한 임대업 등 영리업무를 하는 경우로서 의원 직무수행에 지장이 없는 경우에는 그러하지 아니하다.

② 의원이 당선 전부터 제1항 단서의 영리업무 외의 영리업무에 종사하고 있는 경우에는 임기 개시 후 6개월 이내에 그 영리업무를 휴업하거나 폐업하여야 한다.

③ 의원이 당선 전부터 제1항 단서의 영리업무에 종사하고 있는 경우에는 임기 개시 후 1개월 이내에, 임기 중에 제1항 단서의 영리업무에 종사하게 된 경우에는 지체 없이 이를 의장에게 서면으로 신고하여야 한다.

④ 의장은 의원이 제3항에 따라 신고한 영리업무가 제1항 단서의 영리업무에 해당하는지를 제46조의2에 따른 윤리심사자문위원회의 의견을 들어 결정하고 그 결과를 해당 의원에게 통보한다. 이 경우 의장은 윤리심사자문위원회의 의견을 존중하여야 한다.

⑤ 윤리심사자문위원회는 의장으로부터 의견제출을 요구받은 날부터 1개월 이내에 그 의견을 의장에게 제출하여야 한다. 다만, 필요한 경우에는 1개월의 범위에서 한 차례만 의견제출 기간을 연장할 수 있다.

⑥ 의원은 의장으로부터 종사하고 있는 영리업무가 제1항 단서의 영리업무에 해당하지 아니한다는 통보를 받은 때에는 통보를 받은 날부터 6개월 이내에 그 영리업무를 휴업하거나 폐업하여야 한다.

[전문개정 2018. 4. 17.]

제30조(수당 · 여비) 의원은 따로 법률에서 정하는 바에 따라 수당과 여비를 받는다.

[전문개정 2018. 4. 17.]

제31조 삭제 <2014. 3. 18.>

제32조(청가 및 결석) ① 의원이 사고로 국회에 출석하지 못하게 되거나 출석하지 못한 때에는 청가서(請暇書) 또는 결석신고서를 의장에게 제출하여야 한다.

② 의원이 청가서를 제출하여 의장의 허가를 받거나 정당한 사유로 결석하여 결석신고서를 제출한 경우 외에는 「국회의원수당 등에 관한 법률」에 따른 특별활동비에서 그 결석한 회의일수에 상당하는 금액을 감액한다.

③ 제1항의 청가 및 결석에 관하여 필요한 사항은 국회규칙으로 정한다.

[전문개정 2018. 4. 17.]

제5장 교섭단체 · 위원회와 위원 <개정 2018. 4. 17.>

제33조(교섭단체) ① 국회에 20명 이상의 소속 의원을 가진 정당은 하나의

교섭단체가 된다. 다만, 다른 교섭단체에 속하지 아니하는 20명 이상의 의원으로 따로 교섭단체를 구성할 수 있다.

② 교섭단체 대표의원은 그 단체의 소속 의원이 연서·날인한 명부를 의장에게 제출하여야 하며, 그 소속 의원에 이동(異動)이 있거나 소속 정당의 변경이 있을 때에는 그 사실을 지체 없이 의장에게 보고하여야 한다. 다만, 특별한 사유가 있을 때에는 해당 의원이 관계 서류를 첨부하여 이를 보고할 수 있다.

③ 어느 교섭단체에도 속하지 아니하는 의원이 당적을 취득하거나 소속 정당을 변경한 때에는 그 사실을 즉시 의장에게 보고하여야 한다.

[전문개정 2018. 4. 17.]

제34조(교섭단체 정책연구위원) ① 교섭단체 소속 의원의 입법 활동을 보좌하기 위하여 교섭단체에 정책연구위원을 둔다.

② 정책연구위원은 해당 교섭단체 대표의원의 제청(提請)에 따라 의장이 임면한다.

③ 정책연구위원은 별정직공무원으로 하고, 그 인원·자격·임면절차·직급 등에 필요한 사항은 국회규칙으로 정한다.

[전문개정 2018. 4. 17.]

제35조(위원회의 종류) 국회의 위원회는 상임위원회와 특별위원회 두 종류로 한다.

[전문개정 2018. 4. 17.]

제36조(상임위원회의 직무) 상임위원회는 그 소관에 속하는 의안과 청원 등의 심사, 그 밖에 법률에서 정하는 직무를 수행한다.

[전문개정 2018. 4. 17.]

제37조(상임위원회와 그 소관) ① 상임위원회의 종류와 소관 사항은 다음과 같다. <개정 2018. 7. 17., 2020. 8. 18., 2020. 12. 15.>

1. 국회운영위원회
   가. 국회 운영에 관한 사항
   나. 「국회법」과 국회규칙에 관한 사항
   다. 국회사무처 소관에 속하는 사항
   라. 국회도서관 소관에 속하는 사항
   마. 국회예산정책처 소관에 속하는 사항
   바. 국회입법조사처 소관에 속하는 사항
   사. 대통령비서실, 국가안보실, 대통령경호처 소관에 속하는 사항
   아. 국가인권위원회 소관에 속하는 사항
2. 법제사법위원회
   가. 법무부 소관에 속하는 사항
   나. 법제처 소관에 속하는 사항
   다. 감사원 소관에 속하는 사항
   라. 고위공직자범죄수사처 소관에 속하는 사항
   마. 헌법재판소 사무에 관한 사항
   바. 법원·군사법원의 사법행정에

관한 사항
사. 탄핵소추에 관한 사항
아. 법률안·국회규칙안의 체계·형식과 자구의 심사에 관한 사항
3. 정무위원회
가. 국무조정실, 국무총리비서실 소관에 속하는 사항
나. 국가보훈처 소관에 속하는 사항
다. 공정거래위원회 소관에 속하는 사항
라. 금융위원회 소관에 속하는 사항
마. 국민권익위원회 소관에 속하는 사항
4. 기획재정위원회
가. 기획재정부 소관에 속하는 사항
나. 한국은행 소관에 속하는 사항
5. 교육위원회
교육부 소관에 속하는 사항
6. 과학기술정보방송통신위원회
가. 과학기술정보통신부 소관에 속하는 사항
나. 방송통신위원회 소관에 속하는 사항
다. 원자력안전위원회 소관에 속하는 사항
7. 외교통일위원회
가. 외교부 소관에 속하는 사항
나. 통일부 소관에 속하는 사항
다. 민주평화통일자문회의 사무에 관한 사항
8. 국방위원회
국방부 소관에 속하는 사항
9. 행정안전위원회
가. 행정안전부 소관에 속하는 사항
나. 인사혁신처 소관에 속하는 사항
다. 중앙선거관리위원회 사무에 관한 사항
라. 지방자치단체에 관한 사항
10. 문화체육관광위원회
문화체육관광부 소관에 속하는 사항
11. 농림축산식품해양수산위원회
가. 농림축산식품부 소관에 속하는 사항
나. 해양수산부 소관에 속하는 사항
12. 산업통상자원중소벤처기업위원회
가. 산업통상자원부 소관에 속하는 사항
나. 중소벤처기업부 소관에 속하는 사항
13. 보건복지위원회
가. 보건복지부 소관에 속하는 사항
나. 식품의약품안전처 소관에 속하는 사항
14. 환경노동위원회
가. 환경부 소관에 속하는 사항
나. 고용노동부 소관에 속하는 사항
15. 국토교통위원회
국토교통부 소관에 속하는 사항
16. 정보위원회
가. 국가정보원 소관에 속하는 사항
나. 「국가정보원법」 제4조제1항제5호에 따른 정보 및 보안 업무의 기획·조정 대상 부처 소관의 정보 예산안과 결산 심사에

관한 사항

17. 여성가족위원회

여성가족부 소관에 속하는 사항

② 의장은 어느 상임위원회에도 속하지 아니하는 사항은 국회운영위원회와 협의하여 소관 상임위원회를 정한다.

[전문개정 2018. 4. 17.]

第38조(상임위원회의 위원 정수) 상임위원회의 위원 정수(定數)는 국회규칙으로 정한다. 다만, 정보위원회의 위원 정수는 12명으로 한다.

[전문개정 2018. 4. 17.]

第39조(상임위원회의 위원) ① 의원은 둘 이상의 상임위원회의 위원(이하 "상임위원"이라 한다)이 될 수 있다.

② 각 교섭단체 대표의원은 국회운영위원회의 위원이 된다.

③ 의장은 상임위원이 될 수 없다.

④ 국무총리 또는 국무위원의 직을 겸한 의원은 상임위원을 사임할 수 있다. <개정 2020. 2. 18.>

[전문개정 2018. 4. 17.]

第40조(상임위원의 임기) ① 상임위원의 임기는 2년으로 한다. 다만, 국회의원 총선거 후 처음 선임된 위원의 임기는 선임된 날부터 개시하여 의원의 임기 개시 후 2년이 되는 날까지로 한다.

② 보임(補任)되거나 개선(改選)된 상임위원의 임기는 전임자 임기의 남은 기간으로 한다.

[전문개정 2018. 4. 17.]

第40조의2(상임위원의 직무 관련 영리행위 금지) 상임위원은 소관 상임위원회의 직무와 관련한 영리행위를 하여서는 아니 된다.

[전문개정 2018. 4. 17.]

第41조(상임위원장) ① 상임위원회에 위원장(이하 "상임위원장"이라 한다) 1명을 둔다.

② 상임위원장은 제48조제1항부터 제3항까지에 따라 선임된 해당 상임위원 중에서 임시의장 선거의 예에 준하여 본회의에서 선거한다.

③ 제2항의 선거는 국회의원 총선거 후 첫 집회일부터 3일 이내에 실시하며, 처음 선출된 상임위원장의 임기가 만료되는 경우에는 그 임기만료일까지 실시한다.

④ 상임위원장의 임기는 상임위원의 임기와 같다.

⑤ 상임위원장은 본회의의 동의를 받아 그 직을 사임할 수 있다. 다만, 폐회 중에는 의장의 허가를 받아 사임할 수 있다.

[전문개정 2018. 4. 17.]

第42조(전문위원과 공무원) ① 위원회에 위원장과 위원의 입법 활동 등을 지원하기 위하여 의원이 아닌 전문지식을 가진 위원(이하 "전문위원"이라 한다)과 필요한 공무원을 둔다. 위원회에 두는 전문위원과 공무원에 대해서는 「국회사무처법」에서 정하는 바에 따른다.

② 위원회에 두는 전문위원과 공무원이 그 직무를 수행하는 때에는 정치적 중립성을 유지하여야 한다.
③ 전문위원은 사무총장의 제청으로 의장이 임명한다.
④ 전문위원은 위원회에서 의안과 청원 등의 심사, 국정감사, 국정조사, 그 밖의 소관 사항과 관련하여 검토보고 및 관련 자료의 수집·조사·연구를 수행한다.
⑤ 전문위원은 제4항의 직무를 수행하는 데 필요한 자료의 제공을 정부, 행정기관 등에 요청할 수 있다. 이 경우 그 요청은 위원장의 허가를 받아 위원장 명의로 하여야 한다.
⑥ 전문위원은 위원회에서 발언할 수 있으며 본회의에서는 본회의 의결 또는 의장의 허가를 받아 발언할 수 있다.
[전문개정 2018. 4. 17.]

제43조(전문가의 활용) ① 위원회는 의결로 중요한 안건 또는 전문지식이 필요한 안건의 심사와 관련하여 필요한 경우에는 해당 안건에 관하여 학식과 경험이 있는 3명 이내의 전문가를 심사보조자로 위촉할 수 있다.
② 위원회가 제1항에 따라 전문가를 심사보조자로 위촉하려는 경우에는 위원장이 의장에게 이를 요청한다. 이 경우 의장은 예산 사정 등을 고려하여 그 인원이나 위촉기간 등을 조정할 수 있다.
③ 제1항에 따라 위촉된 심사보조자는 「국가공무원법」 제33조의 결격사유에 해당하지 아니하는 사람이어야 하며, 위촉된 업무의 성질에 반하지 아니하는 범위에서 「국가공무원법」 제7장 복무에 관한 규정이 준용된다.
④ 위촉된 심사보조자에 대한 수당의 지급기준과 그 밖에 필요한 사항은 의장이 정한다.
[전문개정 2018. 4. 17.]

제44조(특별위원회) ① 국회는 둘 이상의 상임위원회와 관련된 안건이거나 특히 필요하다고 인정한 안건을 효율적으로 심사하기 위하여 본회의의 의결로 특별위원회를 둘 수 있다.
② 제1항에 따른 특별위원회를 구성할 때에는 그 활동기간을 정하여야 한다. 다만, 본회의 의결로 그 기간을 연장할 수 있다.
③ 특별위원회는 활동기한의 종료 시까지 존속한다. 다만, 활동기한의 종료 시까지 제86조에 따라 법제사법위원회에 체계·자구 심사를 의뢰하였거나 제66조에 따라 심사보고서를 제출한 경우에는 해당 안건이 본회의에서 의결될 때까지 존속하는 것으로 본다.
④ 제2항에도 불구하고 특별위원회 활동기간 중 연속하여 3개월 이상 회의가 열리지 아니하는 때에는 본회의의 의결로 특별위원회의 활동을 종료시킬 수 있다.

⑤ 특별위원회는 활동기간을 연장할 필요가 있다고 판단되는 경우 활동기간 종료 15일 전까지 특별위원회의 활동에 관한 중간보고서 및 활동기간 연장 사유를 국회운영위원회에 제출하여야 한다.

⑥ 특별위원회는 활동기간 종료(제3항 단서 또는 제4항에 해당하는 경우에는 해당 안건이 본회의에서 의결된 날을 말한다) 후 15일 이내에 활동결과보고서를 국회운영위원회에 제출하여야 한다. 국회운영위원회는 이를 심사한 후 국회 인터넷 홈페이지 등에 게재하는 방법으로 공개하여야 한다.

[전문개정 2018. 4. 17.]

제45조(예산결산특별위원회) ① 예산안, 기금운용계획안 및 결산(세입세출결산과 기금결산을 말한다. 이하 같다)을 심사하기 위하여 예산결산특별위원회를 둔다.

② 예산결산특별위원회의 위원 수는 50명으로 한다. 이 경우 의장은 교섭단체 소속 의원 수의 비율과 상임위원회 위원 수의 비율에 따라 각 교섭단체 대표의원의 요청으로 위원을 선임한다.

③ 예산결산특별위원회 위원의 임기는 1년으로 한다. 다만, 국회의원 총선거 후 처음 선임된 위원의 임기는 선임된 날부터 개시하여 의원의 임기 개시 후 1년이 되는 날까지로 하며, 보임되거나 개선된 위원의 임기는 전임자 임기의 남은 기간으로 한다.

④ 예산결산특별위원회의 위원장은 예산결산특별위원회의 위원 중에서 임시의장 선거의 예에 준하여 본회의에서 선거한다.

⑤ 예산결산특별위원회에 대해서는 제44조제2항 및 제3항을 적용하지 아니한다.

⑥ 예산결산특별위원회 위원장의 선거 및 임기 등과 위원의 선임에 관하여는 제41조제3항부터 제5항까지, 제48조제1항 후단 및 제2항을 준용한다.

[전문개정 2018. 4. 17.]

제46조(윤리특별위원회) ① 의원의 자격심사·징계에 관한 사항을 심사하기 위하여 제44조제1항에 따라 윤리특별위원회를 구성한다. <개정 2018. 7. 17.>

② 삭제 <2018. 7. 17.>

③ 윤리특별위원회는 의원의 징계에 관한 사항을 심사하기 전에 제46조의2에 따른 윤리심사자문위원회의 의견을 청취하여야 한다. 이 경우 윤리특별위원회는 윤리심사자문위원회의 의견을 존중하여야 한다.

④ 삭제 <2018. 7. 17.>

⑤ 삭제 <2018. 7. 17.>

⑥ 윤리특별위원회의 운영 등에 관하여 이 법에서 정한 사항 외에 필요한 사항은 국회규칙으로 정한다. <개

정 2018. 7. 17.>
[전문개정 2018. 4. 17.]

제46조의2(윤리심사자문위원회) ① 의원의 겸직 및 영리업무 종사와 관련된 의장의 자문과 의원 징계에 관한 윤리특별위원회의 자문에 응하게 하기 위하여 윤리특별위원회에 윤리심사자문위원회(이하 이 조에서 "자문위원회"라 한다)를 둔다.

② 자문위원회는 위원장 1명을 포함한 8명의 자문위원으로 구성하며, 자문위원은 각 교섭단체 대표의원의 추천에 따라 의장이 위촉한다.

③ 각 교섭단체 대표의원이 추천하는 자문위원 수는 교섭단체 소속 의원 수의 비율에 따른다. 이 경우 소속 의원 수가 가장 많은 교섭단체 대표의원이 추천하는 자문위원 수는 그 밖의 교섭단체 대표의원이 추천하는 자문위원 수와 같아야 한다.

④ 자문위원회 위원장은 자문위원 중에서 호선하되, 위원장이 선출될 때까지는 자문위원 중 연장자가 위원장의 직무를 대행한다.

⑤ 의원은 자문위원회의 자문위원이 될 수 없다.

⑥ 제1항부터 제5항까지에서 규정한 사항 외에 자문위원의 자격, 임기 및 자문위원회의 운영에 필요한 사항은 국회규칙으로 정한다.

[전문개정 2018. 4. 17.]

제46조의3(인사청문특별위원회) ① 국회는 다음 각 호의 임명동의안 또는 의장이 각 교섭단체 대표의원과 협의하여 제출한 선출안 등을 심사하기 위하여 인사청문특별위원회를 둔다. 다만, 「대통령직 인수에 관한 법률」 제5조제2항에 따라 대통령당선인이 국무총리 후보자에 대한 인사청문의 실시를 요청하는 경우에 의장은 각 교섭단체 대표의원과 협의하여 그 인사청문을 실시하기 위한 인사청문특별위원회를 둔다.

1. 헌법에 따라 그 임명에 국회의 동의가 필요한 대법원장·헌법재판소장·국무총리·감사원장 및 대법관에 대한 임명동의안
2. 헌법에 따라 국회에서 선출하는 헌법재판소 재판관 및 중앙선거관리위원회 위원에 대한 선출안

② 인사청문특별위원회의 구성과 운영에 필요한 사항은 따로 법률로 정한다.

[전문개정 2018. 4. 17.]

제47조(특별위원회의 위원장) ① 특별위원회에 위원장 1명을 두되, 위원회에서 호선하고 본회의에 보고한다.

② 특별위원회의 위원장이 선임될 때까지는 위원 중 연장자가 위원장의 직무를 대행한다.

③ 특별위원회의 위원장은 그 특별위원회의 동의를 받아 그 직을 사임할 수 있다. 다만, 폐회 중에는 의장의 허가를 받아 사임할 수 있다.

[전문개정 2018. 4. 17.]

제48조(위원의 선임 및 개선) ① 상임위원은 교섭단체 소속 의원 수의 비율에 따라 각 교섭단체 대표의원의 요청으로 의장이 선임하거나 개선한다. 이 경우 각 교섭단체 대표의원은 국회의원 총선거 후 첫 임시회의 집회일부터 2일 이내에 의장에게 상임위원 선임을 요청하여야 하고, 처음 선임된 상임위원의 임기가 만료되는 경우에는 그 임기만료일 3일 전까지 의장에게 상임위원 선임을 요청하여야 하며, 이 기한까지 요청이 없을 때에는 의장이 상임위원을 선임할 수 있다.

② 어느 교섭단체에도 속하지 아니하는 의원의 상임위원 선임은 의장이 한다.

③ 정보위원회의 위원은 의장이 각 교섭단체 대표의원으로부터 해당 교섭단체 소속 의원 중에서 후보를 추천받아 부의장 및 각 교섭단체 대표의원과 협의하여 선임하거나 개선한다. 다만, 각 교섭단체 대표의원은 정보위원회의 위원이 된다.

④ 특별위원회의 위원은 제1항과 제2항에 따라 의장이 상임위원 중에서 선임한다. 이 경우 그 선임은 특별위원회 구성결의안이 본회의에서 의결된 날부터 5일 이내에 하여야 한다.

⑤ 위원을 선임한 후 교섭단체 소속 의원 수가 변동되었을 때에는 의장은 위원회의 교섭단체별 할당 수를 변경하여 위원을 개선할 수 있다.

⑥ 제1항부터 제4항까지에 따라 위원을 개선할 때 임시회의 경우에는 회기 중에 개선될 수 없고, 정기회의 경우에는 선임 또는 개선 후 30일 이내에는 개선될 수 없다. 다만, 위원이 질병 등 부득이한 사유로 의장의 허가를 받은 경우에는 그러하지 아니하다.

⑦ 의장과 교섭단체 대표의원은 의원을 상임위원회의 위원으로 선임하는 것이 공정을 기할 수 없는 뚜렷한 사유가 있다고 인정할 때에는 해당 상임위원회의 위원으로 선임하거나 선임을 요청해서는 아니 된다.

[전문개정 2018. 4. 17.]

제49조(위원장의 직무) ① 위원장은 위원회를 대표하고 의사를 정리하며, 질서를 유지하고 사무를 감독한다.

② 위원장은 위원회의 의사일정과 개회일시를 간사와 협의하여 정한다.

[전문개정 2018. 4. 17.]

제49조의2(위원회 의사일정의 작성기준) ① 위원장(소위원회의 위원장을 포함한다)은 예측 가능한 국회운영을 위하여 특별한 사정이 없으면 다음 각 호의 기준에 따라 제49조제2항의 의사일정 및 개회일시를 정한다. <개정 2019. 4. 16., 2020. 12. 22.>

1. 위원회 개회일시: 매주 월요일·화요일 오후 2시

2. 소위원회 개회일시: 매주 수요일·목요일 오전 10시

② 위원회(소위원회는 제외한다)는 매월 2회 이상 개회한다. 다만, 다음 각 호의 어느 하나에 해당하는 경우에는 그러하지 아니하다. <신설 2020. 12. 22.>

1. 해당 위원회의 국정감사 또는 국정조사 실시기간
2. 그 밖에 회의를 개회하기 어렵다고 의장이 인정하는 기간

③ 제2항에도 불구하고, 국회운영위원회, 정보위원회, 여성가족위원회, 특별위원회 및 예산결산특별위원회의 경우에는 위원장이 개회 횟수를 달리 정할 수 있다. <신설 2020. 12. 22.>

[전문개정 2018. 4. 17.]

제49조의3(위원 회의 출석 현황 공개) 위원장은 위원회(소위원회는 제외한다) 회의가 종료되면 그 다음 날까지 소속 위원의 회의 출석 여부를 국회공보 또는 인터넷 홈페이지 등에 게재하는 방법으로 공개하여야 한다.

[본조신설 2020. 12. 22.]

제50조(간사) ① 위원회에 각 교섭단체별로 간사 1명을 둔다.

② 간사는 위원회에서 호선하고 이를 본회의에 보고한다.

③ 위원장이 사고가 있을 때에는 위원장이 지정하는 간사가 위원장의 직무를 대리한다.

④ 위원장이 궐위된 때에는 소속 의원 수가 많은 교섭단체 소속 간사의 순으로 위원장의 직무를 대리한다.

⑤ 위원장이 위원회의 개회 또는 의사진행을 거부·기피하거나 제3항에 따른 직무대리자를 지정하지 아니하여 위원회가 활동하기 어려울 때에는 위원장이 소속되지 아니한 교섭단체 소속의 간사 중에서 소속 의원 수가 많은 교섭단체 소속 간사의 순으로 위원장의 직무를 대행한다.

[전문개정 2018. 4. 17.]

제51조(위원회의 제안) ① 위원회는 그 소관에 속하는 사항에 관하여 법률안과 그 밖의 의안을 제출할 수 있다.

② 제1항의 의안은 위원장이 제안자가 된다.

[전문개정 2018. 4. 17.]

제52조(위원회의 개회) 위원회는 다음 각 호의 어느 하나에 해당할 때에 개회한다.

1. 본회의의 의결이 있을 때
2. 의장이나 위원장이 필요하다고 인정할 때
3. 재적위원 4분의 1 이상의 요구가 있을 때

[전문개정 2018. 4. 17.]

제53조 삭제 <2020. 12. 22.>

제54조(위원회의 의사정족수·의결정족수) 위원회는 재적위원 5분의 1 이상의 출석으로 개회하고, 재적위원 과반수의 출석과 출석위원 과반수의

찬성으로 의결한다.

[전문개정 2018. 4. 17.]

제54조의2(정보위원회에 대한 특례) ① 정보위원회의 회의는 공개하지 아니한다. 다만, 공청회 또는 제65조의2에 따른 인사청문회를 실시하는 경우에는 위원회의 의결로 이를 공개할 수 있다.

② 정보위원회의 위원 및 소속 공무원(의원 보좌직원을 포함한다. 이하 이 조에서 같다)은 직무수행상 알게 된 국가기밀에 속하는 사항을 공개하거나 타인에게 누설해서는 아니 된다.

③ 정보위원회의 활동을 보좌하는 소속 공무원에 대해서는 국가정보원장에게 신원조사를 의뢰하여야 한다.

④ 이 법에서 정한 사항 외에 정보위원회의 구성과 운영 등에 필요한 사항은 국회규칙으로 정한다.

[전문개정 2018. 4. 17.]

제55조(위원회에서의 방청 등) ① 의원이 아닌 사람이 위원회를 방청하려면 위원장의 허가를 받아야 한다.

② 위원장은 질서 유지를 위하여 필요할 때에는 방청인의 퇴장을 명할 수 있다.

[전문개정 2018. 4. 17.]

제56조(본회의 중 위원회의 개회) 위원회는 본회의 의결이 있거나 의장이 필요하다고 인정하여 각 교섭단체 대표의원과 협의한 경우를 제외하고는 본회의 중에는 개회할 수 없다. 다만, 국회운영위원회는 그러하지 아니하다.

[전문개정 2018. 4. 17.]

제57조(소위원회) ① 위원회는 소관 사항을 분담·심사하기 위하여 상설소위원회를 둘 수 있고, 필요한 경우 특정한 안건의 심사를 위하여 소위원회를 둘 수 있다. 이 경우 소위원회에 대하여 국회규칙으로 정하는 바에 따라 필요한 인원 및 예산 등을 지원할 수 있다. <개정 2019. 4. 16.>

② 상임위원회는 소관 법률안의 심사를 분담하는 둘 이상의 소위원회를 둘 수 있다. <개정 2019. 4. 16.>

③ 소위원회의 위원장은 위원회에서 소위원회의 위원 중에서 선출하고 이를 본회의에 보고하며, 소위원회의 위원장이 사고가 있을 때에는 소위원회의 위원장이 소위원회의 위원 중에서 지정하는 위원이 그 직무를 대리한다. <개정 2019. 4. 16.>

④ 소위원회의 활동은 위원회가 의결로 정하는 범위에 한정한다.

⑤ 소위원회의 회의는 공개한다. 다만, 소위원회의 의결로 공개하지 아니할 수 있다.

⑥ 소위원회는 폐회 중에도 활동할 수 있으며, 법률안을 심사하는 소위원회는 매월 3회 이상 개회한다. 다만, 국회운영위원회, 정보위원회 및 여성가족위원회의 법률안을 심사하는 소위원회의 경우에는 소위원장이

개회 횟수를 달리 정할 수 있다. <개정 2019. 4. 16., 2020. 12. 22.>

⑦ 소위원회는 그 의결로 의안 심사와 직접 관련된 보고 또는 서류 및 해당 기관이 보유한 사진·영상물의 제출을 정부·행정기관 등에 요구할 수 있고, 증인·감정인·참고인의 출석을 요구할 수 있다. 이 경우 그 요구는 위원장의 명의로 한다. <신설 2019. 4. 16.>

⑧ 소위원회에 관하여는 이 법에서 다르게 정하거나 성질에 반하지 아니하는 한 위원회에 관한 규정을 적용한다. 다만, 소위원회는 축조심사(逐條審査)를 생략해서는 아니 된다. <개정 2019. 4. 16.>

⑨ 예산결산특별위원회는 제1항의 소위원회 외에 심사를 위하여 필요한 경우에는 이를 여러 개의 분과위원회로 나눌 수 있다. <개정 2019. 4. 16.>

[전문개정 2018. 4. 17.]

제57조의2(안건조정위원회) ① 위원회는 이견을 조정할 필요가 있는 안건(예산안, 기금운용계획안, 임대형 민자사업 한도액안 및 체계·자구 심사를 위하여 법제사법위원회에 회부된 법률안은 제외한다. 이하 이 조에서 같다)을 심사하기 위하여 재적위원 3분의 1 이상의 요구로 안건조정위원회(이하 이 조에서 "조정위원회"라 한다)를 구성하고 해당 안건을 제58조제1항에 따른 대체토론(大體討論)이 끝난 후 조정위원회에 회부한다. 다만, 조정위원회를 거친 안건에 대해서는 그 심사를 위한 조정위원회를 구성할 수 없다.

② 조정위원회의 활동기한은 그 구성일부터 90일로 한다. 다만, 위원장은 조정위원회를 구성할 때 간사와 합의하여 90일을 넘지 아니하는 범위에서 활동기한을 따로 정할 수 있다.

③ 조정위원회는 조정위원회의 위원장(이하 이 조에서 "조정위원장"이라 한다) 1명을 포함한 6명의 조정위원회의 위원(이하 이 조에서 "조정위원"이라 한다)으로 구성한다.

④ 제3항에 따라 조정위원회를 구성하는 경우에는 소속 의원 수가 가장 많은 교섭단체(이하 이 조에서 "제1교섭단체"라 한다)에 속하는 조정위원의 수와 제1교섭단체에 속하지 아니하는 조정위원의 수를 같게 한다. 다만, 제1교섭단체가 둘 이상인 경우에는 각 교섭단체에 속하는 조정위원 및 어느 교섭단체에도 속하지 아니하는 조정위원의 수를 위원장이 간사와 합의하여 정한다.

⑤ 조정위원은 위원장이 소속 위원 중에서 간사와 협의하여 선임하고, 조정위원장은 조정위원회가 제1교섭단체 소속 조정위원 중에서 선출하여 위원장이 의장에게 보고한다.

⑥ 조정위원회는 제1항에 따라 회부된 안건에 대한 조정안을 재적 조정

위원 3분의 2 이상의 찬성으로 의결한다. 이 경우 조정위원장은 의결된 조정안을 지체 없이 위원회에 보고한다.

⑦ 조정위원회에서 조정안이 의결된 안건에 대해서는 소위원회의 심사를 거친 것으로 보며, 위원회는 조정위원회의 조정안이 의결된 날부터 30일 이내에 그 안건을 표결한다.

⑧ 조정위원회의 활동기한까지 안건이 조정되지 아니하거나 조정안이 부결된 경우에는 조정위원장은 심사경과를 위원회에 보고하여야 한다. 이 경우 위원장은 해당 안건(소위원회의 심사를 마친 안건은 제외한다)을 소위원회에 회부한다.

⑨ 제85조의2제2항에 따른 신속처리대상안건을 심사하는 조정위원회는 그 안건이 같은 조 제4항 또는 제5항에 따라 법제사법위원회에 회부되거나 바로 본회의에 부의된 것으로 보는 경우에는 제2항에 따른 활동기한이 남았더라도 그 활동을 종료한다.

⑩ 조정위원회에 관하여는 이 법에서 다르게 정하거나 성질에 반하지 아니하는 한 위원회 또는 소위원회에 관한 규정을 준용한다.

[전문개정 2018. 4. 17.]

제58조(위원회의 심사) ① 위원회는 안건을 심사할 때 먼저 그 취지의 설명과 전문위원의 검토보고를 듣고 대체토론[안건 전체에 대한 문제점과 당부(當否)에 관한 일반적 토론을 말하며 제안자와의 질의·답변을 포함한다]과 축조심사 및 찬반토론을 거쳐 표결한다.

② 상임위원회는 안건을 심사할 때 소위원회에 회부하여 이를 심사·보고하도록 한다. <개정 2019. 4. 16.>

③ 위원회는 제1항에 따른 대체토론이 끝난 후에만 안건을 소위원회에 회부할 수 있다.

④ 제1항 및 제3항에도 불구하고 소위원회에 회부되어 심사 중인 안건과 직접 관련된 안건이 위원회에 새로 회부된 경우 위원장이 간사와 협의하여 필요하다고 인정할 때에는 그 안건을 바로 해당 소위원회에 회부하여 함께 심사하게 할 수 있다.

⑤ 제1항에 따른 축조심사는 위원회의 의결로 생략할 수 있다. 다만, 제정법률안과 전부개정법률안에 대해서는 그러하지 아니하다.

⑥ 위원회는 제정법률안과 전부개정법률안에 대해서는 공청회 또는 청문회를 개최하여야 한다. 다만, 위원회의 의결로 이를 생략할 수 있다.

⑦ 위원회는 안건이 예산상의 조치를 수반하는 경우에는 정부의 의견을 들어야 하며, 필요하다고 인정하는 경우에는 의안 시행에 수반될 것으로 예상되는 비용에 관하여 국회예산정책처의 의견을 들을 수 있다.

⑧ 위원회는 안건이 제58조의2에 따라

제정 또는 개정되는 법률안인 경우 국회사무처의 의견을 들을 수 있다.

⑨ 제1항에 따른 전문위원의 검토보고서는 특별한 사정이 없으면 해당 안건의 위원회 상정일 48시간 전까지 소속 위원에게 배부되어야 한다.

⑩ 법제사법위원회의 체계·자구 심사에 관하여는 제5항 단서와 제6항을 적용하지 아니한다.

[전문개정 2018. 4. 17.]

제58조의2(헌법재판소 위헌결정에 대한 위원회의 심사) ① 헌법재판소는 종국결정이 법률의 제정 또는 개정과 관련이 있으면 그 결정서 등본을 국회로 송부하여야 한다.

② 의장은 제1항에 따라 송부된 결정서 등본을 해당 법률의 소관 위원회와 관련위원회에 송부한다.

③ 위원장은 제2항에 따라 송부된 종국결정을 검토하여 소관 법률의 제정 또는 개정이 필요하다고 판단하는 경우 소위원회에 회부하여 이를 심사하도록 한다. <개정 2019. 4. 16.>

[전문개정 2018. 4. 17.]

제59조(의안의 상정시기) 위원회는 의안(예산안, 기금운용계획안 및 임대형 민자사업 한도액안은 제외한다. 이하 이 조에서 같다)이 위원회에 회부된 날부터 다음 각 호의 구분에 따른 기간이 지나지 아니하였을 때에는 그 의안을 상정할 수 없다. 다만, 긴급하고 불가피한 사유로 위원회의 의결이 있는 경우에는 그러하지 아니하다.

1. 일부개정법률안: 15일
2. 제정법률안, 전부개정법률안 및 폐지법률안: 20일
3. 체계·자구 심사를 위하여 법제사법위원회에 회부된 법률안: 5일
4. 법률안 외의 의안: 20일

[전문개정 2018. 4. 17.]

제59조의2(의안 등의 자동 상정) 위원회에 회부되어 상정되지 아니한 의안(예산안, 기금운용계획안 및 임대형 민자사업 한도액안은 제외한다) 및 청원은 제59조 각 호의 구분에 따른 기간이 지난 후 30일이 지난 날(청원의 경우에는 위원회에 회부된 후 30일이 지난 날) 이후 처음으로 개회하는 위원회에 상정된 것으로 본다. 다만, 위원장이 간사와 합의하는 경우에는 그러하지 아니하다.

[전문개정 2018. 4. 17.]

제60조(위원의 발언) ① 위원은 위원회에서 같은 의제(議題)에 대하여 횟수 및 시간 등에 제한 없이 발언할 수 있다. 다만, 위원장은 발언을 원하는 위원이 2명 이상일 경우에는 간사와 협의하여 15분의 범위에서 각 위원의 첫 번째 발언시간을 균등하게 정하여야 한다.

② 위원회에서의 질의는 일문일답(一問一答)의 방식으로 한다. 다만, 위원회의 의결이 있는 경우 일괄질의의 방식으로 할 수 있다.

[전문개정 2018. 4. 17.]

제61조(위원이 아닌 의원의 발언 청취) 위원회는 안건에 관하여 위원이 아닌 의원의 발언을 들을 수 있다.

[전문개정 2018. 4. 17.]

제62조(비공개회의록 등의 열람과 대출 금지) 위원장은 의원이 비공개회의록이나 그 밖의 비밀참고자료의 열람을 요구하면 심사·감사 또는 조사에 지장이 없으면 이를 허용하여야 한다. 다만, 국회 밖으로는 대출할 수 없다.

[전문개정 2018. 4. 17.]

제63조(연석회의) ① 소관 위원회는 다른 위원회와 협의하여 연석회의(連席會議)를 열고 의견을 교환할 수 있다. 다만, 표결은 할 수 없다.

② 연석회의를 열려는 위원회는 위원장이 부의할 안건명과 이유를 서면에 적어 다른 위원회의 위원장에게 요구하여야 한다.

③ 연석회의는 안건의 소관 위원회의 회의로 한다.

④ 세입예산안과 관련 있는 법안을 회부받은 위원회는 예산결산특별위원회 위원장의 요청이 있을 때에는 연석회의를 열어야 한다.

[전문개정 2018. 4. 17.]

제63조의2(전원위원회) ① 국회는 위원회의 심사를 거치거나 위원회가 제안한 의안 중 정부조직에 관한 법률안, 조세 또는 국민에게 부담을 주는 법률안 등 주요 의안의 본회의 상정 전이나 본회의 상정 후에 재적의원 4분의 1 이상이 요구할 때에는 그 심사를 위하여 의원 전원으로 구성되는 전원위원회(全院委員會)를 개회할 수 있다. 다만, 의장은 주요 의안의 심의 등 필요하다고 인정하는 경우 각 교섭단체 대표의원의 동의를 받아 전원위원회를 개회하지 아니할 수 있다.

② 전원위원회는 제1항에 따른 의안에 대한 수정안을 제출할 수 있다. 이 경우 해당 수정안은 전원위원장이 제안자가 된다.

③ 전원위원회에 위원장 1명을 두되, 의장이 지명하는 부의장으로 한다.

④ 전원위원회는 제54조에도 불구하고 재적위원 5분의 1 이상의 출석으로 개회하고, 재적위원 4분의 1 이상의 출석과 출석위원 과반수의 찬성으로 의결한다.

⑤ 그 밖에 전원위원회 운영에 필요한 사항은 국회규칙으로 정한다.

[전문개정 2018. 4. 17.]

제64조(공청회) ① 위원회(소위원회를 포함한다. 이하 이 조에서 같다)는 중요한 안건 또는 전문지식이 필요한 안건을 심사하기 위하여 그 의결 또는 재적위원 3분의 1 이상의 요구로 공청회를 열고 이해관계자 또는 학식·경험이 있는 사람 등(이하 "진술인"이라 한다)으로부터 의견을 들

을 수 있다. 다만, 제정법률안과 전부개정법률안의 경우에는 제58조제6항에 따른다.

② 위원회에서 공청회를 열 때에는 안건·일시·장소·진술인·경비, 그 밖의 참고사항을 적은 문서로 의장에게 보고하여야 한다.

③ 진술인의 선정, 진술인과 위원의 발언시간은 위원회에서 정하며, 진술인의 발언은 그 의견을 듣고자 하는 안건의 범위를 벗어나서는 아니 된다.

④ 위원회가 주관하는 공청회는 그 위원회의 회의로 한다.

⑤ 그 밖에 공청회 운영에 필요한 사항은 국회규칙으로 정한다.

[전문개정 2018. 4. 17.]

제65조(청문회) ① 위원회(소위원회를 포함한다. 이하 이 조에서 같다)는 중요한 안건의 심사와 국정감사 및 국정조사에 필요한 경우 증인·감정인·참고인으로부터 증언·진술을 청취하고 증거를 채택하기 위하여 위원회 의결로 청문회를 열 수 있다.

② 제1항에도 불구하고 법률안 심사를 위한 청문회는 재적위원 3분의 1 이상의 요구로 개회할 수 있다. 다만, 제정법률안과 전부개정법률안의 경우에는 제58조제6항에 따른다.

③ 위원회는 청문회 개회 5일 전에 안건·일시·장소·증인 등 필요한 사항을 공고하여야 한다.

④ 청문회는 공개한다. 다만, 위원회의 의결로 청문회의 전부 또는 일부를 공개하지 아니할 수 있다.

⑤ 위원회는 필요한 경우 국회사무처, 국회예산정책처 또는 국회입법조사처 소속 공무원이나 교섭단체의 정책연구위원을 지정하거나 전문가를 위촉하여 청문회에 필요한 사전조사를 실시하게 할 수 있다.

⑥ 청문회에서의 발언·감정 등에 대하여 이 법에서 정한 것을 제외하고는 「국회에서의 증언·감정 등에 관한 법률」에 따른다.

⑦ 청문회에 대해서는 제64조제2항부터 제4항까지를 준용한다.

⑧ 그 밖에 청문회 운영에 필요한 사항은 국회규칙으로 정한다.

[전문개정 2018. 4. 17.]

제65조의2(인사청문회) ① 제46조의3에 따른 심사 또는 인사청문을 위하여 인사에 관한 청문회(이하 "인사청문회"라 한다)를 연다.

② 상임위원회는 다른 법률에 따라 다음 각 호의 어느 하나에 해당하는 공직후보자에 대한 인사청문 요청이 있는 경우 인사청문을 실시하기 위하여 각각 인사청문회를 연다. <개정 2020. 8. 18.>

1. 대통령이 임명하는 헌법재판소 재판관, 중앙선거관리위원회 위원, 국무위원, 방송통신위원회 위원장, 국가정보원장, 공정거래위원회 위원장,

금융위원회 위원장, 국가인권위원회 위원장, 고위공직자범죄수사처장, 국세청장, 검찰총장, 경찰청장, 합동참모의장, 한국은행 총재, 특별감찰관 또는 한국방송공사 사장의 후보자

2. 대통령당선인이 「대통령직 인수에 관한 법률」 제5조제1항에 따라 지명하는 국무위원 후보자

3. 대법원장이 지명하는 헌법재판소 재판관 또는 중앙선거관리위원회 위원의 후보자

③ 상임위원회가 구성되기 전(국회의원 총선거 후 또는 상임위원장의 임기 만료 후에 제41조제2항에 따라 상임위원장이 선출되기 전을 말한다)에 제2항 각 호의 어느 하나에 해당하는 공직후보자에 대한 인사청문 요청이 있는 경우에는 제44조제1항에 따라 구성되는 특별위원회에서 인사청문을 실시할 수 있다. 이 경우 특별위원회의 설치·구성은 의장이 각 교섭단체 대표의원과 협의하여 제의하며, 위원 선임에 관하여는 제48조제4항을 적용하지 아니하고 「인사청문회법」 제3조제3항 및 제4항을 준용한다.

④ 제3항에 따라 실시한 인사청문은 소관 상임위원회의 인사청문회로 본다.

⑤ 헌법재판소 재판관 후보자가 헌법재판소장 후보자를 겸하는 경우에는 제2항제1호에도 불구하고 제1항에 따른 인사청문특별위원회의 인사청문회를 연다. 이 경우 제2항에 따른 소관 상임위원회의 인사청문회를 겸하는 것으로 본다.

⑥ 인사청문회의 절차 및 운영 등에 필요한 사항은 따로 법률로 정한다.

[전문개정 2018. 4. 17.]

제66조(심사보고서의 제출) ① 위원회는 안건 심사를 마쳤을 때에는 심사 경과 및 결과, 그 밖에 필요한 사항을 서면으로 의장에게 보고하여야 한다.

② 제1항의 보고서에는 소수의견의 요지 및 관련위원회의 의견요지를 적어야 한다.

③ 제1항의 안건이 예산상 또는 기금상의 조치를 수반하고 위원회에서 수정된 경우에는 제1항의 보고서에 그 안건의 시행에 수반될 것으로 예상되는 비용에 관하여 국회예산정책처가 작성한 추계서를 첨부하여야 한다. 다만, 긴급한 사유가 있는 경우 위원회 의결로 추계서 첨부를 생략할 수 있다.

④ 의장은 제1항의 보고서가 제출되었을 때에는 본회의에서 의제가 되기 전에 인쇄하거나 전산망에 입력하는 방법으로 의원에게 배부한다. 다만, 긴급할 때에는 배부를 생략할 수 있다.

[전문개정 2018. 4. 17.]

제67조(위원장의 보고) ① 위원장은 소관 위원회에서 심사를 마친 안건이 본회의에서 의제가 되었을 때에는 위

원회의 심사 경과 및 결과와 소수의견 및 관련위원회의 의견 등 필요한 사항을 본회의에 보고한다.

② 위원장은 다른 위원으로 하여금 제1항의 보고를 하게 할 수 있다.

③ 위원장은 소위원회의 위원장 또는 간사로 하여금 보충보고를 하게 할 수 있다.

④ 위원장이 제1항의 보고를 할 때에는 자기의 의견을 덧붙일 수 없다.

[전문개정 2018. 4. 17.]

제68조(소위원회 위원장의 보고) 소위원회에서 심사를 마쳤을 때에는 소위원회 위원장은 그 심사 경과 및 결과를 위원회에 보고한다. 이 경우 소위원회 위원장은 심사보고서에 소위원회의 회의록 또는 그 요지를 첨부하여야 한다.

[전문개정 2018. 4. 17.]

제69조(위원회 회의록) ① 위원회는 위원회 회의록을 작성하고 다음 사항을 적는다.

1. 개의, 회의 중지 및 산회(散會)의 일시
2. 의사일정
3. 출석위원의 수 및 성명
4. 위원이 아닌 출석의원의 성명
5. 출석한 국무위원·정부위원 또는 증인·감정인·참고인·진술인의 성명
6. 심사안건명
7. 의사
8. 표결 수
9. 위원장의 보고
10. 위원회에서 종결되거나 본회의에 부의할 필요가 없다고 결정된 안건명과 그 내용
11. 그 밖에 위원회 또는 위원장이 필요하다고 인정하는 사항

② 위원회의 의사는 속기로 기록한다.

③ 위원회 회의록에는 위원장이나 위원장을 대리한 간사가 서명·날인한다.

④ 소위원회의 회의록에 대해서는 제1항부터 제3항까지를 준용한다.

[전문개정 2018. 4. 17.]

제70조(위원회의 문서 관리와 발간) ① 위원회에 제출된 보고서 또는 서류 등은 해당 위원회의 문서로 한다.

② 위원장은 제1항의 문서를 문서의 종류와 성질 등을 고려하여 다른 서류와 분리하여 보관하여야 한다.

③ 위원은 해당 위원회의 문서를 열람하거나 비밀이 아닌 문서를 복사할 수 있다. 다만, 위원장의 허가를 받은 경우에는 위원이 아닌 의원도 열람 또는 복사를 할 수 있다.

④ 위원장이 필요하다고 인정하거나 위원회의 의결이 있는 경우에는 해당 위원회의 공청회 또는 청문회 등의 경과 및 결과나 보관 중인 문서를 발간하여 의원에게 배부하고 일반에 배포할 수 있다.

⑤ 위원회에서 생산되거나 위원회에 제출된 비밀문건의 보안관리에 관하여 이 법에서 정한 사항 외에는 국회

운영위원회의 동의를 받아 의장이 이를 정한다.

⑥ 제1항부터 제5항까지에서 규정한 사항 외에 위원회의 문서 보관에 필요한 사항은 위원장이 정한다.

[전문개정 2018. 4. 17.]

제71조(준용규정) 위원회에 관하여는 이 장에서 규정한 사항 외에 제6장과 제7장의 규정을 준용한다. 다만, 위원회에서의 동의(動議)는 특별히 다수의 찬성자가 있어야 한다는 규정에도 불구하고 동의자 외 1명 이상의 찬성으로 의제가 될 수 있으며, 표결은 거수로 할 수 있다.

[전문개정 2018. 4. 17.]

제6장 회의 <개정 2018. 4. 17.>

제1절 개의 · 산회와 의사일정 <개정 2018. 4. 17.>

제72조(개의) 본회의는 오후 2시(토요일은 오전 10시)에 개의한다. 다만, 의장은 각 교섭단체 대표의원과 협의하여 그 개의시(開議時)를 변경할 수 있다.

[전문개정 2018. 4. 17.]

제73조(의사정족수) ① 본회의는 재적의원 5분의 1 이상의 출석으로 개의한다.

② 의장은 제72조에 따른 개의시부터 1시간이 지날 때까지 제1항의 정족수에 미치지 못할 때에는 유회(流會)를 선포할 수 있다.

③ 회의 중 제1항의 정족수에 미치지 못할 때에는 의장은 회의의 중지 또는 산회를 선포한다. 다만, 의장은 교섭단체 대표의원이 의사정족수의 충족을 요청하는 경우 외에는 효율적인 의사진행을 위하여 회의를 계속할 수 있다.

[전문개정 2018. 4. 17.]

제73조의2(원격영상회의) ① 의장은 「감염병의 예방 및 관리에 관한 법률」 제2조제2호에 따른 제1급감염병의 확산 또는 천재지변 등으로 본회의가 정상적으로 개의되기 어렵다고 판단하는 경우에는 각 교섭단체 대표의원과 합의하여 본회의를 원격영상회의(의원이 동영상과 음성을 동시에 송수신하는 장치가 갖추어진 복수의 장소에 출석하여 진행하는 회의를 말한다. 이하 이 조에서 같다) 방식으로 개의할 수 있다.

② 의장은 제76조제2항 및 제77조에도 불구하고 각 교섭단체 대표의원과 합의하여 제1항에 따른 본회의의 당일 의사일정을 작성하거나 변경한다.

③ 의장이 각 교섭단체 대표의원과 합의한 경우에만 제1항에 따른 본회의에 상정된 안건을 표결할 수 있다.

④ 원격영상회의에 출석한 의원은 동일한 회의장에 출석한 것으로 보며, 제111조제1항에도 불구하고 표결에 참가할 수 있다.

⑤ 제1항에 따라 개의된 본회의에서의 표결은 제6항에 따른 원격영상회

의시스템을 이용하여 제112조에 따라 실시한다. 다만, 의장이 필요하다고 인정하는 경우에는 거수로 표결할 수 있다.

⑥ 국회는 원격영상회의에 필요한 원격영상회의시스템을 운영하여야 한다.

⑦ 그 밖에 원격영상회의의 운영에 필요한 사항은 국회규칙으로 정한다.

[본조신설 2020. 12. 22.]

[법률 제17756호(2020. 12. 22.) 부칙 제2조의 규정에 의하여 이 조는 2021년 12월 31일까지 유효함]

제74조(산회) ① 의사일정에 올린 안건의 의사가 끝났을 때에는 의장은 산회를 선포한다.

② 산회를 선포한 당일에는 회의를 다시 개의할 수 없다. 다만, 내우외환, 천재지변 또는 중대한 재정·경제상의 위기, 국가의 안위에 관계되는 중대한 교전 상태나 전시·사변 또는 이에 준하는 국가비상사태로서 의장이 각 교섭단체 대표의원과 합의한 경우에는 그러하지 아니하다.

[전문개정 2018. 4. 17.]

제75조(회의의 공개) ① 본회의는 공개한다. 다만, 의장의 제의 또는 의원 10명 이상의 연서에 의한 동의(動議)로 본회의 의결이 있거나 의장이 각 교섭단체 대표의원과 협의하여 국가의 안전보장을 위하여 필요하다고 인정할 때에는 공개하지 아니할 수 있다.

② 제1항 단서에 따른 제의나 동의에 대해서는 토론을 하지 아니하고 표결한다.

[전문개정 2018. 4. 17.]

제76조(의사일정의 작성) ① 의장은 본회의에 부의(附議) 요청된 안건의 목록을 그 순서에 따라 작성하고 이를 매주 공표하여야 한다.

② 의장은 회기 중 본회의 개의일시 및 심의대상 안건의 대강을 적은 회기 전체 의사일정과 본회의 개의시간 및 심의대상 안건의 순서를 적은 당일 의사일정을 작성한다.

③ 제2항에 따른 의사일정 중 회기 전체 의사일정을 작성할 때에는 국회운영위원회와 협의하되, 협의가 이루어지지 아니할 때에는 의장이 이를 결정한다.

④ 의장은 제2항과 제3항에 따라 작성한 의사일정을 지체 없이 의원에게 통지하고 전산망 등을 통하여 공표한다.

⑤ 의장은 특히 긴급하다고 인정할 때에는 회의의 일시만을 의원에게 통지하고 개의할 수 있다.

[전문개정 2018. 4. 17.]

제76조의2(회기 전체 의사일정의 작성기준) 의장은 특별한 사정이 없으면 다음 각 호의 기준에 따라 제76조제2항의 회기 전체 의사일정을 작성한다.

1. 본회의 개의일시: 매주 목요일 오후 2시

2. 제122조의2에 따른 정부에 대한 질문을 위한 본회의 개의일시: 개의일 오후 2시

[전문개정 2018. 4. 17.]

제77조(의사일정의 변경) 의원 20명 이상의 연서에 의한 동의(動議)로 본회의 의결이 있거나 의장이 각 교섭단체 대표의원과 협의하여 필요하다고 인정할 때에는 의장은 회기 전체 의사일정의 일부를 변경하거나 당일 의사일정의 안건 추가 및 순서 변경을 할 수 있다. 이 경우 의원의 동의에는 이유서를 첨부하여야 하며, 그 동의에 대해서는 토론을 하지 아니하고 표결한다.

[전문개정 2018. 4. 17.]

제78조(의사일정의 미처리 안건) 의장은 의사일정에 올린 안건에 대하여 회의를 열지 못하였거나 회의를 마치지 못하였을 때에는 다시 그 일정을 정한다.

[전문개정 2018. 4. 17.]

제2절 발의 · 위원회회부 · 철회와 번안(飜案) <개정 2018. 4. 17.>

제79조(의안의 발의 또는 제출) ① 의원은 10명 이상의 찬성으로 의안을 발의할 수 있다.

② 의안을 발의하는 의원은 그 안을 갖추고 이유를 붙여 찬성자와 연서하여 이를 의장에게 제출하여야 한다.

③ 의원이 법률안을 발의할 때에는 발의의원과 찬성의원을 구분하되, 법률안 제명의 부제(副題)로 발의의원의 성명을 기재한다. 다만, 발의의원이 2명 이상인 경우에는 대표발의의원 1명을 명시(明示)하여야 한다.

④ 의원이 발의한 법률안 중 국회에서 의결된 제정법률안 또는 전부개정법률안을 공표하거나 홍보하는 경우에는 해당 법률안의 부제를 함께 표기할 수 있다.

[전문개정 2018. 4. 17.]

제79조의2(의안에 대한 비용추계 자료 등의 제출) ① 의원이 예산상 또는 기금상의 조치를 수반하는 의안을 발의하는 경우에는 그 의안의 시행에 수반될 것으로 예상되는 비용에 관한 국회예산정책처의 추계서 또는 국회예산정책처에 대한 추계요구서를 함께 제출하여야 한다. 다만, 국회예산정책처에 대한 비용추계요구서를 제출한 경우에는 제58조제1항에 따른 위원회의 심사 전에 국회예산정책처의 비용추계서를 제출하여야 한다.

② 위원회가 예산상 또는 기금상의 조치를 수반하는 의안을 제안하는 경우에는 그 의안의 시행에 수반될 것으로 예상되는 비용에 관한 국회예산정책처의 추계서를 함께 제출하여야 한다. 다만, 긴급한 사유가 있는 경우 위원회의 의결로 추계서 제출을 생략할 수 있다.

③ 정부가 예산상 또는 기금상의 조치

를 수반하는 의안을 제출하는 경우에는 그 의안의 시행에 수반될 것으로 예상되는 비용에 관한 추계서와 이에 상응하는 재원조달방안에 관한 자료를 의안에 첨부하여야 한다.

④ 제1항부터 제3항까지에 따른 비용추계 및 재원조달방안에 관한 자료의 작성 및 제출 절차 등에 필요한 사항은 국회규칙으로 정한다.

[전문개정 2018. 4. 17.]

제79조의3(조세특례 관련 법률안에 대한 조세특례평가 자료의 제출) ① 의원이나 위원회가 「조세특례제한법」에 따른 조세특례를 신규로 도입하는 법률안을 발의하거나 제안하는 경우로서 연간 조세특례금액이 국회규칙으로 정하는 일정 금액 이상인 때에는 국회예산정책처 등 국회규칙으로 정하는 전문 조사·연구 기관에서 조세특례의 필요성 및 적시성, 기대효과, 예상되는 문제점 등 국회규칙으로 정하는 내용에 대하여 평가한 자료를 함께 제출하여야 한다. 다만, 위원회에서 제안하는 법률안에 대해서는 긴급한 사유가 있는 경우 위원회의 의결로 자료 제출을 생략할 수 있다.

② 제1항에 따른 조세특례평가 자료의 작성 및 제출 절차 등에 필요한 사항은 국회규칙으로 정한다.

[전문개정 2018. 4. 17.]

제80조(국회공보의 발간) ① 의장은 본회의 또는 위원회의 운영 및 의사일정, 발의 또는 제출되거나 심사 예정인 의안 목록, 국회의 주요 행사, 그 밖에 필요한 사항을 적은 국회공보를 특별한 사정이 없으면 회기 중 매일 발간하고 국회 인터넷 홈페이지에 게재한다.

② 국회공보의 발간, 그 밖에 필요한 사항은 의장이 정한다.

[전문개정 2018. 4. 17.]

제81조(상임위원회 회부) ① 의장은 의안이 발의되거나 제출되었을 때에는 이를 인쇄하거나 전산망에 입력하는 방법으로 의원에게 배부하고 본회의에 보고하며, 소관 상임위원회에 회부하여 그 심사가 끝난 후 본회의에 부의한다. 다만, 폐회 또는 휴회 등으로 본회의에 보고할 수 없을 때에는 보고를 생략하고 회부할 수 있다.

② 의장은 안건이 어느 상임위원회의 소관에 속하는지 명백하지 아니할 때에는 국회운영위원회와 협의하여 상임위원회에 회부하되, 협의가 이루어지지 아니할 때에는 의장이 소관 상임위원회를 결정한다.

③ 의장은 발의되거나 제출된 의안과 직접적인 이해관계가 있는 위원이 소관 상임위원회 재적위원 과반수를 차지하여 그 의안을 공정하게 심사할 수 없다고 인정하는 경우에는 제1항에도 불구하고 국회운영위원회와 협의하여 그 의안을 다른 위원회에 회부하여 심사하게 할 수 있다.

④ 의장은 제1항에 따라 의안을 의원에게 배부할 때에는 이를 전산망에 입력하여 의원이 이용할 수 있도록 하여야 한다.

[전문개정 2018. 4. 17.]

제82조(특별위원회 회부) ① 의장은 특히 필요하다고 인정하는 안건에 대해서는 본회의의 의결을 거쳐 이를 특별위원회에 회부한다.

② 의장은 특별위원회에 회부된 안건과 관련이 있는 다른 안건을 그 특별위원회에 회부할 수 있다.

[전문개정 2018. 4. 17.]

제82조의2(입법예고) ① 위원장은 간사와 협의하여 회부된 법률안(체계·자구 심사를 위하여 법제사법위원회에 회부된 법률안은 제외한다)의 입법취지와 주요 내용 등을 국회공보 또는 국회 인터넷 홈페이지 등에 게재하는 방법 등으로 입법예고하여야 한다. 다만, 다음 각 호의 어느 하나에 해당하는 경우에는 위원장이 간사와 협의하여 입법예고를 하지 아니할 수 있다.

1. 긴급히 입법을 하여야 하는 경우
2. 입법 내용의 성질 또는 그 밖의 사유로 입법예고가 필요 없거나 곤란하다고 판단되는 경우

② 입법예고기간은 10일 이상으로 한다. 다만, 특별한 사정이 있는 경우에는 단축할 수 있다.

③ 입법예고의 시기·방법·절차, 그 밖에 필요한 사항은 국회규칙으로 정한다.

[전문개정 2018. 4. 17.]

제83조(관련위원회 회부) ① 의장은 소관 위원회에 안건을 회부하는 경우에 그 안건이 다른 위원회의 소관 사항과 관련이 있다고 인정할 때에는 관련위원회에 그 안건을 회부하되, 소관 위원회와 관련위원회를 명시하여야 한다. 안건이 소관 위원회에 회부된 후 다른 위원회로부터 회부 요청이 있는 경우 필요하다고 인정할 때에도 또한 같다.

② 의장이 제1항에 따라 관련위원회에 안건을 회부할 때에는 관련위원회가 소관 위원회에 의견을 제시할 기간을 정하여야 하며, 필요한 경우 그 기간을 연장할 수 있다.

③ 소관 위원회는 관련위원회가 특별한 이유 없이 제2항의 기간 내에 의견을 제시하지 아니하는 경우 바로 심사보고를 할 수 있다.

④ 소관 위원회는 관련위원회가 제2항에 따라 제시한 의견을 존중하여야 한다.

⑤ 소관 위원회는 제2항에 따라 관련위원회가 의견을 제시한 경우 해당 안건에 대한 심사를 마쳤을 때에는 의장에게 심사보고서를 제출하기 전에 해당 관련위원회에 그 내용을 송부하여야 한다.

[전문개정 2018. 4. 17.]

제83조의2(예산 관련 법률안에 대한 예산결산특별위원회와의 협의) ① 기획재정부 소관인 재정 관련 법률안과 상당한 규모의 예산상 또는 기금상의 조치를 수반하는 법률안을 심사하는 소관 위원회는 미리 예산결산특별위원회와의 협의를 거쳐야 한다.

② 소관 위원회의 위원장은 제1항에 따른 법률안을 심사할 때 20일의 범위에서 협의기간을 정하여 예산결산특별위원회에 협의를 요청하여야 한다. 다만, 예산결산특별위원회 위원장의 요청에 따라 그 기간을 연장할 수 있다.

③ 소관 위원회는 기획재정부 소관의 재정 관련 법률안을 예산결산특별위원회와 협의하여 심사할 때 예산결산특별위원회 위원장의 요청이 있을 때에는 연석회의를 열어야 한다.

④ 소관 위원회는 제1항부터 제3항까지에 따른 협의가 이루어지지 아니하는 경우에는 바로 심사보고를 할 수 있다.

⑤ 제1항에 따른 상당한 규모의 예산상 또는 기금상의 조치를 수반하는 법률안의 범위 등에 필요한 사항은 국회규칙으로 정한다.

[전문개정 2018. 4. 17.]

제84조(예산안 · 결산의 회부 및 심사) ① 예산안과 결산은 소관 상임위원회에 회부하고, 소관 상임위원회는 예비심사를 하여 그 결과를 의장에게 보고한다. 이 경우 예산안에 대해서는 본회의에서 정부의 시정연설을 듣는다.

② 의장은 예산안과 결산에 제1항의 보고서를 첨부하여 이를 예산결산특별위원회에 회부하고 그 심사가 끝난 후 본회의에 부의한다. 결산의 심사 결과 위법하거나 부당한 사항이 있는 경우에 국회는 본회의 의결 후 정부 또는 해당 기관에 변상 및 징계조치 등 그 시정을 요구하고, 정부 또는 해당 기관은 시정 요구를 받은 사항을 지체 없이 처리하여 그 결과를 국회에 보고하여야 한다.

③ 예산결산특별위원회의 예산안 및 결산 심사는 제안설명과 전문위원의 검토보고를 듣고 종합정책질의, 부별 심사 또는 분과위원회 심사 및 찬반토론을 거쳐 표결한다. 이 경우 위원장은 종합정책질의를 할 때 간사와 협의하여 각 교섭단체별 대표질의 또는 교섭단체별 질의시간 할당 등의 방법으로 그 기간을 정한다.

④ 정보위원회는 제1항과 제2항에도 불구하고 국가정보원 소관 예산안과 결산, 「국가정보원법」 제4조제1항제5호에 따른 정보 및 보안 업무의 기획·조정 대상 부처 소관의 정보 예산안과 결산에 대한 심사를 하여 그 결과를 해당 부처별 총액으로 하여 의장에게 보고하고, 의장은 정보위원회에서 심사한 예산안과 결산에 대하여 총액으로 예산결산특별위원원

회에 통보한다. 이 경우 정보위원회의 심사는 예산결산특별위원회의 심사로 본다. <개정 2020. 12. 15.>

⑤ 예산결산특별위원회는 소관 상임위원회의 예비심사 내용을 존중하여야 하며, 소관 상임위원회에서 삭감한 세출예산 각 항의 금액을 증가하게 하거나 새 비목(費目)을 설치할 경우에는 소관 상임위원회의 동의를 받아야 한다. 다만, 새 비목의 설치에 대한 동의 요청이 소관 상임위원회에 회부되어 회부된 때부터 72시간 이내에 동의 여부가 예산결산특별위원회에 통지되지 아니한 경우에는 소관 상임위원회의 동의가 있는 것으로 본다.

⑥ 의장은 예산안과 결산을 소관 상임위원회에 회부할 때에는 심사기간을 정할 수 있으며, 상임위원회가 이유 없이 그 기간 내에 심사를 마치지 아니한 때에는 이를 바로 예산결산특별위원회에 회부할 수 있다.

⑦ 위원회는 세목 또는 세율과 관계있는 법률의 제정 또는 개정을 전제로 하여 미리 제출된 세입예산안은 이를 심사할 수 없다.

[전문개정 2018. 4. 17.]

제84조의2(기금운용계획안의 회부 등) ① 국회는 「국가재정법」 제68조제1항에 따라 제출된 기금운용계획안을 회계연도 개시 30일 전까지 심의·확정한다.

② 제1항에 따른 기금운용계획안과 「국가재정법」 제70조제2항에 따른 기금운용계획변경안의 회부 등에 관하여는 제84조 중 예산안 관련 규정을 준용한다.

③ 제2항에 따라 상임위원회가 기금운용계획안 등에 대한 예비심사를 하는 경우(제84조제1항에 따라 결산에 대한 예비심사를 하는 경우를 포함한다) 기금을 운용·관리하는 부처의 소관 상임위원회와 기금사업을 수행하는 부처의 소관 상임위원회가 다를 때에는 기금을 운용·관리하는 부처의 소관 상임위원회는 기금사업을 수행하는 부처의 소관 상임위원회로부터 기금사업에 대한 의견을 들어야 한다. 다만, 기금을 운용·관리하는 부처의 소관 상임위원회의 의결일 전날까지 의견을 제시하지 아니할 경우에는 그러하지 아니하다.

④ 제3항에 따른 기금사업을 수행하는 부처의 소관 상임위원회는 기금사업에 대한 업무보고를 들은 후 의견을 제시할 수 있다.

[전문개정 2018. 4. 17.]

제84조의3(예산안 · 기금운용계획안 및 결산에 대한 공청회) 예산결산특별위원회는 예산안, 기금운용계획안 및 결산에 대하여 공청회를 개최하여야 한다. 다만, 추가경정예산안, 기금운용계획변경안 또는 결산의 경우에는 위원회의 의결로 공청회를 생략할 수 있다.

[전문개정 2018. 4. 17.]

제84조의4(임대형 민자사업 한도액안의 회부 등) ① 국회는 「사회기반시설에 대한 민간투자법」 제7조의2제1항에 따라 국회에 제출되는 임대형 민자사업 한도액안을 회계연도 개시 30일 전까지 심의·확정한다.

② 제1항에 따른 임대형 민자사업 한도액안의 회부 등에 관하여는 제84조 중 예산안 관련 규정을 준용한다.

[전문개정 2018. 4. 17.]

제85조(심사기간) ① 의장은 다음 각 호의 어느 하나에 해당하는 경우에는 위원회에 회부하는 안건 또는 회부된 안건에 대하여 심사기간을 지정할 수 있다. 이 경우 제1호 또는 제2호에 해당할 때에는 의장이 각 교섭단체 대표의원과 협의하여 해당 호와 관련된 안건에 대해서만 심사기간을 지정할 수 있다.

1. 천재지변의 경우
2. 전시·사변 또는 이에 준하는 국가비상사태의 경우
3. 의장이 각 교섭단체 대표의원과 합의하는 경우

② 제1항의 경우 위원회가 이유 없이 지정된 심사기간 내에 심사를 마치지 아니하였을 때에는 의장은 중간보고를 들은 후 다른 위원회에 회부하거나 바로 본회의에 부의할 수 있다.

[전문개정 2018. 4. 17.]

제85조의2(안건의 신속 처리) ① 위원회에 회부된 안건(체계·자구 심사를 위하여 법제사법위원회에 회부된 안건을 포함한다)을 제2항에 따른 신속처리대상안건으로 지정하려는 경우 의원은 재적의원 과반수가 서명한 신속처리대상안건 지정요구 동의(動議)(이하 이 조에서 "신속처리안건 지정동의"라 한다)를 의장에게 제출하고, 안건의 소관 위원회 소속 위원은 소관 위원회 재적위원 과반수가 서명한 신속처리안건 지정동의를 소관 위원회 위원장에게 제출하여야 한다. 이 경우 의장 또는 안건의 소관 위원회 위원장은 지체 없이 신속처리안건 지정동의를 무기명투표로 표결하되, 재적의원 5분의 3 이상 또는 안건의 소관 위원회 재적위원 5분의 3 이상의 찬성으로 의결한다.

② 의장은 제1항 후단에 따라 신속처리안건 지정동의가 가결되었을 때에는 그 안건을 제3항의 기간 내에 심사를 마쳐야 하는 안건으로 지정하여야 한다. 이 경우 위원회가 전단에 따라 지정된 안건(이하 "신속처리대상안건"이라 한다)에 대한 대안을 입안한 경우 그 대안을 신속처리대상안건으로 본다.

③ 위원회는 신속처리대상안건에 대한 심사를 그 지정일부터 180일 이내에 마쳐야 한다. 다만, 법제사법위원회는 신속처리대상안건에 대한 체계·자구 심사를 그 지정일, 제4항에 따라 회부된 것으로 보는 날 또는 제

86조제1항에 따라 회부된 날부터 90일 이내에 마쳐야 한다.

④ 위원회(법제사법위원회는 제외한다)가 신속처리대상안건에 대하여 제3항 본문에 따른 기간 내에 심사를 마치지 아니하였을 때에는 그 기간이 끝난 다음 날에 소관 위원회에서 심사를 마치고 체계·자구 심사를 위하여 법제사법위원회로 회부된 것으로 본다. 다만, 법률안 및 국회규칙안이 아닌 안건은 바로 본회의에 부의된 것으로 본다.

⑤ 법제사법위원회가 신속처리대상안건(체계·자구 심사를 위하여 법제사법위원회에 회부되었거나 제4항 본문에 따라 회부된 것으로 보는 신속처리대상안건을 포함한다)에 대하여 제3항 단서에 따른 기간 내에 심사를 마치지 아니하였을 때에는 그 기간이 끝난 다음 날에 법제사법위원회에서 심사를 마치고 바로 본회의에 부의된 것으로 본다.

⑥ 제4항 단서 또는 제5항에 따른 신속처리대상안건은 본회의에 부의된 것으로 보는 날부터 60일 이내에 본회의에 상정되어야 한다.

⑦ 제6항에 따라 신속처리대상안건이 60일 이내에 본회의에 상정되지 아니하였을 때에는 그 기간이 지난 후 처음으로 개의되는 본회의에 상정된다.

⑧ 의장이 각 교섭단체 대표의원과 합의한 경우에는 신속처리대상안건에 대하여 제2항부터 제7항까지의 규정을 적용하지 아니한다.

[전문개정 2018. 4. 17.]

제85조의3(예산안 등의 본회의 자동 부의 등) ① 위원회는 예산안, 기금운용계획안, 임대형 민자사업 한도액안(이하 “예산안등”이라 한다)과 제4항에 따라 지정된 세입예산안 부수 법률안의 심사를 매년 11월 30일까지 마쳐야 한다.

② 위원회가 예산안등과 제4항에 따라 지정된 세입예산안 부수 법률안(체계·자구 심사를 위하여 법제사법위원회에 회부된 법률안을 포함한다)에 대하여 제1항에 따른 기한까지 심사를 마치지 아니하였을 때에는 그 다음 날에 위원회에서 심사를 마치고 바로 본회의에 부의된 것으로 본다. 다만, 의장이 각 교섭단체 대표의원과 합의한 경우에는 그러하지 아니하다.

③ 의장은 제2항 본문에 따른 법률안 중에 같은 제명의 법률안이 둘 이상일 경우에는 제2항 본문에도 불구하고 소관 위원회 위원장의 의견을 들어 일부 법률안만을 본회의에 부의할 수 있다.

④ 의원이나 정부가 세입예산안에 부수하는 법률안을 발의하거나 제출하는 경우 세입예산안 부수 법률안 여부를 표시하여야 하고, 의장은 국회

예산정책처의 의견을 들어 세입예산안 부수 법률안으로 지정한다.

⑤ 위원회가 제4항에 따라 지정된 세입예산안 부수 법률안에 대하여 대안을 입안한 경우에는 그 대안을 제4항에 따라 세입예산안 부수 법률안으로 지정된 것으로 본다.

[전문개정 2018. 4. 17.]

제86조(체계 · 자구의 심사) ① 위원회에서 법률안의 심사를 마치거나 입안을 하였을 때에는 법제사법위원회에 회부하여 체계와 자구에 대한 심사를 거쳐야 한다. 이 경우 법제사법위원회 위원장은 간사와 협의하여 심사에서 제안자의 취지 설명과 토론을 생략할 수 있다.

② 의장은 제1항의 심사에 대하여 제85조제1항 각 호의 어느 하나에 해당하는 경우에는 심사기간을 지정할 수 있으며, 법제사법위원회가 이유 없이 그 기간 내에 심사를 마치지 아니하였을 때에는 바로 본회의에 부의할 수 있다. 이 경우 제85조제1항제1호 또는 제2호에 해당하는 경우에는 의장이 각 교섭단체 대표의원과 협의하여 해당 호와 관련된 안건에 대하여만 심사기간을 지정할 수 있다.

③ 법제사법위원회가 제1항에 따라 회부된 법률안에 대하여 이유 없이 회부된 날부터 120일 이내에 심사를 마치지 아니하였을 때에는 심사대상 법률안의 소관 위원회 위원장은 간사와 협의하여 이의가 없는 경우에는 의장에게 그 법률안의 본회의 부의를 서면으로 요구한다. 다만, 이의가 있는 경우에는 그 법률안에 대한 본회의 부의 요구 여부를 무기명투표로 표결하되, 해당 위원회 재적위원 5분의 3 이상의 찬성으로 의결한다.

④ 의장은 제3항에 따른 본회의 부의 요구가 있을 때에는 해당 법률안을 각 교섭단체 대표의원과 합의하여 바로 본회의에 부의한다. 다만, 제3항에 따른 본회의 부의 요구가 있었던 날부터 30일 이내에 합의가 이루어지지 아니하였을 때에는 그 기간이 지난 후 처음으로 개의되는 본회의에서 해당 법률안에 대한 본회의 부의 여부를 무기명투표로 표결한다.

[전문개정 2018. 4. 17.]

제87조(위원회에서 폐기된 의안) ① 위원회에서 본회의에 부의할 필요가 없다고 결정된 의안은 본회의에 부의하지 아니한다. 다만, 위원회의 결정이 본회의에 보고된 날부터 폐회 또는 휴회 중의 기간을 제외한 7일 이내에 의원 30명 이상의 요구가 있을 때에는 그 의안을 본회의에 부의하여야 한다.

② 제1항 단서의 요구가 없을 때에는 그 의안은 폐기된다.

[전문개정 2018. 4. 17.]

제88조(위원회의 제출 의안) 위원회에서 제출한 의안은 그 위원회에 회부하

지 아니한다. 다만, 의장은 국회운영위원회의 의결에 따라 그 의안을 다른 위원회에 회부할 수 있다.

[전문개정 2018. 4. 17.]

제89조(동의) 이 법에 다른 규정이 있는 경우를 제외하고 동의(動議)는 동의자 외 1명 이상의 찬성으로 의제가 된다.

[전문개정 2018. 4. 17.]

제90조(의안 · 동의의 철회) ① 의원은 그가 발의한 의안 또는 동의(動議)를 철회할 수 있다. 다만, 2명 이상의 의원이 공동으로 발의한 의안 또는 동의에 대해서는 발의의원 2분의 1 이상이 철회의사를 표시하는 경우에 철회할 수 있다.

② 제1항에도 불구하고 의원이 본회의 또는 위원회에서 의제가 된 의안 또는 동의를 철회할 때에는 본회의 또는 위원회의 동의(同意)를 받아야 한다.

③ 정부가 본회의 또는 위원회에서 의제가 된 정부제출 의안을 수정하거나 철회할 때에는 본회의 또는 위원회의 동의를 받아야 한다.

[전문개정 2018. 4. 17.]

제91조(번안) ① 본회의에서의 번안동의(飜案動議)는 의안을 발의한 의원이 그 의안을 발의할 때의 발의의원 및 찬성의원 3분의 2 이상의 동의(同意)로, 정부 또는 위원회가 제출한 의안은 소관 위원회의 의결로 각각 그 안을 갖춘 서면으로 제출하되, 재적의원 과반수의 출석과 출석의원 3분의 2 이상의 찬성으로 의결한다. 다만, 의안이 정부에 이송된 후에는 번안할 수 없다.

② 위원회에서의 번안동의는 위원의 동의(動議)로 그 안을 갖춘 서면으로 제출하되, 재적위원 과반수의 출석과 출석위원 3분의 2 이상의 찬성으로 의결한다. 다만, 본회의에서 의제가 된 후에는 번안할 수 없다.

[전문개정 2018. 4. 17.]

제92조(일사부재의) 부결된 안건은 같은 회기 중에 다시 발의하거나 제출할 수 없다.

[전문개정 2018. 4. 17.]

제3절 의사와 수정 <개정 2018. 4. 17.>

제93조(안건 심의) 본회의는 안건을 심의할 때 그 안건을 심사한 위원장의 심사보고를 듣고 질의·토론을 거쳐 표결한다. 다만, 위원회의 심사를 거치지 아니한 안건에 대해서는 제안자가 그 취지를 설명하여야 하고, 위원회의 심사를 거친 안건에 대해서는 의결로 질의와 토론을 모두 생략하거나 그 중 하나를 생략할 수 있다.

[전문개정 2018. 4. 17.]

제93조의2(법률안의 본회의 상정시기) 본회의는 위원회가 법률안에 대한 심사를 마치고 의장에게 그 보고서를 제출한 후 1일이 지나지 아니하였을 때에는 그 법률안을 의사일정으로

상정할 수 없다. 다만, 의장이 특별한 사유로 각 교섭단체 대표의원과의 협의를 거쳐 이를 정한 경우에는 그러하지 아니하다.

[전문개정 2018. 4. 17.]

제94조(재회부) 본회의는 위원장의 보고를 받은 후 필요하다고 인정할 때에는 의결로 다시 안건을 같은 위원회 또는 다른 위원회에 회부할 수 있다.

[전문개정 2018. 4. 17.]

제95조(수정동의) ① 의안에 대한 수정동의(修正動議)는 그 안을 갖추고 이유를 붙여 30명 이상의 찬성 의원과 연서하여 미리 의장에게 제출하여야 한다. 다만, 예산안에 대한 수정동의는 의원 50명 이상의 찬성이 있어야 한다.

② 위원회에서 심사보고한 수정안은 찬성 없이 의제가 된다.

③ 위원회는 소관 사항 외의 안건에 대해서는 수정안을 제출할 수 없다.

④ 의안에 대한 대안은 위원회에서 그 원안을 심사하는 동안에 제출하여야 하며, 의장은 그 대안을 그 위원회에 회부한다.

⑤ 제1항에 따른 수정동의는 원안 또는 위원회에서 심사보고(제51조에 따라 위원회에서 제안하는 경우를 포함한다)한 안의 취지 및 내용과 직접 관련이 있어야 한다. 다만, 의장이 각 교섭단체 대표의원과 합의를 하는 경우에는 그러하지 아니하다.

[전문개정 2018. 4. 17.]

제96조(수정안의 표결 순서) ① 같은 의제에 대하여 여러 건의 수정안이 제출되었을 때에는 의장은 다음 각 호의 기준에 따라 표결의 순서를 정한다.

1. 가장 늦게 제출된 수정안부터 먼저 표결한다.
2. 의원의 수정안은 위원회의 수정안보다 먼저 표결한다.
3. 의원의 수정안이 여러 건 있을 때에는 원안과 차이가 많은 것부터 먼저 표결한다.

② 수정안이 전부 부결되었을 때에는 원안을 표결한다.

[전문개정 2018. 4. 17.]

제97조(의안의 정리) 본회의는 의안이 의결된 후 서로 어긋나는 조항·자구·숫자나 그 밖의 사항에 대한 정리가 필요할 때에는 이를 의장 또는 위원회에 위임할 수 있다.

[전문개정 2018. 4. 17.]

제98조(의안의 이송) ① 국회에서 의결된 의안은 의장이 정부에 이송한다.

② 정부는 대통령이 법률안을 공포한 경우에는 이를 지체 없이 국회에 통지하여야 한다.

③ 헌법 제53조제6항에 따라 대통령이 확정된 법률을 공포하지 아니하였을 때에는 의장은 그 공포기일이 경과한 날부터 5일 이내에 공포하고, 대통령에게 통지하여야 한다.

[전문개정 2018. 4. 17.]

제98조의2(대통령령 등의 제출 등) ① 중앙행정기관의 장은 법률에서 위임한 사항이나 법률을 집행하기 위하여 필요한 사항을 규정한 대통령령·총리령·부령·훈령·예규·고시 등이 제정·개정 또는 폐지되었을 때에는 10일 이내에 이를 국회 소관 상임위원회에 제출하여야 한다. 다만, 대통령령의 경우에는 입법예고를 할 때(입법예고를 생략하는 경우에는 법제처장에게 심사를 요청할 때를 말한다)에도 그 입법예고안을 10일 이내에 제출하여야 한다.

② 중앙행정기관의 장은 제1항의 기간 이내에 제출하지 못한 경우에는 그 이유를 소관 상임위원회에 통지하여야 한다.

③ 상임위원회는 위원회 또는 상설소위원회를 정기적으로 개회하여 그 소관 중앙행정기관이 제출한 대통령령·총리령 및 부령(이하 이 조에서 "대통령령등"이라 한다)의 법률 위반 여부 등을 검토하여야 한다. <개정 2020. 2. 18.>

④ 상임위원회는 제3항에 따른 검토 결과 대통령령 또는 총리령이 법률의 취지 또는 내용에 합치되지 아니한다고 판단되는 경우에는 검토의 경과와 처리 의견 등을 기재한 검토결과보고서를 의장에게 제출하여야 한다. <신설 2020. 2. 18.>

⑤ 의장은 제4항에 따라 제출된 검토결과보고서를 본회의에 보고하고, 국회는 본회의 의결로 이를 처리하고 정부에 송부한다. <신설 2020. 2. 18.>

⑥ 정부는 제5항에 따라 송부받은 검토결과에 대한 처리 여부를 검토하고 그 처리결과(송부받은 검토결과에 따르지 못하는 경우 그 사유를 포함한다)를 국회에 제출하여야 한다. <신설 2020. 2. 18.>

⑦ 상임위원회는 제3항에 따른 검토 결과 부령이 법률의 취지 또는 내용에 합치되지 아니한다고 판단되는 경우에는 소관 중앙행정기관의 장에게 그 내용을 통보할 수 있다. <신설 2020. 2. 18.>

⑧ 제7항에 따라 검토내용을 통보받은 중앙행정기관의 장은 통보받은 내용에 대한 처리 계획과 그 결과를 지체 없이 소관 상임위원회에 보고하여야 한다. <신설 2020. 2. 18.>

⑨ 전문위원은 제3항에 따른 대통령령등을 검토하여 그 결과를 해당 위원회 위원에게 제공한다. <개정 2020. 2. 18.>

[전문개정 2018. 4. 17.]

제4절 발언 <개정 2018. 4. 17.>

제99조(발언의 허가) ① 의원은 발언을 하려면 미리 의장에게 통지하여 허가를 받아야 한다.

② 발언 통지를 하지 아니한 의원은 통지를 한 의원의 발언이 끝난 다음

의장의 허가를 받아 발언할 수 있다.

③ 의사진행에 관한 발언을 하려면 발언 요지를 의장에게 미리 통지하여야 하며, 의장은 의제와 직접 관계가 있거나 긴급히 처리할 필요가 있다고 인정되는 것은 즉시 허가하고, 그 외의 것은 의장이 그 허가의 시기를 정한다.

[전문개정 2018. 4. 17.]

제100조(발언의 계속) ① 의원의 발언은 도중에 다른 의원의 발언에 의하여 정지되지 아니한다.

② 의원이 산회 또는 회의의 중지로 발언을 마치지 못한 경우에 다시 그 의사(議事)가 개시되면 의장은 그 의원에게 먼저 발언을 계속하게 한다.

[전문개정 2018. 4. 17.]

제101조(보충 보고) 의장은 위원장이나 위원장이 지명한 소수의견자가 위원회의 보고를 보충하기 위하여 발언하려고 할 때에는 다른 발언보다 우선적으로 발언하게 할 수 있다.

[전문개정 2018. 4. 17.]

제102조(의제 외 발언의 금지) 의제와 관계없거나 허가받은 발언의 성질과 다른 발언을 하여서는 아니 된다.

[전문개정 2018. 4. 17.]

제103조(발언 횟수의 제한) 의원은 같은 의제에 대하여 두 차례만 발언할 수 있다. 다만, 질의에 대하여 답변할 때와 위원장·발의자 또는 동의자(動議者)가 그 취지를 설명할 때에는 그러하지 아니하다.

[전문개정 2018. 4. 17.]

제104조(발언 원칙) ① 정부에 대한 질문을 제외하고는 의원의 발언 시간은 15분을 초과하지 아니하는 범위에서 의장이 정한다. 다만, 의사진행발언, 신상발언 및 보충발언은 5분을, 다른 의원의 발언에 대한 반론발언은 3분을 초과할 수 없다.

② 교섭단체를 가진 정당을 대표하는 의원이나 교섭단체의 대표의원이 정당 또는 교섭단체를 대표하여 연설(이하 "교섭단체대표연설"이라 한다)이나 그 밖의 발언을 할 때에는 40분까지 발언할 수 있다. 이 경우 교섭단체대표연설은 매년 첫 번째 임시회와 정기회에서 한 번씩 실시하되, 전반기·후반기 원(院) 구성을 위한 임시회의 경우와 의장이 각 교섭단체 대표의원과 합의를 하는 경우에는 추가로 한 번씩 실시할 수 있다.

③ 의장은 각 교섭단체 대표의원과 협의하여 같은 의제에 대한 총 발언시간을 정하여 교섭단체별로 소속 의원 수의 비율에 따라 할당한다. 이 경우 각 교섭단체 대표의원은 할당된 시간 내에서 발언자 수와 발언자별 발언시간을 정하여 미리 의장에게 통보하여야 한다.

④ 의장은 필요한 경우에는 제3항에도 불구하고 각 교섭단체 대표의원과 협의하여 같은 의제에 대하여 교

섭단체별로 소속 의원 수의 비율에 따라 발언자 수를 정할 수 있다.

⑤ 교섭단체에 속하지 아니하는 의원의 발언시간 및 발언자 수는 의장이 각 교섭단체 대표의원과 협의하여 정한다.

⑥ 의원이 시간 제한으로 발언을 마치지 못한 부분은 의장이 인정하는 범위에서 회의록에 게재할 수 있다.

[전문개정 2018. 4. 17.]

제105조(5분자유발언) ① 의장은 본회의가 개의된 경우 그 개의시부터 1시간을 초과하지 아니하는 범위에서 의원에게 국회가 심의 중인 의안과 청원, 그 밖의 중요한 관심 사안에 대한 의견을 발표할 수 있도록 하기 위하여 5분 이내의 발언(이하 "5분자유발언"이라 한다)을 허가할 수 있다. 다만, 의장은 당일 본회의에서 심의할 의안이 여러 건 있는 경우 등 효율적인 의사진행을 위하여 필요하다고 인정하는 경우에는 각 교섭단체 대표의원과 협의하여 개의 중에 5분자유발언을 허가할 수 있다.

② 5분자유발언을 하려는 의원은 늦어도 본회의 개의 4시간 전까지 그 발언 취지를 간략히 적어 의장에게 신청하여야 한다.

③ 5분자유발언의 발언자 수와 발언순서는 교섭단체별 소속 의원 수의 비율을 고려하여 의장이 각 교섭단체 대표의원과 협의하여 정한다.

[전문개정 2018. 4. 17.]

제106조(토론의 통지) ① 의사일정에 올린 안건에 대하여 토론하려는 의원은 미리 반대 또는 찬성의 뜻을 의장에게 통지하여야 한다.

② 의장은 제1항의 통지를 받은 순서와 그 소속 교섭단체를 고려하여 반대자와 찬성자가 교대로 발언하게 하되, 반대자에게 먼저 발언하게 한다.

[전문개정 2018. 4. 17.]

제106조의2(무제한토론의 실시 등) ① 의원이 본회의에 부의된 안건에 대하여 이 법의 다른 규정에도 불구하고 시간의 제한을 받지 아니하는 토론(이하 이 조에서 "무제한토론"이라 한다)을 하려는 경우에는 재적의원 3분의 1 이상이 서명한 요구서를 의장에게 제출하여야 한다. 이 경우 의장은 해당 안건에 대하여 무제한토론을 실시하여야 한다.

② 제1항에 따른 요구서는 요구 대상 안건별로 제출하되, 그 안건이 의사일정에 기재된 본회의가 개의되기 전까지 제출하여야 한다. 다만, 본회의 개의 중 당일 의사일정에 안건이 추가된 경우에는 해당 안건의 토론 종결 선포 전까지 요구서를 제출할 수 있다.

③ 의원은 제1항에 따른 요구서가 제출되면 해당 안건에 대하여 무제한토론을 할 수 있다. 이 경우 의원 1명당 한 차례만 토론할 수 있다.

④ 무제한토론을 실시하는 본회의는 제7항에 따른 무제한토론 종결 선포 전까지 산회하지 아니하고 회의를 계속한다. 이 경우 제73조제3항 본문에도 불구하고 회의 중 재적의원 5분의 1 이상이 출석하지 아니하였을 때에도 회의를 계속한다.

⑤ 의원은 무제한토론을 실시하는 안건에 대하여 재적의원 3분의 1 이상의 서명으로 무제한토론의 종결동의(終結動議)를 의장에게 제출할 수 있다.

⑥ 제5항에 따른 무제한토론의 종결동의는 동의가 제출된 때부터 24시간이 지난 후에 무기명투표로 표결하되 재적의원 5분의 3 이상의 찬성으로 의결한다. 이 경우 무제한토론의 종결동의에 대해서는 토론을 하지 아니하고 표결한다.

⑦ 무제한토론을 실시하는 안건에 대하여 무제한토론을 할 의원이 더 이상 없거나 제6항에 따라 무제한토론의 종결동의가 가결되는 경우 의장은 무제한토론의 종결을 선포한 후 해당 안건을 지체 없이 표결하여야 한다.

⑧ 무제한토론을 실시하는 중에 해당 회기가 끝나는 경우에는 무제한토론의 종결이 선포된 것으로 본다. 이 경우 해당 안건은 바로 다음 회기에서 지체 없이 표결하여야 한다.

⑨ 제7항이나 제8항에 따라 무제한토론의 종결이 선포되었거나 선포된 것으로 보는 안건에 대해서는 무제한토론을 요구할 수 없다.

⑩ 예산안등과 제85조의3제4항에 따라 지정된 세입예산안 부수 법률안에 대해서는 제1항부터 제9항까지를 매년 12월 1일까지 적용하고, 같은 항에 따라 실시 중인 무제한토론, 계속 중인 본회의, 제출된 무제한토론의 종결동의에 대한 심의절차 등은 12월 1일 밤 12시에 종료한다.

[전문개정 2018. 4. 17.]

제107조(의장의 토론 참가) 의장이 토론에 참가할 때에는 의장석에서 물러나야 하며, 그 안건에 대한 표결이 끝날 때까지 의장석으로 돌아갈 수 없다.

[전문개정 2018. 4. 17.]

제108조(질의 또는 토론의 종결) ① 질의나 토론이 끝났을 때에는 의장은 질의나 토론의 종결을 선포한다.

② 각 교섭단체에서 1명 이상의 발언이 있은 후에는 본회의 의결로 의장은 질의나 토론의 종결을 선포한다. 다만, 질의나 토론에 참가한 의원은 질의나 토론의 종결동의를 할 수 없다.

③ 제2항의 동의는 토론을 하지 아니하고 표결한다.

[전문개정 2018. 4. 17.]

제5절 표결 <개정 2018. 4. 17.>

제109조(의결정족수) 의사는 헌법이나 이 법에 특별한 규정이 없으면 재적

의원 과반수의 출석과 출석의원 과반수의 찬성으로 의결한다.

[전문개정 2018. 4. 17.]

제110조(표결의 선포) ① 표결할 때에는 의장이 표결할 안건의 제목을 의장석에서 선포하여야 한다.

② 의장이 표결을 선포한 후에는 누구든지 그 안건에 관하여 발언할 수 없다.

[전문개정 2018. 4. 17.]

제111조(표결의 참가와 의사변경의 금지) ① 표결을 할 때 회의장에 있지 아니한 의원은 표결에 참가할 수 없다. 다만, 기명투표 또는 무기명투표로 표결할 때에는 투표함이 폐쇄될 때까지 표결에 참가할 수 있다.

② 의원은 표결에 대하여 표시한 의사를 변경할 수 없다.

[전문개정 2018. 4. 17.]

제112조(표결방법) ① 표결할 때에는 전자투표에 의한 기록표결로 가부(可否)를 결정한다. 다만, 투표기기의 고장 등 특별한 사정이 있을 때에는 기립표결로 가부를 결정할 수 있다.

② 중요한 안건으로서 의장의 제의 또는 의원의 동의(動議)로 본회의 의결이 있거나 재적의원 5분의 1 이상의 요구가 있을 때에는 기명투표·호명투표(呼名投票) 또는 무기명투표로 표결한다.

③ 의장은 안건에 대하여 이의가 있는지 물어서 이의가 없다고 인정할 때에는 가결되었음을 선포할 수 있다. 다만, 이의가 있을 때에는 제1항이나 제2항의 방법으로 표결하여야 한다.

④ 헌법개정안은 기명투표로 표결한다.

⑤ 대통령으로부터 환부(還付)된 법률안과 그 밖에 인사에 관한 안건은 무기명투표로 표결한다. 다만, 겸직으로 인한 의원 사직과 위원장 사임에 대하여 의장이 각 교섭단체 대표의원과 협의한 경우에는 그러하지 아니하다.

⑥ 국회에서 실시하는 각종 선거는 법률에 특별한 규정이 없으면 무기명투표로 한다. 투표 결과 당선자가 없을 때에는 최고득표자와 차점자에 대하여 결선투표를 하여 다수표를 얻은 사람을 당선자로 한다. 다만, 득표수가 같을 때에는 연장자를 당선자로 한다.

⑦ 국무총리 또는 국무위원의 해임건의안이 발의되었을 때에는 의장은 그 해임건의안이 발의된 후 처음 개의하는 본회의에 그 사실을 보고하고, 본회의에 보고된 때부터 24시간 이후 72시간 이내에 무기명투표로 표결한다. 이 기간 내에 표결하지 아니한 해임건의안은 폐기된 것으로 본다.

⑧ 제1항 본문에 따라 투표를 하는 경우 재적의원 5분의 1 이상의 요구가 있을 때에는 전자적인 방법 등을 통하여 정당한 투표권자임을 확인한 후 투표한다.

⑨ 의장이 각 교섭단체 대표의원과 합의를 하는 경우에는 제2항, 제4항부터 제7항까지에 따른 기명투표 또는 무기명투표를 전자장치를 이용하여 실시할 수 있다.
[전문개정 2018. 4. 17.]

제113조(표결 결과 선포) 표결이 끝났을 때에는 의장은 그 결과를 의장석에서 선포한다.
[전문개정 2018. 4. 17.]

제114조(기명투표 · 무기명투표 절차) ① 기명투표 또는 무기명투표를 할 때에는 각 의원은 먼저 명패를 명패함에 넣고, 다음에 투표용지를 투표함에 넣는다.
② 기명투표 또는 무기명투표를 할 때에는 의장은 의원 중에서 몇 명의 감표위원(監票委員)을 지명하고 그 위원의 참여하에 직원으로 하여금 명패와 기명투표·무기명투표의 수를 점검·계산하게 한다. 이 경우 감표위원으로 지명된 의원이 이에 응하지 아니할 때에는 그 의원을 제외하거나 다른 의원을 감표위원으로 지명할 수 있다.
③ 투표의 수가 명패의 수보다 많을 때에는 재투표를 한다. 다만, 투표의 결과에 영향을 미치지 아니할 때에는 그러하지 아니하다.
[전문개정 2018. 4. 17.]

제114조의2(자유투표) 의원은 국민의 대표자로서 소속 정당의 의사에 기속되지 아니하고 양심에 따라 투표한다.
[전문개정 2018. 4. 17.]

제7장 회의록 <개정 2018. 4. 17.>

제115조(회의록) ① 국회는 회의록을 작성하고 다음 사항을 적는다.
1. 개의, 회의 중지 및 산회의 일시
2. 의사일정
3. 출석의원의 수 및 성명
4. 개회식에 관한 사항
5. 의원의 이동(異動)
6. 의석의 배정과 변동
7. 의안의 발의·제출·회부·환부·이송과 철회에 관한 사항
8. 출석한 국무위원과 정부위원의 성명
9. 부의안건과 그 내용
10. 의장의 보고
11. 위원회의 보고서
12. 의사
13. 표결 수
14. 기명투표·전자투표·호명투표의 투표자 및 찬반의원 성명
15. 의원의 발언보충서
16. 서면질문과 답변서
17. 정부의 청원 처리 결과보고서
18. 정부의 국정감사 또는 국정조사 결과 처리보고서
19. 그 밖에 본회의 또는 의장이 필요하다고 인정하는 사항

② 본회의의 의사는 속기로 기록한다.
③ 회의록에는 의장, 의장을 대리한

부의장, 임시의장, 사무총장 또는 그 대리인이 서명·날인하여 국회에 보존한다.

[전문개정 2018. 4. 17.]

제116조(참고문서의 게재) 의원이 그 발언에 참고가 되는 간단한 문서를 회의록에 게재하려고 할 때에는 의장의 허가를 받아야 한다.

[전문개정 2018. 4. 17.]

제117조(자구의 정정과 이의의 결정) ① 발언한 의원은 회의록이 배부된 날의 다음 날 오후 5시까지 회의록에 적힌 자구의 정정을 의장에게 요구할 수 있다. 다만, 발언의 취지를 변경할 수 없다.

② 회의에서 발언한 국무총리·국무위원 및 정부위원, 그 밖의 발언자의 경우에도 제1항과 같다.

③ 속기로 작성한 회의록의 내용은 삭제할 수 없으며, 발언을 통하여 자구 정정 또는 취소의 발언을 한 경우에는 그 발언을 회의록에 적는다.

④ 의원이 회의록에 적힌 사항과 회의록의 정정에 관하여 이의를 신청하였을 때에는 토론을 하지 아니하고 본회의 의결로 이를 결정한다.

[전문개정 2018. 4. 17.]

제118조(회의록의 배부·배포) ① 회의록은 의원에게 배부하고 일반인에게 배포한다. 다만, 의장이 비밀 유지나 국가안전보장을 위하여 필요하다고 인정한 부분에 관하여는 발언자 또는 그 소속 교섭단체 대표의원과 협의하여 게재하지 아니할 수 있다.

② 의원이 제1항 단서에 따라 게재되지 아니한 회의록 부분에 관하여 열람·복사 등을 신청한 경우에 정당한 사유가 없으면 의장은 이를 거절해서는 아니 된다.

③ 제2항에 따라 허가받은 의원은 타인에게 해당 회의록 부분을 열람하게 하거나 전재(轉載)·복사하게 해서는 아니 된다.

④ 공개하지 아니한 회의의 내용은 공표되어서는 아니 된다. 다만, 본회의 의결 또는 의장의 결정으로 제1항 단서의 사유가 소멸되었다고 판단되는 경우에는 공표할 수 있다.

⑤ 공표할 수 있는 회의록은 일반인에게 유상으로 배포할 수 있다.

⑥ 회의록의 공표에 관한 기간·절차, 그 밖에 필요한 사항은 국회규칙으로 정한다.

[전문개정 2018. 4. 17.]

제8장 국무총리·국무위원·정부위원과 질문 <개정 2018. 4. 17.>

제119조(국무총리·국무위원 및 정부위원의 임면 통지) 정부는 국무총리와 국무위원 및 정부위원인 공무원을 임면하였을 때에는 이를 국회에 통지한다.

[전문개정 2018. 4. 17.]

제120조(국무위원 등의 발언) ① 국무총리, 국무위원 또는 정부위원은 본회의나 위원회에서 발언하려면 미리 의장이나 위원장의 허가를 받아야 한다.

② 법원행정처장, 헌법재판소 사무처장, 중앙선거관리위원회 사무총장은 의장이나 위원장의 허가를 받아 본회의나 위원회에서 소관 사무에 관하여 발언할 수 있다.

[전문개정 2018. 4. 17.]

제121조(국무위원 등의 출석 요구) ① 본회의는 의결로 국무총리, 국무위원 또는 정부위원의 출석을 요구할 수 있다. 이 경우 그 발의는 의원 20명 이상이 이유를 구체적으로 밝힌 서면으로 하여야 한다.

② 위원회는 의결로 국무총리, 국무위원 또는 정부위원의 출석을 요구할 수 있다. 이 경우 위원장은 의장에게 그 사실을 보고하여야 한다.

③ 제1항이나 제2항에 따라 출석 요구를 받은 국무총리, 국무위원 또는 정부위원은 출석하여 답변을 하여야 한다.

④ 제3항에도 불구하고 국무총리나 국무위원은 의장 또는 위원장의 승인을 받아 국무총리는 국무위원으로 하여금, 국무위원은 정부위원으로 하여금 대리하여 출석·답변하게 할 수 있다. 이 경우 의장은 각 교섭단체 대표의원과, 위원장은 간사와 협의하여야 한다.

⑤ 본회의나 위원회는 특정한 사안에 대하여 질문하기 위하여 대법원장, 헌법재판소장, 중앙선거관리위원회 위원장, 감사원장 또는 그 대리인의 출석을 요구할 수 있다. 이 경우 위원장은 의장에게 그 사실을 보고하여야 한다.

[전문개정 2018. 4. 17.]

제122조(정부에 대한 서면질문) ① 의원이 정부에 서면으로 질문하려고 할 때에는 질문서를 의장에게 제출하여야 한다.

② 의장은 제1항의 질문서를 받았을 때에는 지체 없이 이를 정부에 이송한다.

③ 정부는 질문서를 받은 날부터 10일 이내에 서면으로 답변하여야 한다. 그 기간 내에 답변하지 못할 때에는 그 이유와 답변할 수 있는 기한을 국회에 통지하여야 한다.

④ 정부는 서면질문에 대하여 답변할 때 회의록에 게재할 답변서와 그 밖의 답변 관계 자료를 구분하여 국회에 제출하여야 한다.

⑤ 제3항의 답변에 대하여 보충하여 질문하려는 의원은 서면으로 다시 질문할 수 있다.

[전문개정 2018. 4. 17.]

제122조의2(정부에 대한 질문) ① 본회의는 회기 중 기간을 정하여 국정 전반 또는 국정의 특정 분야를 대상으로

정부에 대하여 질문(이하 "대정부질문"이라 한다)을 할 수 있다.

② 대정부질문은 일문일답의 방식으로 하되, 의원의 질문시간은 20분을 초과할 수 없다. 이 경우 질문시간에 답변시간은 포함되지 아니한다.

③ 제2항에도 불구하고 시각장애 등 신체장애를 가진 의원이 대정부질문을 하는 경우 의장은 각 교섭단체 대표의원과 협의하여 별도의 추가 질문시간을 허가할 수 있다.

④ 의제별 질문 의원 수는 의장이 각 교섭단체 대표의원과 협의하여 정한다.

⑤ 의장은 제4항에 따른 의제별 질문 의원 수를 교섭단체별로 그 소속 의원 수의 비율에 따라 배정한다. 이 경우 교섭단체에 속하지 아니하는 의원의 질문자 수는 의장이 각 교섭단체 대표의원과 협의하여 정한다.

⑥ 의장은 의원의 질문과 정부의 답변이 교대로 균형 있게 유지되도록 하여야 한다.

⑦ 대정부질문을 하려는 의원은 미리 질문의 요지를 적은 질문요지서를 구체적으로 작성하여 의장에게 제출하여야 하며, 의장은 늦어도 질문시간 48시간 전까지 질문요지서가 정부에 도달되도록 송부하여야 한다.

⑧ 각 교섭단체 대표의원은 질문 의원과 질문 순서를 질문일 전날까지 의장에게 통지하여야 한다. 이 경우 의장은 각 교섭단체 대표의원의 통지 내용에 따라 질문 순서를 정한 후 본회의 개의 전에 각 교섭단체 대표의원과 정부에 통지하여야 한다.

[전문개정 2018. 4. 17.]

제122조의3(긴급현안질문) ① 의원은 20명 이상의 찬성으로 회기 중 현안이 되고 있는 중요한 사항을 대상으로 정부에 대하여 질문(이하 이 조에서 "긴급현안질문"이라 한다)을 할 것을 의장에게 요구할 수 있다.

② 제1항에 따라 긴급현안질문을 요구하는 의원은 그 이유와 질문 요지 및 출석을 요구하는 국무총리 또는 국무위원을 적은 질문요구서를 본회의 개의 24시간 전까지 의장에게 제출하여야 한다.

③ 의장은 질문요구서를 접수하였을 때에는 긴급현안질문 실시 여부와 의사일정을 국회운영위원회와 협의하여 정한다. 다만, 의장은 필요한 경우 본회의에서 긴급현안질문 실시 여부를 표결에 부쳐 정할 수 있다.

④ 제3항에 따른 의장의 결정 또는 본회의의 의결이 있었을 때에는 해당 국무총리 또는 국무위원에 대한 출석요구의 의결이 있는 것으로 본다.

⑤ 긴급현안질문 시간은 총 120분으로 한다. 다만, 의장은 각 교섭단체 대표의원과 협의하여 시간을 연장할 수 있다.

⑥ 긴급현안질문을 할 때 의원의 질문시간은 10분을 초과할 수 없다. 다만,

보충질문은 5분을 초과할 수 없다.
⑦ 긴급현안질문의 절차 등에 관하여 이 조에서 정한 것을 제외하고는 제122조의2를 준용한다.
[전문개정 2018. 4. 17.]

제9장 청원 <개정 2018. 4. 17.>

제123조(청원서의 제출) ① 국회에 청원을 하려는 자는 의원의 소개를 받거나 국회규칙으로 정하는 기간 동안 국회규칙으로 정하는 일정한 수 이상의 국민의 동의를 받아 청원서를 제출하여야 한다. <개정 2019. 4. 16.>
② 청원은 청원자의 주소·성명(법인인 경우에는 그 명칭과 대표자의 성명을 말한다. 이하 같다)을 적고 서명한 문서(「전자정부법」 제2조제7호에 따른 전자문서를 포함한다)로 하여야 한다. <개정 2019. 4. 16.>
③ 청원이 다음 각 호의 어느 하나에 해당하는 경우에는 이를 접수하지 아니한다. <개정 2019. 4. 16.>
1. 재판에 간섭하는 내용의 청원
2. 국가기관을 모독하는 내용의 청원
3. 국가기밀에 관한 내용의 청원
④ 제1항에 따른 국민의 동의 방법·절차 및 청원 제출 등에 필요한 사항은 국회규칙으로 정한다. <신설 2019. 4. 16.>
[전문개정 2018. 4. 17.]

제123조의2(청원 업무의 전자화) ① 국회는 청원의 제출·접수·관리 등 청원에 관한 업무를 효율적으로 처리하기 위한 전자시스템(이하 "전자청원시스템"이라 한다)을 구축·운영하여야 한다.
② 전자청원시스템의 구축·운영 등에 필요한 사항은 국회규칙으로 정한다.
[본조신설 2019. 4. 16.]

제124조(청원요지서의 작성과 회부) ① 의장은 청원을 접수하였을 때에는 청원요지서를 작성하여 인쇄하거나 전산망에 입력하는 방법으로 각 의원에게 배부하는 동시에 그 청원서를 소관 위원회에 회부하여 심사하게 한다.
② 청원요지서에는 청원자의 주소·성명, 청원의 요지, 소개 의원의 성명 또는 동의 국민의 수와 접수 연월일을 적는다. <개정 2019. 4. 16.>
[전문개정 2018. 4. 17.]

제125조(청원 심사·보고 등) ① 위원회는 청원 심사를 위하여 청원심사소위원회를 둔다.
② 위원장은 폐회 중이거나 그 밖에 필요한 경우 청원을 바로 청원심사소위원회에 회부하여 심사보고하게 할 수 있다.
③ 청원을 소개한 의원은 소관 위원회 또는 청원심사소위원회의 요구가 있을 때에는 청원의 취지를 설명하여야 한다.
④ 위원회는 의결로 위원이나 전문위

원을 현장이나 관계 기관 등에 파견하여 필요한 사항을 파악하여 보고하게 할 수 있으며, 필요한 경우 청원인·이해관계인 및 학식·경험이 있는 사람으로부터 진술을 들을 수 있다.

⑤ 위원회는 청원이 회부된 날부터 90일 이내에 심사 결과를 의장에게 보고하여야 한다. 다만, 특별한 사유로 그 기간 내에 심사를 마치지 못하였을 때에는 위원장은 의장에게 중간보고를 하고 60일의 범위에서 한 차례만 심사기간의 연장을 요구할 수 있다.

⑥ 제5항에도 불구하고 장기간 심사를 요하는 청원으로서 같은 항에 따른 기간 내에 심사를 마치지 못하는 특별한 사유가 있는 경우에는 위원회의 의결로 심사기간의 추가연장을 요구할 수 있다.

⑦ 위원회에서 본회의에 부의하기로 결정한 청원은 의견서를 첨부하여 의장에게 보고한다.

⑧ 위원회에서 본회의에 부의할 필요가 없다고 결정한 청원은 그 처리 결과를 의장에게 보고하고, 의장은 청원인에게 알려야 한다. 다만, 폐회 또는 휴회 기간을 제외한 7일 이내에 의원 30명 이상의 요구가 있을 때에는 이를 본회의에 부의한다.

⑨ 청원 심사에 관하여 그 밖에 필요한 사항은 국회규칙으로 정한다.

[전문개정 2018. 4. 17.]

제126조(정부 이송과 처리보고) ① 국회가 채택한 청원으로서 정부에서 처리하는 것이 타당하다고 인정되는 청원은 의견서를 첨부하여 정부에 이송한다.

② 정부는 제1항의 청원을 처리하고 그 처리 결과를 지체 없이 국회에 보고하여야 한다.

[전문개정 2018. 4. 17.]

제10장 국회와 국민 또는 행정기관과의 관계

<개정 2018. 4. 17.>

제127조(국정감사와 국정조사) 국회의 국정감사와 국정조사에 관하여 이 법에서 정한 것을 제외하고는 「국정감사 및 조사에 관한 법률」에서 정하는 바에 따른다.

[전문개정 2018. 4. 17.]

제127조의2(감사원에 대한 감사 요구 등)

① 국회는 의결로 감사원에 대하여 「감사원법」에 따른 감사원의 직무범위에 속하는 사항 중 사안을 특정하여 감사를 요구할 수 있다. 이 경우 감사원은 감사 요구를 받은 날부터 3개월 이내에 감사 결과를 국회에 보고하여야 한다.

② 감사원은 특별한 사유로 제1항에 따른 기간 내에 감사를 마치지 못하였을 때에는 중간보고를 하고 감사기간 연장을 요청할 수 있다. 이 경우 의장은 2개월의 범위에서 감사기

간을 연장할 수 있다.
[전문개정 2018. 4. 17.]

제127조의3(국민권익위원회에 대한 고충민원 조사요구 등) ① 위원회는 회부된 청원이 고충민원(「부패방지 및 국민권익위원회의 설치와 운영에 관한 법률」 제2조제5호에 따른 고충민원을 말한다)으로서 정부에서 조사하는 것이 타당하다고 인정하는 경우에는 그 의결로 국민권익위원회에 대하여 그 청원의 조사를 요구할 수 있다. 이 경우 국민권익위원회는 그 조사요구를 받은 날부터 3개월 이내에 조사 및 처리 결과를 해당 조사를 요구한 위원회에 보고하여야 한다.
② 국민권익위원회는 특별한 사유로 제1항에 따른 기간 내에 조사를 마치지 못하였을 때에는 중간보고를 하여야 하며 조사기간의 연장을 요청할 수 있다. 이 경우 해당 조사를 요구한 위원회의 위원장은 2개월의 범위에서 조사기간을 한 차례만 연장할 수 있다.
[본조신설 2018. 4. 17.]

제128조(보고 · 서류 등의 제출 요구) ① 본회의, 위원회 또는 소위원회는 그 의결로 안건의 심의 또는 국정감사나 국정조사와 직접 관련된 보고 또는 서류와 해당 기관이 보유한 사진·영상물(이하 이 조에서 "서류등"이라 한다)의 제출을 정부, 행정기관 등에 요구할 수 있다. 다만, 위원회가 청문회, 국정감사 또는 국정조사와 관련된 서류등의 제출을 요구하는 경우에는 그 의결 또는 재적위원 3분의 1 이상의 요구로 할 수 있다.
② 제1항에 따라 서류등의 제출을 요구할 때에는 서면, 전자문서 또는 컴퓨터의 자기테이프·자기디스크, 그 밖에 이와 유사한 매체에 기록된 상태나 전산망에 입력된 상태로 제출할 것을 요구할 수 있다.
③ 제1항에도 불구하고 폐회 중에 의원으로부터 서류등의 제출 요구가 있을 때에는 의장 또는 위원장은 교섭단체 대표의원 또는 간사와 협의하여 이를 요구할 수 있다.
④ 위원회(소위원회를 포함한다. 이하 이 장에서 같다)가 제1항의 요구를 할 때에는 의장에게 그 사실을 보고하여야 한다.
⑤ 제1항의 요구를 받은 정부, 행정기관 등은 기간을 따로 정하는 경우를 제외하고는 요구를 받은 날부터 10일 이내에 보고 또는 서류등을 제출하여야 한다. 다만, 특별한 사유가 있을 때에는 의장이나 위원장에게 그 사유를 보고하고 그 기간을 연장할 수 있다. 이 경우 의장이나 위원장은 제1항의 요구를 한 의원에게 그 사실을 통보한다.
⑥ 제1항의 보고 또는 서류등의 제출 요구 등에 관하여 그 밖에 필요한 절차는 다른 법률에서 정하는 바에 따

른다.

[전문개정 2018. 4. 17.]

제128조의2(결산의 심의기한) 국회는 결산에 대한 심의·의결을 정기회 개회 전까지 완료하여야 한다.

[전문개정 2018. 4. 17.]

제129조(증인 · 감정인 또는 참고인의 출석요구) ① 본회의나 위원회는 그 의결로 안건의 심의 또는 국정감사나 국정조사를 위하여 증인, 감정인 또는 참고인의 출석을 요구할 수 있다.

② 위원회가 제1항의 요구를 할 때에는 의장에게 보고하여야 한다.

③ 제1항의 증언·감정 등에 관한 절차는 다른 법률에서 정하는 바에 따른다.

[전문개정 2018. 4. 17.]

제11장 탄핵소추 <개정 2018. 4. 17.>

제130조(탄핵소추의 발의) ① 탄핵소추가 발의되었을 때에는 의장은 발의된 후 처음 개의하는 본회의에 보고하고, 본회의는 의결로 법제사법위원회에 회부하여 조사하게 할 수 있다.

② 본회의가 제1항에 따라 탄핵소추안을 법제사법위원회에 회부하기로 의결하지 아니한 경우에는 본회의에 보고된 때부터 24시간 이후 72시간 이내에 탄핵소추 여부를 무기명투표로 표결한다. 이 기간 내에 표결하지 아니한 탄핵소추안은 폐기된 것으로 본다.

③ 탄핵소추의 발의에는 소추대상자의 성명·직위와 탄핵소추의 사유·증거, 그 밖에 조사에 참고가 될 만한 자료를 제시하여야 한다.

[전문개정 2018. 4. 17.]

제131조(회부된 탄핵소추사건의 조사) ① 법제사법위원회가 제130조제1항의 탄핵소추안을 회부받았을 때에는 지체 없이 조사·보고하여야 한다.

② 제1항의 조사에 관하여는 「국정감사 및 조사에 관한 법률」에 따른 조사의 방법 및 주의의무 규정을 준용한다.

[전문개정 2018. 4. 17.]

제132조(조사의 협조) 조사를 받는 국가기관은 그 조사가 신속히 완료될 수 있도록 충분히 협조하여야 한다.

[전문개정 2018. 4. 17.]

제133조(탄핵소추의 의결) 본회의의 탄핵소추 의결은 소추대상자의 성명·직위 및 탄핵소추의 사유를 표시한 문서(이하 "소추의결서"라 한다)로 하여야 한다.

[전문개정 2018. 4. 17.]

제134조(소추의결서의 송달과 효과) ① 탄핵소추가 의결되었을 때에는 의장은 지체 없이 소추의결서 정본(正本)을 법제사법위원장인 소추위원에게 송달하고, 그 등본(謄本)을 헌법재판소, 소추된 사람과 그 소속 기관의 장에게 송달한다.

② 소추의결서가 송달되었을 때에는

소추된 사람의 권한 행사는 정지되며, 임명권자는 소추된 사람의 사직원을 접수하거나 소추된 사람을 해임할 수 없다.
[전문개정 2018. 4. 17.]

제12장 사직 · 퇴직 · 궐원과 자격심사 <개정 2018. 4. 17.>

제135조(사직) ① 국회는 의결로 의원의 사직을 허가할 수 있다. 다만, 폐회 중에는 의장이 허가할 수 있다.
② 의원이 사직하려는 경우에는 본인이 서명·날인한 사직서를 의장에게 제출하여야 한다.
③ 사직 허가 여부는 토론을 하지 아니하고 표결한다.
[전문개정 2018. 4. 17.]

제136조(퇴직) ① 의원이 「공직선거법」 제53조에 따라 사직원을 제출하여 공직선거후보자로 등록되었을 때에는 의원직에서 퇴직한다.
② 의원이 법률에 규정된 피선거권이 없게 되었을 때에는 퇴직한다.
③ 의원에 대하여 제2항의 피선거권이 없게 되는 사유에 해당하는 형을 선고한 법원은 그 판결이 확정되었을 때에 그 사실을 지체 없이 국회에 통지하여야 한다.
[전문개정 2018. 4. 17.]

제137조(궐원 통지) 의원이 궐원되었을 때에는 의장은 15일 이내에 대통령과 중앙선거관리위원회에 통지하여야 한다.
[전문개정 2018. 4. 17.]

제138조(자격심사의 청구) 의원이 다른 의원의 자격에 대하여 이의가 있을 때에는 30명 이상의 연서로 의장에게 자격심사를 청구할 수 있다.
[전문개정 2018. 4. 17.]

제139조(청구서의 위원회 회부와 답변서의 제출) ① 의장은 제138조의 청구서를 윤리특별위원회에 회부하고 그 부본을 심사대상 의원에게 송달하여 기일을 정하여 답변서를 제출하게 한다.
② 심사대상 의원이 천재지변이나 질병 또는 그 밖의 사고로 기일 내에 답변서를 제출하지 못하였음을 증명하였을 때에는 의장은 다시 기일을 정하여 답변서를 제출하게 할 수 있다.
[전문개정 2018. 4. 17.]

제140조(위원회의 답변서 심사) ① 의장이 답변서를 접수하였을 때에는 이를 윤리특별위원회에 회부한다.
② 윤리특별위원회는 청구서와 답변서에 의하여 심사한다.
③ 기일 내에 답변서가 제출되지 아니하였을 때에는 윤리특별위원회는 청구서만으로 심사를 할 수 있다.
[전문개정 2018. 4. 17.]

제141조(당사자의 심문과 발언) ① 윤리특별위원회는 필요할 때에는 자격심사 청구의원과 심사대상 의원을 출석하게 하여 심문할 수 있다.

② 자격심사 청구의원과 심사대상 의원은 위원회의 허가를 받아 출석하여 발언할 수 있다. 이 경우 심사대상 의원은 다른 의원으로 하여금 출석하여 발언하게 할 수 있다.
[전문개정 2018. 4. 17.]

제142조(의결) ① 윤리특별위원회가 심사보고서를 의장에게 제출하면 의장은 본회의에 부의하여야 한다.
② 심사대상 의원은 본회의에서 스스로 변명하거나 다른 의원으로 하여금 변명하게 할 수 있다.
③ 본회의는 심사대상 의원의 자격 유무를 의결로 결정하되, 그 자격이 없는 것으로 의결할 때에는 재적의원 3분의 2 이상의 찬성이 있어야 한다.
④ 제3항의 결정이 있을 때에는 의장은 그 결과를 서면으로 자격심사 청구의원과 심사대상 의원에게 송부한다.
[전문개정 2018. 4. 17.]

제13장 질서와 경호 <개정 2018. 4. 17.>

제143조(의장의 경호권) 의장은 회기 중 국회의 질서를 유지하기 위하여 국회 안에서 경호권을 행사한다.
[전문개정 2018. 4. 17.]

제144조(경위와 경찰관) ① 국회의 경호를 위하여 국회에 경위(警衛)를 둔다.
② 의장은 국회의 경호를 위하여 필요할 때에는 국회운영위원회의 동의를 받아 일정한 기간을 정하여 정부에 경찰공무원의 파견을 요구할 수 있다. <개정 2020. 12. 22.>
③ 경호업무는 의장의 지휘를 받아 수행하되, 경위는 회의장 건물 안에서, 경찰공무원은 회의장 건물 밖에서 경호한다. <개정 2020. 12. 22.>
[전문개정 2018. 4. 17.]

제145조(회의의 질서 유지) ① 의원이 본회의 또는 위원회의 회의장에서 이 법 또는 국회규칙을 위반하여 회의장의 질서를 어지럽혔을 때에는 의장이나 위원장은 경고나 제지를 할 수 있다.
② 제1항의 조치에 따르지 아니하는 의원에 대해서는 의장이나 위원장은 당일 회의에서 발언하는 것을 금지하거나 퇴장시킬 수 있다.
③ 의장이나 위원장은 회의장이 소란하여 질서를 유지하기 곤란하다고 인정할 때에는 회의를 중지하거나 산회를 선포할 수 있다.
[전문개정 2018. 4. 17.]

제146조(모욕 등 발언의 금지) 의원은 본회의나 위원회에서 다른 사람을 모욕하거나 다른 사람의 사생활에 대한 발언을 하여서는 아니 된다.
[전문개정 2018. 4. 17.]

제147조(발언 방해 등의 금지) 의원은 폭력을 행사하거나 회의 중 함부로 발언하거나 소란한 행위를 하여 다른 사람의 발언을 방해해서는 아니 된다.
[전문개정 2018. 4. 17.]

제148조(회의 진행 방해 물건 등의 반입 금지) 의원은 본회의 또는 위원회의 회의장에 회의 진행에 방해가 되는 물건이나 음식물을 반입해서는 아니 된다.

[전문개정 2018. 4. 17.]

제148조의2(의장석 또는 위원장석의 점거 금지) 의원은 본회의장 의장석이나 위원회 회의장 위원장석을 점거해서는 아니 된다.

[전문개정 2018. 4. 17.]

제148조의3(회의장 출입의 방해 금지) 누구든지 의원이 본회의 또는 위원회에 출석하기 위하여 본회의장이나 위원회 회의장에 출입하는 것을 방해해서는 아니 된다.

[전문개정 2018. 4. 17.]

제149조(국회에 의한 방송) ① 국회는 방송채널을 확보하여 본회의 또는 위원회의 회의, 그 밖에 국회 및 의원의 입법활동 등을 음성이나 영상으로 방송하는 제도를 마련하여 운용하여야 한다.

② 제1항의 방송은 공정하고 객관적이어야 하며, 정치적·상업적 목적으로 사용되어서는 아니 된다.

③ 국회는 제1항의 방송 제도를 운용하거나 인터넷 등 정보통신망을 통하여 중계방송을 하는 경우 장애인에 대한 원활한 정보 제공을 위하여 국회규칙으로 정하는 바에 따라 한국수어·폐쇄자막·화면해설 등을 제공하여야 한다. <신설 2020. 12. 22.>

④ 국회운영위원회는 제1항의 방송에 관한 기본원칙의 수립 및 관리 등 필요한 사항을 심의한다. <개정 2020. 12. 22.>

⑤ 제1항의 방송에 관한 절차·대상, 그 밖에 필요한 사항은 국회규칙으로 정한다. <개정 2020. 12. 22.>

[전문개정 2018. 4. 17.]

제149조의2(중계방송의 허용 등) ① 본회의 또는 위원회의 의결로 공개하지 아니하기로 한 경우를 제외하고는 의장이나 위원장은 회의장 안(본회의장은 방청석으로 한정한다)에서의 녹음·녹화·촬영 및 중계방송을 국회규칙에서 정하는 바에 따라 허용할 수 있다.

② 제1항의 녹음·녹화·촬영 및 중계방송을 하는 사람은 회의장의 질서를 어지럽혀서는 아니 된다.

[전문개정 2018. 4. 17.]

제150조(현행범인의 체포) 경위나 경찰공무원은 국회 안에 현행범인이 있을 때에는 체포한 후 의장의 지시를 받아야 한다. 다만, 회의장 안에서는 의장의 명령 없이 의원을 체포할 수 없다. <개정 2020. 12. 22.>

[전문개정 2018. 4. 17.]

제151조(회의장 출입의 제한) 회의장에는 의원, 국무총리, 국무위원 또는 정부위원, 그 밖에 의안 심의에 필요한 사람과 의장이 허가한 사람 외에는

출입할 수 없다.
[전문개정 2018. 4. 17.]

제152조(방청의 허가) ① 의장은 방청권을 발행하여 방청을 허가한다.
② 의장은 질서를 유지하기 위하여 필요할 때에는 방청인 수를 제한할 수 있다.
[전문개정 2018. 4. 17.]

제153조(방청의 금지와 신체검사) ① 흉기를 지닌 사람, 술기운이 있는 사람, 정신에 이상이 있는 사람, 그 밖에 행동이 수상하다고 인정되는 사람에 대해서는 방청을 허가하지 아니한다.
② 의장은 필요할 때에는 경위나 경찰공무원으로 하여금 방청인의 신체를 검사하게 할 수 있다. <개정 2020. 12. 22.>
[전문개정 2018. 4. 17.]

제154조(방청인에 대한 퇴장명령) ① 의장은 회의장 내 질서를 방해하는 방청인의 퇴장을 명할 수 있으며 필요할 때에는 국가경찰관서에 인도할 수 있다.
② 방청석이 소란할 때에는 의장은 모든 방청인을 퇴장시킬 수 있다.
[전문개정 2018. 4. 17.]

제14장 징계 <개정 2018. 4. 17.>

제155조(징계) 국회는 의원이 다음 각 호의 어느 하나에 해당하는 행위를 하였을 때에는 윤리특별위원회의 심사를 거쳐 그 의결로써 징계할 수 있다. 다만, 의원이 제10호에 해당하는 행위를 하였을 때에는 윤리특별위원회의 심사를 거치지 아니하고 그 의결로써 징계할 수 있다.
1. 헌법 제46조제1항 또는 제3항을 위반하는 행위를 하였을 때
2. 제29조의 겸직 금지 규정을 위반하였을 때
3. 제29조의2의 영리업무 종사 금지 규정을 위반하였을 때
4. 제54조의2제2항을 위반하였을 때
5. 제102조를 위반하여 의제와 관계없거나 허가받은 발언의 성질과 다른 발언을 하거나 이 법에서 정한 발언시간의 제한 규정을 위반하여 의사진행을 현저히 방해하였을 때
6. 제118조제3항을 위반하여 게재되지 아니한 부분을 다른 사람에게 열람하게 하거나 전재 또는 복사하게 하였을 때
7. 제118조제4항을 위반하여 공표 금지 내용을 공표하였을 때
8. 제145조제1항에 해당되는 회의장의 질서를 어지럽히는 행위를 하거나 이에 대한 의장 또는 위원장의 조치에 따르지 아니하였을 때
9. 제146조를 위반하여 본회의 또는 위원회에서 다른 사람을 모욕하거나 다른 사람의 사생활에 대한 발언을 하였을 때
10. 제148조의2를 위반하여 의장석

또는 위원장석을 점거하고 점거 해제를 위한 제145조에 따른 의장 또는 위원장의 조치에 따르지 아니하였을 때

11. 제148조의3을 위반하여 의원의 본회의장 또는 위원회 회의장 출입을 방해하였을 때

12. 정당한 이유 없이 국회 집회일부터 7일 이내에 본회의 또는 위원회에 출석하지 아니하거나 의장 또는 위원장의 출석요구서를 받은 후 5일 이내에 출석하지 아니하였을 때

13. 탄핵소추사건을 조사할 때 「국정감사 및 조사에 관한 법률」에 따른 주의의무를 위반하는 행위를 하였을 때

14. 「국정감사 및 조사에 관한 법률」 제17조에 따른 징계사유에 해당할 때

15. 「공직자윤리법」 제22조에 따른 징계사유에 해당할 때

16. 「국회의원윤리강령」이나 「국회의원윤리실천규범」을 위반하였을 때

[전문개정 2018. 4. 17.]

제156조(징계의 요구와 회부) ① 의장은 제155조 각 호의 어느 하나에 해당하는 행위를 한 의원(이하 "징계대상자"라 한다)이 있을 때에는 윤리특별위원회에 회부하고 본회의에 보고한다.

② 위원장은 소속 위원 중에 징계대상자가 있을 때에는 의장에게 보고하며, 의장은 이를 윤리특별위원회에 회부하고 본회의에 보고한다.

③ 의원이 징계대상자에 대한 징계를 요구하려는 경우에는 의원 20명 이상의 찬성으로 그 사유를 적은 요구서를 의장에게 제출하여야 한다.

④ 징계대상자로부터 모욕을 당한 의원이 징계를 요구할 때에는 찬성의원을 필요로 하지 아니하며, 그 사유를 적은 요구서를 의장에게 제출한다.

⑤ 제3항과 제4항의 징계 요구가 있을 때에는 의장은 이를 윤리특별위원회에 회부하고 본회의에 보고한다.

⑥ 윤리특별위원회의 위원장 또는 위원 5명 이상이 징계대상자에 대한 징계 요구를 하였을 때에는 윤리특별위원회는 이를 의장에게 보고하고 심사할 수 있다.

⑦ 제155조제10호에 해당하여 징계가 요구되는 경우에는 의장은 제1항, 제2항, 제5항 및 제6항에도 불구하고 해당 의원에 대한 징계안을 바로 본회의에 부의하여 지체 없이 의결하여야 한다.

[전문개정 2018. 4. 17.]

제157조(징계의 요구 또는 회부의 시한 등) ① 의장은 다음 각 호에 해당하는 날부터 폐회 또는 휴회 기간을 제외한 3일 이내에 윤리특별위원회에 징계(제155조제10호에 해당하여 요구되는 징계는 제외한다. 이하 이 항에서 같다) 요구를 회부하여야 한다. 다만, 윤리특별위원회가 구성되지 아니하여 본문에 따른 기간 내에 징계

요구를 회부할 수 없을 때에는 제46조에 따라 윤리특별위원회가 구성된 날부터 폐회 또는 휴회 기간을 제외하고 3일 이내에 징계 요구를 회부하여야 한다. <개정 2018. 7. 17.>

1. 제156조제1항의 경우: 그 사유가 발생한 날 또는 그 징계대상자가 있는 것을 알게 된 날
2. 제156조제2항의 경우: 위원장의 보고를 받은 날
3. 제156조제5항의 경우: 징계요구서를 제출받은 날

② 제156조제2항에 따른 위원장의 징계대상자 보고와 같은 조 제3항·제4항 및 제6항에 따른 징계 요구는 그 사유가 발생한 날 또는 그 징계대상자가 있는 것을 알게 된 날부터 10일 이내에 하여야 한다. 다만, 폐회 기간 중에 그 징계대상자가 있을 경우에는 다음 회 국회의 집회일부터 3일 이내에 하여야 한다.

[전문개정 2018. 4. 17.]

제158조(징계의 의사) 징계에 관한 회의는 공개하지 아니한다. 다만, 본회의나 위원회의 의결이 있을 때에는 그러하지 아니하다.

[전문개정 2018. 4. 17.]

제159조(심문) 윤리특별위원회는 징계대상자와 관계 의원을 출석하게 하여 심문할 수 있다.

[전문개정 2018. 4. 17.]

제160조(변명) 의원은 자기의 징계안에 관한 본회의 또는 위원회에 출석하여 변명하거나 다른 의원으로 하여금 변명하게 할 수 있다. 이 경우 의원은 변명이 끝난 후 회의장에서 퇴장하여야 한다.

[전문개정 2018. 4. 17.]

제161조 삭제 <2010. 5. 28.>

제162조(징계의 의결) 의장은 윤리특별위원회로부터 징계에 대한 심사보고서를 접수하였을 때에는 지체 없이 본회의에 부의하여 의결하여야 한다. 다만, 의장은 윤리특별위원회로부터 징계를 하지 아니하기로 의결하였다는 심사보고서를 접수하였을 때에는 지체 없이 본회의에 보고하여야 한다.

[전문개정 2018. 4. 17.]

제163조(징계의 종류와 선포) ① 제155조에 따른 징계의 종류는 다음과 같다.

1. 공개회의에서의 경고
2. 공개회의에서의 사과
3. 30일(제155조제2호 또는 제3호에 해당하는 행위를 한 의원에 대한 징계는 90일) 이내의 출석정지. 이 경우 출석정지기간에 해당하는 「국회의원수당 등에 관한 법률」에 따른 수당·입법활동비 및 특별활동비(이하 “수당등”이라 한다)는 2분의 1을 감액한다.
4. 제명(除名)

② 제1항에도 불구하고 제155조제8호·제10호 또는 제11호에 해당하는 행위를 한 의원에 대한 징계의 종류

는 다음과 같다.

1. 공개회의에서의 경고 또는 사과. 이 경우 수당등 월액의 2분의 1을 징계 의결을 받은 달과 다음 달의 수당등에서 감액하되, 이미 수당등을 지급한 경우에는 감액분을 환수한다.
2. 30일 이내의 출석정지. 이 경우 징계 의결을 받은 달을 포함한 3개월간의 수당등을 지급하지 아니하되, 이미 수당등을 지급한 경우에는 전액 환수한다.
3. 제명

③ 제1항제1호·제2호 및 제2항제1호의 경우에는 윤리특별위원회에서 그 문안을 작성하여 보고서와 함께 의장에게 제출하여야 한다. 다만, 제155조제10호에 해당하여 바로 본회의에 부의하는 징계안의 경우에는 그러하지 아니하다.

④ 제명이 의결되지 아니하였을 때에는 본회의는 다른 징계의 종류를 의결할 수 있다.

⑤ 징계를 의결하였을 때에는 의장은 공개회의에서 그 사실을 선포한다.

[전문개정 2018. 4. 17.]

제164조(제명된 사람의 입후보 제한) 제163조에 따른 징계로 제명된 사람은 그로 인하여 궐원된 의원의 보궐선거에서 후보자가 될 수 없다.

[전문개정 2018. 4. 17.]

제15장 국회 회의 방해 금지 <개정 2018. 4. 17.>

제165조(국회 회의 방해 금지) 누구든지 국회의 회의(본회의, 위원회 또는 소위원회의 각종 회의를 말하며, 국정감사 및 국정조사를 포함한다. 이하 이 장에서 같다)를 방해할 목적으로 회의장이나 그 부근에서 폭력행위 등을 하여서는 아니 된다.

[전문개정 2018. 4. 17.]

제166조(국회 회의 방해죄) ① 제165조를 위반하여 국회의 회의를 방해할 목적으로 회의장이나 그 부근에서 폭행, 체포·감금, 협박, 주거침입·퇴거불응, 재물손괴의 폭력행위를 하거나 이러한 행위로 의원의 회의장 출입 또는 공무 집행을 방해한 사람은 5년 이하의 징역 또는 1천만원 이하의 벌금에 처한다.

② 제165조를 위반하여 국회의 회의를 방해할 목적으로 회의장 또는 그 부근에서 사람을 상해하거나, 폭행으로 상해에 이르게 하거나, 단체 또는 다중의 위력을 보이거나 위험한 물건을 휴대하여 사람을 폭행 또는 재물을 손괴하거나, 공무소에서 사용하는 서류, 그 밖의 물건 또는 전자기록 등 특수매체기록을 손상·은닉하거나 그 밖의 방법으로 그 효용을 해한 사람은 7년 이하의 징역 또는 2천만원 이하의 벌금에 처한다.

[전문개정 2018. 4. 17.]

제167조(확정판결 통보) 제166조의 죄를 범한 사람이 유죄 확정판결을 받은 경우 법원은 확정판결 내용을 확정판결을 받은 사람의 소속 기관 등에 통보하여야 한다.

[전문개정 2018. 4. 17.]

제16장 보칙 <개정 2018. 4. 17.>

제168조(기간의 기산일) 이 법에 따른 기간을 계산할 때에는 첫날을 산입한다.

[전문개정 2018. 4. 17.]

제169조(규칙 제정) ① 국회는 헌법과 법률에 위배되지 아니하는 범위에서 의사와 내부 규율에 관한 규칙을 제정할 수 있다.

② 위원회는 이 법과 제1항의 규칙에 위배되지 아니하는 범위에서 국회운영위원회와 협의하여 회의 및 안건심사 등에 관한 위원회의 운영규칙을 정할 수 있다.

[전문개정 2018. 4. 17.]

부칙 <제17756호, 2020. 12. 22.>

제1조(시행일) 이 법은 공포 후 3개월이 경과한 날부터 시행한다. 다만, 제5조의2제2항 및 제73조의2의 개정규정은 공포한 날부터 시행하고, 제149조제3항의 개정규정은 공포 후 6개월이 경과한 날부터 시행한다.

제2조(원격영상회의의 유효기간) 제73조의2의 개정규정은 2021년 12월 31일까지 효력을 가진다.

2. 법률안 관련 서식

서식번호	서 식 명	비 고
서식 1	법률안 발의 공문(의원발의)	(대표)발의자 → 의장
서식 2	법률안 제출 공문(정부제출)	대통령 → 의장
서식 3	법률안 표지부 예시문	
서식 4	법률안 본문부 예시문 1(전부개정)	
서식 5	법률안 본문부 예시문 2(일부개정)	
서식 6	신·구조문대비표 예시문	
서식 7	비용추계서 예시문(의원발의 법률안)	
서식 8	소관 위원회 회부 공문(회부 시 관련위원회를 명시하고 비용추계요구서가 제출된 경우)	의장 → 소관 위원장
서식 9	관련위원회 회부 공문(비용추계요구서 제출 시)	의장 → 관련위원장
서식 10	관련위원회 의견제시 공문	관련위원장 → 소관 위원장
서식 11	의안 심사기간 지정 공문	의장 → 소관 위원장
서식 12	전문위원 검토보고서 예시문	
서식 13	법률안 체계·자구심사 의뢰 공문(원안·수정안의 경우)	소관 위원장 → 법제사법위원장
서식 14	법률안 심사보고서 예시문	
서식 15	법률안(위원회안) 표지부 예시문	
서식 16	법률안(대안) 표지부 예시문	
서식 17	본회의 수정안 표지부 예시문	
서식 18	본회의 수정안 본문부 예시문	
서식 19	법률안 이송 공문(의원발의 법률안)	의장 → 대통령
서식 20	법률공포 통지 공문	대통령 → 의장
서식 21	재의요구 공문	대통령 → 의장

〈서식 1 : 법률안 발의 공문(의원발의)〉

	접 수	의안과(e) – (20 . . .)

수 신 : 의 장

제 목 : ○○○법 일부(전부)개정법률안1)
(○○○의원 (대표)발의)

위의 법률안을 「국회법」 제79조에 따라 붙임과 같이 발의합니다.

붙임 법률안 1부. 끝.

20 년 월 일

(대표)발의자 : ○ ○ ○ 인[2)]
(발의자 : 인)[3)]
찬성자 : 인[4)]

(발의자·찬성자 서명부 붙임)[5)]

주무관	의안담당	과 장	국 장	차 장	총 장	의 장

※ 1) 제정법률안의 경우에는 「○○○법(률)안」, 전부개정법률안의 경우에는 「○○○법 전부개정법률안」, 일부개정법률안의 경우에는 「○○○법 일부개정법률안」, 폐지법률안의 경우에는 「○○○법 폐지법률안」으로 각각 기재함.

2) 반드시 등록인장으로 날인하여야 하며 발의자가 1인일 경우에는 「발의자」로, 발의자가 2인 이상인 경우에는 「대표발의자」로 기재함.

3) 발의자수 기재(공동발의일 경우 대표발의자 제외)

4) 찬성자수 기재

5) 발의자 또는 찬성자 서명부 첨부

〈서식 2 : 법률안 제출 공문(정부제출)〉

대 한 민 국 정 부

수신자 국회의장
(경유)
제목 ○○○법 일부(전부)개정법률안 제출

20 . . . 제00회 국무회의의 심의를 거친 ○○○법 일부(전부)개정법률안을 제출합니다.

붙임 ○○○법 일부(전부)개정법률안 100부. 끝.

대 통 령

기 안 책임자 담당관 법제관 기획조정관
차 장 법제처장
국무위원·국무총리 부서 및 대통령 재가
○○장관 국무총리 대통령
시행 법제정책총괄담당관- (. . .) 접수
우 30102 세종특별자치시 도움5로 20, 정부세종청사 법제처(7-1동) (어진동)
전화 044-200-0000 전송 044-200-0000

〈서식 3 : 법률안 표지부 예시문〉

○○○법 일부(전부)개정법률안

(○○○의원 (대표)발의)[1)]

의 안 번 호	

발의연월일[2)] : 20 . . .
발 의 자[3)] : ○○○·△△△
□□□·…의원(00인)
찬 성 자[4)] : 00인

<u>제안이유</u>

－－.

<u>주요내용</u>

가. －－－－－－－－－－－－－－－－－－－－－－－－－－－－－－－－(안 제00조).

나. －－－－－－－－－－－－－－－－－－－－－－－－－－－－－－－－(안 제00조).

※ 1) 의원발의 법률안으로서 발의자가 1인인 경우에는 “○○○의원 발의”로, 발의자가 2인 이상인 경우에는 그중 대표자를 “○○○의원 대표발의”로 각각 기재함.

2) 의원발의의 경우에는 발의연월일, 정부제출의 경우에는 제출연월일, 위원회안의 경우에는 제안연월일로 각각 기재함.

3) 의원발의의 경우에는 모든 발의의원을 가운데 점(·)으로 연결하여 나열하고 마지막에 ‘의원’을 명기하며(예 － 발의자 : ○○○·△△△·□□□ 의원), 정부제출의 경우에는 정부로(예 - 제출자 : 정부), 위원회 제안의 경우에는 ○○○위원장으로(예 - 제안자 : ○○○위원장)으로 각각 기재함.

4) 찬성자란은 찬성자의 숫자를 기재함.

〈서식 4 : 법률안 본문부 예시문 1(전부개정)〉

법률 제　　　호

○○○법 전부개정법률안

○○○법 전부를 다음과 같이 개정한다.

○○○법

제1장 총칙

제1조(목적) …
제2조(　　) …
·
·
·

부　　　칙

제1조(시행일) 이 법은 공포한 날부터 시행한다.
제2조(경과조치) ……
·
·
·

〈서식 5 : 법률안 본문부 예시문 2(일부개정)〉

법률 제 호

○○○법 일부개정법률안

○○○법 일부를 다음과 같이 개정한다.
제00조제0항 중 "○○○"을 "△△△"으로 하고, ……

부 칙

제1조(시행일) 이 법은 공포한 날부터 시행한다.
제2조(적용례) 제00조의 개정규정은 같은 개정규정 시행 후 최초로 부과하는 과태료부터 적용한다.

〈서식 6 : 신·구조문대비표 예시문〉

신·구조문대비표[1]

현 행	개 정 안
第122條(政府에 대한 書面質問) ① ~ ③ (생 략) <신 설> ④ (생 략)	第122條(政府에 대한 書面質問) ① ~ ③ (현행과 같음) ④ 정부는 서면질문에 대하여 답변할 때 회의록에 게재할 답변서와 그 밖의 답변 관계 자료를 구분하여 국회에 제출하여야 한다. ⑤ (현행 제4항과 같음)

※ 1) 신·구조문대비표는 일부개정법률안인 경우에 작성하며 "현행"과 "개정안"으로 란을 구분함.

※ 현행란의 표기는 현행 법률의 표기(한자표현은 한자표현) 그대로 하여야 하며, 개정안란에 위치하는 개정되지 아니하는 조 번호 및 제목은 현행대로 표기하여야 함.

〈서식 7 : 비용추계서 예시문(의원발의 법률안)〉

○○○법 일부개정법률안 비용추계서

Ⅰ. 비용추계 결과

[표 1] 개정안에 따른 추가재정소요: 2017~2021년

(단위: 백만원)

	2017	2018	2019	2020	2021	합계	연평균
000 관련 (안 제00조제0항)	00	00	00	00	00	000	00

Ⅱ. 재정수반요인

Ⅲ. 비용추계의 전제

Ⅳ. 비용추계 상세내역

Ⅴ. 작성자

국회예산정책처 법안비용추계0과
과 장 0 0 0
예 산 분 석 관 0 0 0

〈서식 8 : 소관 위원회 회부 공문(회부 시 관련위원회를 명시하고 비용추계요구서가 제출된 경우)〉

대 한 민 국 국 회

수신자 ○○○위원장
(경유)
제목 ○○○안 회부

1. 20 . . . ○○○의원 등 00인(외 00인)으로부터 발의(정부로부터 제출)된 "○○○안"(의안번호 제00호)을 붙임과 같이 회부하니 심사보고하여 주시기 바랍니다. 다만, 이 법률안은 ○○○위원회의 소관 사항과 관련이 있다고 인정되어 「국회법」 제83조에 따라 소관 위원회인 귀 위원회에 20 . . .(심사의결일 전일)까지 의견을 제시하도록 회부하였음을 알려드립니다.

2. 이 법률안은 국회법 제79조의2에 따라 비용추계요구서가 제출되어 추후 비용추계서(또는 미첨부 사유서)를 송부할 예정임을 알려드립니다.

붙임 ○○○안 1부. 끝.

국 회 의 장

주무관 의안담당 의안과장 의사국장 전결
협조자
시행 의안과(e)- (. . .) 접수
우 07233 서울특별시 영등포구 의사당대로 1 국회(본관 701호) /
전화(02)788-0000 전송 (02)788-3383/ /

〈서식 9 : 관련위원회 회부 공문(비용추계요구서 제출 시)〉

대 한 민 국 국 회

수신자 ○○○위원장

(경유)

제목 ○○○안 관련위원회 회부

1. 20 . . . ○○○의원 등 00인 외 00인으로부터 발의(정부로부터 제출)되어 ○○○위원회에 회부한 "○○○안"(의안번호 제00호)이 귀 위원회의 소관 사항과 관련이 있다고 인정되어 붙임과 같이 회부하니 「국회법」 제83조에 따라 소관 위원회에 20 . . .(심사의결일 전일)까지 의견을 제시하여 주시기 바랍니다.

2. 이 법률안은 국회법 제79조의2에 따라 비용추계요구서가 제출되어 추후 비용추계서(또는 미첨부 사유서)를 송부할 예정임을 알려드립니다.

붙임 ○○○안 1부. 끝.

국 회 의 장

주무관 의안담당 의안과장 의사국장 전결

협조자

시행 의안과(e)- (. . .) 접수

우 07233 서울특별시 영등포구 의사당대로 1 국회(본관 701호) /

전화 (02)788-0000 전송 (02)788-3383 / /

〈서식 10 : 관련위원회 의견제시 공문〉

ㅇ ㅇ ㅇ 위 원 회

수신자 ㅇㅇㅇ위원장
(경유)
제목 ㅇㅇㅇ안에 대한 의견제시

20 . . . ㅇㅇㅇ의원 등 00인(외 00인)으로부터 발의(정부로부터 제출)된 "ㅇㅇㅇ안"에 대하여 관련위원회인 우리 위원회의 의견을 붙임과 같이 제시합니다.

붙임 ㅇㅇㅇ안에 대한 심사경과 및 의견서 1부. 끝.

ㅇ ㅇ ㅇ 위 원 장

입법조사관보 입법조사관 전문위원 수석전문위원
위원장
협조자
시행 ㅇㅇㅇ(e)- (. . .) 접수
우 07233 서울특별시 영등포구 의사당대로 1 국회 /
전화 (02)788-0000 전송 (02)788-0000 / /

〈서식 11 : 의안 심사기간 지정 공문〉

대 한 민 국 국 회

수신자 ○○○위원장

(경유)

제목 의안 심사기간 지정

20 . . . 현재 귀 위원회에 계류 중인 붙임 의안의 심사기간을 「국회법」 제85조제1항제0호에 따라 20 . . . 00:00까지 지정하니 같은 기간 내에 심사를 완료하여 주시고, 그 기간 내에 심사를 마치지 못한 경우에는 「국회법」 제85조제2항에 따라 중간보고를 하여 주시기 바랍니다.

붙임 1. 심사기간 지정 의안 목록 1부
2. 심사기간 지정 합의문 1부[1]. 끝.

국 회 의 장

주무관 의안담당 의안과장 의사국장
차 장 총 장 의 장
협조자
시행 의안과(e)− (. . .) 접수
우 07233 서울특별시 영등포구 의사당대로 1 국회(본관 701호) /
전화 (02)788−0000 전송 (02)788−3383 / /

1) 「국회법」 제85조제1항제3호(의장이 각 교섭단체대표의원과 합의하는 경우)에 따라 심사기간을 지정하는 경우 추가로 합의문을 첨부

〈서식 12 : 전문위원 검토보고서 예시문〉

○○○안 검토보고[1)]

이 ○○○안은 20 년 월 일 ○○○의원(등 00인) 외 00인(정부)(으)로부터 발의(제출)되어 20 년 월 일 우리 위원회에 회부되었음.

1. 제안이유

……………………………………………………………………………………………

……………………………………………………………………………………………

2. 주요내용

가. ………………………………………………………………………………

나. ………………………………………………………………………………

3. 검토의견

……………………………………………………………………………………………

……………………………………………………………………………………………

4. 수정의견대비표[2)]

※ 참고자료[3)]

※ 1) 검토보고서는 주로 ① 제안이유 ② 주요내용 ③ 검토의견(문제점, 이해득실, 그 밖에 필요사항 등) ④ 수정의견 ⑤ 참고자료 등으로 구성됨.

2) 수정의견이 있을 경우 전문위원 수정의견대비표를 붙이기도 함.

3) 각종 통계 및 현황자료, 각종 계획 및 예산자료, 외국자료 등 해당 의안 심사에 참고되는 자료가 있는 경우 이를 붙이기도 함.

〈서식 13 : 법률안 체계·자구심사 의뢰 공문(원안·수정안의 경우)〉

○ ○ ○ 위 원 회

수신자 법제사법위원장

(경유)

제목 ○○○법(률)안 체계·자구심사 의뢰

20 . . . ○○○의원 등 00인(외 00인)으로부터 발의(정부로부터 제출)되어 우리 위원회에 회부된 "○○○법(률)안"(의안번호 제00호)을 심사한 결과 제000회국회(○○회) 제00차 ○○○위원회(20 . . .)에서 원안(수정)의결하여 「국회법」 제86조제1항에 따라 붙임과 같이 체계·자구심사를 의뢰하니 심사하여 주시기 바랍니다.

붙임 ○○○법(률)안(에 대한 수정안) 70부. 끝.

○ ○ ○ 위 원 장

입법조사관보 입법조사관 전문위원 수석전문위원

위원장

협조자

시행 ○○○(e)－ (. . .) 접수

우 07233 서울특별시 영등포구 의사당대로 1 국회 /

전화 (02)788－0000 전송 (02)788－0000 / /

〈서식 14 : 법률안 심사보고서 예시문〉

○○○법(률)안 심사보고서

20 . . .
○○○위원회

1. 심사경과
   가. 발의(제출)일자 및 발의(제출)자 : 20 년 월 일
         ○○○의원(등 00인) 외 00인(또는 정부)
   나. 회부일자 : 20 년 월 일
       (※의장이 소관 위원회에 회부한 일자)
   다. 상정 및 의결일자 : 제000회국회(○○회)
       [※( )내는 「정기회」 또는 「임시회」로 표시]
       제00차 ○○○위원회(20 년 월 일) 상정
       제00차 ○○○위원회(20 년 월 일) 대체토론·소위회부
         ⋮
       제00차 ○○○소위원회(20 년 월 일) ○○의결
       제00차 ○○○위원회(20 년 월 일) 소위 심사보고, 수정안제출
       제00차 ○○○위원회(20 년 월 일) ○○의결

2. 제안설명의 요지
   (제안설명 ○○○의원 또는 ○○부장관 ○○○)
   가. 제안이유
   나. 주요내용

3. 전문위원 검토보고의 요지
   (수석전문위원 ○○○)
   (주요요지)

4. 대체토론의 요지
   (질의자 및 답변자의 성명기재)
   ※(질의 및 답변 주요요지를 대비하여 기재할 것)

5. 소위원회 심사내용
(소위원장 ○○○ 또는 심사보고자 ○○○)
가. 심사보고요지
나. 주요논의사항
※ 안건조정위원회를 구성하여 심사한 경우 그 심사내용을 소위원회의 예에 준하여 작성함.

6. 찬반토론의 요지
가. 찬성(토론자성명 일괄기재)
(주요요지)
나. 반대(토론자성명 일괄기재)
(주요요지)

7. 수정안의 요지
가. 발의일자 및 발의자
나. 수정이유
다. 수정주요내용

8. 심사결과
(원안가결, 수정가결, 대안반영 또는 본회의에 부의하지 아니하기로 의결함)
※ 표결 시는 투표결과 기재

9. 소수의견의 요지
(주요요지)

10. 관련위원회의 의견 요지
가. 관련위원회 회부일자 : 20 년 월 일
나. 관련위원회 의견제시지정기간 : 20 년 월 일
1차 연장기간 : 20 년 월 일
다. 관련위원회 의견요지
○ 의견요지(관련위원회 의견이 있는 경우)
○ 지정기간 내에 의견제시 없음(관련위원회가 특별한 이유 없이 의견제시 지정기간 내에 의견제시가 없는 경우)

11. 비용추계서
예산기금상 조치를 수반하고 위원회에서 수정된 경우에 국회예산정책처의 비용추계서(또는 미첨부사유서) 전문을 첨부(표지는 제외)
※ 비용추계서를 생략하는 경우
– 제000회 국회(00회) 제0차 00위원회(20 . . .) 비용추계서 생략 의결

12. 기타 사항
    공청회 또는 연석회의 개최내용 등 기타 해당사항을 기재

13. 법제사법위원회 체계·자구심사 내용
    주요사항은 아래 대비표와 같이 기록하고, 자구정리 사항은 「약간의 자구정리가 있었음」이라고 기재

위원회 심사안	법사위 심사내용

※ 6·7·9·10·11·12항은 해당 사항이 없을 경우 난을 설치하지 말 것
※ 심사보고서 붙임서류
가. 원안가결의 경우 : 원안(일부개정의 경우 신·구조문대비표 붙임)
나. 수정안가결의 경우 : 수정안+최종안
  ○수정안에는 제안연월일, 제안자, 수정이유, 수정주요내용을 포함하고 수정안 본문, 수정안조문대비표를 붙임.
  ○최종안에는 본문(수정부분 포함), 신·구조문대비표
  ○체계·자구심사 결과는 수정안에는 반영하지 않고, 최종안에만 반영함.

※ 동의(승인)안, 결의안·건의안 및 규칙안 등의 심사보고서도 법률안 심사보고서 서식을 준용함.
※ 심사보고서에 표지는 붙이지 아니함.

〈서식 15 : 법률안(위원회안) 표지부 예시문〉

○○○법(률)안

의 안 번 호	

제안연월일 : 20 . . .
제 안 자 : ○○○위원장

1. 제안경위 ※ (심사보고서의 심사경과와 같은 것임)
   가. 20 년 월 일 제000회국회(○○회) 제00차 ○○○위원회에서 ○○○법(률)안을 위원회안으로 제안하기로 하고 그 성안을 [○○○법(률)안기초소위원회]1)(○○○위원, ○○○위원…)를 구성하여 위임함.
   나. 20 년 월 일 제000회국회(○○회) 제00차 ○○○위원회에서 ○○소위원장(○○○위원)으로부터 ○○○법(률)안의 성안에 대한 보고를 받았음.
   다. 20 년 월 일 제000회국회(○○회) 제00차 ○○○위원회에서 소위원회안을 상정하여 심사한 결과 위원회안으로 채택하기로 원안가결함.
   ※ 제안경위 끝에 비용추계 관련사항 상황별 기재(예산 또는 기금상 조치를 수반하지 않는 경우에는 미기재)
   ※ 비용추계서 별도첨부 // 비용추계서 미첨부 사유서 별도 첨부 // 제000회 국회(00회) 제0차 00위원회(20 . . .) 비용추계서 생략 의결

2. 제안이유
   가. ……………………………………………………………………………………

3. 주요내용
   가. ……………………………………………………… (안 제00조).
   ※ 법(률)안 붙임.

※ 1) 소위원회에 위임한 경우에는 소위원회로 함.

〈서식 16 : 법률안(대안) 표지부 예시문〉

○○○법(률) 일부개정법률안(대안)

의 안 번 호	

제안연월일 : 20 . . .
제 안 자 : ○○○위원장

1. 대안의 제안경위 ※ (심사보고서의 심사경과와 같은 것임)
   가. ……………………………………………………………………
   나. ……………………………………………………………………
   ……폐기된 원안 및 폐기이유를 표시함.
   ※ 제안경위 끝에 비용추계 관련사항 상황별 기재(예산 또는 기금상 조치를 수반하지 않는 경우에는 미기재)
   ※ 비용추계서 별도첨부 // 비용추계서 미첨부 사유서 별도 첨부 // 제000회 국회(00회) 제0차 00위원회(20 . . .) 비용추계서 생략 의결

2. 대안의 제안이유
   가. ……………………………………………………………………
   나. ……………………………………………………………………

3. 대안의 주요내용
   가. ……………………………………… (안 제00조).
   나. ……………………………………… (안 제00조).
   ※ 법(률)안 붙임.

〈서식 17 : 본회의 수정안 표지부 예시문〉

○○○안에 대한 수정안

발의연월일 : 20 . . .

발 의 자 : ○○○·△△△

……의원(00인)

찬 성 자 : 00인

<u>수정이유</u>

………………………………………………………………………………………

…………………………………………………………………….

<u>수정주요내용</u>

가. ………………………………………………………………

나. ………………………………………………………………

•

•

〈서식 18 : 본회의 수정안 본문부 예시문〉

○○○안에 대한 수정안

○○○안 일부를 다음과 같이 수정한다.

안 제○○조제○○항 중 “○○○”을 “△△△”로 하고, … ……

(내 용) ……

〈서식 19 : 법률안 이송 공문(의원발의 법률안)〉

대 한 민 국 국 회

수신자 대통령(법제처장)

(경유)

제목 ○○○법(률)안 이송

○○○의원(등 00인) 외 00인으로부터 발의(20 . . .)된 “○○○법(률)안”을 심의한 결과 제000회국회(○○회) 제00차 본회의(20 . . .)에서 붙임과 같이 원안(수정)의결하여 「국회법」 제98조제1항에 따라 이를 이송합니다.

붙임 ○○○법(률)안 1부. 끝.

국 회 의 장

주무관 의안담당 의안과장 의사국장

차 장 총 장 의 장

협조자

시행 의안과(e)－ (. . .) 접수

우 07233 서울특별시 영등포구 의사당대로 1 국회(본관 701호) /

전화 (02)788－0000 전송 (02)788－3383 / /

〈서식 20 : 법률공포 통지 공문〉

<table>
<tr><td colspan="3">

대 한 민 국 정 부

수신자　국회의장
(경유)
제목　법률공포 통지

</td></tr>
<tr><td colspan="3">

제000회국회(○○회)에서 의결되어 정부로 이송된 「○○○법(률)」 등을 붙임과 같이 공포하였기에 「국회법」 제98조제2항에 따라 이를 통지합니다.

붙임　1. 법률공포 목록
　　　2. 공포법률.　끝.

대　　통　　령

</td></tr>
<tr><td>기안책임자
기획조정관</td><td>행정사무관
차　장</td><td>법제총괄담당관
전결
법제처장</td></tr>
<tr><td colspan="3">시행　법제정책총괄담당관－　(　.　.　.)　접수
우　30102　세종특별자치시 도움5로 20, 정부세종청사 법제처(7－1동) (어진동)
전화　044－200－0000　전송　044－200－0000</td></tr>
</table>

〈서식 21 : 재의요구 공문〉

대 한 민 국 정 부

수신자 국회의장

(경유)

제목 ○○○법(률)안 재의요구

제000회국회(○○회) 제00차 본회의(20 . . .)에서 의결되어 20 . . . 정부에 이송된 「○○○법(률)안」에 대하여 별지와 같은 이유로 이의가 있어 20 . . . 국무회의의 심의를 거쳐 헌법 제53조제2항에 따라 이를 환부하오니 재의하여 주시기 바랍니다.

붙임 ○○○법(률)안 재의요구서 100부. 끝.

대 통 령

기 안 책임자 담당관 법제관 실 장

차 장 법제처장

국무위원·국무총리 부서 및 대통령 재가

○○장관 국무총리 대통령

시행 법제정책총괄담당관- (. . .) 접수

우 30102 세종특별자치시 도움5로 20, 정부세종청사 법제처(7-1동) (어진동)

전화 044-200-0000 전송 044-200-0000

참고문헌

*국내에서 발표된 학위논문이나 정기간행물에 게재된 논문은 본문에서 표기함.

1. 국내 단행본

가. 일반 단행본

권기헌, 『정책학』, 박영사, 2012.
권영성, 『헌법학원론』, 법문사, 1997.
______, 『헌법학원론』, 법문사, 1998.
______, 『헌법학원론』, 법문사, 2010.
김대식·노영기·안국신, 『현대경제학원론』, 박영사, 1995.
김백유, 『헌법과 헌법정치』, 한성대학교출판부, 2016.
김지희, 『민주주의와 민주화Ⅱ－민주주의 담론의 경험과학적 내용분석』, 신서원, 2018.
김철수, 『학설·판례 헌법학(중)』, 박영사, 2009.
______, 『학설·판례 헌법학(하)』, 박영사, 2008.
______, 『헌법학개론』, 박영사, 2003.
노재석, 『민주주의 입법과정론』, 오름, 2016.
루소·페인, 『사회계약론/ 常識/ 人權論』, 을유문화사, 1988.
박세일, 『법경제학』(개정판), 박영사, 2007.
박수철, 『입법총론』, 한울, 2012.
박영도, 『입법과정의 이론과 실제』, 한국법제연구원, 1994.
______, 『입법심사의 체계와 방법론』, 한국법제연구원, 1996.
______, 『입법이론연구(Ⅴ) 입법기술의 이론과 실제 연구보고 97-1』, 한국법제연구원, 1997.
______, 『입법학입문』, 법령정보관리원, 2014.
양 건, 『헌법강의』, 법문사, 2018.
우병규, 『입법과정론』, 일조각, 1970.
이상도, 『영미법사전』, 청림출판, 1989.
이정은 등, 『입법과 사법의 법률정보협력에 관한 연구』, 사법정책연구원, 2019.

임종훈, 『한국헌법요론』, 지식과 감성, 2018.
장영수, 『헌법학』, 홍문사, 2016.
정종섭, 『헌법학원론』, 박영사, 2018.
정호영, 『국회법론』, 법문사, 2012.
존 롤스, 『사회정의론』, 서광사, 1989.
한수웅, 『헌법학』, 법문사, 2017.
______, 『헌법학』, 법문사, 2018
허영, 『한국헌법론』, 박영사, 2003.
허영, 『헌법이론과 헌법』, 박영사, 1997.

나. 국회(또는 정부, 법원) 간행물

국회도서관, 『세계의 헌법』, 2018.
국회사무처 법제실, 『대한민국 법률』, 2020.
국회사무처 법제실, 『제20대 국회 위헌·헌법불합치 법률 정비현황』, 2020.
국회사무처 법제실, 『제20대국회 행정입법 분석·평가 사례 100선』, 2020.
국회사무처 법제실, 『행정입법 분석·평가사례 Ⅳ』, 2020.
국회사무처 의사국, 『국회의사편람』, 2004.
국회사무처, 『국회법해설』, 1968.
국회사무처, 『국회법해설』, 2008.
국회사무처, 『국회법해설』, 2016.
국회사무처, 『국회의사편람』, 2012.
국회사무처, 『의안편람Ⅰ(해설편)』, 2016.
국회사무처, 『의정자료집』, 2016.
국회사무처, 『의정자료집』, 2020.
국회운영위원회 수석전문위원실, 『주요국의 의회제도』, 2004.8.
국회운영위원회, 『의회대사전』, 국회사무처, 1992.
법원행정처, 『외국의 민사소송』, 1996.
법제처 세계법제정보센터, 프랑스 입법절차, 2016.
법제처 세계법제정보센터, 프랑스의 법률체계, 법제처, 2016.
법제처, 『법령입안심사기준』, 1996.
______, 『법제업무편람』, 2020.
______, 『법제업무편람』, 2018.

2. 외국문헌

가. 영 · 미문헌

Cabinet Office, Legislative Process: taking a bill through Parliament, 2013.

Cabinet Office, 『Guide to Making Legislation』, 2017.

Erskine May's Treaties on the Law, Privileges, Proceedings and Usage of Parliament, 22nd ed., London, Butterworths, 1997.

Frank H. Easterbrook, Forward: The Court and the Economic System, 98 Harv. L. Rev. 4, 1984.

G. Bingham Powell, "Constitutional Designs as Visions of Majoritarian or Proportional Democracy." Elections as Instruments of Democracy: Majoritarian and Proportional Visions, Yale University Press, 2000.

G.R. Boynton & Chong Lim Kim, Legislative Systems in Developing Countries, Durham, N.C.: Duke University Press, 1975.

John Rawls, A Theory of Justice, Oxford University Press, 1971.

Michael Zander, The Law Making Process, 4th ed., London, Butterworths, 1994.

Neil K. Komesar, Imperfect Alternatives-Choosing Institutions in Law, Economics, and Public Policy, Chicago, University of Chicago, 1994.

Patrick S. Atiyah, "Judicial–Legislative Relations in England", Judges and Legislators: Toward Institutional Comity, The Brookings Institution, 1988.

Paul Silk, How Parliament Works, London, Longman, 1987.

Richard Benwell & Oonagh Gay, The Separation of Powers, The Library of House of Commons, 2011.

Ronald H. Coase, "The Problem of Social Cost", The Journal of Law and Economics, Vol.3(1960, Oct).

Tyler Hughes & David Carlson, Divided Government and Delay in the Legislative Process: Evidence From Important Bills, 1949–2010, American Politics Research 1–22, 2015.

Walter J. Oleszek, Congressional Procedure and the Policy Process, Congressional Quarterly Press, 2007.

나. 프랑스문헌

Assemblée Nationale, Bulletin de l'Assemblée Nationale, numéro hors série, 1997.

Assemblée Nationale, Constitutiion et Réglement de l'Assemblée Nationale, 13e éd., 1997.
Conseil d'Etat, Le Conseil d'Etat, 1998.
Conseil constitutionnel, Le Conseil constitutionnel, 1998.
Dalloz, Léxique de termes juridiques, 10e éd., 1998.
Léxique de termes politiques, 9e éd., 1997.

다. 일본문헌

澁谷修,『議會の時代: 議員立法と議會改革』, 三省堂, 1994.
岩井奉信,『立法過程』, 東京大學出版會, 1988.
『日本の 立法』, 法令編纂普及會, 1990.
『衆議院要覽』, 日本衆議員事務局, 1994.

3. 기타

국립국어원, 표준국어대사전, https://stdict.korean.go.kr
국회의안정보시스템(https://likms.assembly.go.kr/bill/main.do)
국회회의록시스템(http://likms.assembly.go.kr/record/)
http://edu.klaw.go.kr/
http://pal.assembly.go.kr
http://www.gov.uk/topic/government/legislative-process.
http://www.moleg.go.kr
https://en.wikipedia.org/wiki (2021. 3. 4. 확인)
https://guidetoprocedure.parliament.uk/articles/JJNovRsK/public-bill-committees (2021. 1. 31. 확인)
https://obamawhitehouse.archives.gov/omb/organization_mission (2021. 3. 4. 확인)
https://www.bundestag.de/resource/blob/189334/c5b5a2eff41ebedd3e741a79e8fc808c/orgplan-de-data .pdf (2021.2.22. 확인)
https://www.gov.uk/government/organisations/office-of-the-parliamentary-counsel/about (2021. 2. 1. 확인)
https://www.loc.gov/law/help/national-parliaments/france.php (2021. 1. 31. 확인)

국 문 색 인

[ㅇ]

영 문 등 색 인

저자 약력

• 임종훈(林鍾輝)

서울대학교 법과대학 졸업
서울대학교 행정대학원 졸업
영국 런던대학(L.S.E.) 법학석사(LL.M.)
미국 위스콘신대 법과대학원 법학석사(LL.M.)
미국 조지타운대 법과대학원 법학박사(S.J.D.)
제 2 회 입법고등고시 합격
국회 법제사법위원회 전문위원
아주대학교 법학과 겸임교수(1995 – 1998)
국회사무처 의사국장
국회사무처 법제실장
국회 통일외교통상위원회 수석전문위원(차관보급)
국회 법제사법위원회 수석전문위원
국회입법조사처장(차관급)
청와대 민원비서관
한국입법학회 회장
한국교육법학회 회장
한국헌법학회 차기회장
한국공법학회 부회장
홍익대학교 법과대학 교수(헌법학)
현 홍익대학교 법과대학 초빙교수

• 이정은(李定垠)

서울대학교 경영대학 졸업
서울대학교 행정대학원 졸업
미국 메릴랜드대학교 공공관리학 석사
제15회 입법고등고시 합격
국회 통일외교통상위원회 입법조사관
국회 재정경제위원회, 국토해양위원회 입법조사관
국회사무처 의사과장, 의안과장
국회 국토교통위원회, 예산결산특별위원회 입법심의관
사법정책연구원 파견연구위원
현 국회예산정책처 경제분석국장

전면개정판
한국입법과정론

초판발행 2012년 2월 20일
전면개정판발행 2021년 3월 30일

지은이 임종훈 · 이정은
펴낸이 안종만 · 안상준

편 집 장유나
기획/마케팅 김한유
표지디자인 최윤주
제 작 고철민 · 조영환

펴낸곳 (주) 박영사
서울특별시 금천구 가산디지털2로 53, 210호(가산동, 한라시그마밸리)
등록 1959. 3. 11. 제300-1959-1호(倫)
전 화 02)733-6771
f a x 02)736-4818
e-mail pys@pybook.co.kr
homepage www.pybook.co.kr
ISBN 979-11-303-3852-1 93360

정 가 32,000원